中国社会科学院文库
马克思主义研究系列
The Selected Works of CASS
Marxist Studies

中国社会科学院创新工程学术出版资助项目

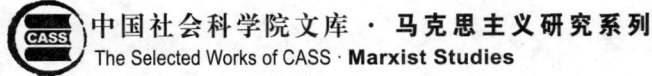

当代主要社会思潮的动态研究与批判

RESEARCH AND CRITICISM OF THE MAIN TRENDS OF CONTEMPORARY SOCIAL THOUGHT

上集

魏小萍 主编

魏小萍 陈学明 等著

中国社会科学出版社

图书在版编目（CIP）数据

当代主要社会思潮的动态研究与批判. 上集/魏小萍主编；魏小萍等著. —北京：中国社会科学出版社，2018.3
ISBN 978-7-5203-2090-0

Ⅰ.①当… Ⅱ.①魏… Ⅲ.①社会思潮—研究—世界—现代　Ⅳ.①D091.5

中国版本图书馆 CIP 数据核字（2018）第 033291 号

出 版 人	赵剑英
责任编辑	杨晓芳
特约编辑	席建海
责任校对	张爱华
责任印制	王　超

出　　版	中国社会科学出版社
社　　址	北京鼓楼西大街甲 158 号
邮　　编	100720
网　　址	http://www.csspw.cn
发 行 部	010-84083685
门 市 部	010-84029450
经　　销	新华书店及其他书店
印　　刷	北京君升印刷有限公司
装　　订	廊坊市广阳区广增装订厂
版　　次	2018 年 3 月第 1 版
印　　次	2018 年 3 月第 1 次印刷
开　　本	710×1000　1/16
印　　张	31.5
插　　页	2
字　　数	493 千字
定　　价	118.00 元

凡购买中国社会科学出版社图书，如有质量问题请与本社营销中心联系调换
电话：010-84083683
版权所有　侵权必究

《中国社会科学院文库》出版说明

《中国社会科学院文库》(全称为《中国社会科学院重点研究课题成果文库》)是中国社会科学院组织出版的系列学术丛书。组织出版《中国社会科学院文库》,是我院进一步加强课题成果管理和学术成果出版的规范化、制度化建设的重要举措。

建院以来,我院广大科研人员坚持以马克思主义为指导,在中国特色社会主义理论和实践的双重探索中做出了重要贡献,在推进马克思主义理论创新、为建设中国特色社会主义提供智力支持和各学科基础建设方面,推出了大量的研究成果,其中每年完成的专著类成果就有三四百种之多。从现在起,我们经过一定的鉴定、结项、评审程序,逐年从中选出一批通过各类别课题研究工作而完成的具有较高学术水平和一定代表性的著作,编入《中国社会科学院文库》集中出版。我们希望这能够从一个侧面展示我院整体科研状况和学术成就,同时为优秀学术成果的面世创造更好的条件。

《中国社会科学院文库》分设马克思主义研究、文学语言研究、历史考古研究、哲学宗教研究、经济研究、法学社会学研究、国际问题研究七个系列,选收范围包括专著、研究报告集、学术资料、古籍整理、译著、工具书等。

中国社会科学院科研局
2006 年 11 月

序 言

20世纪70年代末中国启动了社会主义经济体制的改革开放，30多年以来，逐步形成了马克思主义中国化的理论体系，以实践为基础，与时俱进地创新发展马克思主义理论，为有中国特色的社会主义市场经济体制提供理论指导与支撑，这是当下中国的主流意识形态。

然而我们同时看到，伴随着70年代末经济体制的改革开放和思想文化领域对外交流渠道的拓展，大量西方思想进入中国，这其中既有古典哲学思想的复兴，又有当代思想领域最新发展成果的引入，当然这其中也不乏糟粕。与此同时，中国本土的传统文化也在悄然复兴。这使得中国思想界一改既往单一而又单纯的状况，呈现出百花斗艳、群雄争锋、色彩斑斓的局面。而现实社会的深度改变与20世纪世界历史发生的变化，使得各种与社会、历史命运息息相关的思想、观念、理论在与现实的碰撞下，并且在一定的理论支撑下，形成了不同的社会思潮。这些社会思潮有些体现了不同利益群体的不同社会诉求，这些不同诉求有时彼此相互冲突；有些反映了对中国社会发展方向的不同理解和认识，这些理解和认识，源于其所仰赖的基础理论的不同，有时南辕北辙。用马克思主义理论的基本观点和方法对这些思潮进行理论渊源上的分析和梳理，对其不同内容及其交互影响从其形成的历史、社会根源上进行发掘，把握其来龙去脉，认识其与现实的相关面，或许将有助于人们更清晰地对不同思潮进行辨析、坚守社会进步的发展方向。希望借此能够有助于澄清一些理论上的困惑问题，为中国社会主义改革事业的健康发展提供理论思考和参照。

所谓的社会思潮是以一定的哲学思想、理论体系为基础、在社会上具有一定的受众群体、关注现实社会政治、经济走向,可以依据其不同的政治、社会、利益诉求进行分门别类的不同思想群的统称。无论以什么理论形态出现,社会思潮的形成、传播都与世界历史的进程、本国政治、经济和文化的变迁、发展密切相关。在中国,这些思想群活跃于主流意识形态之外,本身缺乏理论的系统性和严谨性,思潮的表达方式往往情感色彩重于理性色彩,并时常因其强烈的情感宣泄而容易产生极端倾向,它也因此而具有感染力,甚而蛊惑性,同时又因其内容的不稳定而具有飘逸性。历史上,任何处于转型阶段的社会,都是社会思潮最为丰富、多彩的社会。把握社会思潮产生的历史背景是了解、分析和认识这些思潮的必要前提。

20 世纪的世界发生了两次具有历史性意义的社会大转型。第一次是 20 世纪初至 20 世纪中叶,伴随着两次世界大战,在人类历史上第一次大规模地诞生了奠基在马克思恩格斯基本理论基础上的以没有阶级、没有剥削、没有压迫、人人平等为理念的社会主义国家群,中国于 20 世纪中叶加入这个群体。第二次是 20 世纪末,由于各种难以简单解释的原因,以苏联为首的社会主义国家群发生了群体性剧变,这些变化的直接结果是加速了以资本逻辑为主导的经济全球化进程。而略早于此的 1978 年,中国拉开了主动的改革开放序幕,迈上了社会主义经济体制的改革之路。

中国的社会主义改革进程,经历了初始阶段强化主客体利益相关性、促使责权利相结合的一般性经济刺激和约束手段,到后来的市场体制引入、产权明晰、产权形式与分配方式的多样化,至目前的多种所有制并存,劳动分配与资本投入获取利润并存局面的形成,社会经济体制发生了转型。改革开放 30 多年,扭转了物质匮乏的局面,社会生产力的提高及其所带来的物质财富的丰富、中国在世界上综合国力的提升,都是毋庸置疑的客观事实。

然而,与经济体制改革进程相比较而言,政治体制改革相对滞后,两者之间改革进程的不同步所引发的体制问题以及由此产生的严重腐败现象,伴随着资本逻辑的运行、经济发展地区间的不平衡,使得社会贫富分化现象与改革进程的不断推进相伴而行。

从现实层面来看,一方面是中国特色的社会主义市场经济模式与马克思主义经典理论所设想的社会主义之间的差异;另一方面是苏联解体对(苏式)马克思主义理论体系的冲击,使中国的马克思主义学界面临双重的压力，该双重因素同样在世界范围内对马克思主义理论界带来了冲击。而且，资本逻辑向全球的蔓延与中国逐渐融入全球化的进程，在某种程度上也使得在全球范围内所形成的主要社会思潮及其相互之间的纷争伴随着内外经济、思想的交往渠道而进入中国，与此同时，中国的主流意识形态对西方世界的左翼思潮也有着一定的影响，这些不同的社会思潮在不同的历史、社会和政治背景下本身也在相互作用、相互影响。

各种外来思潮通过与中国本土各种思潮的交互影响，往往又带上了中国的色彩，从而使得当代各种主要社会思潮显得格外扑朔迷离、令人眼花缭乱，各种评说也莫衷一是。这种局面的存在似乎增加了我们缕析和把握的难度，然而当我们从各种主要社会思潮的表面现象潜入其核心内容，我们不难发现，各种思潮所关注的问题都离不开人类社会的自由、公正、平等这些核心概念，这些概念所蕴含的价值观，虽然在不同的思潮那里有着不同的解释，它们成为这些不同思潮的基本诉求，并且在深层次上都具有一定的与时代相呼应的理论背景做其支撑，因而从理论层面，甚而哲学层面去解析、把握和批判当代主要社会思潮不仅显得尤为重要和必要，并且从某种程度上来说，这也为对各种主要社会思潮进行理论上的把握和认识提供了可能性。

从理论层面来看，无论是外来思潮还是本土思潮，本身虽然缺乏理论上的系统性，但是却以一定的哲学派别、哲学理论为支撑，如生态主义思潮、自由主义思潮、后现代主义思潮等等。这些思潮之所以能够得到流传并吸引一定的群体，与现实环境的变化密切相关，或者说现实环境提供了使其能够生长的条件。

现实层面和理论层面作为客观的因素在一定程度上可以解释某些群体对某种思潮的追随、接受，这是被动的方面，从个人、群体主观的方面来看，人们接受某种思潮也与其对某些现实社会问题的理解和关注、对自身现实利益的追求有关，甚而因此主动地去取来某种既有的理论以面对某些现实问题，如民主社会主义、生态主义、新儒家思想都具有明显的现实针对性，被人们作为能够解决某些社会问题的理论工具。

资本逻辑的存在使得社会生产的本质由满足人们的需要蜕变为在竞争中对资本利润的无止境追逐，为了以消费带动生产而将广告手段用至极端，激发、诱惑人们尤其是年轻人的消费欲望，制造非理性的、过度的需求，生活消费异化为符号消费成为一种时尚,其客观结果是穷竭自然资源并且破坏生态环境。生态主义思潮正是在这种局面下形成并发展起来的,然而它不分青红皂白,将批判的矛头同时指向资本主义和社会主义,认为这两种社会发展模式都是奠基在经济发展基础上的。针对这一观点,生态主义的马克思主义从生态主义那里分化出来,形成了生态主义的左翼,该理论将批判的锋芒直指资本逻辑,认为真正能够解决生态危机的出路在于至今主导人类生存模式的经济运营方式的改变,而真正的社会主义是解决这一问题的现实路径,是人类社会的发展方向。

同样,新儒家思潮的复兴在很大程度上也具有很强的现实针对性,市场经济体制在强化主客体相关性的同时,也助长了个人本位的思想,外来的自由主义理论又从思想观念上强化了个人利益的因素,市场体制下竞争的激烈性在一定程度上激化了不同个人、不同利益群体之间的利益冲突。在缺乏规范性约束的利益冲突中,经济上、政治上的权力在某种程度上便成为解决问题的决定性力量,权力是否能够在公正的意义上被行使,往往又取决于执掌权力的个人、机构,在某些情况下,权力的被滥用,使得社会的公平、正义难以得到应有的体现,这直接导致了人们的信念丧失、道德滑坡。除此之外,生态危机又彰显了人与自然之间的矛盾。此时以强调整体、和谐、内敛、德性为特征的中国传统文化尤其是传统儒学及其与现代性相融合的新儒学就被人们作为一种能够抵御、消解市场经济负面效应的一剂药方而在一定范围内加以接受,更为重要的是以儒学为主的中国传统文化在中国走向世界的过程中,对全世界的华人来说,都具有很强的凝聚力。它也在这个意义上被主流意识形态以弘扬中国传统文化的方式所接纳。作为主要社会思潮之一,围绕着新儒学而展开的讨论,并不直接触及社会体制问题,严格说来,儒学本身形成于资本主义之前,因而围绕着儒学的论争主要局限于道德、思想文化的现代性与历史传承性而展开。

对社会主义体制提出质疑和挑战的社会思潮是形形色色的自由主义理论,作为资本主义体制的理论基础,自由主义理论本身也伴随着资本主义的历史进程而不断发生着变化,不仅衍生出不同含义上的新自由主义,而且受马克思主义理论和社会主义实践的影响,自由主义自身内部也出现了左、右翼之分,其左翼用自由阐释平等,在某种意义上与当代国外马克思主义学派中的某些观点相互融合;其右翼将自我所有原则推至极端,在西方世界，成为右翼极端保守主义、民族主义的理念支撑。传入中国的自由主义理论，在中国的语境下，同样从左、右翼两个方面影响着不同的学者、群体。其左翼追逐平等正义的理念为一些中青年学者所接受，作为综合、缓和、包容、调解现实社会矛盾的一种可操作策略；其右翼所追求的市场化、私有化在某种程度上为一些经济界尤其是金融界人士所认可。从微观层面来看它能够作为个人、局部追逐经济利益的理论支撑，从宏观层面来看，在国家的宏观调控、管理与市场导向这一两端的矛盾关系中，自由主义右翼倾向于追求市场的自由发展，这与其强调个体利益驱动的经济活动导向是一致的。自由主义思潮在中国之所以能够流行起来，既有来自西方世界的理论传承，又有适应其生长的本土环境，只有正视其存在，发掘其理论根源，分析其现实原因，才能揭示其自身的理论悖论与困境，做出具有理论说服力的批判。

当今流行于欧美世界的社会批判理论在左翼社会思潮中颇具分量，它发源于德国法兰克福学派，"二战"期间随着其关键人物的迁移，其主要阵地也转移至美国，社会批判理论在与自由主义理论的交锋中同时使自身的理论发生了很大的变化，形成了沿着两个方向发展的分支。其一是策略上的变化，即在坚持马克思主义经典理论的基础上，对马克思主义理论远大战略目标的实现进行了阶段性划分；其二是理论上的变化，即在规范理论的语境中发生了与自由主义左翼理论的融合。

当代社会批判理论与德国古典哲学家康德、黑格尔的哲学传统有着密切的传承关系，同样，法国的马克思主义也难以摆脱结构主义传统模式，经历了从结构主义到后结构主义的发展路径，后结构主义与后工业发展时代相呼应，其主要特征是解构主义，受这一哲学氛围的影响，无论这些马克思主义学者本人是否意识到或者认可与结构主义传统的关系，他们的思维方式都留下了结构系列的烙印，与结构主义、解构主义，进而与后现代主义有着密切的理论关联性，在此基础上，形成了后马克思主义思潮。后马克思主义思潮（post-Marxism）与马克思主义之后（after-Marxism）在历史背景和研究内容上都是有所区别的，后者主要形成于苏联解体之后，借助于《马克思恩格斯全集》历史考证版的编辑出版机遇，开启了摆脱苏式教条主义的马克思主义、以重读马克思为特征的再思马克思（rethinking of Marx）或者回归马克思（return of Marx）思潮。

一方面，我们通过对这些思潮的交互影响、历史脉络进行分析、梳理，从中抓住其与当下语境息息相关的核心理论问题；另一方面，我们通过对马克思主义经典文本、文献，尤其在可能的条件下对马克思文献历史考证版的阅读，不无惊讶地发现，时间虽然相隔150年，资本主义经历了由工业化到后工业化，20世纪世界历史舞台上的大规模社会主义实践遭受了挫折或者经历了改革，然而在一些核心理论问题上，马克思当初与各种形形色色自由主义理论家、国民经济学家的交锋，今天仍然具有很强的现实意义，马克思所面对的一些观点，今天在同样的语境中被一再地重现。这一现象说明了什么？

它至少说明，进入了后工业时代的资本主义发展模式，在其基本运行机制上并没有超脱出马克思的时代，在工业信息化、资本金融化的时代，资本逻辑并没有发生本质上的改变，由资本逻辑所引发的社会问题在世界范围再现。我们在这里可以用一个典型的案例来说明这一问题，《21世纪资本论》作者，在并不仰赖于马克思话语体系的情况下，借助于客观的大数据论证了资本主义社会在资本逻辑的主导下，持续着贫富分化的历史趋势，不过在资本金融化的时代，这样的趋势在全球范围以加速度的方式发展着。

苏东社会主义挫折对马克思主义理论的影响是深远的，我们很难说分析的马克思主义、法兰克福学派的当代表现形态——社会批判理论向政治哲学与道德哲学的转向在多大程度上与此相关，但是受此影响应该是毋庸置疑的。它们的这一转向，与马克思和恩格斯对资本主义的批判由从人们的思想、观念与道德深入现实社会的存在基础即经济关系、生产关系的研究思路不同，是沿着相反的方向运行的，一方面是重归思想观念、道德领域的批判；另一方面是将关注重点重新指向政治制度。这一现象的产生可能有两个方面的原因，其一是在与自由主义的论争中受自由主义左翼话语体系的牵制而融入了规范理论的语境，甚而用这一语境来解读马克思；其二是对苏联解体的反思，苏联体制下的政治制度比起其经济制度更加成为人们反思的对象。

国外马克思主义思潮的这一发展动态在一定程度上通过学术著作的翻译和学术交流的渠道影响着中国的马克思主义学界，在这种情况下，源头上从马克思和恩格斯的经典著作，甚而从《马克思恩格斯全集》历史考证版（MEGA2）入手，在尽可能准确理解马克思和恩格斯思想的基础上，结合时代语境，对各种社会思潮，从其理论渊源、现实背景、形成和发展脉络上进行具体地分析、研究与批判，对于马克思主义理论的创新发展来说，无疑是基础而又必要的理论研究工作。

全书写作分工如下：

上　集：

第一章　陈学明

第二章　王代月

第三章　贺翠香

第四章　员俊雅

第五章　毕芙蓉

第六章　王增收

第七章　魏小萍

第八章　魏小萍

下　集：乔　瑞

魏小萍

2017 年 5 月 11 日

上集目录

当代国外主要社会思潮

第一章 当代国外生态马克思主义思潮与中国绿色左翼的理论分析 ……… 3

第一节 生态马克思主义带给我们的启示 ……………………… 6

第二节 生态马克思主义如何认识生态危机的根源 ……………… 19

第三节 生态马克思主义如何面对发展与生态的两难困境 ……… 43

第四节 生态马克思主义对"生产逻辑"与"资本逻辑"的区分 ……… 46

第五节 生态马克思主义解决问题的路径 ……………………… 50

第六节 中国绿色左翼的崛起 …………………………………… 60

第二章 当代消费主义思潮批判 ……………………………………… 62

第一节 消费主义的发展历程及其负面影响 …………………… 62

第二节 消费主义拜物教批判 …………………………………… 74

第三节 消费主义意识形态的虚假性 …………………………… 84

第四节 消费主义在我国的践行与批判悖论 …………………… 90

第三章　当代社会批判理论的最新进展研究 …………………… 96

第一节　何谓社会批判理论 ………………………………………… 97

第二节　20世纪90年代后哈贝马斯的后世俗社会理论与宗教观 …… 101

第三节　维尔默、奥菲对现代性与福利国家的思考 ……………… 129

第四节　霍耐特的承认理论转向 …………………………………… 135

第五节　弗雷泽：再分配，还是承认 ……………………………… 147

第六节　霍耐特近10年的理论新进展 ……………………………… 158

第四章　当代美国人道主义马克思主义新思潮研究和理论成果 …… 176

第一节　杜娜叶夫斯卡娅与美国人道主义马克思主义的创立 …… 178

第二节　当代美国人道主义马克思主义的基本特征 ……………… 186

第三节　当代美国人道主义马克思主义的文本依据 ……………… 190

第四节　哲学基础：回到马克思 …………………………………… 194

第五节　对马克思资本主义替代理论的研究 ……………………… 202

第六节　对马克思非西方社会理论的研究 ………………………… 207

第七节　对列宁与黑格尔和辩证法关系的研究 …………………… 214

小　结 …………………………………………………………… 237

第五章　后马克思思潮路径解析 ……………………………………… 238

第一节　结构主义马克思主义 ……………………………………… 239

第二节　符号政治经济学批判 ……………………………………… 250

第三节　后现代思潮与马克思主义 ………………………………… 262

- 第四节　精神分析与意识形态批判 …………………………………… 276
- 第五节　拉克劳、墨菲的后马克思主义 ………………………………… 289

第六章　当代国外自由主义最新动态研究 …………………………… 301
- 第一节　自由主义的历史形成 …………………………………………… 301
- 第二节　自由主义的当代特征 …………………………………………… 324
- 第三节　对当代自由主义的分析与批判 ………………………………… 346

第七章　马克思与当代主要社会思潮的哲学—经济学分歧及思考 … 375
- 第一节　马克思早期批判思路的形成路径 ……………………………… 376
- 第二节　雇佣劳动关系中的公平正义问题 ……………………………… 385
- 第三节　通向分配正义的劳动价值论的形成 …………………………… 395
- 第四节　通向分配正义的《资本论》研究 ……………………………… 407
- 第五节　跨世纪的两个《资本论》批判思路的比较 …………………… 420

第八章　马克思与当代主要社会思潮的哲学—政治学分歧与思考 … 431
- 第一节　资本主义经济关系的政治哲学批判 …………………………… 432
- 第二节　马克思与当代自由主义分歧的哲学思考 ……………………… 444
- 第三节　马克思与哈贝马斯批判指向的比较 …………………………… 455
- 第四节　分配正义蕴含着的两个抽象原则 ……………………………… 468

参考文献 …………………………………………………………………… 478

上集 当代国外主要社会思潮的动态研究与批判

第一章 当代国外生态马克思主义思潮与中国绿色左翼的理论分析

对国外马克思主义,或者说对西方马克思主义的研究,仅仅聚焦于研究一个人、一股思潮、一本著作的阶段业已过去。现在应当强化问题意识,把注意力集中于研究问题上。只有这样,才能把对西方马克思主义的研究与对马克思主义基本理论的研究、对当今中国社会现实的研究紧紧结合在一起,才能使西方马克思主义为认识和破解当今中国面临的现实问题提供启示和理论资源,才能充分展现研究西方马克思主义的现实意义。研究生态马克思主义的基本思路应当是:当今中国日益严重的生态危机究竟面临哪些难题亟待正确认识和破解?生态马克思主义能够为我们认识和破解这些难题提供什么样的启示和理论资源?

首先,我们给生态马克思主义一个正确的定位:在"西方马克思主义"内部,有一个以特定的领域作为研究对象的派别即"生态马克思主义"。随着西方社会生态运动的蓬勃兴起,"生态马克思主义"也不断发展,"生态马克思主义"成为了当今西方马克思主义中最有影响力的派别。"生态马克思主义"在西方世界被视为一种政治生态学,它的浓厚的政治生态学色彩不但与生态主义形成了鲜明的对照,就是与同属于生态社会主义阵营的其他思潮也大相径庭。"生态马克思主义"既然作为一种政治生态学,它便具有建立政治学与生态学之间的内在联系的显著特征。"生态马克思主义"者把"人与自然的新陈代谢"理解为政治生态学的对象领域,认为这便是生态学与政治学之间有机联系的真正媒介。而且他们强调,这种意义上的

"新陈代谢",在很大程度上来源于马克思,它体现了马克思政治经济学批判的唯物主义基础特征。他们认为,作为一种政治生态学的"生态马克思主义",一方面它是政治的,从而它不会忽视人的剥削关系这一面;另一方面它又是政治的生态学,所以,它能够在更广泛的对自然的剥夺这一背景下把握这些关系。作为一种政治生态学的"生态马克思主义",不仅是以对人的剥削关系的批判,而且也是以对盘剥自然的批判为出发点的。"生态马克思主义"者一般说来都承认与马克思主义的渊源关系,承认生态社会主义是在马克思主义思想指导下形成的一种社会主义思想。他们强调,生态社会主义并没有离开马克思主义的理论传统,但又是对传统马克思主义的一种"补充""发展"或"超越"。他们中的大多数人都认定,在马克思的著作中包含了深刻的生态理论;他们中有的人虽然不主张一味地从马克思的著作中为生态社会主义寻找某种"合法性"的根据,但也不否认研究马克思主义对当代生态运动有重大意义。他们认为,对当代生态运动来说,马克思主义的重要意义不在于理论本身,而在于它的批判精神和它的方法论。

在西方世界原先的各个马克思主义哲学流派中,苏联解体后发展最快、影响最大的当属"生态马克思主义"。苏联解体,并没有给"生态马克思主义"带来多少负面影响。相反,20世纪90年代以来,生态马克思主义进入了一个飞速发展的阶段。无论是在理论建树方面,还是在实际作用方面,其发展势头都超过了以往任何阶段。"生态马克思主义"在苏联解体后的飞速发展,为重新确立马克思主义在人们心目中的地位,为扫除对马克思主义的现实性的各种疑虑发挥了巨大的作用。有人甚至把"生态马克思主义"在苏联解体后的飞速发展视为马克思主义获得新生的主要标志,把"生态马克思主义"当作马克思主义发展的一个新阶段。"生态马克思主义"之所以在苏联解体后非但没有走下坡路,相反还大步向前,这与它所探讨的主题密切相关。最近几十年,生态危机已成了人类最迫切需要解决的问题。在这种情况下,以生态问题作为研究主题,且由于以马克思主义的生态理论作为出发点,从而比其他任何生态主义派别都要具有吸引力的"生态马克思主义",自然获得了飞速发展的有利条件。这一时期,"生态马克思主义"理论上的建树一方面见之于其从资本主义生产方式与生态危机的联系上对资本主义的系统批判,特别是"生态帝国主义"概念的提出,使这种批判与全球化问题的研究结合在一起；另一方面表现在其全面推出了生态社会主义的构想，这一构想比起其在 20 世纪七八十年代所提出的生态社会主义的要求，更为完整、成熟，完全改变了以前还多多少少接受生态运动的政治纲领和社会理想的局面。

接下来，我们归纳一下当今中国围绕着日益严重的生态危机，究竟面临哪些难题亟待正确认识和破解。

（1）我们面临日益严重的生态危机，要正确认识和解决这一危机当然需要理论资源。我们到哪里去寻找理论资源？我们能不能如某些人那样一味地从中国传统文化或者西方以自由主义为代表的文化中寻找理论资源？马克思主义可否构成我们认识和走出生态危机的主要理论资源？马克思主义究竟有没有自己的生态理论？如果有的话，这一理论在当今中国有着怎样的现实意义？

（2）造成生态危机的根源究竟是什么？近年上海的《毛泽东邓小平理论研究》曾刊登了一篇题为《生态危机根源与治理的马克思主义观》的文章，批评生态马克思主义"把生态危机的根源直接与资本逻辑、资本主义制度挂钩"，认为生态马克思主义的这一观点的"理论缺陷是把生态危机这一不是社会制度的问题纳入制度分析的思路"，文章强调"生态危机的直接原因是现代生产力发展形成的对自然巨大获取和破坏能力"。在当今中国，持有这一观点的大有人在，那么我们究竟能不能接受这一文章所代表的观点，认为生态危机与社会制度、资本逻辑根本没有关系？我们究竟是如马克思那样透过人与自然的矛盾来进一步追溯人与人之间的矛盾，还是把人与人之间的矛盾化解为人与自然的矛盾，甚至进一步化解为自然界中这一种物与那一种物的矛盾？

（3）在生态危机面前，我们究竟陷入了一种什么样的困境和两难境地？这种两难境地究竟是如何造成的？陷于这种困境之中的人类究竟还有没有出路，还"可解"或"不可解"？

（4）如何通过分析面临生态危机陷入两难境地来认识中国特色社会主义道路的合理性与合法性？从解决生态危机这一角度看，中国道路的合理性与合法性究竟在哪里？

（5）我们究竟如何走出生态危机？我们究竟如何从"源头"上来解决生态问题？对生态问题，为什么我们不能一方面致力于解决"结果"；另一方面又不断制造"原因"？为什么说改变现行的生产方式与生活方式是解决生态危机的根本出路？

我们将围绕这五个问题，来看看生态马克思主义究竟能够提供什么样的启示和理论资源。我们把重点放在第一个问题上，即：生态马克思主义对马克思主义的生态理论的揭示，让我们深刻地认识到，马克思主义的生态理论是当今中国认识和解决生态危机的主要理论资源，离开了这一理论资源去探索中国的解决生态危机之路，则是缘木求鱼。

第一节 生态马克思主义带给我们的启示

生态马克思主义让我们知道马克思主义有着深刻的生态理论，而且这一理论对当今中国有着无可争议的现实意义，这一理论是认识和解决当今中国生态问题的主要理论资源。

一 必须批判对马克思生态理论的否定

J. B. 福斯特指出，长期以来人们都认为在马克思的思想体系中并不包含生态理论，从而认为，马克思对人类社会的变革可能具有指导意义，但对人与自然的关系的变革，非但不具正面的积极意义，反而有着强烈的消极作用。持这种观点的人既有西方激进的生态主义者和绿色运动的理论家，也有一些号称马克思主义思想家的人。

与此同时，J. B. 福斯特也注意到，最近几年在国际学术界对马克思思想体系中究竟有没有生态理论的看法似乎有了某种改变，这主要表现在"很多即使原先最苛刻地批评马克思的人，近时均不得不承认，在马克思的著作中包含着值得注意的生态思想"[1]。他引用意大利物理学家 M. 奎尼的话来说明这一点，早在现代资产阶级生态意识产生之前，马克思"就已开

---

[1] J. B. Foster, *Marx's Ecology: Materialism and Nature*, Monthly Review Press, 2000, p. 9. J. B. 福斯特的这一著作已有中译本，高等教育出版社于 2006 年出版。本书在翻译 J. B. 福斯特的相关原文时，参阅了这一中译本。

始谴责对自然的侵犯行为"①。但在 J. B. 福斯特看来，目前国际学术界对马克思生态理论的认可是非常肤浅和零碎的，并没有系统和深刻地把握其根本。他把目前国际学术界对马克思生态理论的认识归纳为以下六个方面的有着内在逻辑联系的观点。

（1）马克思思想中的生态思想与其著作的主体思想没有系统性的关联，它们只是作为"说明性旁白"出现在马克思的著作中，因此完全可以将其忽略掉。

（2）马克思的生态思想只是出现于他的早期著作中，在其后期著作中很少提及。

（3）从根本上看，马克思没有解决对自然的掠夺问题，没有将其生态思想融入其价值理论之中，而最终还是持崇尚技术、反生态的"普罗米修斯主义"的观点。

（4）这种"普罗米修斯主义"的观点合乎逻辑的必然结果，是马克思认为资本主义的技术和经济进步完全可以解决生态限制的问题，而作为"生产者联合体"的未来理想社会的主要标志主要是物质的极大丰富，按照马克思的思想逻辑，人类根本用不着"用一种认真的态度""面对稀有资源的分配问题"，也根本用不着提出什么"具有生态意识的社会主义"。

（5）马克思对自然科学或者技术对环境究竟会带来什么影响是不感兴趣的，他根本就不具备研究生态问题所必需的自然科学基础。

（6）马克思实际上是个"物种主义者"（speciesist），也就是说他要把人类与动物彻底分开，并视前者优于后者。②

J. B. 福斯特当然不同意所有这些关于马克思生态思想的论点，他说他要对所有这些论点进行"坚决的批判"。他针锋相对地指出，"马克思的世界观是一种深刻的、系统的生态世界观"③。所谓"深刻的"，就是抓住了事物的根本，是从根本上回答和解决了当今人类所面临的生态问题；所谓"系统的"，就是构成了一个完整的体系，是对生态问题的全面的论述。正因为马克思的生态理论是深刻而系统的，所以马克思的生态理论

---

① J. B. Foster, *Marx's Ecology: Materialism and Nature*, Monthly Review Press, 2000, p. 9.
② Ibid., pp. 9 - 10.
③ Ibid., p. Ⅷ.

可以拿来作为当今人类构建生态文明的指导思想。在接受媒体采访时，当有人向他指出，他的这一看法与"现在普遍流行的涉及马克思和马克思主义思想的某些假定"相冲突，他明确地回答："是的，我的著作与对马克思的这种理解相反。"他反复强调："马克思实际上对如何调整我们与自然界的关系，对环境进程如何与社会发展和社会关系紧密地联系在一起提供了大量的见解。"① 基于对马克思思想的这样一种基本判断，他不同意一些生态社会主义者所提出的，要把目前西方流行的绿色理论与马克思的生态理论嫁接在一起的设想。在他看来，马克思的生态理论无须这些绿色理论来补充和完善，因为它本身已十分完美。再说，把两种本来就存在着极大差异的东西"嫁接"在一起，是不会产生"现在所需要的有机合成物"。他引用培根在《新工具》中的一段话来论证自己的观点："若期待用在旧事物上加添和移接一些新事物的做法来在科学中取得什么巨大的进步，这是无聊的空想。我们若是不愿意兜圈子而仅有极微小的进步，我们就必须从基础上重新开始。"② 与此同时，他更不同意一些人提出的将马克思主义加以"绿化"的观点，似乎在马克思那里本来并没有什么生态理论，从而需要对马克思主义加以改造，使它与生态不相冲突。他强调，在马克思主义中隐含着深刻的生态理论，马克思不但对人类与自然的异化进行过系统的批判，而且对如何超越这种异化做出过富有成效的探索，它本来就是一种有着丰富的绿色内容的"红色理论"，再对它进行"绿色化"的改造则是对它的伤害。

二 为什么对马克思的生态理论视而不见

马克思的思想体系中包含着深刻的、系统的生态理论，但这一理论还只是潜在地存在于马克思的著作之中，尚没有被人们挖掘出来，对广大人民群众来说，这一理论还只是"一个没有被认识到的灵感源泉"③，这就是

---

① J. B. Foster interviewed by D. Soron, "Ecology, Capitalism, and the Socialization of Nature", in *Monthly Review*, 2004, 11, Vol. 56, No. 6, p. 6.
② J. B. Foster, *Marx's Ecology: Materialism and Nature*, Monthly Review Press, 2000, p. Ⅷ.
③ J. B. Foster interviewed by D. Soron, "Ecology, Capitalism, and the Socialization of Nature", in *Monthly Review*, 2004, 11, Vol. 56, No. 6, p. 4.

J. B. 福斯特对马克思生态理论现状的认识，也是他致力于研究这一理论的主要缘由之所在。他对自己定下的使命，就是"重新构造马克思的生态理论"①。

在马克思的思想体系中明明包含着深刻的、系统的生态理论，可为什么人们偏偏无视它的存在，不去挖掘它，更不用说运用它来指导当今生态文明的建设？这正是 J. B. 福斯所着重思考的问题。在他看来，要真正把握马克思的生态理论以及这一理论的价值，必须具备两个基本前提：其一，对目前人类所面临的生态危机的实质与根源有一个正确的认识；其二，对马克思的思想体系的宗旨与本质也要有恰当的理解。如果对前者缺乏正确的认识，那么即使马克思的生态理论清清楚楚地存在着，也会把这一理论视为反生态的，用一种颠倒黑白的眼光来看待马克思的相关理论；而倘若对马克思的思想体系不能恰当地理解，那么即使对当前生态危机的看法是正确的，也不能从马克思的著作中吸取有益的东西。在他看来，马克思主义的悲哀，实际上也是整个人类的悲哀，就在于一些人因为不能正确地对造成生态危机的根源做出判断，从而对马克思主义的生态理论的价值视而不见。另一些人即使对生态危机的根源有正确的认识，但因为曲解了马克思主义，从而也不可能发现马克思主义的生态理论之存在。下面我们就看看 J. B. 福斯特对此所做出的具体分析。

J. B. 福斯特说，由于错误地认识生态危机的实质与根源从而导致贬低甚至歪曲马克思的生态理论的，主要是一些激进的生态主义者。他指出，在当代绿色理论内部已经出现了一种很强烈的倾向，这种倾向将生态退化的整个过程都归结于弗朗西斯·培根所开创的科学革命。弗朗西斯·培根被认为是"支配自然"观念的始作俑者。而正是这种"支配自然"的观念滋生了人类中心主义的恶习，从而带来了至今人类所挥之不去的自然危机。他这样说道："今天人们常常作这样的设想，要想成为'生态主义者'，就意味着应以一种高度精神化和唯心主义的方式来对待自然，应当放弃据说是被科学和启蒙运动业已证明了的那种对待自然的工具性、还原性的敌对态度。从而作为一名环境主义者就意味着与'人类中心主义'决裂，培育

---

① J. B. Foster, *Marx's Ecology: Materialism and Nature*, Monthly Review Press, 2000, p.10.

对自然内在价值的精神意识，甚至如有可能应当将自然置于人类之上。"①这些生态主义者实际上把当今人类所面临的生态危机归结于科学技术、现代工业文明、现代性、唯物主义、启蒙运动所带来的，因此这场危机就是科学技术、工业文明、现代性、唯物主义、启蒙本身的危机。"这样，从 17 世纪直至 20 世纪的几乎所有的思想家，只是极少数的诗人、艺术家和文艺评论家可排除在外，均以反对生态价值和神化发展与进步的罪名而遭到谴责。"② 马克思当然也属于这些思想家之列。这些生态主义者认为，马克思的思想体系无疑继承了启蒙的传统，马克思主义的哲学是一种唯物主义哲学，崇尚科学与进步是马克思的思想的核心，从而马克思与其他启蒙思想家一样是反生态的。J. B. 福斯特通过上述分析得出结论，把生态危机与科学和唯物主义联系在一起，是这些生态主义者把马克思说成是反生态的思想家的主要原因。他指出："不能充分认识马克思贡献的一个重要原因就在于这样一种与日俱增的倾向：它把对生态价值以及生态形式的理解建立在与科学和唯物主义根本对立的基础之上。"③ 这些倾向最关键的，一是指责马克思崇尚科学技术，"马克思之所以遭受攻击，就在于他被假设为技术的'普罗米修斯主义'"，即使马克思也曾强烈地反对这样的"普罗米修斯主义"；二是批判马克思的唯物主义，马克思的唯物主义遭到最根本的责疑，"马克思的唯物主义被说成是业已导致他强调一种类似于'培根式的'支配自然和发展经济的思想，而不是维护生态价值"④。J. B. 福斯特正确地指出，只要这些生态主义者简单地把生态问题归结为一个价值问题，而无视人类和自然之间不断进行的物质关系这个更加困难的问题，那么，他们永远发现不了马克思思想的生态价值。

J. B. 福斯特所说的即使不把生态危机的根源归结于科学技术、唯物主义、现代性、启蒙本身，但由于不能正确地把握马克思思想的本质，最终还是不能揭示出存在于马克思的思想中的深刻的生态观点，这主要指的是

---

① J. B. Foster interviewed by D. Soron, "Ecology, Capitalism, and the Socialization of Nature", in *Monthly Review*, 2004, 11, Vol. 56, No. 6, p. 5.
② J. B. Foster, *Marx's Ecology: Materialism and Nature*, Monthly Review Press, 2000, pp. 11–12.
③ J. B. Foster interviewed by D. Soron, "Ecology, Capitalism, and the Socialization of Nature", in *Monthly Review*, 2004, 11, Vol. 56, No. 6, p. 5.
④ J. B. Foster, *Marx's Ecology: Materialism and Nature*, Monthly Review Press, 2000, p. 10.

那些打着马克思主义旗号的思想家。他指出,马克思确实将一般的唯物主义转变成了实践的唯物主义,但"马克思在将唯物主义转变为实践的唯物主义的过程中,从来不曾放弃过对属于本体论和认识论范畴的唯物主义,即唯物主义自然观的总体责任"①。他强调,不能因为马克思的唯物主义是一种实践的唯物主义,就无视马克思依然持有属于"实在论"的本体论的观点,即依然坚持外在的物理世界相对于思维的独立存在。在社会历史领域,马克思确实与将实在归结为先天的观念和抽象的文化概念的唯心主义进行了坚决的斗争,而进行这种斗争的强大思想武器是历史唯物主义。我们必须明确,马克思的历史唯物主义并没有否认"物质存在的自然—物理方面"而使自己的唯物主义的内容完全被掏空。如果马克思的历史唯物主义不包含唯物主义的内容,那么,即使在社会历史领域对唯心主义的批判也会变得毫无力量。在对这一点做出论述以后,J. B. 福斯特进一步指出,非常遗憾,当今的马克思主义研究在强调马克思主义的唯物主义是实践的唯物主义和历史的唯物主义的同时,把马克思主义作为本体论和认识论的唯物主义的本性也消解掉了。他们"都逐渐拒绝了实在论和唯物主义,而把人类社会看作是建立在实践基础上的人类社会关系的总和"。他认为,"这代表着向唯心主义方向的一种转变"②。由于有了这样一种转变,在马克思主义当中,好像只有恩格斯,而不是马克思,才持有唯物主义的自然观。J. B. 福斯特强调,他们这样做所带来的"马克思主义的悲剧性的后果"就在于,"唯物主义观越来越成为抽象的、实际上根本没有什么意义的名词概念","仅仅是一个'语言的范畴'",或者说仅仅停留在与"经济基础与上层建筑"这一比喻紧密联系在一起③。而马克思主义在被说成与唯物主义无缘的同时,马克思主义也逐渐远离了自然科学。因为事实上,在马克思主义那里,唯物主义与自然科学是紧密联系在一起的。马克思始终坚持这样的观点,"如果一门自然科学要完全成为科学的,那它务必是唯物主义的"④。正因为如此,马克思在阐述自己的唯物主义观点的同时,一生呕心沥血,不懈地与自然科学的发展保持一致。J. B. 福斯特提醒人们注意,

---

① J. B. Foster, *Marx's Ecology: Materialism and Nature*, Monthly Review Press, 2000, p. 6.
② Ibid., p. 8.
③ Ibid.
④ Ibid., p. 9.

在马克思主义研究者之中，非常流行的看法是只有恩格斯才是这样的，而这与马克思无关。他强调，"这种观点是错误的"①。在 J. B. 福斯特看来，任何一种学说只要与唯物主义无缘、远离自然科学就不可能在生态保护、人与自然关系建设方面有所作为，马克思主义一旦受到这些所谓的马克思主义思想家的唯心主义化和反自然科学化，其生态理论的光辉也就隐而不见了。

三 关键是要把握马克思哲学的唯物主义实质

J. B. 福斯特明确指出，他所说的上述第二类人中，当然也包括以卢卡奇为代表的"西方马克思主义"思想家在内。这些"西方马克思主义"思想家（除了结构主义传统的"西方马克思主义"者）尽管也反对上层建筑与经济基础这一"简单的"比喻，但事实上由于他们缺少一种"彻底和全面的唯物主义"，最后就不可避免地"依赖"这一比喻。他指出，这些"西方马克思主义"理论家根本就不了解作为一种"彻底和全面的唯物主义"的马克思的唯物主义，"只有把它与现实的自然、物理条件，与感觉领域，因此事实上也与更大范围的自然界联系在一起""这才有可能产生"②。在他看来，"西方马克思主义"思想家在把马克思主义唯心主义化、反自然科学化方面，一点也不逊色于其他马克思主义理论家，他们所开创的"西方马克思主义"这股思潮，即使在为马克思主义"正名"等其他方面做出过不朽的贡献，但在抹杀马克思主义的唯物主义本性方面犯下严重的错误，也造成严重的恶果。这样我们就看到了这样一种现象，当今的一些"西方马克思主义"思想家在生态危机的根源等问题上与生态中心主义者等严重对立，坚持反对把科学技术、唯物主义、现代性等直接视为生态文明的敌人，但是，他们在进行这种论述时却常常苦于在马克思主义的著作中找不到直接的根据。实际上，并不是马克思主义的著作中不存在这样的根据，而是由于马克思主义已受到他们的曲解，从而使他们根本无法认识这些根据之所在。

---

① J. B. Foster, *Marx's Ecology: Materialism and Nature*, Monthly Review Press, 2000, p. 9.
② Ibid.

J. B. 福斯特自我检讨说,自己之所以在相当长一段时期内也没有认识到马克思主义理论中存在极有当代价值的生态观点,主要原因就在于自己一直追随卢卡奇等"西方马克思主义"理论家,自己的马克思主义观基本上是"西方马克思主义"的。他这样说道:"我多年所学习的马克思主义,成了我探索生态唯物主义的障碍。我的哲学基础一直是黑格尔和黑格尔主义的马克思主义者对实证主义的马克思主义的挑战,这种挑战最早见之于20世纪20年代卢卡奇、柯尔施和葛兰西的著作,之后一直延伸至法兰克福学派和新左派。"[①] "西方马克思主义"一直致力于批判把马克思主义实证主义化的倾向,而他们进行这种批判的有力手段是将马克思主义黑格尔主义化。所以"西方马克思主义"实际上是一种黑格尔主义的马克思主义,J. B. 福斯特承认自己所接受的马克思主义就是这种黑格尔主义的马克思主义。这种黑格尔主义的马克思主义有时又被称为实践的唯物主义,实践的唯物主义又同各种"历史文化"理论混合在一起。显然,在这样一种"混合物"中,"似乎并没有为用马克思主义的方法探讨自然和自然—物理科学问题留下什么空间"。他回顾自己接受马克思主义的过程,反复强调自己原先所知道的马克思主义的唯物主义就是实践的唯物主义,"这种唯物主义涉及黑格尔的唯心主义以及费尔巴哈的唯物主义对黑格尔的挑战,但它却忽略了哲学和科学当中的范围更为广阔的唯物主义和历史"。卢卡奇等"西方马克思主义"理论家给予自己的教育,使自己无视这样一个最基本的事实:马克思一直是一个唯物主义者,而他的生态观正是来源于他的唯物主义。他这样说道,"卢卡奇和葛兰西的理论遗产""已经成为自己思维方式的一个组成部分",而正是这样一种思维方式"否认了辩证的思维方式运用到自然的可能性"[②]。而要真正揭示马克思的生态观点的价值,真正把马克思的辩证的思维方式运用于分析人与自然的关系,只有摆脱"西方马克思主义"的理论遗产,走出卢卡奇、葛兰西等人的思维方式。他认为自己在一些围绕在《每月评论》杂志周围的真正的马克思主义理论家的影响下,已经走出了这样一种思维方式。而当马克思的唯物主义的意识出现在自己的大脑中,自己也清楚地看到了马克思主义与自然科学之间的内在联系,看到了

[①] J. B. Foster, *Marx's Ecology: Materialism and Nature*, Monthly Review Press, 2000, p. Ⅶ.
[②] Ibid., p. Ⅶ.

马克思主义中存在着活生生的生态观点。

J. B. 福斯特在一次与人交谈中强调，实际上马克思对规范我们与自然界的关系，对环境进程和社会发展、社会关系密切联系的方式提供了深刻的见解。一些马克思主义研究者之所以认识不到这一点，关键就在于对马克思主义思想的理解发生了偏差。在他看来，马克思以后的马克思主义者实际上并没有沿着正确的方向去追随马克思、理解马克思，从而也就丢失了马克思的生态思想的核心。他这里特别提到了两个方面的马克思主义研究者，一是"'西方马克思主义'者在反实证论时常常表现出对科学的完全忽视或敌视的态度"；二是来自苏联的"辩证唯物主义"者"完全持实证主义的态度"，将理论"完全建立在一种盲目崇拜的和扭曲的科学观念的基础之上"。前者是一种"完全拒绝科学的经院式的和人道主义的传统"，而后者是一种"没有给人类留下空间的机械性的科学"。这两类研究者从两个相反方向上对马克思主义的理解，都不可能揭示出马克思主义理论所包含的生态观点的价值。J. B. 福斯特这样说道，"我们需要的是理性的唯物主义，这种唯物主义既可以正确地解决生态问题，又可以将对生态危机的关注和对可持续发展的需求融入其经济理论的视野"，而"马克思是最先为这种类型的唯物主义制定原则的思想家"[①]。

我认为，上面所评说的他的有关马克思的生态理论的观点，起码在下面这些方面给予我们深刻的启示。

第一，当今人类要摆脱生态危机，建设生态文明，必须有正确的理论导引，这一理论只能是马克思主义。尽管马克思主义的生态理论尚没有被人们充分地认识到，在某种意义上说，它只是解决生态问题的"潜在的灵感源泉"，但是我们千万不能低估它的价值和意义。人类能否最后走出生态困境、获取美好的前程，很大程度上取决于是否真正能把马克思主义作为指导自己解决生态问题的旗帜，而与此相对应，马克思主义在新的历史条件下的生命力也主要视其能否在指导人们解决生态问题上发挥自己的功能。

第二，在马克思主义理论体系中明明包含着深刻的生态观点，但人们往往视而不见。这既有错误地认识生态危机的原因，即把生态危机视为是

---

① J. B. Foster interviewed by D. Soron, Ecology, Capitalism, and the Socialization of Nature, in *Monthly Review*, 2004, 11, Vol. 56, No. 6, p. 6.

由唯物主义、科学技术、现代性本身带来的；更有错误地理解马克思主义的缘由，即把马克思主义唯心主义化和反自然科学化。要真正挖掘和展示马克思主义中所隐含的生态观点，必须同时具备两个条件，即正确地把握产生生态危机的根源和正确地理解马克思主义。

第三，以卢卡奇为代表的"西方马克思主义"理论家在妨碍人们挖掘和展现马克思的生态观点方面，负有不可推托的责任。尽管他们在反对将马克思主义实证主义化方面作出过贡献，但与此同时他们在马克思主义内部又开创了将马克思主义黑格尔主义化的先河。他们对马克思主义的研究影响了整整一代人。把马克思主义哲学归结为一种实践的唯物主义，而与此同时否定马克思主义哲学是本体论意义上和认识论上的唯物主义，掏空马克思主义哲学的唯物主义的内容，就是这种影响所带来的一个严重理论后果。有必要重新评价由卢卡奇等人所开创的"西方马克思主义"的历史作用。

第四，要真正把隐含在马克思主义思想体系中的生态观点挖掘出来，关键在于重新恢复马克思主义哲学的唯物主义本性。马克思主义对解决生态问题的巨大潜力就在于它所依赖的社会理论属于唯物主义，马克思的生态观点直接建立在他的唯物主义自然观和历史观的基础之上。马克思的生态世界观与他的唯物主义自然观、历史观之间有着不可分割的内在联系。如果撇开了后者，就无从索解前者。

第五，马克思的生态观点是在总结和吸收前人以及同时代人的理论成果的基础上形成的，其中伊壁鸠鲁、达尔文以及李比希三人对马克思生态观点的形成产生了重大作用。因此，研究马克思的生态观点必须从研究马克思同这三个人的关系入手。要通过研究马克思与伊壁鸠鲁的真实联系，来发现马克思所创立的实践唯物主义"从来没有同他思想中固有的那种深刻的唯物主义自然观相分离"；要通过研究马克思与达尔文的真实联系，来发现马克思是如何确立人与自然之间关系的基本原则的；要通过研究马克思与李比希的真实联系，来发现马克思是如何通过"新陈代谢断裂"这一概念来揭示生态危机的实质的。

第六，马克思的生态观点的核心是不能离开资本主义的生产方式来观察生态问题，必须透过人与自然之间的矛盾来揭示人与人之间的矛盾。只要资本主义的利润至上原则仍在起着支配作用，解决生态问题就是一种空想。人类正在面临严酷的选择：或者忠实地服务于"利润和生产"这个上帝，忍受日益失控的生态和社会危机；或者拒绝"利润和生产"这个上帝，而朝向自然和人类社会和谐地共同进化。解决生态问题的最终出路，就是变资本主义生产方式和生活方式为社会主义的生产方式和生活方式。

下面我们再根据西方马克思主义的上述理论，结合我国这三十多年来研究马克思主义的现实，阐述马克思主义对解决生态问题的现实意义及对马克思主义的正确理解。

环顾当今中国学术界，对马克思主义，特别是对马克思主义哲学存在三种解释。

其一，对马克思主义作启蒙主义式的解释路向。

对马克思主义哲学作一种"启蒙主义"式的理解，这一理解路向同启蒙运动以来西方近代哲学的基本立场一样，主张一种人本主义的理念，推崇"人性"和"人"的地位、意义、权利、尊严、价值等等。在理论论证方式上，这一路向往往表现为对"青年马克思"的格外倚重，或者虽然关注和援引马克思成熟时期以及恩格斯、列宁等其他经典作家的学说论断，但实质上以马克思青年时代的一些思想和表述为核心，作为基本的统摄性的理论资源。同时，这种解读方式往往又引入如康德等西方近代思想资源，解读、补充、融合马克思主义哲学，用以反对其所认为的旧哲学和旧政治意识形态教条，乃至使马克思主义哲学"回到××去"。用"启蒙主义"范式来理解马克思主义哲学，从实质上说就是归结为对西方业已实存的那种"人的自由"的表现形式，即实存的现代化道路的推崇，从而在哲学表现上回到了西方近代哲学的某种形态，不同程度上采纳其具体的观点、内容或其根本的思维方式，马克思主义哲学也就是西方近代哲学大潮中的普通支脉。

具体来说，它可以表现为：（1）主张在思想文化、法权观念领域实现关于"人性""自由"的启蒙，以及在政治上层建筑领域对近代西方式的要素进行模仿乃至移植，从马克思主义"人类解放"的理论高度，退回到资产阶级革命时代的"政治解放"；（2）作为对"人"这种抽象的主体力量的推崇，成为抽象的"实践哲学"，去掉了马克思主义哲学"唯物主义"的本质规定，也失去了其共产主义的实践向度；（3）虽然关注经济基础，关注社会经济形态，却是不加区分地拥抱西方实存的那种现代性。主张在中国的现代化当中再现西方社会的现代性整体表现，包括再现西方式的自由市场经济和市民社会，再现资本的原则和逻辑，再现经济理性和资本理性；(4) 也主张对资本原则加以限制乃至批判，但"启蒙主义"式理解的历史观基础和哲学思维方式，也只能是从人本主义出发，是设定了某种抽象的、非历史的、非唯物主义理解的"人""人的本质"之类概念，将之作为本原性的存在，试图以此来解释历史，批判资本的"非人性"，事实上成为某种道德伦理批判和纯粹概念演绎。

其二，对马克思主义作后现代主义式的解释路向。

另一种倾向，是对马克思主义哲学作"后现代主义"式的理解。在很大程度上，后现代主义正是以启蒙主义为理论代表的西方现代性的反题，它反对近代乃至整个西方哲学史上的理性主义传统，并主张消解主体性，消解关于普遍性、历史进步等在西方哲学史上或至少近代启蒙以来的主导性理念。在一定意义上，后现代主义的一些目标和做法，的确与马克思主义有某种相似性。马克思主义也真切感受到并反思和批判现代文明社会中的消极后果，并在哲学领域表现为反思和批判西方全部哲学特别是近代哲学的抽象性、思辨性，主张新的世界观，主张回到人的现实生活，重新认识人的本质、意义和价值等等。由于这种相似性，当今一些论者采纳了后现代主义很多思想资源，例如西方马克思主义的某些后现代成分，又如海德格尔哲学，以此来"确证"马克思主义哲学的价值，反思和批判西方现代性的各种负面效应，包括批判作为其哲学表现的西方近代哲学理念，这是另一种以"西学"解马，将某些西方现当代哲学"接续"到马克思主义传统之下，将马克思主义哲学融入西方现代哲学的一般立场之中。

这种后现代主义的路向具体表现为：(1) 在批判启蒙和近代理性世界观的过程中，对人类理性、对基础主义和本质主义的理论范式也加以否定，表现出某种虚无主义、相对主义和主观主义的倾向，表现为拒斥历史的规律性、进步性。(2) 批判乃至拒斥整个"现代性"，消极地看待现代性当中工业文明维度的积极成果，特别是其物质成果，认为其起到了消极的压迫作用，否定工业文明的发展观和价值观，主张反经济增长、反科学技术、反物质生产。然而与此同时，也就往往忽略了现代性的另一个维度即资本主义，失却了资本批判的关键之点。(3) 持"后现代主义"式见解的论者想从现代性的牢笼中寻求人的解放，但由于前述两种理论观点的制约，其逻辑上可能导致两方面的推论，一方面，要么导致某种末世沉沦的悲观主义，要么转向寻求某种空想的个人"诗意栖居"；另一方面，即使试图从社会改造乃至社会革命的角度来看待和批判现代资本主义社会，也会由于缺乏对革命的主体、动力、机制的科学洞见，从而停留于某种改良主义，包括资本主义建制之内的各种新兴社会运动和市民运动，或者以相对主义和多元主义作为抗衡资本主义的武器乃至与前现代主义合流，又或者最终诉诸群众的非理性热情或乌托邦式的理念设定，诉诸革命的唯心主义。

其三，坚持以"两大发现"为核心的对马克思主义的解释路向。

这是一种基于马克思的实际的思想演变过程，从原本的马克思主义出发来理解马克思的解释路向。我们这里所说的从原本出发、以马解马，当然并不是从学说成分的外部特征上认定，看是否是马克思主义经典作家的"正统"词句，看是否在"马克思主义"这一旗帜下进行理论阐发，首先，从马克思主义在全局上的根本的独到观点，特别是马克思所发现的唯物史观这一人类社会发展的一般规律和以剩余价值为核心的现代资本主义社会的经济运行规律，用这两大科学发现和科学规律支撑起对社会主义的科学理解；其次，在判断和评价时，我们特别要注意马克思及后继的马克思主义者在思想探索过程中所发生的转变、取舍，正如同马克思在《〈政治经济学批判〉序言》中所做的那样，将这种心路历程和现实历史的行程相参照，从其中的对比得到鉴别；最后，我们还要具有马克思主义理论的深切现实关怀，解"马"的最终目的是用"马"来解现实，要结合国际共产主义运动实践的成败、得失，从其中的对比得到教训，要分析中国道路和中国特色社会主义的时代特点、任务，从其中的对比得到启迪，什么样的理论表达才真正有利于对当下社会实存的科学反思和批判，对未来新社会的科学设想和信念，有利于人类的根本性解放事业。从以上三个角度进行观察，我们才能真正了解什么是马克思主义的真精神，从而彰显其哲学的独特地位和价值。

从理论上看，把马克思启蒙主义化和后现代主义化之所以是错误的，是由于这些思潮的立脚点在马克思的思想发展历程中都已经被超越。因而，虽然各种错误思潮在马克思思想中貌似都可以找到"依据"，实际上都是基于某种片面的立场对马克思思想的误解。马克思的思想确实不乏貌似启蒙主义或后现代主义的词句，但把它们放到马克思著作的整体中就可以看到，它们都是以被扬弃了的形态存在于马克思的唯物史观和剩余价值理论中的。不能把马克思已经扬弃了的观点当成马克思本人的观点。

关键是我们要分析，上述三种对马克思主义哲学的解释路向，只有第三种才能显示出马克思主义解决生态问题的现实意义。

第二节　生态马克思主义如何认识生态危机的根源

生态马克思主义让我们知道造成生态危机的主要根源就是资本主义制度及资本逻辑，离开了这一"祸源"来认识生态危机，不是糊涂就是别有用心。当今中国的社会制度从根本上说不是资本主义的，但不可否认，我们的生产方式中存在着许多资本主义成分，资本逻辑在当今中国越来越畅行无阻，生产方式中的这些资本主义的成分和资本逻辑是导致当今中国生态问题越来越严重的罪魁祸首。

在当今世界上，人们主要从以下三个方面来寻找生态危机的根源。

第一，根源在于人们的自然观念出了问题，企图单纯通过道德改革、建立生态伦理来解决环境问题。

面对日益严重的全球生态危机的挑战，一些人正在呼吁展开一场"将生态价值与文化融为一体的道德革命"，把拯救地球、消除生态危机寄托于人的思想观念的变革。这种对新的生态道德观的诉求是"绿色思维的本质"。这些人之所以把消除生态危机寄希望于进行道德革命，是因为他们认为生态危机的根源，在于人对自然界的思想观念、道德素养出了问题，只要人的思想观念、道德素养一改变，即对生态建立了一种正确的伦理观，那么生态危机就会马上消除。但客观事实清清楚楚地摆在我们面前，造成生态危机的是现行的资本主义核心体制，是在现行社会中畅通无阻的资本逻辑，而不是什么人的思想观念和道德素养。这些道德改革的呼吁者却无视现行的核心体制，而把目光仅仅盯在人的思想观念和道德素养。实际上，撇开了现行核心体制的变革，仅仅停留在我们的思想道德领域这一区区"方寸之地"进行改革，是绝不可能实现消除生态危机之目的的。正如福斯特所指出，从表面上看，环境的破坏与普通老百姓对环境的不道德观念直接相关。但是，普通老百姓的这种不道德观念实际上是由"更高的不道德"，即"金钱成为成功的标志"的西方资产阶级价值观念所支配的，不是他们天生对金钱更加重视，而是"更高的不道德"促使他们对环境关心太少；不是他们自己变得更加贪婪，而是"更高的不道德"促使他们没有其他生活理想来控制自己的贪婪欲望。既然如此，如果说为了保护环境要进行道德革命的话，那主要是革那种"更高的不道德"的"命"。又由于这种"更高的不道德"是由资本逻辑、资本主义生产方式所决定的，所以说到底就是革资本逻辑、资本主义生产方式的"命"。正如福斯特所指出的："从环境的角度来看，我们除了抵制这种生产方式之外别无选择。这种抵制必须采取影响深远的道德革命的方式。"

第二，根源在于科学技术不发达，从而企图单纯通过发展科学技术来解决环境问题。

面对当今人们依靠科学技术来解决环境问题的强烈呼声，我们有理由提出疑问，在现行的资本主义体制下，依靠新技术就能在实现经济扩张的同时又可防止环境的恶化吗？英国经济学家 W. S. 杰文斯在一百多年前曾经写过一部题为《煤炭问题》的著作，他在书中论证说，提高自然资源的利用率，例如煤炭，只会增加而不会减少对这种资源的需求，这是由于效率的改进会导致生产规模的扩大。这就是所谓"杰文斯悖论"。一些生态马克思主义者常常用"杰文斯悖论"来说明在当今资本主义社会中，尽管由于技术的创新，自然资源的利用率提高了，对自然资源的需求量反而增加了这一现象。问题在于为什么会出现这种现象。杰文斯是不可能对此做出正确的回答的。真正的原因就在于，资本主义是一种直接追求财富而间接追求人类需求的满足的制度，前一个目的即追求财富完全超越和消解了第二个目的即追求人类需求的满足。这就是说，资本主义并没有将其自身的活动仅仅限制在满足人类基本需求的商品生产上，并不将其自身的活动仅仅限制在为人类提供必需的服务设施上，与此相反，资本主义把创造越来越多的利润作为目的本身。在这种情况下，技术与积累的关系就是技术服从积累，积累主宰技术。当技术受制于资本主义的积累，即使出现了有利于提高自然资源利用率的新技术，也不可能达到减少对自然资源使用量的效果。固然，通过技术的改进可以创造出更有效率的生产方式，但这很可能是一种"创造性的毁灭"，因为资本主义积累的"残酷过程"必将把这种新的技术所蕴含的减少对自然的盘剥的可能性都作为障碍加以排除掉。

在一些人看来，科学技术的发展能够使经济"非物质化"，而使经济"非物质化"就能解决环境问题。所谓"非物质化"（dematerialization）就是提高能源的使用效率，减少向环境倾倒废料的数量。目前，一些人力图通过这一途径使经济发展与那种建立在利用能源和倾倒废料基础之上的经济增长"脱钩"。这种方法的实质是减少"每单位货币GDP增长对环境的影响"。可是，在不触动资本逻辑的前提下能将经济"非物质化"，即把资本主义经济变为低碳经济吗？能不断地减少每单位GDP增长对环境的影响吗？我们可以对此做出断然否定的回答。一些人吹嘘当今的资本主义经济已经与那种"高能源投入、高废料产出"的经济模式逐步"脱钩"，这并不符合事实。尽管资本主义世界GDP与"物质外流的比率"有所下降，但人均排放废料却大大增加。从绝对量来看，能源的投入，即耗费量和排入环境的废料产出都在持续增加。资本主义世界"非物质化"没有实现的事实，已证明依靠资本主义自身是实现不了"非物质化"的。那么为什么资本主义经济不能依靠自身来实现"非物质化"呢？其道理不言而喻，即实现"非物质化"是要有支撑的，而资本主义制度是不足以提供这样的支撑的。如前所述，资本主义制度是一种以利润为出发点的制度，而在崇拜利润的前提下是不可能真正向"非物质化"方向发展的。退一步说，即使实现了资源利用率的某种提高，但是在利润至上原则的支配下，伴随资源利用率提高的是经济规模的不断扩大，而经济规模的不断扩大就意味着对能源的耗费量和废料的产出量的增加。这就是说，资本主义的利润至上原则使资源利用率的提高所带来的对能源的耗费量和废料的产出量的减少，非但不能"填补"经济规模的不断扩大所带来的对能源的耗费量和废料的产出量的增加，由于"增多减少"，从总量上看，对能源的耗费量和废料的产出量反而增加了许多。

第三，根源在于市场化不彻底，从而企图单纯通过把自然市场化、资本化来解决环境问题。

比起上述两种方法，这一种方法确实更受资本主义统治者的欢迎，这就是最近几十年，一些环境学家一再鼓吹的通过赋予自然以经济价值，并更加充分地把环境纳入市场体系之中来解决所有的环境问题。这些经济学家为解决环境问题所开出的药方，简单地说就是把自然市场化、资本化，

"其整个逻辑就是将地球纳入资产负债表"。福斯特把企图通过将自然市场化、资本化来解决环境问题的思路，称为"建立在环境能够并应当成为自我调节的市场体系这一信念基础之上的乌托邦神话"。实际上，正是在资本主义条件下资本积累的至上性决定了通过将自然的资本化来解决环境问题之不可能。资本主义的主要特征就在于，"它是一个自我扩张的价值体系，经济剩余价值的积累因为建立在掠夺性的开发和竞争法则的基础之上而赋予了力量，它必然要在越来越大的规模上进行"，而资本主义的这一特征经常被以自然资本化为主要内容的"市场乌托邦观念"所忽视。那些力主通过自然资本化来解决环境问题的经济学家的悲哀，就在于他们"很少研究由于经济持续增长带来的经济规模的不断扩大所给环境造成什么影响"。他们根本不想面对"在维持生态系统与生物圈同维护资本主义所代表的快速无限的经济增长之间，存在着一种固有的冲突"这一客观事实。他们把可持续发展等同于给"地球定价"，这几乎无异于"把经济扩张主义与自然同一而语"。他们相信所有的环境成本都可以实际内化到一种"创造利润的经济环境"之中，而实际上这是痴心妄想，因为"要在私有市场结构中将社会和环境成本全部内化是不可能的"。他们天真地认为，随着生态资源的减少，经济也将相应地注重保护资源，但是"这种和谐的对应关系并不存在"，这只要想一下"土地成本的上涨从未中断过建筑物的拔地而起和城市景观的水泥硬化"这一点就一清二楚了。

以上对生态危机的分析当然不能为生态马克思主义者所赞同，在他们的著作中渗透着对上述分析的批判与驳斥。

那么，在他们看来，造成生态危机的真正根源究竟何在呢？

他们的观点十分鲜明，是资本，是资本逻辑，是资本主义制度。

他们从两个途径对此做出论证。

第一个途径是通过探讨马克思的主要著作，即通过弘扬马克思的这些著作的相关思想来说明生态危机根源于资本主义制度。

他们研究最多的是马克思的三部著作：《1844年经济学哲学手稿》《共产党宣言》和《资本论》，这三部著作是马克思在不同时期的主要著作，他们对这三部著作的研究全面论述了马克思的生态世界观。让我们看一看他们如何通过研究马克思的这三部著作来说明生态危机的根源是资本主义制度的。

一 对《1844年经济学哲学手稿》的研究

马克思的《1844年经济学哲学手稿》以提出劳动异化概念而闻名，实际上，马克思是把自然异化与劳动异化紧紧地联系在一起的。自然异化之所以与劳动异化密不可分，是由自然的性质所决定的。马克思强调自然通过劳动产品直接进入人类历史，而正是在这一意义上，马克思把自然作为人类自体的延伸来看待，并称自然为"人的无机的身体"。

马克思谈论异化的时候不仅把劳动异化，而且也把自然异化包含于其中。马克思所说的异化既是人类对自身劳动的异化，也是对人类自身改造自然的积极作用的异化。由于在马克思那里自然异化和劳动异化都来源于人类的实践生活，从而自然异化的本质并不比劳动异化概念"更加抽象"[①]。

马克思的异化概念是通过改造黑格尔的异化概念而提出来的，其中一个重大的改造就是把自然异化也纳入异化的范围。马克思把黑格尔视为第一个发展了劳动异化概念的人，但认为他是在唯心主义领域内发展的，其主要表现为黑格尔只是把异化看作是脑力劳动的异化，黑格尔未能认识到人类实践活动的自我异化是人类异化的基础，这种异化不仅仅包括人类对其自身的异化，而且也包括人类对其自身的真实的感性存在的异化。人们以前只是认识到马克思的异化概念与黑格尔的异化概念之区别，主要表现在异化在黑格尔那里只是精神性活动的异化，而马克思强调异化是人的真实的感性活动的异化。实际上这还不够，应把是不是把自然异化也视为人类异化的一个内容看作两者的重大分歧。

马克思究竟是怎样看待自然异化的，只要看一看马克思对土地异化的剖析就一清二楚了，因为土地异化是自然异化的一个典型表现。马克思一语中的，土地异化表明了这样一个事实，"土地也像人一样"，已经降到"买卖价值的水平"[②]。

土地异化如此，其他自然物的异化也是如此。马克思强调自然异化是人为造成的，具体地说，是由私有财产和金钱的统治造成的。他引述托马

[①] J. B. Foster, *Marx's Ecology: Materialism and Nature*, Monthly Review Press, 2000, p. 73.
[②] 《马克思恩格斯全集》第42卷，人民出版社1979年版，第85页。

斯·闵采尔的话来抨击私有财产的罪恶："睁开眼睛吧！什么是罪恶？是高利贷、偷窃和掠夺，还是我们的贵族和王室把所有的财产据为己有？"① 私有制度是一种金钱崇拜的制度，而正是金钱崇拜使金钱成了一种独立的东西，成了一切事物的"普遍价值"，于是人类本身的价值被剥夺了，自然本身的价值也被剥夺了。《1844年经济学哲学手稿》所表现出来的马克思的生态世界观的一个重要方面是揭示了"私有财产制度与自然的对立"的普遍性，即说明这种对立不仅发生在农业和大地产领域，而且也发生在大城市之中。按照马克思的描述，大城市中环境的退化已使工人的异化达到了这样一种程度：在那里，光、空气、清洁都不再是他们生活的一部分，而黑暗、污浊的空气和未经处理的污水构成了他们的物质环境。从马克思的描述中我们可以知道，自然的异化给工人所带来的严重后果就是不仅使他们丧失了创造性工作，而且丧失了生活基本要素。

二 对《共产党宣言》的研究

《共产党宣言》常被一些人误解为"反生态的"。这些人对马克思和恩格斯的《共产党宣言》的这种指责，实际上是站在后现代主义立场上来反对现代主义，即"隐含着一定的反对现代主义的假设"。

这些批评《共产党宣言》反生态的人，抓住了马克思和恩格斯的一些话大做文章。例如，马克思和恩格斯在《共产党宣言》中曾经赞扬过对"自然力的征服"，对"整个大陆的开垦"。在这些马克思的批评者看来，这是马克思反生态的"铁证"。必须要对赞扬"自然力的征服""整个大陆的开垦"这两句话有正确的理解。马克思和恩格斯确实是以赞赏的口气说的，因为在他们看来这是好事，"饥荒"这一马尔萨斯的"幽灵"，已被资产阶级生产推后了，他们没有理由不感到高兴。非常清楚的是，马克思和恩格斯在这里赞美"自然力的征服""整个大陆的开垦"，看不出他们祈求"普罗米修斯主义"，即并没有推崇"毫无保留地"以牺牲农业、牺牲生态为代价的所谓机械化与工业化。

---

① 参见 J. B. Foster, *Marx's Ecology: Materialism and Nature*, Monthly Review Press, 2000, p. 74.

任何读过《共产党宣言》的人都应当意识到，马克思和恩格斯在《共产党宣言》的第一部分对资产阶级文明的赞美，并不是放弃对资本主义批判的立场，而是借此导入对资本主义矛盾的思考。实际上，马克思和恩格斯在《共产党宣言》的第一部分的结尾处就结束了对资产阶级文明的赞美，他们已做出了这样的论述：资本主义，连同它的庞大的生产资料和交换手段，"像一个魔术师一样不能再支配自己用法术呼唤出来的魔鬼了"。这实际上已揭示了资本主义文明的片面性本质所造成的一系列矛盾。

在马克思和恩格斯所揭示的伴随资产阶级文明而产生的资本主义各种矛盾中，就有生态矛盾。他们强烈地意识到，"资本主义创造财富的特征伴随着大多数人口相对贫困的增长"，与此同时，他们也明白，"'自然力的征服'伴随着自然的异化"，并且提出这种自然的异化"存在于作为资本主义核心问题的城乡分离之中"①。在《共产党宣言》的第二部分，特别是在第二部分的"十点计划"中，马克思和恩格斯就生态矛盾问题已做出了简短但又深刻的论述。

三 对《资本论》的研究

《资本论》被公认为马克思最重要的著作，但人们往往忽视马克思在这一著作中所提出的"新陈代谢"理论。实际上，"新陈代谢"理论在马克思的思想体系中极为重要，正是借助于这一理论，马克思把他对资本主义政治经济学的三个方面的批判联结在一起，对直接生产者的剩余产品的剥削的批判、对资本主义地租理论的批判以及对马尔萨斯人口理论的批判。也正是借助于这一理论，马克思对资本主义的研究深入了人与自然相互关系的领域，从而展开了对"环境恶化"的深刻批判，而正是这一批判"预示着许多当今的生态学思想"②。

研究马克思的"新陈代谢"理论，首先要弄明白马克思关于"新陈代谢"这一概念的含义，即要明了马克思所说的"新陈代谢"指的是"自然和社会之间通过劳动而进行的实际的新陈代谢相互作用"；其次要搞清楚马

---

① J. B. Foster, *Marx's Ecology: Materialism and Nature*, Monthly Review Press, 2000, p. 139.
② Ibid., pp. 141–142.

克思所说的"新陈代谢断裂"是什么意思,即要了解马克思用"新陈代谢断裂"来表述这样一个事实:"在相互依赖的社会新陈代谢的过程中存在着不可挽回的断裂,导致土壤再生产的必需条件持续被切断,进而打破了新陈代谢的循环"。① 马克思的"新陈代谢"和"新陈代谢断裂"的概念主要取自于农业化学家 J. V. 李比希,但马克思对 J. V. 李比希的相关概念的内涵作了重大修正。例如,对"新陈代谢断裂"这一概念,马克思就作出了两个方面的修正,一是不再把这一概念局限于描述土壤肥力的衰竭,而是用这一概念来指称资本主义社会的整个"自然异化""物质异化";二是不认为这种"断裂"仅仅发生在某一地区和国家,如欧洲的英国,而是强调这是整个资本主义世界,甚至是全球性的特征。

研究马克思的"新陈代谢"理论最重要的是要知晓马克思对"新陈代谢断裂"的原因的分析。生态马克思主义者福斯特认为,可以从马克思对"新陈代谢断裂"的原因的分析中得出以下八点结论:(1) 资本主义在人类和地球的新陈代谢关系中催生出"无法修补的断裂",而地球原是大自然赋予人类的永久性生产条件;(2) 要求新陈代谢的"系统性恢复"成为"社会生产的固有法则";(3) 在资本主义制度下的大规模农业和远程贸易加剧并扩展了这种新陈代谢的断裂;(4) 对土壤养分的浪费反映在城市的污染和排放物上;(5) 大规模的工业和机械化农业共同参与了对农业的破坏;(6) 所有这一切都是城乡对立在资本主义制度下的写照;(7) 理性的农业需要独立的小农业主或者联合而成的大生产商自主经营其生产活动,这在资本主义条件下是根本不可能的;(8) 现状需要对人类和地球之间的新陈代谢关系进行规整,从而指向超越资本主义制度的社会主义和共产主义。② 在这八点结论中最核心的就是把包括土壤衰竭、城市污染等在内的"新陈代谢断裂"的根源归结于资本主义制度。

阅读《资本论》,特别是研究马克思在这一著作中所提出的"新陈代谢"理论,我们永远不能忘记马克思的如下告诫:"资本主义积累的逻辑无情地制造了社会与自然之间的新陈代谢的断层,切断了自然资源再生产的

---

① 参见 J. B. Foster, *The Ecology of Destruction*, in *Monthly Review*, 2007, 2, Vol. 58, No. 9, p. 10。
② J. B. 福斯特:《历史视野中的马克思的生态学》,《国际社会主义》2002 年夏季号。中译文载《国外理论动态》2004 年第 2 期,第 34—35 页。

基本进程。"① 如果说在 19 世纪四五十年代,马克思当时所关注的"新陈代谢断裂"主要是土壤肥力的衰竭,更多地强调在资本主义社会中的城市与乡村的分离以及由此带来的产品的远距离贸易是"新陈代谢断裂"的原因,那么到了 19 世纪六七十年代,随着马克思对资本主义社会中"新陈代谢断裂"的关注从土壤肥力的流失扩充到整个资本主义社会的自然的异化,也就是说,"新陈代谢断裂"这一概念已被马克思普遍地用以说明资本主义社会中的生态问题,马克思对"新陈代谢断裂"根源的分析也从比较直接、表面的城乡分离、远距离贸易深入较为深层的资本主义生产方式和大土地私有制。

在这些生态马克思主义者看来,通过这三部著作所展现的马克思的生态世界观清清楚楚地告诉人们,人类消除生态危机、在人与自然之间建立起真正和谐的关系的最大障碍就是资本主义制度。资本的本性与自然是根本对立的,只要资本的逻辑在这一世界上还畅通无阻,那么人类要走出生态危机就是一句空话。马克思的生态世界观对当今人类的最大启示就是如果不触动资本主义制度,要摆脱生态危机就只能是梦想。人类反对资本主义的理由不仅仅在于这是一个促使一些人残酷地剥削另一些人,造成人与人之间不平等的制度,也在于这是一个促使一些人无止境地盘剥自然,造成人与自然之间对抗的制度。

生态马克思主义者论证生态危机的根源的第二个途径就是直面马克思的资本理论,通过对资本的属性的认识来说明资本与生态的天然对立。

一 资本的效用原则

究竟什么是资本?最重要的是不能单纯地把它视为一种物,它是一种社会存在物。对此,马克思曾经做出明确论述:"资本不是物,而是一定的、社会的、属于一定历史社会形态的生产关系。"② 说资本不是一般的物,而是一种社会存在物,强调的是资本具有社会的性质,即它是特定历史时代的社会关系和社会存在方式。自从资本来到人间,特别是当它成为现代

---

① J. B. Foster, *The Ecology of Destruction*, in *Monthly Review*, 2007, 2, Vol. 58, No. 9, p. 9.
② 《马克思恩格斯全集》第 46 卷,人民出版社 2003 年版,第 922 页。

性的本质范围，成为现代社会的基本建制以后，它对人类社会，对自然界起着决定性的作用。而这种作用的性质正是由其社会性，即由其作为一种社会存在物的基本属性所支配的。因此，研究资本与生态环境究竟有着一种怎样的关系，研究资本对生态环境究竟起着怎样的作用，必须从剖析作为一种社会存在物的资本的基本属性入手。

马克思在《1857—1858年经济学手稿》一书中有这样一段话，既揭示了资本的一个重大属性又分析了这一属性对自然界、生态环境所产生的影响。

"如果说以资本为基础的生产，一方面创造出普遍的产业劳动，即剩余劳动，创造价值的劳动，那么，另一方面也创造出一个普遍利用自然属性和人的属性的体系，创造出一个普遍有用性的体系，甚至科学也同一切物质的和精神的属性一样，表现为这个普遍有用性体系的体现者，而在这个社会生产和交换的范围之外，再也没有什么东西表现为自在的更高的东西，表现为自为的合理的东西。因此，只有资本才创造出资产阶级社会，并创造出社会成员对自然界和社会联系本身的普遍占有。由此产生了资本伟大的文明作用；它创造了这样一个社会阶段，与这个社会阶段相比，一切以前的社会阶段都只表现为人类的地方性发展和对自然的崇拜。只有在资本主义制度下自然才真正是人的对象，真正是有用物；它不再被认为是自为的力量；而对自然界的独立规律的理论认识本身不过表现为狡猾，其目的是使自然界（不管是作为消费品，还是作为生产资料）服从于人的需要。资本按照自己的这种趋势，既要克服把自然神化的现象，克服流传下来的、在一定界限内闭关自守地满足于现有需要和重复旧生活方式的状况，又要克服民族界限和民族偏见。资本破坏这一切并使之不断革命化，摧毁一切阻碍发展生产力、扩大需要、使生产多样化、利用和交换自然力量和精神力量的限制。"[1]

马克思的这段话内涵极其丰富，我们只解读与本书所论述的主题相关的内容。应当说马克思以下两个观点清清楚楚地呈现在我们面前。

其一，资本最主要的属性就是把一切都变成"有用的体系"，即"创造出一个普遍有用性的体系"，只要资本是时代的基本的原则，那么世界上任

---

[1]《马克思恩格斯全集》第30卷，人民出版社1995年版，第389—390页。

何东西都表现为"这个普遍有用性体系的体现者""而在这个社会生产和交换的范围之外,再也没有什么东西表现为内在的更高的东西,表现为自为的合理的东西",也就是说,一切存在物都要依附于资本,都只能在资本的法庭面前为自己的存在辩护。我们可以称其为资本的"效用原则";

其二,资本的这一基本原则,或者说基本属性对自然界产生的影响就是使之成为有用物,使之成为工具。资本总是在有用性的意义上看待和理解一切存在物,当然包括看待和理解自然界。自然界只能在资本这一抽象的形式中表现自己的存在,这样,自然界就失去了"感性的光辉",它仅仅是有用性的某种具体体现者而已。确切地说,它只是由资本为核心构成的普遍的效用关系网上的一个环节而已。如果说在资本成为时代的原则之前,人类对自然界还有崇拜的心理,那么自此以后,自然界就成了"真正是人的对象""真正的有用物",它不再被认为是一种"自为的力量"而获得人的崇拜了。在资本成为时代的原则之后,人们也在不断地探索对自然界的独立规律的理论认识,但其目的无非是使之更好地"服从于人的需要",即更好地履行工具的功能。

马克思在另一场合把资本的"效用原则"对自然界的这种作用又表述为"使自然界的一切领域都服从于生产"①。资本在其内在的效用原则的驱使下,把"纯粹的自然"日益变成为"人化的自然"。确实如马克思所说的那样,在资本成为时代的原则之后,人类热衷于对自然界的开发,而这种开发的实质就是"采用新的方式(人工的)加工自然物,以便赋予它们以新的使用价值""从一切方面去探索地球,以便发现新的有用物体和原有物体的新的使用属性"②。

马克思所说的资本的"效用原则"在一定意义上也可说是资本的"金钱原则",在资本眼中的效用就是能赚钱,资本把世界上的一切都与钱联系在一起,把世界上的一切都转变成能赚钱的机器。如果这样来理解资本的效用原则,那么它与自然界的关系就是力图把其变成商品,变成赚钱的机器,或者更确切地说,把自然界转化为金钱。而一旦把自然界转化为金钱,其自身的价值也就消失不见了。对资本如何借助于金钱剥夺包括自然界在

---

① 《马克思恩格斯全集》第 47 卷,人民出版社 1979 年版,第 555 页。
② 《马克思恩格斯全集》第 46 卷(上册),人民出版社 1979 年版,第 392 页。

内的整个世界的自身的价值,马克思早在《论犹太人问题》中就做过精彩的论述。

"金钱是以色列的妒忌之神;在它面前,一切神都要退位。金钱贬低了人所崇奉的一切神,并把一切神都变成商品。金钱是一切事物的普遍的、独立自在的价值。因此它剥夺了整个世界——人的世界和自然界——固有的价值。金钱是人的劳动和人的存在的同人相异化的本质;这个异化的本质统治了人,而人则向它顶礼膜拜。犹太人的神世俗化了,它成了世界的神。票据是犹太人现实的神。犹太人的神只是幻想的票据"①。

马克思在这里指出了由资本的效用原则所决定的金钱对整个世界的价值的剥夺,不仅是对人的世界的价值的剥夺,而且还是对自然界的价值的剥夺。我们所看到的不仅是人与人之间变成了赤裸裸的现金交易,"人的尊严变成了交换价值"②,而且人与自然界之间也变成了金钱和利用关系,自然界的尊严同样成了交换价值。我们平常总说在资本的统治下,随着商品物化世界对价值的剥夺,即随着商品的交换价值本身获得了超越的地位,超验价值世界也就没落了。实际上,这一过程不仅是通过对人的世界的价值的剥夺实现的,而且也离不开对自然界的价值的剥夺。也就是说,不仅仅是人的生命的价值被迫放到资本市场上来考量,而且自然界的价值也必须在资本市场上经受检验。价值的超越性不仅仅被"你这个人值多少钱"这样的追问所击垮,而且也被"这一自然物值多少钱"这样的追问所粉碎。人自身价值被剥夺了,我们称之为"人的异化",那么自然界自身的价值的被剥夺,我们相应地可视为"自然界的异化"。非常遗憾的是,以前我们论述资本的效用原则、金钱原则的影响时,较多谈及的是"人的异化",特别是人的劳动的异化,而很少关注"自然的异化"。

二 资本的增殖原则

资本的效用原则使自然界丧失了自身的价值而成了一种单纯的工具,而与效用原则连在一起的资本的增殖原则,又使自然界的这种工具化变得

---

① 《马克思恩格斯全集》第 3 卷,人民出版社 2002 年版,第 194 页。
② 《马克思恩格斯选集》第 1 卷,人民出版社 1995 年版,第 275 页。

越来越严重。如果资本只是简单地利用一下自然界而已，如果资本对自然界的利用是有限度的，那么资本对自然界的破坏也会保持在一定的范围之内。问题在于，资本对自然界的这种利用绝不会是有限度的，资本追求的是无限的增殖，从而它对资本的利用也是无止境的，由此带来的对自然界的破坏也是没有尽头的。这样，要研究资本与生态的对立不仅要探讨资本的效用原则对自然界的影响，更要研究资本的增殖原则对自然界所造成的后果。

资本来到人世间，就是为了增殖，如果不增殖资本就消亡了，资本与增殖几乎是同义词，可以说资本就是增殖。有人把资本比喻为癌细胞，它自身就蕴含着源源不绝的增殖力量。资本的拥有者都是把获取更多的利润、剩余价值作为生产的根本出发点，这就决定了以资本为中心的生产，即资本主义生产具有无限扩大的趋势。资本的基本原则是增殖原则，追求利润的最大化乃是资本的本性之所在。资本如果不以获取利益为动力和目的，就不成其为资本了。而且，资本在追求利润的过程中，是不择手段和贪得无厌的。恩格斯这样说道，"这样一来，生产只要不以被压迫者的最贫乏的生活需要为限，统治阶级的利益就会成为生产的推动因素。在西欧现今占统治地位的资本主义生产方式中，这一点表现得最为充分。支配着生产和交换的一个个资本家所能关心的，只是他们的行为的最直接的效益。不仅如此，甚至连这种效益——就所制造的或交换的产品效用而言——也完全退居次要地位了：销售时可获得的利润成了唯一的动力。"[①] 恩格斯在这里讲得十分清楚，追求最大程度的利润，是资本主义生产的唯一动力与目的。

马克思曾经说过，"在资本的简单概念中已经潜在地包含着以后才暴露出来的那些矛盾"[②]，他所说的矛盾之一就是无限与有限的矛盾，而他所说的无限又主要指的是资本追求利润的无止境。我们平时经常说资本主义按其本性是个非均衡的体系，也就是说资本的扩张总受阻于内在的限制，但是我们不能把此理解为资本扩张到一定程度会自行"适可而止"不再扩张了，而是说资本扩张到某一点上因为平衡被破坏而走向自我毁灭。罗莎·

[①] 《马克思恩格斯选集》第4卷，人民出版社1995年版，第385页。
[②] 《马克思恩格斯全集》第30卷，人民出版社1995年版，第395页。

卢森堡在 20 世纪初写过一部十分有影响的著作，题为《资本积累论》，批评了当时第二国际修正主义者对资本主义无限积累的认可与赞赏，她强调资本在当时的资本主义社会中是不可能无限积累的。在这里，不能把罗莎·卢森堡的观点误解为资本可以改变其无限积累的本性，她要表明的意思是在当时的资本主义社会中，尽管资本按其本性追求无限的积累，但是并不像第二国际的修正主义者所认为的那样，资本真的能够实现无限积累，从而可以永远保持旺盛的生命力，而是这种积累受到了种种条件的限制，导致资本主义必然走向衰败。

必须指出，资本的这种不断追求增殖的趋势与人们的消费的无限扩大趋势是相互适应的。资本家为了让自己所拥有的资本实现增殖，就要生产出大量的商品，而唯有将生产出来的大量的商品卖出去让人们消费掉，资本家手中的资本才能增殖，资本家才能获取利润。资本主义生产的经营者通过各种手段诱使消费者去消费那些实际上他们并不真正需要的消费品，而且消费得越多越好。处于这种状态下的消费者并不是为了满足自己的真实需要而进行消费，而只是充当了一种消费机器，为了消费而消费。大量生产是对人们真实需要的背离，而大量消费同样是对人们真实需要的背离。马克思曾经对资本通过刺激人的全面的物质欲望来达到自身增殖的目的的行径做出过深刻的揭露。他把这种行径主要归纳为"第一，要求扩大现有的消费量；第二，要求把现有的消费推广到更大的范围，以便造成新的需要；第三，要求生产出新的需要，发现和创造出新的使用价值。"[1] 在马克思看来，与由资本的增殖原则所带来的资本主义生产的无限扩大相伴随的必然是消费的无限扩大，大量生产与大量消费是紧密相连的。

只要明白了资本的基本属性是增殖，资本信奉的是"越多越好"，那么也就不难理解资本确实从本质上是与生态相对立的。其道理十分简单，资本的增殖是建立在无止境地利用自然资源和无止境地向自然界投放废品垃圾的基础之上的，而自然界的许多资源是不可再生的，自然界所能接受废品、垃圾的空间也是有限的，这样就必然带来资本主义生产和消费无限扩大与自然界承载能力之间的尖锐矛盾。只要经济的运行由资本作为主体，那么它就必然不会顾及生态环境的保护。在一定意义上，资本乃是贪婪和

---

[1] 《马克思恩格斯全集》第 46 卷（上册），人民出版社 1995 年版，第 391 页。

恐惧的化身。我们原先可能实在不能理解，一些人在从事经济活动的过程中，为什么会如此地置污染生态环境等于不顾，为什么如此地对人们保护生态环境的呼声置若罔闻，现在想想其原因很简单，就是因为他们是"人格化的资本"，他们只能受一个原则所驱动，这就是实现资本利益的最大化。我们可以说，对自然的损害与掠夺，是资本增殖原则的必然结果。20世纪70年代专门研究"人类困境"的罗马俱乐部向国际社会所提供的第一个报告即名为《增长的极限》，报告明确提出，因为"地球是有限的，任何人类活动愈是接近地球支撑这种活动的能力限度，对不能同时兼顾的因素的权衡就要求变得更加明显和不可能解决"①，所以，增长是有"极限"的。报告所列举的自然界的承载能力的有限性，除了"地球所能供养的人口数量是有限的"这一点之外，就是"地球上的自然资源是有限的"和"地球生态系统维持自身平衡能力是有限的"。报告特别指出，随着资本无穷尽地追求增殖，"不可再生的资源的消耗"和"环境污染"这些决定人类命运的参数正在按几何级数在增长。这充分表明，资本主义的大量生产、大量消费、大量废弃，正在导致全球性的生态危机。

马克思论证资本与生态之间矛盾的基本立论就是"资本主义是一种经济发展的自我扩张系统"，而"自然界是无法进行自我扩张的"。资本主义生产的目的就是无限增长或者说用钱生钱。利润既是资本进行扩张的手段，又是其扩张的目的。以前人们往往比较注意马克思在论述资本的增殖原则时揭露了资本主义生产无限扩大趋势与劳动人民有支付能力需求相对缩小之间的矛盾，而忽视了马克思实际上还基于资本的这一原则来揭示资本主义生产无限扩大的趋势与自然界承载能力有限性之间的矛盾。人们往往只知道在马克思那里有对资本主义"第一重矛盾"，即资本主义生产无限扩大趋势与劳动人民有支付能力需求相对缩小之间的矛盾的分析，而实际上马克思还有对资本主义"第二重矛盾"，即资本主义生产无限扩大的趋势与自然界承载能力有限性之间的矛盾的探讨，尽管后者与前者相比显得不是那么充分和系统。如果我们把"使用价值"置于与"交换价值"同样的地位，"资本主义的第二重矛盾"就清楚地显现

---

① ［美］丹尼斯·米都斯等：《增长的极限——罗马俱乐部关于人类困境的报告》，李宝恒译，吉林人民出版社1997年版，第56页。

于人们面前了。

今天我们在探讨生态危机的根源时，必须紧紧揪往资本的增殖原则，即资本家对利润的贪婪这一点不放，尽管对某些人来说总不太顺耳，但确实唯有如此才能把问题的本质揭示出来。根本的问题就是马克思所说的"资本的积累没有任何限制"。在资本无限积累这一"致命的"冲击下，"自然界仅仅被看作是进行社会统治的工具"。资本积累的天经地义，必然导致它强制实施毁掉地球的战略。只要资本主义存在一天，就始终存在着"破坏性冲动"会转变为"破坏性的失控"的危险，这就是"资本主义的最终命运"。霍布斯曾经把资本主义说成是"一切人反对一切人的战争"，但人们很少认识到，按照马克思的理论，这种"一切人反对一切人的战争""必然带来对自然的全面战争"。每当社会出现反抗从而对于资本的扩张设置障碍时，答案总是用新的方式更加密集地去开发自然资源。这就是"利润的逻辑学"，不仅可以把对人的剥削，而且也可以把对自然的破坏纳入"利润的逻辑学"。

三 从资本的这两大原则看资本主义的本质

资本主义社会顾名思义是以"资本"为中心的社会，也就是说，"资本"是资本主义社会的本质范畴，是资本主义社会形态的基本建制。由此可以得出结论，上面所说的资本的效用原则和增殖原则这两大属性，实际上也就是资本主义社会的基本属性。由此也可得出结论，既然资本由于这两大属性决定了它必然是反生态的，那资本主义社会同样因为受这两大属性所支配，从而必然与生态不相容。目前所出现的生态问题，说到底还是一个社会制度的问题，即根子就是奉行资本逻辑的资本主义制度，必须把当今资本主义社会中的生态问题的根源追溯到资本主义的社会制度。离开了资本逻辑，离开了资本主义制度来谈论生态问题，肯定是浅尝辄止、管中窥豹、指东道西。人类文明和地球生命的进程是否具有可持续性，并不是取决于这些可怕的发展趋势能否放缓，而是取决于能否使这种趋势发生逆转。但是在资本主义发展的历史进程中，它自身没有什么力量可以承担起这种责任，恰恰相反，种种迹象表明，倘若让这种制度自然发展，那么它将走向世界银行首席经济学家已明确阐述的"让他们（指广大发展中国家的人们——引者注）吃下污染"的地步。①

生态危机是资本主义社会的内在的危机，生态矛盾是资本主义社会的内在矛盾。生态危机、生态矛盾本身就是资本主义社会异化本质的佐证。无论是经济危机还是生态危机都被马克思视为内在于资本主义社会的，即马克思把这些危机都视为"导致资本主义垮台的其自身的因素"。对经济危机内在于资本主义这一点，可能不会有很多人反对，但对生态危机是不是也与资本主义制度联系在一起，则许多人存疑。事实上"生态矛盾"是资本主义内在矛盾不仅当年被马克思所揭示，也为当今社会现实所证实。

我们今天就是要明确不是人本身，而是人所在的社会制度、生产方式才构成了环境的敌人。"正是资本主义制度下人类'干预'自然的方式是大量土地退化和由此造成的使人心惊胆战的后果的原因。"② 资本主义的生产方式带来了贫穷，贫穷又导致了环境的退化。马克思对自然和环境的研究使我们认识到"引起环境退化的是物质生产过程中的动力机制"，与此同时，又使我们认识到我们对环境的错误态度是"在资本主义发展过程中具体形成的"，正是资本主义使自然环境及其产品"通过商品化实现的对象化"，才使人们滋生了"远离自然"的态度。当今许多人都在做关于"绿色资本主义的梦"，而马克思主义对自然与环境的研究，对资本主义的生态矛盾的研究，对在资本主义社会中"成本外在化"的研究，表明这只能是一种"梦呓"而已，资本主义是根本不可能成为"绿色资本主义"的。

在当代资本主义社会中存在着各种各样的危机，只要仔细分析一下就不难看出，所有这些危机都是与生态问题有关的。在这种情况下，要认清资本主义社会的危机，就不能把生态因素撇在一旁，即离开了生态因素，就无法索解资本主义社会的各种危机。虽然我们不能同意一些生态马克思主义者所说的"资本主义的危机从本质上说就是生态危机"，但有一点确信无疑，资本主义社会的各种危机，"均被生态危机所激化"。对此，只要具体分析一下资本主义社会中过度积累危机、再生产危机以及生态危机三者的关系就可以明白了。资本主义过度积累的危机能否得到遏制，取决于能

---

① 参见 J. B. Foster, *Ecology Against Capitalism*, Monthly Review Press, 2002, pp. 66 – 67。
② 参见 David Pepper, *Eco – Socialism: From Deep Ecology to Social Justice*, London and York, Routledge, 1993, p. 91。

否有效地组织再生产,但实际情况是资本主义社会是不可能组织有效的再生产。那么,为什么不能呢?这可以从再生产的危机追溯到生态的危机,其一,为了逃避过度积累危机,再生产越来越变为浪费性的,即破坏性的;其二,面对着被掠夺的资源的枯竭,工业采取各种极端的措施,企图通过进一步扩大生产来克服由扩大生产所带来的匮乏,但是这种由扩大生产而形成的产品并没有为最终的消费增添什么,它们被工业自身消费掉了。法国的生态马克思主义者高兹曾经这样归纳这三种危机之间的关系:"我们所面对的是典型的过度积累的危机,这种危机被再生产危机所加剧,而说到底再生产危机最终又根源于自然资源的匮乏"①。

当前,最重要的是充分认识资本主义的经济危机与生态危机之间的内在联系,其一,经济危机导致生态危机。经济危机显然是与过度竞争、效率迷恋以及成本削减联系在一起的,也是与对工人的经济上和生理上压迫的增强、成本外在化力度的加大以及由此而来的环境恶化的程度加剧联系在一起的;其二,生态危机有可能引发经济危机。由资本自身所导致的生态问题,即由"规范化的"市场力量、高额的地租、为交通拥挤所付出的成本以及能源成本的加大等因素所带来的原材料的短缺,反过来又导致对利润的损害以及发生通货膨胀的危险;其三,由生态危机所导致的环境运动有可能会加重经济危机的程度。环境运动,即为保护生产条件而进行的斗争,有可能会导致提高成本以及减少资本的灵活性和自由性等意想不到的后果,从而危及资本主义的积累。

既然生态危机是资本主义社会内在的、根本性的危机,这一危机是与这一制度本身紧紧地联系在一起的,那么就别指望依靠西方资本主义的政要带领全球人民走出这一危机。一些生态马克思主义者通过剖析布什政府对《京都协定书》的态度,通过观察旨在解决环境问题的几次"全球峰会"的波折,来说明这一点是很有说服力的。

正如福斯特所指出的,"具有讽刺意义"的是,尽管《京都协定书》在遏制全球气候变暖方面跨出了"十分温和的""更多的是只具有象征意义"的"一小步",但也遭遇了无情的失败。失败的直接原因是美国布什政府的反对和阻挠。我们可以通过考察《京都协定书》的制定以及布什政府反对

---

① 参见 A. Gorz, *Ecology as Politics*, Boston, 1980, p. 27。

《京都协定书》的整个过程得出以下结论：其一，温室气体向大气层的排放正在急剧增加，而这必然给地球上所有生命的生存带来威胁，从而解决温室气体的排放问题已成为当今人类最紧迫的任务；其二，温室气体的大量排放主要是由消耗矿物燃料的汽车行业等大型企业带来的；其三，这些大型企业是受利润原则支配的，只要它们存在着，为了快速积累资本，就必然这样去做；其四，资本主义制度代表的是这些企业集团的利益，它不可能为了保护环境而改变资本积累的发展结构，不可能使自己原先的发展道路产生逆转；其五，布什政府是资本主义制度的总代表和总执行者，它反对旨在保护生态环境的《京都协定书》也是无可厚非的；其六，只要不触动资本主义制度，不改变资本积累规则，那么即使制定出了类似《京都协定书》一样的条文，也是不可能加以付诸实施的；其七，人类真正要完成阻止温室气体排放、拯救地球上的生命的急迫任务，非但不能把希望寄托于像布什政府这样的资本主义制度的代理人身上，而且还应把维护生态环境与反对资本主义制度紧紧地结合在一起。福斯特说得好："华盛顿拒绝批准控制排放影响全球变暖的二氧化碳和其他温室气体的《京都协定书》，是资本主义世界经济中心国家生态帝国主义的标志。"[1]

事实证明，"里约热内卢峰会"所产生的乐观情绪完全是盲目的，而之所以会如此盲目，在"很大程度上是因为环境组织没有认真考虑与它们相对立的经济力量，也没有想到资本主义经济制度对环境恶化的加快有多么大的影响"[2]。而实际上，就是在"里约热内卢峰会"上，当大多数与会者以积极的态度希望会议取得成功之时，时任美国总统乔治·布什却在会上唱起了反调，他发出的声音与整个会议的基调是那么的不协调。乔治·布什在这次会议上所讲的这番话，不仅仅是其图谋连任的策略，也是美国在环境成本与环境控制问题上孰先孰后的表态。他已经鲜明地表达了美国政府的立场，任何危害美国资本利益的环境措施都得不到实施。和第一次"地球峰会"即"里约热内卢峰会"相比，在南非的约翰内斯堡再次召开的"地球峰会"的基调已大不一样，"里约热内卢的希望让路给了约翰内斯

---

[1] 参见 J. B. Foster, "The Ecology of Destruction", in *Monthly Review*, 2007, 2, Vol. 58, No. 9, p. 4。

[2] 参见 J. B. Foster interviewed by D. Soron, Ecology, Capitalism, and the Socialization of Nature, in *Monthly Review*, 2004, 11, Vol. 56, No. 6, p. 1。

堡的沮丧"。参加会议的人如此沮丧是完全可以理解的,因为当人们来到约翰内斯堡的时候,普遍感受到人类在环境问题上一直在退让,任何达成的协议都无法付诸实施。想在"不伤害"资本主义的前提下来实施生态保护只能是缘木求鱼,指望由这些资本主义国家的统治者来带领人类消除生态危机,好比是与虎谋皮。这只要看一看当时的美国总统乔治·布什对"约翰内斯堡峰会"的态度就昭然若揭了。乔治·布什根本不理睬这一会议,他拒绝出席会议。正当参加会议的一些代表正为世界的生态未来展开激烈的辩论时,乔治·布什政府却在紧锣密鼓地准备发动伊拉克战争,这次战争以消灭大规模杀伤性武器为借口,而真正的目的在于控制石油。应当说,我们完全可以像这些生态马克思主义者那样做出预言,由于生态环境的恶化日益严重毕竟是每一个"地球人"都能感受到的事实,由于"环境正义的话题正成为各地最迫切的事情",所以人们还会召开第三次、第四次"地球峰会",但由于人们对"资本主义积累没有任何限制",由于资本还是那么无法无天,还是"一意孤行地进行指数式扩张",所以即使这样的"地球峰会"再次召开了,也不会产生理想的结果。2009年12月,举世瞩目的世界气候会议在哥本哈根召开了,这次会议未能达成具有实际操作价值和法律约束力的协议,这种不了了之的结果是在意料之中的。

根据马克思的生态世界观,资本主义不仅是一个造成人剥削人的制度,而且也是一个造成人与自然对抗的制度,这是人们反对资本主义的理由。

每当我们把生态危机与资本主义制度一起联系时,总有人站出来驳斥我们:当今西方资本主义国家的生态环境的保护远远好于我们,这是每一个去过西方资本主义国家的人都能切身感受到的,而它们所奉行的是纯粹的资本主义制度,那么,这岂不是说明把生态危机归结于资本主义制度是站不住脚的吗?

主要生活在西方资本主义制度下的这些生态马克思主义者似乎也意识到人们会有这样的疑问,从而在他们的著作中也有许多对此所作出的说明。

当我们说"绿色资本主义"仅仅是个"梦呓"的时候,一些人常常用当今资本主义国家"天比我们蓝,水比我们清"来加以驳斥,即用一些资本主义国家解决生态问题要比我们好作为事实来论证"绿色资本主义"是可能的。生态马克思主义者认为生态危机的根源是资本逻辑,是以获取利润为中心的资本主义制度的观点,在理论上必然遇到"不能解释当代资本主义发展的现实"的"困境"。实际上,对他们来说,对此是不难回答的。

当今资本主义是全球资本主义,资本主义能不能解决生态问题,不是看资本主义的某一地区,而主要是看整个世界资本主义的发展趋势。也就是说,仅仅从资本主义的某一地区来看资本逻辑对自然界的伤害程度是片面的,而应当从整个资本主义世界体系来分析资本逻辑对自然界的伤害程度。当今的全球资本主义体系是有分工的,掌握这一体系的人把污染的"重灾区"集中于一个地区,而让某一个地区相对"清洁",这是完全可能的。

对此,还是让我们看一看生态马克思主义者福斯特所做出的分析。他揭露说,布什等资产阶级政要、资本家及其各种形式的代理人一方面制造了污染;另一方面又千方百计地让穷人,让广大发展中国家的人民"吃下污染",即尽量把生态环境破坏所带来的恶果从他们那里"转移"出去。马克思所说的资本逻辑与自然、生态的对抗,是与无产阶级、广大劳动人民的对抗紧密联系在一起的,在这里再次得到了验证。

福斯特这样说是有充分根据的。1991年12月12日,世界银行首席经济学家劳伦斯·萨默斯向他的几位同事递送了一份备忘录。这份备忘录所提出的一些关于环境的观点,"反映出了资本积累的逻辑",其部分内容于1992年2月8日刊载于著名的英国杂志《经济学家》,刊登时用了一个非常醒目的标题:"让他们吃下污染"。这里所说的"他们"就是指广大穷人,特别是发展中国家的穷人。这份备忘录明确提出:"向低收入国家倾倒大量有毒废料背后的经济逻辑是无可非议的,我们理应勇于面对""所有与反对向欠发达国家输送更多污染建议的观点相关的问题是有可能逆转的"[①]。J. B. 福斯特提出,萨默斯的语言"令人厌恶",但出于资本逻辑所演绎出来的观点却"很难反驳"。他经过对这份备忘录的"综合梳理",挖掘出"它所蕴含的"三层"微言大义":其一,第三世界的个体的生命是由以往从疾病和死亡"获得的利益"来衡量的,这与发达资本主义国家的个体生命相比是毫无价值的。发达国家的平均工资数百倍地高于第三世界国家,那么按照同样的逻辑,欠发达国家个体生命的价值也就数百倍地低于发达国家。由此说来,倘若把人类生命的所有经济价值在世界范围内给予最大

---

① 转引自 J. B. Foster, *Ecology Against Capitalism*, Monthly Review Press, 2002, pp. 60–61。

化的话，那么低收入的国家就应成为处理全球有害废料的合适之地；其二，第三世界地区在广大范围内还处在"欠污染"状态，这就是说，第三世界地区的空气的污染水平与洛杉矶和墨西哥城等严重污染的城市相比，其承受污染的水平还很低；其三，清洁环境是人均寿命长的富裕国家追求的奢侈品，只在这些国家才适合于讲究审美和健康标准。所以，如果污染企业由世界体系中心转向外围，那么世界范围内的生产成本也会下降。福斯特归纳的萨默斯的备忘录的上述三点"微言大义"，实际上是陈述了"让穷困地区人民吃下污染"的三点主要理由：他们因为工资水平低，从而生命价值比起富人来说来得低，既然他们的生命价值低于那些富人，让他们首先"吃下污染"也是理所当然的；穷人聚居的第三世界地区，由于工业还未充分发展起来，所以污染的程度与工业发达国家地区相比还是处于低水平的，既然第三世界的广大地区还处于"欠污染"状态，那么当今的污染首先向那些地区倾斜也在情理之中；现在只有富裕地区才适合讲究什么审美和健康标准，如果在这些富裕地区发展污染企业，必然为了审美和健康而竭力去消除污染，这就带来了高成本。而倘若把这些污染企业转移到贫困地区，尽管也会带来严重的污染问题，但由于这些地区还谈不上什么审美与健康，从而也无须花成本去消除污染。J. B. 福斯特指出，基于上述理由，萨默斯的最后结论是，"世界银行应当鼓励将污染企业和有毒废料转移到第三世界"，对那些反对这种"世界废料贸易"观点的所谓人道主义"完全可以不加理睬"，因为这些反对意见实际上与反对资本主义发展的主张"如出一辙"[1]。

在揭示了萨默斯的备忘录的实质内容以后，福斯特进一步分析说，尽管这份备忘录对世界穷国公开表现出的那种掠夺态度是那么"骇人听闻"，但这绝非萨默斯"心智失常"的反映，"没有什么比这更能够反映出资产阶级经济学的本质特征了"。作为世界银行的首席经济学家，萨默斯的使命就是为世界资本的积累创造适合条件，特别是涉及资本主义世界的核心时更是如此。"无论是世界大多数人的幸福，还是地球的生态命运，甚至资本主义制度本身的命运，都不允许成为实现这一执着目的的障碍。"[2] 萨默斯所维护的正是资本积累这一资产阶级经济学铁的法则，从这一法则出发，他

---

[1] J. B. Foster, *Ecology Against Capitalism*, Monthly Review Press, 2002, p. 61.
[2] Ibid., p. 62.

要求让第三世界的穷人吃下污染，当然他提出这一主张时不会顾及什么"世界大多数人的幸福"以及"地球的生态命运"。也正因为萨默斯的备忘录说到底旨在"为世界资本的积累创造适合条件"，所以他的这一备忘录一提出，马上得到资本主义世界的喝彩。尽管也有些人埋怨萨默斯的个别表述太露骨、太愚蠢，例如对第三世界穷人的生命价值的评估。

福斯特指出，萨默斯在其备忘录中所提出的"让他们吃下污染"的主张实际上在当今世界上得到了广泛的实施。他引用巴里·康芒纳对此所作的分析："一些经济学家主张，人的生命价值应当建立在他的赚钱的能力上。这样一来，女人的生命价值就远低于男人，而黑人的生命价值则远低于白人。从环境的角度来看，倘若受威胁的是穷人，那么损害的代价就相对小。人们可以利用这一观点来证明把严重污染的企业转移到贫穷邻居那里去是正当合理的。事实上，这正是当今政府司空见惯的做法。例如，最近的一项研究表明，倾倒有毒废料的地方大都在贫穷黑人和西班牙裔的居住区附近。"[①] 福斯特还通过另一项统计资料来佐证巴里·康芒纳的分析。这就是美国审计总局的一项研究提供的资料：美国南方一些州的黑人虽然人口比例只占到20%，但3/4的场外商业有毒废料填埋场都设在黑人社区附近。在J. B. 福斯特看来，"萨默斯把有毒废料倾倒在第三世界的主张，只不过是号召将美国国内正在实施而在整个资本主义世界尚未落实的政策和做法推广到全球范围而已"[②]。

J. B. 福斯特进一步指出，资本主义世界的权贵们企图把生态环境破坏的后果尽量转移到第三世界，尽量让第三世界来承受全球资本不断发展而带来的环境成本，不仅仅见之于如何处理废料的问题上，也表现在如何面对气候变暖和日益干旱这些问题上。"我们的经济是必须要发展的，我们的资本是必须要增殖的，至于所带来的地球变暖、气候干旱等后果由你们第三世界去解决吧"，这就是资本主义世界的权贵们的基本态度。于是就有了"让他们建造防海堤或研发抗旱植物"等种种说法。J. B. 福斯特认为，对这些资本主义世界的权贵们来说，"资本积累过程和由此产生的世界文明要适应已经发生的不可逆转的全球变暖以及它所造成的大多显而易见的严重

---

① 转引自 J. B. Foster, *Ecology Against Capitalism*, Monthly Review Press, 2002, p. 63。
② Ibid., p. 63.

后果，这是不可预期的"，任何阻止灾难发生的企图，"都将是对资本统治的干涉，因而必须放弃"①。对他们来说，既要维护资本的统治，又要尽可能地使自己尽量少承受由于竭力维护资本的统治所带来的代价，唯一的出路就是把代价转移到第三世界去。J. B. 福斯特坚定地认为，只要资本主义制度还在我们这个星球上占据统治地位，只要资本逻辑还是畅行无阻，那么我们总会看到"让他们吃下污染"，"让他们建造防海堤或研发抗旱植物"之类人心无尽、胆大妄为的主张。他这样说道："人类文明和地球生命的进程究竟能否持续下去，不是取决于目前的这种可怕的趋势能否放缓，而是取决于能否将这种趋势发生逆转。但是在资本主义发展的历史进程自身内部，不可能找到一种力量能够承担此任，而且恰恰相反，倘若放任这种制度的自然发展，那么它必将走向世界银行首席经济学家已明确阐述的'让他们吃下污染'的地步。"② 无论是从美国布什政府竭力阻挠《京都协定书》的实施，还是从"里约热内卢地球峰会"和"约翰内斯堡地球峰会"上一些资本主义国家政要的恶劣表现，还是从世界银行首席经济学家公然提出"让他们吃下污染"的主张，都清楚地表明当今世界上确实存在着生态与资本的严重对立。应当说，福斯特对此的论述是条分缕析、鞭辟入里的。"让他们吃下污染"这句话实际上说明了一切，既说明了为什么在西方资本主义的一些地区"天比我们蓝，水比我们清"，也说明了为什么说"绿色资本主义"仅仅是个"梦呓"。

纵观当今世界生态状况的排名，确实一些发达工业国家好于发展中国家。这种局面是如何造成的呢？其秘密就在于发达工业国家在实施现代化过程中把原本应当由自己国家承担的生态环境的破坏一部分"转移""转嫁"给了发展中国家。可以说，发展中国家没有享受到现代化的成果却承担起了现代化的代价，而发达工业国家享受到了现代化的成果却在一定程度上并不承担代价。这些发达工业国家起码有三次向发展中国家"转移""转嫁"现代化的负面效应：第一次是先期工业化国家为了满足工业化大生产对自然资源的需求，公开通过发动殖民战争来掠夺别国的资源，殖民地国家成了这些先期工业化国家重要的原料和廉价劳动力的供应地；第二次

---

① J. B. Foster, *Ecology Against Capitalism*, Monthly Review Press, 2002, p. 65.
② Ibid., p. 67.

是第二次世界大战以后,工业化国家在殖民体系瓦解的情况下改用资本输出的方式开发海外市场,这些工业化国家借助资本输出和后来的技术输出,纷纷把原材料开采、生产加工过程都放到了海外;第三次是进入20世纪80年代以后,以美国为首的西方发达国家通过产业结构的调整,一方面向海外转移劳动密集型产业,另一方面又将一部分资源消耗密集型和资本密集型的产业向发展中国家转移。举一个例子,英国政府发表的《能源白皮书》称,到2050年,为实现温室气体排放水平减排60%的目标,英国钢铁工业将全部转移到海外生产。面对这样一个基本事实,难道我们还能以有些资本主义国家的生态环境比我们好为理由来抹杀资本逻辑对生态环境的破坏这一事实吗?

第三节 生态马克思主义如何面对发展与生态的两难困境

生态马克思主义使我们认识到目前人类面对生态危机正陷于两难境地,这种两难境地是由人类对待资本逻辑的两难态度带来的。实际上,当今中国人民也正陷于两难境地之中,我们在解决生态问题上如此举步维艰,正是这种两难境地的表现。必须对这种两难境地有清醒、自觉的认识,才能最终走出这种困境。

在生态马克思主义者的著作中,我们可以看到对这种两难境地的描述。

第一个难题:如何对待资本?既要利用又要限制。

既然资本按照其效用原则与增殖原则的属性,在本质上是反生态的,那么为了保护生态环境,当今人类是否就应当马上告别资本,建立一个没有资本的世界?既然社会主义并不是一种按照资本逻辑构建的社会,社会主义从本质上讲是保护生态环境的最佳选择。那么在已经生活在社会主义制度下的人们是否就应当全盘否定资本的作用?对此,我们一方面要有理论的彻底性,即对资本在本质上是反生态的这一点要有毫不含糊、丁一卯二的认识;另一方面,我们又必须具有鲜明的务实态度,即阐明人们在实际面对资本时应当从现实出发。资本与生态之间的关系不是简单的相互对立的关系,事实上,这种关系是极其复杂的。我们在阐述资本与生态之间的关系时，既要把它们之间的对立清楚地呈现于前，又要认真地分析两者之间关系的复杂性。

人类正在面临空前的生态危机，而造成这一危机最主要的"罪魁祸首"无疑是资本逻辑，但我们又不能对资本采取简单的决裂、废除的态度，即使是已经建立社会主义制度的国家，也不能完全把资本打入十八层地狱，这究竟是何原因呢？我们大致可以理出这样三个理由。

首先，资本是个社会的又是个历史的范畴，在资本的概念中既包含着对人类血腥的负面效应，也包含着对人类所带来的"文明化趋势"，尽管随着历史的进程，它的正、负效应之间的比例正在日益发生变化，即正效应日益下降、负效应不断增加。资本按其内在的逻辑，一定要突破现有的生产能力和生产手段的限制，一定要突破现有的消费数量、消费范围和消费种类的限制。而这突破的过程，显然也就是文明进步的过程，当然也是资本发挥其文明化作用的过程。马克思和恩格斯在《共产党宣言》中是这样说的："资产阶级在它的不到一百年的阶级统治中所创造的生产力，比过去一切世代创造的全部生产力，还要多，还要大。"马克思和恩格斯在这里所讲的资产阶级对于创造生产力的作用，实际上也就是指资本对创造生产力的作用。马克思还这样直接论述资本的历史作用："因此，只有资本才创造出资产阶级社会，并创造出社会成员对自然界和社会联系本身的普遍占有。由此产生了资本的伟大的文明作用，它创造了这样一个社会阶段，与这个社会阶段相比，以前的一切社会阶段都只表现为人类的地方性发展和对自然的崇拜。"马克思在这里讲得十分清楚，资本的文明作用正在于它创造了这样一个历史阶段——人类历史第二大社会形态——以市场经济为基础的历史阶段。问题在于，资本的这种创造生产力、促使人类"文明化"的作用的历史使命尚没有完成。它还在继续履行自己的作用。只要资本还存在，它必然给我们带来各种灾难，其中包括对自然界的损害，这种灾难就不可避免地成为人们的存在论处境。但是，资本并不是我们说取消就能够取消的，只要它的历史任命尚未完成，只要它给人类带来"文明化趋势"的功能尚存，那么就不可能人为地把它消灭掉。

其次，人类活动的目标不是单一的，而是多元的。这种多元性决定了社会系统的活动指向是一个有机的目标系统。处于这样一个有机的目标系统中的人们，在决定自己的目标时，往往处于"非此即彼"的两难境地，即往往为了达到某些特定的目标,而被迫放弃或排斥另一些目标。实际上,这样做是非常愚蠢的,聪明的做法是综合、平衡与协调自己的各种目标,然后制定出自己合理的行动方案。对当今的人类来说,消除生态危机、建设生态文明肯定是一个奋斗目标,甚至可以说是一个重大目标,但同样肯定的是当今人类除了这一目标之外还有其他目标的存在,人类不可能为了一个目标而舍弃其他目标。当消除生态危机、建设生态文明这一目标需要人类与资本逻辑决裂之时,其他的目标或许还需要进一步实施资本逻辑。具体地说,当今人类除了急需摆脱生态危机之外,还有着继续发展生产力、增加社会财富、实现现代化的既定目标。而为了达到后者,现实告诉人们必须选择市场经济的道路,选择市场经济在某种意义上就是选择资本逻辑,即使经济的运行按照资本的逻辑展开。资本的"文明化趋势"的最主要的表现就是它的生产性,即它能促进生产力的发展。在这种情况下,人类必须在保护生态环境与发展生产力之间保持平衡,与此相应,也必须在限制资本与利用资本之间保持平衡。

最后,人类消除生态危机、建设生态文明的关键是改变资本主义生产方式,改变以利润为宗旨的资本逻辑,但这种改变不是一蹴而就的,而是一个长期的、艰巨的过程,甚至还会出现这样的情况:要限制、消除资本对生态的破坏,还得利用资本,即用资本的力量来限制、消除资本对生态的破坏。由于以资本为中心所展开的生产对生态环境所带来的破坏实在太严重了,从而使修复生态环境变得异常艰难。这种修复需要投入大量的财力,必须以一定的财力作为物质基础。那么修复和保护生态环境的财力来自哪里?除了来自公共的财富之外,当然离不开社会各个方面的支持,其中包括各种类型的资本的拥有者的支持。不可否认,正是资本带来了生态环境的破坏,同样不可否认,修复生态环境在一定意义上还得需要资本的力量。既然资本给生态环境带来了如此严重的后果,那么这一后果当然也应由资本来承担。如果我们只知道为了保护生态环境对资本一味地、简单地持否定态度,那么这实际上太"便宜"了资本,它所造成的后果还得由它自身来消除。正因为资本既是造成生态环境破坏的罪魁祸首,同时它能为消除生态危机发挥一定的作用,有人就据此把资本视为是"中性"的,似乎它只是人们手中的一种工具,任由人们处置。这是一种误解,资本绝不是"中性"的,它在本质上确实是反生态的,人们借助于它来修复与保护生态环境并不表明它的本性改变了，这只是对一种本身是"恶"的东西让其发挥一定的历史作用而已。

第二个难题：如何对待生产？既要发展，又应驾驭。

与资本逻辑紧紧联系在一起的是过度生产。资本对自然界的伤害是借助于过度生产实现的。为了保护生态环境我们必须改变过度生产，但为了推进现代化进程，不断地扩大生产、发展经济是一个既定方针，发展是硬道理是如此深入人心。那么就面临一个如何正确处理改变过度生产与扩大生产的关系问题。

第三个难题：如何对待消费？既要刺激，又要引导。

资本无止境地追求利润以及相应的过度生产，都建立在不断地制造和扩大消费的基础之上。倘若对于消费没有一个正确的态度，那么对于资本和生产的正确态度也就无法确立。当今许多人都把经济的发展寄托于"扩大内需"上，所谓"扩大内需"实际上就是刺激国人的物欲，让大家尽可能地去消费。"扩大内需"不失为促进经济增长的一个有效途径。但是，把经济的发展主要寄托于对消费的刺激和扩大上，走上消费主义的道路是早晚的事。消费主义所带来的危害不仅是造成人性的扭曲，也体现在对生态环境的巨大伤害上。当人的贪婪被大量唤起和刺激以后，这个社会就成了一个物欲横流的社会。而这个社会一旦处于这样一种状态，那么它就必然不顾一切地冲向生态容量的底线，这样的社会还有什么"本钱"去谈论什么生态文明？这样，我们就处于为了发展经济必须刺激消费，而为了避免走上消费主义的道路而又得限制消费的"两难境地"。

第四节　生态马克思主义对"生产逻辑"与"资本逻辑"的区分

生态马克思主义告诉我们，只要不把生态危机的根源归结为"生产逻辑"，而是归结为"资本逻辑"，即不把生态危机视为是人类追求物质享受所带来的必然结果，那么人类走出"两难境地"，即既享受现代文明成果又保护好生态环境还是有希望的。这就是人类必须开创一种与发达资本主义社会不一样的走向现代文明的道路，我们不正是从这里进一步领会到了中国特色社会主义道路的合理性和合法性吗？

这就是说，生态马克思主义理论告诉人们，在中国走上一条既能充分享受现代文明成果，又能使现代化过程中所出现的那些包括生态危机在内的负面效应降到最低限度的道路是可能的。

何谓"中国道路"？简单地说，就是中国的一条"独特"的走向现代文明之路。现在人们普遍把西方式的现代化之路当成是"普遍的"道路，那么这里所说的"独特"是相对于西方的"普遍的"现代化之路而言的。这样，我们又可以把"中国道路"表述为中国的一条与西方有别的走向现代文明之路。

这样一条道路，即与西方普遍的现代化有别的，中国所独特的走向现代文明之路是可能和现实的吗？它的合理性和合法性在哪里？这正是我们所思考的。

这当然首先取决于实践，如果这条道路走通了，取得了成功，那就说明这条道路是具有合理性和合法性的。

但对合理性与合法性的认识不能完全在"事成"之后才能去做，往往对某一事物真正展开之前就得思考这样做有没有意义，有没有成功的可能性。

按照目前国内流行最广、在知识分子中最有影响的新自由主义的理论，中国道路是不可能的，也是不合理的。原因很简单，按照新自由主义的现代性理论：所谓现代化就是西方化，这二者是完全同一的，想在西方式的、也是唯一的现代化道路之外，再寻找一条新的走向现代文明之路，这是痴心妄想。

中国目前所面临的问题实际上是现代性的问题，中国目前所处的危机实际上是现代化的危机。中国这些年向西方学习，努力"西方化"实际上也就是努力"现代化"。中国"西方化"的过程实际上也就是"现代化"的过程。所以，处于新的"历史拐点"上的中国所要探讨的问题实际上就是如何面对"现代化"。

按照新自由主义理论，处于新的"历史拐点"上的中国，似乎只有以下两种选择。

第一种选择：因为现代性给我们带来了磨难，使我们失去了诸多美好的东西，如丧失了我们的家园即地球，所以憧憬起前现代性的生活来，竟然产生了干脆放弃对现代性的追求，使中国成为一块置身于世界之外的

"非现代化的圣地"的意念。有些人开始主张中国停止始于20世纪70年代末的西方化、现代化的历程。在有些人看来,既然现代化的弊端已暴露无遗,我们为什么不马上悬崖勒马呢?

第二种选择:现代性是人类的必由之路,西方人走过的道路我们中国人也得跟着走。现代性的正面效应与负面作用都不可避免,我们只能置现代化所带来的种种负面效应于不顾,继续沿着原先的路走下去,让中国这块古老的大地彻底经历一次西方式的现代性"选礼"。只有等到中国的现代化过程基本完成了才有可能解决这些负面问题,倘若现在就着手去解决,只能干扰中国的现代化建设。

实际上,以上两种选择都是"死路"。前者要中国重新走回头路,而倒退无论如何是无奈之举。后者则迟早会葬送中国,很有可能中国人民现代化的成果还没有充分享受到,而代价却已把中国拖垮了。

那么,处于"历史拐点"上的当今中国,还有没有其他的选择呢?还有没有其他道路可走呢?

有。这就得求助于"西方马克思主义",特别是生态马克思主义。我们急需一种理论能够说明中国走向现代文明是必然的,但走向现代文明的道路可以与西方的道路有区别。

能够提供这种思想资源的就是西方马克思主义,特别是生态马克思主义,严格地说,就是他们的现代性理论。

我认为,西方马克思主义,特别是生态马克思主义的现代性批判理论有四个要点。

其一,人类走向现代文明是必然的,未来的共产主义社会就是高度文明的社会。马克思不但没有拒绝现代文明,而且还为现代文明欢呼!

其二,人类在走向现代文明的过程中,经受了种种磨难,现代化过程中所出现的种种负面效应,其根子不在于现代性理念本身,不在于科学技术、理性本身,而在于承受这种现代性的社会制度和经济动作模式。现代化过程中所出现的那些负面效应并不具有必然性。

其三,资本主义式的走向现代文明的道路不是一条理想的走向现代文明的道路,这是一条人类在现代化道路上的不归路。对资本主义的批判就是对资本主义制度下走向现代文明道路的批判。

其四,要寻找一条新的走向现代文明的道路,只要换一种社会制度,换一种经济运作模式，人类完全可能既享受现代文明的成果，又避免现代化过程中所出现的种种负面效应。

我认为，在现代性理论方面，"西方马克思主义"是深得马克思主义要领的。

"西方马克思主义"，特别是生态马克思主义的现代性批判理论是"西方马克思主义"理论体系中最有价值的理论。它的特点在于，其在激烈而愤怒地揭露在当代社会里现代性的负面效应时，并不全盘否认现代性对当代人的积极意义，并不把现代性的负面效应完全归结于现代性本身逻辑发展的必然结果。它并不希望现代人放弃对现代性目标的追求，而是要人们对现代性加以"治疗"。它努力地把物对人的统治追溯到人对人的统治，而不是把人对人的统治掩饰为物对人的统治。它深信，只要换一种社会制度，换一种社会组织方式，换一种价值观念，现代性理念以及作为这一理念具体实施的现代化运动完全有可能避免目前所出现的各种弊端。它强烈要求现代化运动不是与资本主义而是与社会主义结合在一起，提出了实现现代性的资本主义形式与社会主义形式之间的区别，这样它就将对现代性以及现代化运动的负面效应的揭露和批判变成了对社会主义理想追求的必然性的论证。

作为"西方马克思主义"的最新形态的"生态学的马克思主义"在对待现代性的问题上，不像后现代主义那样，对现代化运动持全盘否定的态度，也不是从批判现代化的各种负面效应，特别是从对生态环境的破坏开始，进而否定整个工业文明的发展观和价值观，主张反增长、反技术、反生产，而是把现代化运动中的负面效应与现代性本身区别开来，要求走向"更现代主义的世界观"。它具有强烈的修复已经崩溃的现代性，继续追求文化、社会和经济领域的现代性可能性的动机。最负盛名的"生态学的马克思主义"者高兹在其著名的《经济理性批判》一书中提出要为现代化确定一个界限，认为现代性的问题不是出在自身，而是出在超越自己的范围。他说道，"我们当今所经历的并不是现代性的危机。我们当今所面临的是需要对现代化的前提加以现代化""当前的危机并不意味着现代化的过程已经走到了尽头，而我们必须走回头路。倒不如说具有这样一层含义：需要对现代性本身加以现代化"。他还指出："'后现代主义者'所说的标志着现化性的终结的东西，以及所谓的理性的危机，实际上是那种选择性的、片面的合理化,即我们称之为工业主义的东西赖以确立的准宗教的非理性的内容的危机。"高兹强调现代化的过程并没有完成,而业已确立的现代化的界限正被不断突破。出现危机的不是现代性本身,而是其准宗教的非理性的内容。高兹认为,如果坚持当前的危机就是现代性的危机的观点,那么我们就必然处于对过去的怀旧的伤感之中,而不能赋予那些引起我们过去的信仰崩溃的变革新的含义和方向,从而也就不能从危机中走出来。现在关键的是要改变对现代化的观念,即那种把现代化视为没有界限的、可以漫无边际地加以突破的旧观念。他说,"我希望证明现代化具有本体论的和存在论的界限,证明这些界限只有伪合理化、非理性的手段才能加以突破,而正是这种伪合理化、非理性的手段,使合理化走向了反面""这里我的主要目的之一就是给我们能加以现代化的领域划定界限"。所谓划定界限,就是确立在现代化过程中哪些是可以做的,哪些是不可以做的,而不像现在这样什么都可以做。

联系"西方马克思主义",特别是生态马克思主义的现代性批判理论来反思我们中国的现代化运动,我们只能得出这样的结论:首先,我们绝不能放弃对现代性的追求,因为现代性对人类有积极意义,即使在追求现代性的过程中出现了这样那样的问题,那也不是现代性本身造成的;其次,我们也绝不能放弃对追求现代性过程中所出现的种种负面效应,特别是生态危机的关注与消除。既然在追求现代性过程中所出现的负面效应不是根源于现代性本身,那么我们就不应当对这些负面效应持无能为力的态度,而应当积极地寻找出现这些负面效应的真实原因,并且想方设法消除这些原因,使负面效应降到最低限度。

在这里,我们不正是看到了中国道路的合理性和合法性吗?中国道路不正是旨在既充分享受现代文明成果又避免现代性的各种负面效应吗?中国道路不正是通过走一条与西方现代化不同之路来达到这一目的吗?

第五节 生态马克思主义解决问题的路径

生态马克思主义告诉我们,解决生态问题必须从"源头"入手,不能一面消灭结果,一面又制造"原因"。生态马克思主义的这一解决生态危机的思路给了我们极大的启示。中国人民一定要把解决生态问题的过程变成创建一种新的存在方式,创建一种新的人类文明的过程。当今最重要的是必须改变人类现行的生产方式和生活方式。

先说说改变生产方式的问题。生态马克思主义者在论述这一问题时基本上都以马克思主义的相关理论作为出发点。

按照传统现代化的模式,生产的过程就是不断地增长财富的过程,而且期望生产的财富越多越好。早在1925年,利奥波特就批判了这种"多多益善"的组织生产的方式,他把此比喻为拼命地盖房子,而全然不顾空间的有限性:"盖一幢、两幢、三幢、四幢……直至所能占用的土地,然而我们却忘记了盖房子是为了什么。……这不仅算不上发展,而且堪称短视的愚蠢。这样的'发展'之结局,必将像莎士比亚所说的那样'死于过度'。"[①] 他认为人类要在大地上安全、健康、诗意和长久地生存,就必须改变这种组织生产的方式。艾比则把这种组织生产的方式称为"为生产而生产""为发展而发展"。他认为,这种"为生产而生产""为发展而发展"是"癌细胞的疯狂裂变和扩散",将会促使现代文明从糟糕走向更加糟糕,导致"过度生产"和"过度发展"的危机,并最终使人类成为其"牺牲品"。[②]

我们所要解决的难题是在实施"以生态为导向的现代化"的过程中,如何既要使生产不断地扩大和发展,又要使这种生产不会变成"过度生产",从而不会像"癌细胞"一样危及生态环境和人自身的生存。我们的生产是在社会主义制度下的生产,我们的生产方式是社会主义生产方式,所以在回答这一问题之前,有必要回忆一下马克思主义对社会主义生产方式的论述。

马克思对社会主义生产方式的本质特征有许多论述,最基本的有两个方面:一是体现社会主义生产按比例协调发展的客观要求。他指出:"要想得到和各种不同需要相适应的产品量,就要付出各种不同的和一定量的社会总劳动量。这种按一定比例分配社会劳动的必要性,绝不可能被社会生产的一定形式取消,而可能改变的只是它的表现形式,这是不言而喻的。

[①] 转引自王诺《生态危机的思想文化根源——当代西方生态思潮的核心问题》,《南京大学学报》2006年第4期,第40页。

[②] 同上。

自然规律根本不能取消，在不同的历史条件下能够发生变化的，只是这些规律借以实现的形式。"① 马克思的这段话告诉我们，按比例协调发展是社会生产的客观要求和一般规律，但在不同的社会形式下，其实现的程度则有着重大区别，社会主义的生产方式则是能够更好地实现社会生产按比例协调发展；二是实行对生产过程有意识的社会调节。马克思指出，没有一种社会形式能够阻止社会所分配的劳动时间以这种或那种形式调节生产，资本主义与社会主义的区别就在于前者"对生产自始就不存在有意识的社会调节"②，而后者则"社会调节着整个生产"③。按照马克思的论述，社会主义就是要消灭社会生产内部的无政府状态，对生产过程实行有意识的社会调节。必须要说明的是，马克思主义关于社会主义生产方式的这两大特征建立在社会主义生产目的的基础之上。按照马克思的论述，社会主义生产自主的联合生产和直接的社会生产，与此相应，社会主义生产是的目的不再是价值和剩余价值，而是生产更多、更好的产品，用以直接地、更好地满足全体社会成员的生活需要。

马克思主义的创始人曾经提出过"全面生产"这一概念，我们可以借助这一概念更深刻地理解马克思主义关于社会主义生产方式的理论。按照马克思的论述，人的生产与动物的生产完全不一样，这一区别就在于人的生产的全面性，也就是说，人的生产不能像动物那样，只是按照自身肉体的需要来进行生产，即"只是生产它自己或它的幼仔所直接需要的东西"④，而是要按照社会和人的全面发展的需要组织生产。马克思还指出，人的生产全面性的根本标志就是"人再生产整个自然界"⑤，人在生产过程中不仅要关注自身的生存与发展的需要，而且要关注其他自然生存物生存与发展的需要，也就是说，要保证人类以外的自然生命体正常运动的需要，使自然生态生产正常进行和发展。人类的生产活动过程，应当包括再生产自然界的过程。人的生产必须以全面建设自然界、恢复自然界的良性循环为己任。马克思还强调，人的全面生产将实现人的尺度与自然界的尺度相

---

① 《马克思恩格斯选集》第 4 卷，人民出版社 1995 年版，第 580 页。
② 同上书，第 581 页。
③ 同上书，第 85 页。
④ 《马克思恩格斯全集》第 42 卷，人民出版社 1979 年版，第 96 页。
⑤ 同上书，第 97 页。

统一。动物的生产只是按照自身所属的那个物种的尺度来进行生产，而人则可以按照任意物种的尺度来进行生产。因此，在人的全面生产的实践中，总是两种尺度同时在起作用。所谓人的尺度，主要是指把人自身生存与发展的需要和利益，作为人的生产实践的终极目标和价值尺度；而所谓自然界的尺度，主要是指把非人类生命物种生存发展的需要和利益，作为人的生产实践活动的终极目的和价值尺度。如果把这两种尺度有机地结合在一起，就能够保证社会生产和自然生态生产协调发展。马克思还提出，人在进行全面生产的过程中，"懂得按照任何一个物种的尺度来进行生产，并且懂得怎样处处都把内在尺度运用到对象上去"，因此，"人也按照美的规律来建造"[①]。大自然具有审美价值，自然环境所表现出来的那种相互协调以及和谐的形式，这本身就是自然的生态美。而大自然的这种美不仅为了人类，也为了自身。当人类按照自然生态规律和美的规律去开发、加工和塑造自然之时，将会使原生自然的生态美更加完善。因此，应当使人的全面生产活动成为遵循美的规律美化自然的过程。[②] 在马克思看来，只有社会主义生产方式才能实现这种人的生产的全面性。

马克思所说的那种社会主义生产方式和人的生产的"全面性"，在当前的历史条件下，我们没有必要也不可能全面加以推行。但是，却能为我们解决在实施"以生态为导向的现代化"的过程中究竟如何组织生产这一难题提供有益的启示。既然我们已下决心从传统的现代化模式中走出来，实施"以生态为导向的现代化"，那原先的组织生产的方式也非得改变不可。也就是说，我们在实施"以生态为导向的现代化"的过程中，不能单纯地去扩大生产、发展生产，还得不断地改变生产、调整生产。需要改变和调整的首先是生产的目的。为了实现"以生态为导向的现代化"而实施的生产就不能"为了生产而生产"，更不能仅仅为了"价值和剩余价值"而生产。这种生产首先是为了满足人的需要。而这种需要必须是人的真正的需要，也就是说，是与人的全面发展联系在一起的需要，不仅如此，为了实现"以生态为导向的现代化"而实施的生产还要有"自然界的尺度"，即还应当不断地满足非人类生命物种生存发展的需要和利益。这种生产应当

[①]《马克思恩格斯全集》第 42 卷，人民出版社 1979 年版，第 97 页。
[②] 参见刘思华《生态马克思主义经济学原理》，人民出版社 2006 年版，第 239—240 页。

尽可能地成为马克思所说的"全面的生产",这里所实施的生产必须限制在"生态系统的承载力"的范围之内,传统现代化进程中的生产与"以生态为导向的现代化"进程中的生产的重大区别就在于前者往往不考虑"生态系统的承载力",而后者必须限制在"生态系统的承载力"的范围之内。这正如向前奔驰的汽车,它应当既有油门又有刹车。传统现代化进程中的生产就如一辆只有油门而没有刹车的汽车,"以生态为导向的现代化"进程中的生产则是一辆既有油门又有刹车的汽车。只有油门而没有刹车的汽车无异于直奔死亡,因而传统现代化的模式的最终结局必然是死亡。我们实施"以生态为导向的现代化",实际上就是给原先那辆车装上刹车,也就是说给原先的生产模式加以生态的限制,从而让原先那辆汽车既有油门又有刹车,从而使其一往无前地行走。

当然,实施"以生态为导向的现代化"在组织生产方面需要改变的不仅是生产的目的,还有生产的形式。马克思赋予社会主义生产方式有意识地加以调节和按比例协调地进行的特征。在"以生产为导向的现代化"的背景下,我们所从事的生产必须向"有意识地加以调节",并"按比例协调地进行"这一方面努力,否则就达不到我们给社会主义生产所预定的目标,也不可能建成生态文明。实施社会主义市场经济不等于可以排斥政府对生产过程的有意识的调节,也不等于生产就不需要按比例协调地进行。在市场经济前面加上"社会主义"这一修饰词,就意味着我们的市场经济模式与一些资本主义国家的那种极端市场经济模式的区别就在于我们使市场经济与社会主义结合在一起,其中一个重要方面就是使市场原则与社会主义生产方式结合在一起,也就是使市场原则与"有意识地加以调节和按比例协调地进行"的原则结合在一起。这样说来,我们为了实施"以生态为导向的现代化",对社会主义市场经济需要做出改变的,不是从根本上否定和从整体上推翻它,而仅仅要求让社会主义市场经济所内含的一些社会主义的成分得以充分地展现。

综上所述,我们可以得出结论,为了实施"以生态导向的现代化",我们不仅要进一步扩大生产,更要着眼于改变和调节生产,从而使生产真正能达到既为满足人的真实需要服务,又为满足非人类生命物种生存发展的需要服务之目的。

再说说改变生活方式的问题,这是生态马克思主义谈得最多的问题。

"生态马克思主义"理论家把对生态文明的研究与对人的存在方式的研究紧密地结合在一起。他们认为，建设生态文明最根本的意义就在于创建一种人类的新的生活方式，或者说新的存在方式。伴随生态文明的建设，定将是人的新的生活方式、存在方式的形成。他们要求人类自觉地把建设生态文明的过程变成创建人的新生活方式、存在方式的过程。他们的这一观点给正在从事生态文明建设的中国人民带来不可估量的启发作用。

当今世界上什么问题最大，许多人都认为发展问题最大，即认为当今世界所有的问题都没有比我们的世界究竟如何发展的问题来得大。但"生态马克思主义"理论家认为，在他们看来，还有比发展问题更大的问题，这就是如何生活的问题。只有真正明确了人类究竟如何生活的问题，才能真正知道我们这个世界究竟应当如何发展。在他们看来，如何生活的问题是与如何存在的问题紧密相关的，解决人的生活方式的问题实际上就是解决人的存在方式的问题。他们认为，当下人的存在方式实际上不是真正人的存在方式。人的存在方式基本上分为两类：一是"占有"，即把人生存的意义归结为尽可能多地占有东西。人与包括自然界在内的外部世界的关系是一种占有者与被占有者的关系。另一是"存在"，即一个人并不因为其拥有东西而存在，而是他的创造性、主动性，以及爱等的表现。当今人的这种"占有"的存在方式最突出地体现在人与自然的关系上，即人无止境地从自然界中索取东西，占为己有。所以在他们看来，要改变这种"占有"的生活方式就应当从改变人与自然的关系入手。只有人与自然的关系不再是占有者与被占有者的关系，只有自然界不再仅是作为人获取东西的对象，只有在人与自然之间真正建设起了平等的伙伴关系，人与自然相处时不再具有一种占有者、征服者的感觉，人与自然新的关系形成了，相应地一种人类的新的生活方式，一种新的存在方式也形成了。下面我们具体地看几位"生态马克思主义"理论家的相关论述。

高兹认为建设文明对人来说就是要"逃避经济合理性"的控制，而"逃避经济合理性"的控制就是摆脱越多越好的原则。他强调在建设生态文明的过程中必须打断"更多"与"更好"之间的联结，使"更好"与"更少"结合在一起。在他看来，只要我们生产更多的耐用品以及更多的不破坏环境的东西，或者生产更多的、但每个人都可以得到的东西，那么，工作与消费得越少，但生活得却更好。他说："当人们认识到并不是所有的价值都可以量化的，认识到金钱并不能购买到一切东西，认识到不能用金钱购买到的东西恰恰正是最重要的东西，或者甚至可以说是最必不可少的东西之时，'以市场为根基的秩序'也就从根本上动摇了。"[1] 而当人们进入这样一种状态之中，并且对这种状态感到满意之时，标志着人已经形成了新的生活方式、新的存在方式。在这种新的生活方式和存在方式下，人们会发现自己的生活不再完全被劳动所占据，不再被劳动所迷惑。人们发现这是一个价值不能被量化的领域，发现这才是生活自主的领域。以经济为目的所进行的劳动大大减少之时，自主的行为有可能在社会中占据支配地位。应当把经济理性从闲暇时间中驱除出去，这样，闲暇将不再只是剩余或补偿，而是必不可少的生活时间和生活的原因。要使闲暇压倒劳动的同时，使自由时间压倒非自由时间。让这种自由时间成为一切普遍价值的承担者，即让创造性、欢乐、美感和游戏战胜劳动中各种效率、谋利的价值。高兹有时候把人的这种新的生活方式、新的存在方式表述为"更少地生产，更好地生活"。他认为，生态文明一旦建成，生产的目的将不再是追求最大限度的利润，所以将会终止奢侈品的生产，而主要是生产那些人们确实需要的耐用、易修理、易生产并且无污染的东西。由于实行这样的生产，必然带来两大结果：其一，社会劳动将被限制在生产生活所需求的东西上边，从而工作时间能同时得到缩减，这将使人们获得更多的自由时间，大大地扩展他们的自由选择行为，个人和公众将以今天难以想象的方式显现自己并使他们的生存方式多样化；其二，人们在改变相互之间的关系的同时也改变了同环境的关系，环境与人不再处于对立的状态，而是和谐相处，人们重新恢复了与自然界的活生生的内在联系。高兹强调，这两大结果都是同人们新的生活方式、新的存在方式联系在一起的。

莱易斯提出，构建生态文明的过程实际上是引导人们不是在消费领域而是在生产领域的过程，而一旦人们认为自己的满足最终在于生产活动而不在于消费活动之时，人的一种新的生活方式、一种新的存在方式也就形成了。他指出，现代工业社会正在把人们引向这样一种生活方式和存在方式：人们居住在城市的多层高楼中，其能源供应、食品和其他必需品乃至废物的处理都依赖于庞大而复杂的体系。与此同时，人们又误认为不断增

---

[1] A. Gorz, *Critique of Economic Reason*, London, 1989, p.116.

长的消费似乎可以补偿其他生活领域,特别是劳动领域遭受的挫折。因此,人们便疯狂地追求消费以宣泄对劳动的不满,从而导致把消费与满足、幸福等同起来,换句话说,只用消费的数量作为衡量自己幸福的尺度。莱易斯指出,把消费与满足、幸福等同起来,正是现代工业社会处于异化之中的明证。现代工业社会为了达到统治人的目的,不惜使人的一切方面都依附于集中的官僚体系,异想天开地让人通过消费的途径去消除,去麻痹在劳动中遭受到的挫折、痛苦。这样一种人的生活方式和存在方式,不仅是福利国家的合法性的基础,而且也是生态危机的根源。莱易斯强调,必须改变把消费与满足等同起来的那种生活方式和存在方式,人的满足应到自己能从事的活动中去寻找,也就是说人的满足最终取决于生产活动。他说:"满足的可能性将主要是生产活动的组织功能,而不是像今天的社会那样主要是消费活动的功能。"[1] 如果人们弄懂了不断增长的消费是不可能补偿其他生活领域中遭受的挫折的,那么,他们就会认为进步的社会变革的前景取决于在消费领域之外的其他领域,即在消费领域之外同样能够获得满足和幸福。莱易斯还强调,社会把注意力集中于生产领域,让人们在从事自主的、创造性的劳动过程中获取幸福和满足,并不意味着强迫所有的人都采用一种特殊的单一的生活方式,而是让人们有比现在更富于吸引力的其他选择。着眼于消费的投资决策只能导致单一的选择,即以集中的城市人口为基础的高集约度的市场布局,而一旦把着眼点转移到如何使人们在生产活动中获得满足,人们就能获得理想的生活环境,这对每个个人来说都是极富吸引力的。如果现代社会的投资方向不是强求人们过一种单一模式的生活,那么个人就可以有范围广泛的选择自由。"在这种情况下,各个个人就可能愿意在不同程度上靠日常需要的生产活动来获得满足,而不是从一般化的市场中的消费来获得满足。"[2]

如果说上述两位"生态马克思主义"理论家主要是从哲学的角度阐述了建设生态文明究竟怎样形成一种新的人的生活方式与存在方式,以及所形成的这种生活方式和存在方式究竟具有什么样的特征,那么另一位"生态马克思主义"理论家奥康纳则主要从经济学的角度论述了这些观点。他

---

[1] W. Leiss, *The Limits to Satisfaction*, Toronto, 1976, p. 105.
[2] Ibid., p. 108.

认为，按照马克思主义的经济学理论，所有商品都既有交换价值又有使用价值。"交换价值"是指"一种商品同所有别的商品的换算价值"，它是"用劳动时间来加以度量的"，因此它是"一个量的概念"；而"使用价值""相关于人的自然的或后天的需要"，它是"一个质的关系"。一定量的食物提供一定量的营养；一定量的石油或煤炭提供一定量的热量或能量；特定型号的汽车以特定的速度送人们去上班；特定种类的布料使穿着它的人或温暖或凉爽；特定的书籍在特定的技术领域中给读者以教育，这都是"使用价值"。他指出，在资本主义社会，"由于资本主义生产的目的是追求利润"，所以"'使用价值'从属于'交换价值'，'具体劳动'从属于'抽象劳动'"①"'使用价值'正在被日益纳入'交换价值'之中，这也就是说，越来越多的需要的满足（或没有得到满足）更多经常地体现在商品（单个）的形式中，而较少采取直接社会性的形式；譬如，更多的汽车，更少的公共交通；更多的治疗性健康，更少的预防性健康；更多的快餐，更少的家庭烹饪；更多由 MTV 制造的音乐，更少的本土音乐；更多的大型演出团体，更少的文化自我发展。"② 有些活动，如从营养角度来研究食物，从健康角度来研究工作场所，根据上下班往返时间来考察交通运输系统，尽管从"使用价值"出发是"合理的"，可从"交换价值"出发往往是"不合理的"。在奥康纳看来，建设生态文明在某种意义上说就是要改变资本主义社会中"使用价值"从属于"交换价值"的情况，反其道而行之，使"交换价值"从属于"使用价值"，让那些原先认为"不合理的"东西变为"合理的"。而无论是就整个人类来说还是以个别人而言，都应当重视"使用价值"，都致力于使"交换价值"依附于"使用价值"，那就意味着与现行的生活方式和生存方式截然有别的新的生活方式和生存方式形成了。这种新的生活方式与生存方式不仅表现于在"使用价值"与"交换价值"两者之中重视前者，而且还相应地体现在"质"和"量"两者之中推崇前者。在资本主义社会中，数量重于质量这是毫无疑问的，这实际上也体现出人的一种生活态度，一种生活形式。所以，当生态保护运动中的马克思

---

① ［美］詹姆斯·奥康纳：《自然的理由——生态学马克思主义研究》，唐正东等译，南京大学出版社 2003 年版，第 514 页。

② 同上书，第 520 页。

主义者提出要为"定性"而斗争，而不是为"定量"而斗争之时，也就是说，要为高品质的生活而斗争而不是为增加数量而斗争之时，实际上他们也在创造一种人类的新的生活方式和存在方式。另外，奥康纳还提出，与生态文明建设相伴随的不仅是从重视"交换价值"向重视"使用价值"的转化，从重视"量"向重视"质"的转变，而且还有从重视"分配性正义"向重视"生产性正义"的转化。他说，环境保护运动要把社会主义"从对定量性改革实践和'分配性正义'的迷恋中拯救出来，代之以（或补充性）定性的改革实践和'生产性正义'"①。他指出，"分配性正义"指的是"事物的平等分配"，而"生产性正义"指的是"事物的平等生产"。在资本主义社会中，通行的是"分配性正义"，例如在环境方面，就是指环境利益的平等分配和环境危害、风险和成本的平等分配。实际情况是，在资本主义社会中，人们越是信奉这种"分配性正义"，环境越是遭受破坏。建设生态文明的关键是如何使"分配性正义"转变为"生产性正义"，即从关注"生产和积累的正面因素和负面因素的平等分配"，转变为关注"生产和积累的正面因素和负面因素的生产"，前者涉及"社会交换关系"，而后者涉及"包括劳动关系在内的社会生产关系"②。透过其晦涩的概念，我们知道他的意思就是为了保护生态环境，我们不应当总是把目光盯在这个社会在分配方面是否正义，而应盯在这个社会在生产方面是否正义。他说："正义唯一可行的形式就是'生产性正义'，而'生产性正义'的唯一可行的途径就是生态学社会主义。"③ 从他的上下文来看，他在这里不仅要表达对"生产性正义"的推崇，而且还要说明当人们都去信奉"生产性正义"之时，一种与生态文明相称的人的生活方式和存在方式也就形成了。

尽管这些"生态马克思主义"理论家是从"应然"这个角度来论述建设生态文明的过程应当是人的一种新的生活方式、新的存在方式形成的过程，生态文明下的人的存在应当是一种与资本主义社会中以"占有"为主要标志的存在不同的新的存在。他们的论述主要是让我们知道了建设生态文明究竟最后要达到什么样的目的，也就是说应当朝哪一个方向走。目前

---

① ［美］詹姆斯·奥康纳：《自然的理由——生态学马克思主义研究》，唐正东等译，南京大学出版社 2003 年版，第 515 页。

② 同上书，第 537—538 页。

③ 同上书，第 538 页。

西方世界一些人正在讨论 21 世纪是否有可能成为中国世纪的问题，在他们看来，如果说 20 世纪是美国世纪，那么 21 世纪完全有可能成为中国世纪。那么中国究竟发展成为什么样子才有可能成为 21 世纪人类世界最具代表性、贡献最大的"领头羊"呢？我认为，即使到了 21 世纪中国的 GDP 赶上甚至超过了美国，中国人的物质消费水平赶上甚至超过了美国，也不可能使 21 世纪成为中国世纪。中国的 GDP 必须不断增加，中国人的物质消费水平必须不断提高，但中国人目前最需要做的事情是创建一种新的生活方式、一种新的存在方式。现正在流行的那种人的生活方式，人的存在方式确实已到了悬崖勒马、改弦易辙的时候了，目前整个人类都在呼唤一种人类的新的生活方式、一种新的存在方式的出现。在这个时候，如果我们在建设生态文明的过程中，着眼于构建一种人类的新的生活方式、新的存在方式，并且在中华民族的大地上这种新的生活方式、新的文明样式率先创建出来了，那么这难道不是对整个人类的划时代的贡献吗？

第六节　中国绿色左翼的崛起

最后，我要谈谈中国的"绿色左翼"思潮。中国有一个"绿色左翼"吗？在我们面前有三种颜色：红色、黑色与绿色。红色和黑色分别代表社会主义与资本主义；而绿色代表生态文明。那么，即使在西方世界，人们也往往只是把绿色与红色联系在一起，而很少有人把绿色与黑色扯在一起。在西方的生态运动中，具有代表性的是两大派别，一是所谓"红绿派"，这一派别坚持把生态运动纳入社会主义的总运动之中，这一派别的代表人物自称是"生态马克思主义"者或"生态社会主义"者；二是所谓"绿绿派"，这一派别在意识形态上保持中立，他们把生态运动视为一种"新社会运动"。这两大派别原先是"万绿丛中一点红"，即"绿绿派"占绝对优势，后来则是"红绿交融"，即两派平分秋色，甚至"红绿派"呈后来居上的趋势。

在中国，竟然有人公然要把绿色与黑色嫁接在一起，也就是说，要在资本主义制度的框架内实现生态文明，在不改变资本逻辑占统治地位的前提下保护生态环境，可以把持有这种观点的人称为"黑绿派"。持有这种观点的人不要说与西方的"红绿派"风马牛不相及,就是与西方的"绿绿派"也有很大的区别。实在难于想象,这种"黑绿派"的观点竟然在当今的社会主义中国也开始有了市场。在当今中国,不时有人发出声音,是社会主义的公有制,是国有企业的那种所有制形式,导致了日益严重的环境污染,所以,要在中国恢复"蓝天白云",唯一的出路就在于实施彻底的私有化、资本化、市场化,简单地说,要消除生态危机,当务之急就是向这些大型国有企业开刀,改变这些国有企业的所有制形式,让这些国有企业由中外私人资本家来占有和经营。

我认为,这种"黑绿派"实际上是中国的绿色右翼。如果这样来思考,大概我们这些"红绿派"就是绿色左翼了。那么,当今中国的"绿色左翼"的基本理论立场究竟是什么呢?我认为,生态马克思主义的理论立场基本上就是我们今天中国的"绿色左翼"的理论立场。这一理论立场包含着以下几个基本要点。

第一,认识和解决生态问题需要理论资源,马克思主义的生态理论是我们最主要的理论资源。由于生态马克思主义在新的历史背景下继承、弘扬和发展了马克思主义的生态理论,所以,研究、消化和吸收生态马克思主义是我们的当务之急。

第二,我们认定生态危机的根源是资本主义制度,是资本逻辑。我们反对离开了社会制度,从所谓抽象的"生产逻辑"来论述生态危机的根源。

第三,我们意识到当今人类面临生态危机,并陷入了"两难境地",我们承认这种"两难境地"的必然性与现实性,并认为这种"困境"是由人类对待资本的为难和困惑所带来的。

第四,我们认为中国必须走出一条既能享受现代文明成果,又能保护生态环境的新路,走出这样一条新路不仅是必要的,而且也是可能的,这也正是中国特色社会主义道路的合理性与合法性之所在。

第五,我们建议解决生态问题必须在"源头"上下功夫,切不能一面消灭结果,一面又制造"原因"。在我们看来,最重要的是要改变目前的生产方式和生活方式。要把中国消除生态危机、建设生态文明的过程变成创建一种新的人类的存在方式、新的文明形态的过程。

第二章　当代消费主义思潮批判

消费主义（consumerism）产生于西方发达国家，蔓延到世界各地，成为资本家实现剩余价值，获得消费力和劳动力，维持资本运行的制胜法宝；也是政府取得大众支持，获得统治合法性的重要手段；以及现代大众缺乏批判地沉溺于消费，把物质的占有和消耗当成美好生活和人生目的的价值观念及在这种价值观指导下的生活方式。消费主义具有意识形态性质，分析消费主义意识形态的产生及运行逻辑，揭示消费主义的后果及其影响，剖析消费主义意识形态批判的困境，有利于我们找到超越消费主义意识形态的现实路径。

第一节　消费主义的发展历程及其负面影响

消费主义作为消费社会的意识形态，是指缺乏批判意识地沉溺于消费，把物质的占有和消耗当成美好生活和人生目的的价值观念及在这种价值观指导下的生活方式，它促使了消费的民主化，同时也带来了诸多问题，从而遭到了各种批判。

一　消费主义的发展历程

消费主义在西方经历了两个发展阶段。从接受人群看，消费主义经历了从社会少数群体向大众的蔓延过程。首先是少数社会人群的消费主义。

美国历史学家麦克拉肯（G. McCracken）对 16 世纪晚期即伊丽莎白一世时期的英格兰的"消费繁荣"进行了研究。根据他的研究，伊丽莎白女王将消费作为政治统治的工具，她不仅通过宫廷仪式性豪华消费塑造君王统治的合法性和权威，而且还促使贵族们分担宫廷消费费用。贵族们为了获得伊丽莎白女王的注意，并博取名誉和社会地位，以前所未有的热情进行豪华消费，使得在礼节和身份方面的花费急剧膨胀。①

18 世纪，随着英国工业革命的推进，以及殖民活动的开展，消费主义逐渐由上层贵族扩展到中产阶级。曼德维尔在《蜜蜂的预言》中，以寓言的方式讲述了奢侈、贪婪、挥霍浪费、炫耀消费对社会进步和穷人生存的积极价值。虽然曼德维尔受到了各种严厉的批判，然而他的书却一版再版，非常畅销。到 18 世纪中后期，消费以及对奢侈的追求被当作社会权利得到广泛认可。工商业在激烈的竞争环境中，逐渐将消费品与特定消费对象联系起来，消费与资本增殖直接挂钩，"限制消费的唯一因素可能只有购买力了。于是现代意义上的消费出现了。这种消费不同以往之处在于，它不受生物因素的驱动，也不纯然由经济决定，而是带有社会、心理和象征的意味，并且自身成为一种地位和身份的建构手段。消费主义开始演变成为整个社会的精神气质。"②

第二个阶段是大众消费阶段。随着科学技术的提高，"资产阶级在它的不到一百年的阶级统治中所创造的生产力，比过去一切世代创造的全部生产力还要多，还要大"③。20 世纪之交，资本主义经历了吉列塔概括的资本家从榨取工人的"绝对剩余价值"到"相对剩余价值"的转变。福特主义就是这一转变的产物，大批量生产构成了福特主义的时代特征，生产的重点转移到生活资料的生产，必然要求大规模的消费。福特主义同时也为大规模消费创造了条件。在生产流通中引入泰勒制管理模式，流水线作业降低了生产成本，单位商品的价值降低，与此相应，高强度的分工劳动使工人能够获得相对较高的工资。生产领域中的不自由和受限制，工人们在消费领域中逐渐得到补偿。通过消费，人们获得了前所未有的心理满足感。

---

① 莫少群：《20 世纪西方消费社会理论研究》，社会科学文献出版社 2006 年版，第 94—95 页。
② 同上书，第 98 页。
③ 《马克思恩格斯文集》，人民出版社 2009 年版，第 36 页。

由此，消费主义逐渐走出生产领域，进入人们的日常生活领域。"消费民主化"变成了美国经济政策不言而喻的目标，消费甚至被渲染成为一种爱国责任。大萧条和"第二次世界大战"暂时拖延了消费的民主化进程，但在战争结束后不久，大众消费就走向了成熟期。维克托·勒博在20世纪50年代中期写的一篇文章《这是一个生存问题》中，对"强制消费"大加赞扬。他说："我们具有巨大生产率的经济要求我们把消费作为一种生活方式，把商品的购买与使用变成一种仪式，从消费者中获得精神的满足……我们需要以不断增长的速度把东西消费掉、烧掉、穿掉、换掉和扔掉。"凯恩斯认为经济危机发生的根源是资本主义社会有效需求不足，解决经济危机应当鼓励消费和投资，于是鼓励消费的经济政策在资本主义国家得到广泛的重视与实施。美国消费主义意识形态诞生，并迅速地扩展到西欧和日本。

从消费方式与消费内容看，消费主义经历了以使用价值消费为主向以符号消费为主的转变。福特主义生产方式实现了生产主要内容由生产资料向消费资料的转变。在这个阶段，商品对于消费者而言，它的使用价值至关重要。唯有能够满足人们需要的商品，才能为人们所购买。因此在这个阶段，刺激消费的主要手段是刺激需要。在《1844年经济学哲学手稿》中，马克思对这种现象进行了描述。工业资本家为了销售他们生产的商品，获得利润，充当着宦官的角色，满足贵族们各种需要，甚至变态的离奇的需要。工人们虽然贫困如洗，然而工业资本家同样没有放过他们，他们利用自身粗陋的需要，将工人的收入纳入他们的囊中。随着科学技术的进步，福特主义的成功，社会商品变得更加充裕。弗洛姆在《健全的社会》中写道："从19世纪到当代的资本主义的另一个根本变化就是国内市场的重要意义的提高。我们的整个经济机器建立在批量生产和批量消费原则的基础上。"[①] 甚至反映创作者个性的文化也被商品化，借助于现代的传媒和复制技术而大批量生产。在《启蒙辩证法》一书中，阿多诺和霍克海默提出了文化工业的概念，"文化工业把古老的东西与熟悉的东西熔铸成一种新质。在其所有的分支中，那些特意为大众消费生产出来，并在很大程度上决定

[①] [美] 埃里希·弗洛姆：《健全的社会》，蒋重跃等译，国际文化传播公司2003年版，第93页。

了那种消费性质的产品，或多或少是按照计划炮制出来的。"①

为了使这些大批量生产出来的物质产品和精神产品销售出去，社会采取了各种手段来控制人的需要，使商品与人的需要一体化。马尔库塞将人的需要区分为真实的需要和虚假的需要。所谓真实的需要是指大众能够掌握自己的命运，积极参与到集体生活中，拥有诸如包括自由、爱欲、解放、审美等为主要内容的独立自主的现实需要。而虚假需要则是个人受到社会控制，被社会所强加的需要。然而，大众并没有认识到这些强加的、不由自主的需要是虚假的需要，相反，他们在满足这些虚假需要的过程中追求幸福的实现。"生产设备和它生产的商品和服务，'出卖'或欺骗着整个社会体系。大众运输和传播手段，住房、食物和衣服等商品，娱乐和信息工业不可抵抗的输出，都带有规定了的态度和习惯，都带有某些思想和情感的反应，这些反应或多或少愉快地把消费者同生产者，并通过生产者同整体结合起来。产品有灌输和操纵的作用；它们助长了一种虚假意识，而这种虚假意识又回避自己的虚假性。随着这些有益的产品在更多的社会阶级中为更多的个人所使用，它们所具有的灌输作用就不再是宣传，而成了一种生活方式。"② 通过这种对消费重要性的灌输以及虚假需要的刺激，资本在生产产品的同时，也实现了对消费者的生产。"在消费品生产和投资规模和消费者的欲望之间，一些大企业既不任由消费品的生产碰运气，也不任由消费者有他想买多少或想买什么的自由。它们认为，必须不断地刺激消费者的欲望，必须操纵、控制消费者的爱好，并使其欲望、爱好具有可预测性。人被改造成了'消费者'，改变成了愿望是消费更多、'更好的'产品的永远无知的孩子。"③ 真实的消费本来在于满足人类生存和发展的需要，然而消费主义通过对消费者的培养和塑造，消费的目的仅仅在于占有越来越多的物品。

使用价值似乎成为商品能够被销售出去的根本原因，然而根据马克思与后来法兰克福学派的分析，通过对需要的操纵，资本逻辑实现了对使用

---

① Theodor W. Adorno, *The Culture Industry*, London and New York: Routledge 2002, p. 98.
② ［美］赫伯特·马尔库塞：《单向度的人》，张峰、吕世平译，重庆出版社1987年版，第11—12页。
③ ［美］埃里希·弗洛姆：《让人压倒一切》，《人的呼唤——弗洛姆人道主义文集》，王泽应等译，上海三联书店1991年版，第84页。

价值的操纵。因此消费主义在这个阶段的发展,其背后的资本逻辑依然占据主导地位。消费者相反是在消费主义意识形态迷惑下不自觉、被动地做出消费行为。"最有实力的广播公司离不开电力公司,电影工业也离不开银行,这就是整个领域的特点,对其各个分支机构来说,它们在经济上也都相互交织着。"[1] 商品世界是主体,背后的推动力量是资本逻辑,消费者通过将消费等同于对商品的挥霍浪费,陷入资本逻辑之中。

消费方式与内容发展的第二个阶段是符号消费。这与西方在20世纪70年代转向后福特主义生产方式有关。福特主义的特点是大规模生产与大规模消费的对应。这种生产方式仅仅适应于单一的和不断持续增长的市场环境,却难以适应20世纪70年代以来以个性化、多样化和快速变化为特点的市场环境。进入20世纪70年代,西方发达国家的制造业生产方式开始由福特主义向后福特主义转变。不同于福特主义,后福特主义的典型特征是柔性生产(Flexible Production)与个性化和多样化消费需求之间的对应。柔性生产的基础不再是通过减少员工之间的交流为代价的规模和范围经济,而是强调利用信息技术、劳动者的人力资本和广泛的信息交流实现低成本满足客户的个性化和多样化的需求。在美国和欧洲,福特主义生产方式的核心是工作稳定而待遇良好的蓝领工人,而在经济全球化背景下的后福特主义由于采取柔性生产,劳动市场出现了分化,劳动者呈现出复杂的层次性。第一类是根据国际市场定价的高级管理者和高级技术工作者。第二类是国内市场拥有高技能的核心工人阶层。这两类工人和管理人员拥有就业保障、高工资和所有的福利待遇,同时也对公司尽自己的忠诚。第三类则是外围的附属工人,他们属于半熟练或者简单劳动力,没有就业保障,接受低工资和低福利。[2]

福特主义向后福特主义的转变,不仅仅是工业生产方式的变化,同时也给消费带来了重要影响。根据莫少群的总结,消费方面的变化有两点值得关注:"一是消费需求的重心从大众化的标准产品转向了符合特殊文化品位的产品,对审美和文化意义的要求支配着大众的消费实践""二是符号体

---

[1] [德]马克斯·霍克海默、西奥多·阿道尔诺:《启蒙辩证法》,渠敬东、曹卫东译,上海人民出版社2006年版,第119页。

[2] 刘刚:《后福特主义与当代资本主义经济制度的演变》,《安徽师范大学学报》2007年第3期。

系和视觉形象的生产对于控制和操纵消费趣味和消费时尚发挥着越来越重要的作用。"① 虽然在后福特主义阶段，使用价值消费依然重要，然而符号消费越来越成为一种潮流。列斐伏尔与鲍德里亚是符号消费研究中两个非常重要的人物。

列斐伏尔立足于20世纪五六十年代的西方社会，开创性提出了符号消费的问题。为了强调消费的操作性，列斐伏尔将20世纪五六十年代的西方社会称为"消费受控制的官僚社会"。在"消费受控制的官僚社会"，社会统治的重心不再是生产，而是消费，统治的实现不是通过国家上层建筑，而是通过语言和符号。列斐伏尔认为，表达事物名称的词语或词语群与所指之间应该存在密切的联系，正是这一联系赋予了名称可以传达的特定的意义。前现代社会中，词语和句子都建立在可靠的指涉物之上，而且指涉物之间也形成了符合逻辑或常识的一致性。然而20世纪以来，随着交换价值统治地位的确立，文化的碎片化，现实指涉物逐渐衰退，乃至退化，能指与所指之间分裂，语言开始自我指涉，成为可以自我复制的元语言，并催生了一种新的可感知的现实存在，符号自我指涉构成"第二自然"，取代了第一自然，世界只剩下漂浮不定的、毫无意义的能指。在丧失了指涉物的符号社会中，能指与所指在任何时间和地点被随意地连接，各种"体系"都依附在毫无关系的能指之下。②

在"消费受控制的官僚社会"，大量符号充斥，消费物被符号粉饰和美化，符号取代物本身去满足人们的需求。"每种物体和产品都获得了双重性存在，即可见的和假装的存在；凡能够被消费的都变成了消费的符号，消费者靠符号、靠灵巧和财富的符号、幸福和爱的符号为生；符号和意指取代了现实，从而产生了大量的替代物，大批的变形物。"③

广告对于符号消费具有重要作用。19世纪，广告的主要功能在于介绍商品的用途，劝导人们购买。然而，到了20世纪，广告改变了这种消极存在，通过运用符号学的方法、华丽的词藻、人性的感召力以及夸张的手法，将能指和新的所指联系起来，赋予商品充满诱惑力的审美价值和符号功能。

---

① 莫少群：《20世纪西方消费社会理论研究》，社会科学文献出版社2006年版，第9页。
② 闫方洁：《诗性的语言学革命：列斐伏尔与消费社会的符号拜物教批判》，《黑龙江社会科学》2012年第4期。
③ Henri Lefebvre, *Everyday Life in the Modern World*, Transaction Publishers, 1994, p. 90.

"广告不仅提供了消费意识形态，它更创造了'我'这一消费者的意象，并且在这种消费行动中实现着自己以及其与自身理想相一致的'我'。广告奠基于事情的想象存在之上，广告唤醒对事物的想象，陷入附加在消费艺术和内在于消费艺术想象的华丽言辞和诗歌中。"[1] 通过广告，消费商品所具有的使用价值不再重要，与文化和审美相关的符号价值变得至关重要。例如汽车，广告赋予它的意义不再是交通工具，而是符号意义。"汽车是一种身份象征，它代表了舒适、权力、权威和速度，除了实际的用途，它作为一种符号而消费，它是某种神奇的东西，是来自假装领域的居民。"[2] 通过赋予汽车象征意义，汽车论证了自身的价值与意义，展示自身在符号体系中的等级地位，引导着消费者去选择。

列斐伏尔提出了符号消费的问题，并通过广告与符号学相关理论，研究了符号消费的运行机制。但他并没有将作为主体的人完全消解掉，隐藏在符号所指之下的内容也并没有完全消匿不见。鲍德里亚则将列斐伏尔所提出的符号消费问题推到极端，甚至消解掉了符号与现实的完全联系，以及消费体系中人的作用。

让·鲍德里亚是西方马克思主义转向后马克思主义的典型代表，在《物体系》《消费社会》《生产之镜》《符号政治经济学批判》等著作中，他对消费社会及其后现代性进行了探讨。其中他对符号消费的研究，反映了西方消费主义发展的新阶段，揭示了消费主义的内在机制。

在《物体系》中，鲍德里亚揭示了物在消费社会的存在方式，即由功能通过功能化的过程，取得符号存在。功能指的是由物品的自然属性产生的使用价值或有用性；功能性则是指物品在符号系统中的价值和意义。"'功能化'丝毫不代表适应一个目的，而是代表适应一个体制或一个系统：功能性的真义是能被整合于一个整体中的能力。"[3] 功能功能化的过程，就是物成为符号的过程。消费社会中的符号物构成了一个自在的文化系统。在这个体系中，几乎所有的物品都被包含了进去，消费的对象与消费的内涵都发生了根本性的变化。"消费的对象，并非物质性的物品和产品：它们

---

[1] Henri Lefebvre, *Everyday Life in the Modern World*, Transaction Publishers, 1994, p. 90.
[2] Ibid., p. 102.
[3] [法]尚·布希亚：《物体系》，林志明译，上海人民出版社2001年版，第72页。

只是需要和满足的对象。……财富（bitns）的数量和需要的满足，皆不足以定义消费的概念，它们只是一种事先的必要条件。消费并不是一种物质性的实践，也不是'丰产'的现象学，它的定义，不在于我们所消化的食物、不在于我们身上穿的衣服、不在于我们使用的汽车、也不在于影像和信息的口腔或视觉实质，而是在于，把所有以上这些〔元素〕组织为有表达意义的实质（substance signifiance）；它是一个虚拟的全体，其中所有的物品和信息，由这时开始，构成了……一种符号的系统化操控活动。"① 消费的对象不是具体的实物以及它的使用价值，而是抽象的符号。消费也由传统的对需要的满足过程变成了系统的符号操控活动。

符号是鲍德里亚消费社会的关键概念之一，但他本人并没有清晰界定究竟什么是符号。《物体系》的台湾翻译者林志明在翻译后记中对鲍德里亚的符号概念进行了总结："《物体系》的中心主题即是物品转变为符号。然而，沿着此一主题在书中的发展，符号的概念逐渐分布于三个不同的音域：符号学意义下的符号，心理分析意义下的征兆（症状），最后则是社会地位标位中的信号符码。"② 当他把符号作为物品的标记看待时，他就是在符号学意义上使用符号；当他把符号作为一个人在消费物品时其社会地位和身份的标志时，他就是在差异社会学的意义上使用符号；而当物的符号作为潜在的欲望的表现形式时，他就是在心理分析的意义上使用符号。此外，符号还具有代码（code）的意义。③ 由符号的三层意义可以看出，鲍德里亚此时已经不再单纯地使用马克思的资本逻辑以及西方马克思主义的社会控制逻辑来分析消费，即消费是为了实现经济利益和政治统治而从外部强加给消费者的。由于消费对象是符号，符号的存在价值在于系统。对符号的消费是追求个性和差异性的过程，"要成为消费的对象，物品必须成为符号，也就是外在于一个它只作意义指涉（signifer）的关系——因此它和这个具体关系之间，存有的是一种任意偶然的和不一致的关系，而它的合理一致性，也就是它的意义，来自它和所有其他的符号—物之间，抽象而系统性的关系。这时，它便进行'个性化'，或是进入系列之

---

① ［法］尚·布希亚：《物体系》，林志明译，上海人民出版社 2001 年版，第 222—223 页。
② 同上书，第 248 页。
③ 孔明安：《从物的消费到符号消费》，《哲学研究》2002 年第 11 期。

中，等等：它被消费——但（被消费的）不是它的物质性，而是它的差异。"符号体系中所存在的等级与差异诱惑着消费者为了追求个性化的差异，逻辑性地由一个商品走向另一个商品，因此消费是一个由主体建构的、积极的交流体系和结构。在符号消费中，使用价值变得不重要，符号价值主导着消费者的选择。消费成为一个自在的意义领域，与生产领域具有平等的独立地位。

鲍德里亚在《物体系》《消费社会》《符号政治经济学批判》中对消费社会的批判内含两条线索，即资本逻辑与符号分析，虽然后一条线索占据显性位置，然而他并没有完全否定掉资本逻辑的存在。然而以《生产之镜》为标志，鲍德里亚转向后马克思主义阶段，他对消费社会的批判转向完全的符号分析阶段，提出以象征交换的方式对资本主义社会进行整体性替代。在《符号交换与死亡》《拟像》《致命策略》等著作中，鲍德里亚与早期的马克思主义立场彻底决裂，采取一种激进的后现代主义立场，对消费社会的大众传播展开批判。他认为在消费社会中，符号控制一切，一切按照符码的模式再生产自己，现实是符码复制的结果，真实与不真实的界限已经消失，现实的物质形态消失。因此，需要用象征交换来代替建立在符号控制中的生产体系，用灾难性的死亡代替死亡的理性控制。[1]

哲学是反映在思想中的时代。鲍德里亚的思想演变，对消费社会批判逻辑的激进化，反映了随着信息技术的发展，大众传播对现实生活进行全面的干预和控制成为现实。鲍德里亚通过激进的后现代主义批判，展示了消费主义在当代社会大肆扩张的技术原因。

二 消费主义的广泛影响

消费主义广泛渗透到大众的日常生活与执政党的治国理政思维中，对政治、经济、文化等产生了广泛的影响。

消费主义对公民身份的影响。马克思在《论犹太人问题》中对公民和

---

[1] 仰海峰：《走向后马克思：从生产之镜到符号之镜》，中央编译出版社2004年版，第12—13页。

市民社会的人进行了区分。马克思说:"在政治国家真正形成的地方,人不仅是在思想中,在意识中,而且在现实中,在生活中,都过着——双重的生活——天国的生活和尘世的生活。前一种是政治共同体中的生活,在这个共同体中,人把自己看作社会存在物;后一种是市民社会中的生活,在这个社会中,人作为私人进行活动,把别人看作工具,把自己也降为工具,并成为异己力量的玩物。"① 可见公民是参与政治共同体,具有普遍性精神的人,而市民社会中的人则是追逐私人利益的私人。马克思秉承了黑格尔对市民社会的批判精神,为批判消费主义这个属于市民社会的意识形态提供了理论框架。

消费主义对公共领域的破坏引起了很多西方思想家的注意。阿伦特(Hannah Arendt)指出,在西方摩登时代,消费者社会的兴起,导致"动物化劳动者获准支配公共领域,但只要动物化劳动者占据公共领域,就无真正的公共领域可言,最多只是进行一些公开的私人活动而已"②,在《集权主义的起源》中,她认为这种只追求私人利益而不关心政治所造成的大众的原子化是集权主义兴起的潜因之一,揭示了消费者社会的政治危险性。哈贝马斯在《公共领域的结构转型》中具体地分析了消费文化是如何侵蚀文学公共领域,使公共领域失去批判性和政治性,取而代之的是文化消费的伪公共领域和伪私人领域③,从而导致公众分裂为没有批判意识的少数专家和公共接受的消费大众。阿伦特和哈贝马斯从宏观上论述了消费社会的兴起,导致了公共领域和私人领域的双重受损。而从公民的视角对消费社会展开批判还存在另外一种更为微观的思路:从消费主义带来社区的同一化来批判消费主义。

首先,消费主义改变了社区的结构和特征。在消费社会中,一个非常显著的趋势是大型(甚至是跨国)的连锁店日益取代了本社区的零售商店。其结果是社区的日益趋同:在不同的社区能够去同一家快餐店或是连锁饭店就餐;去杂货店、大型超市购物;去服装店买衣服。在《便利的家乡》一书中,Stacy Mitchell 认为大型连锁店支配着社区的零售业,反映和加剧了已经存在

---

① 《马克思恩格斯全集》第3卷,人民出版社2002年版,第172—173页。
② [美]阿伦特:《人的条件》,竺乾威译,上海人民出版社1999年版,第179页。
③ [德]哈贝马斯:《公共领域的结构转型》,曹卫东译,学林出版社2004年版,第187页。

的经济上的不公平,削弱了公共福利和美学质量,减弱了市民的参与度。大型连锁店在税收等各方面都能够得到比社区小型商店更多的优惠,从而在经济上取得优势。这种优势来自有利于它们的公共政策而不是消费者的选择,从而减弱了市民参与公共政治的热情[1]。

社区趋同的第二个关注点在于美学和伦理的意义。当社区越来越趋同,我们走到哪儿都享受同样的商业菜单,公共领域就难以避免要遭受到创造力、趣味性的缺乏。社会学家乔治·里茨尔(George Ritzer)的《社会的麦当劳化现象》就描写了连锁商店一致的产品,同样的服务条款和认同标志导致了社区公共领域美学特性的同一化。快餐模式的商业有着高效、可预测、可计算和可控制的优点,但这将最终导致非人性化,它削减了我们对新奇、自发性、完整的人际交往和体验的机会。

第三个反对原因来自桑德尔(Michael Sandel)。桑德尔认为当前消费社会最深刻的一个问题是同一化的商业遍布,并潜入城市的发展中,把福利概念个人化、私人化,这损害了我们和社区的认同,阻碍公民有效地参与到社区的治理中。他谴责美国公共哲学从公民共和正义向自由程序正义的转变,导致了对发展公民自我治理能力的重视向尽可能少的干涉个体追逐私利的转变。桑德尔认为公共话语的稀缺导致了公民没有能力保护他们自己的社区免遭大公司的影响而解体,从而最终损害他们的自由,这种自由不是限制的缺乏,而是自治的积极能力[2]。

从公民的视野对消费主义的批判还涉及消费主义的霸权,向传统的非经济领域渗透,例如学校,医院等。这方面在我国同样引起了广泛的关注。例如陈新文就具体分析了消费主义对我国教育的消极影响:第一,它使学校由育人的机构变成了买卖消费的市场;第二,它使学生的学习更加功利化,讲求实用;第三,它使师生关系由民主、平等而演变为契约、合同式关系;第四,它使教育公平问题更加突出[3]。

消费主义的溢出效应。它具体表现在三个方面:对环境的破坏、消费

---

[1] Stacy Mitchell, *The Home Town Advantage*: *How to defend your Main Street*: *against Chain Stores - and—why it matters*, Washington, D. C.: Institute for local self - reliance, 2000.

[2] Sandel Michael, *Democracy's Discontent*: *America in Search of a Public Philosophy*, Cambridge: Harvard University Press, 1996.

[3] 陈新文:《试析我国教育中的消费主义倾向》,《教育科学》2002 年第 10 期。

不公以及对主流意识形态的消解。对消费主义最主要的批判来自消费主义的生态不可持续性。经济系统并非一个封闭的系统，它依赖于自然提供资源、能量，同时也依赖于自然处理废品。但是消费主义通过影响国家经济发展政策，形成经济主义的发展思路，支持"大量生产—大量消费—大量废弃"的现代生活方式导致了全球性的生态危机。因为大量生产和大量消费所诱导的人类欲望将超越地球生态圈的承受限度，而大量废弃所造成的垃圾过剩将超越生态系统的自我修复和转化限度。生态马克思主义者阿格尔提出："我们的中心论点是，历史的变化已经使原先的马克思主义只属于工业生产资本主义生产领域的经济危机理论失去效用。今天危机的趋势已经转到消费领域，即生态危机取代了经济危机。"①

消费主义的不公平从全球来看主要体现在南北的不公平，从一个国家来看体现在地区和阶层消费的不公平，而从时间维度看，则体现在代际的不公平。地球资源的有限性决定消费的零和博弈性。当美国消耗着世界3/4的能源时，其他的国家就只能消耗1/4，在一个国家也同样如此。地球上的很多资源是不可再生资源，当这代人把资源耗光后，后代人就不能享用这种资源。

消费主义崇尚物质，追求个人欲望的满足，不仅是对西方文化宗教冲动力的消解，也对我国主流意识形态构成了挑战。郑也夫在一次演讲中说："西方的学者们发问：在今天的西方世界谁是意识形态的首领？他们回答说，不是政治家，也不是记者；在今天的西方世界中没有第二个意识形态，只有一个意识形态，就是消费；这种人生观的最大鼓吹者和提供者是商人，不是政治家。"② 消费主义是资产阶级为了按照自己的面目建造一个世界所推行的文化先锋。根据荆钰婷和程刚的研究，消费主义是一种"去意识形态"后的意识形态，它打着自由、平等的口号，将自由主义、个人主义等思潮纳入自身，是资产阶级去社会主义意识形态化的不二法门。当消费主义成为流行的大众文化之时，当千百万人自觉认同甚至痴迷追求消费主义倡导的所谓"美好生活"时，对商品和消费水平的比较不自觉地转化成了对制度的比较。消费主

---

① ［加］阿格尔：《西方马克思主义概论》，慎之等译，中国人民大学出版社1991年版，第486页。

② 郑也夫：《在人生观提供者大转换的时代：反省快乐 批判消费》，《博览群书》2004年第3期。

义正在悄无声息地实现着其去社会主义意识形态的目的,消费主义降低了我国社会主义意识形态的认同,削弱了人们对社会主义理想信念的追求,阻碍着社会主义精神文明建设。①

消费虽然仅仅是一种个体行为,但是它所造成的影响远远超过了个体本身。消费对能源、生态、公平等造成的巨大负面影响受到越来越多的关注。

第二节 消费主义拜物教批判

马克思所处时代,生产占据社会主导地位,消费主义并没有大肆流行,然而这并不意味着马克思在消费主义批判中是不在场的。贝斯特与科尔纳在《后现代转向》中指出:"马克思敏锐地觉察到第一个强有力的颠倒和抽象形式开始于一种自治的经济,一个自足的资本主义制度,其生产围绕利润的攫取和积累来组织。他不仅看到帝国主义和垄断的早期形式,而且也看到一个正在出现的消费社会和自我的最初表现。"② 马克思对商品社会的分析、对拜物教的批判,为消费主义批判提供了宝贵的资源。

一 马克思的消费观

虽然生产构成了马克思研究的重心,然而马克思并没有忽略消费问题。与传统的将消费理解为对物的占有不同,马克思强调消费具有三层内涵。第一,消费是生产过程的重要环节。在《1857—1858年经济学手稿》中,马克思通过对资产阶级经济学家将经济过程机械地划分为生产、分配、交换、消费四个环节的观点,给消费科学定位。黑格尔主义者将生产和消费等同起来,认为生产与消费的关系表现在三个方面,即直接的同一性、相互为中介、相互生产并完成对方。然而马克思指出这种黑格尔主义者的观

---

① 荆钰婷、程刚:《消费主义影响下的社会主义意识形态建设》,《思想理论教育导刊》2012年第5期。
② [美]斯蒂芬·贝斯特、道格拉斯·科尔纳:《后现代转向》,陈刚等译,南京大学出版社2002年版,第70页。

点并不正确。消费并不具有相对于生产领域的独立性，消费主体并非抽象的社会，而是现实的个人，这就意味着生产出来的产品能否被消费，还要取决于特定的生产关系。马克思对黑格尔主义消费观的批判，长期被等同于马克思本人的消费观，厘清这个理论错误，有助于我们科学把握马克思消费观的基本方法论意义，即从生产视角和社会关系视角来考察消费。第二，消费是个人能力的展现与发展。与生产力相对应，马克思提出"消费的能力"概念。"真正的经济——节约——是劳动时间的节约（生产费用的最低限度——和降低到最低限度），而这种节约就等于发展生产力。可见，绝不是禁欲，而是发展生产力。因而发展生产的能力，既是发展消费的能力，又是发展消费的资料。消费的能力是消费的条件，因而是消费的首要手段，而这种能力是一种个人才能的发展，生产力的发展"。[①] 消费的能力一方面要以生产力的发展为前提，只有在生产力发展的前提条件下，劳动时间才能减少，自由时间才能相对增多，消费者才能具有机会去消费生产出来的各种物质的和精神的产品，通过这种消费发展自己的能力；另一方面，消费的能力又是人自身发展水平的展示。消费的能力包括消费的方式，是用刀叉吃熟肉，还是用手、指甲和牙齿啃生肉，以及消费的内容等。"五官感觉的形成是迄今为止全部世界历史的产物。囿于粗陋的实际需要的感觉，也只具有有限的意义。对于一个忍饥挨饿的人来说并不存在人的食物形式，而只有作为食物的抽象存在；食物同样也可能具有最粗糙的形式，而且不能说，这种进食活动与动物的进食活动有什么不同。"[②] 马克思的这段话形象地描写了物质发展水平与消费的能力，以及人的发展内在的关系。消费能力的提高以生产力的发展为前提，但人的发展又要以消费能力的提高为基础。人怎么消费，消费什么，消费多少，展现出了他是谁。

通过消费上述两方面的分析，我们可以看出，对于马克思，消费是由物质生产所决定的，反映着特定生产关系以及个人发展水平的过程。将消费与简单的新陈代谢过程区分开，为我们提供了理解消费主义的恰当视角和科学的方法论。

[①] 《马克思恩格斯全集》第 31 卷，人民出版社 1998 年版，第 107 页。
[②] 《1844 年经济学哲学手稿》，人民出版社 2000 年版，第 87 页。

二 拜物教的三大表现

在资本主义社会，消费表现为异化的消费，消费的目的仅仅在于实现物的占有。"私有制使我们变得如此愚蠢而片面，以致一个对象，只有当它为我们拥有的时候，就是说，当它对我们来说作为资本而存在，或者它被我们直接占有，被我们吃、喝、住等等的时候，简言之，在它被我们使用的时候，才是我们的。尽管私有制本身又把占有的这一切直接实现仅仅看作生活手段，而它们作为手段为之服务的那种生活，是私有制的生活——劳动和资本化。""一切肉体的和精神的感觉都被这一切感觉的单纯异化即拥有的感觉所代替。人的本质只能被归结为这种绝对的贫困，这样它才能够从自身产生出它的内在奉行"①。消费是使物主体化的过程，通过这个过程，主体的基本需要得到满足，内涵得到丰富。消费的目的在于取消外物对于消费主体所具有的异己性，然而在异化的消费中，消费的目的不在于使物回归人自身，而是通过占有，将人等同于物，取消人与物之间根本性的差异。对占有越来越多的物的追逐，最终演变为拜物教。

拜物教是个神学用语，马克思用这个词来形容消费主义那种对物顶礼膜拜，为了物而牺牲人的做法。在《关于林木盗窃法的辩论》中，马克思对莱茵省议会中的辩论进行了记录，揭露了这种辩论中所体现的为了物而牺牲人的拜物教实质。等级会议通过辩论，意欲把拾捡枯枝这个贫民的习惯权利定性为盗窃，马克思指出这是为了木头而牺牲人，"胜利的是木头偶像，牺牲的却是人"②。在市民等级的视野中，只有物而没有人，他们为了一己私利，而不惜将贫民抛入犯罪的深渊。此外，市民社会的拜物教还体现在人的自我意识之中，市民等级不是从人的角度来衡量人，而是以物的价值来衡量人，从意识中排除掉人的自我意识。"对他来说，林木应该是一切，应该具有绝对的价值"③。看守人的价值服从于林木的价值，林木的价值成为看守人的价值，物取代人而具有真正的价值。

---

① 《1844年经济学哲学手稿》，人民出版社2000年版，第85页。
② 《马克思恩格斯全集》第1卷，人民出版社1956年版，第137页。
③ 同上书，第151页。

在《论犹太人问题》中，马克思揭示了另外一种拜物教，即货币拜物教。"钱是一切事物的普遍价值，是一种独立的东西。因此它剥夺了整个世界——人类世界和自然界——本身的价值。钱是从人异化出来的人的劳动和存在的本质；这个外在本质却统治了人，人却向它膜拜"①。马克思在这篇文章中不仅指出了货币拜物教这样一种现象，还进一步指出了货币与人自身的关系，认为货币是从人的劳动和存在的本质所异化出来的，物对于马克思来说已经不再是旧唯物主义那种脱离人而存在的实体，而与人的活动分不开。

在《资本论》及其手稿中，马克思完成了对商品拜物教、货币拜物教和资本拜物教的批判。这三大拜物教在资本家社会中相互映照、交相辉映，塑造了一个资本既是实体又是主体的迷幻世界。"这是一个着了魔的、颠倒的、倒立着的世界。在这个世界里，资本先生和土地太太，作为社会的人物，同时又直接作为单纯的物，在兴妖作怪"②。在这个世界中，劳动者销声匿迹。这三大拜物教产生的机制是本质规定③和物质规定的混淆。商品、货币和资本是三个经济范畴，它们是本质规定和物质规定相统一的形式规定，因此，当把"本质规定"归结为自然物质存在和"物质规定"，将"本质规定"和"物质规定"相混淆时，就产生了拜物教。"经济学家们把人们的社会生产关系和受这些关系支配的物所获得的规定性看作物的自然属性，这种粗俗的唯物主义是一种同样粗俗的唯心主义，甚至是一种拜物教，它把社会生产关系作为物的内在规定归之于物，从而使物神秘化。"④

商品拜物教就是商品形式把劳动的社会性质反映成劳动产品本身的物

---

① 《马克思恩格斯全集》第1卷，人民出版社1956年版，第448页。
② 《资本论》第3卷，人民出版社2004年版，第940页。
③ 经济范畴是一种形式规定（die Formbestimmung）。这种形式规定是本质规定和物质规定的统一。其一，"形式规定"总是一定"本质规定"的不同存在方式，总是表现、反映着"本质规定"，"形式规定"由"本质规定"所决定；其二，"本质规定"之所以能够外在化为"形式规定"，总是以一定的"物质存在"或"自然存在"为载体。物质载体的"物质规定"或"自然规定"不同，"本质规定"就具有不同的"存在形式"和"形式规定"。形式规定、物质规定和本质规定三者的关系是生命、灵魂与躯干的关系。形式规定是生命，本质规定是灵魂，而物质规定则是躯干。在这三者之中，本质规定是核心，是变动中的不动，而物质规定则通过变化给本质规定戴上不同的面具。参见王峰明《经济范畴规定性的哲学辨析》，《教学与研究》2006年第7期，第35页。
④ 《马克思恩格斯全集》第31卷，人民出版社1998年版，第85页。

的性质，反映成这些物本身的天然的社会属性，从而把生产者同总劳动的社会关系反映成存在于生产者之外的物与物之间的社会关系。由于这种转换，劳动产品成了商品，成了可感觉又超感觉的物或社会的物①。马克思对此作了非常形象的分析。"假如商品能说话，它们会说：我们的使用价值也许使人们感兴趣。作为物，我们没有使用价值。作为物，我们具有的是我们的价值。我们自己作为商品物进行的交易就证明了这一点。我们彼此只是作为交换价值发生关系"②。马克思接着引用了贝利的观点来说明这种拜物教在经济学家中的反映。"价值（交换价值）是物的属性，财富（使用价值）是人的属性""珍珠或金刚石作为珍珠或金刚石是有价值的"③。可见，所谓商品拜物教就是把商品的本质规定即价值与物质规定即使用价值相混淆，认为商品的物质体不通过交换就具有了社会规定性。

　　商品拜物教进一步发展为货币拜物教和资本拜物教。货币拜物教的谜只是使商品拜物教的谜变得更为明显和耀眼。货币是商品内部的价值与使用价值发展的产物，经历了简单个别的价值形式、扩大的价值形式以及一般价值形式三个阶段的发展，贵金属固定地充当着一般等价物，货币由此产生。由货币产生的过程可以看出，货币作为一种价值形式，以贵金属的自然属性来反映商品的价值，正是因为商品价值所具有的社会性，决定了货币存在的必要性，货币仅仅是商品价值的外在表现与代表。然而由于货币所具有的直接的普遍化的可交换性，促使货币拜物教产生。"一种商品成为货币，似乎不是因为其他商品都通过它来表现自己的价值，相反，似乎因为这种商品是货币，其他商品才都通过它来表现自己的价值。……这些物，即金和银，一从地底下出来，就是一切人类劳动的直接化身。货币的魔术就是由此而来的。人们在自己的社会生产过程中的单纯原子般的关系，从而，人们自己的生产关系的不受他们控制和不以他们有意识的个人活动为转移的物的形式，首先就是通过他们的劳动产品普遍采取商品形式这一点而表现出来。"④ 而资本拜物教则要比前两种拜物教复杂得多。

　　资本拜物教主要体现在两个方面。第一是从客体方面将资本等同于生

---

① 《资本论》第 1 卷，人民出版社 2004 年版，第 89 页。
② 同上书，第 101 页。
③ 同上。
④ 同上书，第 112—113 页。

产过程中的劳动对象和劳动资料。"把表现在物中的一定的社会生产关系当做这些物本身的物质自然属性,这是我们在打开随便一本优秀的经济学之作时一眼就可以看到的一种颠倒,我们在第一页就可以读到这样的话:生产过程的要素,归结到它的最一般的形式,就是土地、资本和劳动。"① 从客体方面来看,劳动资料是"固定资本",它作为过去的死劳动,在劳动过程中成为劳动者劳动的对象和劳动资料,这使它取得了生产过程的要素这种天生就有的物质性质。只要有人类劳动,这种物质形式的生产要素就存在。由此可见,资本作为"固定资本"的存在形式,混淆了资本增殖过程和一般劳动过程,使它通过一般劳动关系遮蔽了雇佣劳动关系,从而达到论证资本家生产方式永恒性的目的。

第二是从主体方面忽略雇佣劳动者的作用,将资本而不是劳动视为保存价值和创造新价值的力量。资本"好像"不是凭借工人的劳动而是通过自己的运动实现价值增殖,"劳动的一切社会生产力,都好像不为劳动本身所有,而为资本所有,都好像是从资本自身生长出来的力量"②。从劳动的主体方面来看,可变资本是资本的存在方式,这就使得劳动力的使用价值所产生的剩余价值表现为资本自身的产物,好像资本自己生了金蛋。这在借贷资本 G—G′ 公式中得到完美表现。这不仅遮蔽了雇佣劳动关系,而且还遮蔽了一般劳动关系,甚至取消了人类劳动的历史作用。

三 资本逻辑与拜物教的经济根源

表面看来,消费主义仅仅与商品拜物教有关。但实际上,正是商品拜物教、货币拜物教以及资本拜物教的相互勾连,才形成了一个见物不见人的世界,导致人对物的顶礼膜拜。马克思对拜物教的批判,不仅仅在于描述现象,更重要的在于分析其内在的原因,这为我们理解消费主义的产生提供了学理支撑。

资本主义社会是商品化的社会。在资本主义生产方式占统治地位的条件下,全部物质财富都采取商品的形式,社会财富表现为庞大的商品堆积。

---

① 《马克思恩格斯全集》第 49 卷,人民出版社 1982 年版,第 56 页。
② 《资本论》第 3 卷,人民出版社 2004 年版,第 937 页。

商品是资本主义经济的细胞，商品交换成了资本主义经济中最常见、最普遍、最基本的现象。在资本主义社会里，不仅一切劳动产品成为商品，连工人的劳动力都变成了商品，商品关系已经渗透到社会生活的各个领域，到处都是商品买卖原则占统治地位。

然而，商品作为经济范畴，其自身特殊的存在形式是商品拜物教产生的重要原因。作为形式规定，它是物质规定与本质规定的统一体。"劳动产品一旦采取商品形式就具有的谜一般的性质究竟是从哪里来的呢？显然是从这种形式本身来的。"① 形式规定是本质规定通过物质体取得的规定，然而本质规定在通过物质规定表现出来的时候，也被物质规定一层层地包裹起来，这就导致了形式规定对物质规定的遮蔽。在商品的形式规定中，"人类劳动的等同性，取得了劳动产品的等同的价值对象性这种物的形式；用劳动的持续时间来计量的人类劳动力的耗费，取得了劳动产品的价值量的形式；最后，生产者的劳动的那些社会规定借以实现的生产者关系，取得了劳动产品的社会关系的形式"。② 这段话交代了商品形式规定遮蔽本质规定的作用机制。首先，人的"劳动等同性"这个本质规定以产品的"等同的价值对象性"表现出来。这是因为人类劳动的流动性需要通过对象化到一定的产品之中，凝结成价值。因此，劳动的等同性就必须通过产品这种价值对象性的物质形式表现。这是一个质的分析。其次，人的"劳动力的耗费"还具有时间长短的问题，而时间的长短是通过产品的"价值量"表现出来的。产品的"价值量"是通过市场交换，将个别劳动时间抽象为社会必要劳动时间而实现的。最后，人的社会性借以实现的"劳动者关系"最终通过市场交换，通过不同的产品之间的关系表现出来，人与人的社会关系就表现为物与物之间的社会关系。商品拜物教对本质规定和物质规定的混淆就源自商品形式规定对本质规定的层层遮蔽。

资本主义商品生产的目的在于获得交换价值。前资本主义社会，交换的目的是获得使用价值；然而在资本主义社会，交换的目的在于获得交换价值，交换价值主导使用价值。使用价值生产的目的是满足人的需要，它以人自身为目标，以自然为界限，不具有无穷的攫取性和扩张性。交换价

---

① 《资本论》第 1 卷，人民出版社 2004 年版，第 89 页。
② 同上。

值内在的衡量尺度是无差别人类劳动时间的长短，外在的尺度是货币，劳动时间作为财富的尺度，使交换价值不仅支配着使用价值，而且具有无穷扩张的本性，没有限度。这种对交换价值的无限贪婪体现了资本的增殖要求。追逐剩余价值构成了资本主义生产方式的绝对规律，对剩余价值的需要是资本的本性。马克思将资本的这种本性形象地描绘为："资本害怕没有利润或利润太少，就像自然界害怕真空一样，一旦有适当的利润，资本就胆大起来。如果有10%的利润，它就保证到处被使用；有20%的利润，它就活跃起来；有50%的利润，它就铤而走险；为了100%的利润它就敢践踏一切人间法律；有300%的利润它就敢犯任何罪行，甚至冒绞首的危险。"马克思所引用的这段论述，从质和量两个层面形象地解释了资本对利润的追逐。在质上，有无增殖，关系到资本家的生死存亡，没有剩余价值的产生，货币无法转变为资本。在量上，剩余价值越多，资本家的生命力也就越顽强，因此资本家像吸血鬼一样贪婪追逐剩余价值。

就有无剩余价值而言，两个因素很关键，即剩余价值被生产出来，它要求劳动力商品的存在，以及剩余价值得到实现，即承载着剩余价值的商品卖出去。就剩余价值量而言，这意味着商品总量的不断增多，因此，体现资本主义生产特征的必然是扩大再生产。根据资本流通公式，扩大再生产的关键在于社会生产的两大部类之间能够相互协调，否则扩大再生产就不能顺利进行。因为社会生产和社会消费之间不平衡与不协调，就不能保证社会总产品得到价值和实物的补偿，那么再生产就会被打断，资本就不仅不能实现增殖，而且会发生经济危机。

生产和消费都是资本增殖的手段，但是，在一定的历史时期何者受重视取决于当时的具体形势。20世纪之前，由于当时生产力的发展水平有限，所以生产与消费相比对于资本增殖更为重要。斯密在《国富论》中认为："资本的增加，由于节俭；资本的减少，由于奢侈和妄为。"萨伊提出，"生产给产品创造需求"。李嘉图的劳动价值论、西尼尔的"节欲说"等主流古典经济学理论都强调生产的作用和节约的重要性。马克斯·韦伯则指出清教伦理为这种对财富的追求和节俭的重视提供了合理性，"上帝应许的唯一生存方式，不是要人们以苦修的禁欲主义超越世俗道德，而是要人完成个人在现世所处地位赋予他的责任和义务，这是他的天职"。即节俭生活方式的价值不在于超越世俗道德，而在于荣耀上帝。与韦伯侧重节俭的宗教意义不同，马克思认为节俭的原因在于资本对增殖的需要。"国民经济学，尽管它具有世俗的和纵欲的外表，却是真正道德的科学，最最道德的科学。你越少吃，少喝，少买书，少唱，少去剧院，少赴舞会，少上餐厅，越少想，少爱，少谈理想，少唱，少画，少击剑，等等，你积攒的就越［多］，你的既不会被虫蛀也不会被贼偷的财宝，即你的资本，也就会越大。"① 资产阶级在对剩余价值的追逐中，贪财欲超过了他们的享乐欲。

消费主义对于资本主义生产方式的意义不仅在于实现剩余价值，更为重要的是生产剩余价值。资本作为关系，它借助于不同的物质体取得它的物质要素存在，"资本，别的不说，也是生产工具"②。作为生产工具的资本，并不能自行实现它的增殖。它需要如吸血鬼一般来吮吸"人的筋肉、神经、脑等等"③ 实现自身的增殖。只有通过与生产者结合，资本才能实现自身使命。这是通过原始积累实现的。在资本产生的最初阶段，这种原始积累表现为一个血与火的残酷过程。但原始积累并没有因为资本的形成而结束。迈克尔·佩罗曼认为资本的原始积累并非是一个过去式的历史事件，相反，它是伴随于资本主义生产过程始终的。原始积累的本质在于使劳动者自愿地出卖劳动力，成为雇佣劳动者，充当资本增殖的工具。现代西方生产力的发展，实现了物质财富的丰裕，这使得原始积累变得更为必要。但原始积累的形式不再是血与火的强制和暴力，而表现为温情脉脉的广告宣传和变换无穷的营销策略。劳动者在劳动时间之外的大量购买使他不得不一次又一次地心甘情愿地去出卖自己的劳动力。"对于社会中的所有人以及每个家庭而言，最聪明的办法无疑是满足于现状；但是绝大多数的穷人孜孜不倦地工作，并不断地支出他们的所得，这是符合富裕国家的利益的"④。资本通过消费实现了推动"穷人"孜孜不倦地工作的动力机制。"9·11"事件之后，美国人不再热衷于逛街买东西而更愿待在家中看电视，关注恐怖与反恐怖之间的较量，本已低迷的经济因此一落千丈，经济萧条越来越近。所以布什向全国民众发出呼吁：走出恐怖袭击的阴影，走出家门，用手中的信用卡支持美国经济。而通用汽车公司的广告词"团结起来，

---

① 《1844 年经济学哲学手稿》，人民出版社 2003 年版，第 123 页。
② 《马克思恩格斯全集》第 30 卷，人民出版社 1995 年版，第 26 页。
③ 《马克思恩格斯全集》第 31 卷，人民出版社 1998 年版，第 423 页。
④ ［德］库尔茨：《资本主义黑皮书》，钱敏汝译，社会科学文献出版社 2003 年版，第 39 页。

让美国的车轮继续向前奔驰！"向美国人作出了暗示：买一辆全新的、闪亮的通用汽车。或者说，为了美国，掏钱包吧！

消费主义拜物教，不能简单地归于个人主观意识的错误，更不能完全归结为主体对个性和差异的精神追求，它是资本主义生产方式存在的必然产物。鲍德里亚认为马克思拜物教思想具有三个错误：一是预设主体意识和人的本质，因此马克思的拜物教批判陷入了西方的理性与形而上学传统；二是马克思的拜物教批判没有消解掉拜物教，反而扩张了拜物教。"通过将所有的'拜物教'问题归结为某种'错误意识'，即上层建筑的机制，马克思主义消除了拜物教能够分析真实的意识形态的劳动过程的任何可能性。由于拒绝分析蕴涵于其逻辑之中的意识形态生产的结构和模式，因此，隐藏在阶级斗争的'辩证'话语背后的马克思主义扩张了意识形态的再生产，由此也扩张了资本主义体系自身的发展"。[①] 首先，马克思的拜物教批判是否具有预设，这是值得质疑的。马克思的思想具有发展变化的过程，在早期，他对拜物教的批判，确实在一定意义上接受了康德对物象（Sache）与人格（Person）的区分。然而，在《资本论》及其手稿中，马克思对三大拜物教的批判，并非从预设触发，而是运用思维抽象力，从价值形式的发展演变，从商品、货币、资本三者的内在矛盾与外在表现出发，来分析拜物教存在的历史与逻辑。其次，鲍德里亚对马克思的第二个指责，前半部分不成立，马克思并非简单地将拜物教划到错误的意识领域，然后就万事大吉。相反，马克思深入分析了拜物教产生发展的现实根源，并通过对商品内在要素的分析，试图揭示拜物教的运作机制。但遗憾的是，在马克思时代，信息技术与大众传媒并没有高度发展起来，因此，马克思没有深入分析拜物教产生的符号学原理。在这方面，鲍德里亚等人通过精神分析、符号学的方法以及对传媒技术的分析，揭示了资本操作广告传媒，制造出消费主义的操作机制，深化了马克思对消费主义拜物教的分析。最后，马克思仅仅批判了交换价值拜物教，没有批判使用价值，而是认为通过需要和使用价值，人们能够回归主体性。鲍德里亚对使用价值与交换价值批判的区分，其目的在于指出马克思停留于古典经济学的阵营中，提出符号价值，将消费看成是由交换价值向符号价值转变的过程，而不是交换价值向使用价值转换。

---

① ［法］鲍德里亚：《符号政治经济学批判》，夏莹译，南京大学出版社2009年版，第76页。

因此，消费社会的拜物教不是交换价值拜物教，而是符号拜物教，使用价值作为所指，无足轻重。但正如仰海峰所指出的，"鲍德里亚的这个分析并没有真正弄懂马克思，因为马克思在分析货币与商品拜物教时，并不是指崇拜一个具体的物，如崇拜黄金的自然规定性与财富规定性。在马克思那里商品本身就是一种经济结构。而货币，特别是作为一般等价物的货币也正是在交换体系中才得以产生，因此马克思的批判针对的就是交换体系的总体结构以及支撑着交换体系的生产体系。"① 马克思对商品拜物教的批判，并不在于指出商品所具有的使用价值要摆脱交换价值的支配，回复到使用价值，而在于指出这种拜物教所存在的资本主义生产方式根源。

第三节 消费主义意识形态的虚假性

消费主义在资本逻辑的主导下，运用符号学的手段而大肆流行，支配着决策者、经济参与主体与消费者的价值选择与行为方式，成为一种渗透性极强的意识形态。

一 意识形态的虚假性

意识形态概念具有多重面相。它的提出者特拉西认为，意识形态是一种基于对旧形而上学的怀疑、批判、反思和去伪存真意义上关于精神的科学。然而马克思时代所广为接受的意识形态概念并非来自特拉西，而是源自拿破仑。拿破仑认为意识形态是"玄想家（意识形态家）的学说——这种模糊不清的形而上学，以一种不自然的方式，试图寻出根本原因，据此制定各民族的法律，而不是让法律去顺应'一种有关人类心灵及历史教训的知识'——给我们美丽的法兰西带来不幸的灾难。"② 根据拿破仑对意识形态的指责，意识形态具有两大缺陷。第一，它让现实去适应观念，而不

---

① 仰海峰：《走向后马克思：从生产之镜到符号之镜》，中央编译局出版社2004年版，第185—186页。

② ［英］雷蒙·威廉斯：《关键词：文化与社会的词汇》，刘建基译，生活·读书·新知三联书店2005年版，第218页。

是让观念适应现实,最后造成了观念与现实之间的不一致;第二,意识形态是多中的一,忽略了历史与现实的复杂性。意识形态所具有的科学色彩被祛除,由此获得一种贬义性的内涵和色彩。

拿破仑对意识形态的界定不仅为马克思所熟知,并为他所接受。在《德意志意识形态》一书中,马克思、恩格斯系统分析了他们有关意识形态虚假性的观点。"德国唯心主义和其他一切民族的意识形态没有任何特殊的区别。后者也同样认为世界是受观念支配的,思想和概念是决定性的本原""观念和思想支配着迄今的历史"[①]。理论是现实的反映,现实是原本,理论以及表述理论的词句是副本。然而意识形态家颠倒理论与现实的关系,将理论视为原本,将关于现实的词句等同于现实本身,这造成了理论的颠倒性。这种理论的颠倒性导致了意识形态家们的虚假性。"本书第一卷的目的就是要揭露这些自以为是狼、也被人看成是狼的绵羊""青年黑格尔派的意识形态家们尽管满口讲的都是所谓'震撼世界的'词句,却是最大的保守派。"[②]

此外,马克思恩格斯还分析了意识形态虚假性产生的原因。第一个原因来自现实历史。"如果在全部意识形态中,人们和他们的关系就像在照相机中一样是倒立成像的,那么这种现象也是从人们生活的历史过程中产生的,正如物体在视网膜上的倒影是直接从人们生活的生理过程中产生的一样。"[③] 意识形态家对现实颠倒的反映产生的原因,其一,现实还没有充分显示自身内在矛盾,这造成理论家无法从现实中清晰地把握真相。例如,青年黑格尔派立足于当时相对落后的德国资本主义发展现实,他们不能清楚地把握历史发展的趋向以及内在矛盾,因此他们只能诉诸于观念。其二,现实本身是颠倒的。在资本主义社会,人类历史发展呈现出高度的似自然性,人被抽象所统治,见物不见人。理论家拘泥于向他所呈现的感性经验,如实描写这些经验,那么他的理论就会呈现出一种颠倒性。

意识形态虚假性产生的第二个原因在于阶级利益的驱使。在《德意志意识形态》中,马克思、恩格斯通过统治阶级内部的分工阐述了这点。统

[①] 《德意志意识形态》(单行本),人民出版社2003年版,第4、82页。
[②] 同上书,第3、10页。
[③] 同上书,第16—17页。

治阶级的统治不仅表现在对物质生产资料的支配，也体现在对精神生产资料的支配。统治阶级内部存在着一个具有概括能力的思想界阶层，他们以编造有利于该阶级统治的幻想为生。由于这些思想家对精神生产资料的加工制造主要通过三个步骤：其一，将统治者个人的思想与统治者分割开，使思想独立于人，造成是思想或幻想在实施统治的假象；其二，使相继出现的统治思想内部具有某种秩序，好像这些思想是概念在自我规定；其三，为了消除概念自我规定所具有的神秘外观，使概念与某种人物相关，将它变成诸如"'思维着的人'、'哲学家'、意识形态家"①的"自我意识"。这些幻想在最终呈现出来时，所具有的阶级色彩被淡化，取得普遍性的形式。通过统治阶级思想家的制作，统治阶级的意识形态不仅支配了全社会的思想，而且还论证了统治阶级统治具有的天然合理性。

21世纪初，德国著名社会学家曼海姆在《意识形态和乌托邦》中把意识形态说成是对客观现实进行歪曲的"教义体系"，并据此区分了两种意识形态：一种是"特殊的"意识形态，指对某一社会情景真相的掩饰和扭曲；另一种是"全面的"意识形态，指对一种世界观或对一种生活方式的彻底信奉。葛兰西认为意识形态是"一种在艺术、法律、经济行为和个体的及集体的生活中含蓄地显露出来的世界观"。被统治阶级认同并接受了统治阶级的意识形态，融入这种意识形态，就会用这种意识形态提供的价值观、世界观去观察理解世界，指导自己的实践。随后的阿尔都塞又提出了"意识形态国家机器"的重要概念，他认为宗教、教育、家庭、法律、政治、工会、传媒和文化都属于意识形态的国家机器，它是确保政治、国家机器、军队、监狱等存在发展的基本条件。

综上所述，意识形态最大的作用就是统治阶级用来同化、融化被统治阶级，维持政权和实现自身的利益，其充分体现出意识形态的阶级性。"统治阶级的思想在每一个时代都是占统治地位的思想。这就是说，一个阶级是社会上占统治地位的物质力量，同时也是社会上占统治地位的精神力量。"② 在资本主义社会，资本和劳动是对立的两极，所以对于无产阶级来说，资产阶级宣传的意识形态是虚假的，"人们和他们的关系就像在照相机

---

① 《德意志意识形态》（单行本），人民出版社2003年版，第46页。
② 《马克思恩格斯文集》第1卷，人民出版社2009年版，第550页。

中一样是倒立成像的"①。

二 消费主义意识形态的虚假性

消费主义作为一种非激进的意识形态，它采取共同利益的形式让广大人民相信"不消费就衰退"②，消费成为人们日常生活的行为准则和美德，如果忘了这样做，立即就有人提醒他没有权利不幸福，否则，他就有陷入安于现状并与社会不相适应的危险。由此，消费主义取代了传统的政治意识形态的控制与压抑，成为一种更巧妙、更隐蔽、更具成效的资本主义意识形态统治③。

其真正的动机是通过人们的消费来实现资本的增殖。由于它的田园牧歌式的采取非政治的形式，从而吸引着广大发达国家的人们尽可能多地消费，让他们在享受物质的丰裕时，忘掉对资本主义本身的质疑和批评。

消费主义允诺幸福的普遍性，允诺只要消费就能得到自己梦寐以求的东西，例如自由、平等。那么消费主义真的能够提供这些吗？本文主要以幸福、自由、平等为例进行以下分析。

首先，幸福本身不仅仅是个物质的范畴。消费和幸福之间的任何联系都是相对的而非绝对的。占有物质产品的多少并不能反映人们幸福的程度，消费水平的上升和下降并不能代表人们幸福和快乐程度的增减，各个国家人民的消费水平的差别并不代表各个国家人民幸福或快乐程度的差别。按照美元的不变价格来衡量，世界人口在1950年消费的物品和服务就同以往所有世代人消费的一样多。自从1940年开始，美国人使用的地球矿产资源的份额就同他们之前所有世代人加起来的一样多。然而这种划时代的巨大消费，也并没使消费者阶层感觉更幸福。

其次，就是消费主义宣传在消费面前人人平等，然而消费并不能得到平等。消费主义确实具有平等的意味：人人都可以接受消费品的象征符号意义，而且商品是个天生的平等派，只要有足够的钱，你就可以买到你想

---

① 《马克思恩格斯文集》第1卷，人民出版社2009年版，第525页。
② [美]艾伦·杜宁:《多少算够？消费社会与地球的未来》，毕聿译，吉林人民出版社1997年版，第75页。
③ 丁国浩:《论消费主义的意识形态逻辑》，《学术论坛》2012年第6期。

要的任何东西，所以打字员的女儿可以和雇主穿得一样漂亮。但是这种表面的平等是真正的平等吗？了解了商品的象征符号意义并不等于占有了具有那种象征符号意义的商品；占有了和老板一样的物品并不表示地位的改变。消费主义从根本上就是一种被操纵的结果，只要卷入其中，就体现了消费主义不平等的本性。

第三，在资本主义社会中，人在消费领域中如同在劳动领域中一样也是不自由的。消费者面对着空前的市场诱惑总是显得矛盾重重，自由选择越来越成为一种心理负担，而非一种经济权利的享受。存在主义哲学家萨特认为这是"选择的无限可能性与选择的无可能性"之人生价值悖论，其结果是，现代人的消费行为不是越来越个性化，反倒是越来越共性化、雷同化、简单化了。马尔库塞指出，在极其多样的产品和后勤服务中进行自由的选择，并不意味着自由。他将这种消费称为强迫性消费或受操作的消费，它使人从本能结构上自觉与现实消费方式联系在一起，更依赖于现有的社会制度。弗洛姆认为，人不仅在购买消费品时是不自由的，而且在闲暇时间里也是不自由的。人的情趣是被安排好的，需求是被煽动起来的，消费的行为缺乏主动性，人并不是主动地参与这些活动而是被动"吸收"这一切。① 消费主义传递的只是虚假的自由，或者说只是一种自由的影像，事实上人是被虚幻蒙蔽了，试图在这种消费方式下获得真正的自由，消除自身的不幸，这只能是饮鸩止渴。

三 消费主义意识形态虚假性的理论根源

消费主义的欺骗性是由它的意识形态性质决定的，其现实根源是资本在现代社会中的主导作用，其理论根源则是错误的社会观与人性观。

消费主义将社会视为一个单一主体，其社会成员是原子式个人，他们作为人彼此之前的联系，是由需要体系所决定的。这些原子式的个人在社会中漂浮，没有固定的阶级、等级和阶层的归属，因此他们需要通过消费行为来建构自身的社会身份，使自己与他人区别开来。在鲍德里亚看来，

---

① ［美］埃利希·弗洛姆：《健全的社会》，欧阳谦译，中国文联出版公司1988年版，第137页。

消费社会中，符号充斥，拟像比真实还要真实，这些符号自我关联，构造成一个有差异性的等级结构。个体通过消费这个有差异的符号体系中的特定符号，使自己生成相应的社会身份。这实际是夸大了消费的作用，在消费领域，消费者由于社会地位、经济处境的不同，他们的消费能力、水平和层次具有差异，这些差异仅仅是对消费生存和发展状况的一个反映，而不是由消费所决定的。

从消费主义所产生的社会形态看，它是商品生产占据主导地位社会的产物，这只能是资本主义社会。在这种生产方式中，交换价值成为支配人类的经济活动，资本主义生产的必然目的不在于满足需要，而在于不断地生产出越来越多的剩余价值。然而消费主义却将消费提升为与生产相对独立的领域，似乎资本主义生产的目的在于满足需要，陷入违背资本主义生产的现实。

消费主义背后的人性假设也是不成立的。它将人规定为一种占有性个人，即通过对外在商品的占有，来实现人自身价值的建构。这种占有性个人起源于古典自由主义。例如，霍布斯将人的自我保存这种本能当作理论分析的起点。在古典政治经济学中，这种占有性的个人逐渐演变为自利的个人，它的特点是需要的主体，追求着需要的满足。这种需要的对象在资本主义短期经济时代，主要指向物质产品，然而到了消费社会，则更多地指向社会承认和精神产品。鲍德里亚认为马克思具有需要的意识形态，将需要作为人性的必然产物，因此追求交换价值回归使用价值。这种批判非常深刻，马克思确实对人的需要有着大量的论述，但仔细考察这些不同文本中的不同论述，就会发现马克思并没有将需要作为理论分析的起点。甚至日本学者望月清司认为在《德意志意识形态》中所提出的经验性的个人概念是恩格斯的产物。撇开马克思、恩格斯对人的不同看法不论，就马克思本人对需要的论述，他至少是在两个层面上表述需要的，即建设性的，诸如彻底的需要，这种彻底的需要是对人性内涵的丰富和扩充意义上的，以及批判意义上谈论需要。如对资产阶级经济学家以及资本家们利用人的需要来盈利。特别是在《资本论》中所谈论的有效需求不足问题，这意味着马克思已经不是从人性本身来谈论需要，而是从经济体系来谈论需要。因此中肯的评述应该是，马克思确实认为人是有需要的，就如恩格斯《在马克思墓前讲话》中所提到的，

"正像达尔文发现有机界的发展规律一样,马克思发现了人类历史的发展规律,即历来为繁芜丛杂的意识形态所掩盖着的一个简单事实:人们首先必须吃、喝、住、穿,然后才能从事政治、科学、艺术、宗教等等",其中的"吃、喝、住、穿"实际就是需要。但这种需要的底线、内涵以及满足方式,是由社会生产力发展水平以及社会生产关系所决定的,因此,马克思不是从纯粹生物性意义来把握人的需要。但另一方面马克思并没有把需要局限于物质需要层次上,而且反对将需要意识形态化,以需要来为经济活动进行辩护。这体现了马克思与古典自由主义的不同。

第四节 消费主义在我国的践行与批判悖论

消费主义是资本主义生产力提高的产物,产生于20世纪的美国以及其他西方发达国家。作为后发现代化的国家,我们在警惕消费主义现象的产生及负面影响时,却发现批判并不能根绝消费主义。在全球化的背景下,消费主义在我国也开始显山露水。

一 消费主义在我国的出现

最早研究消费主义对中国日常生活方式影响的黄平先生认为具有消费主义文化特色的生活方式已经开始从大城市向中小城市再向农村逐渐推进,由有教养有资产的社会阶层向其他社会阶层逐渐推进,并使整个社会处于震荡、脱节、焦虑的状态。陈昕在1993—1996年对京津地区城乡进行了"消费主义倾向"问卷调查与访谈,他认为在我国,不论是在城市,还是农村,已经出现了一定的消费主义倾向,而且这种带有一定意识形态的权力话语色彩的文化已经开始对人们的日常生活产生了很大影响。[①]"中国城乡社会追求西方发达国家代表性的高消费生活方式正在逐步发展成为普遍现象;在这个过程中,对符号象征价值的消费正在成为人们的主要消费选择,甚至超越了对

[①] 莫少群:《当代中国的消费主义现象:消费革命抑或过度消费?》,《南京师范大学学报》2012年第4期。

商品使用价值的考虑。大众传媒的渗透以及西方国家、城市、高收入群体、知识分子的示范作用推动了消费主义生活方式的扩散。"[1] 据《世界奢侈品协会 2011 官方报告蓝皮书》称，2010 年 2 月至 2011 年 3 月底，中国奢侈品市场消费超过全球总量的四分之一，全球近三分之二的奢侈品牌进入中国。奢侈品专业研究和顾问机构财富品质研究院发布的《2014 中国奢侈品报告》显示，2014 年，中国消费者全球奢侈品消费达到 1060 亿美元，同比增长 4%。约合 6400 多亿元人民币，这也表明中国人 2014 年买走了全球 46% 的奢侈品，中国消费者仍然是全球奢侈品市场无可争议的最大买家。

悖论的是，消费主义作为资本逻辑的体现，在我国出现。消费主义在中国的影响越来越大，但在我国城市中还存在着一个规模相当庞大的依靠领取最低生活保障费生存的社会群体。而在农村，特别是西部地区很多农村居民刚刚解决了温饱问题，距离"小康"还有较长的道路。除了这两个悖论，还有一个悖论是，作为后发现代化的国家，我们在推进现代化的同时，清楚地意识到了消费主义所具有的弊端，不少学者对此做了大量深入研究，形成了汗牛充栋的研究成果。然而消费主义在我国的不断渗入却以铁的事实说明，对消费主义的理论批判只是自说自话。究竟是理论的软弱无力，还是消费主义是现代社会的必然产物，这是一个值得深思的问题。

二　消费主义批判悖论及原因

对生产和消费关系的灵活处理推动了西方国家生产力的发展，我国是社会主义国家，与资本主义的发展目的不同，但是和谐发展的实现本身需要经济发展提供物质基础，这和恩格斯在给布洛赫的信中谈到合力论时指出"其中经济的前提和条件归根到底是决定性的"一致。我国的社会主义建设经历了一个不断探索的过程，在这个过程中，遭遇了一些曲折和挫折。在建立社会主义生产关系之初，我们对中国社会的观察，着眼于生产关系。在发生矛盾和问题时，总是认为是由于社会主义公有制还不够完善，即公有化程度还不够高造成的。邓小平对发展生产力的强调就是对这种片面强

---

[1] 陈昕：《救赎与消费：当代中国日常生活中的消费主义》，江苏人民出版社 2003 年版，第 8—16 页。

调生产关系的一种改变。邓小平明确地指出:"马克思主义的原则就是发展生产力。马克思主义的目的是实现共产主义,共产主义是建立在生产力高度发展的基础上的"[1]"社会主义制度优越性的根本表现,就是能够允许社会生产力以旧社会所没有的速度迅速发展,人们不断增长的物质文化生活需要能够逐步得到满足"[2]。基于对马克思主义以及社会主义制度优越性的这种认识,他指出:"贫穷不是社会主义,发展太慢也不是社会主义。否则社会主义有什么优越性呢?社会主义发展生产力,成果是属于人民的。……在对社会主义作这样的理解下面,我们寻找自己应该走的道路"[3]。这就改变了过去单纯从生产关系和意识形态的角度来评判社会主义的方法,还原为从生产力和人民利益角度来评判社会主义。他所提出的"三个有利于"标准一定意义上代表了我国对于如何建设社会主义的理论总结和指导方针。在21世纪,我国提出了"三个代表""发展是第一要义"等观点,这充分说明我国的社会主义建设认识到了生产力发展的重要性。只有通过生产力的发展,提高广大人民群众的生活水平,为我国人民的全面发展奠定经济前提,我国的社会主义事业才能体现出自身的优越性。

从我国社会主义建设所处的阶段来看,我国目前依然处于建设中国特色社会主义的初级阶段。当前社会的主要矛盾仍然是人民日益增长的物质文化需要同落后的社会生产之间的矛盾。中国目前所达到的小康依然是低水平、不全面、发展不平衡的小康,人均GDP在世界上的排名还在100位以后,还有2300万绝对贫困人口。如果按联合国人均每天1美元的标准计算,我国还有1亿人生活在贫困线以下。因此经济建设依然是我国的中心工作,发展生产力对于我国社会主义建设来说,具有非常重要的现实意义。对于我国目前来说,经济发展仍然是一个艰巨的任务,因此有必要处理好生产和消费的关系。

由于我国有着几千年的节俭传统,当经济发展到买方市场后,虽然在一些大城市中一部分青年人接受了消费主义,但主要还是表现为消费不足。从1991年开始,我国反映居民消费需求占国内生产总值比重的居民消费率

---

[1] 《邓小平文选》第3卷,人民出版社1993年版,第116页。
[2] 中共中央文献研究室:《邓小平年谱(1975—1997)》,中央文献出版社2004年版,第380页。
[3] 《邓小平文选》第3卷,人民出版社1993年版,第255页。

持续下降。1998 年，这一指标已经降低到 47.5%，远低于国际平均水平的 60%，也低于以高储蓄率闻名的东亚国家的 54%。我国著名消费经济学家尹世杰指出，我国 2001 年人均国民生产总值已经接近 1000 美元，但居民消费率占有 47.09%，比国际平均生活水平低得多。陈士能在我国消费经济高层论坛中指出：从我国当前消费经济的现状来看，如何扩大消费需求是我们要研究的关键问题。

我国的消费构成了发展的瓶颈，不是意识决定生活，而是生活决定意识，我国作为一个后发展中国家，按照马克思人的发展三大形态理论，我国目前还处在人对物的依赖阶段，发展水平①决定我国当前消费很重要，这客观上刺激了消费主义的传播。

消费主义虽然是一种意识形态，但它最终落实到个体的消费行为上，因此对消费主义的批判需要考虑到消费问题本身的复杂性。

第一，消费具有个人性的特点。马克思对消费的个人性有着大量的论述。"在消费中，产品变成个人享受的对象，个人占有对象""在消费中，产品脱离社会运动，直接变成个人需要的对象和仆役，供个人享受而满足个人需要""消费是个别的。"② 可见消费是一种个体性、偶然的行为，它属于个体生活方式，是一个私人领域的内容。在个性化的现代社会，每个人都有选择自己生活方式和追求幸福生活的权利，因此如何对这种个体行为进行干涉，这是一个难题。

第二，消费是人的一种需要。消费内容虽然经历了使用价值、交换价值到符号价值的转变，但是从对消费品有用性的占有到对象征符号价值的追逐，这体现了人自身在发展过程中的需要。首先，人需要占有使用价值，来解决自身的衣食住行等方面的需要。"在吃喝这一种消费形式中，人生产自己的身体，这是明显的事"③。其次，人同样需要交换价值，交换价值的等价物是货币，货币使人的需要有效。"没有货币的人也有需求，但他的需求是纯粹观念的东西，它对我、对第三者是不起任何作用的，是不存在的，因而对于我本人依然是非现实的，无对象。"④ 最后，对符号价值的追逐

---

① 西方目前出现了一种后物质主义倾向，这与它们发达的生产力分不开。
② 《马克思恩格斯全集》第 30 卷，人民出版社 1995 年版，第 30 页。
③ 同上书，第 32 页。
④ 《1844 年经济学哲学手稿》，人民出版社 2003 年版，第 144 页。

体现出人对认同的追求。凡勃伦在《有闲阶级论》中指出休闲象征着一个阶级的特殊地位,而鲍德里亚在《符号政治经济学批判》中通过对物的四种逻辑①的区分,指出在现代社会,消费意义上的物体现出符号的意指逻辑功能,"这样它作为符号被解放出来,被时尚的形成逻辑所抓住,例如被差异逻辑抓住"②。而在《物体系》中,鲍德里亚则通过模范和系列在消费社会中两者的过渡分析了符号消费对人取得认同的可能性。模范表征风格和一种特殊的社会地位表明,社会上大部分阶层生活在系列性产品之中。但在"消费社会,模范为参与系列者内化——系列则为参与模范者标举、否定、超越和矛盾地体验,这样的流动穿越了整个社会,将系列带向模范,并使得模范持续地扩散于系列之中。"③ 这种不间断的流动说明了符号消费的特征:标榜差异,但是差异又是可超越的。这就吸引大众对商品符号的追逐,从而在某一阶层或是团体取得认同。从功能物到符号物的消费,表征了人自身发展的过程,同时也体现了人的发展水平,即从对物的需要到对意义的需要。

第三,消费适度难以成立。相对于消费主义导致的负面影响,很多学者提出了相应对策,例如适度消费,消费既不能吝啬,又不能浪费。亚里士多德在《尼各马可伦理学》中提出中道的概念,认为善就是处在两个极端中折中的量。但是这个中道、适度如何把握,究竟消费多少能够算适度呢?从经济水平上来说,中国目前的地区、城乡、阶层的收入呈现出很大的差异性。就消费对象而言,同一消费在不同时期有着不同地位。例如20世纪80年代的电视机到了21世纪初,已不再是奢侈品。从个人来说,随着一个人社会地位的变化,经济收入的变更,适度也是相对的。因此相对于经济合理性的适度概念本身难以确立。

消费主义自产生就受到了理论和实践上的反对。例如法兰克福学派对消费主义就进行了深刻的理论批评,法国的五月风暴就是对这种批判的回音。20世纪70年代美国出现了反城市化趋势;日本在80年代末也出现

---

① 四种逻辑是使用价值的逻辑,这是有用性的逻辑;交换价值的逻辑,这是市场平等的逻辑;象征交换的逻辑,这是礼物逻辑;符号价值逻辑,这是身份逻辑。
② Jean Baudrillard, *For a Critique of the Political Economy of the Sign*, America: Telos Press Ltd., p. 67.
③ [法]尚·布希亚:《物体系》,林志明译,上海人民出版社2001年版,第161页。

"务农热",通过这些活动来抵制城市文明奢靡和浪费给人带来的精神压力。在 90 年代,美国的舆论转向反对极端的物质主义,其民意测试发现支持保护环境,反对经济增长的比例是 70%;欧共体的比例是 55%。[①] 然而它依然能够在全球蔓延,特别是进入我们这样一个有着几千年节俭传统的国家,除了资本的运作,广告的操作之外,消费主义本身的复杂性也是一个不可忽略的原因。因此,我国学者在对消费主义进行批判的时候,不能忽略消费主义产生的历史必然性,应冷静思考如何把消费和消费主义剥离开。对消费主义的批判很重要,但是,这需要建立在对它的理性认识基础之上,否则批判就只能表现为理论者的书斋活动,而不能对现实产生影响力。

---

① 曹德明:《论消费方式的变革》,《哲学研究》2002 年第 5 期。

第三章　当代社会批判理论的最新进展研究

　　社会批判理论自20世纪20年代创立以来，随着时代主题的变换，在近一个世纪的时间内，形成了自己独特的发展轨迹。它既是西方马克思主义诸多流派中影响力最大的左翼思潮，也是西方政治哲学、文化批判、女性主义、精神分析学等诸多研究领域不可缺少的思想背景。以法兰克福学派批判理论的几代杰出代表为核心，社会批判理论呈现出较为清晰的发展路线。比如说早期以霍克海默、阿多诺为代表的对启蒙与文明的批判与反思；20世纪60年代后以哈贝马斯为代表的对现代社会工具理性发展倾向的批判，对科学技术的反思；90年代后对西方后世俗社会宗教复兴现象的思考等；霍耐特站在哈贝马斯所主张的主体间性立场上，将批判理论转向了一种承认理论，认为人与人之间的互惠承认机制是现代民主生活的社会基础，认为我们只有在个人领域、市场经济、政治决策等领域重建这种平等、互助的承认机制，才能真正解决西方社会的病理学。以这些代表人物为核心，当代社会批判理论还衍生、辐射出一大批相关的研究成果。很多学者都围绕着社会批判理论的人物、问题、方法论等展开讨论，也有的学者运用社会批判理论来反思和批判现代社会的诸多现实问题。总之，社会批判理论已经成为西方左翼中影响力最大、批判和反思当代资本主义社会方面最为重要的理论资源。

　　本章主要论述的是20世纪90年代后的社会批判理论发展状况，较少涉及早期批判理论。主要是考虑到时代发展太快，批判理论的主题也在不断更新和转变。20世纪90年代后，西方社会出现了后现代主义对现代文化的冲击、现实社会主义的失败、全球资本主义的扩张、多元文化主义发展遇到困境、西欧福利国家出现各种危机、科技与消费带来人的新异化等各种新问题。批判理论家们当然要立足现实，努力把握当代资本主义发展的社会结构，从而为超越这种结构而作出分析与反思。他们提出要重建当下社会的规范性基础，这种规范性基础既是建立在经验研究基础上，又是对它的超越。而他们超越的规范性基础是否能建构起更为合理和正义的社会秩序还需要实践的检验、理性的探寻。我们介绍和引进最新的当代社会批判理论发展状况，一方面，是为了了解和分析当代资本主义社会出现的诸多问题和左翼学者给出的解决思路；另一方面，对中国特色的社会主义现代化建设也有重要的理论和实践意义。西方社会已经出现的社会问题我们也许在不久的将来会遇到，有些问题我们已经身在其中，比如全球资本主义和国际不正义问题。作为一个仍处于发展中国家的大国，中国应该立足全球，既要了解西方社会发展的规律和特征，运用智慧和才智避免西方社会走的弯路，也要在全球经济政治秩序的建构中发挥重要的角色和作用。这些都需要我们学习和借鉴当代社会批判理论的思想成果。

第一节　何谓社会批判理论

批判理论，广义而言，是指反思文明历史、批判社会现实的各种思想学说。它既包括康德的各种理性批判，也涵盖马克思的政治经济学批判，以及由此延伸的对资本主义文明进行揭露与批判的各种左派理论，如社会批判理论（法兰克福学派）、新社会运动理论（生态理论、女权理论、后殖民理论等）、后现代性理论以及文化研究等。狭义地讲，特指法兰克福学派的当代资本主义社会批判理论。在此，我们是在后者的意义上来指称批判理论的。

法兰克福学派是20世纪西方新马克思主义思潮中最大的流派，也是至今仍保持强大文化影响力的西方主要学术流派之一。法兰克福学派在当代西方思想史上享有重要地位，其自20世纪30年代诞生以来，经历了四个历史时期的理论发展。

第一个时期（1923—1949）是法兰克福学派的形成时期，也即法兰克福学派第一代聚集并发生影响的重要时期。法兰克福学派的名称来自德国法兰克福大学社会研究所。1923年,在具有进步倾向的德国犹太富商费利克斯·威尔(Felix Weil)的资助下,社会研究所由第一任所长格林贝格(Carl Gruenberg)主持成立。在俄国十月革命和欧洲工人运动影响下,属于"奥地利马克思主义"传统的工人运动史专家格林贝格,将社会研究所的主旨确定为马克思主义的科学方法研究和工人运动的经验研究。格林贝格以社会研究所为基地,团结了20世纪20年代德国知识界的一批对马克思主义理论深感兴趣的理论家,形成一个严密的学术组织,为法兰克福学派奠定了组织基础。

1930年,霍克海默(Max Horkheimer)接任所长后,重新确认了社会研究所的研究方向。针对当时资本主义经济危机和法西斯主义抬头,霍克海默要求摆脱研究所此前对传统马克思主义的纯哲学研究,将哲学和社会学结合起来,以研究"社会哲学"作为研究所的中心任务。他指出,这种社会哲学不满足于对资本主义社会进行经济学和历史学的实证性分析,而是以"整个人类的全部物质文化和精神文化"为对象来揭示和阐释"作为社会成员的人的命运",对整个资本主义社会进行总体性的哲学批判和社会学批判。霍克海默对社会研究所的这一定位,标志着以"社会批判理论"为特征的法兰克福学派的真正形成。

这一时期,霍克海默主持创办了《社会研究杂志》,并以该杂志为中心,延揽了一大批年轻有为的研究人员。随着波洛克(Friedrich Pollock)、格罗斯曼(Henryk Grossman)、本雅明(Walter Benjamin)、马尔库塞(Herbert Marcuse)、洛文塔尔(Leo Lowental)、弗洛姆(Erich Fromm)、阿多诺(Theodore Adorno)先后加入研究所的工作,法兰克福学派逐步发展壮大,建立起自己的社会批判理论,开始对发达资本主义社会进行全方位的文化批判。希特勒上台前夕,在霍克海默的运筹和组织下,研究所及其主要成员几经周折,最后整体搬迁到美国哥伦比亚大学,继续从事社会批判理论的研究。

第二个时期(1950—1960)是法兰克福学派发展的黄金时期。第二次世界大战结束后,应西德政府的邀请,霍克海默、阿多诺和波洛克等人于1949—1950年返回德国,重建社会研究所。社会研究所核心成员中的洛文塔尔、弗洛姆、基希海默(Otto Kirchheimer)和马尔库塞等人则留在了美国,后成为法兰克福学派强大的美国支脉。社会研究所回到德国后积极开展学术活动，同主流的实证主义社会学展开论战，在国内外产生了越来越大的影响。在长期的学术研究和论争中，法兰克福学派以社会哲学为中心，广泛吸收存在主义、弗洛伊德主义、现象学、人格主义等资产阶级哲学，强化了"社会批判理论"的人本主义理论色彩。

在这一全盛时期，法兰克福学派从哲学、社会学、法学、心理学、文学艺术等方面，对资本主义社会进行了综合性的研究和考察，从事以现代性批判为中心的全面文化批判。该学派强调辩证的否定性和革命性，深刻揭示了现代社会的物化结构，强烈抨击现代人的异化，特别是意识形态、工具理性、大众文化、大众传媒等异化力量对人的束缚和统治。值得注意的是，法兰克福学派在美国和欧陆两地的激进的文化批判理论，均在席卷欧美的1968年学生运动风暴中发挥了巨大的作用，赢得了极高的声誉。

总之，在战后的十多年中，法兰克福学派第一代宝刀不老，霍克海默、阿多诺、马尔库塞等人创造力旺盛，新作迭出；同时，以哈贝马斯为代表的第二代通过其"公共领域"等理论创新而声名鹊起，霍克海默和阿多诺的学生施密特（Afred Schmit）、维尔默（Albrecht Wellmer）、内格特（Oskar Negt）和弗里德堡（Ludwig von Friedeburg）等人也开始发挥学术影响力。这一时期法兰克福学派的两代人群星灿烂，人才济济，共同形成了社会批判理论发展史上的一个高潮。

第三个时期（1970—1989）是法兰克福学派的重要转折期，批判理论呈现出新的发展格局。这一时期，以法兰克福学派第二代领袖哈贝马斯（Jurgen Habermas）为中心，形成了社会批判理论的新阶段。在"1968年革命"以失败落幕的背景下，伴随着阿多诺、波洛克、霍克海默和马尔库塞在20世纪六七十年代相继辞世和研究所主要成员的出走，法兰克福学派第一代人淡出历史舞台，第二代人产生了组织上分裂，陷入了发展低潮。但是，在法兰克福社会研究所的影响力日渐式微的同时，已离开研究所的哈贝马斯的声望日隆。这一时期，哈贝马斯通过20世纪60年代以来介入的几次重大学术争论，如他与60年代德国哲学和社会学头面人物波普进行的"实证主义论争"；他与伽达默尔关于解释学和社会学说的关系的辩论；他与帕森斯的学生卢曼关于系统论的辩论；他与贝尔和利奥塔关于"现代性与后现代性"的辩论等，赢得了世界性声誉。尤其是他研究了皮尔士、米德和杜威的美国实用主义哲学，汲取了其中的激进民主精神，并将之与法兰克福学派的批判传统相结合。

哈贝马斯引领的法兰克福学派第二代的主要理论贡献是，看到了资本主义社会出现的"技术统治论"和"生活世界被殖民化"的问题，从而指出社会批判不能仅限于单纯的工具理性批判，而应转向对"达成共识的有效性要求"的建构性理解。法兰克福学派第一代人将理性简化为"工具理性"，将资本主义理性化过程看作一个消极的、否定的过程。哈贝马斯突破了这一局限，用达成多元共识的交往理性矫正片面发展的工具理性，从而将现代性或理性化所包含的"主体间性"置于崇高的地位，从而为社会的民主化建构提供了理论基础。哈贝马斯由此实现了法兰克福学派的现代转型。

第四个时期（1990年至今）是法兰克福学派的当代发展时期，法兰克福学派第三代批判理论家正式登上学术舞台。这个最新阶段的社会批判理论依然是以哈贝马斯的"主体间性"为理论平台，不同的是第三代批判理论家有意识地进行了政治伦理转向。在社会研究所内部，哈贝马斯的学生霍耐特（Alex Honneth）自1992年《为承认而斗争》出版以后，创建了著名的"承认理论"，并在国际学界引领了持续十多年的热烈讨论。这一理论创新为他赢得了高度的学术声誉，哈贝马斯称他为"法兰克福学派在世成员中最重要代表之一"。2000年，霍耐特出任社会研究所新任所长。在他的领导下，法兰克福社会研究所重新回归其最初的指导思想：批判地揭示现代化发展的负面效应，为社会的人性化健康发展提供理论依据。

在国际上，尤其是在美国，"批判理论"已经成为一个具有广泛意义的标签，法兰克福学派的影响已突破哲学和社会学领域，成为遍及社会科学各个学科的重要理论和方法。因此，法兰克福学派第三代批判理论家不仅包括社会研究所的霍耐特、维尔默（A. Wellmer）和奥菲等人，而且包括了英美学界的许多批判学者，如麦卡锡（Thomas McCarthy）、杰伊（Martin Jay）、凯尔纳（Douglas Kellner）、贝斯特（Steve Best）、阿格尔（Ben Agger）、布隆纳（Stephen Bronner）、戴维斯（Angela Davis）、芬伯格（Andrew Feenberg）、本哈比（Seyla Benhabib）、弗雷泽（Nancy Fraser）等人。他们在经济学、政治学、政治哲学、法学、国际政治等不同领域对现代化、全球化弊端的经验研究和理论分析，极大地扩展了法兰克福学派的批判范围和理论影响。

除此之外，社会批判理论的影响还体现在一些如 telos、《星群》等杂志和一年一度在布拉格举办的"哲学社会科学大会"上。围绕着这些期刊和国际学术会议，聚集了很多坚持法兰克福学派传统的社会批判理论家。他们讨论的议题主要集中在对社会批判理论自身哲学基础的考量，对全球化、国际正义、移民、革命与反抗、教育等西方现实问题进行反思与批判。

本章将重点考察20世纪90年代以后的当代社会批判理论思想。选取的代表人物有哈贝马斯、维尔默、奥菲、霍耐特、弗雷泽及部分布拉格"哲学与社会科学大会"的代表人物。

第二节 20世纪90年代后哈贝马斯的后世俗社会理论与宗教观

作为第二代社会批判理论代表的哈贝马斯在20世纪90年代后，其思想或关注的议题发生了重大转变。有人将这种转变称作是"哈贝马斯的宗教回归"或"哈贝马斯的神学转向"[①]。虽然在早期的博士论文阶段及其后来交往行为理论创立的时候，他都关注过宗教问题。但这种关注是零星的、附属于其对现代性理论的建构中。但在20世纪90年代后，哈贝马斯却集中系统地论述了现代宗教在社会发展，尤其是在政治公共领域中的作用。这种直接、深入地对宗教作用的探讨与反思折射出当代社会批判理论的一个重要的现实指涉。

这种现实指涉不是别的，就是我们现实生活的这个世界似乎突然间重新发现了宗教问题的重要性。对这个重要性诠释得最为直观和震撼的就是2001年发生在美国的"9·11"事件。当恐怖主义者劫持飞机撞向纽约世贸大厦的双子座时；当高耸入云的两座摩天大楼冒着浓烟轰然坍塌时；当关于此次撞击后的各种媒体报道和分析出台之后，生活在世俗世界里的人们才幡然醒悟，现实世界的冲突和矛盾不但表现在经济、政治、军事上的竞争和对抗，更为重要的是在文化、宗教、习俗等精神世界的"短路"。当然，突显这种宗教冲突的事件还不止于此，2015年1月7日，讽刺漫画

---

① 铁省林：《哈贝马斯宗教哲学思想研究》，山东大学出版社2009年版，导言第2页。

《查理周刊》的总部在巴黎被武装分子持枪袭击，袭击中死了12个人，成为法国40年来最惨重的袭击悲剧。这一事件同样也震撼了法国和整个西方。虽然这样的袭击也同样是被称作恐怖主义，但大家都知道，在这种恐怖主义的背后隐藏着宗教信仰与世俗社会、新帝国霸权、现代法律等方面的严重对立和冲突。一向以大胆讽刺著称的《查理周刊》，曾多次刊出调侃伊斯兰先知穆哈默德的漫画，甚至是穆罕默德的裸体漫画，令穆斯林社会非常愤怒。所以，发生这样的袭击悲剧不仅是西方与穆斯林社会的尖锐对立，更是现代法律的新闻自由与宗教信仰自由之间的冲突。

作为时刻关注现实问题，并积极介入的知识分子，哈贝马斯清醒地看到了宗教在20世纪90年代后的复兴，并上升到了一种新的意义阶段。他在谈到当代宗教复兴现象时，指出它主要表现在两个方面：一方面是宗教原教旨主义的变种显现，并结合民族、种族的冲突，为全球性恐怖主义提供温床。这出现在近东、非洲、南亚、印度等一些国家和地区。例如，在伊朗、以色列等国家，某种神权统治已经出现，宗法已经代替了国家的民法；在阿富汗、伊拉克等国家，自由的宪法秩序需要与伊斯兰的法律秩序融合。另一方面是美国而非西欧社会出现了宗教复兴现象。在西方现代性的发展逐渐世俗化的过程中，美国却出现了宗教意识在政治领域复苏的现象。这主要表现在美国公民在信仰和宗教方面所占人口的比例稳定地维持在较高的水平，还有就是宗教上的右翼释放出自发的复兴信仰的能量。[①]

与美国相反，欧洲国家却在世俗化的进程中，逐渐抛弃了宗教的传统作用，在废除死刑、允许堕胎、性取向平等的法权利的制定上，表现出自由主义理性对宗教信条的胜利。也正是在这个意义上，哈贝马斯称西方社会出现了政治上的分裂，即美国和欧洲国家在对待宗教在现代政治公共领域中的作用上表现出的分歧。这就为现代人提出了一些重要的问题，如欧洲国家所走的现代化道路并不代表理性发展的普遍趋势，而可能是一条特殊的道路？宗教在国家和公共领域中该扮演何种政治角色？相互冲突的价值取向如何在"政教分离"的国家权力下，在公民社会及政治公共领域中取得相互理解和包容？这是哈贝马斯对当前的宗教现象所反思的核心问题。

围绕着宗教复兴及哈贝马斯对这一核心问题的思考，我们将分为两部分

[①] 参见张庆熊、林子淳编《哈贝马斯的宗教观及其反思》，上海三联书店2011年版，第20页。

展开。第一节将概括哈贝马斯不同时期的宗教观。如其在《交往行为理论》中，对宗教持一种否定，甚至是欲用交往伦理取代宗教伦理的态度。可是到了20世纪90年代之后，哈贝马斯对宗教的启示作用和"语义学内涵"的潜在价值非常重视，认为宗教不仅在伦理道德方面依然散发着传统文化的魅力，而且还在政治公共领域里不断地发声、介入。宗教不会像世俗主义所预言的那样，注定失去影响和意义；相反，我们必须在全球化、民族国家内部等不同层面重新思考宗教在后世俗社会、后形而上学现代性中的作用。第二节我们将探索与分析哈贝马斯所讨论的宗教现状及其问题的实质，总结和概括西方学界对其宗教观的反思与批判，表明自己的观点。哈贝马斯为什么将当代的宗教复兴看作是"后世俗社会"？后形而上学的现代性与宗教的关系是什么？宗教问题的实质是否是理性与非理性、知识与信仰的关系？哈贝马斯如何将宗教问题聚焦在现实的"政治公共领域"中？哈贝马斯继续坚持交往行为理论的哲学洞见，认为自我与他者，无论这个他者是另外一个主体，还是大他者（上帝），都可以在相互学习、彼此交流、理解的基础上，达成公共领域的共识，从而解决世俗与宗教、理性与信仰之间的冲突和对立。为此，他还要求对宗教语言进行翻译，以便让世俗公民能理解、讨论。哈贝马斯作为批判理论的领军人物，对现实问题的把握和探究还是非常准确的。他抓到了西方社会中一个非常重要的问题，移民、宗教冲突、亚文化的认同、民主政治中的公平正义等，是当代批判理论的现实焦点。哈贝马斯对宗教问题的实质分析也非常准确、一针见血。但就其解决策略来看，还显得有些理想化，面临着许多困难。如何解决这些问题还需我们更多的思考与探索。

一 哈贝马斯宗教思想的发展历程

哲学是时代精神之精华。时代不同，反映在哲学家头脑里的"问题域"也不同。哈贝马斯曾在《后形而上学》一书中，将20世纪西方社会思潮主要概括为四种，它们分别是分析哲学、现象学、西方马克思主义和结构主义。[1] 这四种思潮由于各种"后主义"的产生，如后现代主义、后马克思主

---

[1] ［德］哈贝马斯：《后形而上学思想》，曹卫东、付德根译，译林出版社2001年版，第4页。

义、后结构主义或后分析哲学等，使得现代视域处于一种"移动的视界"。我们似乎不断地在与传统决裂，而产生一些新的现代思想主题，如"后形而上学思想，语言学转向，理性的定位，以及理论优于实践的关系的颠倒——或者说是对逻各斯中心主义的克服"①。可以说，20世纪90年代之前，哈贝马斯的理论关注点一直在这些思想主题上，尤其是他对语言学转向的论述，令人印象深刻。宗教在他当时的视野里，如同许多启蒙思想家一样，被看作是伴随现代化进程而逐渐衰退的事物。在他看来，非理性的宗教被理性的世俗主义所替代；宗教将缓慢地退出公共领域，成为私人事务；宗教在政治、文化中的影响力也会随之减小，并被非宗教的价值所替代。也就是说，宗教问题在哈贝马斯的早中期思想中没有占据重要地位。

在1962年出版的教职资格考试论文《公共领域的结构转型》中，哈贝马斯阐述了对当代民主政治非常重要的"公共领域"概念。他说："所谓'公共领域'，我们首先意指我们的社会生活的一个领域，在这个领域中，像公共意见这样的事物能够形成。公共领域原则上向所有公民开放。公共领域的一部分由各种对话构成，在这些对话中，作为私人的人们来到一起，形成了公众。"② 也就是说，公共领域是一个由私人集合而成的公众领域，他们通过公开、平等的对话与交流，形成对公共权力机关的批判与监督。为此，他还探讨了公共领域形成的两个条件，即国家与社会的分离、市民社会的形成，等等。哈贝马斯对公共领域的详尽研究，为规范的民主政治奠定了坚实的基础。但对于宗教与公共领域的关系，或教会作为一个团体是否也属于公共领域，神职人员在公共领域中的作用等方面，哈贝马斯都持有一种否定和排斥的态度。

这不是说哈贝马斯完全否认了宗教与教会在社会中的作用，而是在他眼中的"公共领域"中，宗教已被摒弃掉了，这也是造成宗教神学界对此进行热烈争议和讨论的一个原因。哈贝马斯认为，18世纪末，"由于宗教改革，教会的地位有了变化；教会所代表的对神权的义务，亦即宗教变成了私人的事情。所谓的宗教自由在历史上是第一个私人自律领域；教会本身

---

① [德]哈贝马斯：《后形而上学思想》，曹卫东、付德根译，译林出版社2001年版，第6页。
② 汪晖、陈燕谷主编：《文化与公共性》，生活·读书·新知三联书店2005年版，第125页。

是作为众多公共权力载体之一而继续存在了下来"①。也就是说,信仰变成个体的私人事务。教会虽然也是一个公共权力载体,却不是阿伦特、哈贝马斯等人眼里的社会公共空间。在哈贝马斯看来,公共领域是一个独立的社会领域。它介于国家与个人家庭之间,是作为国家的对立面而出现的一片私人领域,又超越了个人家庭的局限,而关注公共事务。这是一个由市民阶层构成的"阅读群体",从事的是对公共权力的批判与监督。而传统"宗教本身的等级制、以上帝代言人自命的权威话语、出于自身利益对公共问题的横加干涉,以及排斥公众的隐秘性等等"② 都与哈贝马斯所归纳的资产阶级公共领域的特征,即遵循理性程序对公共事务进行平等对话、协商,以达成理性共识,格格不入。在这种情况下,哈贝马斯自然将宗教排斥在公共领域之外。但牧师作为市民阶层中的一员,哈贝马斯将其囊括在公共领域的主体中。但与其他市民阶层如政府官员、医生、军官、教授和学者等一样,牧师或教士是作为市民来参与公共讨论的。他必须放下上帝代言人的架子,与其他有文化教养的精英分子一起平等、公平、理性地探讨事务,"而不是用隐秘的神学语言武断地宣布上帝的旨意和启示"③。

在 1976 年出版的《重建历史唯物主义》中,哈贝马斯在反思和重建马克思的唯物史观的过程中,对社会进化及人类世界观的发展历程进行了梳理与分析。他认为,个体与人类的历史都遵循着同样的发展逻辑,具有同样的意识结构。与马克思强调社会的经济基础不一样,哈贝马斯更重视由文化、道德、法律、制度和宗教等所表现出来的规范结构的作用。而规范结构实质是一种理性共识的结果,尤其是交往理性的作用。也就是说,无论在社会进化的过程中,还是在个体的学习成长过程中,哈贝马斯认为它们都遵循着理性化的道路。个体的世界观在经历了神话、宗教再到哲学和意识形态的过程,是一个不断理性化的过程。世界的统一性只能借助于理性的统一性,通过反思得到论证。而在社会进化层面,无论是从古代社会,还是早期的文明社会,到现代社会,宗教只是理性化中的一个发展阶段。也就是说,哈贝马斯不再简单地将宗教看作是理性的他者,而是作为理性

---

① [德]哈贝马斯:《公共领域的结构转型》,曹卫东、王晓珏、刘北城、宋伟杰等译,学林出版社 1999 年版,第 11 页。
② 铁省林:《哈贝马斯宗教哲学思想研究》,山东大学出版社 2009 年版,第 70 页。
③ 同上书,第 71 页。

化进程中的一个阶段。宗教与它之前的理性形式比较而言，是合理的；但与现代的理性形式比较，又是落后的、过时的。事实上，哈贝马斯在吸收韦伯思想的基础上，将传统社会走向现代社会看作是一个社会合理化的过程，而社会合理化实质上就是一种去神秘化和世俗化。而作为一种神圣的话语系统，宗教必然在现代理性主义发展的过程中失势、没落。

在 1981 年出版的《交往行为理论》两卷本中，哈贝马斯继续坚持宗教是去神秘化和现代化过程中的一个中间阶段的看法，但借助涂尔干与米德的思想，他把宗教与交往行为理论联系起来了，也即与人们在日常生活中的语言交往行动联系起来，认为"在原初的社会中，宗教象征着社会，执行着集体和个体同一性的功能；而到了现代社会，原先由教规所体现的职能过渡到交往行为，神圣的权威保证的意见一致被为论证所支持的意见一致所继承和代替"①。也就是说，宗教的作用，无论是社会的象征，还是道德权威的来源，都被语言交往行为所取代。在普遍语用学的前提下，即符合语言的命题真实性、规范正确性或主观真实性的条件下，通过语言交往行为就可以达成理性共识。这种批判性的理性共识代替了原先的宗教神圣权威。

根据涂尔干的宗教社会学思想，宗教就是与神圣的东西相关的信仰和实践的统一系统。他认为，宗教不是一种虚幻的意识，而是客观的社会存在，它以一种象征和隐喻的方式表现了社会存在，在这种神圣的象征结构中蕴含着社会的集体意识，而社会的集体意识就是一种规范性共识。对此，哈贝马斯总结道："集体的同一性具有一种规范共识的形式，这种规范共识是通过宗教象征的媒介确立起来的，并且是通过神圣的东西的语义学而被解释的。"②也就是说，哈贝马斯肯定了涂尔干将宗教与社会，而不是与上帝联系起来的研究路径，将宗教与社会的集体同一性、与对集体同一性的语义学解释关联起来。在这里我们至少可以看到两个转换，即将宗教的象征功能转化成一种集体的社会意识，然后将这种集体意识转换成通过语言交往行为达致的。就这样，通过二次跳跃或转换，哈贝马斯说："这意味着交往行为从被神圣者保护的规范语境中解脱出来。神圣者领域的解神秘化

---

① 铁省林：《哈贝马斯宗教哲学思想研究》，山东大学出版社 2009 年版，第 158 页。
② 转引自铁省林《哈贝马斯宗教哲学思想研究》，山东大学出版社 2009 年版，第 155 页。

和丧失权力是借助教规保证的基本的规范意见一致的语言化而发生的，与此相伴的是交往行为中合理性潜能的释放。从神圣的东西中放射出来的迷人的和恐惧的光芒，神圣者的魔咒约束力量，升华为可批判的有效性要求的约束力，而且同时也转变成了一种日常的事件。"[1] 米德同康德一样，坚持一种普遍性的道德规范。但这种道德规范如何获得？米德有自己的看法。他认为，单靠个体是无法形成或检验道德规范的有效性，必须放在主体与他者之间的交往共同体中，通过一种交往伦理来确定。哈贝马斯吸收了米德的交往伦理思想，但他进一步把这种主体间性上的交往伦理定位为话语交往，也就是哈贝马斯通常所说的普通语用学。

简言之，集体的信念就越来越少地依赖神圣东西的约束力，而越来越多地依赖交往行为。哈贝马斯说："一旦每一通过交往中介的共识都依据理性，行为规范的有效性基础就会发生变化。隐藏在机制后面的神圣者的权威本身也不再是有效的。神圣的权威化将转而依赖于宗教世界观的论证成就。一旦文化知识进入了交往参与者的解释境地，文化知识就执行了协调行为的职能。"[2] 也就是说，一旦宗教经历了20世纪西方思想界的语言学转向，那么宗教的权威就必然让位给交往理性共识。

总之，在20世纪七八十年代，哈贝马斯对待宗教还是持一种简单、与启蒙思想家大致一致的态度，即认为宗教是一种前现代的产物，一种在传统社会中用神圣权威来统治和控制人生活的意识形态。在经过了启蒙和理性的洗礼之后，宗教逐渐从神圣的位置衰落为道德规范的权威论证上。但在这一点上，由于公共领域、市民社会及舆论自由的诸多因素，在道德规范的权威来源上，宗教也在经历着交往理性共识的竞争与排挤。也正是这个原因，哈贝马斯明确将宗教排斥在资产阶级的公共领域之外。虽然，在对待宗教在西方社会发展史的作用方面，哈贝马斯也明确肯定宗教是西方社会理性化发展的一个阶段，但总的来说，他认为，宗教对于现代社会来说，是一个不合时宜的存在物。

正像那个时代的大多数欧洲知识分子一样，哈贝马斯并没有将宗教问题主题化。但几十年来，宗教问题却随着各种因素不断升温。德国神学家

---

[1] 转引自铁省林《哈贝马斯宗教哲学思想研究》，山东大学出版社2009年版，第158页。
[2] 同上书，第163页。

与美国神学家在讨论宗教问题时，也总是将哈贝马斯牵扯进去，并将批判理论传统纳入讨论中。在这个过程中，哈贝马斯始终保持沉默，直至1988年在美国芝加哥大学的学术讨论会上，他集中表述了自己的宗教神学立场——"方法论的无神论"（methodological atheism）。在1991年出版的《内部超验，在世超验》为题的文章中，哈贝马斯就其"方法论的无神论"立场表达了自己的看法。

1. 当今哲学家与神学家能相互对话的共同前提是对现代性的自我批判。

哈贝马斯坦承，对于像自己这样从小浸淫在德国观念论传统中的人来说，如康德、费希特、谢林、黑格尔和马克思的遗产，从一开始就没有像社会学家那样，只是把宗教作为研究社会的中介对象，而是认为宗教与哲学思想就混杂在一起，相互作用。在他看来，德国观念论的历史本身就在理论上借用了救赎史的发展理论。比如它们的"绝对观念"就是来自上帝的创造和至高的爱。[1] 如果没有意识到基督教传统的实践本质内容，我们也就无法理解康德。[2] 这种交杂（宗教与哲学）的哲学思想集中体现在黑格尔的辩证法中。黑格尔用"扬弃"概念充分表达了这种模糊性——哲学概念中包含着宗教内容。当然，在黑格尔晦涩而又深刻的洞见中，我们看到了一种方法论上的无神论立场。

在哈贝马斯看来，这种方法论上的无神论立场在黑格尔死后已变成一种"公开的丑闻"[3]。这种丑闻的性质在于其方法论与内容上的不协调：方法论上秉持一种无神论的立场，却在内容上包含着宗教神学。这一点，左翼青年黑格尔派马克思就进行过无情批判。那是不是坚定的无神论者就可以加入现代的哲学话语了呢？在哈贝马斯看来不一定。在后形而上学的思想条件下，"与基本的形而上学概念一道，在形而上学上保持坚定的无神论者也不再能站得住脚了"[4] "在科学的、可试错的思想模式下，假想至多是对当下可能性的一种声称"[5]。也就是说，在后形而上学之后，无论是无神

---

[1] Jurgen Habermas, *Religion & Rationality Essays on Reason, God, & Modernity*, edited and with an Introduction by Eduardo Mendieta, Polity Press, 2002, p. 68.
[2] Ibid.
[3] Ibid., pp. 68-69.
[4] Ibid., p. 69.
[5] Ibid.

论者，还是纯粹宗教，都不能在解释世界、规范社会上独当一面。我们需要对哲学与宗教进行一种非本质主义的再认识。

例如对于宗教。哈贝马斯回忆自己的学生时代，即第二次世界大战后德国面临道德重建的时候，是诸如甘古利（Gollwitzer）和万德（Iwand）等神学家们首先担当起这个责任。那个时候是忏悔教会起到了认罪的功能。由神学家和俗人组成的左翼组织也形成了，它们力促教会从国家权力和现存社会条件的联盟中解放出来，它们想重建公共政治领域中的普遍判断标准。正是在这样的背景下，一种新的宗教参与模式产生。它不仅是私人忏悔的习俗，而且"非教条地理解超验和信仰，严肃地对待人类尊严和社会解放的现世目标"①。这种宗教声音就与其他声音一起参与到社会民主化的进程中。

最能体现这种变化的是批判神学的产生。哈贝马斯指出，以舒斯勒·菲奥伦扎（Schussler Fiorenza）为代表的政治神学关注到当代最新的道德、社会理论研究问题，并对现代性中的宗教与神学问题进行了反思。在他看来，基督教信仰抛弃宇宙世界观的特征，承认宗教力量的多元主义，追求与个体信仰特殊性相关的反思性关系。在多元宗教背景下，伦理研究方法还在道德普遍主义的基本原则方面达成了共识。同时，菲奥伦扎还解释了道德哲学理论的有限性及其这种正义伦理产生的问题。道德哲学也不再能提供一种普遍性声称，它也需自我批判。关于"什么是好生活"的判断，它应该参考不同的话语及道德论证。但关键是每一个群体首先要明白自己想要怎样的生活、怎样的自我认同。如此才能相互对话论证，寻找对大家都好的生活形式。为此，菲奥伦扎"建议现代社会中的教会担负起解释共同体的作用，在这里大家可以讨论正义问题和好生活的构想"②。教会共同体与世俗共同体可以相互竞争，共同提供资源。"即使从外部看，都可以证明一神论传统有其自身独有的语言，它的语义学资源还没有穷尽。这种语义学在揭示世界、形成认同的力量方面，在复兴、分化、扩大范围的能力

---

① Jurgen Habermas, *Religion & Rationality Essays on Reason, God, &Modernity*, edited and with an Introduction by Eduardo Mendieta, Polity Press, 2002, p. 69.
② Ibid., p. 70.

方面，都具有优越性。"①

与这种批判神学类似，在美国广泛发展的"公共神学"也力求从哲学社会学理论及基督教的神学阐释方面对现代性进行批判性的解释。其中，马修·兰姆（Matthew Lamb）认为，对现代性的发展看法要反对两种错误倾向：一种是浪漫主义；一种是历史主义。现代性的自我确证应该打破虚无主义的蔑视和教条主义的自我确定间的不断循环。"正如现代虚无主义是不负责任的教条主义一样，现代那种教条的自我确定其根上是虚无主义。"②

我们看到，哈贝马斯实际上已注意到现代神学的变化。神学不再是高高在上或拒人千里之外的神秘学科，而是与时俱进地思考着时代主题。与哈贝马斯的交往理性概念一样，现代神学的发展已经意识到实证主义和意识哲学的失败，意识到现代性的发展不能只是以主体为中心的工具理性发展，而是要考虑到他者，考虑到生活世界中蕴藏的其他理性思考。为此，上帝与神学都应该站在论辩性证明的舞台上。神学话语与科学、哲学话语都应该以此为共同前提，即关于现代性的批判和讨论应该通过论辩、讨论、协商而得出结论。

2. 对神学话语的真理声称采取一种"方法论的无神论"立场。

如果神学话语与哲学一样，都在现代性的批判上拒绝一种形而上学的统一，那么现代神学话语具有什么样的特性呢？神学话语的地位如何？它的真理声称能全部进入公共讨论中吗？如果只有通过将宗教语言翻译为科学专家用语，才能在讨论中辨明其真理声称，那么宗教话语的独特性会不会丧失？这是神学家与哈贝马斯所共同关注的问题。

瑞士神学家卡尔·巴德（Karl Barth）提出，"《圣经》中那些在其历史事实性上所见证的启示事件拒绝只以理性为基础的论证模式"③。因为与科学话语的形而上学宇宙世界观来辩论，神学话语并不一定能让人信服。这也是为什么神学话语对现代人文科学开放讨论得越多，其地位丧失得越快的原因。此外，宗教话语总是发生在信徒共同体中，有许多仪式、教义，掺杂着个人体验。如何能将这种独特的宗教话语带入公共讨论中呢？

---

① Jurgen Habermas, *Religion & Rationality Essays on Reason, God, & Modernity*, edited and with an Introduction by Eduardo Mendieta, Polity Press, 2002, p. 71.
② Ibid.
③ Ibid., p. 72.

哈贝马斯主张采取一种"方法论的无神论"立场。但这个立场不同于黑格尔，而是主张用哲学的方式处理宗教经验内容。在这方面，他还以阿多诺和本雅明为例，指出他们的理论都是想用这种方式来拯救直觉——人是平等而又有差异的互利群体，而这种直觉实际上就是宗教拯救历史所遗留的宝贵经验："救赎经验、普遍联盟和不可替代的个体性。"[①] 但同时，哈贝马斯强调，"哲学不能吸收宗教话语中作为宗教经验所讨论的内容"[②]。只有在这些宗教经验转变成哲学自身的经验时，只有从启示事件中分离出来并进入论辩话语空间中时，哲学才可以借用宗教经验。如此，像宗教语言中的"救赎""弥赛亚之光""自然的恢复"[③] 等，就无法进入关于真理声称的辩论性空间。哈贝马斯还总结道："因此，我认为如果使用宗教权威的语言及讨论已变成文学表达的宗教经验，那么神学与哲学的对话就无法成功。"[④]

哈贝马斯认为，"在后形而上学思维条件下，今天无论谁提出一个真理声称都应该将那些来源于宗教话语中的经验翻译成科学专家的文化语言，再从这种语言翻译回到实践中去"[⑤]。当然，这种限定不仅是给宗教话语，同样给予现代哲学话语一样。对于哲学与宗教，它们都面临着将专家文化内容翻译回日常实践中去的任务，这就是"方法论上的无神论"。这种方法就像个实验，可以使宗教去神秘化。在将宗教话语中的神学解释翻译成日常语言时，我们就可以通过论辩、讨论来决定这些宗教话语是否还有生命力。比如宗教话语中的"有罪"意识，哈贝马斯认为可以保留有罪意识，但在解释这个现象时不诉诸神学话语，而是思考这种罪意识是如何产生的？如何改变罪感产生的社会条件，从而把它变成一种积极的力量。

哈贝马斯的这些论断当然引起一些神学家们的反对。赫尔穆特·博伊克特（Helmut Peukert）和大卫·特雷西（David Tracy）就认为，哈贝马斯

---

① Jurgen Habermas, *Religion & Rationality Essays on Reason, God, &Modernity*, edited and with an Introduction by Eduardo Mendieta, Polity Press, 2002, p. 74.
② Ibid.
③ Ibid., p. 75.
④ Ibid.
⑤ Ibid., p. 76.

在《交往行为理论》中对宗教的描述是片面的、功能主义的。[1] 他们认为，即使在传统社会，宗教也不只具有使政府权威合法化的作用。[2] 在这一点上，哈贝马斯没有争论，并承认自己太仓促地将现代性中的宗教发展归纳在马克斯·韦伯的"信仰力量私有化"的标题下，太快地肯定宗教世界观没落后，只有世俗的普遍主义责任伦理学原则可以保留并被接受。[3] 但对于如何批判性对待宗教传统的本质内容，哈贝马斯还是持有一种谨慎而理性的态度。社会学家和哲学家们都应该继续讨论，对宗教语言中所蕴藏的直觉经验既不能完全否认，也不能简单地直接吸收。他说："只要宗教语言还具有启发人的、没有穷尽的语义学资源，只要这些语义学资源是哲学语言的表达力量所不及的，是等待翻译进入理性论证其地位的，那么即使在后形而上学形式下，哲学也不能取代或抑制宗教。"[4]

至于神学家们对交往理性"内部超越"特征的批判，哈贝马斯是如此回应的，他首先承认只指认这个世界的内部超越确实具有局限性，比如说对时间维度不敏感，对过去死者所做贡献的认同不够。但这不代表我们必须用神学或宗教的外部超越来补偿。神学家们认为，只有上帝存在，只有耶稣在十字架上受难而死，才能保证人与人之间的那种无条件的团结友爱。如果没有以基督教中的拯救希望为基础，那么一切团结与正义也就没什么根基。[5] 对于这一点，哈贝马斯是质疑的。他认为，人的道德感不全是来自神，希望的基础也不只是保持在宗教语言中。在当代的后形而上学条件下，我们只能诉诸交往行为，将没有歪曲的主体间性观念当作好生活的必要条件。[6] 关于未来好生活的总体理论或确定性不再牢固，我们需要进行主体间性上的理性论证。当然，哈贝马斯在"方法论的无神论"立场上，还吸收了一些神学家们提出的建议。比如说，特雷西就认为，不是论辩，而是

---

[1] Jurgen Habermas, *Religion & Rationality Essays on Reason, God, &Modernity*, edited and with an Introduction by Eduardo Mendieta, Polity Press, 2002, p. 79.
[2] Ibid.
[3] Ibid.
[4] Ibid.
[5] Ibid. p, 81.
[6] Ibid., p. 82.

"对话"能为交往行为研究提供更广泛的方法。① 哈贝马斯不但肯定了这一点，还提出语言之外，还有其他符号、艺术作品等，都可以揭示世界。但他同时也指出，宗教不应美学化，不应成为专家文化的表达形式，而应保持其在生活世界中的神圣地位。② 关于时间维度问题，哈贝马斯依然坚持他本人及阿佩尔所主张的主体间上的有效性声称具有一种超越的力量，这种超越的力量可以通过每一个语言行为，将过去与未来连接起来。个体经验可以通过语言交往行为，将自己对过去、现在及未来的经验与多样的他者经验关联，建立起时间关系，从而在延续传统方面发挥一定的作用。

综上所述，哈贝马斯在20世纪90年代对宗教采取了一种更加包容而开放的理性态度。他不像之前那样将宗教完全排除在现代性之外，而是认为当代神学家与哲学家们共同面对的时代课题就是批判与反思现代性。这是他们能对话交流的共同前提。正如后现代批判理论家们所揭示的，现代性在他们眼里应是多元的。或者用哈贝马斯自己的话说，在后形而上学思想条件下，任何理论形式都不再能提供一种绝对的普遍性声称，无论是道德哲学，还是宗教神学。为此，哈贝马斯主张采取一种"方法论的无神论"形式来对待宗教话语。与黑格尔貌合神离的无神论形式不同，哈贝马斯主张将宗教的神秘话语与哲学的专家表述都翻译为易懂的世俗语言，从而为这些经验内容能进入论辩性讨论做准备。他认为，将宗教经验去魅和中性化是能进入公共领域讨论的一个必要条件。也只有这样，宗教传统的一些优势资源才能发挥出来。如团结社会、动员群众、重视个体性，还有道德、自由、平等、解放等概念所蕴含的内容。

如果不是2001年震惊世界的"9·11"事件发生，哈贝马斯还会依然保持这种较为优越的启蒙理性立场。但事件的发生及其迅速扩散的媒体奇观效应，使得哈贝马斯不得不重新思考宗教在现代国家及全球化过程中的作用。在"9·11"事件的一个月后，哈贝马斯在接受德国书商协会的"自由奖"时，发表题为"信仰与知识"的演讲，指出在后世俗社会的宗教多元主义背景下，这个恐怖袭击事件正好给西方世界一个机会，去反思西方

---

① Jurgen Habermas, *Religion & Rationality Essays on Reason, God, &Modernity*, edited and with an Introduction by Eduardo Mendieta, Polity Press, 2002, p. 83.

② Ibid., p. 84.

自身与世俗化进程间的紧张关系。哈贝马斯说:"正教存在于西方世界、中东及远东地区,基督教、犹太教及伊斯兰教中都有。要想避免各文明间的冲突,就应该注意我们西方的世俗化进程还没有完成。"[1] 在这篇演讲中,哈贝马斯认为西方的世俗化进程在两方面逐渐将宗教对立并排挤出去。一是在经济领域,世俗国家权力对教会财产的剥夺和控制;二是在文化、传媒、教育等领域,宗教的思想与生活方式逐渐被理性的、非宗教的对应物所代替。这样,西方的世俗化进程就是一个"零和博弈"。现代科学技术与宗教教会的力量彼此对立,互相冷漠。而现实是西方世界进入一个文化多元主义时代,移民、贸易和大众传媒的影响,使得某一文化主体占据绝对统治地位不再可能。在这样的前提下,哈贝马斯主张,宗教与世俗方面都应该进行反思。宗教方面应该考虑与其他信仰、科学和现代宪政民主制度的关系;世俗方面则应同样理性地思考宗教在现代世界中的作用。

2004 年在与主教拉辛格的论辩中,哈贝马斯在《宪法国家的前政治基础?》一文中延续了《信仰与知识》的立场,要求哲学与宗教、理性与信仰之间要各自反思,相互学习。当然这一立场起源于当时的争议:"平和的世俗国家是否依赖其自身不能保证的规范性前提而生存?"[2] 这个问题换种提法就是,民主宪法国家能否从其前政治基础上自我更新?我们知道,民主宪法国家的规范性前提是由其国民提出并制定的,国民的状况一定程度上是由"前政治的"市民社会培养出来的。而市民社会中伦理、文化生活实践决定公民是否自觉自愿参与政治意见与意志的形成,促成国民的团结。而宗教则是国民文化生活的重要组成部分。鉴于当下西方在文化生活、世界观和宗教信念的多样性,那么世俗的民主宪法国家如何能达成统一的规范性前提?只依靠交往理性的世俗力量是否能产生一个稳定而和平的现代社会?

哈贝马斯首先肯定这个争议的现实针对性,但他反对将这个怀疑作为对宗教辩护的理由。他认为民主宪法国家是以宪法爱国主义为纽带建立并自我更新的,世俗公民与宗教公民都应该有反思与心态改变的过程。比如

---

[1] Craig Calhoun, Eduardo Mendieta and Jonathan Van Antwerpen (edited), *Habermas and Religion*, Polity Press, 2013, p. 404.

[2] Jurgen Habermas, *Between Naturalism and Religion: Philosophical Essays*, translated by Ciaran Cronin, Polity Press, 2008, p. 101.

宗教，他说："宗教意识必须有一个适应的过程……在知识世俗化、国家权力中立化及其保证一切宗教都享有自由的条件下，宗教必须放弃这一垄断解释权和建构全部生活形态的主张。"① 而"对于世俗意识而言，期待其在自我反省的活动中捉摸到启蒙的边界"②。"世俗的公民就其担当国民的角色而言，既不应从根本上否定宗教的世界图式的潜在的真理性，也不应剥夺有信仰的公民同伴用宗教的语言参与公共讨论的权利"③，而是应该积极投入将宗教经验翻译为公共语言的工作中去。

《在自然主义与宗教之间》是哈贝马斯 2005 年发表的论文集。哈贝马斯在这本书中集中表述了他这几年对宗教问题的看法。首先，他指出整个现代世界表现出两种极化发展。一极是科学技术的高歌猛进，在揭示自然主义的世界图景方面影响逐渐扩大。这主要表现在生物基因、大脑研究和机器人等科学技术的发展上。一极是信仰团体和宗教传统的复兴和在世界范围内的政治化。这种世界观上的两极对立，不仅使政治共同体的团结变得岌岌可危，而且也考验着国民的常识。④ 在这种情况下，哈贝马斯主张在现代宪法民主国家，有一些共同的认知前提对于两极的公民来说是必需的。第一条就是政教分离原则。正如美国宪法所规定的，世俗国家不设立国教，从而使世俗的统治权力在世界观上保持中立。在这个原则下，宗教的多元、平等与自由才能获得保障。但需注意的是，这只是保障世俗国家宗教自由的必要条件。政治宽容的界限与标准还需要民主协商的方式来决定；第二条是在政治公共领域，宗教公民与世俗公民都应该相互倾听与学习，在集体的、文明的公共辩论中，达成共识。为达成这个目的，双方都应该做出努力。宗教公民有义务将宗教经验翻译为公共语言，并给出世俗的辩护。而世俗公民也要认识到宗教传统的理性内容。总之，哈贝马斯修改了之前的看法，认为宗教也属于理性的历史本身。无论是形而上学时期，还是后形而上学时代，我们都应将宗教传统纳入西方发展的谱系中，否则就无法理解自身。

---

① ［德］哈贝马斯：《在自然主义与宗教之间》，郁喆隽译，上海世纪出版集团 2013 年版，第 86 页。
② 同上。
③ 同上书，第 87 页。
④ 同上书，导言第 2 页。

在这本著作中，比较突出和有新意的地方在于哈贝马斯鉴于各种反对意见，意识到他的主张给信教公民"不平等地摊派认知负担"①。比如说要将宗教经验翻译为公共语言的条件，世俗理由比宗教理由享有制度上的优先性，还有要求信教公民对已经世俗化的环境进行学习和适应。这种学习主要表现在三个方面：（1）信教公民必须以自我反思的方式与别的宗教和世界观建立一种认知关系；（2）信教公民必须对世俗知识和科学专家们的知识建立一种认识态度；（3）信教公民必须对世俗理性在政治竞技场上享有优先权建立一种认识态度。②简单地说，哈贝马斯认为，信教公民要想进入并参与政治公共领域的讨论，必须接受或准确地说是认识到现代的启蒙结果：宗教多元化、个人平等、科学理性、民主程序，等等。而这些对于已经启蒙了的世俗公民们则没有什么困难。对哈贝马斯而言，世俗公民要面对的是如何避免唯科学主义的自我理解，如何将宗教传统也纳入西方理性发展的谱系学中，如何以理性方式接受异议的持续存在。他认为，这一点对于世俗公民来说也不亚于信教公民的负担。

总之，哈贝马斯认为，现代世界的两极化发展都促使自身来到各自的反思边界，启蒙传统与宗教学说应该是一个相互影响、相互学习的过程。秉承这一立场，信教公民与世俗公民会逐渐改变心态，在相互学习中，共同促进公共意识的现代化，从而为解决民族国家和世界范围内的宗教文化之争奠定基础。

在 2012 年秋季，哈贝马斯出版了另一本论文集《后形而上学思想二：论文与重论》。这本书分三部分，其中第二、第三部分都是有关宗教的。哈贝马斯主要提供了用后形而上学方法研究宗教的谱系学，指出后形而上学思想不能也不应该继续抱有"世俗主义"偏见③，那种尊重并批判性地研究宗教的成果已很多。同时，哈贝马斯还参考罗尔斯的思想，探讨了宗教对宪政民主制的政治挑战。哈贝马斯最新出版的相关作品是：《论信仰与知识的论文：论后形而上学思想的谱系学》。这本著作总共五章。第一章是世

---

① ［德］哈贝马斯：《在自然主义与宗教之间》，郁喆隽译，上海世纪出版集团 2013 年版，第 105 页。
② 同上书，第 106 页。
③ Craig Calhoun, Eduardo Mendieta and Jonathan Van Antwerpen (edited), *Habermas and Religion*, Polity Press, 2013, p. 405.

界宗教的复兴对世俗的现代性自我理解构成挑战。第二章集中在"轴心时代传统的神圣根源"。第三章是有关宗教意识自身的转变。通过轴心时代普遍性宗教中所表现出的认知突破，宗教本身也发生变化。第四章对轴心时代世界图景的描述进行比较。这里有佛教教义、儒学和道教、苏格拉底的"自然哲学"及柏拉图的理念说。第五章通过基督教与柏拉图哲学的趋同与联结的结果，分析了信仰与知识各自力量群的结构。毫无疑问，这本论文集是哈贝马斯近些年来思考宗教问题的结晶。我们可以看出，哈贝马斯的思考并不是书斋式的，而是随着西方社会现实涌现出的问题而变化的。比如说，他最新思考的问题是，在经济、政治制度失败，全球不平等而导致宗教暴力和政治不宽容的背景下，如何处理全球公共领域内的宗教多元主义？[①]

二 哈贝马斯宗教转向的几个问题及其实质

至此，我们已经将哈贝马斯的宗教转向及其发展历程作了梳理。从这个过程中，我们看到哈贝马斯对待宗教的态度前后期有所变化。比如说在早期的《公共领域的结构转型》中，他是明确将宗教作为一种前现代的产物而排除在资本主义社会的公共领域之外。可是在 20 世纪 80 年代末 90 年代初，随着西方现代化或世俗化后出现的诸多问题，随着宗教传统的复兴及人们对宗教议题的重新认知与讨论，哈贝马斯逐渐改变自己的早期立场，从现代启蒙主义立场转变到"方法论无神论"的姿态上。他认为，在后世俗社会中，我们还应以理性为基础，尤其是在普遍主义和程序主义伦理学中，重新反思与包容宗教。将宗教话语作为政治公共领域的参与部分，释放宗教传统在当今依然具有活力的解放潜能。哈贝马斯的宗教转向及其相关思想涉及许多问题，也引起近 20 年来西方神学界和哲学界知识分子的热议。为了便于分析与评论，下面我将先简短概括下他的宗教观产生的社会历史条件，然后分析指出他面临的问题及各种争议。最后谈谈自己的看法。

首先，我们需深入理解哈贝马斯宗教观产生的两大重要社会历史条件：

[①] Craig Calhoun, Eduardo Mendieta and Jonathan Van Antwerpen (edited), *Habermas and Religion*, Polity Press, 2013, pp. 406 – 407.

一个是后世俗社会；一个是西方的宪政民主制。这两大社会背景是理解哈贝马斯新宗教宽容理念的关键。我们知道西方的现代化是一个不断世俗化的过程。先是世俗君主的权力逐渐超越并取代教会的权力，然后是强行没收了教会的财产。这就使得"世俗化"最初具有一种法学的意思。后来这种意思就被"彻底转嫁到文化现代性和社会现代性的发生过程当中"①。如果说这是一种从政治权力延伸到社会文化领域的世俗化进程，那么丹尼尔·贝尔则在《意识形态的终结》和《后工业社会的来临》中勾勒出资本主义经济领域的世俗化，并在《资本主义文化矛盾》中指出相应的宗教衰败过程。宗教的衰败过程一直具有双重性。在机构范围里，它表现为世俗化，或者是作为一种社会团体的宗教机构权威与职能的缩小在文化范围内存在着亵渎行为，即那套解释人与彼岸关系的意义系统的衰微。② 宗教作为资本主义文化矛盾的支点已经衰微。宗教的思维方式和生活方式被更加优越的理性的思维方式和生活方式所取代。这幅图景就是西方社会的世俗化过程。

　　哈贝马斯对西方自我描绘的现代化进程不满意。他认为，"他们都将世俗化过程看作一种你死我活的竞争游戏。一方是资本主义社会中脱缰的科技生产力，另一方则是宗教与教会的保守势力"③。好像世俗与神圣世界水火不容，完全对立。世俗世界似乎是旗开得胜，日渐繁荣，而神圣世界则节节后退，衰微落寞。宗教在西方现代化进程中真的已离我们远去了吗？哈贝马斯给出的答案当然是否定的。鉴于当前西方社会的宗教复兴、某些地区与国家还依然存在原教旨主义、宗教冲突、宗教恐怖主义等现象，哈贝马斯认为，我们正处于一种"后世俗社会"，即在世俗化的同时还出现宗教复兴现象。用哈贝马斯的话说："在后世俗社会当中，宗教共同体依然存在，而存在的前提恰恰在于一种不断世俗化的社会氛围。"④ 也就是说，我们现在还处于一种以世俗化为基础，但依然交织着神圣世界与宗教话语的时代。

　　对于这样的后世俗社会，现代性的子女们该如何对待世俗与神圣、理性与信仰的关系呢？哈贝马斯的态度是秉持一种理性的立场，与宗教保持一定

---

① ［德］哈贝马斯：《后民族结构》，曹卫东译，上海人民出版社2002年版，第164页。
② ［美］丹尼尔·贝尔：《资本主义文化矛盾》，赵一凡、蒲隆、任晓晋译，生活·读书·新知三联书店1989年版，第219页。
③ ［德］哈贝马斯：《后民族结构》，曹卫东译，上海人民出版社2002年版，第164页。
④ 同上。

的距离，但又不完全抛弃宗教的视角。正是这种矛盾的情感使得他提出一种方法论的无神论立场，主张宗教公民承担更多的认知反思条件，信教公民将宗教内容翻译为世俗语言，方可进入公共领域来论辩。世俗公民则需要反思与宽容，平等对待宗教话语。双方相互合作、相互学习。

理解哈贝马斯宗教观的另一背景是宪政民主制。哈贝马斯多次强调他的宗教宽容政策只适用于西方的宪政民主制，或者说只有在宪政民主制下，他所主张的这种宗教宽容平等理念才能实现。这需要首先在宪法上保证国家权力的"中立性"，即宪法不允许设立国教或偏袒哪个宗教。在这个原则下，宗教平等、自由才能实现，才能宽容不宽容；其次，公共政策或重大事宜的制定需通过民主协商的方式来进行。追随黑格尔，哈贝马斯并不认为法治国家的民主政治制度就自足了。他认为仅有民主政治制度形式还不够，还需要建立起民主自由平等的政治文化与习惯，只有这样才能真正落实民主的内容。而在哈贝马斯看来，他的交往伦理学就是一种程序主义民主，它可以保障公民平等、自由、真诚地就其共同生活的原则达成一种共同的理解。这种通过交往、论辩达成的理性共识具有民主的合法性力量。而对于宗教话语，如果它想进入政治的公共领域，就需要将自身的经验与内容翻译为世俗语言，与其他共同体一起就某个问题进行论证商谈，从而发挥自己的作用。比如说，对待胚胎与基因技术。天主教徒与新教徒都认为，体外受精的卵子应当享有人的基本权利。关于是否能利用基因去克隆人的问题，宗教话语还引用《圣经》，强调上帝是根据自身形象创造了人。而基因技术则利用人的基因去创造一个相似体。这就完全违背了上帝造人的目的：自由。

当然，在这两个背景中去看哈贝马斯的宗教观，就会顺理成章地推出他反对原教旨主义。哈贝马斯认为，当一个社会或政权拒绝政教分离，用宗教的力量建立一种神权政治，以唯一的宗教教条统辖人们的生活，排斥其他的价值和思想观念时，它就是原教旨主义。这种宗教原教旨主义在当今世界的中东、非洲、东南亚和印度次大陆等地区都可以见到。而且，随着资本主义的全球化浪潮，原教旨主义国家在经济、政治、文化上都与西方的这种现代化或世俗化进程产生矛盾与冲突。经济上，他们虽然在快速现代化的过程中物质生活条件上有所改善，但与之相伴的是传统生活方式的解体。他们一方面羡慕西方发达的经济、技术、军事力量，一方面又在与传统文化的割裂中感到痛苦与屈辱。为此,他们采取了一种防御性反应,即以极端的手段、恐怖主义战略来对抗西方世界的入侵。哈贝马斯认为,"9·11"事件就是"世俗社会与宗教之间的紧张以一种前所未有的方式暴露了出来"①。

哈贝马斯当然反对这种宗教恐怖主义,但他认为这不是单方面的事情。他认为西方的现代化过程也负有不可推卸的责任。他认为"西方帝国主义在这方面所应承担的历史罪责是不可否认的。现代化毕竟曾经是并仍将是资本主义的产物,而资本主义并不仅仅是一种经济形式。然而,这一地区的精英们,也应该对日益加剧的物质贫困和政治压迫承担责任"②。当然,哈贝马斯这里将指责的矛头更多地指向了美国,而欧洲社会在他看来是某种意义上的"替罪羊"③。正因为如此,哈贝马斯呼吁西方世界对自我发展的现代化过程进行反思。这种反思不是要倒退到前现代的神圣世界,而是在后世俗社会的语境中,思考西方现代化的道路是不是具有普遍性?也许只是一种发展的特殊性?

同时,他也指出原教旨主义与现代民主宪政制度之间确实水火不容。原教旨主义的排他性和独断性是哈贝马斯所倡导的交往伦理学所不能容忍的。哈贝马斯说:"在伊斯兰教、基督教以及犹太教的原教旨主义看来,真正的真理要求,其绝对性就在于:在必要的时候,完全值得用政治暴力的手段来加以贯彻。这种观念导致了共同体的排他性;在这样一种宗教的合法化或世界观的合法化过程中,他者是不会受到平等包容的。"④ 对于这样一种原教旨主义,哈贝马斯是坚决批判的。他认为,原教旨主义应该在现代的世俗化浪潮中不断地反思与改革,逐渐放弃宗教专权地位,在民主共同体中,实现宗教宽容。

总之,哈贝马斯宗教观的实质是在世俗理性的基础上包容宗教,或者主张宗教继续世俗化或理性化。这也是身处西方宪政民主制度下的他,在后世俗社会时代的必然反应。当然,他提倡一种平等的相互包容的宗教宽容政策,注意到宗教传统在现代社会依然具有活力,也反思到过去自己对

---

① [德]哈贝马斯:《后民族结构》,曹卫东译,上海人民出版社2002年版,第162页。
② 转引自铁省林《哈贝马斯宗教哲学思想研究》,山东大学出版社2009年版,第234页。
③ 同上。
④ [德]哈贝马斯:《后民族结构》,曹卫东译,上海人民出版社2002年版,第147页。

于宗教过于武断的看法，但这些都无法改变他坚定的世俗理性立场。他试图在新的时代调和神圣与世俗、信仰与理性的关系。他的调和成功了吗？他的交往伦理学和新宗教宽容理念是否能解决当下的宗教问题？下面我们就看看学界对哈贝马斯宗教观的各种反应及评价。

总的来说，西方学界对哈贝马斯的宗教观的关注度非常高。这可以从近二十年来相关学者在国际会议上对后世俗社会、宗教宽容、善与正义关系、社会整合、移民等问题的探讨中窥见一斑。这一主题无论是在欧洲，还是在美国，都成为神学家们、社会学家们、哲学家们积极探讨的对象。就他们讨论的内容来看，他们对哈贝马斯宗教观的质疑与否定比较多，赞成与肯定的较少。他们认为，哈贝马斯把信仰与知识的界限模糊了，更使得西方的自我理解面临着挑战。概括地说，主要有以下四种代表性看法。

1. 哈贝马斯的"中立世界观"的中立性比较弱，他对信教公民提出认知条件上的不平等负担，体现出一种哲学上的特权和世俗欧洲文化帝国主义的形象。

哈贝马斯批判理论的著名阐释者汤姆斯·麦卡锡认为，哈贝马斯在宪政民主制和合法的国家权力下所主张的"世界观中立性"——建立在由语言的可接触性或可理解性而达成的普遍性，严格来说是在一种非常弱的"中立性"含义上来讲的，"因为可接触并不等同于可接受"[①]。这对于信教公民与世俗公民一样，可以理解的东西未必能接受。麦卡锡还举例说，在国际关系上的新霍布斯主义与新达尔文主义立场一般都能使人理解，但信教与非信教的双方却不一定都能接受。所以，麦卡锡认为，所谓"中立的世界观"只是为了讨论政治正义达成共识所用。而为了真正达成世界观中立基础上的共识还需限定在某一具有政治传统的共同政治文化中。[②] 而哈贝马斯却用建立在语言基础上所"可能"达成的"中立世界观"来综合全球范围内的不同价值观、宗教观，这是不是不太可能？可以看出，麦卡锡持一种保守主义的立场，对哈贝马斯的宗教观及其解决策略表示怀疑。

美国批判理论的新生代表埃米·艾伦则站在福柯谱系学的后现代主义

[①] Craig Calhoun, Eduardo Mendieta and Jonathan Van Antwerpen (edited), *Habermas and Religion*, Polity Press, 2013, p. 128.

[②] Ibid., p. 129.

立场，认为哈贝马斯将西方的宗教传统与后形而上学哲学导向间建立亲密关系后，不仅带来了信仰与知识的界限问题，还对西方哲学世俗化的自我理解造成许多困难。① 她认为，哈贝马斯给予信教公民与世俗公民双方一种不对称、不平等的认知负担。"公共理性的认知负担要求宗教信仰者通过认可现代科学、制定法的自主地位和进步特征，通过对自我的宗教信仰采取一种自我反思性的姿态，成为一个准世俗的人。而世俗公民仅需要比现在更多一些反思性，对自己的世俗主义界限更具有自我反思性些，就可以了。"② 她认为，哈贝马斯如康德一样，并没有平等地对待宗教他者。是哲学在决定传统中的哪些内容是可以相互学习的，哪些是缺陷。况且，只有专业的神学家们才能达到哈贝马斯所预设的认知负担，对于大多数普通信仰者而言，他们的信仰体验根本不需要这些内容。③ 此外，那些"翻译"宗教内容为世俗语言的要求在艾伦看来也比较过分。如果是那种跨民族国家的文化交流，要求某一国家在联合国上将其宗教动机翻译为世俗语言来讨论的话，也会显得非常不合理。艾伦说，这会被人看作"世俗欧洲文化帝国主义或美国基督教十字军"。④ J. M. 伯恩斯坦也认为，这种额外的认知负担也赋予现代自主理性在真理与道德上某种强势特权，严重贬低了宗教信念的立场和价值。⑤

2. 哈贝马斯的二元论或二分法不可取。哈贝马斯认为，理性与信仰、神圣与世俗之间不是水火不容、相互对立的关系，而是相互渗透、相互学习的关系。哈贝马斯的这种思维模式还是传统形而上学的，不具有后形而上学的思维模式。

我们知道，理性与信仰向来都是理解西方精神世界的两条主线。人们通常会根据这两条主线来了解西方的历史。传统形而上学总是遵循着自柏拉图以来的理性路线，探寻着整个世界的本源与基础。而宗教则从超验的角度来给予这个世界以完全不同的解释。在欧洲的中世纪时期，神学世界

---

① Craig Calhoun, Eduardo Mendieta and Jonathan Van Antwerpen (edited), *Habermas and Religion*, Polity Press, 2013, p. 132.
② Ibid., p. 150.
③ Ibid., p. 151.
④ Ibid., p. 152.
⑤ Ibid., pp. 158 – 159.

占据绝对优势，哲学与科学沦为神学的婢女，理性的发展遭到压抑。随着现代民族国家的建立，世俗政权的强大，世俗理性才逐渐占据统治地位。而信仰、神学或宗教内容似乎成为一种不合时宜的过时之物。而当代的形势似乎又发生了变化，出现了哈贝马斯所称道的"后世俗时代"，宗教又在21世纪的世界范围内出现了复兴。这不由得让读者信服历史发展的规律性，也许这个世界就是理性与信仰力量交替上升发展的一个过程。哈贝马斯当然深谙这样的历史规律，他认为我们不应该在现代科学和世俗理性发达的今天去忽视宗教传统的作用。整个西方文明就是以雅典为代表的理性主义与以耶路撒冷为代表的信仰主义相互交织、共同影响而促成的。二者之间是一种相互补充、相互学习的关系。尽管如此调和二者的关系，但哈贝马斯还是持有一种温和的理性主义立场，主张在世俗化的基础上，吸收宗教的积极社会作用。

J. M. 伯恩斯坦认为，哈贝马斯还没有跳出信仰与理性的二元划分法。事实上，理性与信仰绝不是自成一体，独自发展的。宗教信仰中也有理性；相反，理性思考也需要某种信念。理性的他者不一定就只是信仰，像信任、爱、承诺、忠诚、勇气等，都可以成为理性的他者[1]。其次，他认为理性与信仰之间不可调和。他以《圣经》中亚伯拉罕杀死以撒的故事为例。亚伯拉罕奉上帝的旨意要杀死自己最爱的亲儿子以撒。如果从理性与情感的角度来看，亚伯拉罕肯定不愿或不能杀死以撒。但信仰往往是与情感或理智矛盾的，是超越了人类的理解层面的。克尔凯郭尔在《恐惧与颤抖》中专门有对牺牲以撒的沉思。"当上帝要以撒时，亚伯拉罕应该是非常爱以撒，只有这样他才能将以撒作为牺牲。因为确实是对以撒的爱与对上帝的爱处于一种矛盾对立的关系，才使得他的行为成为一种牺牲。"[2] 伯恩斯坦认为，亚伯拉罕就是信仰的典范。为了信仰，亚伯拉罕愿意放弃与他的世界及生活直接关联的所有事物。所以，信仰必然会牺牲他者或牺牲自己，以引导自己在这个世界上的存在。"割断与所有世俗感性有关的爱的联结，并同时还确信没有什么可失去的"[3]，这就是信仰。但这件事情如果放在世俗世界来理解就是一种谋杀。伯恩斯坦

---

[1] Craig Calhoun, Eduardo Mendieta and Jonathan Van Antwerpen (edited), *Habermas and Religion*, Polity Press, 2013, p. 161.

[2] Ibid., p. 168.

[3] Ibid., p. 171.

质疑,这个过程对以撒来说是否公平?作为他者,以撒是否在这个过程中被当作物体一样驱逐掉了?所以,伯恩斯坦认为,信仰与理性之间是不可调和的。"信仰是牺牲自我与他者,而世俗理性是反对这种牺牲的。"① 当然,他知道哈贝马斯是不会牺牲世俗理性的,但他想质疑的是如果世俗理性就内在地批判信仰,那么怎么会存在一个不拒绝理性的后世俗社会呢?②

总之,我们看出表面上,他的矛头似乎指向哈贝马斯的"后世俗社会"的提法,但根源还在于他不同意哈贝马斯对理性与信仰关系的调和做法。

3. 哈贝马斯在行文中常混淆文化与政治的公共领域。而宗教在这两个领域中的作用与地位是不一样的。

托马斯·麦卡锡认为,"当哈贝马斯要求世俗理性者作为公民角色应对宗教信念的合理性与非合理性,或者对他们表达的伦理取向的理性与非理性,不要做出整体判断时,他显然是在政治公共领域中的话语中提出建议。另一方面,当他称赞自18世纪以来哲学、历史学、心理学、社会学话语所提供的宗教批判有助于他所肯定的宗教意识的现代化以来,他主要是谈文化领域的发展"③。麦卡锡认为,如果只是在文化领域强调宗教的作用,强调在交往伦理中重视每一位参与者的观点与意见时,我们当然是保障宗教公民平等参与的地位。但如果是在政治公共领域,哈贝马斯则要求他们"弃绝"④ 某些宗教信念。那么问题就来了,在当前混乱的、以大众为媒介的政治文化公共领域中,如何才能在实践中实现哈贝马斯所建议的政治话语的不同条件?⑤ 这里,我们看到麦卡锡所担忧的是,在政治公共领域中,哈贝马斯所设想的政治话语的差异性会因为大众文化的传播、哈贝马斯式的"宗教干预",而丧失掉。

而美国哥伦比亚大学的珍·柯恩教授认为,在政治法律制度与文化领域中,宗教应该扮演不同的角色。比如在宗教与国家的关系上,她就坚决主张分离范式,即世俗政权与宗教的分离。即使现在西方社会涌现出许多"整合

---

① Craig Calhoun, Eduardo Mendieta and Jonathan Van Antwerpen (edited), *Habermas and Religion*, Polity Press, 2013, p. 175.
② Ibid.
③ Ibid., p. 126.
④ Ibid., p. 127.
⑤ Ibid.

主义范式"——主张宗教通过"民主的进程"而充斥到法律与公共政策中，她也认为我们必须坚持分离的底线，在政教分离的基础上，主张一种灵活的宪法二元论：通过非建制原则和政治世俗主义，来保证宗教信仰的自由，又保证现代民主政体的核心要件，即公民个体的政治自由。也就是说，我们应该首先在政治制度和宪法规定上来保障这个二元性。其次，针对现在美国一些打着"宗教自由"和"中立"政策为名而实际上是想获得政府额外资助的宗教人士，柯恩认为，这是一种整合主义范式较为功利的策略。一方面，他们想让管理型国家间接或实质性地资助宗教；另一方面又不想让国家"侵入性"地管理宗教。这种整合主义范式已经在美国当代法官的判例中体现出来。柯恩认为，这是一种政治倒退，是宗教力量力图控制国家权力的一种表现，这也是美国民主出现民粹主义形式的表现。柯恩呼吁我们要警惕这种宗教民粹主义现象的产生。[①]

　　柯恩教授对21世纪宗教神学的反思，实际上延续并深化了哈贝马斯的宗教立场。他们都主张宗教自由需首先建立在西方的宪政民主制度下。在政教分离和平等对待每一个人的立场上，才谈得上宗教信仰和结社自由。但问题是，哈贝马斯追随黑格尔的思想，他不但强调西方民主制度的重要性，而且更看重的是制度背后的文化认同问题。这一点也可以从他的学生霍耐特的相互承认理论中获悉。在文化认同上或公共领域的"公共理性"的达成方面，哈贝马斯强调了无论是信教公民还是世俗公民都需要具备一些公共的认知条件。比如说对现代科学、其他宗教话语、世俗政权的一些认知和了解。而这些文化领域中的公共认知条件往往成为哈贝马斯最为人诟病的地方。麦卡锡担心同化了政治话语的差异性；艾伦则认为这是对宗教他者的不平等对待，是让信教公民准世俗化，体现出一种霸权和文化帝国主义形象；而柯恩则力挺哈贝马斯，认为如果没有这些公共认知条件，如果不让宗教组织联盟意识到这些世俗化的结果，包括非建制原则和民主宪政制度，那么很有可能在21世纪的宗教复兴中出现神权政治的回归。

　　总之，哈贝马斯谈论宗教问题时涉及两个层面：一是政治公共话语；一是文化领域。对于宗教在西方文化领域中的作用，这是哈贝马斯这样的专家学者和一般公民都承认并接受的。但具体到决定公法与政策制定的政

[①] *Philosophy & Social Critism*: *An International*, *Interdisciplinary Journal*, 2013, pp. 507–521.

治话语，双方的文化背景歧义就出现了，而宗教上的信仰是不可能通过理性分析来论证的。所以，世俗与神圣、理性与信仰必然会在这个关键环节上发生冲突。

4. 理论与实践的分裂。

哈贝马斯的宗教转向及其对后世俗社会的思考给人很多启发和思考。他对当前宗教问题的解决策略是"相互学习"与"翻译"。这在理论上非常具有诱惑性，体现出一种平等、包容和民主的态度。但这种"应然"的理论指导在实践中却面临着巨大的困难，具体表现为：宗教语言不适宜翻译为世俗语言，对宗教某些内容的翻译必然引起批判与争议。

首先，宗教话语系统非常独特。世界上的几大宗教都有其特殊的表达系统。一般来说宗教话语包含宗教诫命、信条、道德判断、祈祷、赞美等多种形式。宗教语言都是通过联想、类比的形式来描述"超验实在"与神秘经验。比如说对上帝本质及其属性的描述。由于是非经验型描述，所以美国基督教新教神学家蒂利希认为，宗教语言具有四个特征：形象性、可认知性、内在的力量性、为社团广泛接受的特性。[1] 汉斯·施奈特（Hans J. Schneider）认为，如果按照哈贝马斯的指导，将用宗教语言表达的相关内容翻译为哲学上的命题范式，将不仅丧失了宗教传统语言的魅力和丰富意义，而且这样做本身会"把宗教排除在理性的论坛之外"[2]。"对于宗教的文本必须进行分解和整理，从而区分出那些可翻译的命题含义和它们的外衣（包装、包裹），以便使哲学思想能够通达那些理性可判断的语义含义，而把那些围绕在含义之外，如同贝壳、螺蛳壳那样，看起来或许漂亮，但对其专业无关的图像、隐语之类的非概念的语言修饰去除掉，以便至少使得哲学家不因混淆而犯错误。"[3] 施奈特认为，这种对宗教文本的拆分、挑拣、分类直至最后的翻译，不但会将用于阐释生命的宗教语言变得支离破碎，难以还原，还容易导致工具性地对待宗教内容。就好像"可回收品分类"[4] 一样。对于那些宗教经验中可能有价值的命题内容，他们回收；而对那些无法讨论、无法分出真假的宗教内容，如一句赞美诗或祈祷之类，他

---

[1] 丁光训：《基督教大词典》，上海辞书出版社 2010 年版，第 857 页。
[2] 张庆熊、林子淳编：《哈贝马斯的宗教观及其反思》，上海三联书店 2011 年版，第 81 页。
[3] 同上。
[4] 同上书，第 80 页。

们就不回收。施奈特质疑这样做有意义吗?

其次,不是所有的宗教内容,如哈贝马斯所指出的具有伦理洞见和指向的宗教内容,都能通过翻译而为世人接受。汤姆斯·麦卡锡认为,宗教对教育、妇女就业、同性恋团体等方面的严苛①,使得双方在达成共识方面困难重重。这一点很重要。最近对美国白人基督徒人数下降原因的分析中,就有一条重要的内容:"70%的年轻教徒承认自己离开教会组织的主要原因,是教会在同性恋问题上的批判和否定的立场,使他们深感被疏离,有一种遭排斥的感觉。"② 所以,翻译、梳理宗教中有关伦理道德方面的内容并没有结束争议。而在实践中要求世俗公民不对这样的宗教信仰进行批判可能也比较困难。而保持一种宗教上的不可知论立场对培养公共对话和相互学习显然不是唯一的,也不是最好的方式。③

郁喆隽则指出哈贝马斯并不是研究宗教问题的专家,所以在理解宗教现实和分析宗教问题时有些力不从心。在现实判断上,他认为哈贝马斯把宗教冲突的主要原因归结为"世俗"和"宗教""理性与信仰"之间的对立。而就他的观察来看,当代宗教冲突的主体是"神圣对神圣",即几种不同神圣信条间的冲突。在解决策略上,郁喆隽则认为,哈贝马斯的建议"只具有道德上的优越感,而缺少现实中的可行性"④。

当然除了上述对哈贝马斯宗教观的批判与质疑之声外,我们也听到一些赞成与美誉之声。比如国内学者张庆熊就认为,"哈贝马斯有关宗教融入公共领域的构想具有启发意义"⑤,比如说可以让信教公民的政治诉求合法表达;可以发挥宗教对社会与人生的积极作用;可以反对封建迷信活动;可以加强信教公民与非信教公民间的交流,化解不同信仰间的冲突等。这些美好的理论设计是哈贝马斯试图解决当代宗教冲突问题的一种努力。作为著名的社会批判理论家,哈贝马斯不回避现实。他看到了西方在现代化和世俗化进程中,逐渐丧失了传统的伦理道德意识。现代西方社会在经济、

---

① Craig Calhoun, Eduardo Mendieta and Jonathan Van Antwerpen (edited), *Habermas and Religion*, Polity Press, 2013, p. 128.
② 王恩铭:《美国白人基督徒人数大滑坡》,《中国社会科学报》2016 年 9 月 13 日第 4 版。
③ Craig Calhoun, Eduardo Mendieta and Jonathan Van Antwerpen (edited), *Habermas and Religion*, Polity Press, 2013, p. 128.
④ 张庆熊、林子淳编:《哈贝马斯的宗教观及其反思》,上海三联书店 2011 年版,第 285 页。
⑤ 同上书,第 432 页。

法律制度上的健全与发达，并没有使其公民的伦理道德水平提高。相反，由于"世界观的中立性"，西方国家丧失了宗教传统对国民道德意识的培养，使现代人崇尚消费主义、享乐主义、个人主义。精神世界贫乏、道德意识水平下降、社会团结性差，这些严重的社会问题使人们不得不追忆宗教传统的优势。此外，随着信息科技、人口流动及经济全球化的发展，使宗教冲突不仅发生在发达国家与贫穷落后国家，而且也使同一地区的不同群体间的宗教冲突升级。在多元文化主义背景下，人们对当代一些重要的议题如女性的生育自由权利及胎儿的生命权，持有一种分化甚至是冲突的价值观。

哈贝马斯对当代宗教问题的介入和讨论，无疑具有重大的理论实践意义。他给出的策略是在宪政民主的框架下平等对待、包容宗教，允许宗教进入政治公共领域发生作用。他的讨论涉及许多问题，比如说理性与信仰、神圣与世俗的关系；宗教与科学、哲学的关系、宗教话语与世俗语言的问题；政治法律制度与社会文化的关系问题；后世俗社会中的国家作用等。所有这些讨论和争议都比较有启发性。

我个人认为，当代的宗教问题不仅仅是文化意识形态层面的问题，它涉及一个国家或地区的经济、政治、文化认同等多方面的复杂体系。当今世界的宗教冲突不仅是世俗与理性间的博弈，而且还有宗教内部的教派纷争、传统教派与新兴宗教的对立。哈贝马斯以信仰与理性、神圣与世俗为主线来讨论当今的宗教冲突，还是抓住了当代宗教冲突的主要问题。简单地说，这个问题是：信仰群体与世俗群体或与其他信仰不同的群体如何和平有序、平等地生活在同一个世界、同一国家、同一地区中？哈贝马斯的整体思路和方向是正确的，即还是需要在宪政民主制度下，对宗教宽容，求同存异。至于如何实现这种双赢模式，我觉得可以有多种方式。对有些能进入政治公共领域中探讨的宗教议题，我们可以商讨式的论证说明，以求达成共识；而对于那些无法进入，根本无法交流的宗教经验，我们可以归属到它们各自的话语系统，存同求异。随着时间的流逝，时代的变迁，我相信，宗教话语与世俗话语的界限会逐渐发生改变。但在这个过程中，西方需要警惕的是新神权政治和宗教民粹主义现象。无论是来自哪种群体的政治诉求，如保守的右翼分子，还是激进的左翼学派，还是来自宗教职业人士，如果他们以"世界观中立"和宗教自由为名，强调宗教在国家权力和个体行为中的独断地位，都会使现代文明倒退到前现代时期。因此，宗教宽容并不是没有底线。强调多元化并不意味着没有同化。只有在宪政民主政体下，在平等对待每个个体、群体的前提下，我们才能谈得上宗教宽容。

第三节　维尔默、奥菲对现代性与福利国家的思考

阿尔布莱希特·维尔默，当代德国著名哲学家、社会理论家。1933年，维尔默生于德国的贝格基尔希。大学时代，他先在柏林、基尔学习数学和物理学，后到海德堡学习社会学和哲学，并在法兰克福成为阿多诺的学生。1967年，以《作为认识论的方法论：关于 K. P. 波普的知识论》获得哲学博士学位。从20世纪60年代末直至去纽约社会研究新学院前，一直在法兰克福大学担任哈贝马斯的科研助手。1971年，跟随哈贝马斯到施塔恩贝格的普朗克科学技术研究所工作。从1974年起，担任康斯坦茨大学哲学教授。1990年以来，担任柏林自由大学哲学教授直至退休。2006年，鉴于他在哲学理论上的贡献，荣获阿多诺奖。

维尔默的主要著作有：《实践哲学与社会理论：论批判的社会科学的规范性基础问题》（1979年）、《论现代与后现代的辩证法：遵循阿多诺的理性批判》（1985年）、《伦理学对话：康德与话语伦理学的道德判断要素》（1986年）、《决胜局：无法调解的现代性》（1993年）、《革命与阐释：没有最终论证的民主》（1998年），等等。

在2007年中文版的《后形而上学现代性》一书中，维尔默指出，尽管早期的批判理论家并非是正统的马克思主义者，但他们都以马克思主义的政治经济学批判为取向，面向实践，进行一种跨学科的理论研究。霍克海默、阿多诺在《启蒙辩证法》中，就试图将韦伯的合理化进程整合进被修正的马克思主义理论框架中。这样，批判理论的规范性基础似乎就蕴含在和谐美好的集体生活过程中。正是这样一种一元、统一的合理性概念，使我们清楚地看到早期批判理论家身上印有深深的黑格尔主义马克思主义传统的印迹。但在维尔默看来，"批判理论最终并不属于马克思主义传统，而是表现为这样一种立场：一方面，它能够分析德国文化传统中反动的、压

抑的、敌对的方面；另一方面，它能够使这个传统中颠覆的、启蒙的、普遍的特征更加清晰"①。但在现实中，人们往往忽略了霍克海默、阿多诺理论中所呈现出的解构与批判的作用。

在《启蒙辩证法》中，霍克海默与阿多诺离开了用马克思主义思想和革命实践意图推进的历史理论。他们试图去理解现代社会的启蒙到底是一种历史的进步，还是文明的退步？启蒙的目标与实际的结果为什么会产生如此不平衡的关系？为什么从市民社会中不是产生无阶级的社会，而是产生野蛮的文明形式？如法西斯主义、斯大林主义等极权主义的产生，资本主义大众文化的泛滥，等等。在霍克海默和阿多诺看来，启蒙辩证法就是理性历史辩证法。理性即主体之精神，精神在发展的过程中会内在地产生物化。当精神被物化，主体本性被否定，理性就会走向非理性。这样，启蒙本身也就失去了目标。如果我们现在处于一个工具理性泛滥，物化现象纷呈的社会中，那么如何能够去设想一个解放的、人道的，充满真理、自由与正义的社会？在维尔默看来，这就是《启蒙辩证法》留给我们的问题。

启蒙留给我们的是双重选择。它既是进步，又是退步；既是解放，又是统治。如何能从这个恶性循环中逃离出去呢？维尔默指出，阿多诺在其后期哲学著作《否定辩证法》中，给我们指出一条摆脱这个困境的出路。那就是对启蒙以来的传统形而上学进行批判。"在某种意义上，同一性思维批判、语言意义批判、普遍概念批判，被描述为阿多诺哲学的核心。"② 对同一性思维的批判，在维尔默看来，不仅使理性可以自我超越，让我们对启蒙自身进行再启蒙，而且还在工具理性批判中终结了马克思主义理论中的乌托邦成分，从而释放出后马克思主义的现代性理论。"正是由于阿多诺将马克思理论中的弥赛亚主义成分思考到了尽头，所以在其哲学中同时释放出后马克思主义现代性理论成分。"③

与其老师哈贝马斯相比，维尔默在《论现代与后现代的辩证法：遵循阿多诺的理性批判》一书中对后现代抱有更为宽容和温和的态度。在他看

---

① 陈学明主编：《20世纪西方马克思主义哲学历程》第四卷，天津人民出版社2013年版，第315页。
② 同上书，第318页。
③ 转引自陈学明主编《20世纪西方马克思主义哲学历程》第四卷，天津人民出版社2013年版，第318页。

来,当大多数后现代主义者宣告"现代性之死"时,还有一些后现代主义者将现代性理解为向新的形态过渡。尽管目前我们还看不出这种现代性是朝向自身并超越自身的现代性,还是朝向在文化、政治上倒退的社会?因此,他建议将现代性分为两个部分:一是关于启蒙理性的规划;一是反启蒙理性的力量。如果现代性意味着某种乌托邦或某种理想目标的话,那么乌托邦终结并不意味着我们已经完满地实现了理想,也不意味着作为现代性组成部分的道德普遍性与民主的终结,而意味着我们必须重新反思现代性。

克劳斯·奥菲(ClausOffe),德国著名政治社会学家。1940年3月出生于德国柏林,曾先后就读于科隆大学和柏林大学,攻读社会学、经济学和哲学。1965—1969年任教于法兰克福大学社会学研究所和社会学系。1973年在康斯坦茨大学获得助教资格,1970—1975年任马克斯·普朗克研究所助理研究员。1975年起,任比勒费尔大学政治学和政治社会学教授,也曾任职洪堡大学政治社会学和社会政策研究教授。此外,他还在不同的时间段担任美国加州伯克利分校、哈佛大学、普林斯顿大学的咨询委员。

奥菲的主要著作有:《工业与不平等》(1977年)、《"劳动社会":结构问题与未来视角》(1984年)、《福利国家的矛盾》(1984年)、《转型的多样化:东欧与东德的经验》(1996年)、《现代性与国家:西方与东方》(1996年)。奥菲的理论贡献在于,他继承了法兰克福学派的批判理论传统,将马克思主义的批判精神同社会学的功能主义理论、系统论等结合起来,对当代资本主义国家的矛盾进行了系统的分析,提出了福利国家危机论。

早在20世纪70年代,哈贝马斯就提出,自19世纪末20世纪初,特别是第二次世界大战之后,西方资本主义社会发生了质的变化。它不再是马克思所分析的古典的自由竞争的资本主义社会,而是进入了由国家管理的晚期资本主义阶段。这个阶段的重要特征就是凯恩斯主义的推广和盛行。国家通过干预手段成功地帮助公民抵御市场风险,限制和减少阶级冲突,平衡不对称的劳资权力,从而超越了毁灭性的阶级矛盾。在战后的二十年间,福利国家的优越性得以呈现:经济持续增长、政治保持稳定、社会高度认同,资本主义经历了一个黄金时期。

然而自20世纪60年代开始,福利国家遭遇到人口老龄化、结构性失业、社会整合乏力、国家力量减弱等各种挑战,越来越多地暴露出各种问题和危机倾向。具体表现在：经济增长缓慢，失业增加，公共财政严重困难，社会运动频发。在这样的情况下，福利国家开始遭到越来越多的非议。针对这个重要问题，奥菲对晚期资本主义国家矛盾进行了系统的研究，尤其是福利国家社会危机的根源和出路作了深入的分析，在西方理论界产生了很大的影响。

马克思认为，国家是阶级统治的工具。但对奥菲来说，如果这样理解的话，就根本无法解释福利国家制定社会政策的动机。奥菲认为，国家支持和保护的是维持资产阶级统治所必需的制度和社会关系，国家力图保证和实现的是资产阶级社会所有成员的集体利益。这样我们就能理解了为什么福利国家在制定政策时会陷入左右为难的境地。实际上，在奥菲眼里，国家就是"阶级对立的调停者"。他说："国家制度性的自身利益并不是来自特定的政府与对于积累感兴趣的特定阶级的联盟，也不是来自对于国家权力的执掌者'施加压力'以实现其阶级利益的资产阶级的政治力量。"[①] 福利国家作为一个调停者，它缓和着资本和劳动力、资产阶级和劳动阶级、经济交换与社会规范之间的矛盾。

奥菲揭示出福利国家的内在矛盾使其不能真正发挥功能。一方面，在形式上，资本主义国家的政治权力依赖于议会民主和普通选民的偏好。但另一方面，在物质上，国家权力又依赖于一个它不能组织的积累过程。为此，他们必然要致力于促进最有利于私人积累的政治条件。前者受制于选民；后者受制于资本税收。正是因为受这二者因素的制约和牵扯，福利国家也存在着内在的矛盾。一方面，福利国家要维持资本的积累这一合理性要求；另一方面保持社会规范的再生产这一合法性要求。但福利国家的危机就在于无法满足这两种对立的需求，从而造成一种"不可管理性[②]（ungovernability）"。这种"不可管理性"就在于，这两种要求很难兼顾。比如说，如果想得到选票和民众的忠诚，就依赖高税收维持高福利，并制定高工资标准。但这些会造成资本外逃、战略性撤资等方式的抵制，最终使国家政治系统的物质基础被瓦解；如果想促进私有资本的积累，就得制

[①] 转引自焦玉良、张敦福《福利国家：走钢丝的巨灵——评克劳斯·奥菲〈福利国家的矛盾〉》，《社会科学论坛》2012 年第 12 期，第 237 页。

[②] Claus Offe, *Contradictions of the Welfore State*, edited by John Keare Hutchinson, 1984, p.65.

造低成本的投资环境，降低税收和工资标准，但这样就会降低选民的福利水平，引起不满，由此瓦解了政治系统的合法性基础。由此，奥菲认为，福利国家想同时满足合理性和合法性要求，几乎是不可能的。这种悖论性存在使得福利国家在晚期资本主义社会将会遭遇合理性危机和合法性危机。其实质是一种政治危机或"危机管理的危机"。

合理性危机在于，国家日益卷入了经济生活，通过行政手段促使社会价值的商品化，从而导致资本主义社会一系列的结构性矛盾。晚期资本主义国家试图给那些不再能够参与市场关系的价值主体以补偿性保护。这种保护采取的是使价值"去商品化"① 的福利政策，即那些不再能够参与交换关系的劳动力或资本，被允许生存在一种人为的保护条件下。为了使合法经济能够继续以商品形式发挥其功能，福利国家自 20 世纪 60 年代以来，采取了"行政性的再商品化"（administrative recommodification）策略，包括：通过培训、组织流动等措施提高劳动力的可销售能力；通过推动跨国联合促进资本和商品的可销售能力；扶持依靠自身力量不能在市场中求生存的经济领域。为达到上述战略目标，国家分别采取了财政刺激、公共建设投资及新合作主义等调节手段。但这些调节措施却造成以下矛盾：在经济层面，由于威胁到资产阶级的资本投资的自主权，而遭到强烈的抵制和反抗；在政治层面，在商品形式之外的生产组织形式如公共生产领域，包括公共住房机构、医院、交通、监狱等部门，用市场交换机制来运行是行不通的。因为这一领域更多体现的是一种法律性要求、强制性规则，等等。在意识形态层面，资本主义福利国家颠倒了个人的占有欲，挫败了资本主义曾赖以存在的个人成就动机。这使资本主义商品社会在规范和道德品质上出现结构性缺陷。当社会再生产的组织原则不断征服商品形式时，社会冲突和政治斗争就会不断增加。

合法性危机在于，由于政治系统不能完成维持经济持续增长、完全就业的目标，以及完善开放性、竞争性的政党政治等功能，人们对政治系统的信任和满意度受到干扰，最终对合法性的规范性基础产生怀疑，于是就产生了合法性危机。合法性问题涉及工会存在的必要性、大众媒体的作用、

---

① Claus Offe, *Contradictions of the Welfore State*, edited by John Keare Hutchinson, 1984, p. 14.

多数人统治的正当性、宪法的合理性等根本性问题。奥菲认为，晚期资本主义已经进入了对有关政治与社会之间的整体关系所出现的哲学质疑的层次。自由民主政治体系的规范性基础越来越不稳定。议会民主这一合法性的决策方式，在当前已经受到前所未有的挑战。

上述这两种相互对立的危机形式被学者称作是"奥菲悖论"。20 世纪 70 年代以来，资本主义国家一直在探索如何能摆脱这一困境的出路。一大批学者关注并参与讨论福利国家的问题，其中著名的学者有普兰查斯、米利班德、阿尔都塞、哈贝马斯、吉登斯等。而奥菲给出的出路则在于通过社会运动，实现一种非国家主义的社会主义。我们知道，传统的"国家社会主义"主张通过阶级斗争（马克思主义、列宁主义），或者通过议会选举赢得国家权力，然后依靠国家权力进行全面的社会主义改革。奥菲认为这种观点已经不合时宜了，原因是晚期资本主义社会出现了新的变化：阶级结构越来越模糊，阶级斗争的可能性也大大降低；议会民主在公共决策中的作用降低；社会参与从集中的政党政治转变为分散的社会运动。这一切意味着期望一个纯粹的无产阶级政党来进行社会主义改革是不可能的。

奥菲提出的"非国家主义的社会主义"明显与马克思主义的社会主义概念不同，他认为新时期的社会主义应该从消灭资本主义的盲目性上来理解。如果能通过一种非国家主义的手段，如社会运动的手段，使得资本主义的盲目性和非理性得以避免，人的自由得以实现，那么这就是社会主义。为此，奥菲阐述了可以具体展开的四个方面的工作：一是通过劳资合作创造有益的社会性替代方式来实现完全就业的理想；二是通过民主运动克制福利国家对个体生命活动的监控；三是通过环保和生态运动抵抗科技理性的非理性后果；四是通过和平运动来批判现代化所导致的严重后果。[1] 在奥菲看来，这些多元的社会新运动已经取代了以往的政党政治的参与方式，蕴含着社会解放的潜能。非国家社会主义可以通过社会运动以达成在财富分配、个人自由权利、环境和生态保护、国际和平等方面的共识，从而最终解决福利国家的矛盾。

总之，奥菲对晚期资本主义危机的分析和论述是令人信服的。他对福

---

[1] 转引自焦玉良、张敦福《福利国家：走钢丝的巨灵——评克劳斯·奥菲〈福利国家的矛盾〉》2012 年第 12 期，第 241 页。

利国家的内在矛盾和冲突的分析、对合理性和合法性危机的阐释、对社会主义概念的修正，及诉诸社会新运动来获得解放等，都为我们理解当代西方社会，尤其是福利国家的现实，提供了非常客观而又深刻的洞见。这为我们理解现代西方正在发生的金融危机、欧债危机，以及各种形式的社会新运动，都提供了一个很好的理论资源。但问题是，仅仅诉诸女性主义、环保运动、和平主义、种族主义、文化主义等社会运动，是否能真正解决西方国家的危机问题，还是有待商榷的。因为那些在欧债危机中倒下的政府，往往忽视了市场自身的力量，过多地卷入经济，从而使实体经济空心化，再加上福利政策的刚性化，最终导致政府财政入不敷出。相反，那些特别重视保护自由市场和中小企业的国家，反而在经济上保持了稳定的增长。由此表明，在一定的范围内，自由主义的经济主张在实践中更有效果。

第四节　霍耐特的承认理论转向

阿克塞尔·霍耐特（Axel Honneth），当代德国著名哲学家、社会理论家，法兰克福社会研究所现任所长。1949 年 7 月 18 日生于埃森，1969—1974 年，先后在波恩大学、波鸿大学学习哲学、社会学、日耳曼语言文学。1982 年在柏林自由大学获博士学位，论文题目是《权力批判：福柯与批判理论》。后经哈贝马斯推荐，获马普社会科学研究所研究基金，曾长期担任哈贝马斯的助教。1985 年，完成教授资格论文：《承认的斗争》。1996 年 5 月开始接替哈贝马斯担任法兰克福大学哲学系社会哲学教授，社会研究所咨询委员。自 2001 年起，担任法兰克福社会研究所第七任所长。

他的主要著作有：《权力批判：批判的社会理论反思各阶段》（1985 年）、《破碎的社会世界：社会哲学文集》（1990 年）、《为承认而斗争：社会冲突的道德语法》（1992 年）、《一体化的瓦解：社会时代诊断的碎片》（1994 年）、《不确定性的痛苦：黑格尔法哲学的再现实化》（2001 年）、《再分配，还是承认——一个政治哲学对话》（与南茜·弗雷泽合著）（2003 年）、《承认道德》（2004 年）、《物化：一个承认理论的研究》（2005 年）、《我们中的自我：对承认理论的研究》（2010 年）、《自由的权利：民主生活的社会基础》（2011 年）。

从其著作中，我们不难看出，霍耐特最重要的理论贡献在于他提出了较为系统的有关相互承认的批判理论。这集中体现在《为承认而斗争：社会冲突的道德语法》这本著作中。下面，我们将以这本书为核心，从法兰克福社会批判理论发展的谱系学中，探讨承认理论在这个谱系学中的地位和转向问题。同时，也从另外的角度揭示霍耐特的相互承认理论与传统马克思主义的相互关系。

一 批判理论的特征和发展困境

批判理论的最根本特点就是对理性的追寻。"霍克海默在其一生中不断重复指出，从根本上说，理性是任何一种进步的社会理论的基础。"[①] 哲学就是不断向世界提供理性的方法，努力建立合理的社会结构。同时，与"传统理论"不同，批判理论还须有实践性，要带有某种"实践的意图"，要与现实形成一种批判性张力。批判理论的目标就是有助于解释现存社会不公正的经验。批判理论存在的合法性与正当性就在于它要在一种人类生存及经验的基础上，提供一种既是否定、批判现实的标准又是面向未来的乌托邦展望。如此，"实践和理性是批判理论的两个极"[②]。在两极相互作用的张力关系中，理性居于首要地位。

然而，这种诉诸实践的理性是什么？批判理论所追寻的理性观念和理性结构在其早期发展中并没有得到认真而深刻的省察，因而批判作为社会理论的规范性基础也没有得到明晰。这就是早期批判理论发展的困境。哈贝马斯对此深有体会。他认为，马克思的历史唯物主义从创立之初，其规范基础就晦暗不明。马克思对资本主义进行了政治经济学和意识形态的批判，但这种批判是建立在"生产范式"的基础上，这种以生产力的发展为核心的生产范式不仅遭到哈贝马斯的批判和质疑，而且被后现代主义者鲍德里亚看成是"与古典政治经济学具有同谋关系"[③]。法兰克福学派的先驱们如卢卡奇、科尔施、葛兰西等在西方革命失败的前提下，努力在"革命

[①] [美]马丁·杰伊：《法兰克福学派史》，单世联译，广东人民出版社1996年版，第72页。
[②] 同上书，第77页。
[③] 仰海峰：《走向后马克思：从生产之镜到符号之镜——早期鲍德里亚思想的文本学解读》，中央编译出版社2004年版，第252—253页。

意识""总体的辩证法""文化领导权"等上层建筑方面寻找失败原因和批判现实的根据。韦伯对资本主义"理性化"的诊断成为批判理论的另一个重要理论来源。韦伯不仅把目的行为合理性与价值合理性区分开,而且将资本主义理性化的后果归结为"失去意义"和"失去自由"。后来批判理论接过韦伯的目的合理性论题并发挥成"工具理性批判",由此导致对理性和启蒙的整体拒绝。总之,从批判理论的渊源来看,无论是马克思本人,或者后来的"黑格尔主义的马克思主义",还是韦伯对现代资本主义社会的诊断,他们都局限在对资本主义物化或异化的批判上,都把资本主义的现代性看成是一种"工具理性"的发展,因而批判也就局限在一种狭隘的理性观下,个体的自由似乎也只能从劳动、从工具理性的宰制中解放出来。

从 1930 年起,随着欧洲工人运动的失败,法西斯主义的猖獗,斯大林政权的专制,发达工业社会的新变化导致批判理论与马克思主义分道扬镳。虽然这一时期,霍克海默还将他们的哲学称作"辩证唯物主义"或"唯物主义的社会理论"[①],但基本上已经放弃了传统马克思主义,而致力于"改造"和"重建"马克思主义。社会实践的变化促使批判理论不得不另外寻找一种理性概念,重构批判的规范基础。于是,他们绕过马克思,重新回到自由主义传统和启蒙理念上,重估西方哲学的理性主义。然而,在马克思、韦伯以后,如果仍然把批判规范基础奠定在德国传统的理性概念之上,显然是不行的。早期的批判理论者更多地是将理性概念看作一种非实体的、植根于现实社会又超越于它的一种乌托邦理想。如马尔库塞的《理性与革命》《爱欲与文明》,弗洛姆的《爱的艺术》都到弗洛伊德的精神分析理论那里寻找批判理论的规范性基础;霍克海默、阿多诺等第一代法兰克福学派代表则在"工具理性批判"和"启蒙的辩证法"中,把理性直接等同于工具理性,从而走向了悲观理性主义的窠臼。其中,阿多诺以最为激进的批判形式在《否定的辩证法》中,对传统形而上学的同一性本质进行了无情的批判,肯定了非同一性、非概念性、个别性和特殊性的在场。对后者的追寻,促使阿多诺在审美的领域里寻求批判理论的规范性基础。至此,批判理论所追寻的那种传统的、统一的、普遍的理性内涵被彻底抽空。无论是以精神分析学为依托,还是在审美的内在超越上,早期的批判理论都

[①] 欧力同、张伟:《法兰克福学派研究》,重庆出版社 1990 年版,第 19 页。

走到了尽头。

重振批判理论的任务落在了法兰克福学派的第二代领导人哈贝马斯身上。哈贝马斯也不辱使命,很快找到了早期批判理论发展的"瓶颈"——意识哲学范式。他认为,无论是马克思的自我实现、卢卡奇的黑格尔式的主客体同一,还是后来霍克海默和阿多诺的与"他在性"的同一,都没有真正摆脱以主体为中心的意识哲学范式的困境,即还是在主体与客体的关系模式中,进行工具理性批判。对哈贝马斯而言,重建批判理论的任务就成为:"它需要一种实质性的基础,并把自己从意识哲学的概念框架所产生的'瓶颈'中引导出来,在此过程中,不需要抛弃西方马克思主义的意图即可克服生产规范。其结果是《交往行为理论》。"① 哈贝马斯的这种建构在主体间性上,以语言理论为基础的交往理性和现代性社会批判理论,被称作是批判理论的"语言学转向"。从主体性转向主体间性,从意识哲学范式转向语言交往范式,理论平台的转换促使批判理论的规范基础得以在全新的视角和基础上建构。一方面,哈贝马斯借助于普遍语用学,超越了康德意义上的先验理性范式;另一方面也在后现代主义和后结构主义甚嚣其上的时候,扛起了"未完成的现代性"启蒙大旗。以此为基础,哈贝马斯不仅以"生活世界的殖民化"为现代性提供了一种"病理学诊断",而且通过对"实践理性"的语用学改造为现代民主法治国家提供了一种商谈理论。

然而,建构在语言理论基础上的交往理性能否在现实社会中真正实现,即使达致了某种微弱的普遍交往理性,又有什么现实针对性和会产生怎样的批判力量?对此,哈贝马斯的后继者,现任法兰克福大学社会研究所所长霍耐特是表示质疑和否定的。无疑,他认为哈贝马斯的交往行动理论在形式建构上满足了霍克海默在原初规划中对批判理论的要求,即在马克思的劳动范畴之外,又划分出了一个为达致理解的交往行为向度,后者所蕴含的解放旨趣和交往理性可以为批判理论提供社会现实中的规范性基础。然而,霍耐特认为,与霍克海默所要求的批判所欲达到的目的相比较,哈贝马斯的理论又暴露出这样一个问题,即"我们如何更准确地确定在'前

---

① [德]哈贝马斯:《现代性的地平线——哈贝马斯访谈录》,李安东、段怀清译,严锋校,上海人民出版社1997版,第145页。

理论'实践和批判理论之间可能获得的反思性关联?"① 如果说在马克思主义传统中,在无产阶级的不公正待遇和道德经验中,还存在批判理论存在的客观基础的话,那么,在如今,阶级斗争已经成为过时之物,资本主义的现实世界已经发展到没有一个共同的社会经济基础的阶层,没有任何共同的、客观的兴趣或利益的群体的条件下,哈贝马斯的批判理论所依据的系统性的道德经验来自哪里?即在所有理论性反思之前的实践理性如何获得?正是在这里,霍耐特认为,哈贝马斯的交往行为理论出现了系统性的裂痕。"正如我们在回顾中所看到的,批判理论必须对正在得到承认的经验性经验和态度有自信,这些经验和态度已经在前理论的层次上显示出它们的规范性基础在社会现实中不是没有基础的。事实上,我想追问,在哈贝马斯的理论中,在超越所有理论反思之前所给予的、批判力量的日常依据中,是一种什么样系统性经验和何种现象在起作用?我推测,在这一点上交往行为理论出现了不是偶然的,而是带有系统性的裂痕。"②

这个裂痕到底是什么?我认为,霍耐特所指的就是哈贝马斯交往行为理论的现实性和社会性的缺失。哈贝马斯的交往行为理论是建立在普遍语用学的基础上,语言规则决定着达致相互理解的前提条件、从统治中解放出来的过程,因而,在某种意义上,语言规则本身就具有规范性的特点。霍耐特认为,如果我们只要对语言规则进行限制,就可以达致相互理解,甚至社会解放,那么,"在社会现实中是怎样的一种道德经验对应于这种批判观点?"③ 难道哈贝马斯所反对和批判的只是一种语言交往中的"暴力"吗?是对现实社会中公共话语遭到限制和禁锢的反抗吗?是的,如果我们仔细推究,就会发现哈贝马斯的交往行为理论的现实依据就在于此。读者也许不会忘记,使哈贝马斯声名鹊起的就是其早期著作《公共领域的结构转型》。在这篇教授资格论文中,哈贝马斯集中探讨了大众传媒是如何控制资产阶级的公共领域,如何使其丧失批判的权力,"非正式的非公众舆论与正式的、由大众传媒建构的准公众舆论,这两个领域是怎样发生碰撞,或

---

① Peter Dews (ed.), *Habermas, A Critical Reader*, Oxford, UK, Malden, Mass: Blackwell, 1999, p. 326.
② Idib., p. 327.
③ Ibid., p. 328.

者说，在何种程度上，它们以批判的公共性为中介"①。从此，公共话语的权利、结构及其意识形态分析就构成哈贝马斯学术探索过程中不可抹去的痕迹。

然而，霍耐特认为，"这样一个（生活世界交往合理化）的过程，用马克思的话来说，典型的是在相关主体的背后展开的。它的过程既不是由人类意图来指导，又不可能由单独个体意识来掌握。哈贝马斯将其批判理论的规范性观点社会性地奠基于解放过程，而这个解放过程根本就没有被反映在相关主体的道德经验过程中"②。也就是说，霍耐特认为，哈贝马斯的交往行为理论根本没有现实的对应物，找不到任何其批判所依据的相关主体。因而，这种无主体、无现实性、无社会针对性的批判理论就存在着问题，也就根本不可能有助于解释霍克海默所言的"现存社会不公正的经验"。简单地说，霍耐特批判哈贝马斯只是在形式上进行了批判理论的重建和转换，但在实质上对现实而具体的社会毫无触动和建构。可以看出，霍耐特对哈贝马斯的保守性和改良主义表示不满，他渴望回到批判理论所具有的那种"革命性"和现实性中来。

在霍耐特看来，走出这个困境的道路之一就是重新回到哈贝马斯形成及建构其交往范式的前提条件——主体间性理论。他认为："假如说，我的意思只是不要简单地把社会相互作用的规范性潜力与为达致须从统治中解放出来的理解的语言条件相等同。我已经在这个论题中指出这个方向，即道德经验不是由对语言或交往资质的限制而引起的，而是破坏了社会化过程中获得的同一性声称而形成的。"③ 更清楚地说，霍耐特坚持并肯定哈贝马斯交往行为理论的前提条件，即主体间性或社会的相互作用所产生的规范性基础。但他认为，新的批判理论的标准和方向不应该到对语言理论中，而应到相互承认或认同及其遭到破坏的理论中去寻找。霍耐特要用一种新的人类学概念代替哈贝马斯的普遍语用学。由此，他主张，系统与生活世界的矛盾运动将被承认条件被破坏的社会原因所代替。"所以，交往范式一

---

① ［德］哈贝马斯：《公共领域的结构转型》，曹卫东译，学林出版社1999年版，1990年版序言第18页。

② Peter Dews (ed.), *Habermas, A Critical Reader*, Oxford, UK, Malden, Mass: Blackwell, 1999, p. 328.

③ Ibid., p. 328.

旦不是根据语言理论,而是根据承认理论来把握的话,承认病理学就成为批判诊断的中心。"①

二 回到耶拿时期的黑格尔:重建主体间性的相互承认理论

在哲学史上,代际哲学家之间的相互传承、相互影响是非常显著的。而这一点尤其体现在哈贝马斯与霍耐特这对师生上。霍耐特沿着他老师的脚印,重新回到了曾经给予哈贝马斯无限灵感的耶拿时期的黑格尔,在对青年黑格尔的主体间性理论进行系统重构的基础上,霍耐特生发出自己独特的社会批判理论——相互承认理论。

所谓"耶拿时期的黑格尔",主要是指 1802—1806 年间黑格尔在耶拿大学所完成的几本著作。它包括《伦理体系》(1802/1803)、《第一精神哲学》(1803/1804)、《实在哲学》(1805/1806)。② 在这一时期,黑格尔相对集中地提出了他的主体间性理论。那么,青年黑格尔的"主体间性"指的是什么呢?哈贝马斯与霍耐特从中又是怎样继承和重构了黑格尔的主体间性理论?而建立在主体间性结构上的相互承认理论与交往行为理论又有什么不同?在我看来,耶拿时期的黑格尔确实提出了主体间性的一种理念,即主体自我的能力、品质和意识必须得到另一主体的承认或认同,方是真正的自我同一性。自我的同一性只有通过依赖于我的承认和承认我的他人的同一性,才是可能的。这种建立在自我与他我的相互理解、彼此承认基础上而形成的自我同一性,被伽达默尔视为"黑格尔思辨辩证法的一个最可爱之处",而哈贝马斯称之为"得到承认的意识"。

同样是围绕着青年黑格尔的主体间性理念,霍耐特回到他的老师思想的源发地,却选取了不同的路径。首先,从二者关注的文本来看,哈贝马斯集中在《第一精神哲学》和《实在哲学》上,而霍耐特则比较重视早期的《伦理体系》。在霍耐特看来,黑格尔的主体间性结构只有在《伦理体系》中才真正阐明了"为承认而斗争"的实践冲突模式,在以后的两本著

---

① Peter Dews (ed.), *Habermas, A Critical Reader*, Oxford, UK, Malden, Mass: Blackwell, 1999, p. 332.

② 目前关此这些著作还没有中文译本,有英译本。

作中，则完全是在意识哲学的框架内来阐述其主体间性思想。① 我们知道，哈贝马斯在《作为"意识形态"的技术与科学》一书中，主要阐述了有关黑格尔耶拿时期的《精神哲学》中的思想。这就意味着，霍耐特认为哈贝马斯的种种努力都只是在黑格尔的意识哲学框架内来继承和重构其主体间性思想。尽管哈贝马斯在后期作出了"语言学转向"，但依然逃脱不掉观念论或唯心主义的指责。哈贝马斯曾这样概述黑格尔这一时期的独特贡献，"与此相反，我要提出的论点是，黑格尔在耶拿【大学讲授】的自然哲学和精神哲学中，为精神的形成过程创立了一种独特的理论体系，后来黑格尔又放弃了这个理论体系"②。哈贝马斯提出，关于精神形成过程的辩证法要涉及语言、劳动和相互作用等实际的辩证联系。尽管这些思想不是产生于理论意识的经验领域，而是产生于实践意识的经验领域③，但终究是在意识哲学的框架中。霍耐特认为，在今天这样一种后形而上学时代，局限在意识哲学框架内，坚持一些具有先验意味的理性概念都是不合时宜的。④ 因此，重构黑格尔的"为承认而斗争"的模式就要在新的哲学基础上，把它与具有规范内容的社会理论联系起来。

三 在新人类学基础上重构社会发展的规范性前提

如果说围绕着耶拿时期的黑格尔的"总问题"，即如何从哲学上解释社会组织的存在与发展是以承认一切公民个体自由为基础的话，那么霍耐特的"总问题"则是如何"唯物主义"地继承这一总问题，并将它与新的社会批判理论融合在一起。霍耐特在以下三个方面直接继承和接受了黑格尔的思想。

第一，反对现代自然法观念中的原子论迷误，认为"人类共同体"或"主体间的共存状态"是人类社会化的自然基础。在我们人类之初，"个体

---

① ［德］阿克塞尔·霍耐特：《为承认而斗争》，胡继华译，上海世纪出版集团2005年版，第34页。
② ［德］哈贝马斯：《作为"意识形态"的技术与科学》，李黎、郭官义译，学林出版社1999年版，第3—4页。
③ 同上书，第12页。
④ 哈贝马斯的"交往理性"概念就具有一种"准先验"的意味。

存在"是"第一位和最高级的",还是"共同体"的存在是基础的和内在的,这是一个政治哲学的问题。主张前者的人为原子论主义者,他们认为彼此孤立的主体是人类社会化的自然基础,而共同体的存在只是为了利益或管理的需要而从外面加进去的,是孤立主体的组合,如霍布斯所言的那样,人与人之间的关系就如同狼之间的关系。而黑格尔正是要反对这种原子论陷阱,他认为一个和解的社会只能被理解为一个自由公民组成的伦理共同体,[①] 也就是说,共同体的存在不是为了限制个体的自由,相反是为了实现一切个体的自由。所以,黑格尔建议要用主体间的社会关系范畴取代原子论的基本概念。如此,青年黑格尔就面临一个难题:如何在假设主体间性的共在是人类社会化的自然基础上,保证个体自由得到充分发展,同时社会还朝着一个合理和完善的方向发展?简洁地说,如果把社会发展看成一个社会化和个体化的互动过程,那么推动这个过程发展的动力学根据是什么?

第二,建立在主体间性上的相互承认关系结构所具有的内在张力是社会发展的动力学根据。这种张力就在于,当一个主体自我认识到主体的能力和品质、意识方面必须为另一个主体所承认,从而与他人达成和解的同时,主体也意识到了自身认同中的特殊性,从而再次与特殊的他者形成对立。一方面,主体在相互承认中与他者达成和解,形成一种一致的认识和理解;另一方面在相互承认中也发现了自身的独特性和特殊性,从而又与他者形成对立和冲突,而不断地追求主体自身的独特性则构成了承认运动过程中的内在动力。"因为,在一种伦理设定的相互承认关系框架中,主体永远处在了解其特殊身份的过程中,因为,主体由此而确认的总是其自我认同的新维度,所以,为了实现对个体性更为苛刻的形式的承认,他们必须通过冲突再次离开自己已达到的伦理阶段。在这个意义上说,形成主体间伦理关系基础的承认运动就在于和解与冲突交替运行的过程当中。"[②] 当然,霍耐特认为黑格尔不仅阐述了伦理关系范围内的主体间基础上的承认运动,而且把它转向了社会哲学,发展了一种新的社会斗争理论,即"主体之

---

① [德]阿克塞尔·霍耐特:《为承认而斗争》,胡继华译,上海世纪出版集团 2005 年版,第 18 页。

② 同上书,第 22 页。

所以要超越和消除他们从一开始就具有的伦理关系，是因为他们认为他们的特殊认同尚未得到充分的承认，那么，由此引发的斗争就不可能纯粹是为了捍卫他们的肉体存在的冲突。相反，正因为这种冲突是指向主体间相互承认人的个性维度，这种在主体间爆发的冲突一开始就是一个伦理事件。因此，并不是说，个体间的契约结束了一切人反对一切人的生存斗争的危险状态。正好相反，这种斗争作为道德媒介，引导着伦理的不成熟状态向伦理关系的更成熟水平发展"①。

第三，霍耐特关于承认的三种形式如爱、法律和团结等，也基本上了是继承了黑格尔所划分的关于家庭、法律和国家的承认关系。

尽管如此，霍耐特还是充分认识到黑格尔的上述思想完全是建立在一种思辨的基础上，要想重新启动黑格尔的模式，还需要对它进行唯物主义的转换。于是，如同哈贝马斯一样，霍耐特充分利用了米德的经验社会心理学。米德从自我意识形成的心理学机制，从自然主义角度对黑格尔的承认学说提供了论证：他强调了客我、他者在自我意识形成过程中的重要作用。也就是说，米德在自我意识形成的社会发生学方面，在政治哲学上对社会契约论传统中的原子主义的批评上与黑格尔的早期思想是一致的。他们都强调了人类主体的同一性来源于主体间承认的经验。但不同的是，米德通过对心理学的对象领域进行认识论审查的方法得出。米德认为，心灵与自我完全是社会的产物。他说："生物个体转变为具有心灵的有机体即自我，是通过语言这个媒介而发生的。而语言又是以某种类型的社会和某些个体有机体的生理能力为前提的。"② 在这样的唯物主义前提下，米德不仅研究了认识的自我关系的主体间性条件，而且也研究了实践的自我关系的主体间性条件。后者在霍耐特看来正是构筑承认的社会批判理论的核心所在。也就是说，只有当主体学会从主体间性的互动的规范视角把自己看作社会的接受者时，只有确立这样一种实践的自我关系时，社会生活的再生

---

① ［德］阿克塞尔·霍耐特：《为承认而斗争》，胡继华译，上海世纪出版集团 2005 年版，第 22 页。

② ［美］乔治·H. 米德：《心灵、自我与社会》，赵月瑟译，上海译文出版社 1992 年版，第 14 页。

产才会服从相互承认的律令。①

总之，霍耐特的相互承认理论不是一种原创性理论，在某种意义上，他吸收了耶拿时期黑格尔的有关相互承认理论的许多思想。当然，霍耐特自己独特的地方在于他提出了不受人重视的关于蔑视（disrespect）的社会动力学和关于社会冲突的道德逻辑。有承认，必然有不承认或蔑视。霍耐特将那些与主体自身的期盼相反，不被承认的道德经验称作为"社会蔑视"。通过对日常社会生活中，特别是较低阶层的道德期盼的历史学和社会学的调查研究，霍耐特发现，与个体的尊严、荣誉或认同相关的期盼构成了社会正义概念的规范性核心。也就是说，新批判理论所追求的理性或者社会交往的规范性前提都可以在所获得的社会承认或蔑视中找到。而社会蔑视的经验则构成了社会冲突和社会对抗，及一切为承认而斗争的动力。这样，通过回到黑格尔，霍耐特将主体间性理论放置在新人类学的基础上，同时他又通过吸收米德、福柯、马克思、索雷尔、萨特、泰勒等人的有关思想，建构了一套以社会承认与蔑视为核心的社会发展理论。

四　评析霍耐特的相互承认理论

霍耐特的相互承认理论在国际学界引起了广泛的关注。赞扬之声与批评之音相伴随。有人认为，他是社会批判理论继哈贝马斯之后第三代的代表人物，成功地将日益衰微的批判理论实现了转向。但也有人批评他将资本主义社会还原为承认秩序；把正义理论还原为完好认同的伦理学；把一切社会斗争与反抗都还原为相互承认中的道德冲突，是一种伦理行为主义者。无论怎样，霍耐特以反面的日常生活经验如被排斥、被贬低等为基础去设想一种新的社会批判理论，建构一种新的社会规范，是比较成功的。在此，我只想在批判理论的发展脉络中，将他与哈贝马斯的交往行为理论作一比较。

第一，霍耐特的相互承认理论奠基在哈贝马斯交往理论的基础上。我并不赞同有人将霍耐特其人其说看成是社会批判理论发展史中的新起

---

① ［德］阿克塞尔·霍耐特：《为承认而斗争》，胡继华译，上海世纪出版集团2005年版，第100页。

点。因为从他们二者思想的传承及承认理论的构想来看,霍耐特完全是在主体间性的交往生活中提出他的相互承认理论。也就是说,霍耐特还是在哈贝马斯的交往理论框架中,继续推进批判理论的发展。如果说有改变,也只是在同一工作平台上改变了方向。霍耐特放弃了从普遍语用学中,而是到社会承认与蔑视的冲突运动中寻求批判的根据。所以,霍耐特从不说自己是法兰克福学派第三代的代表就是一种理论上的自觉。

第二,相互承认理论具有一定的现实性和针对性。霍耐特在他的文章和书中,经常谈到社会新运动和一些新青年纳粹主义者的思想根源。众所周知,关于种族主义、环保主义、女性主义和后殖民主义等社会新运动的产生,无疑都与种族的、阶层的、性别的、文化的、价值观的多方面的认同政治问题息息相关。其中,寻求每个群体的承认和认同都是社会新运动产生的主要原因。一些新纳粹主义者也是因为在社会中找不到认同感,找不到所属的群体,才积极投身进去。在这样一个认同政治已成为显学的条件下,霍耐特的相互承认理论具有时代性和现实性。此外,从其理论特点来看,由于寻求承认或遭到蔑视的群体或个体都非常具体和大众化,这种以日常生活中普通群众的被蔑视的道德经验为基础讨论社会政治伦理的建构,具有很强的社会性和实践力量。所以,从某个方面来说,霍耐特的相互承认理论比起哈氏的交往行为理论更具有针对性和现实性。

第三,我们需注意的是霍耐特力求扩大批判理论的范围,而不只是局限于传统的批判理论。如前所述,传统批判理论的核心就是追求一种理性或社会发展的规范性基础。尽管随着时代的变化,对理性的追寻可能在精神分析学领域、审美的领域,或对工具理性的批判方面,但不变的共识是人们必须对一个社会合理发展有共同的理性认识。这个共同的理性认识就可以作为指导和衡量批判理论的根据和标准。但现在霍耐特要质疑和否定的就是这种单一的理性认识标准。他说,"社会批判所有这些模式的特点应被认为是只根据人类理性发展所达到的阶段来一致地衡量社会的病理学或异常。那就是为什么只有发生在人类认知方向上的歪曲才能被看作从理想状态的偏离,而这种理想状态被绝对地预设为一个健康或完整的社会形式的标准。所以,与这样视角相伴而来的也是对一种理性理论的社会批判的狭隘化——这是左派黑格尔主义的另一种遗产。如此,所有那些与人类理性发展阶段无关的社会病理学就根本不可能被揭示"①。"如果衡量社会异常的唯一标准只能根据人类理性发展的阶段来提供,那么与相互承认的结构性条件相联系的社会生活的病理学发展将如何显现?"② 也就是说,如果批判理论还在一种单一的理性认识标准下,就会遮蔽掉许多现代社会病理学和异常的领域,而后者正是批判理论应大显身手,发挥作用的地方。

如此,我们看到,在后现代主义反对形而上学本体论,反对逻格斯中心主义的大潮下,霍耐特灵活地主张一种理性的多元主义。他的相互承认理论本身就蕴藏着一种批判的多元主义立场。这种立场使他不再像霍克海默的批判理论那样,以解放过程中的知识分子的表达为核心,而是站在弱势群体或个体的一边,力求使那些被忽视、蔑视甚至遭到驱逐的声音与经验在公共生活中显现。霍耐特曾这样概括他的理论目标,"相反,这个社会理论不得不集中力量回答霍克海默在宏伟幻想的符咒下,几乎不可能观察到的问题——那就是一个道德文化如何能够如此建构以致给那些由于被蔑视和排斥而受到伤害的人以个体的力量,在民主的公共领域中讲述他们的经验,而不是在暴力的文化对抗中将他们驱逐除去"③。从这个意义上说,霍耐特的相互承认理论与德里达的解构运动、与福柯对边缘问题的重视,及后现代主义反对各种形式的霸权有着异曲同工的作用。

第五节 弗雷泽:再分配,还是承认

南茜·弗雷泽(Nancy Fraser, 1947—),纽约新学院大学哲学与政治学系教授,政治科学系主任,美国著名的激进女性主义学者和政治哲学家。其主要代表作是《正义的中断:对"后社会主义"状况的批判性反思》(1997年)、《再分配,还是承认?政治哲学对话》(2003年,弗雷泽与霍耐特合著)、《激进想象图绘:在再分配和承认之间》(2007年)、《正义的尺度:重新想象全球化世界中的政治空间》(2008年)。弗雷泽与霍耐特同属

---

① Peter Dews (ed.), *Habermas, A Critical Reader*, Oxford, UK, Malden, Mass: Blackwell, 1999, p. 331.
② Ibid., pp. 331 – 332.
③ Ibid., p. 336.

于西方"1968年"一代人,也是法兰克福学派在德国和美国两大支脉在哲学上的主要代表。其硕士、博士均就读于具有左翼传统的纽约城市大学。

承认理论转向是法兰克福学派第三代批判理论的一个重要标签。霍耐特在1992年提出"为承认而斗争"和社会蔑视的发展动力学依据,为批判理论的发展提供了新的规范性基础。时隔三年,南茜·弗雷泽就霍耐特的理论写出《再分配,还是承认?》一书,从此拉开西方左派知识界近十年的有关"承认,还是再分配"的争论。本章将以这场争论为核心,具体地探讨在当今全球化的环境下,在各种社会新运动风起云涌的条件下,在新的社会矛盾和冲突下,现实社会不正义的诉求到底体现在哪里?是传统马克思主义所强调的经济再分配的领域,还是集中在文化承认的领域?二者所争论的"承认"概念是否在同一层面?这场争论本身反映了怎样的问题?相信对这场争论的分析和研究,必将深化我们对当代社会批判理论实质的理解和反思。

一 霍耐特:承认是为人格的完整和自我实现

西方马克思主义思潮自其创立以来一直都存在着对马克思主义的经济决定论或生产范式进行修正的诉求和努力。这不仅体现在卢卡奇对无产阶级意识的强调,葛兰西对文化领导权和意识形态的重视,还充分体现在哈贝马斯对历史唯物主义的重建,甚至福柯的知识考古学和权利谱系学都是对正统马克思主义经济决定论的一种潜在的对抗与反驳。这说明20世纪中叶的西方知识分子已经不再相信并厌恶了以苏联马克思主义、特别是第二国际所主张的经济主义。相反,他们在西方社会革命失败后,认真总结经验教训,重新反思马克思主义,吸收社会科学新成果和资源,从各个角度提出并肯定了与经济相对的文化、道德、宗教及各种上层建筑的社会发展作用。其中,大众文化批判、交往行为理论、日常生活批判、意识形态批判理论、现代性批判等都集中成为西方马克思主义理论的生长点。法兰克福学派的第三代传人霍耐特也属于这个思潮脉络中。他提出的承认理论无疑也是继哈贝马斯之后,对传统马克思主义的生产范式和阶级斗争理论的一种批判和解构。

哈贝马斯在其《重建历史唯物主义》一书中对马克思不满意的地方在于,

历史唯物主义作为一种生产范式不具有反思性。也就是说作为一种社会进化理论，历史唯物主义把自己看作一门科学，把生产力和生产关系的矛盾运动规律看作社会进化发展的普遍规律，而没有看到自己的局限性。相反，根据新的人类学和社会学的成果，哈贝马斯看到社会进化的动力不仅来自劳动或生产力的维度，而且还来自交往行为的道德实践维度。他认为前者产生了有关科技知识，后者产生道德实践意识。二者的相互作用才能促使社会斗争发生，推动社会前进。在这二元的社会发展论中，哈贝马斯更看重并推崇道德实践意识在社会发展中的作用。他说："人类不仅在对于生产力的发展具有决定性作用的、技术上可以使用的知识领域中进行学习，而且也在对于相互作用的结构具有决定性作用的道德—实践意识的领域中进行学习。交往行动规则的发展，是对工具行动和战略行动领域中出现的变化的反应。但是，交往行动的规则在这些领域中遵循的是自身的逻辑。"① 所以，哈贝马斯认为社会改革的方案是使"交往行为合理化"，即通过道德实践意识的提高，建立一种和睦、理解、合理的人际关系，使交往者生活在一个美好的、没有任何控制与压抑的生活世界。人们可以自由地表达自己的意志，或与他人进行辩论，这样就会形成一个以共同意志为基础、交往行为不断合理化的社会。

从批判理论的发展史来看，无论是霍克海默和阿多诺的第一代，还是以哈贝马斯为首的第二代，批判理论的建构本身需要两个条件：一是寻找和诊断当下社会现实不公正的真实经验；二是为批判资本主义和提供新的解放旨趣提供规范性基础，从而给批判标准提供新的客观性依据。然而，作为哈贝马斯的弟子，霍耐特在成长中不得不面对哈贝马斯的交往行为理论的困境——社会性的缺失。在霍耐特看来，哈贝马斯的语言交往理论不会有助于解释现存社会不公正的道德经验。霍耐特通过调查社会低阶层的日常交往过程，发现道德不公主要体现在社会主体没有得到应有的社会认可，人们在现实交往中遇到的伤害和侮辱主要是来自蔑视和歧视。所以应把批判的视角从哈贝马斯的"生活世界殖民化"转移到对社会认同关系的歪曲和破坏上。只有克服和批判各种形式的蔑视和侮辱，人们才能真正进入一种自由交往的美好境界。

---

① ［德］哈贝马斯：《重建历史唯物主义》，郭官义译，社会科学文献出版社 2000 年版，第 159 页。

有了对当代资本主义现实的深刻洞察，霍耐特为进行其承认理论转向，不得不借助两个重要人物的思想资源：黑格尔和米德。黑格尔在耶拿时期曾提出一种建立在主体间性上的承认思想。其核心意思是主体的能力、品质和意识必须为另一个主体所承认。只有建立在主体间性上的相互承认，才能构成完整的自我。此外，这种主体间性上的相互承认不仅在伦理关系的范围内，而且还具有社会哲学的基础意味。即主体间为争取承认会展开斗争，在和解和社会冲突中将承认进行到底。因此，承认与不承认的矛盾运动就构成社会伦理领域中的道德发展逻辑。黑格尔早期的相互承认思想不仅被哈贝马斯看作"交往理性思想的最早萌芽"，还成为霍耐特重构批判理论的直接理论来源。

美国人类学家和社会心理学家米德则是从社会心理学的角度给予霍耐特帮助。米德认为自我认同的形成有其生物—心理的来源。如同人类生存的其他需要一样，认同，来自他我、客我的承认，也是人类生存下去的简单需要。因为"当一个自我确实出现时，它总是包换另一个人的经验；不可能有完全独立的自我的经验"[1]。"仅当某人采取他人的态度或受到刺激要采取他人的态度时，他才获得自我意识。于是他处在自身对他人的那一态度作出反应的地位。"[2] 也就是说，自我同一性的构成关键的一点就在于学会从他者的规范角度来认识自己。只有这样，个体才能真正地在共同体中自我持存，并获得"尊严"。

正是在批判地吸收和改造黑格尔和米德两位大师的理论思想之后，霍耐特又从科学的经验层面来论证承认的三种形式：爱、法律和团结，并提出独特的有关社会蔑视的动力学思考。"被蔑视"即不被承认，这种不好的自我感觉与个体的存在及其所寻求的来自他我、共同体的认同息息相关。因为没有来自他人的承认，人就是不完整的。但特殊的是，霍耐特将蔑视作为一种道德经验来思考，并把它放在社会发展的规律系统和动力学依据层次上来看。正如他提出的问题，"蔑视的经验为什么隐含在人类主体的情感生活中，以至于它可以为社会对抗和社会冲突，即为

---

[1] ［美］乔治·H. 米德：《心灵、自我与社会》，赵月瑟译，上海译文出版社 1992 年版，第 173 页。

[2] 同上。

承认而斗争提供动力？"① 根据对实践自我关系所造成的伤害程度，霍耐特还将蔑视的基本形式分为三种：强暴、被剥夺权利、侮辱。强暴是对个人自主控制肉体权力的剥夺；被剥夺权利意味着共同体合格的一员被剥夺了平等参与制度秩序的权利；侮辱涉及的是一个人的"荣誉""尊严"或"地位"等。而蔑视之所以会成为社会对抗和冲突的深层动力在于个体被羞辱、被激怒、被伤害的消极情感反应会像杜威所阐述的，变成一种"道德知识"，这种道德知识会通过告知或交流等表达手段，形成一种集体在行动上的反抗和对立，如此就会促成社会冲突的产生。

总之，霍耐特的承认理论延续了哈贝马斯的交往行为理论框架，继续从主体间性的关系上探讨批判理论的新的规范性基础。"承认"或"蔑视"是从道德的视角提出，以自我认同的社会心理学为基础，并结合道德与社会冲突的相互关系原理，最终以自我实现和"好生活"为追求承认的目标。

二 弗雷泽：承认是一种地位政治

霍耐特基于道德的视角所建构的承认一元论引起美国具有女权主义倾向的左翼思想家弗雷泽的不满。她认为，尽管"争取承认的斗争"在20世纪末迅速成为政治冲突的主要形式，如基于民族、族裔、种族、性别和性行为的差异承认的文化诉求不断增加，各种形式的社会新运动不断兴起。可以说"在这些'后社会主义'冲突中，群体身份替代了阶级利益，成为政治动员的主要媒介。文化统治替代了剥削，成为根本的不正义。文化承认取代社会经济再分配，成为消除不正义的良方和政治斗争的目标"②。但在弗雷泽看来，这些事实都没有证明传统政治所关注的经济再分配的正义诉求已经过时。因为在后社会主义阶段，经济不平等并没有消失，反而在经济全球化的过程中，以新的方式得到增长。这具体表现在以南北分界线为主的发达国家与不发达国家之间的差距继续拉大；在收入和财产、就业机会、教育、医疗保障和休闲时间上等方面，物质不平等日益加大；甚至

---

① ［德］阿克塞尔·霍耐特：《为承认而斗争》，胡继华译，世纪出版集团2005年版，第141页。

② ［美］凯文·奥尔森编：《伤害+侮辱——争论中的再分配、承认和代表权》，高静宇译，周穗明校，上海人民出版社2009年版，第13页。

以身份承认为目标的性别平等运动也有经济再分配方面的正义诉求。因此，当今有关正义和不公正的诉求不再是单一的，以传统的物质再分配为主，也不应该以霍耐特所倡导的"文化承认"为主，而应在包容二者的二维正义框架内思考问题。后来，弗雷泽在日后的争论和思考中，发现当前有关在常规正义时代对什么是正义的实质的争论几乎达不成任何共识。为此，她又提出在当今无法达成共识的"反常规时代"，我们需要一个综合的多元社会本体论和规范一元论，即把正义看作一个再分配、承认和代表权的三维度概念，同是还需要一个能覆盖三维度的单一规范性原则——参与对等（parity of participation）。由此，弗雷泽建构起自己的"三维一规范"的正义批判理论。

弗雷泽在反常规时代建构的规范一元论引起了欧美各国批判理论学者的热烈关注，这在 2007 年 5 月的布拉格会议上的现场效果及其随后引发的各种争论可见一斑。2009 年弗雷泽教授也来到中国，分别在中国社会科学院哲学所、北大、复旦大学、广州中山大学等地进行了其正义批判理论的系列讲座，反响甚大，可以说是 2009 年中国学术界的一桩大事。试想当我们国人还在反思哈贝马斯的交往行为理论，还在消化和理解霍耐特的承认理论时，弗雷泽给我们带来了当前国际有关批判理论的最新进展，其主要内容还是对霍耐特承认理论的批判和其新批判理论的建构。"目不暇接"之际，我们只得认真而审慎地研究弗雷泽的正义批判理论。其中首要的任务就是对其核心概念的厘清。这主要包含以下几个方面的内容和问题：弗雷泽如何看待霍耐特的承认理论？霍耐特的承认理论是一种身份政治，亦地位政治，或只是在文化层面上的承认？她是否曲解了霍耐特的承认理论？二者争论中的"承认"是同一含义吗？在弗雷泽的三维框架中，"承认"是一种政治，还是一种"自我实现"？承认与道德、政治、正义是什么关系？批判理论应建构在怎样的基础上，它与哲学和政治的关系如何？

我们知道，霍耐特是将承认看作道德心理学基础上的一种自我实现。与此不同，弗雷泽认为霍耐特的承认理论肇始于黑格尔主体间性上的"身份模式"[①]，是一种承认政治。而这种承认政治在现实中还往往被归结为

---

① ［美］凯文·奥尔森编：《伤害＋侮辱——争论中的再分配、承认和代表权》，高静宇译，周穗明校，上海人民出版社 2009 年版，第 131 页。

"身份政治"。弗雷泽指出，"当今的承认斗争通常都披上了身份政治的外衣，其目标是反抗对从属群体的贬低性文化描述，并从错误承认的制度结构中抽象出错误承认，切断其与政治经济的联系"①。而在她看来，身份政治及其所倡导的多元文化主义虽然在反对种族主义、文化帝国主义、男性至上主义等方面存在一定的合理性，但如果以身份认同为正义目标就会在理论和政治上产生很多问题。如对分配不公的忽视，特殊化某一群体，造成新的不宽容和不平等，等等。为此，弗雷泽创新地提出把承认当作社会地位来看待，从身份政治转向地位政治。她说："我要提出另一种方法：把承认当作社会地位的问题。从这一角度看，承认所需要的不是群体的特殊身份，而是每个群体被承认作为社会相互作用的正式伙伴的地位。因此，错误承认并不意味着群体身份的轻视和歪曲，而意味着社会从属地位——在被阻碍作为平等一员参与社会生活的意义上。为了矫正这种不正义，仍然需要承认政治，但是在'地位模式'中，这种不正义不再被还原为身份问题；相反，该模式意味着一种政治，即旨在通过把被错误承认的一方构建为社会的正式成员，能够平等地与其他社会成员一起参与社会生活，来克服从属地位。"② 如果把这段引文解释一下，我们就会明白，弗雷泽也非常重视当下的承认问题，但她认为错误承认的原因不是"完整"人格没有自我实现，而是由于某些社会成员没有被作为平等的一员来参与社会生活，是社会地位不平等的原因。而某些个体和群体被构造为"低下的、被排斥的、完全另类的，或仅仅是隐形的"③，就在于社会的文化价值模式存在问题。

如果简单地概括一下弗雷泽逻辑的话，那就是她将霍耐特的承认理论（道德规范）归结为身份政治，而身份政治在她看来不如地位政治能更好地解释当今现实的非正义。也就是说，弗雷泽不是将承认看作一个具有普遍性的哲学问题，即个体自我实现的道德心理学诉求，而是直接将造成承认或蔑视的社会文化制度和价值模式等现实原因作为承认问题产生的根源。从这一意义上来看，二者提出承认问题的视角是不同的：霍耐特从哲学的视角来审查，说明社会变迁过程必须采用主体间性上的相互承认关系内部

---

① [美]凯文·奥尔森编：《伤害+侮辱——争论中的再分配、承认和代表权》，高静宇译，周穗明校，上海人民出版社2009年版，第140页。
② 同上书，第135页。
③ 同上书，第292页。

所固有的规范要求；而弗雷泽则从现实政治的角度来考虑，或者说她把承认问题纳入正义框架内来研究，说明错误承认只是当前现实中不正义的一方面，而其根源也不在于自我认同的危机，而在于其制度化的社会地位。这就如同对马克思主义的定义一样，从哲学和政治的视角来审查历史唯物主义会得出完全不同的画面。二者理论视角的不同，导致他们对承认在其体系中的地位和作用的评价也不同。

三 承认在二者理论体系中的地位和作用

无疑，霍耐特和弗雷泽同为法兰克福学派社会批判理论的新一代传人。他们对批判理论的发展史和批判理论自身的特点都很熟悉。尤其，他们二者都深受哈贝马斯的影响。所以他们应深谙批判理论与传统理论的区别。哈贝马斯在其早期，将批判理论定位为介于哲学和科学之间。他说："批判（的社会哲学）通过理论对自身形成过程中联系的反思有别于科学和哲学。科学不考虑结构联系；它客观主义地去对待自己的对象领域；哲学则相反，它太相信自己的起源；它用本体论的观点把自身的起源视作根基。"[①] 批判理论不同于哲学与科学的地方在于，它要进行"双重反思"，一是对理论自身形成过程中的联系的反思和其在实践运用中的反思；另一是理论对自身的反思和批判，知道自己是可以扬弃的。正是由于批判理论是批判和自我批判，所以要求理论一方面要研究社会实践（社会实践作为社会的综合，使认识有了可能）；另一方面要研究政治实践（政治实践自觉提出的目标是彻底改变现有的制度体系）。[②] 也就是马克思所言的，既要认识世界，也要改造世界。在认识、改造世界的同时，批判还不能忘记批判自身。

霍耐特和弗雷泽在践行哈贝马斯所提出的批判理论的宗旨时，可以说都取得了部分成功。霍耐特在社会实践研究方面，即在认识世界方面，卓有建树。但在政治实践方面即改造世界方面，承认理论的力量却很微弱。与他相反，弗雷泽在政治实践方面提出了更为激进的反抗方案，要求将平

[①] ［德］哈贝马斯：《理论与实践》，郭官义、李黎译，社会科学文献出版社2004年版，新版导论第2页。

[②] 同上。

等主义贯彻到社会生活的各个方面,但她对现代社会的分析和认识却存在一定的问题。这点尤其体现在对承认问题的处理上。霍耐特在考察当代资本主义社会的现实时,对一种"道德伤害现象学"进行了分析。他认为,"道德伤害是一种心理伤害,是主体感受到的不公正感。因而,不是身体的疼痛,而是参与者在自我理解中不被承认的意识,构成了道德伤害的可能性条件。"① 这种心理伤害与诸如杀害、虐待、拷打、强奸等生理伤害是一样的。这些道德伤害的具体表现特征是:个体自尊被伤害;从个体被蒙蔽、被欺骗到整个群体的法律歧视;侮辱、能力不被承认,等等。② 霍耐特既注意到人们在日常交往中承认或蔑视的道德经验有可能成为各种反抗、斗争和运动的根源的事实,又从社会历史哲学中,从马克思、索雷尔、萨特等社会理论中发现"尊严"与"荣誉"等与社会斗争、社会冲突的关系,从而奠定了以承认为规范性基础的新批判理论。霍耐特认为,承认或道德尊重已经成为一种实现"美好生活"的具有普遍性的条件之一。而传统观念认为与人们的"物质利益"挂钩的有关再分配的社会冲突,也可以看作承认的特殊形式。总之,霍耐特的承认批判理论是在肯定资本主义现有制度的条件下,就如何能更好地自我实现,展开社会哲学的探索和研究。他的改造世界已不是革命意义上的颠覆制度,而是如何使现有制度变得更完善,使人的生活更美好。

弗雷泽同样想改变现实不公正的世界,但她认为,现代社会是一个高度复杂、现代化、组织化的社会。每个社会都基本上有三个不同的组织序列:"经济秩序主导于市场之内;文化秩序主导着公民社会;政治秩序主导着国家机构。"③ 因而不能把批判理论的火力集中在以承认为目标的文化维度,而应覆盖在整个资本主义社会的三个维度上。因为随着全球化进程的加剧,世界范围内的不公正在三个不可还原的维度上都存在,而且即使面对同一个问题也可能折射出三个维度的原因。如以性别不平等为例子,就分别在收入、身份、政治代表权等方面存在着不平等问题。因此,弗雷泽

---

① 转引自王凤才《平等对待与道德关怀——霍耐特的政治伦理学构想》,《马克思主义与现实》2009 年第 4 期,第 122 页。

② 同上。

③ [美]南茜·弗雷泽:《有关正义实质的论辩:再分配、承认还是代表权?》,朱美荣译,《马克思主义与现实》2009 年第 4 期,第 139 页。

把"参与对等"作为衡量三个维度即再分配、承认、政治代表权等的规范性标准。"根据这个原则,正义要求那种允许所有人都作为同等人参与社会生活的社会条件存在。"这些条件包括消除各种经济、文化、政治层面的障碍,以确保所有人能平等地参与社会生活。

二者孰是孰非,一时难有定论。但可以肯定的是二者都对马克思主义所主张的经济决定论持否定态度,也放弃了立足于物质分配诉求的阶级斗争学说。有学者这样评价霍耐特和弗雷泽,"霍耐特采取的是在路径上转向右的策略,通过对预设原则的抛弃和对事物自发机制的展示去指出社会变迁的现实道路所在;弗雷泽则采取了强硬的左翼思路:将现实中令人不满的东西直接展现出来,以激发起反抗现实、改变现实的革命冲动"①。二者的不同在于他们对当代社会现实的切入和诊断不同,以及由此带来的反抗和批判旨趣也不同。霍耐特以承认病理学为当代社会的主要特征,而弗雷泽则以经济再分配的不公正为主,兼带文化和政治领域的不公平为特点。二者虽然都谈到承认问题,但理论关注的重心不一样。弗雷泽认为,霍耐特夸大了承认的社会作用,把资本主义的社会秩序还原为一种承认秩序。而事实上,社会中的相互作用不一定都是由承认的文化价值模式所决定。同时,她认为霍耐特的道德承认一元论也是无力的。无疑,这些质疑都击中了霍耐特理论的弱点。但霍耐特辩解到,他的承认秩序只限于"社会整合"中,即在社会一体化过程中,个体在主体间性上相互作用、相互承认,既能保持个体的特殊性,又能促使社会朝着一个合理的方向发展。在霍耐特看来,这种社会整合比起弗雷泽所看重的"制度整合"要重要得多。②

四 对承认理论的几点思考

承认到底意味着什么?它是一种完整人格的内在需要,一种自我实现的需要,还是一种身份的追求,一种社会地位的平衡?面对霍耐特和弗雷泽对承认理论的不同阐述,我们不得不发出以上这样的疑问。还有,承认

---

① 王才勇:《承认还是再分配?——从霍耐特到弗雷泽》,《马克思主义与现实》2009 年第 4 期,第 111 页。
② 参见周穗明《N. 弗雷泽和 A. 霍耐特关于承认理论的争论——对近十余年来西方批判理论第三代的一场政治哲学论战的评析》,《世界哲学》2009 年第 2 期,第 65 页。

是一种目的，还是一种手段？我们追求承认，反抗蔑视，目的是想达到一种什么样的"好生活"？我认为，弗雷泽以地位政治的承认概念取代了霍耐特基于道德心理学的承认概念，以阐述当代的社会承认问题，并不具有很大的优越性。因为承认或蔑视不仅仅是一个社会地位平等的问题，它与个体的能力、禀赋、欲望、信念、观念等密切相关。即使按照弗雷泽的"参与对等性"原则，我们克服了经济、文化和政治制度方面的各种障碍，实现真正的参与平等，也会产生各种错误承认。试想如果一个残疾人在各种保障下平等地与一个正常人同等参与竞争，你认为他会得到与正常人一样的承认吗？2008年北京残奥会上有个著名的"尖刀战士"，他可以带着两个假肢跑得比正常人还快，甚至他还参加了正常人的奥运预选赛。那么他在比赛中所获得的承认不应该比正常运动员获得的更多吗？如果没有，是不是对他的错误承认，可如果他在比赛获得了额外的承认，是不是对其他正常运动员的一种错误承认呢？所以，我认为，弗雷泽的地位平等只是保证承认的形式条件之一，并不能实现实质性的、真正平等的承认。

此外，我也不同意弗雷泽把霍耐特的承认理论归结为一种身份政治。这点霍耐特本人也是否认的。霍耐特认为，他的承认理论与文化主义或身份政治的关系是偶然的。正像周穗明教授所判断的，"霍耐特的承认理论尽管有文化主义的外观，但实际上与泰勒等人基于多元文化主义的承认理论大相径庭。他的承认并非文化承认，而是道德承认，主要不是政治理念，而是哲学概念"[1]。奠基在哲学基础上的承认理论，不会为某一特殊群体代言，如以族裔、性别、宗教等标准划分的群体，而是以每个个体的自我认同和自我实现为目的，寻求的是个体社会化和社会个体化的相互整合。

最后，我想指出无论是霍耐特建立在哲学基础上的承认理论，还是弗雷泽以现实政治为指向的地位承认诉求，它们都把承认作为一种"工具"来看待。正如法国著名的哲学家孔普雷蒂斯（Nikolas Kompridis）所指出的："霍耐特与弗雷泽都认为承认具有工具性，即他们都把承认视为实现目的的手段，无论这个目的是完整的人格身份，还是正式的社会参与。而且他们都把承认当作清楚的或明显的举动，即某些我们能够安排的事情，某

---

[1] 周穗明：《N. 弗雷泽和 A. 霍耐特关于承认理论的争论——对近十余年来西方批判理论第三代的一场政治哲学论战的评析》，《世界哲学》2009 年第 2 期，第 66 页。

些能够由国家或个人意愿的行为动员起来的事情，好像一旦承认诉求得到公开证明，那么它就成为以正确的方式给予正确承认的问题。"① 这种对待承认问题的科学态度，使我们确信可以使用"头痛医头，脚痛医脚"的医治方法。但对于争取承认的整个实践活动来说，这种客观的、可以测量的或重新安排的标准并不存在。因为获得承认或错误承认都是一个漫长的、动态的复杂工程。弗雷泽所倡导的"文化价值模式非制度化"也不是短时期就能达到。此外，即便个体通过努力学习，不断反思，纠正错误承认的困境，达到了自我潜能真正实现的社会承认，他也会产生新的承认诉求。而表面上个体通过努力，在为了承认而奋斗的过程中实现了个性的张扬和自我潜能的释放，殊不知为了获得承认，个体在社会化的过程中已经放弃了原有的批判精神，融合到现有的体制中。所以，为了承认而斗争，某种意义上可以换成"为了统治合法化而斗争"。这是一体两面的事情。面对这样的尴尬之事，霍耐特不得不反思，伴随新自由主义所产生的资本主义现代化怎么会产生这样的悖论："尽管过去几十年的规范性原则仍然在实践中通行，但在这种表象背后，它们似乎已经失去了自己的解放意义或者是已经被改造……在今天都走到了自身的反面。"② 而之所以产生这样的悖论，我认为他们都忽视了哈贝马斯对批判理论自身的规定：批判及自我批判。当批判指向当下的社会现实时，也应同是指向自身，不断地进行自我反思和批判，考察批判的适用条件和限度。为此，我赞同孔普雷蒂斯把"解构"的概念和话语纳入批判理论体系中，批判和解构应构成当代批判理论不可缺少的两极。

第六节　霍耐特近 10 年的理论新进展

2011 年霍耐特出版了其近些年较为重量级的著作《自由的法：民主生活的社会基础》。在这本著作中，他追溯到黑格尔的《法哲学》，探讨了消

---

① ［美］凯文·奥尔森编：《伤害＋侮辱——争论中的再分配、承认和代表权》，高静宇译，周穗明校，上海人民出版社 2009 年版，第 299—300 页。
② ［德］马丁·哈特曼、阿克塞尔·霍耐特：《资本主义的悖论》，张琳译，《马克思主义与现实》2009 年第 4 期，第 127 页。

极自由、反思性自由及社会自由三种模式。在霍耐特看来，消极自由、反思性自由或道德自由在现代社会中出现了很多弊端和病理学特征。我们得重新回到自由的现实中，重建在个人关系、市场经济和民主政治协商中的社会自由——互惠模式基础上的相互承认。他认为，只有在这些领域实现和建构相互承认机制，我们才能真正达到社会团结、政治民主。本节就以霍耐特的"社会自由"概念为核心，探讨下社会自由的本质，它与法律自由、道德自由的关系及它是否能承担霍耐特所赋予的重建正义论的重担等问题。

一 当代西方社会的自由困境及其病理学特征

众所周知，霍耐特是法兰克福学派批判社会理论的第四代传人。他早期以《为承认而斗争》出名，将哈贝马斯的交往行为理论顺利转型到相互承认理论。人们都将这个转型称作是"政治伦理转向"。在20世纪90年代，霍耐特与美国批判社会理论杰出代表南希·弗雷泽的"承认，还是再分配"的争论在学界持续了10年。随后，霍耐特的重心逐渐转向政治哲学。他既关注多元文化主义背景下的文化身份认同的问题，也留意和观察着民族国家范围内及国际秩序下的不正义问题。这也许就是批判理论家本身应该扮演的角色——要从现存统治结构中找出超越这个结构，并批判这个结构的根据和理论。霍耐特敏感地发现，现代西方社会正面临着政治忠诚、社会团结等方面的各种危机、人们心中充满了"政治愠怒"，他们冷静而清醒地与政治保持距离，对国家与政府充满了不信任感。在自由主义民主国家，个体拥有各种宪政保障的自由，但却在现实中遭遇到各种的不自由。如在个人关系中不敢建立亲密关系；在市场经济中，道德滑坡，以利益为核心，各种欺骗和诱惑现象相继产生；媒体失去了报道客观现实的传统功能，成为不断让顾客消费的鼓吹机器；政治决策机制流于形式化，人们日益冷漠。这诸多问题到底是怎样产生的？现代人到底是越来越自由了，还是越来越不自由了？

这就是霍耐特思考的现实问题。通过对现代西方社会发展历程宏观而真实的描述与分析，霍耐特认为，现代西方的某些自由发展有些过头了，特别是法律自由、道德自由，这些自由形式的制度化使得现代社会出现很多病理性特征。相反，社会自由却没有得到充分而长足的发展。为了克服现代人发展的自由困境，霍耐特认为我们需要重建或体制化社会自由，因为社会自由是民主生活的社会基础，有了这个基础，上述当代西方社会的种种问题就能逐步得到解决。那么，我们首先来看看，现代西方社会的法律自由、道德自由有什么样的病理性特征呢？

法律自由，顾名思义是由国家法律规定的个体自由。个体有权利或自由去拥有一个受国家保护的空间，在这个空间里，他可以依据自己的个人意志探索自己的喜好和意图。显然，这是一种消极自由。这种消极自由的核心是在法律予以保护的空间内，存在着个人的隐私区域。个体在法律的空间内可以实现"私人自治"。但这种法定自由发展到现代，却出现了以下的病态表现："更多的是这些社会成员容易倾向于，个人行为固执、社会行为偏颇和只顾及自己，他们显然是陷进一种很难自控的低沉压抑又没有方向的情绪中。"[1] 也就是说，随着现代法律制度的健全和普及，人们似乎对自身的法定自由非常重视，他们往往忽视甚至忘记了制定法律的原初意义。霍耐特认为这主要表现在两个方面：一是社会分裂或争执中的双方都强调自己是法律实体，为了省事或维护自己的利益，都倾向于诉诸法律的手段来解决问题，而忽视了交往行为的调解潜能，同时在争执中也忘了最初的动因——自己的自由；二是忘记了主体互动的义务，只是以自我为中心，强调自我的自由，而无限期地推延自己应尽的义务。[2] 这两种病态形式导致"在第一种情况下，这种独特性把主体的关注和需求逐渐转型为纯粹法律要求的形式，以致所有的主体都只剩下法律实体的外套；而在第二种情况下，则对所有承担的义务做无限期地推延，从而导致产生一个只有法律形式的个性。"[3]

主体变成了法律实体。现代生活出现纠纷与冲突，人们往往是诉诸法律，去争取自己的权利和自由，而忘记了其他诸如通过传统的沟通交流方式来解决问题。而且法定自由机制在近来的几十年中越来越强势，影响并改变了人们的生活世界和行为方式。人们通常会以法律许可的方式来行动，

---

[1] 参见［德］阿克塞尔·霍耐特《自由的权利》，王旭译，社会科学文献出版社 2013 年版，第 139 页。
[2] 同上书，第 141 页。
[3] 同上书，第 142 页。

对于传统的那些依据规范和价值而选择的行为表现出犹疑和拒绝。这方面的典型案例在中国就体现为"搀扶老人"这个社会现象上。为什么传统美德认为应该扶持老人的现象会变为现代年轻人不敢做的事情？除了个别老人讹诈，道德败坏的问题之外，最重要的还是牵扯到法律认定和赔偿的问题。

霍耐特担忧的法定自由病态的另一后果是造成整个社会犹豫不决和被迫的特性，人们丧失了对永久价值的信念。① 如果主体完全变成法律实体，人们只是追求自己的利益和权利，而失去了与周围社会进行沟通实践的条件，那么人们只会以法律诉讼上的胜败为目标，而忽略了对生活具有永久意义价值的追求。

总之，霍耐特认为，现代法定自由的强势与普及，使得现代人的主体特质仅仅以法律实体的形式展现，主体的个性化、对传统规范与价值的依赖、对永久价值的信念都丧失掉了。人们只能在法定的自由内，小心谨慎地行事。有了冲突和争执，就诉诸法律程序去解决。除了法定规定的义务之外，其他的义务与责任都可以不断地推延或回避。

道德自由，也被称作反思性自由，是一种积极自由。正如卢梭与康德所指出的，真正的自由在于自我主动、理性地选择服从被认为是正确的东西，比如说道德律令。康德认为，只有我们在服从道德律令时，我们才是自由的。道德律令具有普遍性。它不仅考虑到主体的理性选择，同样也要考虑到他者的赞同。那么道德自主就有两方面的含义：一是我们可以拒绝那些不是普遍性而强加于我们的要求；另一方面我们的行动也要以从我们自己内部出发的普遍性理由为取向。这样，我们才是自由的。从这个角度来看，道德自主或道德自由必须兼顾个性和普遍性。但问题是，主体如何能跳出自己既定的角色和规范，尽可能采取一种不带偏见的普遍性立场？这也是黑格尔反对康德道德自由立场的重要方面。如同黑格尔的批判一样，霍耐特认为，在践行道德律令的行动自由中，主体都事先受到社会形式的结构性规范的束缚。或者用霍耐特的术语来说，就是相互承认的基本形式在道德话语之前就存在，我们一般把它作为社会历史事实接受下来。这就

---

① ［德］阿克塞尔·霍耐特：《自由的权利》，王旭译，社会科学文献出版社2013年版，第148页。

构成了道德自由的有限性。

在霍耐特看来，如同法律自由一样，道德自由也越出了自己的界限，不断侵入社会生活实践的各个领域。道德自由的病理性特征表现为不是形成一种教条、冰冷、偏执的道德主义（moralism），就是演变、激化为一种道德恐怖主义（morally motivated terrorism）。[1] 道德主义的表现就是一切行动都以抽象的、绝对的、道德上的"善"为原则和标准，而忽视了个体所现实存在的社会关系和角色规范。这方面的例子很多，在电影和文学作品中，我们都可以看到那种固执坚守所谓道德原则，而牺牲和放弃许多个体真实愿望和选择的人物形象。这在霍耐特看来，也是道德自由的一种病理性特征。另一方面，道德绝对主义还能转型为一种政治恐怖主义。[2] 某一社会群体对现存社会秩序的合法性产生怀疑，如他们觉得大家相互认同的一些普遍性原则遭到破坏，这样，他们就会逐渐对整个现存原则产生怀疑，并在政治上激进地付诸行动。在霍耐特看来，这种道德恐怖主义产生的原则在于一种幻象，好像道德自主完全可以建立在一种脱离实际的立法者的普遍性视角上，[3] 完全忽视了我们已经存在的行为规范。总之，无论是个体的道德主义，还是群体性的道德恐怖主义，在霍耐特看来，都是一种非理性的社会病理学特征。它们最大的缺陷在于自我立法的主体或群体过于教条和偏执，抽象地坚持和践行道德的普遍性原则，完全忽视了个体或群体存在所既有的社会关系和行为规范。

通过上述我们可以看出，无论是消极的法律自由，还是积极的道德自由，在现代社会的发展中都出现了不同程度的病理学特征。确实，我们是拥有宪法或国家保障的法定自由，法律对保护个体的自我权益是非常重要的。但法定自由的单一、强势发展，使得主体逐渐让位为法律实体。过去很多依靠伦理、交往、沟通，甚至互助方式解决的冲突现在都挪到了法院，诉诸法律手段。人们也因此变得小心谨慎，执着于法律框架内办事，不敢承担起更多的义务，也丧失了很多永久的信念。同样，道德自由的践行需要既考虑到个体

---

[1] 参见［德］阿克塞尔·霍耐特《自由的权利》，王旭译，社会科学文献出版社2013年版，第183页。

[2] Axel Honneth, *Freedom's Right: The Social Foundations of Democratic Life*, Polity Press, 2014, p. 119.

[3] Ibid., p. 118.

的需求和倾向，更要关注到他者的利益，是个性兼顾普遍性的自由。但事实上，只顾及道德的普遍性原则，而忽视个体个性的道德主义，还有不顾现实条件追逐道德普遍性要求的病理性特征都存在于现代西方社会。如此，霍耐特揭示了现代西方自由发展的困境：我们有自由，无论是从制度层面，还是从道德主体层面，我们很自由，但事实上，我们又不自由。在霍耐特看来，这种不自由的根源在于前两种自由，即法律自由、道德自由过于发达，而忽略了社会自由的建构与发展。只有那种主体间相互承认的社会自由得到重视，并体制化后，才能建构现代民主生活的社会基础，才能真正实现我们的自由和社会公正。

二 社会自由及其各个领域的相互承认关系

那什么是社会自由？自由是一种权利，无论是法律自由，还是道德自由，它们都有自己的主体——个体或群体，是人的一项权利，是主体以自主设置的目标或真实发展的愿望作为我们行动的目标的权利。那社会自由如何理解？它指的是什么？霍耐特再次回到黑格尔哲学中汲取营养，只不过这次不是回到黑格尔耶拿时期的哲学思想，而是来到《法哲学原理》中。他认为，黑格尔在《法哲学原理》中提出了"社会的自由"思想。这种"社会自由"不是以个人的意图为核心，而是关注社会现实领域中的自由。按霍耐特的看法就是，不仅讨论自由的可能性、理论性，而且还要关注到自由的现实性、实践性。也就是说，外在的社会现实也应该是自由的，去满足主体设定的自由标准。

黑格尔在《法哲学原理》第 7 节中谈到友谊和爱情时写道："在这方面，我们在自身中不是片面的，而是乐于在同一个他人的关系中限制自己，并且明白即便在这种限制中自己还是作为自己本身。在这种规定性中人不应当感到自己是被规定的，相反地，当我们把他人作为他人来看时，我们才有自我感。"[①] 霍耐特认为，这里的"在他者中确认自我"的要求和权利就是一种黑格尔意义上的社会自由。这种建立在主体间性上的相互承认机

---

① ［德］黑格尔：《黑格尔著作集第 7 卷·法哲学原理》，邓安庆译，人民出版社 2016 年版，第 46 页。

制，在黑格尔看来，就超越了传统自由模式的内在性，延伸到社会领域，可以检验自由的"客观性"和结果。

这样，我们似乎又回到霍耐特的相互承认理论。但问题是，这种相互承认机制是如何成为一种社会自由呢？这里的"社会性"是比较好理解的。因为无论是黑格尔强调的他者认同的"自我同一性"，还是后来哈贝马斯在语言交往中的"理性共识"，都强调了跃出单独主体的"独白"，而主张考虑和参考他者的目标和利益。从独白式主体到主体间性，这本身就是社会化或社会性的表现。但如何理解这种互惠承认机制也是一种"自由"呢？这里就体现出黑格尔哲学的独特性。黑格尔批判那种内在的、反思性的自由，认为如果我们只是将自由解释为"能力"，一种纯粹追求自我设定目标的能力，我们就能看到自由与其现实之间的关系就仅仅是运用其到给定物质条件中。这在黑格尔看来，不是自由的本质。① 这是一种"弱"的自由模式，而他主张一种"强"自由模式——社会自由，即实现自由的客观性前提必须也属于"自由的本质"②。

这个客观性前提就是黑格尔试图用他的承认概念去界定的。黑格尔认为，在主体设定自由目标之前，社会中就存在着一种给定的或先前的相互承认机制。这种现实的相互承认机制本身就限定或促使着主体与主体间、主体自由与客观性间进行互动实践。主体追求自由，只能在相互承认的机制内部实现。主体与他者相遇，他对自己自由目标的设定必定会考虑到他者的目标。在对他者目标的权衡下，他会看到自己目标实现的条件，从而与对方形成一种相互承认关系。所以，"在他者承认中的自我自由"很明确的是一种"社会性"的，而又具有现实性的"自由"。在这里，霍耐特强调，黑格尔不仅仅是强调社会自由的前提性条件，更重要的是主体的反思性自由可以借助相互承认机制，来融化已经冰冻的现实物质条件，从而客观地表达其反思性自由的结构。③ 也就是说，社会的相互承认机制不仅是主体提出自由的客观前提条件，同时也是改革现实、践行自由的方式和媒介。只有通过相互承认机制，我们才能在个体自由与社会现实之间实现妥协、

---

① Axel Honneth, *Freedom's Right: The Social Foundations of Democratic Life*, Polity Press, 2014. p. 47.
② Ibid.
③ Ibid.

改革和进步。

黑格尔提出相互承认机制不仅表现在我们的日常伦理关系中,如友谊、爱情和婚姻家庭中,还体现在市场经济中。他说:"需要和手段,作为实在的定在,成为一种为了他者的存在,而通过为了他者的需要和劳动,大家彼此互为满足的条件。当抽象变成需要和手段的一种性质时,抽象也就成为个人之间相互关系的规定。这种普遍性,作为被承认的东西,就是一个环节,它使孤立的和抽象的需要以及满足需要的手段与方法都成为具体的,即社会的。"①

霍耐特借助黑格尔在上述国民经济学中表达出的相互承认理论,还对马克思早期的劳动概念作了一番"相似的"解说。他认为"马克思与黑格尔的承认模式并相距不太远"②。马克思也反对那种抽象的或只停留在语言层面的自我实现,而主张在劳动中确认自己。"不过,这样一种通过劳动而进入自我实现的进程,对马克思来说,并不是一种自身周转的单调过程,而是从一开始就要顾及别人的需求;每一个人在他的需求满足中,都至关重要地依赖着那些别人为他生产的产品,因此他就要将他的劳动以别人的需求为方向,而反过来他又期待以别人的产品来满足他自己的需求。"③ 霍耐特认为,马克思在劳动的合作生产中也表达了自我实现的相互承认机制。劳动者必须关注他者的需要,并在满足他者需要的劳动产品中确证了自己。

无论是黑格尔自身的相互承认理论,还是霍耐特对这个理论的发展和延伸,都指出社会自由领域的重要性,即在人与人之间的行为的相互关系中,相互承认、补充完善、共同进步,以保障个体自由的实现是多么重要!而在这方面,如前面所述,官方的法律自由只能越来越离散,而道德自由只是进行反思性检查,它们的过度发达或者自由的发展只停留在两个领域,这造就了现代西方社会的自由发展困境。为此,霍耐特主张,我们应该在行为领域进行规范性重构。在这个领域中,我们应该把承认每个人的自由活动看作我

---

① 黑格尔:《黑格尔著作集第 7 卷·法哲学原理》,邓安庆译,人民出版社 2016 年版,第 94 页。
② [德] 阿克塞尔·霍耐特:《自由的权利》,王旭译,社会科学文献出版社 2013 年版,第 83 页。
③ 同上书,第 82 页。

们自我目标实现的条件。人与人之间的行为角色或义务是互补式的。① 仿照黑格尔，霍耐特主张在个体关系、市场经济、政治决策等三个关系机制中重建这种平等、互惠的相互承认机制。

首先是在个人关系领域。

霍耐特分别在友谊、亲密关系、家庭这三个领域阐述相互承认模式的历史变迁。无疑，个人关系领域是体现这种相互承认、共同学习成长的最直接又自然的地方。无论东西方社会，我们都能在朋友、爱人、孩子身上体会到相互承认、爱和支持对我们个体发展的重要性。当然，霍耐特不是从我们个体发展的心理学来考察相互承认机制，而是从社会制度的层面来分析。他认为，这种自然发生的相互承认机制对实现个体自由、社会正义是极其重要的。因此，他才会说："没有了个人关系，也就抽去了民主道德的脊梁。"②

在宏伟而翔实的社会学描述中，霍耐特谈到现代西方社会出现了亲密关系危机和解体现象。他说："不断增长的工作灵活性，不断变换的工作位置和地点，以及工作随叫随到的要求，使夫妻越来越难真正按社会规则去实践自己的亲密关系；相互间应尽的帮助和关怀，往往因为工作后的筋疲力尽，而无法长久地去实施这些义务。"③ 除此之外，不敢建立亲密关系，犯有恐婚症，或者选择独身，或离婚率不断攀升的现象，都说明现在西方社会在个人关系领域出现了问题。当然也有人认为，这不是负面的结果，也许正好相反是进步和自由的表现。我们的困难在于学习和适应这些新现象。但无论怎样，霍耐特批判了资本主义形式对生活世界的入侵。他认为市场的独立性和扩展性倾向，使得主体与另一个人保持长期亲密关系所需要的条件难以满足。这在他看来不利于西方民主制度的发展和建设。

其次，在市场经济领域。

霍耐特呼吁沿着黑格尔和涂尔干的道德经济主义传统，坚持团结互助原则，重建资本主义市场经济的道德体制，以扭转和改变现代社会的错误

---

① Axel Honneth, *Freedom's Right: The Social Foundations of Democratic Life*, Polity Press, 2014. p. 127.
② ［德］阿克塞尔·霍耐特：《自由的权利》，王旭译，社科文献出版社2013年版，第241—242页。
③ 同上书，第241页。

发展和不正义局面。在市场经济领域进行规范性重构，在霍耐特看来，面临着两种争议：一种就是以马克思为代表的，认为资本主义市场经济根本不可能提供社会自由。在资本主义社会，马克思认为劳动力只有被迫出卖给资本家的自由。那种互助式的、非强制性的合作自由根本不存在。另一种看法就是以黑格尔和涂尔干为代表的道德经济主义传统。他们认为，市场经济中也存在着道德意识和体制，并且还是一个逐步完善的过程。他们二人都认为，在市场中签订各种契约之前，所有参与的主体都在道德上或伦理上有一种公平、公正对待他人，并团结互助的意识。只有具备了这种公正交往和团结互助的立场，市场的机制才能正常发挥作用。正是这些规范性共识才赋予了市场以合法性。[①] 这种强调市场经济中的道德作用的观点，我们可以统称为"道德经济主义"传统。在霍耐特看来，"即便在今天，道德经济主义的源泉仍然没有枯竭"[②]。

一方是以马克思为代表的认为"道德"是不可能内在于市场机制之中的，"因为市场根本就不允许绝大多数的民众有行使它所许诺的消极自由的权利"[③]；一方是以黑格尔和涂尔干等为代表的道德经济主义，认为市场活动必然内在有那种相互合作、团结互助的道德意识和精神。马克思认为，劳动力只能签订那种强制性的契约，而后二者认为没有强制的契约关系也可以实现。面对这两种针锋相对的看法，霍耐特还是站在了黑格尔、涂尔干等道德经济主义的立场。他认为，既然市场经济无法取代，"那么就有理由把马克思对资本主义批判所描述的弊端，转换到黑格尔和涂尔干开拓的思想水平线上去，以他们的思想境界来看待资本主义的那些弊端：并不是资本主义市场经济结构性上的缺陷，导致了剥削和强制性契约，而是它自己的规范性许诺造成了这些弊端，因此最终也只有通过它自己来解决这些问题"[④]。

与马克思不同，霍耐特并没有认为市场体制本身有系统性问题，而只是强调市场经济本身就存在的那种平等合作、团结互助的社会自由机制没

[①] 参见［德］阿克塞尔·霍耐特《自由的权利》，王旭译，社会科学文献出版社 2013 年版，第 293 页。
[②] 同上书，第 303 页。
[③] 同上书，第 311 页。
[④] 同上书，第 314—315 页。

有得到充分发展。这种社会自由机制就是一种规范性体系。尽管现在经济全球化的进程使现代人再次怀疑市场秩序是一种"没有规范的体系",一种匿名的网络化事件,没有任何规范性限制,[1]但霍耐特认为,这都是对市场经济的片面认识。他主张"以道德经济主义传统,从实现社会自由的出发点和机制形态的角度,对当代市场经济进行规范性重构"[2]。

当然,霍耐特还在消费市场领域、劳动力市场中表达了他类似的观点。通过对西方消费领域中的斗争发展史的描述,霍耐特指出,生产商与消费者相互承认的规范性斗争从来没有停止过。不然,我们现在也不会有《消费者权益保护法》的建立。同样,通过对西方社会劳工斗争史的描述与分析,霍耐特认为,在劳动力市场中,工人与资本家之间的斗争也从来没有停止过。在经历了19世纪初的工业革命,19世纪末西欧自由国家推出福利政策,20世纪前三十年的"有组织的资本主义"产生,第二次大战后五六十年代随着新社会运动的发展,工人权力进一步提升;70年代,产生新的无产者;90年代,经济全球化开始。近二百年的劳动发展史,可以看出工人与资本家的斗争此消彼长,劳动者的权利或自由逐渐得到保障。这也是源于相互承认的规范性意识在市场机制中发生作用。工会在这个过程中充当着"积极的道德特使"[3] 角色。

总之,霍耐特将其互惠承认基础上的社会自由机制也扩展到了市场机制领域。他认为,市场机制本身就内在有平等合作、团结互助的规范性意识。只不过是在后来的错误发展中,人们忽略了或丧失了这种相互承认的团结互助意识,经常以资本的利益最大化为追逐目标,造成了剥削、贫富两极分化和其他一系列不公正现象。解决的思路就在于,重建市场机制内的规范性结构,大力加强和发展互惠承认的社会自由机制,使得人人都获得真正的自由。

最后,在民主协商领域。

在"民主决策中的我们"这一节中,霍耐特分了三个部分:一是民主的公众性;二是民主的法律国家;三是政治文化。民主的公众性实际上指

---

[1] 参见 [德] 阿克塞尔·霍耐特《自由的权利》,王旭译,社会科学文献出版社 2013 年版,第 317 页。
[2] 同上。
[3] 同上书,第 384 页。

市民社会的"公共空间"或哈贝马斯所考察的"公共领域"。在国家和个体之间还存在着一个公共空间。在这里市民们可以自由、公开地就某些议题进行讨论和争辩。在霍耐特看来,公共领域在当代资本主义的发展中主要面临两个方面的问题。一是大众媒体的操纵和控制;二是消费社会的来临。我们知道,信息的获得和交流对民主公共领域的发展至关重要。但无论是哈贝马斯、阿伦特,还是杜威,都注意到新闻报刊等大众媒体日益商业化和私有化,丧失了过去客观、真实报道和传递信息的功能。正像杜威所描述的,他那个时代"新闻"意味着什么:"广告,宣传,侵入私人生活,以一种强行扭曲事件自身任何逻辑背景的方式,以一种只能给我们留下骚乱和惊吓的方式,来对那些即将过去的事件进行专题特写,充塞着这些特写的只是些'花边新闻'。"[①] 另一方面,对民主公共领域造成一定破坏的就是人们不断增长的消费需求。在"二战"后的几十年间,西德国家确实存在着远离政治,回归到私人生活领域的普遍倾向。"从来还没有过这么一个超越国界超越阶层的倾向占有了主导地位:购买尽可能多的象征着安全和舒适的消费品来作为对物质匮乏的战争年代的补偿。"[②] 在这方面,哈贝马斯、阿伦特都有过深入的分析。他们认为,这些都造成了人们对政治冷漠,政治公共领域不断衰微,并沦为"纯粹私人消费者聚合的场所"[③]。

与哈贝马斯、阿伦特的悲观论调不同,霍耐特认为他们忽视了民主公共领域复兴的迹象和趋势。大众媒体还是有一些对社会问题批判、归纳的能力。同时,20世纪六七十年代风起云涌的新社会运动,也促使人们积极地就生态危机、女性主义、战争和平问题、黑人平权等议题展开讨论。文化多元主义的盛行,促使西方社会对如何在民主公共领域中界定"我们"产生争议。霍耐特看到,不是取得了一个国家的公民身份,就能自然加入公共领域中。由于各种原因,很多底层民众的声音被挡在公众讨论之外。当然,这里除了制度上的文化歧视之外,还有个体的学习和见识,底层民众还得习得"那个文化的行为方式"[④]。不管怎样,霍耐特认为当代西方民

[①] [德] 阿克塞尔·霍耐特:《自由的权利》,王旭译,社会科学文献出版社2013年版,第450页。

[②] 同上书,第463页。

[③] 同上书,第464页。

[④] 同上书,第473页。

主的公共领域存在很多缺陷，如社会团结在民族国家范围内出现了不断分化、分层、解体的趋势。公众很难就一些重要议题达成共识，人们都不知道将来以哪些团结互助的形式来保证社会的团结、民族国家的稳定。

但同时，在全球范围内，借助互联网等新媒体作用，公共领域又日益去层次化，形成较为统一的倾向。这两种倾向相互交叉，共同存在于现代西方社会。随着互联网的普及，全球范围内的公共领域逐渐形成。这主要体现在20世纪90年代许多非政府组织、社交媒体、各种论坛的在全球性网络上的建立。比如说国际大赦组织、无国界医生组织、绿色和平组织，等等。他们立足超越民族国家，建立全球性的网络联盟，以解决国际范围内的社会弊端和不公正。霍耐特一方面肯定了互联网对于国际公共领域的形成有着积极的作用，但同时又担忧人们在网上讨论时的非理性、混乱和缺乏监督等负面问题。尤其是国际化公共领域的显形，对民族国家范围内的传统政治文化、较成熟的民主制度有冲击作用。这样，对于前述所说的被边缘化、排斥的底层民众的生活困境毫无好处，因为他们根本无暇或不能参与这种全球范围内的公共领域讨论。

总之，霍耐特对现代西方社会民主公共领域出现的诸多问题表示担忧。他认为，造成公共领域衰微、政治冷漠的原因在于国家的权力过于庞大、强势，而民主的公共领域没有得到充分发展，人民的权利太弱。国家借助于媒体制造假象，私下里往往与大财团勾结、合谋，共同操纵政治，这样就造成现代西方人对政治不信任。人们都"怀疑在每个以民主自居的决定的背后都隐藏着一种非正式的合谋"[①]，这也是奥菲所言的资本主义国家的"合法性危机"。

面对这种危机，霍耐特认为解决之路在于"依靠协会、社会运动和民众联合起来的公众性力量，合作性地对议会立法施加压力，迫使他们制定强制资本主义市场重新进入社会的措施"[②]。也就是霍耐特在市场机制中所强调的道德意识。人们在市场经济中必须遵循团结互助、平等合作的规范性意识，否则资本主义大企业和大财阀控制着国家，更不知道未来会如何

---

① ［德］阿克塞尔·霍耐特：《自由的权利》，王旭译，社会科学文献出版社2013年版，第538页。

② 同上书，第540页。

公正发展？但令霍耐特感到失望的是，现在公共领域进行政治融合遇到了难题，"即形成一种广泛反对力量所需要的共同文化背景的源泉，似乎开始枯竭"①。全球化进程和世界范围的移民潮，使传统的以民族国家为基础的政治融合已逐渐式微，而新的统一的团结互助的道德源泉还没有找到。这就是现代西方社会的现实。

展望未来，霍耐特并没有将希望寄托在以法律制度完善为取向的正义论，而更着眼于建构一种社会自由的政治文化。只要我们在个人关系、市场经济、民主决策等各个领域，建构起其那种相互承认、平等互助的合作意识，只要每个人都能将这种意识深入内心，贯彻到我们的习惯和实践中，那么民主协商理论就真正是"正义的""民主的"。

三 简要的评析和总结

霍耐特《自由的法：民主生活的社会基础》一书的出版，在西方学术界引起了很大的反响。在布拉格举办的每年一次的"哲学社会科学大会"上，更是聚集了很多学者就霍耐特所描述的当代自由问题进行讨论与分析。无论大家是否赞同霍耐特的观点和解决思路，但有一点比较公认的是，霍耐特确实反映和揭示了当代西方社会的政治、法律、伦理等诸多复杂现实问题。文明的进步是否就一定代表着自由、公正、美好？我们争取到的法律权利、道德自由为什么会让我们要么变得谨小慎微，不敢承担一些永久的责任；要么就坚持一些抽象的道德原则，而无力触动现实。资本主义经济体系日益侵入我们的生活世界、政治决策中，为什么我们无力抗衡？传统的民主公共领域为什么逐渐式微，来自个体的声音为什么听不见？我们的社会还能团结一致，共同就某些重大议题达成共识，付诸实践吗？这些疑问不仅是霍耐特本人的，也是西方许多知识分子的心声。

当然，对于霍耐特的社会自由理论，很多学者有自己的看法。汉斯-格奥尔格·弗利金杰在《在市民社会与国家之间：对霍耐特正义批判理论的思考》一文中，就认为霍耐特的承认概念是一种强承认。相比较而言，

---

① [德] 阿克塞尔·霍耐特：《自由的权利》，王旭译，社会科学文献出版社2013年版，第540页。

程序主义民主体现的是一种弱承认,即个体只有成为法律体制内的一员,在享受法律自由,并承担法律义务的前提下,不管你是什么语言、文化、种族或历史背景,都可以期待达成一种正义。这就是民主自由主义社会的现状。显然,霍耐特对这种集中在法律自由下的社会正义不满足。他认为在"前法律"意义上的家庭、市民社会领域中蕴藏着更多社会正义方面的斗争。所以,他主张一种强的、无条件的承认概念。[①] 这些领域的强承认不是法律程序上的形式承认,而是现实生活中无须法律调停就存在的一种承认。

弗利金杰认为两种承认概念都有利弊。程序主义民主下的弱承认有陷入一种抽象逻辑的风险,而且增加法律规范的负担,但霍耐特的强承认概念面临着怎样从多元正义中选出一个普遍接受的正义规范?弗利金杰认为,每个个体都会从自我利益出发,那如何能达到公平、正义的抉择?乔瓦尼、A. 萨维德拉也认为,霍耐特的承认理论也将会"承担起市民社会的解释学"[②],也就是说有必要解释下主体间关系如何必然产生道德内容。为此,弗利金杰建议,我们应接受自由主义原则和法律制度,并探索它们解决冲突的潜力[③]。也就是说,他还是认为依靠民主自由主义的法律制度来解决正义冲突更好、更理想。当然,自由主义法律制度也要注意未来如何更为公正地处理正义原则的斗争。

另一位学者是来自英国肯特大学的肖恩·塞耶斯,在其对霍耐特2005年英国演讲的评论中,这样总结霍耐特的问题,当然他的立场也代表与会的如乔纳森·李尔、朱迪斯·巴特勒等人的观点。他们认为,霍耐特的承认概念比较模糊,在其理论体系中充当着本体论的角色。不仅如此,霍耐特还悄悄地赋予"承认"一些积极的评价性因素,如爱、关心、团结等。但事实上,承认还有仇恨、敌视、蔑视等含义。也就是说,有时候,恨也是一种承认形式。所以,如果将含义模糊的承认概念作为社会批判基础的话,将不太适宜。肖恩·塞耶斯甚至认为,霍耐特过早抛弃了卢卡奇的

[①] Nythamar de Oliveira, Marek Hrubec, Emil Sobottka, Giovani Saavedra (eds.), *Justice and Recognition: On Axel Honneth and Critical Theory*, Filosofia, publishing house of the Institute of Philosophy of CAS, Prague, 2015, pp. 192–193.

[②] Ibid., p. 195.

[③] Ibid.

"物化"概念,而后者某种意义上比"承认"概念更能发挥批判资本主义的作用。①

还有一种批评和质疑之声也代表了笔者的疑惑,那就是霍耐特对市场机制的描述。资本主义市场经济的合法性是如何建立在一种相互承认的体制中?"法律尊重"(legal respect)"社会尊严"(social esteem)等承认概念如何能解释清楚资本主义社会形式?霍耐特是继承了霍克海默、阿多诺等前辈的批判资本主义社会传统,他是在批判新自由主义观点,但他所诉诸的相互承认理论是否能担当起这种批判的依据?德国法兰克福歌德大学的汉斯-克里斯托夫·施米特也表达了类似的疑惑。当然,在他对黑格尔的《法哲学原理》中的"抽象法"章节中有关个体尊严的考察中,还是承认了个体尊严的相互承认与市场机制之间的关系。霍耐特运用黑格尔的"个人尊重"概念对多元化的承认理论进行了辩护。黑格尔所阐述的具体与普遍关系中的承认理论也为霍耐特的"社会尊严""法律尊重"等承认概念的提出奠定了基础。同时,这位作者还认为,黑格尔的承认理论也为批判新自由主义提供了很强的理论资源。因为构成规范性来源的个性与特殊性、普遍性方面都不能由市场来决定。② 所以那种主张市场是万能的新自由主义是站不住脚的。

还有两个问题是针对霍耐特的多元正义论提出的。在2004年格温·马克尔对霍耐特的访谈中,其中一个问题是:"你认为承认理论是否会导致一方面我们从错误承认中获得解放;但另一方面也可能导致某些体制化或官僚化的、独断性的主张?"③ 我认为这个问题问得非常好。确实,南希·弗雷泽谈到了承认的负面效果(recognition backlash)问题。我们知道不是所有承认都是积极的、正面的。如果群体承认是一种专制性的、意识形态性

---

① Sean Sayers, "Reification: A New Look at an Old Idea", by Axel Honneth. With commentaries by Judith Butler, Raymond Guess, and Jonathan Lear, edited by Martin Jay, Oxford: Oxford University Press, 2008. pp. xii + 168. *Mind*, Vol. 118. 470. 2009, p. 478.

② Hans - Christoph Schmidt am Busch, "Personal, Respect, Private Property, and Market E-conomy: What Critical Theory Can Learn from Hegel," *Ethical Theory and Moral Practice*, Vol. 11, No. 5, p. 585.

③ Axel Honneth and Gwynn Markle, "From Struggles for Recognition to a Plural Concept of Justice: An Interview with AxelHonneth," *Acta Sociologica*, Vol. 47, No. 4, Recognition, Redistribution and Justice (Dec., 2004), p. 388.

的、欺骗人的，那么如何理解这种承认正义呢？当然霍耐特的回答是否认这种群体官僚化的承认是承认，认为它们是一种错误承认，正确的承认不该如此。总之，"承认"概念在霍耐特那里无疑是具有积极的、正面的评价性因素。它与我们通常所理解的中性的承认概念还是有距离的。这一点应该是霍耐特理论的一大软肋。

另一个问题是："在你的理论中，出现了从社会理论到规范性正义论的转变。如何理解社会的与规范的、描述性的与规范性的理论之间的关系？"① 这个问题指出了霍耐特理论文本的一个特色，即大量宏观的社会学现象描述与规范性分析之间交错分布。那么二者到底是一个怎样的关系？在霍耐特的回答中，我们看到他承认自己文本中确实存在着这样的现象。他认为二者之间是一种反思平衡（reflective equilibrium）的解释性循环关系。二者是相互交叉、你中有我、我中有你、共同进步的关系。也就是说，我们在做社会学的经验研究时，不仅仅是对社会现象、事实的考察，而是带有一定的规范性视角的。同样，我们提出自己的规范性视角时，也是奠定在一定的社会经验和考察的基础上，不是凭空就提出某些标准。

总之，无论是来自批判理论内部，还是新自由主义阵营，人们对霍耐特的社会自由理论和这种强承认概念都抱有浓厚的兴趣和持久的争议。就我个人而言，我认为，霍耐特的相互承认理论确实可以说对批判理论进行了一种伦理转向。他继承了霍克海默、阿多诺所主张的批判资本主义社会的理论旨趣，对现代文明的进步、自由的扩张，尤其是法律自由的快速发展，表现出法兰克福学派的敏锐和批判性。他也与其老师哈贝马斯的程序主义民主拉开距离，认为程序主义民主只保证了一种形式上的正义或相互承认，而他要重新激活黑格尔所倡导的社会自由，通过在个人关系、市场经济和民主决策等行动领域中重建一种互惠承认型的规范性结构，以达到一种真实的、现实的自由。这种从理论到实践、现实的追求，某种意义上，与马克思当年的思考进路是一样，都主张从一种抽象的解放进入现实的实践领域。

---

① Axel Honneth and Gwynn Markle, "From Struggles for Recognition to a Plural Concept of Justice: An Interview with AxelHonneth," *Acta Sociologica*, Vol. 47, No. 4, Recognition, Redistribution and Justice (Dec., 2004), p. 390.

但与马克思主张用革命的手段来变革资本主义制度不同，霍耐特主张一种伦理的或政治文化的启蒙或学习，来渐进性地改良资本主义制度。这是霍耐特与马克思典型的不同特征。从这个意义上说，霍耐特、哈贝马斯更接近于黑格尔。霍耐特对当代资本主义社会的现实问题的诊断和分析，还是比较客观、准确的，但问题是给出的解决思路过于理想化或乌托邦了。总的来说，他还是人道主义的马克思主义路径，是卢卡奇、哈贝马斯、韦伯的批判路径，是诉诸理性、文化再启蒙的解放道路。他主张对伦理、政治文化等领域重新规范化，打破现代西方社会过度重视法律自由，任由资本主义市场经济侵入生活世界和政治决策领域的困境，重建一种真正自由的，又照顾到多元文化主义的群体政治平等的正义论。但问题是，重建这种相互承认的规范性意识的动力来自哪里？谁会来参加这个运动？

第四章 当代美国人道主义马克思主义新思潮研究

当代美国人道主义马克思主义（International Marxist Humanist Organization，IMHO），是20世纪80年代至今仍然活跃在美国理论界和社会实践领域的马克思主义流派。它以马克思理论为基本思想源泉，继承20世纪五六十年代开创美国人道主义马克思主义的雷娅·杜娜叶夫斯卡娅（Raya Dunayevskaya）的思想遗产，结合当代美国社会的特殊国情，从理论到实践积极介入美国的社会运动，宣扬人道主义马克思主义。从理论发展脉络上说，它宣称直接继承马克思和杜娜叶夫斯卡娅的思想遗产，但其实它和20世纪二三十年代以来兴起的人道主义马克思主义诸流派有着千丝万缕的联系，并对未来人道主义的发展方向提供了借鉴。从与社会实践的关联来说，它从马克思主义的基本立场出发对当代美国社会以及其他社会所可能遇到的许多新问题，如种族、女性主义、阶级、帝国主义等，做出了较为深刻的分析，是马克思主义理论联系实际作风的有力践行。因此，追踪和分析当代美国人道主义马克思主义最新思潮对我们的马克思主义研究具有一定的启发和借鉴意义。

当代美国人道主义马克思主义并非孤立的理论现象，它和历史上兴起的几种主要的以人道主义来解读马克思主义的理论倾向具有千丝万缕的联系。20世纪二三十年代为人道主义马克思主义兴起提供了现实的社会历史条件。在东方社会主义阵营，苏联社会主义所奉行的斯大林模式呈现出诸种弊端，特别是斯大林的大清洗运动，引起了东西方社会对斯大林所推行的"马克思主义"模式的广泛质疑和不满。卢卡奇于 1923 年发表了《历史与阶级意识》一书,柯尔施于同年晚些时候发表了《马克思主义和哲学》,二者试图从黑格尔主义马克思主义的角度重新解读马克思,将马克思从所谓的列宁主义正统中解放出来。20 世纪 30 年代马克思《1844 年经济学—哲学手稿》和《政治经济学批判(1857—1858 年手稿)》的陆续问世对马克思理论做出人道主义解读提供了重要的文本依据。20 世纪五六十年代随着资本主义市场化的推进,西方资本主义社会的阶级矛盾越来越突出,资本在全球范围内的扩张加深了民族国家之间的矛盾,在本国内向社会生活的全面渗透使得资本主义世界的"文化"成为一种意识形态控制。因此,这一时期在西方社会兴起了以批判理论为代表的人道主义马克思主义思潮,在东欧社会兴起了以东欧新马克思主义为代表的人道主义马克思主义流派,它们对以斯大林模式为代表的"国家资本主义"提出了质疑,发起了探求"具有人道主义面孔的社会主义"可能性的理论思潮和社会运动。苏联马克思主义学者杜娜叶夫斯卡娅先是追随托洛茨基反对列宁和斯大林,后来与托洛茨基主义决裂后,于五六十年代在美国发起了从人道主义角度解读马克思主义的思想运动,开创了美国的人道主义马克思主义流派。这个流派以《新闻与通讯》(news & letters)为理论阵地,以杜娜叶夫斯卡娅所倡导的人道主义马克思主义为精神指导,与东欧新马克思主义和法兰克福学派遥相呼应,直到七八十年代都一直是美国马克思主义诸流派中十分活跃的力量。在中国,受国外人道主义马克思主义发展思潮和国内"文化大革命"、市场经济发展等理论、政治、经济形势的影响,对马克思主义的人道主义解读从五六十年代开始兴起,七八十年代中期达到高峰,90 年代初期以后则进入新的探讨模式。

  从整体上说,就历史发展进程而言,从 20 世纪 50 年代到 80 年代,人道主义马克思主义经历了从兴起、繁荣到式微的过程。这种"式微",从主观条件而言,一方面和马克思主义人道主义主要倡导者有关,例如杜娜叶夫斯卡娅的去世、东欧新马克思主义者流亡海外后研究范式发生转换等。另一方面,这种"式微",其实也标志着关于人道主义马克思主义旧研究范式的终结和新范式的开启。这可以从以下角度来理解:20 世纪 50 年代至 80 年代的人道主义马克思主义,具有反对资本主义、极权主义和反思社会主义的社会问题等鲜明的时代特征。以杜娜叶夫斯卡娅为首的美国人道主义马克思主义在这个阶段的主要理论和实践特征是批判斯大林的极权体制、反对美国式的资本主义，东欧新马克思主义则具有在反对斯大林极权体制的同时，反思社会主义的新问题等时代特征。20世纪80年代以后，以斯大林主义为代表的极权主义瓦解，马克思主义人道主义其实呈现出了一种新的理论和时代特征。80年代之后的当代美国人道主义马克思主义继承了杜娜叶夫斯卡娅的基本理论精神，虽然不再以反对斯大林极权主义为主要理论任务和实践目标，但仍然坚持反对资本主义，试图寻找替代资本主义的新方案。特别是它结合当代美国社会的新特征和资本主义全球化的新特征，与美国人权运动相结合，通过对新帝国主义、种族主义、女性主义、同性恋运动、恐怖主义等问题的探讨，展开对资本主义的批判，探寻替代资本主义的可能性。因此，可以说，当代美国人道主义马克思主义与20世纪80年代之前杜娜叶夫斯卡娅时代所开创的美国人道主义马克思主义既有联系又有区别，既有差异又有继承。并且，当代美国人道主义马克思主义所探讨的问题，比如新帝国主义、女性主义、性与性别、恐怖主义等，又具有一定的全球意义。因此，它也为未来人道主义马克思主义发展的可能性指出了新方向，具有理论引领意义。本章主要探讨的是杜娜叶夫斯卡娅之后，当代美国人道主义马克思主义的新特征。要研究它作为杜娜叶夫斯卡娅后学的新特征，首先不能忽略杜娜叶夫斯卡娅及其所创立的美国人道主义马克思主义在20世纪50—80年代的活跃状况。

第一节　杜娜叶夫斯卡娅与美国人道主义马克思主义的创立

作为美国人道主义马克思主义的创始人，杜娜叶夫斯卡娅的理论是20世纪50—80年代美国人道主义马克思主义的代表。以她为核心，在美国形成了从人道主义角度解读马克思的理论思潮。雷娅·杜娜叶夫斯卡娅，1910年生于乌克兰，少年时随家人移居美国。她曾是坚定的托洛茨基主义者，1937年担任托洛茨基被流放墨西哥期间的俄文秘书。但后来放弃托洛茨基主义，转向马克思主义的人道主义。这些个人经历都为她的理论研究奠定了现实基础，因此她的理论突出表现为对苏联斯大林体制的反抗和对美国资本主义的批判。她对苏联社会和经济很有研究，激烈地批判斯大林体制，对黑格尔哲学的浓厚兴趣使她的人道主义马克思主义带有强烈的黑格尔主义倾向。1940 年，美国社会主义工人党（SWP）发生分裂后，她另外组建工人党（WP），与该组织的另一位领导人詹姆斯（C. L. R. James，1901—1989）组成党内激进派。20 世纪 50 年代初，由于麦肯锡主义在美国盛行，美国的激进工人运动和组织遭到镇压，迫使詹姆斯离开美国奔赴英国，杜娜叶夫斯卡娅则留在美国，成立了"新闻与通讯委员会"（News & Letters Committees）（1955 年），继续战斗。这个委员会以杜娜叶夫斯卡娅为核心，宣扬激进的马克思主义人道主义。杜娜叶夫斯卡娅的三部重要作品被称为她的"革命三部曲"，在马克思主义人道主义理论史上产生了重要影响，它们分别是《马克思主义与自由：从 1776 年至今》（Marxism and Freedom: From 1776 until Today）、《哲学与革命：从黑格尔到萨特，从马克思到毛泽东》（Philosophy and Revolution: From Hegel to Sartre and from Marx to Mao）、《罗莎·罗森堡、妇女解放与马克思的革命哲学》（Rosa Luxemburg, Women's Liberation and Marx's Philosophy of Revolution）。她也因对罗莎·卢森堡的研究成为研究和领导女性主义马克思主义理论和实践的先驱之一。杜娜叶夫斯卡娅对捷克斯洛伐克人道主义马克思主义者伊凡·斯维塔克（Ivan Svitak）关于捷克斯洛伐克社会主义改革的主张表示同情，在其《哲学与革命》一书中引证和介绍过斯维塔克的观点，"布拉格之春"被苏军镇压之际，她所领导的"新闻与通讯委员会"曾发表过激烈的战斗呼吁，声援捷克斯洛伐克知识分子和人民的斗争。她对斯维塔克的影响比较大，其理论和斯维塔克一样具有激进的特点。他们和同时代东欧的其他人道主义马克思主义者，在 20 世纪五六十年代共同构成了马克思主义发展史上反思社会主义、批判资本主义、发展马克思主义人道主义的重要理论力量。

对苏联社会主义现实的反思，是杜娜叶夫斯卡娅确立人道主义马克思主义的基础，这突出表现在她对苏联国家性质的反思。在 20 世纪早期的美国左翼思潮中，托洛茨基主义或与此相关的思想十分流行。悉尼·胡克（Sidney Hook）、詹姆斯·P. 坎农（James Patrick Cannon）、马克斯·伊斯特曼（Max Eastman）、杜娜叶夫斯卡娅等都对托洛茨基主义感兴趣。但是托洛茨基主义并不赞同马克思主义的人道主义性质，杜娜叶夫斯卡娅后来转向了马克思主义的人道主义并与托洛茨基主义决裂。与以西欧知识分子为中心的西方马克思主义关注资本主义发达国家的文化问题不同，杜娜叶夫斯卡娅的理论研究中心是苏联和中国的社会主义问题，是马克思主义在这些现实社会主义国家的人道主义可能性和现实性问题。特别是"二战"期间苏联与纳粹德国签署互不侵犯条约，这一事件使杜娜叶夫斯卡娅对社会主义国家的性质做了深刻的反思和批判。首先，苏联国家的性质是什么？通过对列宁、斯大林和托洛茨基主义的考察，杜娜叶夫斯卡娅最终诉诸马克思，认为苏联已经是国家资本主义。可见，实际上杜娜叶夫斯卡娅认为列宁、斯大林和托洛茨基主义已经远离了马克思的思想；其次，马克思关于人的解放理论是否在苏联无产阶级中得到了贯彻？杜娜叶夫斯卡娅认为，答案是否定的，因为在苏联实现的仅是所有制革命，它并不能决定共产主义的性质，起关键作用的是人的生存方式，人是否获得了自由和解放；第三，为什么苏联的马克思主义陷入了僵化？她认为，原因在于苏联马克思主义教科书体系否定了马克思的革命辩证法思想。因此，关注人的现实生存状态，坚持马克思辩证法的社会批判性和人道主义追求，成为杜娜叶夫斯卡娅的人道主义理论核心。可以说，她的理论有两个重点：一是对现实人的生存状态的关注；二是对马克思辩证法的重视。

杜娜叶夫斯卡娅的人道主义哲学与卢卡奇和马尔库塞具有理论相似性，与二者一样，在解读马克思理论时具有明显的黑格尔主义和人道主义倾向。青年卢卡奇揭示了马克思的历史唯物主义是一种历史的、辩证的、总体的方法，将无产阶级视为历史主体，是社会总体性革命的主体力量。马尔库塞则将黑格尔的普遍理性和马克思的革命辩证法联系起来，将无产阶级作为普遍性的代表，认为无产阶级对现存社会的否定性代表了马克思辩证法的活力。杜娜叶夫斯卡娅在理论上与卢卡奇和马尔库塞相呼应，发展了这种激进的主体逻辑，在实践上将无产阶级的解放运动具体化为黑人解放运动、女权运动和反越战运动等具体的美国社会运动，从而为后来美国的人道主义马克思主义奠定了注重理论联系实际的良好基础。

杜娜叶夫斯卡娅的人道主义马克思主义哲学包括三个方面：一是回到黑格尔和马克思的哲学；二是革命主体概念；三是对彻底的人道主义社会的追求。

黑格尔辩证法的自由向度，是杜娜叶夫斯卡娅解读马克思历史唯物主义的前提。1831年黑格尔去世后，黑格尔学派分裂为左翼和右翼。左翼，即通常所说的青年黑格尔派，批判黑格尔以历史和逻辑的最终统一而掩盖了个体的存在，发展了黑格尔哲学中的自由精神。右翼，即通常所说的老年黑格尔派，继承了黑格尔的辩证的思想体系和哲学整体，为黑格尔的保守性辩护。杜娜叶夫斯卡娅诉诸黑格尔辩证法的自由向度，与她区分马克思和恩格斯的思想倾向有关。她认为马克思的思想以个体自由为理论旨趣，而恩格斯则受他所处时代的实证主义影响较大，对自由的理解不如马克思深刻。众所周知，19世纪下半叶，随着自然科学的发展，以孔德（Auguste Comte）为代表的实证主义开始流行。实证主义强调科学，强调"事实"，忽视"价值"，摒弃一切哲学玄想，主张在方法论上建立可以科学地依靠经验来验证的社会科学体系。她认为，实证主义思潮对马克思主义产生了很大的影响，以恩格斯为代表的马克思主义具有明显的实证主义倾向。恩格斯的自然辩证法体系和科学社会主义构想，都和实证主义有着千丝万缕的联系，而和马克思的哲学存在差异。杜娜叶夫斯卡娅的这种思想倾向，在整个黑格尔主义马克思主义流派中都十分流行。区分马克思和恩格斯，是他们的基本理论倾向，认为马克思不同于马克思主义，恩格斯是马克思主义的创始人，苏联教科书体系正是建立在恩格斯所解读的马克思主义基础之上的。这种由青年卢卡奇所开创的黑格尔主义马克思主义的目的，就在于修正恩格斯所解读的马克思主义中的实证主义倾向，以及正统马克思主义中主体的缺失，以回归马克思批判的、辩证的哲学本质。马克思历史唯物主义的革命的、批判的哲学本质，正是源于黑格尔的历史辩证法，而与恩格斯所解读的自然辩证法有很大差异。黑格尔的历史辩证法有两个显著特征：一是辩证法本身就是历史运动本身，而不仅仅是纯粹的哲学思维方式；二是历史的辩证运动是以自由为最终向度的。马克思的历史唯物主义不仅仅是对资本主义社会的"科学认知"，更是对它哲学的、革命的、辩证的批判。因此，杜娜叶夫斯卡娅主张回到黑格尔历史辩证的主体自由向度和批判本质，而不是依赖恩格斯具有实证主义倾向的马克思主义。

杜娜叶夫斯卡娅还将马克思的历史唯物主义解读为一种革命的、历史的、自由的解放哲学，认为它包括哲学、经济学和政治学三个方面，这三个方面是不可分割的。哲学的方面，是指马克思坚持黑格尔辩证的自由向度，并以此为基础发展自己的哲学理论。经济学的方面，是指马克思在哲学关怀的基础上揭示了资本主义社会的剩余价值秘密，揭示了劳资之间根本的利益对立。政治学方面,是指马克思哲学关怀和经济学论证的最终旨归,即追求人的自由与全面发展的"自由人联合体社会"。在她看来,19世纪40年代初期,在写作《神圣家族》和"巴黎手稿"时期,马克思主要依赖哲学论证,还没有在经济学研究方面取得可靠的成果。19世纪40年代中后期,在写作《费尔巴哈的提纲》《德意志意识形态》《哲学的贫困》和《雇佣劳动与资本》时期,他已经在哲学的基础上转向了古典经济学。而他关于无产阶级解放的追求则在后来的《共产党宣言》《1848年至1850年的法兰西阶级斗争》《路易·波拿巴的雾月十八日》《共产党宣言》中表现得极为清晰。理解马克思19世纪50年代直至其去世阶段的重要文本,比如《政治经济学批判(1857—1858年手稿)》、《资本论》(1867年第一卷,1867年、1872年法文版)、《法兰西内战》(1871年)、《哥达纲领批判》(1875年)等,必须坚持哲学、经济学与政治学的统一,才能避免对马克思的思想整体做出片面的理解。杜娜叶夫斯卡娅之所以强调这三个方面的统一,是因为她认为理论界在解读马克思思想时存在缺陷:西方马克思主义对哲学方面的过分强调,以至于脱离了群众运动;从葛兰西到普兰查斯的政治学者又缺乏对马克思经济学的关怀;保罗·巴兰等激进经济学家忽略了哲学和政治学批判对经济学批判的意义。杜娜叶夫斯卡娅认为,在完整地理解马克思历史唯物主义的基础上,回到马克思就是回到马克思所强调的激进主体概念,回到马克思所坚持的批判的历史唯物主义与革命群众的实践活动相统一的道路上来。可见,对激进主体的强调是她解读马克思理论的核心,也是杜娜叶夫斯卡娅人道主义的核心思想。

　　杜娜叶夫斯卡娅认为,群众是革命的激进主体,群众依靠自身的力量获得自我解放。这一关于"自发性"主体的概念来自罗莎·卢森堡。罗莎·卢森堡认为,俄国革命中的决定性因素之一是群众的自发性。这一观点与列宁倡导的无产阶级先锋政党对革命群众的组织领导和思想引导有很大的不同。杜娜叶夫斯卡娅认为,一方面,现实的具体革命群众是辩证法的主体,群众是产生革命激情的力量,唯有他们才能创造出新的历史可能性;另一方面,只有依靠群众自身的革命斗争活动,才能实现历史的辩证法。在杜娜叶夫斯卡娅看来,马克思的革命辩证法意味着一方面依赖群众,倾听群众的声音;另一方面依靠群众的革命实践活动,这种理论与实践的统一,才是未来人道主义社会实现的前提条件。杜娜叶夫斯卡娅反对知识分子越俎代庖，为群众的革命运动谋划蓝图，企图引导群众运动而忽略群众本身的要求和力量。在《马克思主义与自由》中，针对知识分子的这种倾向，杜娜叶夫斯卡娅指出："激进的知识分子们永远在'为'工人有所规划，并以他们的活动或至少是他们的规划来代替工人阶级的自我行动。"[1]但是她忽视了一个问题，即群众究竟指的是什么，知识分子是否属于群众。关于这个革命的主体，这个抽象的概念，她是语焉不清的。

杜娜叶夫斯卡娅认为群众的解放斗争存在着多种维度，不但包括阶级分化下的无产阶级斗争，也包括性别差异下的性别斗争，还包括种族分化下的黑人解放运动，以及帝国主义条件下的民族解放运动等，只要存在压迫和剥削，就有群众革命运动的多样化形式。阶级的解放是抽象的、总体性的解放，但问题的关键在于现实的、具体的个人的解放。杜娜叶夫斯卡娅实际上把个体解放和阶级解放对立了起来，提出了关于个体解放和阶级解放的关系问题。她认为，个人的解放应当是社会解放的前提条件，一种不关心个体解放的哲学只能是抽象的乌托邦。因此，杜娜叶夫斯卡娅认为，从"我们的解放"到"我的解放"才是其人道主义解放逻辑的最终追求。在《哲学与革命》中，杜娜叶夫斯卡娅借一位黑人妇女的话表述了个人解放之于社会解放的前提意义："我并不完全相信这种黑人解放，我不相信它的实现方式能够真正意味着这就是我的解放。我不敢肯定，当我'放下我的枪'的时候，人们不会再把扫帚塞回我的手里，就像我的许多古巴姐妹们一样。"[2] 这样，杜娜叶夫斯卡娅实际上表达了一种彻底的人道主义，这种人道主义所追求的是具体个人的解放。

杜娜叶夫斯卡娅人道主义的激进性还表现在关于社会关系的两次批判性否定的理论之中。杜娜叶夫斯卡娅认为，彻底的人道主义首先是对旧有社会关系的颠覆，其次是总是依赖底层群众，倾听他们的呼声，因为他们处于社会压迫的最底层。这样，激进革命的主体便不是一成不变的，而是不断变化生成的。如果革命被腐化，那么新的革命力量将会起来反对这种旧的"革命"力量，从而使激进革命的主体永远是新的。联系俄国的社会

---

[1] Raya Dunayevskaya, *Marxism and Freedom*, Columbia University Press, New York, 1988, p. 73.

[2] [美] 杜娜叶夫斯卡娅：《哲学与革命》，傅小平译，辽宁教育出版社2000年版，第165页。

现实，杜娜叶夫斯卡娅认为，无产阶级国家的建立只是意味着实现了对资产阶级的否定，这是第一个否定。无产阶级国家还必须否定自身，尽快结束无产阶级专政的局面，实现无产阶级自身的解放，这是第二个否定。只有经历了第二个否定，人类解放的事业才算基本完成。因此，1917年革命后的俄国，还面临着二次革命的任务。但是她忽略了西方马克思主义关心的一个问题，即底层群众被统治阶级意识形态所操控的问题，在这种控制中，底层群众往往容易丧失自我意识和革命意识，从而与社会意识形态系统融为一体，丧失革命性。关于无产阶级国家否定自身问题，以杜娜叶夫斯卡娅为代表的一代人道主义马克思主义者似乎急于看到无产阶级国家的消亡，却没有指出这种消亡的社会历史条件。

杜娜叶夫斯卡娅马克思主义人道主义的目标是实现"自由人联合体"的社会。她认为，这种社会的实现要依靠无产阶级劳动者从异化劳动中的解放。资本主义生产关系的实质是生产领域中资本对劳动的剥削关系，要消除资本主义生产关系，就必须消除这种剥削关系，因此劳动的解放对超越资本主义社会具有决定性的意义。杜娜叶夫斯卡娅认为，经济领域的劳动解放比政治领域夺取国家权力的斗争具有先在性意义。没有资本对雇佣劳动的统治，就不会有劳资之间的斗争，因此，以劳动解放为目标的群众革命斗争才是无产阶级斗争的核心所在。以此为理论指导，杜娜叶夫斯卡娅分析了苏联社会，认为夺取国家政权仅仅是工人阶级政治的解放，而最根本的劳动解放尚未进行，因为工人还处于新的劳动束缚和被剥削之中。因此，苏联国家并未完成工人阶级的彻底解放，它还需要经历第二次革命，消除物化的社会现实，从生产劳动中真正解放工人阶级，而不是仅仅从政治制度和所有制上解放工人阶级。杜娜叶夫斯卡娅指出："俄国的工人看不出他的'社会主义劳动'与马克思所描绘的资本主义异化劳动之间有什么差别。"[1] 杜娜叶夫斯卡娅认为，较之政治解放劳动解放更具有根本性，但她忽略了劳动解放的经济基础问题。如果没有丰富的生产力基础，劳动解放就只能是空想，而在苏联社会主义条件下，这种经济基础恰好是不具备的，因此，劳动解放也是不可能的。这就是问题的症结所在。在马克思的

---

[1] Raya Dunayevskaya, *Marxism and Freedom*, New York: Columbia University Press, 1988, p. 238.

理论中，政治解放和劳动解放是统一的，二者统一的前提条件就是社会生产力的极大发展。缺乏这一前提，哪一种解放都是不可能彻底的。二者之间并不是谁更具有根本性的问题，而是二者的实现是否具有充足的社会生产力条件的问题，这才是意义之所在。

杜娜叶夫斯卡娅的彻底人道主义马克思主义，诉诸劳动者自身的劳动解放，认为只有劳动者依靠自身的革命斗争从劳动剥削和压迫中解放出来，才有可能建立以自由劳动者联合起来为基础的"自由人联合体"的社会。当今的西方发达国家对劳动的剥削在实施了泰勒制、福特制、后福特制以后，虽然做出了一些改良，但始终没有改变资本对劳动的剥削性质。彻底的人道主义，只能依靠处于压迫关系中的劳动者，因为他们所遭受的社会物化程度最深。她批判像卢卡奇、马尔库塞这样的西方马克思主义者，认为他们并没有找到革命的真正依靠力量，因为他们脱离了普通群众的斗争，因此他们在物化的时代看不到任何革新的积极力量。由于将激进革命的主体定位于普通劳动群众，因而杜娜叶夫斯卡娅十分关心美国的工人运动、黑人解放和妇女解放运动，认为这些群众的斗争实质上代表一切被压迫的人们争取自由和解放的斗争，他们才是马克思主义人道主义实现的依靠力量和希望所在。杜娜叶夫斯卡娅强调个体斗争在实现马克思主义人道主义过程中的根本性作用，这与美国社会讲究个人主义息息相关，是植根于美国社会特殊国情的马克思主义人道主义策略。

杜娜叶夫斯卡娅作为当代美国人道主义马克思主义的创始人和精神导师，是该学派在新时代的理论源泉。从文献整理的角度来看，该学派推动重新出版了杜娜叶夫斯卡娅的《哲学与革命》《否定的力量》《马克思主义与自由》等著作，编辑出版了《杜娜叶夫斯卡娅—马尔库塞—弗罗姆1954—1978 通信集》(*The Dunayevskaya - Marcuse - Fromm Correspondence*, 1954—1978: *Dialogues on Hegel*, *Marx and Critical Theory*)。在继承杜娜叶夫斯卡娅基本理论精神的同时，为解决当今时代的新问题，他们也积极引进新的理论资源，如罗莎·卢森堡的女性主义和经济学思想。从总体上说，当代美国人道主义马克思主义既具有鲜明的经典马克思主义色彩，又具有崭新的时代特征。同时，当代美国人道主义马克思主义的视野不仅仅局限于美国，他们根据资本主义全球化的趋势，把关注的目光投到全世界的反资本主义运动中去，学者中除了美国人，还有大量分布在世界各地的其他拥护马克思主义人道主义的人，甚至一些虽不明确坚持马克思主义但具有人权斗争主张、反对资本主义压迫的人士。

第二节 当代美国人道主义马克思主义的基本特征

当代美国人道主义马克思主义的基本目标，是致力于探讨对当前资本主义可能的替代，为当前争取自由的社会运动提供理论支持。它以杜娜叶夫斯卡娅20世纪50年代在美国所创立的人道主义马克思主义为基础，并秉承杜娜叶夫斯卡娅的哲学教诲。他们试图通过理论与实践的结合、工人运动与知识分子的结合以及哲学与社会组织的结合，来推动建立一个不同于资本主义的、崭新的、人道的自由社会。他们所提出的资本主义替代问题在很大程度上指的是价值生产的终结、人道主义生产方式的确立、国家消亡以及人与人之间自由人道关系的确立。他们认为，资本主义的价值生产使人屈从于物，扭曲人与人之间的关系，因此，打破价值规律是建立崭新社会的必要前提，当前的任务就是对这条道路进行艰苦的理论探讨。为什么要把探讨一种资本主义替代理论作为当前的主要任务呢？美国人道主义马克思主义给出了两点理由，一是自称为"共产主义"的苏联国家资本主义的崩溃使这种探讨变得更为迫切；二是当前在左派中存在一种消极情绪，认为资本主义不可能被替代。因此，为了在新形势下为马克思主义和全球工人运动提供新的理论支撑，人道主义马克思主义认为自己当前的主要任务是从马克思主义的基本理论中探讨替代资本主义的可能性。

当代美国人道主义马克思主义之所以不同于一般的人权运动，原因在于它有以下几个理论来源。一是马克思从1841年到1883年的著作，特别是马克思在1844年写作的一系列具有人道主义特征的著作，包括《1844年经济学—哲学手稿》，尤其是其中关于"作为推动原则和创造原则的否定性辩证法"的观点。他们认为这是马克思哲学革命的新开端，是人道主义马克思主义的理论源头；二是马克思关于政治经济学批判和价值生产批判的全部理论，包括从1848年的《共产党宣言》《政治经济学批判（1857—1858年手稿）》到1867—1872年的《资本论》及其手稿；三是马克思晚年关于性别和非西方社会问题的研究成果，特别是1879—1882年的《人类学笔记》;四是马克思在1875年《哥达纲领批判》《资本论》和1871年《法兰西内战》中对未来社会的研究。他们将其作为探讨一个自由的、国家消亡了的社会的哲学基础,并在社会组织原则方面主要诉诸马克思在《哥达纲领批判》中所表达的关于组织原则和实践之间的关系问题。

当代美国人道主义马克思主义非常重视结合当代的现实问题发展马克思主义,认为马克思主义应当现代化以回应当今的问题。因此,每个时代的人都要探讨马克思主义对今天意味着什么——这种时代性课题。它的创始人杜娜叶夫斯卡娅曾经指出,马克思的遗产不仅仅是传家宝,更是需要具体化的思想和视角的活物,马克思理论发展的每一个阶段,包括他的全部著作,都表明要"不断革命",这就是对我们的时代的绝对挑战。因此,当代美国人道主义马克思主义继承杜娜叶夫斯卡娅的基本精神,在探讨马克思主义的时代化问题上不遗余力。确实,在应对当今的时代挑战问题上,美国当代人道主义马克思主义以20世纪50年代兴起的人道主义马克思主义基本精神为历史和哲学基础,将视野投放到全球。他们反对各种形式的资本主义,包括自称为共产主义的苏联,他们继承杜娜叶夫斯卡娅的观点将其称为国家资本主义。他们支持1955—1956年蒙哥马利的巴士抵制运动(Montgomery Bus Boycott),同时也支持1956年匈牙利工人委员会。他们反对帝国主义、殖民主义,特别是美国推行的新殖民主义以及将帝国主义的军事力量深入世界各地,无论是越南战争还是镇压尼加拉瓜革命的魂斗罗战争(Contra War)。当然,他们还支持被压迫民族和人民争取自由和解放的斗争,也对一党专制的共产主义政权采取否定态度。1979年他们还支持了伊朗革命,反对原教旨主义对妇女、儿童和劳动的压迫,他们也支持2009—2010年伊朗争取民主的群众运动。他们还支持2011年阿拉伯革命,并指出由其内部矛盾和帝国主义干预所产生的危害。对于各种极端形式的、反人道的反对帝国主义方式,譬如宗教原教旨主义、狭隘民族主义、军事民粹主义(military populism),美国人道主义马克思主义也持反对态度。他们反对1991年的伊拉克战争,同时支持库尔德人争取自由解放的运动。20世纪90年代,他们支持波斯尼亚-黑塞哥维亚(Bosnia-Herzegovina)争取建立多民族社会的斗争,支持恰帕斯(Chiapas)抵抗资本主义全球化的斗争以及科索沃(Kosova)的独立运动。美国2001年遭受"9·11"恐怖袭击以来,他们还反对美国关于反恐的持久战争，同时既支持反战运动又支持伊拉克、伊朗和阿富汗妇女解放运动。面对以色列和巴勒斯坦争夺土地的冲突，考虑到每个民族都有自决权，他们既支持巴勒斯坦民族解放运动，又支持以色列存在的权利。面对资本主义世界越来越多样化的文化样态，当代美国人道主义马克思主义团结一切可以团结的被压迫民众反对资本主义、种族主义、性别主义、单一异性恋社会（heterosexist society）等既定不人道社会秩序。这一切可以团结的革命力量包括工人（Rank-and-file workers）、黑人、拉美人和其他被压迫的少数族裔及土著人、妇女、儿童、青年人，还有LGBT人群（Lesbian-Gay-Bisexual-Transgender people）。他们对未来社会有着人道主义的追求，认为这是工人阶级远离异化劳动、阶级压迫和战争的人道社会，因此为实现这样一种社会状态，工人阶级的斗争不能局限于价值的再分配，因为工人阶级要挑战的是资本主义生产的基础——价值生产。

针对当前时代的现实状况，他们特别指出了几种可以团结的力量。首先，美洲、非洲和欧洲的黑人群众在反抗既定社会秩序的斗争中可以发挥重要作用，因为从历史早些时候欧洲和美洲反对奴隶制的斗争到今天反对种族主义、争取民权的运动，它们都已经处于争取自由斗争的最前沿。种族主义是西方文明的薄弱环节，在反对种族主义方面，黑人群体无可争议的是这个世界争取自由斗争的先锋队。反对宗教—民族歧视、抵抗煽动敌视移民情绪、反对犹太大屠杀，也是人道主义马克思主义坚持马克思的国际主义、争取建立人道社会的行动之一；其次，妇女解放是人道主义马克思主义的重要斗争。他们认为这是一项历史的、国际化的运动，具有长期性和国际合作性。在当今时代，资本对工人阶级的非人道统治与男权家长制对妇女的非人道统治成为社会的两大沉重束缚，因此在人道主义马克思主义看来，妇女解放运动不仅挑战了既定社会秩序中的性别主义（sexism），而且对左翼内部存在的性别主义也带来了不可忽视的挑战。他们认为，妇女争取自由的斗争表明女性主义不仅作为一种力量而且作为一种理性，正在新一代人当中更新自身；再次，青年在他们看来也是不可忽视的重要的带来革命转变的力量。青年人往往是理想主义的体现，他们对未来有着美好的追求，具有革命的行动力，尤其善于反对既定社会秩序，这些特征都使他们和其他革命的社会力量一起成为新社会的缔造者。1968年的法国学生运动已经有力地证明了这一点。美国人道主义马克思主义认为，这些潜在革命力量的联合，一旦获得关于自由的哲学的指导，将对资本的统治带来极大的挑战。相反，后现代主义和实用主义这一类拒斥统一哲学（a unifying philosophy）的思潮则不能挑战全球化的资本主义现实。这里，人道主义马克思主义批评了当今流行的思潮，譬如后现代主义，因为它主张无中心、无体系因而不能带来各种革命力量的联合。因此，以这种哲学为指导的革命力量注定一盘散沙，无法对既定社会秩序造成挑战。而在美国流行的实用主义，适应市场经济的功利性，配合资本主义的统治，也对各种革命力量的团结是不利的。马克思之后的马克思主义也不能指导人们建立一个可以替代资本主义的未来社会，因为这种马克思主义总是忽略特殊性和差异性。杜娜叶夫斯卡娅认为马克思的理论应当以辩证的、批判的"不断革命论"结合当代的具体状况来阐释，美国人道主义马克思主义吸收了杜娜叶夫斯卡娅的这一个基本观点，认为只有奉行批判的、辩证的"不断革命论"才能实现马克思在《1844年经济学—哲学手稿》中所提出的"彻底的自然主义或彻底的人道主义"这一新型的人类关系。美国人道主义马克思主义进一步认为，这种创造性的辩证法需要解释斗争的目的，即建立一个积极的人道的前景，而不是简单地拒斥当前的资本主义社会秩序，因为这种简单的拒斥往往缺乏辩证法所特有的"否定之中的肯定"这一特性。因此，他们致力于参与各种争取自由的社会运动，但反对在革命斗争和建立新社会的斗争中出现的所谓先锋队的精英组织方式。对于他们自己的组织委员会，他们认为这并不是所有运动中的唯一模式，而是历史中出现的一种重要的组织形式，这种形式在今天还有一定的存在合理性，比如"阿拉伯之春"和"占领华尔街"运动就表现出了这种合理性。其实，关于组织和自发性之间的辩证关系问题，是美国人道主义马克思主义应当谨慎思考的问题，但他们中大多数人过于强调群众斗争的自发性问题，而绝对否定了斗争中先锋队组织在一定历史时期的合理性。将哲学作为一种指导方针和组织问题联系起来，是美国人道主义马克思主义自杜娜叶夫斯卡娅起就一直追求的原则。杜娜叶夫斯卡娅在1953年写的"关于黑格尔的绝对的信"以及她关于一本未完成的著作"哲学和组织之间的辩证法"的笔记，都探讨了哲学和组织之间的辩证关系，试图以哲学来指导组织问题。当今的美国人道主义马克思主义仍然认为现今的斗争形势以及革命运动中组织和辩证哲学相割裂等问题，需要杜娜叶夫斯卡娅所阐释的哲学与组织之间的辩证关系来指导。

当代美国人道主义马克思主义十分重视杜娜叶夫斯卡娅的著作，认为它们对当今时代仍然有效，因为这个时代仍然没有回答杜娜叶夫斯卡娅"革命三部曲"所探讨的这个问题：人类能够获得自由吗？人道主义马克思主义将杜娜叶夫斯卡娅的"革命三部曲"——1958年的《马克思主义与自由：从1776年至今》、1973年的《哲学与革命：从黑格尔到萨特，从马克思到毛泽东》以及1982年的《罗莎·卢森堡、妇女解放和马克思的革命哲学》，还包括1963年出版、1983年再版的《审讯美国文明》（American Civilization on Trial）视为国际范围内人道主义马克思主义的核心哲学内容。《马克思主义与自由》的基本结构涵盖从多种理论形式到实践的运动，以马克思从1844年到《资本论》时期文本的思想即"彻底的自然主义或人道主义"来重建马克思主义。《哲学与革命》追踪描绘了哲学与革命之间的历史统一性，揭示了一种仍然是当今时代显著特征的自由哲学。《罗莎·卢森堡、妇女解放和马克思的革命哲学》揭示了马克思关于发展中国家的新型革命道路的重要性以及男性和女性之间的关系的理论。概言之，在批判地重估马克思之后诸如列宁、卢森堡、托洛茨基这些马克思主义者的重要性和不足之处时，这些著作重在重新考察组织、自发性和哲学之间的关系。而这些主题在当代仍然不过时，这也是当代美国人道主义马克思主义不断阅读和阐释杜娜叶夫斯卡娅理论的重要原因。

第三节　当代美国人道主义马克思主义的文本依据和理论成果

当代美国人道主义马克思主义主要以马克思、杜娜叶夫斯卡娅的文本为基本理论依据，通过对马克思文本的再解读和对杜娜叶夫斯卡娅文本的解读以及编辑、整理，产生了一毓研究成果。

一 马克思的文本

当代美国人道主义马克思主义与当今人权运动的一个重要区别是二者的文本依据不同。前者主要以马克思主义的经典著作为文本和理论依据，它的很多成员在一定程度上是马克思哲学的信仰者和研究者；而后者的理论来源则比较复杂和多样。当代美国人道主义马克思主义自其创始人杜娜叶夫斯卡娅以来，十分重视对马克思经典文本的整理和理论解读，并以此为基础理论联系实际，结合美国和全球的实际问题运用马克思主义的视角和观点加以分析和研究。杜娜叶夫斯卡娅就十分重视对马克思文本的研究，特别是从马克思与黑格尔的关系入手对马克思的研究。这种黑格尔主义马克思主义的传统特别表现在《否定的力量》一书中，这本书收录了杜娜叶夫斯卡娅一生对马克思和黑格尔辩证法思想的研究成果，以及与其他人道主义马克思主义者如马尔库塞、弗罗姆等人的通信。该书通过对黑格尔《逻辑学》《小逻辑》等一系列文本的研究，探讨了黑格尔辩证法对马克思辩证法和人道主义思想的研究。拉近马克思与黑格尔的理论关系，特别是强调在辩证法问题上二者的紧密关系，从黑格尔主义马克思主义的立场研究马克思主义，是人道主义马克思主义的重要传统。凯文·安德森 1995 年出版的《列宁、黑格尔和西方马克思主义：一种批判性研究》（Lenin, Hegel and Western Marxism: A Critical Study）一书，甚至从黑格尔主义马克思主义的角度探讨了列宁的黑格尔主义倾向。彼得·尤迪斯 2012 年出版的《马克思的资本主义替代概念》（Marx's Concept of the Alternative to Capitalism）则通过马克思青年时期《给父亲的信》《德谟克利特与伊壁鸠鲁自然哲学的差异》《黑格尔法哲学批判》到成熟时期的《政治经济学批判（1857—1858 年手稿）》《资本论》及其手稿、《法兰西内战》《哥达纲领批判》等一系列文本的详尽研究，探讨了其中所包含的资本主义替代理论。凯文·安德森 2010 年出版的《边缘：论民族主义、种族和非西方社会》（Marx at the Margins: On Nationalism, Ethnicity, and Non-Western Societies）通过对马克思在伦敦定居时期的两组主要文献的整理，概括了马克思关于他生活的时代的一些主要非西方社会（包括印度、俄国、中国和阿尔及利亚），以及这些社会与资本主义、后殖民主义之间的关系，还探讨了民族解放运动的问题，特别是波兰和爱尔兰的民族解放运动以及它们与那个时代民主的、社会主义的运动之间的关系，还有与此相关的美国内战期间的黑人劳工运动，英国的爱尔兰劳工运动等与种族、阶级有关的一系列问题。另外，他们还积极推动马克思著作在全球不同国家和地区的翻译、出版。新近刚刚出版了《资本论》第 2 卷的波斯语版，由美国人道主义马克思主义者彼得·尤迪斯作序。总之，对马克思文本和马克思主义经典理论的研究（特别是从与黑格尔关系的角度研究列宁），是美国人道主义马克思主义重要的理论特色和理论传统。在此基础上，他们往往通过对经典文本的研究关照现实的社会运动，针对现实提出的问题，在文本和现实的互动中寻找答案。因此，他们大部分学者在一定程度上是马克思理论的拥护者、辩护者和实践者。

二　杜娜叶夫斯卡娅

作为美国人道主义马克思主义的创立者之一，杜娜叶夫斯卡娅理所当然受到当代美国人道主义马克思主义的高度重视。当代美国人道主义马克思主义的重要工作之一就是收集、整理、编辑、出版杜娜叶夫斯卡娅的理论著作。杜娜叶夫斯卡娅 1987 年去世以后，美国人道主义马克思主义陆续推动出版了她的许多著作。2012 年凯文·安德森和罗素·洛克威尔（Russell Rockwell）出版了《杜娜叶夫斯卡娅—马尔库塞—弗罗姆通信集（1954—1978）》(*The Dunayevskaya – Marcuse – Fromm Correspondence*，1954—1978)，《通信集》涉及辩证的社会理论、马克思主义经济学、社会主义人道主义、现代资本主义的结构和矛盾、马克思主义与法兰克福学派历史、女性主义和革命、苏联和古巴及中国的发展、20 世纪 60 年代新左派的出现等主题。该《通信集》谈及的人物也非常广泛，涉及马克思、黑格尔、卢森堡、卢卡奇、阿多诺、霍克海默、萨特、波伏娃（Simone de Beauvoir）、列宁、布哈林、弗洛伊德、考茨基等人，试图通过讨论这些思想家对马克思主义和人道主义的关注，为当代资本主义现代性和它的抵抗力量提供一种黑格尔主义马克思主义的基础。他们还重印了她的著作，特别是编辑出版了她的《否定的力量》，还补充了《杜娜叶夫斯卡娅全集》(*The Raya Dunayevskaya Collection*)。

三 罗莎·卢森堡

对罗莎·卢森堡的重视首先和杜娜叶夫斯卡娅有关，后者生前就十分重视前者关于组织原则、女性主义和经济学等方面的论述。杜娜叶夫斯卡娅生前就写作了《罗莎·卢森堡、妇女解放和马克思的革命哲学》一书，该书1991年得以出版。2013年《罗莎·卢森堡全集》第一卷由彼得·尤迪斯出版，该卷主要收集了卢森堡的经济学著作，包括资本主义全球化、雇佣劳动、帝国主义和前资本主义经济形式等内容，还包含她博士论文《波兰的经济发展》以及《政治经济学导言》的第一个完整英译本。该译本探讨了资本主义商品生产和工业化对发展中国家非资本主义社会阶层的影响。

四 其他理论成果

彼得·尤迪斯2015年出版的《弗朗茨·法农：抵抗的哲学家》(*Frantz Fanon: Philosopher of the Barricades*) 系统地介绍了法国精神分析学家、哲学家、黑人文化批评家法农为反抗压迫的民主运动所做出的一系列理论和实践贡献，打破了流行的将法农视为暴力运动鼓吹者的偏见，对法农的人生和理论进行了批判性的分析，从整体的角度将其全部理论和实践活动描述为当今人们反抗压迫的激进政治运动的典范。大卫·布莱克在2013年出版的《反资本主义的哲学根源》(*The Philosophical Roots of Anti-Capitalism*) 则通过对古希腊时期亚里士多德哲学、启蒙时代的康德黑格尔哲学、马克思对政治经济学的批判以及当代哲学家居伊·德波（Guy Debord）等人哲学的理论分析，探讨了反资本主义（anti-capitalism）的哲学理论根基。从总体上说，该书认为马克思对商品拜物教的分析对资本主义生产来说是历史的、具体的，因此不能用来解释涵盖了古希腊社会、文化和货币化的丰富历史内容的哲学的起源，如同黑格尔对康德形式主义的批判启发了马克思对资本的批判一样，黑格尔对劳动合理组织形式的论述也许消灭了亚里士多德置于生产和自由之间的障碍，这奠定了马克思资本主义替代理论的基础。居伊·德波试图用生活的诗学取代艺术的诗学以弥补革命的超现实主义艺术的消失，他的这些贡献在理论和实践上都是值得肯定的。但他的哲学缺陷则导致了他对资本主义全球化时期革命阶级意识的悲观看法。该书还评价了亚里士多德的无政府主义、卢卡奇的物化意识理论以及杜娜叶夫斯卡娅将"绝对否定"视为"不断革命"的黑格尔主义马克思主义观点。希瑟·布朗（Heather Brown）在 2013 年出版的《马克思论性别和家庭》（*Marx on Gender and the Family: A Critical Study*）一书，研究了马克思著作中关于性别问题的论述，包括马克思 1879—1882 年论述前资本主义社会和性别问题的著作，认为虽然马克思没有充分阐发这些观点，但已经暗示了一种关于马克思主义的性别理论，该书试图通过对这些理论的阐发沟通马克思主义关于阶级和性别之间的联系。

第四节 哲学基础：回到马克思

苏联、东欧社会主义解体之后，在这些资本主义化的社会，马克思主义的相关文献在一段时间内被人们抛弃，马克思主义一时成为人们讥讽的对象。但近年来对马克思理论的研究热潮在全世界范围内重新兴起，有不少学者特别是黑格尔主义的马克思主义认为，应当区分马克思和马克思主义、马克思和恩格斯、苏联模式的马克思主义和马克思的理论本身，有人甚至提出"回到马克思"的口号。美国人道主义马克思主义也顺应时代潮流，提出应当重新挖掘马克思经典理论的内涵，以回应当今的时代问题。他们认为，"回到马克思"的理论合理性来源于几个现实要素：第一，资本主义的全球化这一历史现象回应了马克思关于资本内在扩张本性的理论；第二，过去二十年全球正义运动（global-justice movement）引起了人们对资本扩张所带来的经济发展不平衡、社会不稳定和环境灾难等问题的关注；第三，2008 年金融危机在全球的扩展，使人们不得不重视马克思关于资本主义的理论；第四，关于马克思的最新文献 MEGA^2 为在新的历史条件下重新理解马克思提供了文献基础。的确，114 卷的 MEGA^2 涵盖了马克思的全部作品，包括一些从未发表过的笔记。美国人道主义马克思主义者认为一切都将为重新理解马克思和当今时代提供有力的时代支撑和文本依据。

回到马克思，到底是回到一个怎样的马克思呢？美国人道主义马克思主义对马克思的理解带有浓厚的黑格尔主义马克思主义色彩。

首先，这一解读马克思的路径，受到杜娜叶夫斯卡娅的影响，强调黑格尔辩证法对马克思历史唯物主义的影响。彼得·尤迪斯和凯文·安德森在《雷娅·杜娜叶夫斯卡娅的辩证法概念》(*Raya Dunayevskaya's Concept of Dialectic*) 中指出辩证法概念的提出主要应对两种形势：一是对斯大林主义和托洛茨基主义以及一些马克思主义者奉行的粗陋唯物主义的批驳；二是否定列宁关于党是工人阶级先锋队的言论，诉诸关于革命的自发性组织原则。[①] 杜娜叶夫斯卡娅活跃的历史年代即 20 世纪 50—80 年代，是斯大林主义及以斯大林主义为思想代表的"国家资本主义"（以杜娜叶夫斯卡娅所为代表的人道主义马克思主义流派对苏联的称呼）盛行的时期，杜娜叶夫斯卡娅从事马克思主义理论研究的直接矛头是抨击以"国家资本主义"为代表的极权体制，她不断从理论上回应斯大林主义对马克思主义的种种解读，并将其界定为对马克思主义的"歪曲"。杜娜叶夫斯卡娅指出，对马克思主义的歪曲首先针对的是马克思的辩证法，这首先是由第一个修正主义者爱德华·伯恩施坦在 1895 年提出将马克思主义改造为进化论社会主义，并主张"拆除辩证法的脚手架"发动的。她认为斯大林主义要将马克思主义改造成维护现政权的意识形态，因此从理论上否定马克思的辩证法思想，对马克思主义做出"辩证唯物主义"的解释。而否定马克思主义辩证法就要否定它直接的思想源头即黑格尔的辩证法，"如今也是同样，共产主义的国家资本主义将攻击的矛头指向了'黑格尔辩证法'"[②]。这样，在理论上斯大林主义就将马克思历史唯物主义的诞生推后至 20 世纪 50 年代末，马克思成为一个"科学的经济学家"时期。"这不仅公然忽视了《1844 手稿》，而且公然忽视了《共产党宣言》（写于 1847 年）这座不可辩驳的历史的、政治的、革命的里程碑，以及第一次提出不断革命概念的《告共产主义者同盟书（1850 年）》。"[③] 杜娜叶夫斯卡娅特别反对斯大林主义对马克思历史唯物主义辩证法思想的否定，因为她将否定之否定的辩证法思想视为马克思历史唯物主义的核心思想，认为它不但具有重要的理论意义更具有强烈的现实意义。"简而言之，存亡攸关的问题不仅是哲学，而且是实在；辩证法不仅是思想的辩证法，而且是历

---

① Peter Hudis, Kevin Anderson, "Raya Dunayevskaya's Concept of Dialectic," in *The Power of Negativity*: *Selected writings on the Dialectic in Hegel and Marx*, by Raya Dunayevskaya, p. xxvi.
② ［美］杜娜叶夫斯卡娅：《哲学与革命》，傅小平译，辽宁教育出版社 2000 年版，第 44 页。
③ 同上。

史的辩证法；不仅是昨天的辩证法，而且是今天的辩证法。辩证法的命脉就是历史运动的连续性。"① 可以说，辩证法是马克思主义人道主义理解社会现实的理论武器，以此它找到了不断地否定社会既定存在状态、进行不断革命的理由。也正是因此，美国人道主义马克思主义自诞生至今，十分推崇杜娜叶夫斯卡娅对马克思历史唯物主义辩证法的解读，她的《否定的力量》一书一版再版，并被译成多国文字。

　　杜娜叶夫斯卡娅是怎样理解马克思的辩证法的呢？首先，杜娜叶夫斯卡娅肯定马克思辩证法的基本思想来源于黑格尔，马克思从黑格尔的思想中主要吸收了其辩证法的内核。杜娜叶夫斯卡娅尤其推崇黑格尔辩证法中的否定之否定思想，认为这就是黑格尔所谓的绝对的否定，是马克思历史唯物主义辩证法的真谛。它也是斯大林极权主义所极力回避的东西，因为"正统共产主义者所恐惧的，他们时至今日仍然作为自己的主要敌人的，就是仍在起作用的绝对否定性。因为它不仅否定私人资本主义，而且否定自称为共产主义的国家资本主义"②。杜娜叶夫斯卡娅认为这就是斯大林极权主义极力回避否定之否定的重要现实原因。黑格尔否定之否定的辩证法是思想运动的基本规律，是理论从自身出发，又回到自身的螺旋上升的圆圈，这个重新回到的自身不是原来空洞的自身，而是内容已无限丰富了的自身。黑格尔的辩证法是思想的运动，而马克思进一步将黑格尔的辩证法思想深化了，认为辩证法不仅是思想的运动，而且是现实历史的运动，二者是一致的。在这一点上，杜娜叶夫斯卡娅正确地指出"马克思在黑格尔的辩证法中看到的是现实的历史运动"③。杜娜叶夫斯卡娅对马克思的辩证法做了人道主义的理解，认为马克思"'积极的人道主义'的诞生是共产主义之后第二个否定的结果"④ "马克思反对费尔巴哈对'否定之否定'的批判，反对把否定之否定仅仅看作一种神秘化，看作是回归宗教的借口。他极力强调'黑格尔辩证法的积极因素'，即'作为客观运动的扬弃'和作为'推动原则和创造原则'的绝对否定。正是在这个地方，马克思提出了人道主

---

① ［美］杜娜叶夫斯卡娅：《哲学与革命》，傅小平译，辽宁教育出版社2000年版，第44—45页。
② 同上书，第49页。
③ 同上书，第51页。
④ 同上书，第52—53页。

义哲学与共产主义的对立"①。杜娜叶夫斯卡娅认为,马克思的第一个否定是对资本主义私有制的否定,"第二个否定与马克思的人道主义的结合,将在共产主义之后出现"②。杜娜叶夫斯卡娅将"否定之否定"的辩证法思想与社会发展形态联系了起来,特别是将它与对"国家资本主义"的否定联系了起来。这主要与她生活时期作为时代背景的斯大林极权体制有关,她还指出马克思"否定之否定"的辩证法思想是关于不断革命的思想。这和马克思本人的辩证法思想既有区别又有联系。差别在于,马克思并没有明确指出辩证法是对"国家资本主义"的否定,实际上,在马克思的时代和他的思想表述中,没有所谓"国家资本主义"的概念,更谈不上"第二个否定"就是对这种体制的否定,那只是杜娜叶夫斯卡娅对斯大林极权体制的概括。关于辩证法,马克思在《1844年经济学—哲学手稿》中,有一个较为系统的表述:"因此,黑格尔的《现象学》及其最后成果——辩证法,作为推动原则和创造原则的否定性——的伟大之处首先在于,黑格尔把人的自我产生看作一个过程,把对象化看作非对象化,看作外化和这种外化的扬弃;可见,他抓住了劳动的本质,把对象性的人、现实的因而是真正的人理解为他自己的劳动的结果。"③ 在这里马克思比较明确地指出了四点:其一,辩证法是黑格尔《精神现象学》的成果。其二,辩证法是积极的否定,是"作为推动原则和创造原则的否定性",而不是否定性的消极方面。其三,辩证法和人及其劳动密切相关。就第三点而言,可以说,辩证法与人道主义有一定的相关性,如人道主义马克思主义所认为的那样,辩证法在实现人道主义的道路上起着决定性的推动作用。但人道主义马克思主义所理解的辩证法更多地带有"不断革命"的色彩,所谓"革命",在不同时期又有不同的含义。在杜娜叶夫斯卡娅的时代,"革命"意味着反抗斯大林的极权主义体制,反对私人资本主义和国家资本主义的双重压迫。而对当今马克思主义人道主义来说,"革命"则意味着少数族裔、黑人、妇女、同性恋、青少年、后殖民国家等弱势群体对现存资本主义体制的反抗,通过不断的、各种方式的抵抗来表达自己的声音和力量,力图实现一个更加平

---

① [美]杜娜叶夫斯卡娅:《哲学与革命》,傅小平译,辽宁教育出版社2000年版,第49页。
② 同上。
③ 《马克思恩格斯全集》第3卷,人民出版社2002年版,第320页。

等和人道的社会。可以说,当今时代的美国马克思主义人道主义在一定程度上,是和人权运动联系在一起的。一方面,它具有马克思主义的基本特征,以马克思的经典文本和对马克思文本的解读为理论支撑,反对现行资本主义制度。另一方面,它和当代的人权运动越走越近,和人权运动有着关于性别、种族、阶级、民族等的共同话题,在美国,很多时候这两种思潮混合在一起。区别在于,人权运动标榜的口号和理论基础往往不是马克思主义的,也没有上升到反对资本主义制度的高度。虽然二者在理论基础和最终纲领上不同,但共同的资本主义压迫使得二者在当今时代具有了在一定程度上结合的可能性和现实性。事实正是如此,当今美国人道主义马克思主义的活动经常有非马克思主义者的人权运动人士参与,并能从中找到对话和协作的机会。其四,马克思还在《资本论》第二版跋中明确地提到过辩证法:"……辩证法在对现存事物的肯定的理解中同时包含对现存事物的否定的理解,即对现存事物的必然灭亡的理解;辩证法对每一种既成的形式都是从不断的运动中,因而也是从它的暂时性方面去理解;辩证法不崇拜任何东西,按其本质来说,它是批判的和革命的。"① 从这段陈述中可以看出,马克思在《资本论》时期对辩证法的看法仍然保留着其基本含义,即对现存事物的否定性理解,它突出了辩证法的批判本性。美国人道主义马克思主义基本上继承了马克思关于辩证法的这种理解。在马克思这段话中还包含着另一层意思,即辩证法是一种思维方法,一种理解事物、将事物理解为变化发展过程的批判思维方法。而美国人道主义马克思主义者则将此又推进了一步,他们认为辩证法不但是一种思维方法,而且这种思维方法必须被工人阶级所掌握,以用来批判和改变现行的社会存在。因此,可以说,美国人道主义马克思主义在辩证法和社会现实之间又加入了具有辩证思维的工人阶级这一个媒介环节。而关于思维的辩证法和社会历史的辩证法的关系,马克思曾只是笼统地指出二者之间存在一致性,是"逻辑和历史的统一",但这个一致性究竟如何实现、"逻辑和历史"如何能够统一,他并没有给出一个详尽的说明。在沟通辩证法和社会历史的中介方面,美国人道主义马克思主义明确地将这个中介确定为掌握辩证法思维的工人阶级,这也是其强调主体在改造世界中的作用、张扬人道主义的

---

① 《马克思恩格斯全集》第44卷,人民出版社2001年版,第22页。

重要体现。

第二，以对主体的强调来解读马克思哲学。这是美国人道主义马克思主义的另一个十分明显的特征，这首先是由该学派创立之初所面临的理论敌人——斯大林主义对马克思主义的僵化的、只强调客体而忽视主体的"辩证唯物主义"哲学——所决定的。杜娜叶夫斯卡娅说："对于马克思来说，最关键的问题是，人不是单纯的客体，而是主体，他不仅被历史所规定，而且是历史的创造者。"① 美国人道主义马克思主义将马克思的哲学理解为关于人的哲学，认为马克思对资本主义经济规律的揭示实质是揭露了资本主义社会对人的异化，现实的人是社会历史发展的动力，是改造社会的核心力量，而社会历史也必然是朝着人道的、克服人的异化的人道主义方向前进。对主体的强调无论在杜娜叶夫斯卡娅创立人道主义马克思主义时期，还是在当今美国的人道主义马克思主义发展的新时期都十分流行，甚至成为一种理想信念和主要的研究方法。彼得·尤迪斯在《马克思的资本主义替代概念》一书中分析了马克思从青年到晚年不同时期文本中的资本主义替代理论，其中关于主客体颠倒、人与劳动产品的颠倒关系是其分析该理论的基本线索。他指出："在哲学研究的开始，马克思就表达了对个体在其中遭到社会关系和他们自身产物控制的任何机制和形势表达了强烈的反抗。对主客颠倒问题的批判，在他早期关于国家和市民社会的著作中就有所论述，并贯穿了他对个体的劳动产品反而阻碍他的发展的资本主义经济制度的批判。这个视角不限于他的早期作品。他长达三十年之久写作《资本论》的过程以及《资本论》的内容本身，都表明马克思批判的主要目标是物对个体、死劳动对活劳动、客体对主体的控制。正是在这些基础上，他不但反对资本主义的商品生产，而且反对以此为基础的价值生产体系。马克思的批判是指向自身具有生命力反过来却控制了创造它们的社会主体的行动和活动的所有社会现象的某种复杂的论证。"② 另外，强调马克思主义哲学的意义和旨归在于实现人道主义也是当代美国人道主义马克思主义解读马克思的重要主体性维度。他们所主张的人道主义不是当代人权运动所主张的人道主义，虽然二者有一定的现实交

---

① ［美］杜娜叶夫斯卡娅：《哲学与革命》，傅小平译，辽宁教育出版社2000年版，第44页。
② Peter Hudis, *Marx's Concept of the Alternative to Capitalism*, Brill Academic Publishers, The Netherlands, 2012, p. 207.

叉点。当代美国人道主义马克思主义认为，马克思主义是一种人道主义，这种人道主义只有在共产主义之后才能实现。这种现实的人道主义社会诞生在资本主义社会的胎胞里，但根本不同于资本主义社会。它是自由人联合体的社会，是无阶级的、消灭了价值生产的、消除了异化劳动的、自由劳动时间取代了社会必要劳动时间的社会。自由，是这个社会的重要特征。彼得·尤迪斯从主客体颠倒关系的扬弃来表述这种自由："主体在对象上感到自身的统一和自如，而不是被它们所操控和主导。"[①]

第三，当代美国人道主义马克思主义者主张区分马克思和恩格斯，以马克思的文本为主要文本依据。他们认为马克思受到过系统的哲学训练，而恩格斯在这方面比较欠缺，并且更多地具有实证主义倾向，尤其是恩格斯误解了马克思关于历史辩证法的含义，对社会历史做了过于实证化的理解。在文本方面，他们比较推崇青年马克思的《1844年经济学—哲学手稿》《政治经济学批判（1857—1858年手稿）》等早期著作，认为青年马克思和晚年马克思是一致的，青年马克思的异化理论为马克思主义的人道主义提供了理论基础。例如，彼得·尤迪斯在《马克思的资本主义替代概念》一书中，对这两部手稿做了细致的文本分析，以期从中论证马克思在这些早期手稿中就有关于资本主义替代理论的论述。他们也特别强调马克思的一些批注和手稿的意义，凯文·安德森在《边缘：马克思论民族主义、种族和非西方社会》一书中，以对马克思批注的文本研究为基础，探讨了马克思关于民族主义、种族主义和非西方社会的问题。在对待马克思和恩格斯的关系问题上，凯文·安德森虽然对恩格斯持批判态度，主张马克思和恩格斯存在理论差异，但他也不同意萨特在《唯物主义与革命》中所指出的那样，马克思和恩格斯1844年的相遇是一场不幸。他从两个方面分析了恩格斯的意义。一是恩格斯的著作《英国工人阶级状况》具有丰富的经验材料，对马克思有重大启发意义，恩格斯在1850年写的《德国农民战争》也是对马克思主义的精彩贡献，他在马克思逝世后对《资本论》第2卷和第3卷的整理出版，对马克思政治经济学理论的传播做出了不可磨灭的贡献。但恩格斯的消极作用，也有三个方面的表现。一是在《路德维希·费

[①] Peter Hudis, *Marx's Concept of the Alternative to Capitalism*, Brill Academic Publishers, The Netherlands, 2012, p. 208.

尔巴哈和德国古典哲学的终结》一书中，将马克思的辩证法思想实证化了（凯文·安德森在1995年出版的《列宁与黑格尔》一书中对此有比较详尽的批判研究）。二是在马克思去世后，恩格斯对1890年出版的《资本论》德文版做了一些臆断性的修改，忽视了马克思1872—1875年法文版的一些重要论述。这一点法国马克思主义学家吕贝尔（Maximilien Rubel）已经指出了。并且最近MAGA^{2}也发表了一些关于《资本论》第2卷和第3卷的内容，有力证明了恩格斯对《资本论》的修改和编辑中存在的瑕疵。三是恩格斯的《家庭、私有制和国家的起源》一书，虽有力论证了性别平等问题，但与同时期马克思关于古代社会笔记的丰富性相比还存在一定差异，这一点杜娜叶夫斯卡娅已经指出了。

当代美国人道主义马克思主义其实不仅仅局限于美国学者中倾向马克思主义的人，还包括世界范围内认同美国人道主义马克思主义理论和实践追求的人士。因此，很多时候"美国人道主义马克思主义"又自称为"国际人道主义马克思主义"。它明确奉行理论与实践相结合、工人运动与知识分子相结合、哲学思想与组织原则相结合的马克思主义路线。一方面他们中间的知识分子以马克思主义理论和杜娜叶夫斯卡娅的理论为基础进行新的理论探索；另一方面这些知识分子积极投身于社会现实运动，以自己的理论指导社会运动，并在社会运动中发展出新的理论。可以说，自从人道主义马克思主义的代表杜娜叶夫斯卡娅去世后，当代美国人道主义马克思主义尚没有走向新的理论高峰，他们大多数还在探索和学习杜娜叶夫斯卡娅的理论遗产，并且在美国学术界也并非主流思潮。但作为左翼内部的一种声音，虽然面临"人道主义马克思主义"已经消亡的论断，他们仍然坚持对马克思主义进行新的人道主义探索，试图结合当代的新形势继续推进杜娜叶夫斯卡娅所开创的人道主义马克思主义进程。他们的研究涉及黑格尔、马克思、杜娜叶夫斯卡娅与辩证法的关系、马克思的资本主义替代理论、马克思的非西方社会理论、马克思和杜娜叶夫斯卡娅的性别理论、列宁与辩证法、美国社会的性别斗争和黑人解放运动等诸多领域。还有很多内容涉及非常现实的问题，比如阿拉伯革命、以色列问题、希腊债券危机、乌克兰革命等，但大都以短文的形式非正式地发表在该学派的网站上，类似于新闻评论，并不具备专著和论文的学术特征。另一部分研究涉及对杜娜叶夫斯卡娅、卢森堡等马克思主义者手稿的整理、编辑和出版。还有一部分属于正式发表的专著，其中较有代表性的是彼得·尤迪斯的《马克思的资本主义替代概念》、凯文·安德森的《边缘：马克思论民族主义、种族和非西方社会》以及《列宁、黑格尔和西方马克思主义：一种批判性研究》。

第五节　对马克思资本主义替代理论的研究

　　对马克思关于资本主义替代理论的探讨，也是当代美国人道主义马克思主义最新的重要课题。这一研究课题，是对马克思主义研究的一个重要弥补，因为多年来全球范围内关于马克思的研究虽可谓卷帙浩繁，但大部分集中在经济学和政治学，而对马克思的资本主义替代理论，则较少涉及。特别是它作为对"全球正义"运动的一个回应，尝试回应"全球正义运动"所面临的理论困境。全球正义运动自20世纪90年代以来在巴西（Brazil）、委内瑞拉（Venezuela）、肯尼亚（Kenya）、塞内加尔（Senegal）等地兴起，提出了"另一世界是可能的"（Another World is Possible）的主张，并得到了比较广泛的响应。但关于"另一个世界"如何被建构、它的理论来源是什么等重要问题，全球正义运动的主张仍然是空洞而抽象的。当代美国人道主义马克思主义尝试从马克思的思想中寻求这一问题的答案。

　　另外，在诸多对马克思思想的研究中，较少有人提到马克思关于社会主义、共产主义的研究，主要原因是人们常常认为马克思本人的作品中较少对这个问题给予比较详细的论述，马克思本人也比较反对乌托邦社会主义者对未来社会的具体构想。但美国人道主义马克思主义学派的彼得·尤迪斯则认为，当今时代的发展形势呼唤人们理解马克思关于未来社会的思想。他认为虽然人们通常所认为的这些情况确实存在，但这不能否认马克思的理论中包含关于未来社会的基本思想。因此在《马克思的资本主义替代概念》（*Marx's Concept of the Alternative to Capitalism*）一书中，他试图将马克思的思想作为整体，以 MEGA² 为文献基础，通过对马克思关于超越价值生产（value production）的研究，探讨马克思的资本主义替代理论。本章以彼得·尤迪斯的这本书为代表，管中窥豹，概括美国人道主义马克思主义视域中的马克思资本主义替代理论。

首先，尤迪斯对马克思资本主义替代理论的梳理，严格以马克思本人的文本为基础，内容涉及从青年马克思到晚年马克思的一系列重要文本，主张马克思一生思想的连续性。在《马克思的资本主义替代概念》中，彼得·尤迪斯以丰富的文本考证为基础，考察了马克思从 1837 年的早期作品和手稿（包括《给父亲的信》《博士论文》等）到《资本论》的准备稿及其手稿（包括《哲学的贫困》《政治经济学批判 1861—1863 手稿》）再到后期著作（包括《法兰西内战》《哥达纲领批判》）中关于资本主义替代理论的哲学基础、主要观点，指出在马克思的这些不同时期的文本中都可以找到他关于资本主义替代理论的不同论述，只不过这种理论是随着马克思思想的成熟而不断成熟的。青年马克思侧重于从主体和客体的颠倒、资本主义劳动的异化性质来阐述一种资本主义替代理论，认为这种替代就是资本主义条件下颠倒了的主客体关系的扬弃，是对异化劳动的扬弃。特别是在《资本论》及其手稿中，马克思关于资本主义的替代理论已经比较成熟了，他认为资本主义社会的典型特征是价值生产，而不是物质财富生产，这是一种以物与物之间的关系掩盖人与人之间关系的神秘化形式；而资本主义社会之后的未来社会则是超越了价值生产的社会。青年马克思的异化思想和成熟马克思的经济学论述是一致的，异化思想始终是关于经济学论述的哲学基础。

其次，强调对"自由"概念的解读。这基本上继承了杜娜叶夫斯卡娅的思路。《马克思的资本主义替代概念》认为，马克思批判资本主义和勾勒后资本主义社会的哲学基础在于他对"自由"概念的理解。彼得·尤迪斯指出："马克思批判资本主义和勾画未来社会的哲学方法植根于独特的关于自由的概念。"[1]"自由"是主体与作为主体之主体性表达的对象之间的统一，而不是对象对主体的操控。因此，正是出于这个原因，马克思并不反对市场和私有财产，他只是就市场和私有财产是资本的表达——它们以物的关系的形式掩盖了人与人之间的关系——这个意义而言，才反对市场和私有财产的。马克思并不仅仅将社会主义定义为废除市场和私有财产，他对未来社会的勾画远远超越了这个狭隘的意义。他批判的不仅仅是阶级关

---

[1] Peter Hudis, *Marx's Concept of the Alternative to Capitalism*, Brill Academic Publishers, The Netherlands, 2012, pp. 207 – 208.

系的异化，而且是人与人之间关系的异化，包括男性和女性之间关系的异化。

第三，主客体关系的颠倒是论述资本主义替代理论的基本线索。这首先是贯穿于马克思早期全部著作的基本线索，集中表现为马克思关于异化劳动理论的论述。彼得·尤迪斯认为，马克思在博士论文时期，首次使用了"颠倒"（inversion）这样的观点来描述哲学与现实之间的关系。在以后的著作中，马克思仍然坚持从主客体颠倒的角度来认识世界。在《黑格尔法哲学批判》中，马克思认为黑格尔的法哲学颠倒了国家与市民社会的关系。"在马克思认为市民社会主导着国家的形成的地方，黑格尔则认为国家主导着市民社会。……马克思追问黑格尔为什么这样做。马克思认为答案就是黑格尔将'观念'（idea）视为主体，而不是'真正主体'——活生生的男人和女人的谓词（predicate）。"①《资本论》及其手稿中描述的工人劳动产品对工人的控制、资本主义的商品拜物教，也是主客体颠倒的表现。在彼得·尤迪斯看来，青年马克思的异化理论即主客体颠倒问题，贯穿于马克思的全部著作，是马克思进行资本主义批判的基本视角，并且成熟时期马克思的经济学哲学思想也是以此为基础建立起来的，包括马克思对未来社会的基本描述也是从对异化或主客体颠倒问题的扬弃即重新颠倒来实现的。在尤迪斯看来，就人与世界的关系而言，未来超越了资本主义的社会就是真正实现现实的、具体的人成为历史真正主体、克服物对人的统治和奴役的社会。

第四，《资本论》及其手稿中表述的资本主义替代理论认为资本主义之后的社会是消灭了价值生产的社会。彼得·尤迪斯从四个方面来论证这一点。首先，资本主义生产是建立在劳动二重性即抽象劳动和具体劳动区分之上的社会，它造就了生产的抽象性。其次，由于这种资本主义生产的抽象性，商品必须以它的抽象劳动所包含的价值，即由社会必要劳动时间来衡量的价值来进行交换。劳动产品如果没有价值就不是社会劳动，就不能作为商品进行交换，换言之，就不能实现其中包含的劳动。因此，资本主义生产是以交换价值为媒介的价值生产模式。再次，资本主义的价值生产

---

① Peter Hudis, *Marx's Concept of the Alternative to Capitalism*, Brill Academic Publishers, The Netherlands, 2012, p. 48.

导致了社会关系中商品拜物教的产生，人与人之间的关系由物与物之间的关系来替代，并且依赖这种关系，因而造成了物对人的控制。最后，对资本主义的扬弃就是要克服这种以价值生产为基础的资本主义生产模式，这就是超越了资本主义的未来社会的生产模式。它的生产不再是抽象的，不再是商品生产，而直接就是产品生产，人们的劳动成果直接成为社会劳动产品，因而消灭了以社会必要劳动时间为基础的价值生产。彼得·尤迪斯倾向于认为马克思的资本主义替代理论在《资本论》及其手稿中的阐述是比较成熟的，尽管后期经济学中的基本观点与青年马克思时期关于异化或主客体颠倒的理论是一致的，并且是以后者为基础的。关于资本主义替代理论，马克思直接谈到的确实比较少，可以说，他的主要工作是批判地分析了资本主义生产的抽象性，明确指出了资本主义生产的内在矛盾和发展规律。马克思在《哥达纲领批判》中将超越了资本主义生产方式的社会分为两个阶段，即社会主义社会和共产主义社会，社会主义社会是从资本主义到共产主义的过渡时期，它还保留着资本主义的法权，共产主义社会则是自由人联合体的社会，它彻底消灭了资本主义私有制，实现了生产资料归社会全体所有。确实如彼得·尤迪斯所言，马克思认为在共产主义社会中劳动产品直接就是社会产品，劳动产品直接就是劳动者主体性的体现，劳动产品之间的交换按照"各尽所能、按需分配"的原则进行。马克思对未来社会的描述十分抽象，他的重点在于揭示资本主义生产的抽象性而不是描述未来社会。资本主义生产是价值生产，那么超越了资本主义的社会就是无价值生产，这是彼得·尤迪斯的基本思路。将马克思对资本主义社会的揭示颠倒过来，认为那就是马克思对未来社会的构想，这过于简单了。首先，马克思的阐述超越了资本主义的未来社会，必须在他对资本主义批判的基础上加以理解，否则就是关于未来社会的乌托邦。马克思认为未来社会是"自由人的联合体"，但并没有对"自由人"做过多的描述。什么是"自由人"呢？这只能参照马克思对资本主义社会中人的论述加以理解。在资本主义社会中，人是虚假主体，是被物、商品所奴役的对象，在这种异化关系中，人受制于他的劳动产品，受制于物的世界的控制，因而人与人的关系是不自由的。因此，所谓"自由人的联合体"无非是说"超越了资本主义生产关系的人的联合体"，除此之外，任何对自由的描述都是乌托邦的；其次，马克思用以揭露资本主义生产抽象性的"劳动价值论"是一种经济学哲学思想，它充分揭示了资本主义生产的内在矛盾和发展规律。但这种理论是否可以直接颠倒过来用以描述未来社会呢？如果说，价值就是凝结在商品生产中无差别的人类劳动，由社会必要劳动时间来决定。那么，是否可以由此认为未来社会就是消灭了价值生产的社会呢？马克思认为未来社会已经消灭分工和私有制，但他所批判的分工是不合理的社会分工，他并不否认未来合理分工的存在。这样一来就存在一个问题：既然分工存在，就不可能避免交换，即使交换的是直接劳动产品，有交换的话，就必然有决定交换的量的尺度。这个尺度可以与资本主义的"社会必要劳动时间"相区分，但尺度应当是存在的。如果说由资本主义的社会必要劳动时间所决定的尺度称为"价值"的话，那么，"价值"确实只能是资本主义生产方式的专有名词，这样一来，说未来社会是消灭了"价值生产"的无价值社会，就基本上算是同义反复，并没有增加问题的内涵；再次，马克思的"劳动价值论"不但是揭示资本主义运动规律的经济学理论，更是哲学理论，它与黑格尔哲学有着密切的关系，其中关于抽象劳动和具体劳动的基础性区分，是黑格尔逻辑学在资本主义经济现象中的运用。"劳动价值论"的主要功能是用来揭露和批判资本主义的生产关系，其次才是揭示资本主义生产的内在矛盾和发展规律。关于"抽象劳动"的问题，是批判资本主义生产关系的重要武器，但又是一个极难以论证的问题。正是这样一个问题，表明了马克思劳动价值理论的资本主义批判性。但如果忽视了这种批判性，仅仅拿实证经济学的观点去看待这种抽象理论，则定会将马克思作为经济学哲学观点的"劳动价值论"降低为"实证经济学"来理解，进而否定"劳动价值论"的合理性。彼得·尤迪斯在利用马克思的劳动价值论推演他关于资本主义的替代理论时，不自觉地将这种仅仅限于资本主义生产方式的理论颠倒过来比照未来社会，这就造成了对"劳动价值理论"的实证经济学化理解。因为这样的话，如果实证经济学对"劳动价值论"提出的挑战是真实的，那么彼得·尤迪斯以马克思"劳动价值论"为基础对资本主义替代理论所做的一切推测都是站不住脚的。另一个重要问题是，尽管彼得·尤迪斯以丰富的文本资料为依据揭示了马克思从青年到晚年不同阶段关于资本主义替代理论的观点，但他没有回答一个重要的理论问题：从资本主义到对资本主义的替代这个过渡是如何发生的？如果这个重要的问题不解决，无论怎样描述资本主义替代理论，都是缺乏可靠基础的。

第六节　对马克思非西方社会理论的研究

马克思的非西方社会理论，是他关注资本主义发展、形成资本主义批判理论的组成部分之一。马克思的这一思想在美国人道主义马克思主义那里得到了传承和发扬，在他们看来研究当今的资本主义就必须研究非西方社会，研究马克思关于非西方社会的理论。这首先体现在杜娜叶夫斯卡娅对马克思关于非西方社会理论的研究上，并且当代美国人道主义马克思主义结合当今世界的现实问题，继续深化了马克思和杜娜叶夫斯卡娅对非西方社会的理论关怀。当代美国人道主义马克思主义对非西方社会的研究主要体现在两个方面：一是关注马克思文本中关于非西方社会的研究；二是关注当今世界非西方社会的现实问题。在已经出版的关于非西方社会的研究论著中，凯文·安德森的《边缘：马克思论民族主义、种族和非西方社会》为典型代表。它以现实的民族、种族、性别、阶级问题为出发点，在马克思的文本中寻找可以回应现实问题的答案，在理论探讨中关注现实问题，以现实问题为出发点进行理论思考。

1848年欧洲革命失败以后，马克思辗转定居伦敦。这是当时资本主义最发达的国家，是西方世界的中心，资本主义的矛盾也得以集中体现。因此，英国为马克思研究资本主义提供了极为合适的实践平台。1849—1883年，马克思在这里潜心研究资本主义及其相关理论问题。他的理论关注的核心是资本主义的内在矛盾及其发展规律，但同时也通过对非西方社会的研究从另一个角度关照资本主义产生的历史和未来发展的历史可能性。凯文·安德森的《边缘：马克思论民族主义、种族和非西方社会》一书主要包括两个方面的内容：一是马克思在他的时代对诸如印度、中国、俄国、阿尔及利亚等国家的社会模式及其与西方资本主义和殖民主义之间的关系研究；二是对波兰、爱尔兰的民族解放运动以及它们与同时代西方的民主运动、社会主义运动之间关系的研究，同时还考察了美国内战期间黑人劳工运动及其所折射的种族、民族与阶级之间的关系问题。为什么要进行这种研究呢？主要原因概括如下。第一，它们从侧面构成了马克思资本主义批判理论的组成部分。在直接对西方资本主义社会的内在矛盾和发展趋势进行批判研究的同时，马克思并没有忽视对非资本主义社会的研究，以此关照资本主义的产生和发展的可能性以及这些国家和地区被卷入资本主义全球体系的可能性。第二，这是对全球社会秩序的重要分析。在马克思的时代，当西方资本主义如火如荼地展开之际，非西方资本主义社会正经历着另一种社会发展模式，这种模式和资本主义全球化之间的关系对资本主义的未来来说，是十分值得考察的重要问题。第三，马克思视域中的无产阶级作为推翻资本主义的力量，不仅包括白人和欧洲人等资本主义国家的阶级力量，还包括非西方国家中一切被压迫的民族、国家、性别。这有力扩展和发掘了马克思非西方社会理论对当代社会反抗资本主义的组织力量。第四，对资本主义现代性的这种考察，新的革命力量的发现，也意味着新的革命的可能性。第五，挖掘俄国和印度村社制度对产生新的资本主义抵抗的可能性。第六，它是研究资本主义的结构和转变的有力补充。

《边缘：马克思论民族主义、种族和非西方社会》这本书在英语世界中资料来源相当丰富，主要包括以下几种"一是马克思给《纽约每日论坛》和其他报纸所写的评论。这些评论一直被忽视，被认为是马克思为了谋生所做的一些副业，理由是马克思本人曾明确表述过对这些报纸工作的厌倦。但其实在这些文章中包含着马克思关于非西方社会的重要理论分析，并且有些内容是在《资本论》和其他著作中所没有出现过的。二是有些资料在以往的研究中，是不充分的，因为涵盖马克思的大部分手稿的《马克思恩格斯全集》英文版 20 世纪 80 年代才得以完整出版。三是马克思为第一国际所写的宣言。四是马克思的书信。五是马克思 1879—1882 年尚未发表的笔记本节选。这些笔记本表明马克思的思想发生了巨大的转折，转向了对非西方社会的集中关注。总之，这些材料中大部分是贫困的马克思尚未发表过的，并且被他不断反复修改，它们表明马克思从政治经济学研究到对资本主义现代性整体的批判的重要转变，表明在 21 世纪条件下重新解读马克思的可能性——马克思不仅是一个政治经济学家，而且他的理论还包含着关于民族、种族、阶级等多重维度。因此，凯文·安德森多次在书中声称要刻画一个不仅研究发达资本主义世界的资本问题，而且还要研究亚洲和非西方社会的种族、民族、阶级问题的对社会发展持多重视角的理论家，以打破人们过往将马克思仅仅视为经济学家或哲学家的单一印象。的确如此，马克思对资本主义的批判研究不是抽象的，而是科学地处理了特殊和一般辩证关系的辩证总体的研究。

凯文·安德森指出,这种多维度的社会发展理论不是一下子就形成的,它经历了一个发展变化的过程。在1848年的《共产党宣言》中,马克思持有一种单一维度的社会发展理论,认为以印度为代表的非西方社会不可避免地将滑入资本主义世界体系并形成与发达资本主义国家相似的内在矛盾。1853年以来,马克思逐渐转变了这种单一维度的社会历史发展理论,形成了多重维度的社会历史发展理论。"1849年马克思移居伦敦之后,他世界观中的这个裂痕开始消失,自1853年以来,他将大部分理论研究努力投入了对诸如印度、印度尼西亚、中国、俄国等非西方社会的研究,同时还顾及了爱尔兰和波兰的民族解放运动、美国的阶级和种族之间的辩证法。"① 凯文·安德森指出,在马克思早期关于印度和中国等非西方社会的论述中,马克思倾向于指出这些落后国家被纳入资本主义世界体系的不可避免的命运,受黑格尔对印度社会看法的影响,他认为印度是一个缺乏变化的、没有历史的社会,印度村社制度和村社公有制构成了"东方专制主义"的基础。后殖民主义理论者萨义德为此批评马克思及其关于印度的理论是具有欧洲中心主义倾向的。但凯文·安德森不同意萨义德对马克思的看法,他指出,1853年马克思关于非西方社会的观点出现了转变,变得与《共产党宣言》时期不同了,并且出现了辩证的倾向。理由如下,第一,在1853年的一系列著作中,马克思指出印度将找到一条适合自己的摆脱殖民主义的道路。第二,印度殖民主义的终结和英国工人运动将可以产生相互配合的联动效应,以促进印度的独立。

在1856—1857年的著作中,马克思表达了他反对殖民主义的态度,这特别表现在他对中国反对英国的第二次鸦片战争和印度Sepog起义的分析上。这种多维度的社会发展理论也融合在他《政治经济学批判(1857—1858年手稿)》中,他认为亚洲的发展道路将不同于西欧所经历的从古希腊—罗马到封建的、资本主义的连续的历史发展阶段,亚洲将有自己独特的发展历程。在1853年他多少还认为村社是导致东方专制主义的基础,而现在则认为村社有可能导致民主,也有可能导致专制。

---

① Kevin Anderson, *Marx at the Margins*: *On Nationalism, Ethnicity, and Non - Western Societies*, the University of Chicago, 2010, pp. 10 - 11.

马克思还在《资本论》及其第 2 卷、第 3 卷中关注欧洲和北美社会，特别是美国内战期间种族和阶级之间的辩证关系。关于这一点，凯文·安德森认为马克思这些著作中的观点可概括如下。第一，白人种族主义是阻止工人运动整体的障碍。第二，被奴役的黑人劳动阶级是内战中北方获得胜利的关键因素。第三，英国的工人运动将是美国种族解放运动的有力配合。第四，如果美国不赋予被解放的奴隶以充分的权利，这将导致该国重新陷入血与火的种族主义斗争中。

对俄国的态度，马克思也有很大转变。最初，马克思认为俄国是威胁欧洲民主和社会主义运动的反动力量，俄国的独裁制度根源于农村公社制度和公社所有制所造成的农业社会的特征。但在 1858 年，他关于俄国的看法发生了转变，认为俄国有可能出现由农奴的解放所造成的社会变革。至于对由俄国所占领的波兰的分析，凯文·安德森认为马克思指出了三点。一是波兰的解放运动表明了沙皇俄国内在的深刻矛盾。二是西方疏于支持波兰的民族解放运动，这将削弱西方自身的民主和社会主义运动。三是波兰民族解放运动中的反资本主义力量不容忽视，这一点马克思在晚年有特别的研究。

凯文·安德森认为，关于爱尔兰问题，马克思也形成了系统的理论。在较早时候马克思认为，英国工人运动可以配合爱尔兰获得独立。但在 1869—1870 年马克思改变了看法，认为爱尔兰民族独立必须首先发生，以配合英国工人运动，因为英国的工人耽于一种错误的民族主义傲慢和偏见，无视爱尔兰。实际上民族独立运动和工人运动、种族解放运动之间存在着辩证关系，只有重视这种辩证关系才能解决上述一系列问题。"这种僵局只有在英国工人直接支持爱尔兰民族解放运动的情况下才能得以解决，这也将有助于重新团结英国的劳工，在那里爱尔兰移民劳工形成了非主流无产者。英国劳工过去总是抱怨来自极端贫困的爱尔兰劳工的竞争降低了他们的工资，而爱尔兰移民劳工则经常仅仅将英国工人运动视为在国内外统治他们的那个英国社会的另一种表达而不予以信任。"[①]

《资本论》的法文版充分表现了马克思关于社会发展的多维度视角。在

---

① Kevin Anderson, *Marx at the Margins: On Nationalism, Ethnicity, and Non-Western Societies*, the University of Chicago, 2010, p. 240.

"资本的原始积累"这一部分,马克思认为他所揭示的资本主义发展规律适用于西欧社会,而非西方社会的未来则是开放的,并不由西欧模式所决定。在《资本论》中马克思还认为印度村社表现了前资本主义的社会关系,印度手工工业的衰落和手工业工人所遭受的苦难也是资本主义全球化的破坏性结果的体现;关于爱尔兰问题,在《资本论》中马克思也有预见性的描述。英国资本主义对爱尔兰的渗透破坏了当地的土地制度,丧失了土地的爱尔兰人逃往美国,而这里新兴的资本主义又将挑战英国的资本主义;凯文·安德森认为,《资本论》还涉及了关于奴隶制和种族主义的问题。"最后,他还在《资本论》中探讨了奴隶制和种族主义的问题,指出美国灭绝土著民族和奴役非洲族裔的方式构成了早期资本主义发展的主要因素。他还在几个关键的地方指出蓄奴制和种族主义对美国劳工运动的恶果。他在资本论中写道,如果黑人劳工被奴役,白人劳工也不能获得解放。另外,马克思总结说,奴隶制的终结已经为美国劳工运动打开了重要的新的可能性。"[1]

在 1879—1882 年关于非西方社会的笔记本摘要中,马克思谈到了印度的村社制度和村社所有制形式,表达了两个重要的观点。一是与早期将印度社会看成是无历史的静态社会的观点不同,现在马克思认可了印度的社会历史发展,认为印度村社发生了重大的变化。二是他关注的要点不再是 1853 年视域中一个消极被动的印度,而是面对征服者(中世纪的穆斯林入侵、马克思时代英国殖民者的入侵等),印度社会在部落和村社组织形式基础上所表现出来的冲突和抵抗。凯文·安德森认为,在这里马克思的殖民主义观发生了重大变化:将村社制度和殖民反抗问题联系起来了。"此时,马克思早期关于殖民主义的进步性的观念退却了,取而代之的是对他持续不端的严苛的谴责。"[2]

关于性别问题,马克思在 19 世纪 40 年代和 1879—1882 年均有所论述。凯文·安德森比较了马克思和恩格斯关于性别问题的研究。马克思 1880 年或 1881 年做了关于摩尔根古代社会的笔记,恩格斯在马克思研究的基础上,于

---

[1] Kevin Anderson, *Marx at the Margins: On Nationalism, Ethnicity, and Non-Western Societies*, the University of Chicago, 2010, p. 241.

[2] Ibid., p. 242.

马克思逝世后的1884年写作了《家庭、私有制和国家的起源》，对妇女的平等地位做了辩护。马克思对前文明社会比如易洛魁人性别关系的研究避免了任何理想化的成分，运用黑格尔的辩证思维方法辨析了各种社会类型中的矛盾双方及其对立关系，包括那些平等的和村社制的前文明社会中的状况。相比之下，恩格斯则比较粗略地认为在从前文明社会到阶级社会的转变中，欧洲和中东地区发生了女性地位的世界历史性的衰落。而马克思则将他所处时代的性别关系看作是反抗资本主义的潜在力量。

19世纪70年代，马克思又回到了对亚洲问题的研究，特别是《资本论》俄文版于1872年在俄国的出版，让马克思对俄国问题充满了兴趣。在1877—1882年的一系列书信、笔记和俄文版《共产党宣言》的序言中，马克思进一步反思了俄国问题。马克思指出，《资本论》并没有为俄国指明未来的道路。"在关于俄国的著作中，马克思反复决然地否定《资本论》中的观点能为俄国的未来提供任何明晰的预见。他认识到俄国村社制度显然不同于西欧封建社会的前资本主义村社。西方和俄国前资本主义社会结构的这种不同，表明俄国有可能形成另一种社会发展和现代化模式，如果它能够避免被资本主义所吞噬的话。既然俄国的村社制度与西方的工业资本主义同时存在，那么俄国以村社为基础的社会革命或许能够利用西方现代化的成果而避免遭受资本主义发展带来的阵痛。"① 凯文·安德森还指出，马克思在这里并不是主张在俄国一国范围内实现共产主义，而是认为如果俄国革命能和西欧工人运动相结合，那么在非资本主义的俄国就有可能具备共产主义的基础。

《边缘：马克思论民族主义、种族和非西方社会》一书是当代美国人道主义马克思主义分析马克思非西方社会理论的重要作品，它试图结合当今时代的社会实践重新解读马克思，以马克思的文本来回应当今的问题。首先，它挖掘了马克思非西方社会理论中关于社会发展的辩证内涵，认为马克思的社会发展理论不是线性的，而是多重维度的；马克思的革命理论不是单纯以阶级为基础的，而是阶级、民族、种族等因素的辩证融合。一些后现代主义者认为马克思的非西方社会理论强调差异，这有一定道理，马

---

① Kevin Anderson, *Marx at the Margins: On Nationalism, Ethnicity, and Non-Western Societies*, the University of Chicago, 2010, p. 243.

克思确实强调不同民族在发展道路上的差异,但他对这种差异的研究仍然是以马克思的资本主义批判为理论核心的。正如凯文·安德森所言,马克思成熟时期的社会发展理论是总体性与特殊性的辩证统一。"马克思成熟的社会理论围绕一种整体概念展开,这种整体不仅为特殊和差异提供了客观的视域,而且在有些条件下还使得特殊——种族、民族、国家(nationality)——成为整体的决定因素。"① 在资本主义全球化主导世界的时代,马克思的这种多维度视角在强调资本主义全球扩张的同时,也强调了不同社会发展模式的差异。凯文·安德森认为马克思在这种统一中强调差异的辩证做法,使得他的理论克服了形式主义的窠臼,成为成功运用辩证法的典范。《边缘:马克思论民族主义、种族和非西方社会》一书对马克思关于非西方社会发展理论的挖掘,丰富了马克思资本主义批判理论的内涵,特别是对马克思社会发展理论多重维度的强调打破了人们对马克思在《共产党宣言》时期注重资本主义、殖民主义的必然全球化的固定印象,尤其是为当今时代各国寻求适合本国国情的社会发展模式提供了理论佐证。另一个侧面,也揭示了资本主义并不一定能按照西欧的模式实现全球化,对资本主义的替代力量除了西欧,还有非西方社会的各种被压迫群体。另外,该书还挖掘了马克思非西方社会理论中关于工人运动与种族主义、女性主义、民族主义等之间的辩证关系,认为马克思本人就十分强调这些被压迫群体的团结对于推翻资本主义制度的积极意义。这一发现对当今时代发达国家甚至发展中国家反对资本主义的现实运动具有重要的理论意义,比如它合理地解释了1992年洛杉矶的抵抗运动、2005年巴黎郊区的青年移民抵抗运动。凯文·安德森特别强调在资本主义批判的同时,该书所揭示的阶级斗争与民族解放运动、种族斗争、性别斗争之间的辩证关系及其对当今时代的现实意义。"我重申,马克思理论视角的力量在于他拒绝将这些因素和资本批判割裂开来,资本批判为这些因素提供了更加广阔的背景,而没有将种族、民族或国家(nationality)消融在阶级中。"② 作为美国当代人道主义马克思主义的重要代表人物,凯文·安德森之所以特别强调阶级问题与种族斗争、

---

① Kevin Anderson, *Marx at the Margins: On Nationalism, Ethnicity, and Non-Western Societies*, the University of Chicago, 2010, p. 244.
② Ibid., p. 245.

性别斗争之间的辩证关系问题,其中一个重要的现实原因就是当今美国严重的种族主义斗争局面和争取性别平等的运动愈演愈烈。可以说,在一定程度上,他是在回应美国的现实问题。同时这个问题在其他国家和地区也以不同程度存在,凯文·安德森以详尽的一手资料和文本考察,对马克思这方面理论的挖掘是将马克思主义理论应用于实践的较好的范例。

第七节　对列宁与黑格尔和辩证法关系的研究

西方关于列宁思想的讨论大致具有两种倾向:一种是否定的,以尼尔·哈丁(Neil Harding)为代表;另一种是肯定的,以斯拉沃热·齐泽克(Slavoj Zizek)收录的文集《重塑列宁》(*Lenin Reloaded*)为代表。但是这两种倾向都没有充分强调列宁与黑格尔和辩证法之间的紧密关系,以及这种关系对列宁后来思想发展所起的重大作用。并且那种否定性的观点,即列宁为斯大林的辩证唯物主义奠定了基础,长期以来占据主要地位,导致多数人对列宁的哲学持批判态度,甚至有不少人,比如东欧新马克思主义认为列宁背叛了马克思的辩证法。凯文·安德森的《列宁、黑格尔和西方马克思主义:一种批判性研究》一书则探讨了一个不同于正统马克思主义的新的列宁形象,即列宁是黑格尔主义马克思主义者。通过考察列宁1914—1915年的《黑格尔笔记》,安德森认为1914年以后,列宁的一系列著作特别是论述辩证法的著作,实际上很接近卢卡奇和法兰克福学派等黑格尔主义马克思主义的观点,而不同于通常所认为正统列宁主义的观点。具体地说,该书表达了三个观点。第一,列宁1914—1915年关于黑格尔和辩证法的研究,超越了其1908年写作《唯物主义与经验批判主义》时期的机械论观点。第二,1914—1915年的《黑格尔笔记》为列宁以后写作的《帝国主义是资本主义的最高阶段》(1916年)、关于民族解放的一系列著作以及《国家与革命》(1917年)提供了重要的哲学基础。第三,列宁的《黑格尔笔记》和后来的黑格尔主义的马克思主义,比如卢卡奇、科尔施、杜娜叶夫斯卡娅等具有相关性,并且使其成为先于后者并对后者产生了重大影响的黑格尔主义马克思者。

凯文·安德森在《列宁、黑格尔和西方马克思主义:一种批判性研究》

的导言中，从理论发展的历史境遇和现实问题的推动两个方面谈了自己为何要重新反思列宁，关注列宁与黑格尔和辩证法的关系。20世纪六七十年代，美国和欧洲对马克思主义的理论本质有着热烈的争论。1980年，马克思主义社会学家阿尔文·古尔德纳（Alvin Gouldner）将围绕这个问题的争论分为两种流派，即批判的马克思主义与科学的马克思主义。前者包括一大批黑格尔主义者、存在主义者和人本主义的马克思主义者；后者主要指结构主义的马克思主义者。他指出列宁在卢卡奇和科尔施之前开创了走向批判的马克思主义运动，但没有坚持下去。他指的就是列宁1914—1915年对黑格尔辩证法的研究。20世纪90年代苏东巨变，包括激进知识分子在内，都对马克思主义产生怀疑，列宁主义也被认为是导致集权主义和经济崩溃的罪魁祸首，列宁思想中的独裁主义和先锋队观点总是被人们挖掘出来加以批判。马克思主义的辩证法也遭到质疑，特别是理查德·罗蒂（Richard Rorty）在《知识分子与社会主义的终结》中表达了对可以追溯到柏拉图的辩证法的批判。马克思主义死亡的论调不断出现，但实际上正如萨特所言，当代没有人可以超越马克思，也没有人能够超越马克思所批判的这个资本主义时代，所谓对马克思的超越不过是回归到前马克思主义时期。东欧剧变和第三世界试图创造介于极权主义和自由市场之间"第三条道路"的努力的失败，使得人们包括左翼激进知识分子都产生一种妥协的观念，即资本主义的"永恒化"。同时，现实的问题，比如种族解放运动、妇女解放运动、中西欧新法西斯主义运动的抬头，拉美的革命烈火等，却逼迫人们必须要探讨黑格尔主义与马克思主义的关系。另外，从自身的知识结构上来说，凯文·安德森作为杜娜叶夫斯卡娅曾经的学生较多地从她那里获得了黑格尔主义马克思主义立场的影响。从20世纪70年代起，欧洲主要左派哲学家和社会理论家的著作翻译到美国，这包括从阿多诺到法国存在主义的马克思主义。卢卡奇、葛兰西以及黑格尔和马克思的新译作，特别是《1857—1858年经济学手稿》（*The Grundrisse*），也成为重新解读马克思主义的关键。因此，这些相关文本在美国的翻译和传播，也是造成作者探讨列宁与黑格尔和辩证法关系的重要文化推动力。

  凯文·安德森还给出了研究列宁与黑格尔和辩证法关系的几点具体理由。一是当前对列宁的研究还没有摆脱正统、官方列宁主义的束缚，实际上列宁的思想和官方所宣扬的列宁主义是不同的。第二，要研究西方马克思主义的起源就有必要评估列宁对黑格尔的研究对西方马克思主义的影响，因为列宁1914—1915年对黑格尔和辩证法的研究早于卢卡奇、科尔施这些通常所认为的黑格尔主义的马克思主义者，而他们当时又在列宁的第三国际中受到列宁的影响。第三，当代革命的社会学理论常常将革命的原因归结为"社会结构"、阶级和国家，而忽视了作为导火线的政治和社会思想。列宁1916—1923年的著作本身就涉及了这些问题，因此有必要重新解读列宁的著作。因此要探讨革命的原因，就有必要反思列宁。第四，传统的作为革命主体的工人阶级概念虽然遭到法兰克福学派和其他西方马克思主义流派的批判，然而一种新的关于主体的概念却没有被提出来。但列宁从辩证法本身的研究衍生展开了对主体性（subjectivity）新形式的研究：他将民族解放运动看作反对资本主义的新形式。社会历史形势的发展证明民族解放运动、种族解放运动、妇女解放运动都成为反对资本主义的新兴力量。因此，凯文·安德森认为，列宁指出了一条通向今天唯一可行的马克思主义道路："一条依靠多元主体性概念而不是唯一依靠传统工业无产阶级的道路。"①

《列宁、黑格尔和西方马克思主义：一种批判性研究》在论述1914年以来列宁与黑格尔和辩证法的关系时，探讨的具体内容非常丰富，涉及以下几个方面。他的基本思路首先是探讨列宁思想中的黑格尔主义因素，然后研究这种黑格尔主义的马克思主义观对列宁革命辩证法的影响，最后论及列宁思想中的这种黑格尔主义马克思主义观对西方马克思主义的奠基作用。

一 安德森论列宁研究黑格尔的背景

安德森主要从时代发展的重大政治背景来论述列宁关于黑格尔的理论转向。这个重大的政治事件主要包括第一次世界大战的爆发，以及由此在理论上产生的马克思主义的第一次"危机"。1914年一战爆发，许多社会主义政党放弃了以往反对任何帝国主义战争的立场，在爱国主义热潮的冲

---

① ［美］凯文·B. 安德森：《列宁、黑格尔和西方马克思主义：一种批判性研究》，张传平译，南京大学出版社2012年版，导言第9页。

击下，转而支持本国的帝国主义战争。特别是列宁看到作为社会主义政党的社会民主党竟然投票支持战争，十分震惊。于是在流亡伯尔尼期间，列宁的态度发生了矛盾转向：一是开始在图书馆研究黑格尔的著作，特别是《逻辑学》，写作了关于黑格尔的笔记；二是他走向了革命失败主义（revolutionary defeatism），号召成立新的共产国际。凯文·安德森指出，就是在这几个月间，列宁对黑格尔的态度和自己以往哲学观点的态度都发生了变化。"在研究黑格尔的这几个月期间，列宁与作为第二国际特征的一个科学的唯物主义这一马克思主义观念决裂，这同时也是与他本人早期思想观点的决裂。"①

列宁的《黑格尔笔记》自 1929 年在俄国公开出版、1932 年在德国出版、1938 年在法国出版、1958 年在英国和意大利出版以来，并未引起人们重视的原因有二：一是由于官方马克思主义的宣传作用，人们通常对列宁有这样一个普遍印象，即他是一个活动家、一个组织领袖、一个主张建立先锋政党的领导者和 1917 年革命的缔造者，这些印象似乎都和研究黑格尔抽象理论的问题毫不相关。二是人们关于西方马克思主义和官方马克思主义的关系有一种僵化界定，认为前者研究主体、辩证法和文化，而以列宁为代表的后者更关注科学的经济主义。二者之间似乎毫无沟通的渠道。但凯文·安德森认为列宁实际上是二者之间的桥梁。"列宁的《黑格尔笔记》和 1914 年之后很多其他著作的立场更加接近于青年马克思和西方马克思主义的著作中的立场，而不是官方的马克思列宁主义的立场。"② 与人们对列宁作为正统马克思主义者的通常看法不同，凯文·安德森认为列宁是马克思之后第一个对黑格尔进行认真研究的马克思主义领导者、理论家，他的黑格尔转向具有重要的意义，对 1914 年以后列宁关于帝国主义、民族解放问题、国家和革命等重要问题的论述具有决定性作用。

为了充分把握列宁研究黑格尔的理论背景和它在马克思主义发展史上的创新意义，凯文·安德森还讨论了在列宁研究黑格尔之前马克思主义与黑格尔研究之间的关系。

---

① ［美］凯文·B. 安德森：《列宁、黑格尔和西方马克思主义：一种批判性研究》，张传平译，南京大学出版社 2012 年版，第 4 页。

② 同上书，第 6 页。

首先，就马克思本人与黑格尔思想的现实关系而言，20 世纪 20 年代末马克思在《1844 年经济学哲学手稿》中对黑格尔进行了批判，遗憾的是列宁并未读到过这部手稿。马克思 1844 年开始转向对黑格尔《精神现象学》的研究，"通过接受黑格尔的否定之否定这一核心概念而回到了黑格尔，尽管费尔巴哈将这一概念视为神学本质而加以抛弃"[①]。特别的是，安德森指出，马克思在批判和吸收黑格尔思想的同时提出了自己的人本主义辩证法。"马克思不同于（但也吸收了）黑格尔对意识和其他精神活动的关注，他提出了自己的人本主义辩证法，把'现实的、有形体的、站在稳固的地球上呼吸着一切自然力的人'作为其辩证法概念的核心。"[②] 安德森的这一思想毫不掩饰他的人道主义马克思主义倾向。安德森还认为："在这篇著名的文章中，马克思始终徘徊于对黑格尔辩证法的革命性的赞扬与对黑格尔非人的唯心主义形式的批判之间。在这一批判中，马克思没有提出任何与正统马克思主义的科学唯物主义相类似的观点。"[③] 这样，安德森一开始就把马克思解释为一个具有黑格尔辩证法精神的人道主义马克思主义者。安德森指出，马克思在 1844 年提出的辩证法思想仍是其成熟著作的基础。此外，安德森还特别提出了马克思在《1844 年经济学哲学手稿》中没有展开论述的关于黑格尔的"绝对"概念，认为马克思在《导言》中的"绝对"概念指的是人的能力和需要的历史性，在《资本论》中把"绝对"界定为资本主义两极分化的趋势是"资本主义积累的绝对一般规律"，并引证杜娜叶夫斯卡娅的观点认为马克思的绝对概念不同于黑格尔，"黑格尔的绝对永远是'综合的'，是历史与哲学的统一，理论与实践的统一，主体与客体的统一。而马克思的绝对则永远是总体的分裂，是绝对的、不可调和的矛盾"[④]。安德森得出结论说，"即便是马克思的绝对来源于黑格尔，但也经过了一个真正扬弃的过程，至少在表面上，马克思的绝对与黑格尔的绝对的差异性大于共同性"[⑤]。遗憾的是，马克思之后的理论家并没有重视马克思对黑格尔

[①] ［美］凯文·B. 安德森：《列宁、黑格尔和西方马克思主义：一种批判性研究》，张传平译，南京大学出版社 2012 年版，第 9 页。
[②] 同上书，第 10 页。
[③] 同上书，第 11 页。
[④] 同上书，第 13 页。
[⑤] 同上书，第 13 页。

辩证法的批判，或者，从中没有得出有别于传统"科学唯物主义辩证法"的观点，而是在恩格斯和其他马克思主义理论家的影响下，忽略了马克思辩证法的黑格尔性质。

其次是恩格斯在《路德维希·费尔巴哈和德国古典哲学的终结》中关于黑格尔和辩证法的观点。恩格斯的哲学在第二国际中非常流行，也极大影响了以后的马克思主义者包括列宁的马克思主义哲学观，但他对黑格尔和辩证法的态度与马克思是很不相同的。恩格斯的哲学观具有较多的实证科学倾向，而马克思的哲学与黑格尔辩证法的关系更为紧密。恩格斯虽然对黑格尔的著作有一定的了解，但他关注较多的是黑格尔的政治哲学，而不是《精神现象学》《逻辑学》等包含着丰富辩证法思想的著作。在这篇关于费尔巴哈的文章中，恩格斯对黑格尔的哲学做了方法和体系的区分，赞扬了黑格尔的方法而批判了他的体系，认为他的方法是辩证的、革命的，而体系则是封闭的、保守的。这个观点对以后的马克思主义者产生了非常大的影响，致使他们忽视了对黑格尔的研究，而只以恩格斯的哲学观点为教条来研究马克思主义哲学。恩格斯还认为哲学在黑格尔的体系中终结了，取代哲学的将是工业和实验，这样辩证法就成为某种需要应用而不需要深入研究的东西。这又进一步误导了以后的马克思主义者。恩格斯还提出了关于唯物主义和唯心主义的两大区分，认为黑格尔的辩证法是头脚倒置的唯心主义，需要把它颠倒过来。这都成为恩格斯误解黑格尔、引起以后马克思主义者误解的关键点。恩格斯认为机械唯物主义大体是正确的，但缺乏辩证的视角，这需要由自然科学的最新成果来补充，而不是通过吸收黑格尔的辩证法来实现。这篇文章的末尾附加了马克思生前从未发表过的、被恩格斯加以修改了的《关于费尔巴哈的提纲》，但恩格斯误解了提纲第一条，将其视为唯物主义和唯心主义对立的证据，而马克思并没有这层含义，他只是强调了唯心主义对辩证法的作用。凯文·安德森指出："马克思这里并不是在唯心主义和唯物主义'两大阵营'之间进行取舍，而是再次看到唯物主义和唯心主义某种形式相互联系，而唯心主义则有助于促进辩证法的主观性和能动性方面的发展。"[①] 恩格斯对该提纲最后一条的修改，也使

[①] ［美］凯文·B. 安德森：《列宁、黑格尔和西方马克思主义：一种批判性研究》，张传平译，南京大学出版社2012年版，第17页。

得原文的意思发生了变化。修改后的句子多了一个"而"字："哲学家只是用不同的方式解释世界，而问题在于改变世界"，但原文并没有这个词。这个转折词表达了恩格斯关于哲学终结的意思，安德森认为这"赋予整个提纲一种更加能动的、反哲学的色彩"①。

第三，普列汉诺夫对黑格尔和辩证法的进化论和唯物主义的改造。普列汉诺夫虽然直接研究黑格尔的著作，把黑格尔看成是马克思思想的直接来源，但他对黑格尔做了进化论和唯物主义的改造。在1891年发表于德国社会民主党报刊《新时代》（*Neue Zeit*）上的一篇"纪念黑格尔六十周年"的文章中，普列汉诺夫创造了"辩证唯物主义"这一马克思从来没有使用过的词汇。他赞扬黑格尔正确表达了哲学是时代精神的精华这一真理，并推而广之认为宗教、法律和艺术等也是如此。费尔巴哈对黑格尔的唯物主义解读体现在他认为黑格尔在描述各种古代文明的差别时，除了强调精神和思想因素之外，还强调物质和政治因素，强调经济发展是历史变革的关键。普列汉诺夫对黑格尔用地理环境因素来描述古代文明充满兴趣，安德森认为这是"全面进化论者的一个论点"②。安德森还指出普列汉诺夫"在更为广泛的意义上把否定性辩证法和主体性辩证法归纳为历史发展确定规律的一种'一元论'进化观"③，即社会生活的根源在于经济发展的经济主义观。安德森总结了普列汉诺夫对黑格尔的研究，指出："普列汉诺夫继承并进一步发展了恩格斯的进化论，他建立了一种几乎没有人类主体的辩证唯物主义。普列汉诺夫通过消解黑格尔论述辩证法的重要著作、赞同黑格尔的历史和政治著作完成其对黑格尔的唯物主义解读。……普列汉诺夫在1891年对黑格尔的解读中完全缺少诸如否定之否定、唯心主义和唯物主义必然统一以及矛盾概念等这些重要的辩证法范畴。"④

概言之，列宁之前，马克思主义对黑格尔的研究基本上有马克思本人的观点、恩格斯的观点、普列汉诺夫的观点三种类型。就列宁的状况而言，1914年之前列宁坚持由恩格斯和普列汉诺夫主张的辩证唯物主义观点，他

---

① ［美］凯文·B. 安德森：《列宁、黑格尔和西方马克思主义：一种批判性研究》，张传平译，南京大学出版社2012年版，第17页。
② 同上书，第19页。
③ 同上。
④ 同上书，第20页。

对黑格尔的态度也受这二者的深刻影响。安德森认为，列宁 1894 年发表的《什么是"人民之友"以及他们如何攻击社会民主党人》并不赞同尼古拉·米海洛夫斯基（Nikolai Mikhailovsky）所说的"笨重无用的黑格尔辩证法的盖子"损害了《资本论》。"他与恩格斯、普列汉诺夫一样是一个坚定的科学唯物主义者，确信在哲学主要上划分为唯心主义与唯物主义两大阵营。尽管马克思的辩证法相应地与黑格尔的辩证法直接对立，但列宁并没有要求去除黑格尔主义对《资本论》的影响，也没有无条件地否定黑格尔对马克思成熟著作所产生的深远影响。相反，列宁认为，马克思继承并改造了黑格尔的唯心主义辩证法，使之成为唯物主义辩证法。"①列宁第二次论述辩证法体现在他与波格丹诺夫（A. A. Bogdanov）论战的《唯物主义和经验批判主义》（1908）中。安德森认为，"在列宁看来，《唯物主义和经验批判主义》并不是其基本著作，只不过是 1905 年革命所导致的数年的绝望和失败情绪在布尔什维克内部模糊不清的争论的产物"②。可见，安德森并不以为这部被苏联官方马克思主义奉为经典的列宁著作包含了多少成熟的想法。他甚至认为后人对列宁这部著作的解释，并不是列宁的观点，而是他们自己对列宁的曲解或者是自己的观点。"《唯物主义和经验批判主义》最初远不是列宁主义的一部专门论述哲学的著作，而只是重申权威的第二国际马克思主义在辩证唯物主义问题上的正统观点。"③ 基于论战的目的，并且还有复杂的政治形势的原因，列宁这部著作写得确实比较粗陋，书中大量引用了费尔巴哈、普列汉诺夫和恩格斯对唯物主义的论述，却极少引用马克思。安德森认为，尽管如此，列宁对黑格尔的态度则不是完全拒斥的，他大体称赞黑格尔是辩证唯物主义的奠基者，认为不是黑格尔而是康德才是其主要理论敌人，对黑格尔给予了许多恩格斯式的批判，认为"绝对理念"是唯心主义者黑格尔的神学虚构。安德森引证了列宁的一段话，证明列宁对黑格尔还有些许积极的看法，但只限于在辩证唯物主义范围之内。"马克思和恩格斯在他们的著作中特别强调的是辩证唯物主义，而不是辩证

---

① ［美］凯文·B. 安德森：《列宁、黑格尔和西方马克思主义：一种批判性研究》，张传平译，南京大学出版社 2012 年版，第 21—22 页。
② 同上书，第 23 页。
③ 同上书，第 25 页。

唯物主义，特别坚持的是历史唯物主义，而不是历史唯物主义。"① 安德森总结说："1914 年之前，作为一个对起义、群众运动、革命组织的基本形成的新阶段和新类型都非常敏感的革命活动家和理论家，列宁对辩证法的运用主要集中在政治和经济方面而不是哲学方面。……但是，在 1908 年，第二国际左翼的所有重要的理论家——卢森堡、托洛茨基和列宁——都接受了存在于恩格斯和普列汉诺夫中的科学唯物主义类型。只有列宁一个人继续仔细认真地研究黑格尔的辩证法。"②

由此安德森得出结论，列宁对黑格尔和辩证法的研究无论较之以前的马克思主义者还是较之自身以往的研究来说，都是具有创新性的，都标志着列宁思想的一个新转折。"只有在列宁在 1914 年 12 月中旬完成对黑格尔《逻辑学》的研究并在 1915 年也花了一些时间研究黑格尔的辩证法之后，他才开始用黑格尔研究中获得的主题来重新审视其以政治和经济为中心的马克思主义的基本概念。"③

二 列宁对黑格尔和辩证法的研究

安德森从他的具有黑格尔主义风格的人道主义马克思主义立场出发，特别探讨了列宁对黑格尔逻辑学中的主观逻辑和辩证法问题，并从中得出了列宁对主体性和多元主体性的强调。这样，安德森其实就把列宁解释为一个具有黑格尔主义甚至人道主义特征的马克思主义者，而不是一个纯粹继承了列宁和普列汉诺夫的科学唯物主义的正统马克思主义者。

（1）对立面的转化：列宁研究黑格尔存在论的重要理论成果。

关于列宁对存在论的研究，安德森概括了六点。"第一，我们可以看到列宁单独挑选出直接性和间接性这对范畴。第二，他开始认识到主观与客观的重要性。第三，我们已经看到，列宁在这一部分开始讨论在他看来是黑格尔《逻辑学》中的一个重要范畴：向对立面的转化。第四，列宁忽略了黑格尔对否定之否定这个重要概念的介绍。第五，他开始对唯心主义表

---

① ［美］凯文·B. 安德森：《列宁、黑格尔和西方马克思主义：一种批判性研究》，张传平译，南京大学出版社 2012 年版，第 26 页。
② 同上书，第 27 页。
③ 同上书，第 31 页。

现出喜爱之情。他也对'庸俗唯物主义'做了提纲挈领的批判,并将这一术语引入 20 世纪的马克思主义。第六,他强调飞跃和渐进性过程的中断等范畴。"① 在这一部分,列宁仍然试图用唯物主义来颠倒黑格尔的辩证法,他在一定程度上还受第二国际正统理论家恩格斯和普列汉诺夫的影响。但这里所说的唯物主义,已经不是与唯心主义二元对立基础上的唯物主义了。它指的是"在和马克思主义相结合、和一般社会与政治理论相结合这种普遍意义上"② 的唯物主义,如同安德森所言,"列宁已经开始从他本人对黑格尔的研究中重新发现了把唯物主义与唯心主义的最好方面结合起来的辩证法概念,这一点在某些方面与青年马克思相似"③。他虽然注意到了黑格尔关于"有—无—变"的三段论,但并没有给予过多的评论。特别是他忽略了黑格尔关于否定之否定的思想,认为它是"抽象而费解的黑格尔主义"。黑格尔提出的关于某物和他物的辩证法,也是列宁所遗漏的地方。黑格尔所说的某物即有限事物,与他物(Etwas)是否定性地联系在一起的,他物超越了某物并且是某物与一个更广阔世界的边界。某物是自我联系、自我否定的,不是通过他物来展现自己。根据对某物和他物的定义,某物可以转化为他物,因此二者总是相联系的。这就是某物与他物的辩证法。黑格尔这一关于某物和他物辩证关系的观点对马克思非常重要,但是没有引起列宁的重视。尽管如此,列宁毕竟是注意到了辩证法概念,安德森转引了列宁的如下观点:"辩证法是一种学说,它研究对立面怎样能够同一,是怎样同一的——在什么条件下它们是相互转化而同一的——为什么人的头脑不应该把这些对立面看作僵死的东西,而应该看作活生生的、有条件的、活动的、互相转化的东西。在读黑格尔时。"④ 这说明列宁由此得出了向对立面转化的概念。安德森认为:"这种向对立面转化的概念是列宁 1914 年后的所有理论建构的中心。列宁在分析第二国际的瓦解和第一次世界大战的著作以及其他理论著作中经常用到这一范畴。这一范畴也成为他后来论述马克思逝世之后的资本主义结构变化观念的基础。列宁的由竞争向垄

---

① [美]凯文·B. 安德森:《列宁、黑格尔和西方马克思主义:一种批判性研究》,张传平译,南京大学出版社 2012 年版,第 56 页。
② 同上书,第 53 页。
③ 同上。
④ 同上书,第 50 页。

断性资本主义的过渡的理论也与黑格尔那里得出的这个观点有关,垄断的资本主义是列宁帝国主义理论的一个重要特征。同样的,他有关工人贵族的理论也是一种由工人阶级的一部分向对立面的转化。"①

安德森特别突出列宁在研究黑格尔存在论时对"对立面的转化"这一思想的发现,因为在他看来这是列宁辩证法思想形成的重要特征,也是他从黑格尔这里把握到的辩证法的重要特征。列宁以"对立面的转化"来概括"存在"的基本特征,充分凸显了列宁主义的辩证法性质。正是以此为基础,列宁才形成了关于后来的帝国主义和民族解放理论的核心指导思想。对列宁思想中来自黑格尔的辩证法思想影响这一特征的强调,也是安德森人道主义马克思主义的重要特征。他以此解读列宁,并赋予列宁理论以具有黑格尔主义特征的马克思主义人道主义色彩。这也是为什么安德森还要强调列宁重视黑格尔主观逻辑以及突出多元主体性的理论起点。

（2）主观逻辑：列宁1914年黑格尔研究的核心。

安德森从自己的人道主义马克思主义立场出发,非常重视从列宁思想中挖掘关于主体性的理论元素,因此对列宁阅读黑格尔主观逻辑内容的评价在他看来就具有重要的意义。《逻辑学》的最后一部分"概念论"被称为"主观逻辑"和"主观的或自由的王国",是黑格尔辩证法的核心和灵魂。安德森注意到,这是列宁做笔记最密集的地方,有60多页,认为它是列宁回应黑格尔的核心部分。列宁在此时,逐渐拥有自己的思想,并对辩证法意味着什么做了长篇总结。安德森在这里主要考察了概念通论、推论、目的性、理念通论、生命理念、认识的理念以及绝对理念几个问题,并对每一问题上列宁的特征做了集中概括。

关于概念通论部分,列宁没有完全放弃"颠倒"黑格尔唯心主义的立场。他开始关注黑格尔对康德的批判,认为黑格尔把康德的唯心主义从主观提高到客观的和绝对的,并认为黑格尔的生命和自然范畴与唯物主义相联系。对此,安德森认为:"一方面,把黑格尔的自然概念与唯物主义联系起来的过程强调黑格尔的逻辑范畴具有一个真实的、通常具有历史的内容,是有其优点的。但是另一方面,这个过程制约着列宁对黑格尔的解读,导致列宁有时以

---

① ［美］凯文·B. 安德森:《列宁、黑格尔和西方马克思主义:一种批判性研究》,张传平译,南京大学出版社2012年版,第50—51页。

一种片面的方式将黑格尔的辩证法置于唯物主义之下。"① 列宁赞同黑格尔对康德向经验主义妥协的批判,对此安德森认为:"像黑格尔一样,列宁也关注抽象在分析世界中的重要性,并且反对概念和实在之间的分离。"② 特别是在关于抽象问题上,安德森认为列宁得出一条从黑格尔到马克思《资本论》中的价值概念的对比线索。马克思在《资本论》第一章提到,在确定商品交换价值的过程中,一切可感的属性消失了,唯有抽象思维使我们得以发现它们的共性,即蕴含在其中的无差别的人类劳动。安德森评价说"列宁在这里好像从黑格尔关于概念论的章节中获得了对马克思经济学的一个主要范畴的更深刻的理解,与此同时,他也发现了马克思的辩证法与黑格尔的辩证法之间另一方面的紧密联系"③。

列宁对黑格尔摒弃"学院式推论"表示赞赏,把关于辩证推论的一部分与马克思的《资本论》联系起来。因此,安德森说"列宁是20世纪马克思主义者中第一个强调《资本论》第一章中的'黑格尔主义'的人"④。在对"世界的客观联系"的评论中,列宁认为黑格尔的概念不是神秘的或纯粹抽象的,而是与物质世界相联系并有真实内容的。另外,这个评论说明列宁不再对离开世界的客观联系这个总观点的因果性问题感兴趣。

在推论部分,列宁还对正统马克思主义和自己以往的哲学做了批判,主要是反对普列汉诺夫。他批评普列汉诺夫从庸俗唯物主义的角度出发对康德主义进行批判,马克思主义者们按照费尔巴哈的方式对康德主义者和休谟主义者进行批判。对此,安德森有几点评论,第一,将普列汉诺夫形容为"庸俗唯物主义"是有意义的。1914年以前,列宁受恩格斯和普列汉诺夫影响,将哲学划分为唯物主义和唯心主义两大阵营。虽然在考察"存在论"时,列宁就用"庸俗唯物主义"来批判已被普遍接受的马克思主义,但并没有明确指出其代表人物是普列汉诺夫。第二,强调了"黑格尔主义"对马克思主义的重要性。列宁此时认识到研究黑格尔是真正理解马克思的重要途径。第三,批评费尔巴哈是一个庸俗唯物主义者,他的哲学不是黑

---

① [美]凯文·B.安德森:《列宁、黑格尔和西方马克思主义:一种批判性研究》,张传平译,南京大学出版社2012年版,第77页。
② 同上书,第79页。
③ 同上。
④ 同上书,第83页。

格尔式的辩证的。第四，表明列宁对自己过去观点的强烈批判。安德森的这个评论一方面注意到了列宁与正统马克思主义的区别，以及他对自身以往对马克思主义的正统解释的反思；另一方面安德森强调了这个阶段列宁思想中的黑格尔主义因素。

安德森特别分析了列宁关于黑格尔《逻辑学》的一个重要的要义："不钻研和不理解黑格尔的全部《逻辑学》，就不能完全理解马克思的《资本论》，特别是它的第一章。因此，半个世纪以来，没有一个马克思主义者是理解马克思的！！"① 列宁的这一论述曾被很多马克思主义研究者所引证，但争议也很大。安德森给出了三点分析。首先，列宁主张马克思主义者应当积极钻研黑格尔的全部《逻辑学》。恩格斯曾在《费尔巴哈论》中指出，马克思主义者必须运用黑格尔的辩证方法而抛弃他的体系。列宁在这里并没有坚持方法与体系的划分，而是主张钻研《逻辑学》的全部内容，这显然是对恩格斯的一种超越。第二，以往列宁在批判康德主义和马赫主义时，主张诉诸黑格尔，但在这里他主张为了理解马克思的《资本论》应当诉诸黑格尔，可见他的重心发生了转变。第三，列宁再次与自己过去的哲学决裂，特别是同《唯物主义与经验批判主义》决裂。安德森的这三点分析，充分强调了列宁与恩格斯的差异以及列宁的黑格尔主义转向。

关于列宁对黑格尔所做的从综合的认识即"真之理念"的最后部分向善的理念过渡的评论，安德森提出了几点看法。"首先，列宁再次斥责并接受了黑格尔的实践和行动的观念。第二，他似乎把黑格尔的绝对理念理解为客观真理的理念，这似乎是贬低主观性问题的一种理解。第三，列宁是将黑格尔的实践理念，而不是他的理论理念与马克思的《关于费尔巴哈的提纲》联系起来。正如我们在第 1 章中看到的那样，马克思在他的第一条提纲中写到，费尔巴哈直观的唯物主义既缺乏主观性又缺乏'能动的方面'。他在这同一条提纲中进一步写到，求助于唯心主义的因素有助于克服费尔巴哈唯物主义中的这种不足。最后，众所周知，马克思在提纲的第十一条也就是最后一条中说：哲学家们不仅要解释世界，而且要改变世界。"②

---

① ［美］凯文·B.安德森：《列宁、黑格尔和西方马克思主义：一种批判性研究》，张传平译，南京大学出版社 2012 年版，第 85 页。
② 同上书，第 102 页。

也就是说，在列宁看来，马克思的实践观受黑格尔的影响，他吸收了黑格尔的实践理念而抛弃了他的理论理念。

这一部分还涉及列宁对反映论的态度。针对列宁的评论"人的意识不仅反映客观世界，而且创造客观世界"，安德森认为此时列宁已经远离了《唯物主义与经验批判主义》中粗浅的反映论，"列宁的说明无疑是对唯心主义和唯物主义相统一的一种表达。确定无疑的是，列宁这里的认识不仅是指迄今为止由黑格尔在'认识的理念'中所阐发的这样哲学的或科学的认识，而且是指具体表现在革命理论中的那种类型的认识，因为那毕竟是列宁阅读黑格尔的焦点和目的"①。安德森试图将列宁阐发反映论的用意扩展到他的革命斗争事业上，即认为列宁不仅吸收了黑格尔的认识论，而且将这种认识论扩展到革命斗争实践中，这就在实质上指出列宁实际上超越了认识论，达到了对现实革命斗争的关照。因此，安德森也高度评价列宁的这一做法："就列宁对其1914年之前哲学范畴的反思和重构这方面来说，这个'要义'在许多方面都是整个《黑格尔笔记》的最高点。"②

最后，安德森概括了列宁对黑格尔《逻辑学》阅读得出的一些主要观念："①通过矛盾自我发展；②飞跃对进化的渐进主义；③对立面的统一；④向对立面的转化；⑤唯心主义与唯物主义的统一；⑥在很多情况下，主观性对于辩证法的首要性；⑦行动、实践和意愿的概念如果不比理论理念更重要，也是与理论理念同样重要；⑧既反映世界又塑造世界的认识；⑨与唯物主义相联系的黑格尔的自然概念；⑩对庸俗唯物主义的批判，以及⑪在他研究的结尾处，一点关于否定之否定的论述。列宁有意忽视或极力贬低黑格尔的下述范畴，所有这些范畴都可以与马克思主义的自由辩证法相联结：①思想或精神；②直到结尾处才提出的否定之否定；③自由的自我发展；④缺乏理论理念的实践理念的片面性，以及⑤个体的自我发展。然而，列宁对《逻辑学》作了极为重要的研究。"③

（3）列宁1915—1923年对辩证法的探讨。

通过对列宁1915年到1924年去世之间所写的《黑格尔笔记》的其余

---

① ［美］凯文·B. 安德森：《列宁、黑格尔和西方马克思主义：一种批判性研究》，张传平译，南京大学出版社2012年版，第103页。

② 同上。

③ 同上书，第122页。

部分、关于黑格尔《哲学史讲演录》和《历史哲学讲演录》的笔记以及《谈谈辩证法》等文本的探讨,安德森得出一个基本结论,即列宁在此时具有矛盾的、隐蔽的黑格尔主义特征。在这个阶段,安德森认为列宁在赞赏黑格尔的同时,对恩格斯和普列汉诺夫提出了尖锐的批评。"列宁批判普列汉诺夫把矛盾范畴归入总体性范畴之中——好像辩证法只是一个整体的各个部分的总和。相反,正如列宁在《黑格尔〈逻辑学〉一书摘要》中清楚表明的那样,对他来说,矛盾意味着对立面之间的统一和斗争。"[1] 并且,"列宁也写到,恩格斯也像普列汉诺夫那样把辩证法庸俗化。尽管恩格斯因其善意('通俗化')而免于受到责难,但是很显然,列宁认为对马克思主义者来说,需要更深入地理解黑格尔的矛盾概念,而不应当像恩格斯那样"[2]。关于人类历史和精神的发展,安德森还认为,列宁只对"自己运动"感兴趣,而不是对黑格尔所谓的作为"外部"泉源的东西(上帝)感兴趣。安德森将"自己运动"这个概念视为列宁辩证法的重要概念:"自己运动的概念是列宁整个辩证法的概念的关键。"[3] "虽然在这里继续强调飞跃或渐进过程的中断,大体上与恩格斯《反杜林论》中的部分内容相一致,但是,强调自己运动是这些飞跃的关键却是列宁自己的思想。"[4] 安德森认为列宁辩证法思想的形成得益于黑格尔的辩证法,并且这种辩证法与庸俗唯物主义是有区别的。"列宁把黑格尔辩证法视为全部辩证法的来源,视为是对已被普遍接受的马克思主义的直观的庸俗唯物主义的一种批判。"[5]

安德森认为,列宁1915—1923年公开发表的关于辩证法的著作表明了列宁的黑格尔主义马克思主义倾向以及在哲学上的矛盾心态。1914年8月到1917年4月,列宁试图与第二国际决裂并建立一个新的国际。列宁在文章"第二国际的破产"中批判普列汉诺夫歪曲了辩证法,并且提到了黑格尔的辩证法。安德森认为:"这种明确地、非批判地提到黑格尔辩证法,也没有直接指责黑格尔是唯心主义的情形,不仅对列宁来说是前所未有的,

---

[1] [美]凯文·B. 安德森:《列宁、黑格尔和西方马克思主义:一种批判性研究》,张传平译,南京大学出版社2012年版,第136页。
[2] 同上书,第137页。
[3] 同上。
[4] 同上。
[5] 同上书,第140页。

而且对于在世纪之初产生出布尔什维克的马克思主义的整个传统来说，也是史无前例的。"① 列宁还在批判考茨基时使用了辩证法概念，并且批判卢森堡"只是运用了马克思辩证法的一半"，在其遗嘱中认为布哈林"从未完全理解辩证法"。这些都是列宁倾向于黑格尔主义马克思主义的例证。但安德森还认为，列宁在阐发黑格尔辩证法概念时存在矛盾心态。"正如我们在工会的争论中所看到的那样，尽管列宁对辩证法阐述的主旨是走向黑格尔主义的马克思主义，但是他在提到普列汉诺夫时也用了赞美之词。这是自列宁在《黑格尔笔记》中把普列汉诺夫刻画成一个从未严肃地研究过黑格尔《逻辑学》的庸俗唯物主义者以来的一种倒退，列宁也从来没有把他在那些笔记中对普列汉诺夫的这种刻画公布出来。"② 并且安德森用列宁1920年再版《唯物主义和经验批判主义》的情况对此作了说明，"不管列宁的意图是什么，列宁在再版这本书的序言中没有提到他的《黑格尔笔记》，这在相当大的程度上使他1914年之后的辩证法概念变得更加错综复杂。这是列宁哲学上矛盾心态的一个最好的例证"③。

列宁最后一篇大量提到辩证法概念的是其临终著作，即1923年1月对孟什维克主要作家N. 苏汉诺夫（N. Sukhanov）《革命札记》的简短评论。安德森认为列宁在这里"把辩证法与马克思主义在革命形势中的创造性联系起来。……最重要的是，列宁在这里相当明确地描绘出他的辩证法观念与他的帝国主义观念和民族解放之间的联系"④。

三 列宁将辩证法的基本思想运用于革命

安德森认为，1914年之后列宁关于帝国主义和民族解放的论著在很大程度上以他的《黑格尔笔记》为基础。通过对列宁这段时期重要著作的研讨，他试图证明列宁在1914—1915年对黑格尔辩证法的研究极大影响了列宁的马克思主义观。安德森认为，在黑格尔那里原因和结果之间存在辩证

---

① ［美］凯文·B. 安德森：《列宁、黑格尔和西方马克思主义：一种批判性研究》，张传平译，南京大学出版社2012年版，第143页。
② 同上书，第149页。
③ 同上。
④ 同上书，第152页。

关系，列宁接受了这一思想，并在研究金融资本、垄断和帝国主义问题的方法上与新康德主义者希法亭相区别，也不同于考茨基将因果关系看作是线性的。针对列宁对由少数帝国主义国家把世界划分为不同的利益集团更能够带来和平和稳定的观点提出的批判，安德森认为列宁是从这种观点忽视了矛盾的整体来论述的。"对列宁来说，这种论点忽视了矛盾的整体观念，随着国家和经济生活变得更加强大和集中，他们的内部矛盾也在不断加深，因此，国家和经济生活越是变得集中和现代化，革命就越具有可能性和必要性。"[①] 列宁《帝国主义论》并没有直接引用黑格尔和辩证法，安德森通过对该书的表现形式和核心论点的分析来揭示它们与黑格尔和辩证法之间的联系。首先，列宁对当代世界经济中的垄断程度的讨论，不但没有损害反而确认了马克思的危机理论，不断扩张的帝国主义事实上兼并了全部非工业化地区，在垄断和帝国主义条件下，由单一民族组成的国家之间的和平不仅没有更大的可能，反而存在相互间的敌视。其次，列宁在"帝国主义是资本主义的特殊阶段"一章中，提到了向对立面转化的基本概念，这是辩证法的重要特征，也是《黑格尔笔记》的基本原则。再次，在《帝国主义论》中，列宁运用从黑格尔那里学到的向对立面转化的辩证法思想来分析经济数据。"在列宁对帝国主义所作的辩证分析中，由竞争的资本主义向垄断和帝国主义的过渡不是被看作一个渐进主义的、进化论的发展过程，而是被看作通过矛盾、通过向对立面转化的发展过程。"[②] 最后，民族解放运动是帝国主义辩证法的对立面。"在这个意义上说，资本主义、垄断和帝国主义进一步发展产生了一种对立面的新形式，黑格尔主义马克思主义的主体性、矛盾和否定的理论就是这样认为的。"[③]

安德森认为，1914年之后，列宁的民族解放观念对于其帝国主义时代的革命辩证法观念更为关键。"对列宁来说，民族解放的反帝运动只不过是资本主义新阶段的辩证法的对立面，这个新阶段以垄断和帝国主义为标志。在列宁看来，西方工人阶级的一部分已经被帝国主义的'小恩小惠'所'收买'，尤其是在英国，资本主义因而在1900年之后都暂时变得更加强

[①] [美]凯文·B.安德森：《列宁、黑格尔和西方马克思主义：一种批判性研究》，张传平译，南京大学出版社2012年版，第166页。

[②] 同上书，第171页。

[③] 同上书，第172页。

大。然而，对列宁来说，同样不容置疑的是，这个新阶段包含着自己的对立面：既有来自帝国主义内部工人阶级中卑微低下阶层的反抗，也有来自仍然是较新的革命主体——民族解放运动的反抗。"①

在1914年之后关于民族解放的著作中，列宁还涉及另一个辩证法概念：个别和普遍的相互转化，并认为一战期间社会主义是普遍，民族解放是个别，民族解放运动在一定条件下成为通往社会主义的道路。列宁认为，社会革命是活生生的现象，不仅包括产业工人阶级的起义，还包括殖民地和欧洲弱小民族的起义以及农民反对地主的起义。安德森认为，列宁在这里把民族革命看作有助于导致社会主义革命独立的革命主体。"列宁的帝国主义理论不仅揭示了帝国主义的经济方面，而且还揭示了从世界帝国主义内部产生的新的革命主体：民族解放运动。从这个意义上说，列宁的帝国主义理论是辩证的。"②

列宁《国家与革命》中涉及的主体性、基层民主和官僚主义批判也体现了辩证法思想。安德森非常赞同杜娜叶夫斯卡娅的观点，即《国家与革命》本质上是以黑格尔主义为方法论而写的。安德森指出，在列宁"1917—1918年的著作中，列宁对苏维埃，对来自下层的民主以及群众行动的强调就是与《黑格尔笔记》的一个重要联系，在《黑格尔笔记》中，列宁既强调客观性，也极其强调主体性，这对于他那个时代的马克思主义来说是极不平常的，而在青年马克思的著作中却是比较明显的"③。"在1917—1918年论述国家与革命的著作中，列宁虽然从未明确地提到黑格尔，但是他的确偶尔提到了辩证法。"④《国家与革命》关心的是马克思在《法兰西内战》中的一个重要观点，即社会主义革命必须"摧毁"而不是"接管"旧的资本主义。安德森认为，由此可见，"列宁也没有忘记他较早前对黑格尔的研究，因为他将马克思的观点称作不仅是'丰富的历史知识'，而且是'深刻的哲学世界观'"⑤。针对列宁的《马克思主义论国家》的笔记，

---

① [美] 凯文·B. 安德森：《列宁、黑格尔和西方马克思主义：一种批判性研究》，张传平译，南京大学出版社2012年版，第175—176页。
② 同上书，第183页。
③ 同上书，第202页。
④ 同上。
⑤ 同上书，第204页。

安德森指出："列宁讨论了1871年以来欧洲工人运动的变化，这些讨论似乎再次让我们看到列宁对其源自黑格尔的'向对立面转化'概念的运用，尽管他在这里没有明确地使用这个术语。他在此描述了资本主义向国家垄断资本主义和帝国主义的过渡以及工人和社会主义运动向'官僚'的过渡。"① 关于列宁论述官僚主义的著作，安德森认为人们忽略了它分析问题时使用的辩证法概念。安德森总结道："正如我们所看到的那样，列宁的帝国主义理论不仅概述了资本新形式的产生，而且指出了一个新的革命主体，这个新的革命主体产生于并伴随着资本主义向帝国主义和垄断过渡：被压迫民族的民族解放运动和帝国主义国家内无产阶级中'较卑微低下的'阶层已经高涨的革命意识。此外，列宁的国家和革命理论批判了现代集权的官僚资本主义，并探讨了它的直接对立面，渴望由工人直接统治，不论是采用巴黎公社的形式还是采用俄国苏维埃的形式。"② 同时，安德森指出，列宁在他的遗嘱中，"辩证法的这种形式似乎陷入了停顿状态。我们已经发现列宁思想中的一个真正屏障"③。这主要是对列宁所持有的先锋政党概念的批判。安德森认为，这主要是由于列宁没有运用辩证法对先锋政党概念进行反思，这是他辩证法中的一个严重缺陷。"在20世纪20年代，当他开始对官僚主义的危害进行认真而具体的分析时，他自己也没能把例如源自黑格尔的'向对立面转化'的概念应用到他自己的、现在已经执政的布尔什维克党，即使他能够运用这个观念来分析已经堕落为官僚主义和改良主义组织的第二国际。"④ 但安德森总结说："尽管存在着种种局限，但是列宁关于国家与革命的著作仍然对革命的辩证法作出了重要的贡献。在指明资本主义国家集中的增长及其辩证法的对立面方面，在创立像苏维埃这样的来自下层群众直接的自我管理形式方面，列宁能够提出一种真正辩证的革命理论。我已经提出这至少是部分来源于他在《黑格尔笔记》中所阐发的主体性概念。"⑤

---

① ［美］凯文·B. 安德森：《列宁、黑格尔和西方马克思主义：一种批判性研究》，张传平译，南京大学出版社2012年版，第207页。
② 同上书，第216页。
③ 同上。
④ 同上书，第219页。
⑤ 同上书，第220—221页。

四 列宁辩证法思想与西方马克思主义

通过上述对列宁思想中黑格尔主义因素的揭示，在忽略列宁思想中的矛盾的情况下，安德森把列宁置入西方马克思主义鼻祖的位置。并且通过对一些客观政治和论战形势的分析，清理了影响彰显列宁思想中黑格尔因素的障碍。安德森认为，在20世纪20—50年代非正统马克思主义的讨论中，列宁对辩证法的研究没有受到足够的重视，他的《黑格尔笔记》不为人知的原因，部分在于斯大林主义强调列宁早期论述辩证法和粗糙唯物主义的著作，而忽略了列宁深奥的、有创新性的《黑格尔笔记》。另外，像葛兰西、科尔施、卢卡奇、布洛赫、列斐伏尔、詹姆斯和杜娜叶夫斯卡娅等黑格尔主义的马克思主义者，都不同程度地探讨了列宁的《黑格尔笔记》，但还不够充分。除马尔库塞之外的法兰克福学派以及法国的存在主义者萨特、梅洛-庞蒂都对列宁的辩证法避而不谈。斯大林去世之后，关于列宁的《黑格尔笔记》的讨论在西方国家中逐渐展开。20世纪50年代和60年代，法国展开了由列斐伏尔、加罗迪（Roger Garaudy）、阿尔杜塞、梅洛-庞蒂等参与的讨论。美国人道主义马克思主义者杜娜叶夫斯卡娅出版了《黑格尔笔记》的第一个英译本，并作了分析性批判。安德森认为，尽管如此，人们对列宁《黑格尔笔记》的兴趣远没有赶上对青年马克思的兴趣，只有杜娜叶夫斯卡娅真正把《黑格尔笔记》作为她的全部理论工作的中心，从20世纪50年代到80年代出版了一系列广泛的著作。安德森认为大多数西方马克思主义对列宁和《黑格尔笔记》的研究是不能令人满意的，他对他们的研究方式、存在问题作了批判。"除了杜纳叶夫斯卡娅以外，绝大多数西方马克思主义者都把《黑格尔笔记》和列宁后来论述帝国主义、民族解放、国家和革命的著作分离开来，用这样一种方式研究列宁的《黑格尔笔记》。甚至像卢卡奇和列斐伏尔这样重要的黑格尔主义的马克思主义者，也对1914年遇到黑格尔之后列宁在思想上的突破轻描淡写。在对《黑格尔笔记》的阅读中，他们放在首位的是列宁关于实践的观念，而不是列宁对黑格尔诸如主体性、自己运动和意识这种唯心主义范畴的关注。这些范畴在西方马克思主义的内部争论中是极其重要的，而在20世纪60年代以来的女权主义和黑人运动中同样也是极其重要的。"① 安德森认为,列宁在1914年之后的著作把马克思主义辩证法从欧美的劳动和资本对立,扩展到像中国、印度等在内的民族解放运动,这是帝国主义时代革命的辩证法的重要形式。但是西方马克思主义没有看到这种联系,因此"辩证法的正当性和主体性的新形式之间至关重要的联系也就没有了"②。安德森认为这些对"二战"后辩证法的具体化问题产生了影响,"通常,西方马克思主义已经转向了哲学和文化领域,切断了马克思主义辩证法与工业化国家和第三世界中正在进行的社会运动——有色人种、青年以及妇女运动的联系。反过来,这些运动也丧失了那种可以从源自黑格尔和马克思的解放哲学中所获得的洞察力"③。安德森这段话表明,他试图将辩证法的基本思想引入当代社会的解放运动,认为只有认可辩证法才能发现多元主体在当代社会解放运动中的力量。这一思想也成为当代美国人道主义马克思主义支持黑人运动、性别解放、妇女运动等多元社会主体参与反对现存社会制度的解放斗争的重要理论基础。

列宁对黑格尔和辩证法的研究,使他超越了同时代的许多马克思主义理论家和领导人,但安德森也把这个研究称为列宁的"矛盾遗产"。理由如下:首先,列宁对黑格尔和辩证法的研究有助于说明列宁在1914年之后关于帝国主义、民族解放、国家和革命等一系列政治和经济概念,因为辩证法、政治学和经济学在这个时期构成了一个统一的整体。正如安德森所言"列宁的黑格尔研究对他后来对诸如对立面的转化、主体性、自己运动和自我意识等这类范畴的运用持续产生影响,也对列宁运用黑格尔具有辩证的内在联系的普遍和特殊概念持续产生影响……所有这些都是列宁帝国主义辩证法理论基础的重要组成部分"④。其次,列宁的帝国主义辩证法强调主体性因素。安德森认为,列宁所概括的世界经济的新阶段即帝国主义和垄断阶段包含着新的对立和矛盾,也产生了新的主体性:殖民地人民的民族解放运动。"他的理论模型不仅描绘了高度集权化和军事化的国家,而且以

---

① [美] 凯文·B. 安德森:《列宁、黑格尔和西方马克思主义:一种批判性研究》,张传平译,南京大学出版社2012年版,第334—335页。
② 同上书,第335页。
③ 同上。
④ 同上书,第345页。

苏维埃或工人委员会的形式描绘了劳动人民主体性的新形式，在他看来，这种主体性的新形式是从其内部产生的，从这个意义上说，列宁国家与革命的概念也是辩证的。"① 再次，列宁的《黑格尔笔记》强调黑格尔对马克思主义的影响，这一思想对西方马克思主义的许多理论家，从卢卡奇到列斐伏尔，从杜娜叶夫斯卡娅到阿尔杜塞，都产生了重要影响，尽管影响是比较有限的。

但安德森也认为列宁的辩证法还存在一定的缺陷。首先，在《黑格尔笔记》中，列宁提出的辩证法概念最终还是强调实践高于理论，唯物主义优越于唯心主义，这削弱了《黑格尔笔记》中的许多原创性概念，使人们仍然禁锢在恩格斯对马克思主义的理解之中。并且列宁没有公开他的黑格尔研究，也没有继续深入批判恩格斯和普列汉诺夫，这都表明了他的矛盾心态。其次，列宁没有在辩证法的基础上对帝国主义/民族解放这一对辩证概念进行充分的阐释，而仅在政治层面上对其进行了理论化。并且在现实实践中，帝国主义和民族解放的发展进程也是不平衡的。第三，列宁没有对先锋政党这一概念进行深入的辩证思考。但是，安德森认为列宁的思想并没有僵化，仍然适用于当前的资本主义发展形势，"只要第三世界仍然遭受帝国主义和世界资本主义的统治，那么从长远的观点来看，诸如列宁民族解放概念这样的思想就会继续具有吸引力"②。同时，列宁对黑格尔的研究，也可以弥补西方马克思主义的不足，他们通常退回到哲学和文化领域，而把政治和经济让位给那些缺乏辩证法基础的理论家。因此，从总体上说，安德森认为，列宁的著作是马克思去世后重建辩证法的一次重大尝试。

综上所述，在《列宁、黑格尔和西方马克思主义：一种批判性研究》一书中，凯文·安德森从具有黑格尔主义特征的人道主义马克思主义角度对列宁的思想进行了批判性解读。他不同意对列宁进行完全正统马克思主义的解读，而认为列宁的思想中具有黑格尔主义因素，特别是列宁1914—1915年的《黑格尔笔记》是他黑格尔主义马克思主义观的集中体现，并奠定了他革命辩证法的基础。尽管如此，列宁思想中仍存在矛盾性，既有黑

---

① ［美］凯文·B. 安德森：《列宁、黑格尔和西方马克思主义：一种批判性研究》，张传平译，南京大学出版社2012年版，第345—346页。

② 同上书，第348页。

格尔主义马克思主义的一面，又没能使这种因素得以广泛传播，以至于列宁之后的斯大林主义对列宁思想做了正统化、庸俗化的解释。值得注意的是，安德森在对列宁思想做出黑格尔主义马克思主义解读的同时，特别突出了列宁这种视角对以卢卡奇、柯尔施等为早期代表的"西方马克思主义"的影响。他认为，不能理解列宁的这种视角，特别是列宁在这个角度对卢卡奇等人的影响，就不能理解以黑格尔主义为典型特征的西方马克思主义。列宁的这种黑格尔主义马克思主义视角不但影响了西方马克思主义，而且通过西方马克思主义的广泛传播影响了美国人道主义马克思主义在20世纪六十七年代的理论创新和发展。美国人道主义马克思主义的创始人杜纳叶夫斯卡娅在批判列宁的同时，吸收了列宁的黑格尔主义马克思主义视角，并以此研读西方马克思主义。作为杜纳叶夫斯卡娅的学生，安德森赞赏她研究列宁的黑格尔主义马克思主义视角，并从中整理出关于列宁思想的"主体性"维度，即安德森认为列宁发展了黑格尔思想中的主观逻辑和辩证法，特别是结合帝国主义的发展状况提出当代民族解放斗争的主体性问题，主张不但要团结传统的产业工人阶级进行革命斗争，还要团结被压迫的民族和人民，民族解放斗争是走上社会主义道路的途径。在安德森所生活的美国社会，这种多元主体性还要求联合黑人运动、妇女解放运动、少数族裔的斗争，充分壮大反帝斗争的力量。可以说，从主体性和辩证法的视角切入对列宁的研究，是安德森继承杜纳叶夫斯卡娅人道主义马克思主义思想的重要体现。在他看来，列宁并非正统马克思主义者，而是黑格尔主义马克思主义的创始人。这样一来，列宁思想便不再具有纯粹的正统性质，也不像某些学者所认为的那样：作为正统马克思主义者，列宁思想与人道主义马克思主义没有相通之处。因此，正是由于对列宁思想做了黑格尔主义马克思主义的解读，才使得列宁成为人道主义马克思主义的内涵所在。也就是说，人道主义马克思主义从列宁思想中汲取的两个有益因素就是"多元主体"和"辩证法"。这两种因素也成为当今美国人道主义马克思主义进行现实社会实践的指导思想。总之，安德森的研究思路基本可以概括为：列宁1914—1915年对黑格尔和辩证法的研究形成了他黑格尔主义马克思主义的基本视角，该视角奠定了列宁革命辩证法思想的基础，并且对以黑格尔主义马克思主义为基本特征的西方马克思主义思想产生了重要影响。在这个思路中，贯穿着杜纳叶夫斯卡娅所开创的人道主义马克思主义所强调的黑格尔主义视角，这特别体现在他对"主体性"和"辩证法"的推崇。在这个研究中，也涉及了一些重要的理论问题，即列宁与卢卡奇、柯尔施的关系，列宁与杜纳叶夫斯卡娅的关系、卢卡奇与杜纳叶夫斯卡娅的关系，杜纳耶夫斯卡娅与安德森的关系，黑格尔主义马克思主义视角在这一整个链条中的核心作用等。这些问题是理解列宁与美国人道主义马克思主义不可逾越的环节，为我们进一步推进人道主义马克思主义研究提供了新的理论空间和发展方向。

小　结

当代美国人道主义马克思主义基本上是由杜娜叶夫斯卡娅在20世纪50—80年代开创并发展的人道主义马克思主义流派的延续。在当今时代，它的理论路线基本上还遵循着杜娜叶夫斯卡娅的思路，并结合当代的社会实践忠实地阐述和发展她的思想。从一定意义上说，它并没有超出杜娜叶夫斯卡娅的理论视域，甚至可以说，它基本上还是杜娜叶夫斯卡娅思想的注脚。特别是自20世纪80年代后期杜娜叶夫斯卡娅去世以来，它主要是阐释杜娜叶夫斯卡娅的思想。该流派虽然能够联合当代美国社会诸多反对资本主义的力量，并实际地参与美国的工人运动，但就其理论贡献来说，代表人物和代表性著作寥寥无几，他们从学术出身来说都和杜娜叶夫斯卡娅有着紧密的学术渊源关系，比如安德森曾是杜娜叶夫斯卡娅的秘书，尤迪斯则曾是受她指导的学生。杜娜叶夫斯卡娅的时代，人道主义主要是回应斯大林极权体制和资本主义制度，杜娜叶夫斯卡娅去世后，人道主义马克思主义的辉煌时代基本上已经过去。但当今资本主义全球化所带来的人道危机，仍然刺激着当代人道主义马克思主义的理论神经，成为它所面临的重要问题。因此，人道主义马克思主义仍然具有斗争的对象，故而新的理论高潮的出现仍然具有可能性。可以说，作为一个不断回应社会现实要求的理论流派，当代美国人道主义马克思主义仍然行在路上。

第五章　后马克思思潮路径解析

马克思哲学、马克思主义哲学、西方马克思主义、国外新马克思主义，如此等等的称谓自然有着不同的理论含义。然而，自马克思主义诞生以来，围绕它的种种争论就表明了马克思主义由于与时代与实践的紧密而特殊的关系，从来就不是一种单一的、纯粹的形式化的东西。它的含混，是因为它追求真理；它的歧义，在于它要改变世界。这种包容性，使得它与诸种理论纠结在一起，却又不能为它们所代替。后马克思思潮，正是马克思主义在时代背景中剔除了自身的形而上学和教条主义的外衣后，其实践性、包容性的凸显。因此可以说，这也是马克思主义向自身的回归。

马克思主义的包容性，表现在它能够博采各种理论之长，用于回答自身的问题；同时坚守自己的理论立场。马克思主义的理论立场也就是它的政治立场：现实批判，维护被剥削被压迫者的利益，追求人类解放和自由世界。时代在变化，立足现实的马克思主义面对时代变化，表现出巨大的理论包容性，与60年代以来占据了理论主要平台的结构主义、后现代思潮、精神分析学、话语理论等各色理论相结合，产生了后马克思思潮这一重大理论形态。因此，后马克思思潮只能是一个广泛的用语，既包括晚期马克思主义、后现代的马克思主义，也包括广义或狭义的后马克思主义。[①]作泛化的理解，正是为了将这一用语或说这一思潮的共同性突显出来，

[①] 参见张一兵《后马克思思潮不是马克思主义》；胡大平《马克思主义之后——后马克思主义的论题和理论逻辑》，《南京大学学报》（哲学·人文科学·社会科学版）2003年第2期。

以便把握马克思主义在当代各种思想表现中的独特意义。换句话说，即在当代，各种思想潮流是如何回答马克思的问题，并形成了怎样的理论特征。

后马克思思潮，具有鲜明的理论特征，即主张话语的异质、多元，强调政治的对抗性。

第一节 结构主义马克思主义

结构主义马克思主义，这一称谓并不确切，但好处在于，能够突出这一马克思主义流派与其他马克思主义流派相比而言的主要特征。结构主义，作为"二战"后这样一个新的时代出现的理论、方法论倾向，与马克思主义的相遇，集中体现在阿尔都塞关于马克思主义的理论阐释中。

一 结构主义

结构主义公认的源头是结构主义语言学，即起源于索绪尔，经过雅各布森、乔姆斯基等人发展起来的现代语言学结构主义或结构语言学。从最原初的和最广泛的意义上说，瑞士语言学家索绪尔是现代结构主义方法之父。但索绪尔并没有提到"结构"这个概念，而是强调了语言的"系统"。他在《普通语言学教程》中把语言区分为"外部语言学"和"内部语言学"，并指出，"外部语言学可以把各种细节一件件地堆积起来而不致感到被系统的老虎钳钳住。例如每个作者都能按照自己的理解把一种语言在它的领域以外扩展的事实作出归类；他如果想要找出是什么因素在各种方言面前创造了一种文学语言，常可以采用简单的列举法；如果他把事实安排得多少有点条理，那只是为了眉目清楚的需要。

"至于内部语言学，情况却完全不同：它不容许随意安排；语言是一个系统，它只知道自己固有的秩序。把它跟国际象棋相比，将更可以使人感到这一点。在这里要区别什么是外部的，什么是内部的，是比较容易的：国际象棋由波斯传到欧洲，这是外部的事实，反之，一切与系统和规则有关的都是内部的。……一切在任何程度上改变了系统的，都是内部的"①。

索绪尔之所以区分"外部语言学"与"内部语言学",其目的就是把"内部语言学"从语言的外部事实中独立出来,研究语言自身的内部现实,建立一门形式的、严格的、系统的语言科学。基于外部与内部语言学的区分,从系统的观点出发,索绪尔把语言与言语区别开来。语言就是一个符号系统,包括语法、句法和词汇等,是使具体的语言活动成为可能的总体结构和一般规则。而言语则是说出来的话,即人们实际运用中的话语。语言是一个规则性整体,具有社会性,是约定俗成的;而言语作为个体使用中的话语要接受语言规则的制约。索绪尔对语言和言语进行区分,意在强调语言的规则性,或者说是结构性。在这里,"系统"与结构基本同义。但是,"系统"更为强调整体性,而"结构"更为强调系统或者说整体结构中各个要素及其相互关系。关系在结构中具有决定性作用。

为了说明语言系统以及其中各个要素之间的关系,索绪尔改变了古典语言学以作为直观经验单位的语词为语言单元的做法,采用了一个更具普遍性的术语,即符号。他认为,语言系统中符号所联结的不是事物和名称,而是具有心理性质的语音形象和概念内容,即"能指"和"所指"。索绪尔的"所指"作为观念实体限定在内部。符号把内在的"所指"与具有物理性质的外在的"能指"联结在一起。这两个部分合二为一,正如一张纸的正反两面,不可须臾分离。但两者的联结又是任意的,也就是说,它们没有固定的联系,一个能指并不固定有一个所指,一个所指也不固定有一个能指。某一个能指与某一个所指联结在一起,只是约定俗成的,并不必然如是。它们之间没有相互推导的关系,它们的联结方式根据不同的语言系统而有所差别。例如,不同的语言系统中对同一所指有不同的语词符号。如果能指与所指之间的联结是任意的,那么它们各自如何获得规定性呢?或者说,作为二者结合体的符号如何才有意义呢?索绪尔把符号看作一套具有内在差异性的价值体系,符号的价值也就是它的值项由它在体系中的位置来决定,能指因它在本系统内与其他能指所处的关系而成为特定的能指符,所指因它在本系统内与其他所指所处的关系而具有特定意义。因此可以说,"符号的意义不是通过

---

① [瑞士] 费尔迪南·德·索绪尔:《普通语言学教程》,高名凯等译,商务印书馆1999年版,第46页。

与现实世界中事物所形成的垂直性指称关系建立起来的，而是通过与其他符号的关系获得的（Robins 1967：226）"[1]，关系和差异建立了意义，语言结构成为更为重要的东西。总之，正如索绪尔所说："语言是一个纯粹的价值系统，除它的各项要素的暂时状态以外并不决定于任何其他东西"[2]。在这里，索绪尔强调了结构（或系统）的"自足性"或者说是"自我调整功能"。

以索绪尔的语言学结构主义为发端，注重事物自身结构的研究倾向在理论界各个研究领域都有所体现、有所发展。但正因为任何领域中的任何事物都具有结构，都可以进行结构研究，而不同事物的结构各有不同。因此，对结构进行研究反而无法形成统一的理论，即便在方法上也不尽相同。因而有人认为，结构主义只是一种方法论，或者说是一种研究倾向。把结构研究引入人类学的，首先是列维－斯特劳斯。他的整个人类学研究的目的，是要通过结构分析，从纷繁的社会文化现象后面，找出潜藏的无意识深层结构来，从而发现对全人类的心理都普遍有效的"思维构成原则"。在早期的《亲属关系的基本结构》（1949）一书中，列维－斯特劳斯在看似偶然而纷杂的种种婚姻规则后面，发现了一条基本的原则。即互惠与各别、亲昵与敬畏两对"二元对立"，认为这可能是亲属关系的最基本结构，而以此原则为指导，许多被视为荒谬的风俗和制度，都变得可以理解了。此后，他又大量运用结构分析方法，探究神话中所体现人类基本的"思维构成原则"。列维－斯特劳斯所运用的结构分析方法，可概括如下。

（1）对整体性的要求；
（2）整体优于部分；
（3）内在性原则，即结构具有封闭性，对结构的解释与历史的东西无关；
（4）用共时态反对历时态，即强调共时态的优越性；
（5）结构通过差异而达到可理解性；
（6）结构分析的基本规则：
（a）结构分析应是现实的；

---

[1] 转引自王寅《索绪尔语言学哥白尼革命意义之所在（之一）》，《外国语文》（双月刊）2013年2月第1期。

[2] ［瑞士］费尔迪南·德·索绪尔：《普通语言学教程》，高名凯等译，商务印书馆1999年版，第118页。

（b）结构分析应是简化的；

（c）结构分析应是解释性的；

如此等等。①

结构主义没有整齐划一的理论和方法，但列维-施特劳斯的结构主义分析方法具有一定的典型性。

最早将结构主义与马克思主义结合起来的，是阿尔都塞。就此才有了结构主义马克思主义之名，尽管他本人并不承认自己是一个结构主义者。

二 阿尔都塞的"多元决定论"与"意识形态无历史"之说

阿尔都塞的"多元决定论"和"意识形态无历史"之说，对马克思主义做了新的阐释，而这一阐释与结构主义方法有着紧密的联系。

（一）"多元决定论"

在1859年《〈政治经济学批判〉序言》中，马克思写道，"人们在自己生活的社会生产中发生一定的、必然的、不以他们的意志为转移的关系，即同他们的物质生产力的一定发展阶段相适应的生产关系。这些生产关系的总和构成社会的经济结构，即有法律的和政治的上层建筑树立其上并有一定的社会意识形式与之相适应的现实基础。物质生活的生产方式制约着整个社会生活、政治生活和精神生活的过程。不是人们的意识决定人们的存在，相反，是人们的社会存在决定人们的意识"②。这段话被各国马克思主义者视为关于历史唯物主义的经典表述，"生产力决定生产关系，经济基础决定上层建筑"的规律性表述成为历史唯物主义的理论基石。但是，生产力和经济基础的决定作用是如何发挥的呢？马克思只是做出了描述性的回答，"社会的物质生产力发展到一定阶段，便同它们一直在其中运动的现存生产关系或财产关系（这只是生产关系的法律用语）发生矛盾。于是这些关系便由生产力的发展形式变成生产力的桎梏。那时社会革命的时代就

---

① 见 Mireillf Marc Lipiansky 所著《列维-斯特劳斯的结构主义》一书第二章，转引自杜声锋《什么是"结构主义"？》，《哲学研究》1988年第10期。

② 《马克思恩格斯文集》第二卷，人民出版社2009年版，第591页。

到来了。随着经济基础的变更，全部庞大的上层建筑也或慢或快地发生变革"①。这种描述性的表述为后人的理论阐释留出了空间。

关于经济基础的决定作用这个问题，在马克思主义发展史上出现了单纯的"经济决定论"，认为经济直接决定其他领域，其他领域都处于附属地位。阿尔都塞认为这是一种机械论观点。阿尔都塞认为，经济基础的决定作用是一种"多元决定"。他援引马克思在《〈政治经济学批判〉导言》中的一句话，"最简单的经济范畴……只能作为一个既与的、具体的、生动的整体的抽象片面的关系而存在……"② 指出"一个简单范畴都意味着社会是一个有结构的整体"，而生产总是"一个有结构的社会整体之中的生产"③。因此可以说，马克思所说的经济结构必定是特定社会结构中的一个局部的既与复杂结构。复杂结构是各个异质性要素的结合。就社会结构而言，从竖直的方向看，它包括经济基础与上层建筑；从水平的方向看，经济基础包括生产力结构和生产关系结构，上层建筑则包括政治上层、道德、法律等次结构。在这个复杂结构中发挥作用的，既有竖直方向上经济基础对上层建筑的作用，也有水平方向上各个次结构的相互作用，同时也包括这个结构整体与各个要素的相互作用。在这里，经济基础作为一个复杂结构中的部分领域和局部结构，发挥主导结构的作用必然要经由整体结构和各个要素的参与来实现。在这个意义上，阿尔都塞称之为"多元决定"。那么，在这个多要素参与的"多元"作用过程中，经济基础的"决定作用"如何体现出来呢？

如果复杂结构的各个要素之间仅仅是一种平衡的作用与反作用，那么这里就只有"多元"，而无所谓"决定"。多元是复杂结构中的多元，阿尔都塞之所以提出这个概念，是针对所谓黑格尔的矛盾母型而言。他认为，黑格尔的矛盾概念是简单的、抽象的。尽管在黑格尔那里，矛盾也会不断复杂化，但复杂化的矛盾不过是"内在化的累积"而已。例如，在《精神现象学》中，意识的过去形态在现在形态中以回音的形式存在着，这似乎丰富了意识的内容，使它具有了复杂性，但作为回音的过去形式仍然不过

---

① 《马克思恩格斯文集》第二卷，人民出版社2009年版，第591—592页。
② [法] 路易·阿尔都塞：《保卫马克思》，顾良译，商务印书馆1984年版，第165页。
③ 同上书，第167页。

是它所包括的未来的本质，所以过去、现在、未来是同一的，无论多么复杂的意识都只是具有简单矛盾这个形式。① 但在阿尔都塞看来，"我们在现实中永远遇不到单纯的简单性（不论是简单的本质或简单的范畴），而只是遇到复杂的、有结构的过程，只遇到存在和具体。"② 按照他的说法，"承认一切具体对象具有复杂结构的既与性"被上升为原则。③ 这也就是说，任何一个对象都是一个复杂的矛盾体，而不是一个简单矛盾。复杂矛盾必然包括各种不同的矛盾，其中既有主要矛盾，也有次要矛盾。具体到一个矛盾，则表现为矛盾的主要方面和次要方面。如果说不存在单一的纯粹的简单矛盾，矛盾本身仍然是由其他各种矛盾组成的一个结构体的话，矛盾的主要方面和次要方面与主要矛盾和次要矛盾则成为可以互换的用语；同时，次要矛盾不可归结为主要矛盾，矛盾的次要方面不能归结为矛盾的主要方面，它们具有自身的相对独立性。这样一来，对象作为复杂的矛盾体，其发展要通过各种矛盾、各种要素的多元作用。也就是说，经济的决定作用必须通过整个社会结构中各个要素的"多元"相互关系和相互作用才能表现出来。

阿尔都塞把这种经济基础的决定作用称为"归根到底的"作用。它是社会结构的整体效能，是"最后的诉求"。这既表明除了经济的诉求之外，还有其他诉求。同时表明，"归根到底的决定作用确定了其他那些诉求的现实差异、它们的相对独立性和它们反作用于基础本身的固有方式"。同时，"归根到底的"这个范畴表明，辩证法"自身的形式是由它自身条件的物质性所规定的"④。这就是说，"多元决定"所强调的矛盾的不平衡性作为矛盾存在条件在复杂结构体中的反映，突出了辩证法的唯物性质。因此，"归根到底的"决定作用就是矛盾存在条件的前提作用，是事物发展的必然性条件。然而，尽管存在这种"归根到底的"作用，但由于它是"最后的诉求"，或者说类似一种起始的动力，在事物的具体发展进程中，这种作用是隐而不现的，只能通过结构诸要素的相互作用表现出来。那么，这种决定

---

① ［法］路易·阿尔都塞：《保卫马克思》，顾良译，商务印书馆1984年版，第79页。
② 同上书，第168页。
③ 同上书，第170页。
④ ［法］路易·阿尔都塞：《哲学与政治：阿尔都塞读本》，陈越编，吉林人民出版社2003年版，第186页。

作用如何在一个稳定的结构中表现出来？如果一个结构不稳定，总是处于一种变动之中。那么，进行结构研究还有无意义？因此，尽管从表面上看，"多元决定论"与结构主义的结构分析十分类似，阿尔都塞被扣上了"结构主义马克思主义"的帽子，上述二者之间还是存在着距离。然而，阿尔都塞借鉴了结构主义方法是显而易见的，除了"多元决定论"，他的"意识形态无历史"之说同样表露了结构主义的痕迹。

（二）"意识形态无历史"

马克思在《德意志意识形态》中指出，"我们的出发点是从事实际活动的人，而且从他们的现实生活过程中还可以描绘出这一生活过程在意识形态上的反射和反响的发展。甚至人们头脑中的模糊幻象也是他们可以通过经验来确认的、与物质前提相联系的物质生活过程的必然升华物。因此，道德、宗教、形而上学和其他意识形态，以及与它们相适应的意识形式便不再保留独立性的外观了。……它们没有历史，没有发展"。① 这就是说，在马克思看来，意识形态只是现实生活过程在人们头脑中的反映，不具有独立性，在这个意义上，意识形态是没有自己的历史的。

但在阿尔都塞看来，"这个提法是在一种明显的实证论语境中出现的。在这里，意识形态被设想为纯粹的幻觉、纯粹的梦想，即虚无。它的所有的现实性都在它的外部。因此，意识形态被认为是一种想象的作品，它的地位与梦在弗洛伊德之前的作者们心目中的理论地位恰好是一样的。在这些作家看来，梦是'白昼残迹'的纯粹是想象的——即无用的结果，它表现出一种任意的（有时甚至是'颠倒的'）安排和秩序，换句话说，表现出'无序'的状态。在他们看来，梦是想象的东西、是空幻的、无用的，是人一旦合上双眼，就会从唯一完满而实在的现实——白昼的现实——的残迹中任意'拼合起来'的东西。这恰好就是哲学和意识形态在《德意志意识形态》中的地位（在这本书中，哲学就是典型的意识形态）"。② 显然，阿尔都塞不同意这种意识形态理论。

在阿尔都塞看来，尽管意识形态是现实生活过程的反映，但并不是空

---

① 《马克思恩格斯文集》第一卷，人民出版社2009年版，第525页。
② ［法］路易·阿尔都塞:《哲学与政治》，陈越编，吉林人民出版社2003年版，第350页。

幻和无用的。他认为，弗洛伊德对梦、口语等潜意识活动的研究，所揭示的无意识的永恒存在，恰恰表明了意识形态的永恒存在。他指出，"如果'永恒的'并不意味着对全部（暂存的）历史的超越，而是意味着无处不在、无时不在、因而在整个历史范围内具有永远不变的形式。那么，我情愿一字不变地采用弗洛伊德的表达方式：意识形态是永恒的，恰好就像无意识一样。我还要补充说，我发现这种比较在理论上被证明是合理的：因为事实上，无意识的永恒性与意识形态一般的永恒性不是没有关系的。"这样一来，意识形态"在整个历史（＝包括社会各阶级在内的社会形态的历史）中具有永远不变的形式"①。这样一种贯穿社会历史始终的意识形态一般不再是马克思那里可以为科学所取代的虚幻之物，而是在社会历史结构形成中发挥重要作用的构成性因素，在形成、特征和功能上发生了极大的改变。在这里，阿尔都塞从意识形态的功能角度，阐述了意识形态的超历史的永恒存在，他所谓的"意识形态无历史"恰恰是对意识形态的肯定。这正是阿尔都塞从实证论向结构主义的功能论的一个视角转换。

  阿尔都塞认为，意识形态"是具有独特逻辑和独特结构的表象（形象、神话、观念或概念）体系，它在特定的社会历史地位中存在，并作为历史而起作用"，② 它具有实践的和社会的职能。人生来是一种意识形态的动物，总要通过意识形态来体验自己与世界的关系。然而，"所有意识形态在其必然做出的想象性歪曲中所表述的并不是现存的生产关系（及其派生出来的其他关系），而首先是个人与生产关系及其派生出来的那些关系的（想象）关系。因此，在意识形态中表述出来的东西就不是主宰着个人生存的实在关系的体系，而是这些个人同自己身处其中的实在关系所建立的想象的关系。"③ 换句话说，"意识形态所反映的不是人类同自己生存关系的条件，而是他们体验这种关系的方式"。尽管这是一种想象性的表象，却是社会中不可或缺的中介，"人类通过并依赖意识形态，在意识形态中体验自己的行动"。④ 因为"在任何社会中，尽管表现形式可以变化万端，但始终有一种基本的经济活动、一种政治组织和一些意识形态形式（宗教、伦理、哲学

---

① ［法］路易·阿尔都塞：《哲学与政治》，陈越编，吉林人民出版社 2003 年版，第 352 页。
② ［法］路易·阿尔都塞：《保卫马克思》，顾良译，商务印书馆 1984 年版，第 201 页。
③ ［法］路易·阿尔都塞：《哲学与政治》，陈越编，吉林人民出版社 2003 年版，第 355 页。
④ ［法］路易·阿尔都塞：《保卫马克思》，顾良译，商务印书馆 1984 年版，第 203 页。

等等)。意识形态因而是一切社会总体的有机组成部分。种种事实表明,没有这些特殊的社会形态,没有意识形态的种种表象体系,人类社会就不能生存下去。人类社会把意识形态作为自己呼吸的空气和历史生活的必要成分而分泌出来。"① 总之,意识形态作为社会表象是社会历史生活基本结构的组成要素,这一社会形式是永恒存在的。因此,"只有意识形态的世界观才能想象出无意识形态的社会,才能同意这样的空想:意识形态(并非其某种历史形式)总有一天会被科学所替代,并从世界上消失得无影无踪"。就连历史唯物主义也不能设想共产主义社会可以没有意识形态,因为"不能设想共产主义——作为一种新的生产方式并需要具有一定的生产力和生产关系——可以不需要社会生产组织以及与之相适应的意识形态形式"②。意识形态作为一种社会基本结构的组成部分和一种基本功能,将在社会历史生活中永远发挥作用。它既不是在社会历史的某个阶段产生的,也不会在社会历史的某个阶段上消灭,它伴随社会历史始终。这正是阿尔都塞"意识形态无历史"的根本含义。

阿尔都塞"意识形态无历史"之说,鲜明地表现出了他的结构功能论立场,与"多元决定论"一起成为他被称为"结构主义马克思主义"的有力论据。但阿尔都塞本人并不承认自己是一个结构主义者。

三 阿尔都塞是一个结构主义者吗

阿尔都塞不是一个纯粹的结构主义者。他的"多元决定论""多元"的一方面彰显了结构的多要素;而"决定"的一方面则要突出唯物史观的历史一元论。正如我们在上文提到的,阿尔都塞把经济基础的决定作用称为"归根到底的"作用。它是社会结构的整体效能,是"最后的诉求"。这就是说,尽管多元中的任何一元,都有可能在某个阶段上,暂时地占有主要地位,起到暂时的决定性作用,但就整个历史过程而言,或者说,就整个历史过程的发展趋势而言,最终起作用的是经济基础的决定性作用。这种"归根到底"的归化是如何做到的呢?它如何能够自我证明呢?

---

① [法]路易·阿尔都塞:《保卫马克思》,顾良译,商务印书馆1984年版,第201页。
② 同上书,第201—202页。

在《自我批评材料》中，阿尔都塞这样谈到他想要提出的"无因之果"这样一个概念，他说，"这里仅举'无因'的范畴为例，它具有三重含意。1) 在政治方面：例如，人们很难'抓住'所谓'斯大林主义'或所谓'个人迷信'的原因。结果是有了，原因却没有。2) 在科学方面：假定人们通过科学分析找出了原因，甚至把它称为'斯大林的偏向'（且不确定其含意如何），这一原因本身只是在一国建成社会主义的条件下工人运动中阶级斗争辩证法的一个环节，而一国建成社会主义本身又是在资本主义进入帝国主义阶段后国际工人运动在世界阶级斗争中的一个历史阶段，因为这一切'归根到底'是由生产关系和生产力之间的'矛盾'所决定的。但是，人们还是不能把这'归根到底'的矛盾当作原因'抓住'。人们只能在阶级斗争的形式中抓住矛盾，因为阶级斗争是矛盾的历史存在。因此，根据历史唯物主义的观点，'无因'这个范畴的意思是说，'归根到底的矛盾'从不亲自出现在历史舞台上（'最后决定的钟声将永远不会敲响'），人们不能把矛盾作为'当事人'直接抓住。矛盾是'原因'，但只是辩证含意上的'原因'，它决定着人们在阶级斗争的舞台上应该抓住哪一个'决定性环节'。3) 在哲学方面：辩证法固然持的是'无因'的论点，但这和该术语的所谓结构主义的'言下之意'是完全不同的。辩证法促使占支配地位的原因不出现，因为辩证法把被黑格尔以前的哲学家当作是'弹子球'的、机械的原因范畴抹去、掩盖和'扬弃'，而人们可以把已与实体、主体等等同一化了的原因抓住。辩证法提出了另一种'因果论'观点，从而使机械的原因不出现。"①

这段话表明，经济基础"归根结底"的决定作用在于生产力与生产关系的矛盾。但这种矛盾是历史性的，而不是形式上的，因此它"从不亲自出现在历史舞台上"，而是"决定着人们在阶级斗争的舞台上应该抓住哪一个'决定性环节'"。因为一旦被形式化，就意味着僵化，导致把某些因素和关系固定化，从而排斥实践过程中新的要素和新的关系的出现和建立。阿尔都塞对结构主义的批评首先是对结构主义的形式主义化的批评。在同一个材料中，阿尔都塞指出，"结构主义的命题是飘浮不定的，它的范围是

---

① ［法］路易·阿尔都塞：《是结构主义还是理论主义?》，《哲学译丛》1981年第4期。原载《自我批评材料》，张烨译，1974年版，第55—64页。

很不确定的，但这并不妨碍它具有其独特的总倾向，即唯理性的、机械的尤其是形式主义的倾向。说到底，结构主义（最好还是说某些结构主义者）趋向于认为，真实是由要素随意混合而成的产物（这种观点在列维－斯特劳斯的某些文章里、在某些语言学家的著作中或其他接近哲学的逻辑学家那里都可以找到）。"① 在阿尔都塞看来，任何时代的科学都是一种意识形态，因为历史是发展的，而科学总是要抓住一个固有的规律。所以，他把自己之所以被扣上结构主义的帽子，总结为犯了理论主义的错误，也就不难理解了。但是，结构主义与阿尔都塞的"多元决定论"之间到底差了什么呢？

正如阿尔都塞所说，"辩证法促使占支配地位的原因不出现，因为辩证法把被黑格尔以前的哲学家当作是'弹子球'的、机械的原因范畴抹去、掩盖和'扬弃'，而人们可以把已与实体、主体等等同一化了的原因抓住。"这种"与实体、主体同一化了的原因"，也就是根本矛盾在实体、主体上的体现和代言人，都是社会历史中的具体矛盾。因此，"人们只能在阶级斗争的形式中抓住矛盾，因为阶级斗争是矛盾的历史存在。"这也正是阿尔都塞提出"归根结底的"决定作用的意义所在。

"归根到底的"这个范畴的一个理论后果是使阶级斗争成为可能。阿尔都塞指出，"马克思主义的整体是复合的、不平衡的，并且是被那个归根到底的决定作用给它打上了这个不平衡的烙印。正是这种交互影响、这种不平衡才使我们能够理解：某种现实的事物如何可能偏偏在一个社会形态里产生，并且通过政治上的阶级斗争，它又如何可能抓住现实的历史。"② 这就是说，"归根到底"的决定作用的存在，使得"生产现实的必然性的概念"成为可能，或者说，把握"社会发展倾向从而改造世界"成为可能，阶级斗争因此才具有积极的意义。阿尔都塞说，"在我看来，除非与意识形态中阶级斗争的迫切要求相联系——换言之，与关于领导权、关于建立统治地位的意识形态的中心问题相联系，人们就不可能理解哲学的那个归根到底起决定作用的任务。"③ 因此，在阿尔都塞看来，"马克思主义不是结

---

① ［法］路易·阿尔都塞：《是结构主义还是理论主义？》，《哲学译丛》1981 年第 4 期。原载《自我批评材料》，张烨译，1974 年版，第 55—64 页。
② ［法］路易·阿尔都塞：《哲学与政治：阿尔都塞读本》，陈越编，吉林人民出版社 2003 年版，第 193 页。
③ 同上书，第 241 页。

构主义，不仅因为它断言过程对结构的领先地位，而且因为它断言矛盾对结构的领先地位；然而，这也还不够""而且还显露出在政治上和哲学上更为重要的其他东西，即倾向的特殊地位，这种地位使马克思主义科学绝无仅有地成为一种革命的科学。这种科学之所以是革命的，不仅因为革命者可以运用它来搞革命，而且因为由其概念组成的理论体系也是革命阶级的理论观。"①

这就是说，马克思主义的阶级斗争学说、历史唯物主义、辩证法所要说明的都是社会历史的内在本性和发展趋势，都是那个无论如何的"归根结底"。在这里，辩证、革命与科学、意识形态相对，表达了社会的历史性，历史是无因之果，因为它是自因、是实践。然而，尽管理论主义倾向不可取，我们是否还需要理论呢？历史借助阶级斗争来革命性地完成自身，阶级主体是否还需要科学地进行判断呢？答案不言而喻。阿尔都塞否定的是把他视为一个纯粹的结构主义者，以及把结构主义绝对化，但他并不否定对结构主义方法的借鉴，因为他也说："由于结构主义使用着一大批从其他学科中借来的概念，我们自然就不能把使用结构这个概念的人随意指责为结构主义。"② 正因为结构主义没有聚合为一个严整的理论，它才能够为多个领域、多个学科所运用所发展；也正因为马克思主义本身是以实践、革命为导向、为诉求的学科，它才能具有包容各种理论的能力。正是因为结构主义与马克思主义的相似与不同，二者才能够在交错的基础上对接。结构主义马克思主义，这一纠结的概念，概源于此。

第二节　符号政治经济学批判

符号，不同于指号，不再是一个纯粹的意义表达形式，而是一种功能。这种基本功能，构造了整个人类文化世界。符号，不是实体世界的衍生品，作为一种人类与实体世界的中介，具有构成作用，与此同时，也就具有了

---

① ［法］路易·阿尔都塞：《是结构主义还是理论主义？》，《哲学译丛》1981年第4期。原载《自我批评材料》，张烨译，1974年版，第55—64页。

② 同上。

意识形态性。符号意指的秩序,就是社会的政治秩序。正是以上述论断为基础,鲍德里亚试图以自己的符号政治经济学批判代替马克思的政治经济学批判。

一 符号世界与象征功能

20世纪初,尤其是两次世界大战时期,欧洲人经历了政治和社会中的深刻的危机,对于科学理性的信念受到了前所未有的打击。在科学理性如此发达的现代社会,为什么会出现奥斯维辛集中营那样惨绝人寰的悲剧?在《国家的神话》中卡西尔感叹道:"这种现象突然矗立在我们的政治视野中,在一定意义上,仿佛把我们以往关于理智的,以及社会生活特征的观念一下颠倒过来。"[①] 为什么会这样?在这本书中,卡西尔通过一个巴比伦的古老神话进行了解释。在这个神话中,大神玛独斯杀了怪物梯玛,并且用它的四肢创造出世界,制定了规则,最后才创造了人。卡西尔说,与这个创世神话相似,人类在克服了原始的神话世界之后,才创造了理性世界。但原来的非理性世界并未消失,而是被新的世界压制下去。一旦人的理性松弛了,被压制的非理性力量就会乘虚而入,笼罩整个人类世界。正是这种非理性力量,引发了两次世界大战,造就了泯灭人性的种种行为。通过对两次世界大战的反省,我们不得不认识到,人类还远非一个纯粹理性的动物。人类文化世界的种种,需要重新认识。

人类应该怎样认识自我、认识世界?思想的线索要追溯到康德的"哥白尼革命"。康德在《纯粹理论批判》第二版序中指出,"向来人们都认为,我们的一切只是都必须依照对象;但是在这个假定下,想要通过先天地构成有关概念的这些对象的东西以扩展我们的知识的一切尝试,都失败了。因此我们不妨试试,当我们假定对象必须依照我们的知识时,我们在形而上学的任务中是否会有更好的进展。"[②] 这就是康德"人为自然立法"的"哥白尼革命"。这就是说,在外在对象中去寻找知识的真理标准或者说最后的真实,是无法达到的;相反,在知识自身的规则中,反而可以找到它

---

① [德] 卡西尔:《国家的神话》,范进等译,华夏出版社1999年版,第3页。
② 康德:《纯粹理性批判》第二版序,邓晓芒译,人民出版社2004年版,第15页。

的标准。康德认为，没有先验原则，则没有知识；唯有先天直观形式和先验范畴，才是知识构成的根本所在。对象，无非是我们以先天直观形式和先验范畴对感性材料进行整理建构而成，科学知识仅仅是一系列的先天综合判断而已。总之，康德认为，是形式规则与感性材料共同构建了人类的知识世界。

卡西尔则认为，这一思路是对的，但还不够。他指出，"在三个批判的进程中，康德继续进行发展真正的'纯粹理性的系统'，他自己发现，这个客观性太狭隘了。在他的唯心理想主义的观点中，数学和物理并未穷尽所有的实在。因为它们还远不足以涵盖具有创造的自动性的全盘人类精神的工作。在道德自由的领域，其基本律则发展于实理批判，在艺术和有机自然形式的领域中，则表现于判断力批判，实在的新面展现了。这对'实在'的批评的理想主义的概念，和对'精神'的批评的理想主义的概念，是最具康德思想特色的特质之一，且建基在一种支配这思想的风格的律则上。它并不开始在一个简单的原始的公式下指示精神的真正的具体的全体，现成地陈述之；相反，它只在其批评的分析的不断的进行中发展和发现它自己，只有追溯这一分析历程，我们才能指定和界定人类精神的范围。这一过程的本性即然：其始点和终点不只互相隔绝，且外表上必须互相冲突——然而，这紧张不外是潜能和活动，一个概念的潜能性与其完全发展与作用之间的紧张而已。从这一立足点，康德的"哥本尼革命"，得到了一个新的和扩大了的意义。它不再单单只涉及逻辑判断的功能，并且以同等的正当与权利，把它扩到人类精神赋实在以形式的每一方向和每一原理。"[①]卡西尔把康德局限于数学和自然科学上的理性批判扩大到人文社会科学领域。他认为，康德所谓的先天综合判断，所发挥的就是形式建构作用，在人文科学中同样存在。卡西尔称之为"客观化赋形"，也就是说，人类理性具有制定规则的作用，它是一种逻辑能力，使个别的感觉上升，转化为普遍性观念、思想和文化，从而达到"客观化"的效果。

卡西尔这种"扩大了的认识论批判"具有重要意义。首先，他的这种扩大，把形式化建构活动扩大到人文社会领域，其实是对理性概念本身的

[①] Ernst Cassirer, *Philosophie der Symbolischen Formen*, Berlin, Vol Ⅰ, 1923, p. 79. 转引自刘述先《文化哲学的试探》，台湾学生书局1985年版，第127—128页。

一个扩大。是否只有数学、自然科学才代表了理性？理性是否还包括其他的理性形式？其次，这种扩大也就消弭了感性与理性之间的截然二分的鸿沟，使得人们的认识不再片面反而更加具体。再次，这种扩大，使得感性与理性、科学与人文之间能够沟通，并且让人类理性各种形式之间得到沟通，易于把人类文化世界的形成看作是一个过程。最终，这种扩大，使得人类的自我理解不再僵硬、不再机械、人类社会中人与人之间的理解、沟通更为顺畅。究其根本，就在于卡西尔把形式建构这种作用扩大到人文社会科学领域，以符号的结构功能建构了人类统一的文化世界。

在卡西尔这里，符号是一种形式建构功能，而不是形式本身。理解这一点十分重要。卡西尔把是否能够从事符号活动看作人与动物的根本区别，做出"人是符号的动物"这一论断。作为符号的动物，"人的突出特征，人与众不同的标志，既不是他的形而上学本性也不是他的物理本性，而是人的劳作。正是这种劳作、正是这种人类活动的体系，规定和划定了'人性'圆周。语言、神话、宗教、艺术、科学、历史，都是这个圆的组成部分和各个扇面。因此，一种'人的哲学'一定是这样一种哲学：它能使我们洞见这些人类活动各自的基本结构，同时又使我们把这些活动理解为一个有机整体。语言、艺术、神话、宗教绝不是互不相干的任意创造。它们是被一个共同的纽带结合在一起的。但是这个纽带不是一种实体的纽带，如在经院哲学中所想象和形容的那样，而是一种功能的纽带。"① 这也正如刘述先所说，"他的哲学乃是一套功能作用概念的哲学；任何寻求实质的统一定义的企图，在他看来，永远只是导向无可救药的自相矛盾的理论效果。符号的真正定义，只有在功能作用和过程中去寻求，现成的所给予的实质统一的符号定义，是个不存在的事物。"② 然而，"我们究由结构去了解功能，还是由功能去了解结构，我们该选择哪一项作为他项的基础，这中心的问题始终遗留着。这问题形成了最不同的许多思想领域之间互相连接的活的联系：它构成了它们的内在的方法论的统一，而永不让它们堕入一种事实上的互相同一。因为批评思想的根本原理，功能胜过对象的原理，在每一特殊领域取得了一个新的形式并要求一个新的和附属的解释。在认知

---

① ［德］卡西尔：《人论》，甘阳译，上海译文出版社1985年版，第87页。
② 刘述先：《文化哲学的试探》，台湾学生书局1985年版，第120页。

的纯粹功能之外，我们必须寻求去了解语言思想的功能、神话宗教思想的功能和艺术知觉的功能。在这样一种方式之下，以显发如何在它们之中获得了完全决定的形成，但不即是这个现成世界的形成，而毋宁是创造这个世界，创造一个客观、有意义的结构，和一个可以如是了解的客观的统一性。"① 总而言之，正是符号功能，统一了人类文化世界。

那么，符号的功能是什么呢？在卡西尔看来，不同类的符号功能各不相同，科学与艺术的符号功能当然也是不相同的。但人类最早发展出来的符号——神话符号，其功能后来被许多哲学家、思想家作为符号的基本功能接受下来，即符号的象征功能。

Symbol，本身既有符号的意思，也有象征的意思。卡西尔在他的《符号形式哲学》中，将二者用同一个词"symbol"来表示，"象征的秩序就是符号的秩序……科学并不反映存在（他把康德的自在之物置于不可接受的地位）的结构，而是提出认识的对象，提出'作为自由地创造的理性象征'而被认识的世界的组织……'以至于意象理想的必然结果反过来总是被表现对象的自然的必然结果'"②。这就是说，象征是一种思维活动，它建构对象，而不是命名对象；象征不是去认识世界，而是去建构世界。卡西尔在《语言与神话》中指出，神话和语言都起源于一种"隐喻思维"。他说，"在我们人类的历史上必然且确实有过这样一个时期：那时，任何超出日常生活的狭隘视野的思想都非得凭借隐喻手段才有可能表达出来，……它们仍然半是按照其本来特性，半是按照其改变了的特性而被感受和理解的。……任何一个词，只要它最初被隐喻地使用，现在在使用它时又对它从最初意义到隐喻意义之间所走过的各个步骤没有一个清楚的概念，那么，就会有神话的危险；……通常被称作神话的，不过是所有语言或早或晚总要经历的远为一般的某个阶段上的一小段而已。"③ 这里的隐喻思维就是一种象征活动，它不同于分析哲学的指称，不具有确定的客观含义，以部分

---

① Ernst Cassirer, *Philosophie der Symbolischen Formen*, Berlin, Vol. Ⅰ, 1923, pp. 79 – 80. 转引自刘述先《文化哲学的试探》，台湾学生书局1985年版，第128页。
② ［意］翁贝尔托·埃科：《符号学与语言哲学》，王天清译，百花文艺出版社2006年版，第250页。
③ ［德］恩斯特·卡西尔：《语言与神话》，于晓等译，生活·读书·新知三联书店1988年版，第104页。

代整体，融合情感与想象，以类似神话的方式构造世界。正如埃科所言："在列维-施特劳斯的结构主义中，象征与符号也是等同的：'任何文化都可视为象征系统的一个整体，在这个整体中，语言、婚姻规范、经济关系、艺术、科学、宗教是被放到首位的'，人类学的对象是一些模式，或者说是'维护经验的特殊属性、但又与经验有别的、我们能操纵的一些象征系统'……任何结构都取决于人的精神的一种非常一般的能力。它根据共同的模式组织自身经验的整体。"① 显然，这里的象征是一种组织和整合经验的方式，是一种建立结构的功能。

鲍德里亚非常重视符号功能，在他看来，"'功能化'丝毫不代表适应一个目的，而是代表适应一个体制或一个系统：功能性的真义是能被整合于一个整体中的能力。"② 这样一个功能化过程，就是物的符号化过程。通过物的符号化，物的消费成为符号消费，物体系成为符号体系，政治经济学批判就发展为符号政治经济学批判。鲍德里亚正是以这样的思想逻辑开启了自己的符号政治经济学批判。

二 鲍德里亚的符号—物及其意指逻辑

鲍德里亚在《物体系》导论中开宗明义地指出，"我们分析的对象不只是只以功能决定的物品，也不是为分析之便而进行的分类之物，而是人类究竟透过何种程序和物产生关系，以及由此而来的人的行为及人际关系系统。"③ 这就是说，他要研究的物不是自然之物、科学之物，而是社会之物，是与人类产生了关系的物。进一步来说，不仅要研究社会中人与物的关联是怎样的，而且要研究这种关联是如何产生的，即"人类究竟透过何种程序和物产生关系"。那么，在现代社会中，人类是如何与物产生关系的呢？

人类最初与物发生的关系，显然是使用关系。物只要满足人类某一方面的需要就行了。例如，买馒头是为了吃，买房子是为了住。然而，在现代社会中，人类对物的有用性方面的要求在逐渐减少，而在装饰性、个性

---

① ［意］翁贝尔托·埃科：《符号学与语言哲学》，第247—248页。
② ［法］尚·布西亚：《物体系》，林志明译，上海人民出版社2001年版，第72页。
③ 同上书，第2页。

化等方面的要求越来越多。例如，两款小汽车，在发动机排量、安全性能等方面的差异也许不大，但在外形、内饰方面差异较大，这些无关紧要的差异就很可能成为卖点，成为名牌车与普通车的区别。再如，买衣服、布料、保暖性方面早已不是消费者考虑的重点，是否名牌反而成为购买的内在动力。名牌与普通衣物之间最大的差异是什么？其实就是差异本身。有人说，名牌就是时尚。那么时尚是什么，时尚就是名牌。名牌以名牌引领时尚。换句话说，名牌所彰显的无非是一种购买力，是一种社会地位，这与衣物本身无关。当商品的交换不再以物的功能为价值判断标准，而是以差异性为"值"的时候，物不再是物，而成为符号—物。正如布西亚所说，"要成为消费的对象，物品必须成为符号，也就是外在于一个它只作为意义指涉的关系——因此它和这个具体关系之间，存有的是一种任意偶然的和不一致的关系，而它的合理性一致，也就是它的意义，来自它和所有其他的符号—物之间，抽象而系统的关系。这时，它便进行'个性化'，或是进入系列之中，等等：它被消费——但（被消费的）不是它的物质性，而是它的差异性（difference）。"①

在《物体系》中，尚布西·亚这样描绘商品的品牌和广告："这些占据墙面和萦绕意识的基本词汇，正是缺乏句法（asyntaxique）：不同的品牌接续、并列、一个取代了另一个，没有组构关系也没有过渡，它们是游走性的字汇，一个吞噬另一个，而每一个个体都在无间断的重复中生活。这样的语言无疑是所有语言中最贫乏的一种：意义构成过程（signification）沉重集中，意念（sens）却是一片空虚。这是一种信号式的（signaux）语言，而所谓的品牌'忠诚度'，不过是被引导的感情受制约的反射反应罢了。"②正是品牌和广告引导了我们的消费，这里吸引我们的不再是物的功能，而是物作为符号的差异性。差异性内在于符号体系，而符号体系的运作遵循意指逻辑。那么，这种逻辑也就成为消费社会的逻辑。

鲍德里亚在《符号政治经济学》中，谈及"消费的物"。他指出："作为一种物，由于它能够被标识（MARQUE）而被特殊化了，这种物担负着

---

① ［法］尚·布西亚：《物体系》，林志明译，上海人民出版社2001年版，第223页，有改动。
② 同上书，第212页。

表征不同地位、声望以及时尚的内涵（这种物介于两种物之间，一种是大写的物，拥有自己特有的名称并且能够等同于主体，另一种则是小写的物，只有一般的名字，仅仅作为一种工具而存在）。这是'消费的物'。这种物或许是冰箱，或许是花瓶，或许是其他的东西，都无所谓。确切地说，它并不比语言学中的一个音素具有更多的意义。物的意义并不存在于它与主体（某种特定的'物'）（l'Objet）的关系，也不存在于它与世界的关系之中，在其中，它被操控着（作为一种工具的物）；它的意义就在它与其他物的关系之中，存在于依照意义的符码的等级而具有的差异之中。"① 这就是说，人们消费的不再是物，而是符号—物。这种符号—物，是"无内容的功能性存在"，即其功能性只是其差异性价值的一个效果，或者说结构的功能性分泌。物的功能性被逐渐挖空，它越来越成为符号的差异性存在。因此，鲍德里亚认为，消费"是一个虚拟的全体（totalite virtuelle），其中所有的物品和利息，由这时开始，构成了一个逻辑一致的论述。如果消费这个字眼要有意义，那么它便是一种符号的系统化操控活动（activite de manipulation systematique des signes）。"②

消费社会中的这种意指逻辑或者说差异性逻辑具有社会区分功能和意识形态功能。就是说，在这种差异性逻辑的贯彻中，形成了社会阶级和阶层的区分；与此同时，这种差异性逻辑也掩盖了这种社会区分。正如鲍德里亚所说，"符码中隐藏了严谨的社会逻辑，虽然它从来不说出来，但却可以依据每种社会地位的特殊逻辑来重建和操控。"③ 社会逻辑隐身其中，同时又通过符码的操作重建起来。

人们总是在有意无意地利用和遵从差异性的逻辑，换句话说，我们在商品交换中与符号共谋性地推动意指逻辑的运转，并不去打破它。例如，一个中产阶级或者更低阶层的家庭，购买了电视，往往把它放置在一个过于明显的位置。因为他们重视的不是电视传播信息的实用功能，而是它作为一个身份标识的作用。就是说，电视成为一个中产阶级家庭的符号。作

---

① ［法］让·鲍德里亚：《符号政治经济学》，夏莹译，南京大学出版社2009年版，第44—45页。
② ［法］尚·布西亚：《物体系》，林志明译，上海世纪出版集团2001年版，第222—223页。
③ ［法］让·鲍德里亚：《符号政治经济学》，夏莹译，南京大学出版社2009年版，第13页。

为一个中产阶级家庭，或者希望被看作一个中产阶级家庭，电视自然必不可少。当我们因为物的符号性能去购买它的时候，我们就遵从了意指逻辑。因此，有些社会学家通过家庭用品的统计来区分各种不同阶层的家庭，但这种做法并不能说明问题。尽管"物是一个显现社会意指的承载者，它是社会以及文化等级的一种承载者——这些都体现在物的诸多细节之中：形式、质料、色彩、耐用性、空间的安排——简言之，物构建了符码（code）。然而，也是出于这一原因，存在着一些情形，个体和群体并没有毫无变通地追随着符码的指令，而是依照对他们最有利的方式来使用它，同时保有了物的强制性和差异性，同样的情形还可以在其他诸如制度或道德的符码中找到。换言之，人们以自己的方式来运用符码：他们玩弄它，打破它的规则，用自己阶级的语言来言说它。"例如，有些权贵阶层的人士，不再追求繁缛的装饰细节，反其道行之，追求简约和自然。然而，那种经过设计的自然，远非一般人可以承受。进而，还要考虑其中的变动性因素。因此，在鲍德里亚看来，卓有成效的社会学分析，"必须在对物的具体的句法分析中来实现（等同于一个故事，并且依赖于在社会命运的意义上来阐释，就如同在无意识冲突的视野下对梦的阐释一样），必须在这一话语的错误中、非一致性以及矛盾的地方实现，而这一话语自身从未达到过和谐一致……相反，这一话语总是在这种特定的句法结构中，即活跃的同时附有惰性的或者社会压抑的句法结构中得到说明。"[①] 这就是说，不同于人们表面上进行商品交换的理性行为，符号的差异性逻辑及其社会区分功能是一种深层结构，符号作为浅表意指背后的隐深意指而存在。

鲍德里亚把自己关于符号—物以及意指逻辑的理论看作是索绪尔语言学革命的成果。索绪尔的符号学把符号看作一套具有内在差异性的价值体系，符号的价值即其值项，由它在体系中的位置来决定，能指因它在本系统内与其他能指所处的关系而成为特定的能指符，具有特定的价值。就像他常用的棋盘比喻，每个棋子的"值"取决于它在棋盘上的位置，也就是它与其他棋子在位置上的差异关系。罗兰·巴特则区分了意指（signification）和价值（value）两个概念：意指依赖于能指和所指之间的关系，符号

---

① ［法］让·鲍德里亚：《符号政治经济学》，夏莹译，南京大学出版社2009年版，第12页。

被作为能指与所指之统一体来看待；价值取决于符号和整体系统中其他符号之间的关系，符号被放到整个系统中来看待。符号的意义是意指和价值二者共同作用的结果，只有经过意指与价值的双重制约符号的意义才能够被确定。就商品交换而言，索绪尔认为："要确立价值就一定要有集体，个人是不能确定任何价值的。"价值不是"通过它们的内在价值，而是通过它们的相对位置而起作用的。"[①] 可以说，这种价值认定标准的转换不啻为一场价值革命。鲍德里亚正是汲取了这场革命的成果，重新认识了商品交换中物的价值。他说，"这场革命就在于断开了价值的两个方面，以前人们却可能认为它们是一致的，而且似乎被一种自然法则永恒地连接在一起。现在，指涉物价值为了唯一的价值结构游戏的利益而被摧毁了。结构维度自主化，指涉物维度被排除，前者建立在后者的死亡之上。生产、意指、情感、实体、历史等各种参照都终结了，这种与'真实'内容相对应的等价关系权终结了，'真实'内容过去一直在用某种有效的负荷和重力填充着符号——这是它的再现等价物的形式。现在是另一个价值阶段占优势，即整体相关性、普遍替换、组合以及仿真（simulation）的阶段。"[②] 结构占据优势地位，物死亡了。

三 符号政治经济学批判与政治经济学批判

如上所述，鲍德里亚认为，物被符号化了，符号代替物所建立的消费体系，就是一种意识形态体系，在消费社会中发挥着社会区分和建立意识形态秩序的功能，这一过程是符号的意指逻辑践行功能的过程。在此认识基础上，他提出了以符号政治经济学批判替代马克思的政治经济学批判的理论诉求。

马克思对资产阶级政治学的批判，在于他认为所有社会都贯穿了生产力与生产关系、经济基础与上层建筑的矛盾，而作为这一矛盾关系的社会历史过程的动力就是生产力的无限发展。在资本主义社会中，人们自觉地

---

① ［瑞士］费尔迪南·德·索绪尔：《普通语言学教程》，商务印书馆1980年版，第159、165页。
② ［法］让·鲍德里亚：《象征交换与死亡》，车槿山译，译林出版社2006年版，第4页。

集中发展生产力，创造了前所未有的财富。也正是因为这种自觉的集中发展，生产力与生产关系的矛盾关系才充分暴露，这正是商品社会的现实。一切都是商品，一切都由生产关系来定义，普遍的抽象关系由此产生。

然而，这种批判以下列两个假设为前提：一、"历史的发展过程在所有早期社会就已经存在（生产方式、矛盾、辩证法），但人们没有生产出这些概念，因此也就无法超越这些社会。"二，"开始意识到这个过程的时候（批判概念的产生同资本主义形态的条件有关），也是革命的关键阶段。"这两个前提都是"彻底的黑格尔主义的观点""这一切好像都是偶然的，实际上只有当人们发现了生产方式的理论时，生产方式的现实才会进入人们的视野中；好像只有在这时，阶级斗争才进入公开的和决定性的阶段，并在偶然中发现了科学地、客观地说明它的理论（反过来，早期社会中盲目的和潜在的阶级斗争只是产生了意识形态）。"① 可以说，"这是模式的自我证明，这种模式通过理性和真实的恰当性获得了成功。实际上，与所有的科学一样，马克思主义对这个断裂的利用，同样建立在理性的原则上，这只是理性自身的合理化过程。"② 尽管如此，鲍德里亚并没有完全否定马克思对交换价值形式的分析，而是从中挖掘出新的意义。

马克思在《哲学的贫困》中划分了交换价值演变的三个阶段：（1）交换的只是剩余产品（例如在古代的和封建的生产中）。大量的产品处于交换和商品领域之外。（2）整个"工业"都处于交换之中（资本主义政治经济学）。（3）甚至人们认为不能出让的东西，如德行、爱情、知识、良心等，都成了买卖的对象。这是一个"普遍贿赂、普遍买卖"的时期，"是一切精神的或物质的东西都变成交换价值并到市场上去寻找最符合它的真正价值的评级的时期。"③ 在第一阶段与第二阶段之间，产生了资本。鲍德里亚认为，在第二阶段与第三阶段之间也存在着决定性的转变，而这一点被忽略了，或者说，由于第三阶段还没有得到充分发展而没有被认识到，从而被中立化了。

第二阶段向第三阶段的转变，就是从政治经济学到符号政治经济学的

---

① ［法］让·鲍德里亚：《生产之镜》，仰海峰译，中央编译出版社2005年版，第97页。
② 同上书，第101—102页。
③ 《马克思恩格斯全集》老4卷，中央编译局1958年版，第79—80页。

转变，是"从形式——商品到形式——符号、从一般等价规律下物质产品交换的抽象到符码规律下所有交换的操作的转变。"① 符码的垄断是如何产生的呢？鲍德里亚认为，当资本主义社会走向垄断的时候，供求关系失效了，劳动时间和生产费用也不再是商品价值的决定性因素，"垄断体系将消费建构为控制，建构为对偶然性需求的禁止，建构为被符码计划的社会化过程（广告、风格等等，只是突出的例子）"。这就是说，整个垄断性的生产过程，是由消费引导的，而消费则是由符码预先计划的。总之，整个生产和消费都是事先策划好的，"新的生产力不再对这个体系本身提出质疑：它们是参与性的回应，从一开始出现就受到了控制。"②

符码的控制发挥着与以往符号功能不同的作用。以往的符号，一个能指，回指一个所指，而在符码的控制中，它"不再回指任何主观的或客观的'现实'，而是指向自身的逻辑。能指成为它自身的指涉，符号的使用价值消失了，成为它自身的利益和交换价值。符号不再标示任何事物，它达到了真正的结构限制，只能回指其他的符号。所有的现实都变成了符号操控的场所，成为结构模拟的场所。"③ 正如鲍德里亚在《符号政治经济学批判》中所说，"在交换之前，在交换还没有被大写的社会法则所规定之前，并不存在消费物。而这些大写的社会法则不仅需要一些独特物质介质的更新，同时还拥有以某种地位、身份的标准，以某个群体与其他群体之间的关系为中介，指明个体的地位、身份的责任。"也就是说，正是通过消费中符号差异逻辑的运作，社会关系被再生产出来；同时，符号的差异性区分导向新的符号，引导着新一轮的消费物的生产。总之，在消费社会中，商品/形式的消费不断提升为符号/形式的消费，同时，符号/交换价值又不断转换为经济交换价值，"这种不断的转换描述了整个政治经济学的循环过程，其中经济的剥削以资本的垄断为基础，'文化'的统治则以不断相互衍生的符码的垄断为基础。"④

从以上论述中，我们清楚地看到，鲍德里亚试图以符号政治经济学批判来替代马克思的政治经济学批判。然而，以符号为立足点的政治经济学

---

① ［法］让·鲍德里亚：《生产之镜》，仰海峰译，中央编译出版社2005年版，第107页。
② 同上书，第112页。
③ 同上书，第113—114页。
④ 同上书，第118页。

批判还是政治经济学批判吗？

在上面，鲍德里亚谈到马克思所指出的交换价值演变的三个阶段，并以交换价值演变的第二阶段与第三阶段之间存在着决定性变化为由，引入了符号及其差异性逻辑。鲍德里亚认可了马克思关于交换价值演变的三个阶段的划分，并且认为第二个阶段是资产阶级政治经济学阶段。那么，马克思的政治经济学批判也就是对第二个阶段的批判。如此看来，鲍德里亚承认在交换价值的演变中，是存在阶段演变的。但这样就产生了一个矛盾。按照鲍德里亚本人的观点、形式，或者说结构是最重要的。也正如他一再强调的，生产的形式既包括生产领域也包括消费领域，既包括交换价值也包括使用价值，这些关系性要素存在于一个完整结构中。那么，为什么交换价值还会有第一、二、三阶段的演变呢？符号的差异性逻辑为什么只在第二、三阶段的转变中出现呢？符号的差异性逻辑是基于社会关系的发展产生的，还是作为一种社会结构而存在的呢？如果说马克思的政治经济学批判囿于政治经济学模式不够彻底，囿于黑格尔的矛盾母体，作为一种理性认识而成为一种错误的话，符号的差异性逻辑作为一种无意识结构，作为一种贯穿文化、政治、经济的精神分析现象，不再是政治经济学的对象，符号政治经济学批判则没有任何政治经济学批判的含义，成为一个伪概念。

第三节　后现代思潮与马克思主义

后现代思潮的产生，也是对人类两次世界大战悲惨教训加以反思的结果。现代，与资本主义的诞生和发展紧密相关。科学技术的发展，推动工业革命，工业革命带动了生产关系的变革以及资本主义雇佣关系的确立。资本主义社会，奠定于科学、理性之上。凡是能够带来生产价值的生产关系和社会关系都是具有合理性的。然而，以合理性为基础的世界爆发了非理性的战争，这不得不使人们产生怀疑：人是理性的吗？人类社会的合理性基础是否坚实？哲学家们逐渐认识到，理性哲学的形而上学特征，恰恰是现代社会大一统、独断、暴政的思想基础。大一统、独断、暴政是法西斯主义的鲜明特征，对人类社会极为有害，是两次世界大战爆发的根本原因。反思、批判现代哲学的形而上学成为哲学家们的时代任务。与此同时，某些西方马克思主义者从批判者的立场，从总体性、实践等角度对资本主义社会科学技术的意识形态性质加以剖析，最终也在思想上完成了从现代到后现代的转变。

一 后现代思潮

后现代思潮以反对理性形而上学为基本特征。

现代的开启，是理性对于神性的胜利，启蒙理性以其理智力量建立了自身的权威。理性，作为人类的最高理念，崇尚逻辑必然性和唯一性，是一种形而上学。"知识就是力量"，培根这句话充分说明了人类对理性的崇拜，现代表现为理性作用下的进步与发展的历史。理性首先是获取知识的科学方法。任何对于世界的认识，不管是对自然界的，还是对人类社会的，都必须经过理性的科学论证。这种方法，就是分析与综合。只有把各种现象分解为各种因素，并且以一定的规则和秩序将这些因素重建为一个整体，我们才算是达到了对现象的科学理解。可以说，这就是把复杂的现象概括为几条简单原理的过程。理性的力量，就在于这种概括力，其实质是形式的把握。依赖于理性的形式，人类可以实现对世界的把握，阿基米德曾发豪言壮语，给我一个支点，我可以撬起地球；而康德也曾说过，给我物质，我可以造出整个世界。自然科学的发展，使人类掌握自然更多的奥秘，拥有更大的力量；而社会科学的进展，则使得人类更加理智、民主，获得更大的解放。总之，人类只要沿着理性指示的方向前进，就可以不断进步。

然而，正如卡西尔在《启蒙哲学》中所说："18世纪浸染着一种关于理性的统一性和不变性的信仰。"[1] 理性形式的概括力是以统一性为前提的，没有统一性就无所谓形式，也就没有概括力了。无论多么丰富的现象，对之进行了多么复杂的分析，如果没有规律、规则的统一，就无法形成科学认识。所以，任何科学知识都以原理为前提，原理即为统一性之源。社会科学也是如此，所以，孟德斯鸠在《论法的精神》的序言中声称："我看见了：个别情况是服从这些原则的，仿佛是由原则引申而出的；所有各国的历史都不过是这些原则而来的结果；每一个个别的法律都和另一个法律联

---

[1] ［德］卡西尔：《启蒙哲学》，顾伟铭等译，山东人民出版社1988年版，第4页。

系着，或是依赖于一个更具有一般性的法律。"① 尽管理性的统一性是对多样性的统一，但它仍然牺牲了它不能够纳入其统一体系中的其他存在，而这一结果，正是理性形而上学的必然后果。

理性的形而上学是其内在特征。理性与思维密不可分，是思维对存在的统摄。自从巴门尼德提出了"思维与存在是同一的"，以这种同一性为根据，思维在不断地统一异己的存在，以追求同一。把存在的根据设定在存在之外、存在之后，即为形而上学。形而上学的秘密就在于统治。它把世界分为人与物、主体与客体、思维与存在的相关层次，然后在层次之间建立统一关系，在这个过程中，必然是一个战胜另一个、一个统摄另一个，最后达到一个制高点，一个最后的无法跨越的权威及一个梯级的理性秩序。所以，形而上学的特点就是体系性和一个最终的诉求。可以说，自柏拉图以来的西方理性哲学都具有这个特点。柏拉图的"理念"、亚里士多德的"隐德来希"、笛卡儿的"我思"、康德的"物自体"，黑格尔的"绝对统一"，都是各自哲学体系的最终诉求。康德提出了理性批判，但就连他也无法彻底否弃理性的这种形而上学的要求。他说："没有理性就没有知性的一贯运用，没有知性的一贯运用，就没有经验真理的充足标准。"② 也就是说，他的认识体系不得不需要对于先验理念的最终诉求，这一先验理念既是"先验对象"，也是"先验自我"，它们都是超越人类知性之外的"物自体"，先验理念不仅存在于康德的认识论中，也存在于他的伦理学中。而黑格尔的"绝对统一"，更是以一种神秘的精神为主体、客体设置了发生、发展的逻辑，一切尽入其掌握之中，是它的展开和表现。"绝对统一的绝对精神"君临一切，建立了它的绝对统治。这就是说，理性作为一种形而上学，作为一种具有普遍性的绝对体系，必然具有统治他物的权威性。

理性形而上学的统治性、权威性无处不在。在现代社会中，理性在各个方面建立了统治。具体说来，就是韦伯所谓的"合理化"过程。他认为，合理化过程就是现代化过程，在这个过程中，实现了两个层次的"合理化"：一是"世界图像合理化"的"文化合理化"，即通过各种文化的去魅，肯定人

---

① ［法］C. L. 孟德斯鸠：《论法的精神》上册，张雁深译，商务印书馆1961年版，第37页。

② ［德］康德：《纯粹理性批判》，蓝公武译，商务印书馆1960年版，第462页。

类各种的现世追求,使世界成为世俗化的世界;二是体现为"官僚化"的"社会合理化",社会以一种形式合理的方式进行运转,这包括社会政治的、法律的、经济的现实运转活动。在这样的社会中,社会秩序就是理性秩序,理性的统一作用要求自上而下的理性权威。没有个体的人,只有理性的代表者,谁在社会中体现了理性的追求,谁在社会中占据了代表着更高理性的位置,谁就是统治者。而没有把握理性要求的、社会秩序之底层的、甚至社会运转之外的人,就只能是被统治的了。

正是为了反对现代理性的形而上学权威,后现代应运而生。后现代就是指20世纪五六十年代开始的,以反对近现代理性哲学为任务的哲学流派。后现代反对本质主义,认为没有绝对的真理和理性原则,真理和理性都建立在人们的信念之上。罗蒂认为传统的符合论真理观都是把心当作"自然之镜",以为心是对自然世界的真正反映,"心"能准确地反映实在,发现真理,提供知识。其实,根本不存在绝对真理和基础本体,真理不过是心以自己的规则进行的建构,是我们希望相信的东西而已。利奥塔也认为一切知识、真理不过是语言游戏,真理的标准存在于它的语言游戏之中,没有任何外在的保证。所以,科学也只是语言游戏的一种,并不提供更多的真理。他说:"后现代科学关注的是不确定性、无序性、对抗性、破碎性、多变性以及矛盾性,其理论发展表现为不连续的、多变的、暂时的和矛盾的。后现代科学正在改变知识的意义。"① 理性的知识权力、真理权力都被消解了。

在对知识的真理性进行消解的基础上,后现代思想家们对理性的形而上学发动了攻击。德里达指出:"从柏拉图到卢梭,从笛卡尔到胡塞尔,整个西方哲学都设定先有善而后有恶,先有单一而后有繁复,先有必然而后有偶然,先有原本而后有模仿。这并非是形而上学态度的一面性,而是其基本要求,是其最永恒、最深刻、最内在的程序。"② 他认为,整个西方哲学都是以理念、绝对精神、实在、秩序、上帝等概念、规则为中心建构起来的"在场的形而上学",这种有中心的形而上学规划了对边缘的统治,是实现理性权威的强制的逻辑秩序。所以,他主张取消本质与现象、内容与

---

① [法]利奥塔:《后现代状态——关于知识的报告》,1984年英文版,第60页。
② 转引自王岳川《后现代主义文化研究》,北京大学出版社1992年版,第83页。

形式、深层与表层等不平等概念,反对规律、规则、范式,主张解构"逻各斯"中心和语言中心,以反对"在场的形而上学"。为此,德里达提倡语言游戏,发现了语言中存在的能指与所指的延异关系,建立了解构的逻辑,并将之运用于一切文本,以文本的概念及文本自身存在的"分延""撒播""替补"等非逻辑现象来解构文本。逻辑是形而上学建立其理性秩序的工具,分解逻辑的作法对形而上学无疑是釜底抽薪,没有逻辑,形而上学的各个概念之间就没有了联结的桥梁,其间的两两对立也失去了依据,其根本上的思维与存在、主体与客体、现象与本质之类的二元对立也就瓦解了,形而上学大厦就此倾倒了。随之而来的,是主体、客体、现象、本质等诸多形而上学概念的垮台。例如主体,就走上了黄昏之旅。哈贝马斯谈到那些理性哲学中的主体性哲学的时候说:"在这些学派中,被指控为'理性'的东西,不过是被夸张为整体的目的合理性,即一种顽固坚持自己主张的主体性。"[①] 这就是说,形而上学体系中的任何概念、任何一个环节,都有可能被夸大而充当体系的制高点,以其形而上学性实现其对他者的统治和压抑。主体是这样,客体也是这样,真理、实践,诸如此类的概念都受到了后现代的质疑与挑战。而后现代的质疑与挑战都是对准了它们的权威性的。

总之,后现代是对现代理性局限的发现和突破。如果把现代理性理解为形式化的形而上学,则后现代就是对它的突破;如果把现代理性理解为人类反对权威、自我实现的精神,则后现代只是对现代理性反神性、追求自我发展的一种接续,是人类在更多维度上、更大空间中的自我实现。

二 德里达的解构策略

德里达把符号理论运用于他的文字学,发展出一种解构的逻辑。解构的逻辑作为一种策略,能够揭示出固有文本形成过程中的多样可能性,意义总是在延异和播撒中不断发叉,字符没有一成不变的意义,世界也没有从一而终的真理。解构逻辑具有强大的反教条力量,这也正是德里达对待

[①] [德]哈贝马斯:《生产力与交往——答 H. P. 克鲁格》,李黎摘译,《哲学译丛》1992 年第 6 期。

马克思主义的态度。

德里达独创的一个词是"延异",按德里达的说法,它实际上既不是一个词,也不是一个概念,因而也应当打上"叉",以警惕把它与某种观念或现实牵连在一起。它只是一种能指游戏。他把字母表中的第一个字母,即 a 置入 difference 一词中,看看它究竟意味着什么。由 difference(差异)到 differance(延异),书写有了不同,声音并无差异。延异并无具体的含义,德里达正是通过这个词形的变化演示了延异过程本身。这里所表明的是意义的不确定性:或是意义的增殖,或是意义的亏损。

简单地说,延异来自符号能指与所指之间的间隔和空隙。语言学家索绪尔发现了语言的能指和所指的二元结构,认为能指依赖于有意识的心灵的所指。也就是说,形式不过是对内容的表达,是内容赋予了形式以意义,因而,语言只是传达人的内心世界的一种工具,而且这个语言工具能够完美地传达出内心世界的观念内容。但德里达的看法与此不同,他认为,能指与所指之间总是存在间隔和空隙,所指只是能指无限的指意活动中的一个相对静止的瞬间,是能指的交叉活动中的一个偶合。偶合中的间隔和空隙表明二者之间永不重叠。因此,能指对所指的关系也是处于不断生成中的,意义也就永远浮动着。德里达指出:"意义的意义是能指对所指的无限的暗示和不确定的指定……它的力量在于一种纯粹的、无限的不确定性,这种不确定性一刻不息地赋予所指以意义……它总是一次又一次地进行着指定和区分。"[①] 德里达将语言的这种指意过程称作"撒播"。"撒播"所表明的就是所指摆脱固定的能指的意义衍生过程,这个过程强调意义的自我创造对任何外在强制形式的拒斥。语言中的这种衍生现象,使得对语言符号的解构成为可能。

因此,解构总是根据具体文本,采取具体的阅读策略:在细读原文的基础上,找到突破口,然后开始文字游戏。在这个过程中,文本向阅读开放,读者可以在阅读中进行嫁接游戏(grafting game),即能指间的不断的替代,进而发现文本的意义所产生的播撒(dissemination),即意义的流动。这只是一个策略,或者按照德里达的说法,解构什么也不是。不是什么,

---

[①] 转引自[美]凯尔纳、贝斯特《后现代理论:批判性的质疑》,张志斌译,中央编译出版社 1999 年版,第 26 页。

才能保持开放。德里达提倡语言游戏，并将之运用于各种类型各种领域的文本，其目的在于以文本的语词及文本自身存在的"分延""撒播""替补"等非逻辑现象来解构文本被赋予的固定的意义和固定的逻辑。因为在德里达看来，意义是流动的，也不存在整合意义的逻辑。逻辑是形而上学建立其理性秩序的工具，解构逻辑的做法对形而上学无疑是釜底抽薪。没有逻辑，形而上学的各个概念之间就没有了联结的桥梁，其间的两两对立也失去了依据，其根本上的思维与存在、主体与客体、现象与本质之类的二元对立也就瓦解了，形而上学也被解构了。

然而，德里达并不是要否定一切，解构也并不意味着拆卸结构、打散一切。因为解构只是一种临时性的策略，是指出原有结构中总是包含着巩固自身的倾向而阻碍了意义的流动，即新意义的产生和新秩序的建立。解构所反对的是绝对的对立，强调对立之间的流动，即便对于形而上学与虚无主义之间的对立，解构的态度也并不是绝对地反对其中一方。正如"美国著名的解构批评家米勒在探讨解构批评与形而上学、虚无主义的关系时声称，解构批评'既非虚无主义，亦非形而上学，而只不过是作为阐释而已，即通过细读文本来理清虚无主义中形而上学的内蕴，以及形而上学中虚无主义的内蕴'。这样一来，解构批评就处于一种未定性的'中间地带'，它并不打算摆脱形而上学或虚无主义，也无法摆脱两者各自的固有属性，但它却能够在这两者间'反复运动'，使这种'固有属性发生左右摇摆'。因此，当我们在解构批评中发现'虚无主义'时，形而上学的影子马上显露，反之亦然"[①]。

另一方面，也不能把解构仅仅看作是一种语言游戏。因为政治、经济、法律、道德，任何一种文化形式都是语言文本，它们的强制性逻辑正是隐藏在语言之中的。对其文本的解构，就是在反抗其中的强制逻辑，这意味着一种解放。所以，德里达说："解构不是，也不应该仅仅是对话语、哲学陈述或概念以及语义学的分析；它必须向制度、向社会的和政治的结构、向最顽固的传统挑战。"[②] 解构具有强烈的现实意义。正是因为如此，德里达才把解构策略运用到政治、文学、社会等各个领域的各种类型的文本上，

[①] 杨大春：《解构批评的基本特征》，《哲学动态》1994年第2期。
[②] 《一种疯狂守护着思想——德里达访谈录》，上海人民出版社1997年版，第21页。

并在现实社会中产生了极大的影响。也正因为如此，德里达才与马克思发生关联，他在《马克思的幽灵》一书中力求解构马克思主义中的僵化部分，以重新释放马克思的解放力量。

三 马克思的幽灵

马克思，这个名称，怎么成为幽灵？或者，它一开始就是幽灵？

正如德里达所说，"不能模仿、不能伪造的署名不是署名。"[①] 之所以在文本上署名，正是为了文本和这个名字的第二次出现，为了对这个文本的专利，为了保证这个文本在第二次出现的时候与原初文本的同一性。但是，名字是否能够保证这样的同一性呢？正如我们在前面看到的，就像符号一样，文本的内在含义在不断地延异、变化。文本的流传，就是一种改写。即便名字一致，含义也不同一了。下一个文本，总是对前一个文本的改写。那么，从后往前，是否能够追溯到那个最初的文本呢？近几十年来，马克思主义哲学研究领域提出"回到马克思"之类的呼吁，也就是想要回到最初的文本，回到原初的马克思。然而，是否存在最初的文本？是否存在原初的马克思？

之所以称为文本，就是一种文字符号的组织形式。按照传统反映论观点，这种文字符号是思想的呈现形式。然而，有没有纯粹的脱离了符号的思想？索绪尔把符号区分为能指与所指，能指是声音与文字等具有物理性质的符号，而所指是概念、观念、意义，认为能指所指是一体两面，不可分离。而德里达则指出两者之间存在着永远的距离，"分延""撒播""替补"等等现象不断延宕二者的同一。但正如德里达自己所指出的，指出二者距离的解构，不过是一种策略，是对既定错认加以揭示的一种手段。之所以能够进行解构的原因在于，不存在纯粹的所指，所指与能指的区分不过是能指之间的区分。在《声音与现象》这本书中，德里达批评了胡塞尔的现象学，认为不存在先于语言的纯粹意识。他指出，"胡塞尔无疑曾经想

[①] 转引自高桥哲哉《德里达：解构》，河北教育出版社 2001 年版，第 144 页。

要维持从一开始就是无声的、先表达的体验层次"。① 因此，不存在纯粹的意识，也不存在纯粹的意义、观念和概念。正如拉康所指出的，所指与能指之间的差异，也就是一个能指与另一个能指之间的差异。所以，既没有原初的马克思，也没有原初的文本。因为，如果假设存在一个原本纯粹的思想，那么，甫一诉诸文字，它就受到污染了。因此，对于人们所认为的那个纯粹的马克思，在德里达看来，只能是没有任何文字和含义的幽灵了。

因此，在谈到那"重复，且是第一次重复"的幽灵的时候，德里达给出了两个说明。"第一个说明。那幽灵的徘徊是历史的，但它没有确定的日期，根本就没有办法按照历书的预定次序在当下的时间链条中一天接着一天轻而易举地给定一个日期。……徘徊恰好标志着欧洲的存在。至少自中世纪以来，它就为这一名字所称谓的东西的自我打开了空间和关系。"② 这就是说，幽灵之所以为幽灵，它可以在历史中穿行，正因为它没有具体的规定性，是一个"无"，一个空白。它不是那个第一次发生，而是重复，而它的重复，哪怕是第一次，也是重复。因为如果它不借助声音、文字，便无法在场。而它的在场，相对于那个"空无"的幽灵来说，已经是第二次了。但这个在场的确是原初的在场吗？是否有过曾经的原初在场呢？而且，是可以一而再再而三的在场？为了重复地在场，原初的在场一定不能是在场。换句话说，为了重复，不能具有原初，即同一性，而只能是空无，是可能性。幽灵就在于它是没有固定日期的徘徊。"那个消失了的人的名字必定已经被刻写在别的某个地方了"③。

"第二个说明。这某个他认定的幽灵注视着我们，我们觉得自己正被它注视着，并且是在任何共时性之外，甚至在我们的任何目光之前或之外，按照一种绝对的前后关联（它可能位于生成顺序且是众多生成顺序之中）和不对称性，按照一种绝对不可控制的不对称性注视着我们。在这里，时间错位成了一种规律。感到我们自己被一种永远不可能穿越的目光注视着，这就是以我们从那法律中继承下来的东西为基础的面甲效果。……那个说'我是你父亲的灵魂'的人只能通过他的言语被把握。实质上有一种对他的

---

① ［法］雅克·德里达：《声音与现象：胡塞尔现象学中的符号问题导论》，杜小真译，商务印书馆1999年版，第17页。
② ［法］雅克·德里达：《马克思的幽灵》，何一译，中国人民大学出版社1999年版，第9页。
③ 同上书，第11页。

秘密、他的起源的秘密的盲目屈从：这就是对那指令的第一种听从。"① 我们所听从的指令，"你必须如何"，来自另外的时间，时空错位是继承的前提；但那起源的秘密就是它没有来历，时空错位正是保持这个秘密的条件。正因为如此，它可能是也可能不是它言说的那个灵魂，它可能是个骗子。但正因为它是个幽灵，它才可能是个骗子；换句话说，它可能是个骗子，才能使它是个幽灵。这正是幽灵这一空无、这一可能性的特征。这也正像前述德里达所说，只有能够被伪造的署名，才能成为署名。

原初还有自己的原初，马克思的思想也有自己的源头，马克思的思想也不是一个具有同一性的统一体。正如我们在马克思思想发展史中所看到的，马克思接受过黑格尔、青年黑格尔、费尔巴哈等人的思想，近年来的研究又表明马克思思想中具有康德、费希特等人的思想因素。马克思思想中所具有的诸种思想因素非但不是同质的或者是被马克思统一化了的，而且有可能是马克思本人从没有真正意识到的，从来没有在他的思想中被主题化的东西。因此，德里达说，"马克思的幽灵也是他自己的幽灵。它们首先可能是寄居于他那里的鬼魂，是马克思本人已经被占满的亡灵，是他想提前完成自己的任务的亡灵：这并不意味着他已经掌握了它们的秘密，甚至也不意味着他转而已使那东西的执着的重现主题化了。"② 这就说，作为被继承的东西，一个已经不纯粹的幽灵，本身就是被更多的幽灵所占据的东西，人们又怎么去寻找一个不是幽灵的一种纯粹的精神，一个代表自我同一性的署名呢？

关于马克思的署名，对马克思名下的遗产的继承，也是如此。德里达指出，"我们首先要考虑的就是遗产的根本的和必要的异质性，是必定存在于遗产之中的无对立的差异性以及一种非辩证的'不一致'和近乎并置的关系（这恰恰就是我们将在后面称呼马克思的诸精神的那个复数）。遗产根本就不能被聚集在一起，它根本就不是一个自身完整的整体。它的假定的统一性，如果有一种统一性的话，只能存在于有选择地重申的指令中。'你必须如何'这句话意味着你必须过滤、筛选、批判，必须挑选出几种不同

---

① ［法］雅克·德里达：《马克思的幽灵》，何一译，中国人民大学出版社1999年版，第13页。
② 同上书，第140—141页。

的可能，它们都寄寓于同一指令中，且是以一种矛盾的方式围绕着一个秘密寄存于同一指令中。如果遗产的可阅读性是给定的、自然的、透明的、单义的，如果这种可阅读性既不要求同时也不对抗解释，那我们就没有什么东西可以从中继承的了。那么我们受它的影响就像是受一种自然的或遗传的因素的影响。人们总是要从一个秘密中继承点什么——这个秘密说，'阅读我吧，你真的能够这么做吗？'对遗产的任何重新确认所要求的批判性的选择和记忆本身一样，也是有限性的条件。无限的东西无法继承，它也不能自我继承。那指令本身（它总是说，'必须从你所继承的东西中间进行选择和确定'）只有通过拆解自身、分离自身、分延/延宕自身，同时又通过多次——而且是用多种声音——言说自身，才能成其为自身。"① 因此，德里达在一开始就指出，他写作本书的目的是呼吁"异质性"，"有诸多个马克思的精神，也必须有诸多马克思的精神"。②

马克思本身是诸多幽灵的聚集地，而他的继承者们又曾经招致无数幽灵云集，这些幽灵在历史中穿梭、盘踞。因此，"我们既是这一问题众多的言说形式的继承者，也是一个本身已经脱节的指令的继承者"。③

四 马克思主义的自我批判

对于幽灵，应该是怎样的态度？是像德里达一样，把幽灵看作空无，看作一个可能性，看作重新进行选择的决断，还是像马克思主义者一样，把它看作一种纯粹理想的堕落加以清除？德里达说，"我们必须采取另一种步骤。我们必须思考未来，也就是生命。同时也是死亡。马克思当然承认这种注定的年代错误的规律，而且说到底，他可能也和我们一样意识到了精神通过幽灵所受到的实质性的污染。但是，他想要消除这种影响。"④

马克思的文本中不少地方涉及幽灵。例如"一切已死的先辈们的传

---

① [法]雅克·德里达：《马克思的幽灵》，何一译，中国人民大学出版社1999年版，第25页。
② 同上书，第21页。
③ 同上书，第25页。
④ 同上书，第158—159页。

统，像梦魇一样纠缠着活人的头脑"①。"由此可见，在这些革命中，使死人复生是为了赞美新的斗争，而不是为了拙劣地模仿旧的斗争；是为了在想象中夸大某一任务，而不是为了回避在现实中解决这个问题；是为了再度找到革命的精神，而不是为了让革命的幽灵重行游荡。""在1848—1851年，只有旧革命的幽灵在游荡，从改穿了老巴伊的服装的戴黄手套的共和党人马拉斯特起，直到用拿破仑的死人铁面型把自己的鄙陋可厌的面貌掩盖起来的冒险家止。"②但是，马克思试图区分代表未来的精神与代表过去的幽灵。"19世纪的社会革命不能从过去，而只能从未来汲取自己的诗情。"③

然而，把历史看作从过去到未来的线性过程，也就把历史看作决定论的，这与德里达的解构策略无法一致。在他看来，现在与未来的关系是嫁接的关系，而不是同一性的关系。如果现在与未来是同一性的关系，过去与未来又有什么分别呢？因此，德里达认为，应该把马克思的指令，视为一种没有弥赛亚的弥赛亚召唤，是荒漠，是空无。他说，"必要的裂隙或者说正义的祛总体化的条件在此实际上就是在场者的条件——同时也是在场者和在场者的真正条件。这就是解构活动总是开始就采取思考赠礼和不可解构的正义的形态的地方，那固然是任何解构行为不可解构的条件，但这个条件本身就在解构活动之中，且仍然在也必须继续在（这就是指令）Un‐Fug④的裂隙中。否则它就必须仰赖某人对其职责的良知，它就会失去未来的机会，失去……'荒漠中的荒芜……'的机会。……另一个绝对的不可预知的具有独特性的和代表正义的到来者即将到来……我们相信，这个救世主的号召仍然是马克思的遗产的一个不可磨灭的印迹———一种既无法抹除也不应当抹除的印迹，并且它无疑也是一般遗产继承经验和继承行为的印迹。否则，人们就会简约事件的事件性和其他人的独特性和相异性。"⑤被可能性召唤，这种理解使得每个人都必须尊重其他人的独特性和

---

① 《马克思恩格斯选集》第一卷，第585页。
② 同上书，第586页。
③ 同上书，第587页。
④ Un‐Fug：海德格尔用语"非嵌合"，意指必要的裂隙，非正义，即德里达所谓"正义的去总体化条件"。若非如此，就不会有开放的未来和正义。
⑤ [法]雅克·德里达：《马克思的幽灵》，何一译，中国人民大学出版社1999年版，第41页。

相异性，保持开放的心态，永远朝向多种可能性，从而避免在绝对目标下对异见及其持有者的排斥和清除。

因此，"它绝不可能总是在场，它仅仅只是可能，即使有任何可能，也只能是可能，它甚至必须一直是一种可能在场或许在场，以便它还是一种需要。"作为一种需要的马克思，不是一种可以追溯到源头的并具有自身同一性的绝对精神。因此，"此时此地并不用回折到直接性，或者说在场者的可重新挪用的同一性中，更不用回折到自我在场的那种同一性中"。① 不回折到同一性中，也就是不采取那种填充空白的态度，因为所谓填充空白的态度就是一种预设了同一性的本体论态度。

不再回折到同一性中，摒弃关于马克思的本体论态度，面对马克思的诸多幽灵，正如对其他幽灵一样，"不必驱除它们，而是应当清理、批评、靠近它们，允许它们回来"。根据这样的原则，德里达肯定了或者说选择了马克思的批判精神。他说，"要想继续从马克思主义的精神中汲取灵感，就必须忠实于总是在原则上构成马克思主义而且首要地是构成马克思主义的一种激进的批判的东西，那就是一种随时准备进行自我批判的步骤。这种批判在原则上显然是自愿接受它自身的变革、价值重估和自我再阐释的。"② 德里达认为，应当把这种精神与其他的马克思主义精神区别开来，"那些精神把自己固定在马克思主义学说的躯干上，固定在它假定的系统的、形而上学的和本体论的总体性中（尤其是固定在它的'辩证方法'或者说'辩证唯物主义'中），固定在它的有关劳动、生产方式、社会阶级等基本概念中，并因此固定在它的国家机器（谋划的或实际的：工人运动国际、无产阶级专政、一党制、国家以及最终的集权主义的残酷性）的整个历史中"。③

德里达论述了在当前的国际形势下，仍然需要忠实于马克思主义的两个不同理由，也可以说是马克思主义批判的两种形式。其一，以马克思主义的理想维度批判现实。"在今天的世界中所有出了毛病的东西都不过是经验的现实与不断调整的理想之间的差距的衡量尺度"这一假设是这种批判

---

① [法]雅克·德里达：《马克思的幽灵》，何一译，中国人民大学出版社1999年版，第47页。
② 同上书，第124页。
③ 同上书，第125页。

的前提。德里达认为,"如果人们知道如何使这种马克思主义的批判适应新的条件,不论是新的生产力、经济和科学技术的力量与知识的占有,还是国内法或国际法的话语与实践的司法程序,或公民资格和国籍的种种新问题等等,那么这种马克思主义的批判就仍然能够结出硕果"。① 其二,对理想的概念本身进行质疑。这一质疑必须扩展到市场的经济分析、各类资本的规律、人权、自由、平等、等准总体性概念,以及人的概念、民主的确定的概念。"甚至在这后一种假设中,忠实于某种马克思主义的精神的遗产似乎仍然是一种责任"。② 这两种形式必须相互纠缠,"在一个复杂的、持续的反复重新估价的策略的过程中必须相互包含"。否则,这两种批判中的任何一个都可能会陷入"一种宿命论的理想主义或另一种抽象的、教条的末世学"。③

坚守"反复重估"这一策略的目的就是"更新这种批判,尤其为的是使这种批判激进化。"这种激进化所要应对的是一种可能发生的危险,即"有人想在对归于一类的著作不费力的评注中利用马克思来反对马克思主义,以便能使政治律令中立化,或者说至少是要抑制政治律令。"④ 政治律令的中立化是对马克思的背叛,因为马克思意味着对正义的需要的应答,它本身就是一个伦理和政治律令的问题,"它甚至更主要地是某种解放的和弥赛亚式的声明,是某种允诺,即人们能够摆脱任何的教义,甚至任何形而上学的宗教的规定性和任何弥赛亚主义的经验。允诺必须保证兑现,也就是说不要停留在'精神的'或'抽象的'状态,而是要导致所允诺的事变,或者说行动、实践、组织等等的新的有效形式。与'政党形式'或某种国家或国际形式决裂,并不意味着放弃所有实际的或有效的组织形式。"⑤

德里达对马克思的遗产的态度,给我们提供了一个新的选择。

---

① [法]雅克·德里达:《马克思的幽灵》,何一译,中国人民大学出版社 1999 年版,第 122 页。
② 同上书,第 123 页。
③ 同上。
④ 同上书,第 45 页。
⑤ 同上书,第 126 页。

第四节　精神分析与意识形态批判

意识形态理论，是马克思主义哲学的重要内容，也是西方马克思主义批判哲学的理论基础。从阿尔都塞开始，精神分析进入了马克思主义，对精神分析学说无意识理论的借鉴，使得马克思主义意识形态批判呈现出与传统意识形态批判迥异的一个新的面貌。对精神分析理论的重视和借鉴，是后马克思思潮的一个重要特征。

一　弗洛伊德与拉康的精神分析学中的无意识

弗洛伊德首创了精神分析学，揭示出人类精神活动中无意识领域的重大意义。拉康在弗洛伊德理论的基础上更进一步，把无意识活动看作人类整个精神活动的基础，彻底颠覆了理性哲学。

（一）梦的解析

弗洛伊德认为，在人的精神活动中，有意识的活动只是冰山一角，大量存在并在人的精神活动中起到动力作用的是无意识。他曾经把人的心理分为三个层次：本我、自我和超我。本我是人的欲望的深层无意识，其活动原则是利己主义和快乐原则；自我则是意识的领域，它的活动遵循现实原则，即在自己的欲望与外界环境要求之间相协调，以达到合理性；超我则是人内在的良心，它是处于本我与自我之间的中间层，这一中间层是因为自我对本我调节的失败而产生的，代表着一种没有得到实现的责任感。这种责任感来自戒律、社会禁令、父母和权威，它时时刻刻提醒自我在履行社会责任方面的失败，是一种潜在的压抑性力量。

显然，本我的欲望并不能在现实生活中完全得以实现，大量的本我冲动被压抑在无意识中。这种欲望是什么？弗洛伊德认为，性欲是人的原始欲望，是无意识活动的主要动力。他借助俄狄浦斯王杀父娶母的希腊神话，指出人自孩童时期开始，就具有"俄狄浦斯情结"，揭示出性欲作为社会活动动力的秘密。后期的弗洛伊德以"力比多"这一概念代替了"性欲"概念,不再把欲望动力局限于情爱,而是把人类所有的爱都包括进来。欲望动力中既有生物欲望,也有社会欲望,"生的本能"(Eros)和"死的本能"(Thanatos)是"力比多"运行的两种主导方向。

那么,那些本能,作为能量的"力比多"如何找到一种途径,在不打扰自我现实生活的情况下把自己表达出来?作为有意识的人,又如何去发现无意识领域中存在的欲望本能呢?弗洛伊德认为,无意识中的欲望并不甘于在无意识中沉寂,而总是千方百计地要表达出来,但这种表达与意识的表达不同,具有它们独特的表达方式。梦就是其中主要的表达方式之一。在睡梦中,梦表面上的内容只不过是一种伪装,表达的是潜在的梦思,也就是说,潜在的梦思才是梦真正想要表达的无意识的内容。这样一种伪装的目的是瞒过自我的心理检查机制。只有通过破解梦的工作机制,知道它是如何伪装自己的,才能探知其中隐含的真正内容。

弗洛伊德提出了梦的两种工作机制:移置与凝缩。他说,"我们可以假定,在梦的工作中有一种精神力量在发生作用,它一方面消除具有高度精神作用的那些元素的强度,另一方面则利用多重决定作用,从具有低度精神价值的各元素中创造出新的价值,然后各自寻找途径进入梦的内容。这种精神力量就是移置。"[1] 这就是说,这样一种精神力量在元素之间流动,通过这种流动,本来所强调的元素被削弱,变得不显眼,而本来较弱的元素因而得到增强,但它的出现却是另有原因。一个元素的力度被转移到另外一个元素上,是为了这前一个元素悄悄出场。那么,要想揭示真相,就必须能够从被加强的元素推出被削弱的元素,二者之间的联系是关键。凝缩则是,一个元素凝聚了几个元素的意义。在梦中,一个元素的出现并不是只有它自身的单独含义,而是作为其他几个元素的含义的交叉点代表了那几个元素。只有通过自由联想,把这个元素所代表的所有元素都揭示出来,才能察知它在梦中出现的真正动机。移置类似于语言表达中的"隐喻",而凝缩则利用了语言表达中的"转喻"。

(二) 无意识像语言那样结构着

没有弗洛伊德创立精神分析学,就没有拉康的结构主义精神分析,这是

---

[1] [澳]弗洛伊德:《释梦》,孙名之译,商务印书馆2002年版,第308页。

显而易见的事。但拉康对弗洛伊德的继承是建立在某种翻转基础上的。

在拉康的镜像理论中，他借助幼儿形成理想自我和自我理想的过程，揭示了精神生活中的三个相互叠加的界面，即实在界、想象界和符号界。幼儿一开始并没有关于自己的形象，他借助镜子首次把自己对于各个肢体的直觉综合在一起，形成一个完整形象。这里的镜子是一种比喻，它既可以表示各种真实的镜面和反射中介物，也可以表示母亲或其他重要人物对幼儿进行形象塑造的各种反映。例如，母亲对孩子以赞扬的口吻说"你真乖"，这一既具有肯定也具有引导的话语，就有可能使孩子认同自己的乖孩子形象。这就是说，自己的形象，或者说理性自我，是别人眼中或口中的自我，是经由某种反射的想象的自我。俗话说："看见孩子，就看见家长了"，反过来也是一样。这句俗话所表现的也是这个道理。另一方面，当孩子会说话，进入了语言世界，他也就进入了符号界。他在超越了现时存在的符号世界里畅游，学习知识，树立志向。什么是好的，什么是有价值的，什么是有意义的，他在一个意义世界中逐渐树立起自己的各种观念，形成了自己的理想。自我理想不同于诉诸想象的理想自我，自我理想必然是能够以符号来表达的，在符号秩序中占有一席之地的一个环节。例如，大学生，那就既不是小学生，也不是中学生，还不是研究生。老板，那就既不是打工的，也不是自由职业者，还不是公职人员。但无论是理想自我还是自我理想，都是由他者塑造的。理想自我是被别人的目光反射的，自我理想是被符号秩序构建的。我，在哪里呢？

在拉康看来，根本就不存在一个本体意义上的自我，正如齐泽克在拉康理论基础上提出的"我思，故它在""我在，故它思"，"我"总是被"它"缠绕，"我"是"它"的我。我是想象/幻象与现实/符号的相互缠绕，我不是一个实在。实在界作为一个移动的边缘，既是一种预设前提，又是一种被规约后的残留。所以，实在界总是"既定"又是"预设"。这与拉康对欲望的独特理解有关。在他看来，符号化的"要求"永远代替不了原初的"需要"；作为一种象征，它大于需要。要求减去需要得到的就是欲望，而欲望是永远满足不了的剩余快感，是作为欲望成因的对象 a。因此，拉康把实在界称为欲望的实在界，是对象 a 的领地。对象 a 并不是一个具体的欲望对象，而是促动人们去追求具体欲望对象的原因。就像狗熊掰棒子，掰一个，扔一个；又像一个发脾气的孩子，要玩具，给他一个，说"不是这个"，又给一个，还是"不是这个"；那个应该在的"这个"，总是缺席。

难以满足的对象 a，不在现实中。实在界，正是一种现实中欠缺的"乌有"。但正是这一"乌有"，是符号化过程的动因，同时是符号化过程的失败。实在界，作为符号化的成因，永远存在，所以它是一块石头，一个永远的内核；它不属于符号界和想象界，不具有实证性特征，无法把握；但作为现实无法缝合的裂口（也就是符号化的失败），表现为可以追溯的创伤，回答符号化之所以失败的问题。因此，可以说"在拉康那里，实在界是一种在现实中从未发生的行为，虽然从未发生但依然必须预先做出假定和'建构'，以便在事后解释事物的当下状态。"① 实在界是这样的，"我"也是这样的。因此，拉康说，"我很乐意承认自我是感知的所在……但在这里它反映的是它感知的事物的本质而不是它自己的本质，因为意识是它特有而它的感知大部分是无意识的。"② 就像我看到镜中的我，那不是我，只是镜像，是想象和幻象，我不过是那个看，是感知的场地和功能。把镜中人、幻象乃至自我理想看作自我，是在无意识支配下的一种行为。换句话说，自我恰恰是那个容纳意识的场地，是一个无。而所谓意识也不过是他者给予的幻象和能指链的无休止替换，同样是无。无与无的交叠，想象界、符号界、实在界的交叠，自我，不过是诸种交叠的边界和阴影。

在此基础上，拉康认为无意识像语言一样结构着。语言或者说话语，由能指和所指作为一体两面构成，但在拉康看来，能指与所指的关系，等于能指与另一个能指的关系；而且，在能指相互替代的关系上，形成话语横向关系轴与纵向关系轴的关系，无论纵横，都是能指相互替代的关系，只不过其中一个是隐喻，另一个是转喻。而隐喻与转喻，则与弗洛伊德所揭示的梦的工作机制相同，移置类似于语言表达中的"隐喻"，而凝缩则利用了语言表达中的"转喻"。因此，无论是梦还是语言，都是无意识操作领域。

就这样，拉康从他者对自我的塑造出发，把意识解释为无意识的自我构建，使得现实成为幻象，意识建基于虚无，实现了对弗洛伊德理论的颠倒。首先，弗洛伊德强调的是个体自身的欲望动力，无论是情欲还是其他

---

① ［斯洛文尼亚］斯拉沃热·齐泽克：《意识形态的崇高客体》，季广茂译，中央编译出版社 2002 年版，第 230 页。

② ［法］拉康：《拉康选集》，褚孝泉译，上海三联书店 2001 年版，第 409 页。

人类之爱,作为动力的是力比多;而拉康则认为,人的欲望是被他者塑造、建构出来的,欲望是他者的欲望;其次,拉康认为无意识像语言那样被结构着,同时把语言结构看作无意识的存在,从而把弗洛伊德将无意识阐释为意识的精神分析方向加以翻转。弗洛伊德把无意识看作低于意识的次结构,认为只要把无意识揭示、解释为意识,人的精神症状就会消失。但拉康由于发现梦的工作机制——移置和凝缩,类似于语言学结构——隐喻和转喻,从而做出一个重大结论,即语言的能指链是不断滑动的无意识结构。人类的整个语言世界不再是意识的领域,而是无意识的天下,被界定为对人起着塑造和建构作用的无意识架构,即大他者。人生在语言之中,就无法不接受它的塑造和建构。

二 阿尔都塞的问题

阿尔都塞把"镜像"关系运用在意识形态与个人之间,认为正是意识形态把个人塑造为主体,这正如他者对自我的塑造一样。他说,"主体之所以是构成所有意识形态的基本范畴,只是因为所有意识形态的功能(这种功能定义了意识形态本身)就在于把具体的个人'构成'为主体。"[①] 在论述基督教这种意识形态的作用时,阿尔都塞写道,"上帝是主体,而摩西和无数是上帝百姓的主体则是主体的传唤对象,是他的镜子、他的反映。人不就是照着上帝的形象造出来的吗?"[②]

这个过程是如何实现的呢?阿尔都塞指出,"意识形态'起作用'或'发挥功能'的方法是:通过我称之为传唤或呼唤的那种非常明确的作用,在个人中间'招募'主体(它招募所有的个人)或把个人'改造'成主体(它改造所有的人)。我们可以从平时最常见的警察(或其他人)的呼唤——'嗨!叫你呢!'——来想象那种作用。假定我所想象的理论场景发生在大街上,那么被呼唤的个人就会转过身来。就这样,仅仅做了个一百八十度的转身,他就变成了一个主体。为什么呢?就因为他已经承认那个

---

① [法]阿尔都塞:《哲学与政治》,陈越编,吉林人民出版社2003年版,第361页。
② 同上书,第369页。

呼唤'正'是冲着他来的,'被呼唤的正是他'（而不是别人）。"① 这其实就是说,个人处于意识形态的环境中,他不自觉地就接受了意识形态所赋予他的身份。当个人接受意识形态所赋予的身份而作为主体成为一个劳动力,成为生产关系中的一个环节的时候,意识形态也就被复制和再生产出来。意识形态与主体是一个双向建构的过程。正如阿尔都塞所说,"所有意识形态的结构——以一个独一的绝对主体的名义把个人传唤为主体——都是反射的,即镜像的结构;而且还是一种双重反射的结构:这种镜像复制是构成意识形态的基本要素,并且保障着意识形态发挥功能。"②

正因为个人作为主体是被意识形态传唤而建构的,意识形态在人身上才表现为一种集体无意识。阿尔都塞区分了两种主体:"（1）一种自由的主体性,主动性的中心,自身行为的主人和责任人;（2）一个臣服的人,他服从于一个更高的权威,因而除了可以自由接受这种服从的地位之外,被剥夺了一切自由。"③ 那么被意识形态传唤的主体属于哪一种主体呢? 显然,这种主体是臣服于意识形态的,它是被意识形态塑造而成的。然而,被塑造的个人并没有意识到这个过程,他还以为自己是独立的自身行为的主人呢。意识形态作为社会形式和内在结构,把个人笼罩其中,个人的选择只能是意识形态所允许的范围内的选择,因而个人自由是受到意识形态限制的自由。这种不自由的状况作为社会结构而内在于社会之中,人们的行为总是深陷其中。因此,他们所承载的意识形态总是不被察觉,作为一种无意识而存在。所以,阿尔都塞指出,"即使意识形态以一种深思熟虑的形式出现（如马克思以前的哲学）,它也是十分无意识的。意识形态是个表象体系,但这些表象在大多数情况下和'意识'毫无关系;它们在多数情况下是形象,也有时是概念。它们首先作为结构而强加于绝大多数人,因而不通过人们的意识。它们作为被感知、被接受和被忍受的文化客体,通过一个为大众所不知道的过程而作用于人。"④ 就此而言,阿尔都塞的确是把拉康无意识塑造自我的理论贯彻到意识形态问题上来了。

---

① ［法］阿尔都塞:《哲学与政治》,陈越编,吉林人民出版社2003年版,第365页。
② 同上书,第370页。
③ 同上书,第372页。
④ ［法］阿尔都塞:《保卫马克思》,顾良译,杜章智校,商务印书馆1984年版,第202—203页。

阿尔都塞指出，将个人传唤为意识形态主体的是意识形态国家机器。他把上层建筑区分为镇压性的和意识形态性的两大类，认为它们是行使国家权力的两种不同的物质手段。他指出，政府、行政机关、军队、警察、法庭、监狱等镇压性的国家机器，其特点是"以暴力的方式产生作用"。教会（各种宗教的教会）、学校（各种公私学校）、家庭、政党、工会、新闻媒体等则是意识形态国家机器，其特点是以"意识形态的方式产生作用"。阿尔都塞认为，国家机器的镇压性与意识形态性、暴力与非暴力之间没有截然的界限，纯粹的镇压性国家机器和纯粹的意识形态国家机器都是不存在的。但他又强调，明确区分两种不同形式的国家机器是可能的和必要的。这种区分有助于人们认识到意识形态斗争的重要性。"任何一个阶级如果不在掌握政权的同时对意识形态国家机器不能够并在这套机器中行使领导权的话，那么它的政权就不会持久。"① 他认为，在资本主义社会中，教育已经取代了教会成为最主要的意识形态国家机器。"正是通过在这个学徒期学校由大量灌输的统治阶级意识形态包裹起来的各种本领，资本主义社会形态的生产关系（即被剥削者对剥削者和剥削者对被剥削者的关系）才被大规模地再生产出来。造成资本主义制度赖以生存的这个结果的机制，自然被一种盛行的关于学校的意识形态掩盖和隐瞒了。之所以盛行，是因为它就是占统治地位的资产阶级意识形态的根本形式之一：这种意识形态把学校表述为清除了意识形态影响的中立环境（因为它是……世俗的）。"②

正是教会、学校、家庭、政党、工会、新闻媒体在它们各自的活动中，行使着意识形态国家机器的职能，把单个的个人塑造成适应社会需要的教民、学生、家庭成员、党员、工人、受众等各色公民，亦即各类活动的主体。"意识形态从来都在把个人传唤为主体，这就等于明说，个人从来都在被意识形态传唤为主体。我们从这里必然得出最后一个命题：个人从来都是主体。"③ 这些主体并不仅仅是接受意识形态的主体，而且是进行实践的意识形态主体。"你我从来都是主体，并且就是以这种方式不断地实践着意识形态承认的各种仪式。"④ 这就是说，接受了意识形态机构所赋予的观念，

---

① ［法］阿尔都塞：《哲学与政治》，陈越编，吉林人民出版社2003年版，第338页。
② 同上书，第346—347页。
③ 同上书，第366页。
④ 同上书，第363页。

每个人都会形成自己的信念和世界观,他按照信念和世界观的指导去行动。例如,一个基督徒,他信仰上帝,就会去教堂做礼拜。阿尔都塞说:"就单个的主体而言,他所信仰的观念具有一种物质的存在,因为他的观念就是他的物质的行为,这些行为嵌入物质的实践,这些实践受到物质的仪式的支配,而这些仪式本身又是从这些机构里产生出来的。"① 这种以主体身份在日常生活和各种社会仪式中对意识形态活动的不断重复,将塑造自身的意识形态再生产出来。从这个意义上说,意识形态具有物质性。

在这里我们会向阿尔都塞提出的问题是,个体为什么会应答意识形态的"传唤",并被它捕获呢?

三 齐泽克的意识形态理论

在齐泽克看来,阿尔都塞的意识形态理论缺少一个维度,"在落入认同的陷阱之前,在符号性的认知/误认中,主体($)被大他者所捕获,是通过其间的欲望的悖论性客体——原因(a),通过假定隐藏在大他者之后的这一秘密完成的:$◇a——拉康的幻象公式。"② 这就是说,幻象成就了被阉割的划杠的主体,换句话说,主体因为幻象而自认为主体,而这个幻象中的主体实际上是被阉割了的主体。这个幻象就是意识形态幻象,而幻象之所以能够产生,并且能够构成现实与阉割主体,背后的原因是对象a,即剩余快感。因为缺少这个维度,阿尔都塞没有阐明,意识形态如何内化在主体中这个问题,同时也没有指出,意识形态内化将永远不会成功。因为,"成也萧何,败也萧何",剩余快感永远存在于意识形态网络之外。对象a既是意识形态幻象形成的原因,也是它必将失败的原因。

(一)幻象公式与意识形态的崇高客体

如前所述,拉康把弗洛伊德的无意识领域,扩展到现实生活,把整个社会现实都看作是无意识欲望支配下的意识形态,是大他者对个体意识活

---

① [法]阿尔都塞:《哲学与政治》,陈越编,吉林人民出版社2003年版,第363页。
② [斯洛文尼亚]斯拉沃热·齐泽克:《意识形态的崇高客体》,季广茂译,中央编译出版社2002年版,第62页。

动的构架。在此基础上，阿尔都塞把意识形态再生产解释为大他者对个人的传唤过程。这个理解得到了齐泽克的肯定，但他又指出阿尔都塞的理论缺少一个维度，即幻象公式的维度。这就是说，如果不从幻象公式的角度去理解"传唤"，就无法解释这种传唤的后果，不能进一步深入理解这一意识形态问题。那么，如何理解幻象公式呢？

首先是 $，被划杠的主体。我们前面谈到，小孩子在成长的过程中所形成的"理想自我"，其实就是权威者对他们的期待，或者说是他们眼中的"形象"。那么这种形象，不过是他者希望的"我"的形象，也就是说，是我所欲望的他者的欲望。我的欲望并非我的欲望，而是他的欲望。再者，进入符号世界之后，"自我理想"成为符号世界的能指链的一个环节，并且在能指链中不断滑动。成为小学生，中学生，大学生，成功人士……欲望没有满足的时候，人生的坐标不断攀升。哪个阶段代表了"我"真正的欲求？如果一个社会中根本没有这种划分，"我"是否会产生这些具体欲望并感到满足？是我的欲望，还是社会的欲望，使得我不断努力？我最终是否感到了满足？如果如拉康所言，欲望等于要求减去须要，那么欲望将是永远不会得到满足的。因此，这里的主体非但是他者塑造的主体，而且是有所欠缺的主体，它的欠缺之处，就是它永远无法得到满足的欲望，即 a，欲望对象，欲望客体，或者说欲望成因，即形成欲望的欲望。因此，主体只是表示为被划杠的主体，即 $。

欲望对象 a，并不是主体直接欲求的对象。例如，有个年轻人想要找一个漂亮的姑娘作为妻子，那么，他所找到的漂亮妻子是否就是他的欲望对象？不是的，他要找漂亮姑娘做妻子的原因才是欲望对象 a，这个欲望对象 a 是他做出找漂亮姑娘做妻子这个行为的内在动因。这个动因就是在他成长过程中形成的一个创伤性内核。按照拉康的说法，孩子在进入符号世界的关头，放弃了与母亲浑然一体的状态，他被隔离开来，仿佛失去了自身的一部分。这个失去的部分，就是他的欠缺，是永远填不满的一个空白，这个空白就是欲望对象 a。这个欲望对象如果被个体寄托在某个具体对象上，例如对一个女人的渴望被寄托在她的一个饰物上，就会逐渐造成一个恋物癖。欲望对象如果成为主体追求的直接目标，而不是通过追求具体对象来间接追求欲望对象，就会出现拜物教的状态。例如，在资本主义社会中，人人都追求剩余价值，而忽略了商品的使用价值，就是一种商品拜物教形态。本来人们是在获得剩余价值这个动因下，进行商品生产和商品交换的。但如果忽略了商品的具体性质，而是把注意力只集中在价值的增加、剩余价值的生产上，就会把商品神秘化，把它看作是价值的直接来源，形成商品崇拜，造成商品拜物教。但如果没有欲望对象，而是直接在具体对象中得到满足，则会造成一种忧郁症，因为这样的主体再也没有动力去得到新的满足了。齐泽克把共产主义称作一种忧郁症，他认为马克思试图铲除剩余价值生产，却想要保持高度发达的生产力的想法是不现实的。因为剩余价值的生产及其内在限制，恰恰是资本主义生产的内在动因，如果剩余价值是没有限制的，那么资本主义生产就是不可能的。限制，就是动因。如果剩余价值生产没有限制，一下子就达到了人们所能想象到的规模，在这样一种满足状态中，还有什么值得追求的呢？不犯忧郁症才怪。小伙子追求姑娘，不是因为她的完美，而是因为她的瑕疵，这个说法看起来有些怪，事实是，欲望对象与具体对象之间有距离，才能使得主体具有追求的冲动，如果二者合二为一，那么，结果不是恋物癖就是忧郁症。因此，欲望对象 a 必须是永远的空白。

那么，这个◇意味着什么呢？拉康说："符号◇表示的是这样的关系：包围—发展—联合—分离。这个符号以两个括号表示的这些联系使我们得以将画线的 S 解读为'主体（S）在欲望对象前面褪色了'，这就是幻象。"[①] 这个符号表明了在大他者能指链中被语言割裂的主体对于欲望对象的欲望，正是在对这个欲望的欲望中，产生了幻象。

从幻象公式出发，我们就可以回答阿尔都塞的问题了：个体为什么会应答意识形态的"传唤"，并被它捕获呢？原因就在于个体处于现实幻象之中，并欲望着欲望对象。例如，一个一心往上爬的人，如何能够拒绝上级的一次委任呢？个体在应答意识形态的"传唤"之前，已经处于幻象公式之中，在欲望着欲望对象了。同时，幻象公式也表明，这种意识形态"传唤"最终是不能完全成功的。正如我们在前面所指出的，欲望对象与在能指链中去满足主体的具体对象不能够完全等同，必须存有间距，否则主体就成为恋物癖或忧郁症患者了。主体一定是被割裂的主体，具体对象才能

---

① 转引自马元龙《雅克·拉康：语言维度中的精神分析》，东方出版社 2006 年版，第 198 页。

够在能指之间进行流通，欲望对象才会一直保存下去，主体才能有充足的动力去欲望去追求。意识形态传唤的失败正是它能够实现的前提。齐泽克曾经指出，一个把自己当成国王的普通人是疯子，把自己当成国王的国王也同样是疯子。因为这个国王没有看到，国王只是一个关系网中的职位，他自己这个主体只是在能指链中得到了这个职位，二者并不是同一的。把自己当成国王的国王，当他失去王位的时候，他的自我认同就会崩溃。因为失去王位对于他，就如同失去自我。主体永远是被语言割裂的保有空隙的，才能保持它的持续存在。

综上所述，我们看到，意识形态"传唤"所表现的就是幻象公式发挥作用的过程。经由幻象公式，意识形态幻象形成了。意识形态幻象中，主体以追逐具体对象的方式欲望着欲望对象，具体对象在主体的追逐中不断更替，一旦更替的过程停滞，主体把对欲望对象的欲望固化在某个具体对象上，恋物癖、拜物教就产生了。一个普通的物件被赋予了神圣的意义，这就如同商品拜物教中的商品，货币拜物教中的货币，这个或者那个登上神坛的国王、领袖，全都成了至高无上、无可置疑的神，商品的具体属性（吃的用的），货币的自身性质（金属的纸质的），国王领袖作为普通人的一面（凡夫俗子），统统被忽略了。这样的对象，就是意识形态的崇高客体。作为崇高客体的意识形态对象，集中体现了意识形态的幻象性质。

（二）假定无所不知的主体与犬儒主义新形态

齐泽克在《意识形态的崇高客体》中讲了这样一个小故事：市场上本来有充足的卫生纸，但突然有个谣言传播开来，说卫生纸缺货。于是，大家都开始抢购卫生纸。抢购的人中并不都是些没有理智的人，有的人会想，我知道卫生纸不缺货，但如果另外的人不那么想，他们去抢购，就会导致卫生纸缺货，我还是去买点来吧。那么，最后的结果就是卫生纸缺货。这是怎么一回事？齐泽克要借此说明的，是预言的自我实现机制，也是意识形态幻觉自我建构的机制。齐泽克这样说："要产生新意义，有必要预先假设它在他者中的存在。这就是'假定无所不知的主体'的逻辑"。[1] 记得几

---

[1] ［斯洛文尼亚］斯拉沃热·齐泽克：《意识形态的崇高客体》，季广茂译，中央编译出版社2002年版，第253页。

年前在谈到中国经济发展形势的时候，有一位专家这样说，只要我们对中国经济有信心，我们就会拿出更多的钱来投到股市，有了投资，经济自然就发展起来了。反之，如果没有信心，资本市场不发展，经济也就发展不起来。这样的说法似乎也不无道理。然而，这些类似的说法都是一种意识形态幻象。因为，在信心或者说想法导致了与之一致的结果的这些现象背后，并没有什么神秘的逻辑。之所以信心或说法应验了，不过是因为人们遵从了假定的信心或说法来行事，自然也就出现了相应的结果。但是，这种封闭的思想逻辑只能在它的封闭领域中得到实现，一旦外在条件发生变化，就会出现意想不到的结果了。就个体而言，一旦意识形态的幻象破灭，个体的自我认同就会土崩瓦解。意识形态的建构本来就是自我循环的，因此必然要有"无所不知的主体"，卫生纸的例子中涉及的是我"无所不信的主体"，除此之外"无所不知的主体"还可表现为"无所不欲的主体"和"无所不享的主体"，这都是意识形态幻象建构的必然要求。在此基础上，社会生活中出现了犬儒主义新形态这样一种意识形态。

在日常生活中，我们常常听到对人这样的抱怨和指责："说什么为人民服务，还不是为了自己的利益装腔作势。"一旦轮到自己表明态度的时候，却没有人说做工作是为了自己的利益。如果问及本人，为什么不实话实说或者为什么不干脆不做社会工作，人们总是会辩解说，"大家都这样说，我也不能例外""世道如此，我有什么办法？难道我能逃离这个社会吗？"这其实就是一种犬儒主义的态度。

古希腊的犬儒主义者，是为了戳穿当权者自诩为了人民的利益才统治人民的谎言，"这个程序是实用性的而非论辩性的：它以其对阐明的情形，对抗官方命题，并借此颠覆它"[①]。而如今的犬儒主义则是为统治本身，为自己对统治秩序的参与辩护。"窃钩者诛，窃国者侯"，你做得我怎么就做不得？这就直接肯定了统治秩序。

我们知道，社会现实本身就是一个幻象，是一种意识形态幻象，那么，居于社会核心的统治秩序显然也不例外。这就是为什么马克思要致力于意识形态批判的原因所在。他认为，资产阶级为了维护自身统治，创制出符

---

① ［斯洛文尼亚］斯拉沃热·齐泽克：《意识形态的崇高客体》，季广茂译，中央编译出版社2002年版，第41页。

合本阶级需要的一系列哲学、政治、经济文本等说辞。这也是我国曾经把法律等一系列社会科学学科视为反动的资产阶级法权体系的原因。在这种认识中，意识形态显然是虚假的，具有欺骗性的。但是，如果人人都知道，所有这些都只是为了维护统治阶级的利益，为什么人们还照样去做呢？

幻象与虚假具有截然的区别。虚假意味着另外有真实，而拉康的幻象则意味着一种无意识迷失。幻象，是人们在欲望对象的驱策下进行欲望的自我努力，这种努力最终是无效的。但努力的主体寄情于替代性的具体对象，意识不到那种最终的失败和不可能，通过符号秩序建构了社会现实这样一种表面和谐的幻象。意识不到即为无意识的迷失，即为幻象，社会现实正是一种无意识幻象。这种无意识的社会现实，与虚假性不同，与知道不知道也没有关系。即便知道这是一种幻象，主体也无法将之根除，因为意识形态没有与虚假相对的真实一面。作为一种建构物，它只有不同类型的区别，而没有虚假与真实的划分。真理，也只是某种意识形态体系中的真理，意识形态却没有真理性。所谓意识形态，只是主体的无意识投射和移情。这是齐泽克对人类生存状况的一种解释。

在齐泽克看来，马克思在《资本论》中对商品拜物教的意识形态批判，就已经超越了他当初对资产阶级意识形态虚假性的批判。马克思从批判资产阶级的理论成果的虚假性，到批判资产阶级市场经济中的商品崇拜，把意识形态批判的重点从理论领域转移到了实践领域，也就意味着他不再把这种意识形态定位于知识（虚假或欺骗），而是看到意识形态在实践中发挥着作用，或者说，是实践（现实）的组成部分。在商品拜物教中，商品、货币被看作一种财富，成为人们竞相追逐的对象，自动地组织了资本主义的市场经济。马克思认为，在这里，商品之所以成为商品的原因，即社会关系被遮蔽了，这也就是通常所说的，物与物的关系掩盖了人与人的关系。但在齐泽克看来，在人们的经济活动或说实践中，并不会傻到不知道商品需要劳动，市场定价由供求等因素决定，而直接把商品、货币等看作财富的直接来源，他们也清楚地知道商品背后蕴含了多少社会关系。但尽管如此，人们仍然照样追逐商品、追逐货币，并把他们看作财富的象征。这正是一种犬儒主义的意识形态。知道了，又怎么样？商品、货币，代表着财富、代表着成功，这也是最重要的，社会关系如何与我何干呢？我为什么要改变它，我现在不是挺好吗？这种态度所不知道的是，这种良好的自我感觉，其实不过是一种幻象，也可以说是一种无意识的自我欺骗。主体在社会中的认同和行为，是基于无意识的。一种无意识的满足，一种盲目的认同（误认），是在幻象中对实在界的逃避。

第五节　拉克劳、墨菲的后马克思主义

拉克劳、墨菲曾以 *post*—Marxism 和 post—*Marxism* 两种不同的表述方式来表明自己的后马克思主义的特征。斜体的 post 表明重音在 post 上，是对传统马克思主义本质主义的否弃；而后一种表述重音在 Marxism 上，表示他们对马克思主义斗争精神的继承。的确如此，没有本质主义作为斗争的理论基础，斗争仍然可以继续，甚至可以扩大斗争的范围和种类，但是，这种斗争是否还是马克思主义的？也可以对此打上一个问号。

一　意识形态批判下行——从西方马克思主义到后马克思主义

拉克劳、墨菲的后马克思主义，是接续了西方马克思主义而来的。这种接续的初衷，与西方马克思主义一样，都是马克思主义政治目标的实现。

20世纪上半叶，俄国十月革命成功，建立了世界上第一个社会主义国家。但与此同时，欧洲国家革命接二连三地失败，革命形势日趋低迷。在这样的形势下，西方马克思主义者开始研究、反思革命主体问题。1923 年，卢卡奇出版《历史与阶级意识》，从革命主体角度反思，指出革命的命运取决于无产阶级的阶级意识是否成熟。卢卡奇在此书中对于物化的分析，与《1844 年经济学哲学手稿》中马克思对异化的分析极为类似，开启了意识形态批判的先河，也即西方马克思主义的开端。西方马克思主义之所以以意识形态批判为入口，其动机在于为革命开掘主观动力。但在意识形态批判从上层建筑领域逐步下行到经济基础领域，突破了经济基础与上层建筑的分界线，使得意识形态批判范围的扩大成为意识形态泛化的过程，最终颠覆了经济基础决定上层建筑的本质主义理论，为后马克思主义的话语理论清扫了道路。

葛兰西的文化领导权理论，把意识形态活动的空间拓展为市民社会。

卢卡奇把国际工人运动在欧洲的失败归结为无产阶级阶级意识的缺乏，葛兰西则认为，失败根源在于无产阶级在西方市民社会中的文化领导权的丧失。文化领导权就是指某个阶级的思想、文化、意识形态在社会中的主导地位，也即文化霸权。资本主义文化霸权正是资本主义统治的背后支撑。因而，要夺取政治领导权，就要夺取文化领导权，建立文化霸权。这是葛兰西提出的新的革命策略，这种革命策略把无产阶级斗争的阵地转移到文化领域。文化领域被看作是统治阶级文化占据主导地位的一个意识形态斗争领域，但这里的文化领域并不仅仅限于主观思想领域。葛兰西把意识形态区分为有机的和随意的，前者即系统的思想体系，后者是日常生活中的处于弥散状的意识形态，它是无意识的，与"物质的""自然的"东西结合在一起，例如意识形态机构——法庭、官僚制、宗教和教育系统等。相对于这样两部分，文化领域扩大为整个"市民社会"。马克思认为"'市民社会'这一用语是在十八世纪产生的……但是这一名称始终标志着直接从生产和交往中发展起来的社会组织，这种社会组织在一切时代都构成国家的基础以及任何其他的观念的上层建筑的基础。"① 而葛兰西则认为"这个市民社会的活动是既没有'制裁'，也没有绝对的'义务'，但是在习惯、思想方式和行动方式，道德等等方面产生集体影响并且能达到客观的结果"②，把它看作一个创造和传播意识形态的文化空间，发挥了上层建筑的作用。市民社会从马克思那里的经济基础一变而为葛兰西这里的上层建筑。意识形态批判转变为文化领导权的争夺，成为文化霸权的建构。

阿尔都塞的意识形态国家机器理论，肯定了意识形态的物质性存在。在葛兰西那里活动空间得到拓展的意识形态，在阿尔都塞这里获得了物质性规定。它不再是一种虚假的形而上学，而是社会结构中必不可少的组成部分。阿尔都塞的意识形态国家机器学说认为，反映人类真实生存条件的真实关系的想象关系的意识形态，是联系人类与世界的一个不可或缺的中介，发挥着生产关系再生产的作用。具体来说，就是一定社会中的个人，通过接受自觉维护其生产关系的某种意识形态而自觉谋求成为这种生产关系的某个位置上的角色。这个过程，阿尔都塞称为"传唤"，意识形态传唤

---

① 《马克思恩格斯选集》第一卷，人民出版社1972年版，第41—42页。
② ［意］葛兰西：《狱中札记》，曹雷雪等译，人民出版社1983年版，第191—192页。

个人成为"主体"。这里的意识形态行使了国家机器的职能。阿尔都塞把包括宗教、教育、家庭、法律、传媒、文化艺术等诸多方面的能够行使国家机器职能的机构称为意识形态国家机器，与强制性国家机器并列。意识形态发挥了维护特定生产关系的功能。

从结构论观点看，马克思与阿尔都塞关于意识形态的观点上的不同并不在于是否认可意识形态的存在，而是对意识形态是否是社会结构的一个因素的不同回答。马克思所谓意识形态的虚假性是仅仅就它的表层化而言的，是指它对深层结构关系的依附，并不是否定它的真实存在。阿尔都塞把马克思"意识形态无历史"的论断解释为意识形态的永恒存在，不过是把意识形态确立为社会结构的一个因素，而将之永恒化。但这种确立意义重大，如果意识形态都国家机器化了，仅仅停留在主观意识领域中的意识形态批判还有作用吗？其实，这里的意识形态不再仅仅是观念物，而是政治上层建筑中的一部分了。如果说思想观念居于上层建筑的顶端，那么，政治上层建筑则位于上层建筑的底部，意识形态的势力已经蔓延下来，就要接近经济基础了。

普兰查斯的国家作为经济机器，把经济领域政治化。如前所述，在马克思主义理论中，意识形态之所以必然是虚假的（这里的意识是指受制于深层结构而被决定的浅表性的），是因为经济基础与上层建筑之间的鸿沟。经过阿尔都塞的重新界定，意识形态成为社会结构不可分割的一个组成部分，那么它的决定者不再是与之并列的另外一个部分——经济基础，而是整个结构，或者说它成为整个结构的一个效能。进一步而言，由于人与客观世界通过意识形态才能联结在一起，那么，意识形态发挥的功能就不是局部的，而是整体的。作为一个部分的意识形态如何能够发挥整体功能呢？

普兰查斯引入"链接"方法，通过对国家功能的重新界定，使得意识形态的功能深入经济基础。"链接"是指复杂整体中，各个环节的联系方式。阿尔都塞的"多元决定论"把社会看作由诸多要素和环节构成的复杂结构整体。这个复杂整体是既与的，各个要素和环节在其中都具有相对独立性。每一个要素和环节，都既受到这个结构的作用和影响，也受到其他要素和环节的作用和影响。只有在整体中才能理解每一个环节的意义。它包含多种矛盾，但一个时期起主要作用的主导矛盾只有一个，且随条件变化而不断发生转移。普兰查斯继承了阿尔都塞的这个思想，把复杂整体中各个要素各个环节的联系方式界定为"链接"，从而深化了或者说完成了阿尔都塞的这个思想。在普兰查斯看来，经济、政治和意识形态就是这样"链接"在一起的，其中链接的枢纽是国家。或者说，国家是链接关系的代理。普兰查斯区分了国家的法律—政治上层建筑（the political）与政治阶级斗争（politics）这样两个概念。政治阶级斗争就是针对国家政权的阶级斗争。这其实是在经济基础与上层建筑之间划分出一个中间层。同时，政治阶级斗争不再是经典马克思主义理论中具有"经济集团"含义的阶级性为实现生产力要求并预先被决定了胜负的政治斗争，而是争夺政治领导权的实践。换句话说，政治性实践中经济的决定作用不再是直接性的、完全的，相反，政治性实践渗透了经济领域。国家上层建筑与政治阶级斗争的区分其实就是对国家机器与国家权力的区分。早期普兰查斯曾把资本主义国家作为一个部门，后来又把它看作一种关系，强调了它在维持资本主义生产关系中发挥的调和作用。因此，普兰查斯认为国家不仅是暴力工具、意识形态国家机器，而且它还是经济机器。国家行使政治权力，既是在发挥意识形态功能，又是在发挥经济机器的功能。而国家作为经济机器的作用，就是经济意识形态化的实现。经济意识形态化最终表明，从上层建筑到经济基础的整个社会全部被意识形态覆盖。

意识形态批判深入上层建筑到经济基础的每个角落，反过来就表明意识形态覆盖了整个社会，即意识形态泛化了。意识形态的泛化为社会的话语化敞开了大门。正是在这个基础上，后马克思主义产生了。

二 拉克劳、墨菲的话语理论

意识形态的泛化意味着对象的全面意识形态化，进一步说，如果任何对象都是意识形态化的，那么，意识形态这个概念的贬义性也就消解了。因为贬义与褒义相对，如果一切皆为贬义，则无所谓贬义。意识形态的泛化和中性化，使得它完全可以被意识、意义、话语等中性化词汇所替代。拉克劳、墨菲借鉴了语言分析哲学、后现代理论、精神分析、福柯话语—权力等理论资源，提出了他们的话语理论。

拉克劳、墨菲在《霸权与社会主义的策略》中指出，"任何对象（object)都被建构为一个话语对象"① "每一个客体都被建构为话语客体的事实,与是否存在一个外在于思想的世界,或实在论/唯心主义的对立毫无关系。某次地震或掉落一块砖头是一个确实存在的事件,在这一意义上,它发生在此或当下,与我的意志无关。但是,它们作为对象的特性,是在'自然现象'或'上帝发怒的表达'的基础上而被建构的,是建立在话语场的结构化的基础上。"② 这就是说,任何对象都是存在于话语之中的。地震或者掉落一块砖头,当然与我的意志无关,但如果我说,它是自然现象或者说它是上帝的旨意,它就成为话语中的对象,或者是自然科学话语中的对象,或者是宗教神学的对象。从一种朴素的日常生活视角来看,说任何对象都是话语对象显得十分荒谬。然而,任何哲学都是一种反观,这种反观必然要求有反观的视角。也就是说,哲学所谈论的任何一种对象都是视角中的对象,也可以说是某一平台的对象。拉克劳、墨菲称这种视角或平台为话语。他们认为,没有不在话语中的对象。

如何理解拉克劳、墨菲的话语呢?从现象学的角度来说,一切对象都是意象性对象,对象都具有意义。拉克劳、墨菲的话语理论,也把对象看作是具有意义的对象,但他们认为意义并非内生的,而是在话语链接中不断生成和改变的,换句话说,对象的意义是被建构的。从语言分析的角度来说,正像维特根斯坦的语用学所强调的,语言的意义是在使用中才完整呈现出来的,语言与行动密不可分,语言总要体现在效用中。拉克劳、墨菲的话语也具有实践的含义,具有张力和功效。但不同于索绪尔能指与所指的划分,符号网络中的秩序和位置,决定了能指与所指的对应,拉克劳、墨菲所强调的是符号网络的不稳定性和错位,话语的建构总是趋向失败。解构主义宣告,一切皆文本,并强调文本在差异性逻辑基础上的不断增补和改写,这与拉克劳、墨菲的话语理论有异曲同工之妙,但与他们强调对抗又有所不同。

拉克劳、墨菲提出话语理论,所针对的正是本质主义的内在规律、必然联系等。也像福柯一样,拉克劳、墨菲反对内在性、连续性,强调外在

---

① Laclau and Mouffe, *Hegemony and Socialist Strategy: Towards a Radical Democratic Politics*, Verso, 1985, p. 107.
② Ibid., p. 108.

和偶然。在这一点上，二者是一致的。可以说，正是为了砸碎决定论的历史链条，他们才选择了话语理论。在话语领域，对象之间的联系不是内在的和本质的、必然的，而是外在、暂时的和偶然的，这就是"链接"。正如结构语言学指出的，能指在能指链条中所处的位置决定了它的含义，而任何词语的意义都要依赖于语境，话语对象的意义也必须在整个话语网络中得到确定。然而，拉克劳、墨菲借用结构语言学，绝不是为了确定话语的意义，而是要强调话语链接的不确定性。他们区分了话语与话语性。话语是指具体话语，话语性则是指话语的建构性以及建构的不完全性。对于一个话语对象而言，建构永远是不完全的建构，即总有一些东西从建构中被剩余下来。这种被剩下来的东西被称为"意义的剩余。"就此，拉克劳、墨菲指出，"我们称'话语'为一个异质体的系统（即诸多环节所构成的差异性体系），而如此的系统仅仅作为颠覆体系本身的'意义剩余'的局部限制才能存在。这种内在于每一话语情景之中的'剩余'是一切社会实践之建构的必要领域。我们将这一领域称之为话语性场域（the field of discursivity）。这个术语表明了它（即话语性）与每一具体的话语发生关系的方式：它既决定了任何对象必然的话语特性（discursive character），同时又决定了任何既有话语实现最终缝合的不可能性。"① 因此，这里链接的重点在于可拆卸的"链"字。拉克劳、墨菲指出，"我们把任何建立成分关系的实践称之为'链接'（ariculation），而那些要素的认同被视为'链接'实践的结果。"② 显然，这里所说的链接实践，也就是话语在话语性场域中的话语形成过程。那么，拉克劳、墨菲的链接实践与福柯的话语形成有何不同呢？

福柯的话语实践突出的是话语形成的关系性、外在性和物质性，拉克劳、墨菲的链接实践在这两点上与福柯没有什么不同，因此，链接实践在主体方面接受了福柯对主体位置的说法。正如福柯把话语实践中的主体看作一个位置，拉克劳、墨菲把链接实践中的主体看作不具有本质属性的身份。链接是在主体身份之间，而不是在有着事先规定性的主体之间进行。

---

① Laclau and Mouffe, *Hegemony and Socialist Strategy: Towands a Radical Democratic Politics*, Verso, 1985, p. 111.

② Ibid., p. 105.

因此，他们指出，"话语的物质特征不能统一于经验，或基础性的主体的意识之中，相反，不同的主体身份看来是消散在语境的结构形态之内。"① 这正是由于话语的关系性、外在性所导致的话语散布特征。也正如福柯所强调的，话语具有物质性，任何一种话语都具有一种力量，拉克劳、墨菲强调话语的实践功能。他们指出，"链接实践，作为差异系统的固定化（fixation）或错位（dislocation），不可能由纯粹的语言现象构成，但必须通过被结构化的话语场景形态，来穿透各种不同制度、礼仪和实践的全部的物质浓度。"② 这就是说，任何一次话语形成，都是对原有社会形态的突破。在这个层面上，拉克劳、墨菲与福柯极为一致。

然而，拉克劳指出了他们与福柯的差别，他说，"墨菲与我在那本书（《霸权与社会主义的策略》）详述的'话语'概念与福柯所提出的那个概念是不同的——因为后者是建立在我们所抵制的话语和非话语之间的区别上的，在那方面我们已经明确地批评过福柯。"③ 的确，福柯曾经在《知识考古学》中明确划分了话语实践与非话语实践，但他在后来的系谱学研究中没再提及这种划分，在《词与物》中取而代之的是"可述的"与"可见的"划分。这后一种划分，显然没有将话语局限在"说"和"写"上面，而这也是拉克劳、墨菲将对象话语化的基本理由。但是，福柯与拉克劳的话语理论的分歧的确存在。尽管他们都倾向于对抗和抵制，但福柯最终却倒向了具有伦理学倾向的自我技术。这与福柯不彻底的主体理论有关，主体作为话语的弥散性的暂时聚拢，只能是临时和虚假的；他却把主体当作抵制的蜂巢，使之成为弯曲权力方向的一个封闭的据点，弥散形成了分割。"从分散到分割的转化显然造成了我们先前指出过的那些分析上的问题——特别是在以元素的本质主义置换总体的它里面所固有的那些问题。"④ 这就是说，尽管宏观上的本质主义被去除了，如果微观主体仍然具有一个自我形象，这个自我形象会要求一个规定性，那么本质主义会卷土重来。就此

---

① Laclau and Mouffe, *Hegemony and Socialist Strategy: Towands a Radical Democratic Politics*, Verso, 1985, p. 109.
② Ibid.
③ [美]巴特勒、[英]拉克劳、[斯洛文尼亚]齐泽克：《偶然性、霸权和普遍性》，胡大平等译，江苏人民出版社2004年版，第94页。
④ Laclau and Mouffe, *Hegemony and Socialist Strategy: Towands a Radical Democratic Politics*, Verso, 1985, p. 116.

而言，我认为可以把拉克劳、墨菲看作福柯理论的一个反方向上的完成者。福柯讲话语形成，而拉克劳、墨菲在讲话语的破坏。

但拉克劳、墨菲却把他们的话语理论与德里达的解构主义联系起来，指出："中心没有天赋的场所，它不是一个固定的焦点，而是一个功能，一种非焦点，在其中无限多的符号在进行着替代。这是语言对普遍性问题的侵袭，在这个中心和起源缺席的时候，每件事都变成了话语——这使我们对这一词形成共识——也就是说，在体系、起源、超越性所指中表现的中心，从来不在绝对性差异体系之间出场，超越性所指的不在场无限制地扩展了意义领域和游戏场所""德里达在与我们本文一致的意义上概括了话语概念"①。然而，德里达那里解构的延异与散播，与拉克劳、墨菲所强调的对抗、霸权还是不同的，这就是说即便他们对话语概念的理解是一致的，他们面对这一事实的态度却是不同的。在话语面前，我们要怎么做？

三 偶然性的霸权逻辑

拉克劳、墨菲之所以把他们称作后马克思主义，是认为自己继承了马克思主义的斗争精神，当本质主义被废黜，历史发展规律不再发挥作用，经济基础不再决定上层建筑，斗争的依据何在呢？

如前所述，拉克劳、墨菲选择了话语理论，而话语所具有的话语性表明，话语系统是在话语性场景中"仅仅作为颠覆体系本身的'意义剩余'的局部限制才能存在"②。这就是说，话语总是在不断形成中，所形成的系统不过是一个局部的限制，而这种限制也不断会被打破。当一个局部的限制出现，一个话语系统形成，也就意味着一个链接产生。在特定的链接中，主体身份暂时确定，实现了认同。但这都是暂时的、偶然的，因为"内在于每一话语情景之中的'剩余'是一切社会实践之建构的必要领域"③。这就是说，"剩余"表明了话语系统、链接永远是不完全、不成功的。这种形

---

① Laclau and Mouffe, *Hegemony and Socialist Strategy: Towards a Radical Democratic Politics*, Verso, 1985, p. 111.
② Ibid.
③ Ibid.

成性的失败，昭示了新的形成。这种失败，按照拉克劳、墨菲的说法就是"社会的不可能性"。社会的不可能性，就是指社会永远不能完成认同和链接，它处于分裂和对抗中。这种对抗，就是斗争的依据。

拉克劳写道："今天我们倾向于接受社会的无限性，即任何结构体系都是有限的，其总是受到难于把握的'剩余意义'的包围；这样，建立在自身部分过程之上的、作为一元的、可理解对象的'社会'，就是不可能的。……结构主义带来的巨大进步就是认识到任何社会同一体（identity）的关系特征；其局限性在于这些关系向系统的转化，向可辨的、可理解的对象（即向本质）的转化。但如果我们坚持任何一个同一体的关系特征，并且抛弃系统中这些同一体的固定化，那么必然把社会认同（identify）为差异的无限游戏，也就是说，认同为严格意义上我们所称之为的话语……"[①] 尽管"社会的不可能性"这一论题可以理解为话语形成的暂时性和偶然性，但拉克劳、墨菲使用的"剩余"一词却使得他们把这种"社会的不可能性"本体论化了，也揭示出他们思想中的拉康精神分析来源。

在拉康的精神分析理论中，一个人的成长，首先要经过"镜像阶段"，也就是把镜中的自己认作实际的自己。镜中的自己，身边的长辈、权威，以及他们为自己描绘的理想形象，都会成为自己模仿的对象，从而形成一个"理想自我"。这里，镜中的自己，身边的长辈、权威，以及他们为自己描绘的理想形象等等，都是拉康所谓小他者；当孩子成长到语言阶段，开始进入象征界，受到社会文化、各项规则等社会符号网络的支配。这种能指链就是拉康所谓大他者，在其中人形成的"自我理想"，起着激励性的作用。在拉康看来，无论是小他者，还是大他者，都是对主体起着规制作用的他者，主体通过对"理想自我""自我理想"的认同实现了他者的欲望，因此，这种认同就是一种"误认"。而且，这种"误认"是永远不会结束的，因为他者的欲望永远不可能通过"我"（被划杠的主体）得到满足。因而在拉康的欲望公式（$ \$ \Diamond a $）中，左边是被划杠的主体，即不能自足的主体，虚幻的代理，而在镜像过滤后，右边是永远不能消除的剩余——对象a。因为永远不可能满足，故而永远有得不到实现的欲望对象。对象a正是

---

① ［英］拉克劳：《我们时代革命的新反思》，孔明安、刘振怡译，黑龙江人民出版社2006年版，第108—109页。

欲望产生的原因。因为有对象 a 的存在，也就是拉克劳、墨菲所谓剩余意义的存在，我与他者永远对抗。拉克劳、墨菲指出，"在一种对抗的范围内，我不能成为我自己的完整存在，与我构成对抗的那一力量也不能成为如此完整的存在。它的客观存在是我的非存在的一个象征，这样看来，对抗关系就被多重意义所充溢——这些意义阻止它的存在被固定为完整的实证性。"[1] 正如齐泽克对他们的评价："拉克劳、墨菲的优点在于：在《霸权与社会主义的策略》一书中，他们把自己的社会领域理论建立在这样一种对抗观的基础上：承认存在着原始性'创伤'和不可能的内核，它们抵制符号化、极权化和符号整合。"[2] 但这种本体论化的对抗，与德里达的解构策略、福柯的多元抵抗都大相径庭了。

对抗不同于矛盾，也不同于对立。借用克莱蒂的成果，拉克劳、墨菲把矛盾看作概念对象之间的关系，把对立看作现实对象之间的关系，而概念对象与现实对象都是已经实现了完全认同的对象。那么，另外一类不断形成中的对象，话语对象之间的关系则是对抗。"对抗是所有客观性的限制（Limit of objectivity）"[3]。对抗的存在所表明的是认同的不完全性。认同永远是不完全的，链接永远是偶然的。拉克劳、墨菲正是要利用偶然性的链接，来形成霸权，即革命领导权。

拉克劳、墨菲在《霸权与社会主义的策略》中通过对社会主义革命历史的回顾，建立了霸权的偶然性逻辑。第二国际正统派认为，资本主义生产关系成为社会生产力发展的障碍，工人阶级日益贫困化，社会主义革命必然爆发并战胜资本主义。但事与愿违，社会主义革命没有来临，在这种情况下，卢森堡分析了现实中存在的经济斗争与政治斗争的分裂，不同种类的工人之间的分裂，认为这是资本主义结构性调整的作用。理论与事实出现了落差。伯恩斯坦则把这种情况归结为经济基础与上层建筑之间的断裂，认为应该发挥工人阶级的主动性，介入资本主义结构性调整之中，进

---

[1] Laclau and Mouffe, *Hegemony and Socialist Strategy: towards a Radical Democratic Politics*, Verso, 1985, p. 125.
[2] ［斯洛文尼亚］齐泽克：《意识形态的崇高客体》，季广茂译，中央编译出版社 2002 年版，第 9 页。
[3] Laclau and Mouffe, *Hegemony and Socialist Strategy: towards a Radical Democratic Politics*, Verso, 1985, p. 125.

行政治民主和经济民主的斗争。这些对理论必然性没有得到实现的偶然情形的强调和应对，得到拉克劳和墨菲的重视，成为他们的思想背景。

拉克劳、墨菲认为，坚持必然性逻辑的传统马克思主义是本质主义的，应该采用偶然性、特殊性加以解构，从而开启非阶级政治的民主斗争空间。葛兰西的领导权概念是他们的理论核心。墨菲指出，"我努力要表明的是：通过领导权的概念，葛兰西质疑了马克思主义中经济基础与上层建筑的二分模式（即经济决定论），并且为'重新估价'政治开辟了路径。"① 这就表明，领导权不再是由经济决定论所提供合法性的阶级领导权。那么，这时候的领导权是什么领导权，它又是如何构成的呢？拉克劳和墨菲认为，葛兰西结束了意识形态还原论，对他来说，"政治主体严格地说不是阶级，而是合成的'集体意志'，同样，领导权阶级所连接的意识形态要素没有必然的阶级属性。……集体意志是政治意识形态连接分散和破裂的历史力量的结果"。因此，"一个人由此可以推论出'文化方面'的重要性，甚至于在（集体）实践活动中。历史活动可能只能被'集体的人'所执行，而且这预示了通过有不同目标的多样化分散一直以一个目标被焊接在一起，在同等的和共同的世界观基础上达到了文化—社会的统一。"② 这就是说，领导权是多样化的分散的力量为了一个目标而链接在一起。这种链接，是话语性的。

拉克劳指出，"正是由于社会认同之间的有限性并非是事先确定好的，而是在领导权变动的基础上不断地受到重新界定，所以集体意志才是完全不固定的、偶然的。……后结构主义范畴，诸如'飘动的能指''解构'和'枢纽'（hinges），对于领导权逻辑的理解来说至关重要（对我而言，就是社会建构的逻辑）。"因此，领导权关系的实质即是转喻。也就是说，"不同的社会成分之间的彼此相连的关系，经历了不断的违规越界的过程"。这就像维特根斯坦对硬性语言规则的批判。维特根斯坦认为语言在使用中，规则不能先于应用存在，否则会出现无限回溯。拉克劳认为，"应用"的观点，在词语的严格意义上，预设了一个基本的重复过程。对维特根斯坦来

---

① 转引自周凡、李惠斌《后马克思主义》，中央编译出版社2007年版，第168页。
② ［英］拉克劳、墨菲：《领导权与社会主义的策略》，尹树广、鉴传今译，黑龙江人民出版社2003年版，第73页。

说，如果每一个规则的应用情形如此这般地修改了规则，那么就不能说正在运用这个规则，但可以说，正在不断地建构和重构该规则。换句话说，在抽象规则与其特殊语境中的使用情形之间，发生的并不是应用的关系，而是关联的关系（参见拉克劳访谈录）。这正是结构主义语言学中强调的语言系统中的内在关联关系。因此，齐泽克指出，"事实上，那本书（指《领导权与社会主义的策略》）……不仅建立了安东尼·葛兰西领导权观念的新方向，而且代表了马克思主义内部的后结构主义理论的转向，此种转向把语言问题变为阐明反极权主义的、激进的民主规划的必要基础。"[①]

---

① ［美］巴特勒、［英］拉克劳、［斯洛文尼亚］齐泽克：《偶然性、霸权和普遍性——关于左派的当代对话》，江苏人民出版社2004年版，第1页。

第六章　当代国外自由主义最新动态研究

当代西方社会的人们面临这样一种尴尬的处境。一方面，似乎还不存在一种能够在现实中代替自由主义的社会方案，也就是说，还没有找到一种像自由主义那样历史悠久、理论饱满，同时还能被大众在道义上广为接纳的综合性学说；另一方面，人们对自由主义的诸多方面表现出理论上、道义上以及政治上的极大不满，因为太久以来，自由主义都未能给人们以希望和鼓舞。在大众心目中，它可能只是善于消解传统的生活模式以及相关的价值观念问题，但是对于追求哪种新的生活模式及其价值方面，自由主义表现欠佳。

本章首先梳理了自由主义的演进历史，试图弄清围绕在"自由主义"一词周围的相关概念，接着描绘自由主义的当代面貌，分别以罗尔斯和诺齐克为例，展现了自由主义在当代面临和要解决的中心问题。最后，分别从自由主义内部和外部两个层面分析了自由主义在理论和实践中存在的问题。

第一节　自由主义的历史形成

日裔美国学者弗朗西斯·福山在《历史的终结及最后之人》一书中以极富文采的语言宣称：人类为了达到最好模式而选择不同道路探索前进的历史已经有了结果——自由主义道路是最好的模式。然而，20多年过去了，自由主义并没有比之前更多地成为后进政治体的道路选项，也没有让其他主义"自惭形秒"，我们看到的是自由主义正在经受最严峻的考验，而且，这种考验的主要力量并非来自类似之前那种非自由主义的异质性因素，而是来自自身或家族式相近的同质性因素。就是说，面对理论与实践中的众多问题，自由主义并没有迎来其他主义的"心悦诚服"，而是在"身份危机"中修饰着自己的面孔。当代的自由主义者反对用"后自由主义"来指称自己，强调自己的自由主义传统。那么什么是自由主义的传统呢？在其发展过程中，哪些因素构成了这种统一性呢？这是分析当代自由主义的前提。

一 自由主义的传统

无论是在中文学界还是在英美学界，自由主义（Liberalism）一词现在都是在以不同的含义使用着。从好的方面去理解这种现象，我们可能会说，自由主义对各种新观念是开放的。但是，这种现象至少有这样一个坏处：与19世纪和20世纪初自由主义有一个确切的含义相比，现在可被称为自由主义的观念已经包含了与原有观念截然相反的东西。[①] 从词源学上讲，自由主义源于19世纪初西班牙的一个政党的名称，而作为一种明确的、没有包含彼此对立观念的政治思想的自由主义，它是19世纪到20世纪初这段时期里，指导西欧和中欧发展的最具影响力的思想力量之一。以自由主义命名的政治运动是在19世纪出现的，首先是西班牙自由党（Party of Liberales）在1812年使用了这个词，稍后法国一个政党也采用这个名称。在英国，这个词有此用法，是在辉格党和激进党合并为一个政党的时候，这就是19世纪40年代初以后人们所知道的自由党。

（一）自由主义的演变史

1. 古典时代和中世纪的根源

哈耶克指出，老辉格党经历了相当漫长时间，才形成其渐进自由主义的基本原则。而对于那些构想出这些原则的18世纪思想家来说，古典时代和某些在英国没有因绝对君权而遭到消灭的中世纪传统，对他们大有裨益。

[①] ［英］弗里德里希·哈耶克：《自由主义》，《自由主义与当代世界》，生活·读书·新知三联书店2000年版，第108页。

最先明确表达个人自由思想的是古希腊人，特别是公元前5—公元前4世纪的希腊人。19世纪有些学者否认古人知道近代意义上的个人自由，但是哈耶克不同意这种看法。在哈耶克看来，雅典人的自由观是法律下的自由观，这一思想在 isonomia（法律面前的平等）这些说法中得到了表达。这种法律包括保护公民的私人领域不受国家侵犯，即使是在"三十人暴政"时期，雅典公民只要待在家中，便有绝对的安全。

这种体现个人自由的法律思想，主要是通过斯多葛学派的哲学家得到进一步的发展，他们提出了一种认为一切政府的权力都应受到限制的自然法观念，当然这种自然法观念包括在自然法面前人人平等的理念。

虽然多数学者认可把自由主义的源头追溯到古典时代，但是在哪位哲人是其重要代表这个问题上有重大分歧。Watkins 和 Schapiro 他们不约而同以苏格拉底作为西方自由主义的始祖，其理由是苏格拉底一生秉持理性主义，以怀疑精神不断反省批判未经检验的概念与信仰，最后还以身殉道，成为捍卫个人思想自由免于侵犯之典范。但 Havelock 却有截然不同的看法。他认为古希腊的自由精神不在苏格拉底，更不在其徒子徒孙柏拉图与亚里士多德，而是表现在反抗苏格拉底学派的智者学派传统。在他看来，从德谟克利特身上我们找到了原子论及政府契约论，在安提芬（Antiphon）身上看到了知识分子对民俗习惯法的攻击，在普罗塔哥拉（Protagoras）身上发现了实用主义、经验主义以及价值多元主义等现代自由主义不可或缺的东西。[①]

希腊人的这些重要自由思想，主要是通过罗马思想家的作品传到近代的。像西塞罗、李维和马克·奥勒留皇帝他们都是希腊自由思想的继承人，而正是通过这些人的著作，16世纪和17世纪的思想家从中找到了发展自由主义的思想资源。当然，罗马人也有自己独立性的贡献，那就是他们留给欧洲的高度个人主义的私法，这套私法体系以十分严格的私有财产观念为核心，形成了这样一种观念：法律更多地被看成是对政府权力的限制。

法律之下的自由这一思想也是近代早期思想家可以汲取的思想资源，而这一思想传统在整个中世纪一直保存着，只是到了近代之初，由于欧洲

---

① 江宜桦：《自由主义哲学传统之回顾》，《自由主义与当代世界》，生活·读书·新知三联书店2000年版，第6页。

大陆出现了绝对君权，才使这一传统遭到破坏。

虽然历史学家已经在古希腊和罗马时代发现了自由主义观念中的若干元素，但多数学者还是认为，作为一种政治思潮和智识传统的自由主义，其出现不早于 17 世纪。诚如 Arblaster 所抱怨的：如果我们只因为一点蛛丝马迹就要无限上纲到人类的起点，那就难怪研究社会主义传统的人可以把列宁的思想根源追溯到摩西，而研究保守主义的人则甚至把源头推到伊甸园为止。所以，当代著名自由主义研究者约翰·格雷（John Gray）说，与其把古典时期的若干因素称为现代自由主义运动的组成部分，还不如说成是自由主义的前史。①

2. 近代早期的自由主义

正是在 17 世纪，我们发现了对现代个人主义观点的第一次系统阐释，而自由主义传统就是从这种观点中产生的。英国人托马斯·霍布斯（Thomas Hobbes，1588—1679）阐释了一种毫不妥协的个人主义。他断言每个人总是根据自己的利益而行动，抛弃了古典时代所谓人类生活终极善的学说。同时，在对自然状态的描述中还肯定了平等的自由这一平等主义的思想，这一完全的现代性思想标志着他与中世纪基督教社会哲学的彻底决裂。在欧洲大陆，我们发现了另一个比霍布斯更接近自由主义传统的自由主义先驱本狄克特·斯宾诺莎（Benedict de Spinoza，1632—1677）。斯宾诺莎持有许多与霍布斯类似的关于人与社会的理解，他认为人类同自然界中的其他所有生物一样，拥有自我保存这一高于一切的自然倾向。他强调应该根据这种必然的自我保存的驱动力之间的互动来分析和理解人类社会。与霍布斯一样，斯宾诺莎试图重新审视人与社会，他所理解的社会并没有赋予人类以独有的（其他自然物所没有的）自由；他追随霍布斯把权力和自然权利视为其政治理论中两个相互界定的术语；作为毫不含糊的现代主义者，他们都将盛行的亚里士多德主义传统和基督教传统遗留下来的道德、政治词汇视为含混的或者与自己的整体目标无关的东西而加以拒绝。与霍布斯不同的是，斯宾诺莎否认霍布斯式的专制政府是最能实现自我价值的政府形式，主张思想自由、言论自由和结社自由等自由主义自由能够得到保障

---

① ［英］约翰·格雷：《自由主义》，曹海军、刘训练译，吉林人民出版社 2005 年版，导论第 1 页。

的民主政体才能实现这一目的。格雷认为,正是由于斯宾诺莎带有如此浓重的个人主义色彩,如此地远离西方政治哲学的古典传统,才更接近我们,并且正是由于他把自由视为其政治思想的核心,才更接近自由主义。①

3. 英国的辉格党传统

英国内战及其后展开的政治辩论,产生了一种政治成果:法治或者法律至上的思想终于演变成了现实的政治模式,而1688年"光荣革命"之后上台执政的辉格党则把这种模式付诸实践。洛克(John Locke, 1632—1704)在《政府论》下篇中对此进行了经典说明。在实践层面,这一时期的英国自由主义除了强调结社自由与私有财产权之外,还强烈主张法治之下的议会制政府,反对君主专制。英国政治实践层面的这些特征被洛克理论化并包含在其"公民社会"的概念之中。其实这种由自由人构成、法律面前人人平等、没有共同目的但相互尊重的公民社会,在洛克对此进行说明之前就已经在英国存在数世纪了。洛克展现的自由主义带有英国自由主义的独特面貌,研究洛克的专家约翰·邓恩(John Dunn)指出,洛克的自然权利学说只有在作为神圣自然之表达的自然法概念这一背景下才能得到充分的理解。洛克的自然权利包括我们为了保护和维持上帝给予我们在自然法之下的生活所必需的条件。在这些法律之下,我们拥有任何人都不得干涉的自由和获得财产的权利。洛克讨论了霍布斯和斯宾诺莎忽略或者拒绝的主题,即个人财产权与个人自由之间存在紧密联系。洛克在此问题上的洞见在于,个人的独立必须以私有财产权在法治之下得到安全的保护为前提条件。从此,私有财产权成为自由主义的重要主题,这也是洛克对自由主义的最大贡献。洛克的辉格党认为政府要受到普遍性法律的限制,执行权要受到制约,这些思想主要是通过法国人孟德斯鸠的著作《论法的精神》为世界所知。在英国,辉格党的这一学说主要是通过苏格兰的哲学家尤其是大卫·休谟和亚当·斯密得到发展。休谟奠定了自由主义法学的基础,而亚当·斯密的决定性贡献则是论证了只有对权力进行限制,个人只受恰当法律规则的约束,自发生成的秩序才能产生,而这就是经济繁荣的条件和原因。

---

① [英]约翰·格雷:《自由主义》,曹海军、刘训练译,吉林人民出版社2005年版,导论第16页。

4. 启蒙运动

在法国,自由主义是在封建主义的实践与绝对主义的制度背景之下产生和发展的,它缺乏类似英国的个人主义,职是之故,法国的自由主义运动在其早期阶段带有明显的亲英色彩,它对旧制度下专横权力的批判大多依赖一种对英国宪法历史的解释。这集中体现在孟德斯鸠(Baron de Montesquieu,1689—1755)身上。在《论法的精神》中,孟德斯鸠描绘了一种法治下的宪政制度,并以此来反对专制和暴政。18 世纪的启蒙哲人对人类理性抱有很高的期望,这一点突出表现在孔多塞(Condercet,1743—1794)的《人类精神进步史表纲要》中。在这本书里,他阐述了一种最纯粹、最不妥协的自由主义世界改善论的学说———一种关于人类可臻至善的学说。在孔多塞那里,对进步的期待不是一种希望,而是一种信仰,它建立在对进步法则的肯定之上。威廉·葛德文在《政治正义论》中,也表达了人类可以通过理性的实践达到自我完善的思想。当然不是所有的启蒙哲人都持这种人类可臻至善的思想,伏尔泰就认为继进步与发展阶段之后的将是一个倒退和野蛮的时代。在法国大革命实践的撼动下,启蒙哲人的许多观点都被断然推翻了,出现了反思性的著作。法国大革命曾经受到法国、英国以及美国自由主义人士的欢迎,但它很快就使自由主义者开始怀疑其对民主的期望,并加深了自由主义者对人民主权的恐惧。在英国,法国大革命促成了伯克(Edmund Burke,1729—1797)发展出一种保守主义———既保留了自由主义的价值,同时也抑制了自由主义的希望。在法国,大革命的暴政使得主要的自由主义思想家开始重新审视启蒙运动的乐观主义与理性主义,尤其是对卢梭民主思想的反思。在《古代人的自由与现代人的自由》一书中,贡斯当(Benjamin Constant,1767—1830)区分了古代人的自由和现代人的自由,前者是参与政府权力的自由,后者是保障个人独立空间的自由。这种区分对于古典自由主义来说,其重要意义是有助于阐明这个事实:个人自由与大众民主只是偶然地而非必然地联系在一起。而托克维尔在《论美国的民主》中,也表达了对大众民主的保留,他其实并不否认民主的不可避免性,但是对由此带来的多数人暴政表示了警惕。

美国的自由主义同样受启蒙运动的影响。1776 年的《独立宣言》表达了对自然权利的诉求,《权利法案》表达了美国自由主义先驱们的目标是要建立一个法治而非人治的政府。与启蒙哲人不同的是，美国的宪政主义者对基督教没有敌意，他们用上帝颁布的自然法来论证他们追求的自由和幸福。

约翰·格雷认为，正是在苏格兰启蒙运动的社会哲学家和政治经济学家的著作中，我们发现了对自由主义原则和基础的第一次全面而系统的阐述。他认为，不同于法国和美国的自由主义者的是，苏格兰的这些哲学家和政治经济学家们所进行的阐述不仅仅是对某个特定历史事件的反映，更主要的目的在于要将自由主义原则建立在一种关于人类社会发展的综合论述和一种关于社会与经济结构之理论的基础之上。[1] 在《人性论》中，休谟（David Hume，1711—1776）认为，人类之所以需要基本的正义原则，其内在原因在于人类仁爱的有限性、智力的局限性以及满足人类需要之手段的稀缺性。休谟把基本的正义原则概括为"三条基本的自然法则"：财产占有的稳定性法则、根据同意转让所有物的法则以及履行承诺的法则。正是从休谟这种带有保守气质的思想家那里，我们看到了一种对有限政府的自由主义式的最为有力的辩护。

很多自由主义的研究者都不约而同地把亚当·斯密（Adam Smith，1723—1790）视为古典自由主义原则最具影响力的阐述者。在《国富论》中，斯密提出了许多有关人类社会的洞见。他指出，人类社会经过发展，最后要达到的顶点是自由企业体系，政治结构与经济结构紧密联系，与公民自由和政治自由得到保障的宪政秩序相对应的经济形式是贸易自由，尤为重要的是，斯密的论证显示了一种方法论个人主义，它把社会制度看作是个人行为的结果而不是人类有意设计的结果，即把单个的人类行为看作社会解释的终点。

5. 自由主义时代

19世纪的欧洲被称为自由主义的黄金时代，而此时的英国则为我们提供了一个范例。正如泰勒在其《英国史》中所描述的，"直到1914年8月为止，任何一个明智守法的英国人都可以安然地度过其一生，除了邮局和

---

[1] [英]约翰·格雷:《自由主义》，曹海军、刘训练译，吉林人民出版社2005年版，第36页。

警察之外，他几乎意识不到国家的存在。"① 在政治实践层面，19 世纪的英国自由主义运动取得了显著的胜利。1829 年通过了《天主教徒解放法》，1832 年通过了改革法案，1846 年废除了谷物法，所有这些都显示了这十几年中英国自由主义者的力量。当然，说 19 世纪的英国是自由主义的范例，并不是说在社会的各个方面都遵循着自由放任原则（laissez faire），只是说此时的英国在很大程度上为古典自由主义的观点所支配。格雷指出，至少从 19 世纪 50 年代开始，政府的干预和管辖范围逐步向诸多领域扩展，在政治实践中也有狄斯累利（Disraeli）对格莱斯通（Gladstone）自由主义的挑战。在思想领域，格雷认为，19 世纪英国自由主义与古典自由主义的第一次分离很可能是由功利主义的奠基人杰米里·边沁（Jeremy Bentham，1748—1832）及其门徒詹姆斯·密尔（James Mill，1772—1836）导致的。在很多方面，边沁是且始终是一个古典自由主义者。他是经济政策中自由放任和外交事务政策中非干涉主义的支持者。在其所提倡的法律改革中，他通常站在个人自由这一边。但是，边沁的功利主义道德哲学和政治哲学也犯了哈耶克所谓的建构主义谬误，他相信社会制度可以成为理性重构的对象，这就为许多非自由主义的干预主义政策提供了正当的理由。与其父亲詹姆斯·密尔相比，约翰·密尔（John Mill，1806—1873）更加靠近古典自由主义而不是功利主义，在《论自由》中，他阐述了一种自由主义个人主义信念，但是，另一方面，在《政治经济学原理》中，约翰·密尔区分了经济生活中的生产和分配，并把分配制度完全看作是一个社会选择的问题，这实际上就掩盖了古典自由主义对经济生活特征的如下洞见：经济生活是一个由生产性活动与分配性活动难分彼此地混合在一起的关系体系。格雷认为，正是约翰·密尔的这一错误区分，而不是他对放任自由原则的反对或偶尔表现出来的对社会计划的好感，才使得他与古典自由主义的分裂。也正是约翰·密尔的这一区分，才完成了自由主义传统发展中肇始于边沁和詹姆斯·密尔的断裂，并建立起了一个为 19 世纪后半叶英国愈发明显的干预主义和国家主义趋势提供合法性论证的思想体系。②

---

① 转引自［英］约翰·格雷《自由主义》，曹海军、刘训练译，吉林人民出版社 2005 年版，第 39 页。
② 同上书，第 44—45 页。

在约翰·密尔之后，没有出现特别重要的思想家来为古典自由主义辩护，除了赫伯特·斯宾塞（Herbert Spencer，1820—1903）之外。但是斯宾塞的贡献被忽视了。格雷认为，正是斯宾塞将古典自由主义的平等自由原则最完整、最系统地运用到法律的各个领域。[①]

6. 新自由主义（New liberalism）

在19世纪80、90年代，古典主义传统中没有出现大的理论家，就连约翰·密尔那种不完全的古典自由主义观点也开始被从黑格尔哲学中汲取灵感的新自由主义（格雷也把这种自由主义称为"Revisionist Liberalism"，可译为"修正主义的自由主义"）观点所取代。在这些新自由主义者中，最为重要的代表人物是T. H. 格林（Green，1836—1882）和鲍桑葵（Bosanquet，1848—1923）。他们对于大多数古典自由主义者所支持的那种免于干涉的消极自由观持反对态度，而提倡一种有效的或者说作为能力的自由观。这种自由观在黑格尔主义的自由主义者那里，必然导致他们要为加强政府行为和权威进行辩护。在20世纪的头几十年里，这种新自由主义在L. H. 霍布豪斯（Hobhouse，1864—1929）的著作中得到了最为系统的阐述。与古典自由主义所追求的天然自由体系不同，这种新自由主义追求分配正义与社会和谐。

在政治领域，第一次世界大战的灾难性结局粉碎了从1815年到1914年流行了一个世纪的自由主义世界。其实，反自由主义运动早在19世纪70年代和80年代的德国和美国就已经出现了。甚至在英国，阿斯奎思和赫劳得·乔治领导下的自由党也在很大程度上放弃了经济自由和有限政府的古典自由主义立场。也就是说，在实践层面上没有一个完全执行自由放任政策的历史时期。而在思想层面，早在19世纪40年代约翰·密尔就已经把反自由主义的因素渗入自由主义传统内部。格雷是这样解释古典自由主义被修正自由主义取代的：最终促成自由主义时代终结的恰恰是19世纪后期兴起的民主政治中争取选票的需要，而不是智识生活中的变化。格雷认为，一旦人们发现构成自由主义秩序的基本宪法可以通过大众民主政体中的政

[①] 转引自[英]约翰·格雷《自由主义》，曹海军、刘训练译，吉林人民出版社2005年版，第46—48页。

治竞争来加以改变，那么自由主义秩序的式微就是不可避免的了。①

第一次世界大战彻底打破了自由主义秩序，随之而来的是一个战争和专制的时代。凯恩斯以及其他的修正主义的自由主义者试图走一条介于资本主义与社会主义的中间道路。而在舆论界中，自由主义被其他思潮所淹没，批判自由主义成了智识界的旨趣。

7. 古典自由主义的复兴

毫无疑问，"二战"的影响之一就是全面加强了国家干预的范围和强度。在英国，社会主义性质的指令性经济取得了相当大的成功，这一经验导致了混合管制经济的贝弗里奇计划；在美国，卷入战争使之确立了罗斯福新政的管制主义潮流；在欧洲，东欧和中欧加入了社会主义阵营。也就是在这样一个凯恩斯主义大行其道的时代背景下，一批后来名噪一时的学者在为古典自由主义的全面复兴做准备，其中最重要的是哈耶克（Hayek, 1899—1992）。他在1944年发表的《通往奴役之路》揭开了二战之后自由主义复兴的序幕。之后，哈耶克又发表了《自由秩序原理》以及《法律、立法与自由》等著作，进一步阐释了他的自由主义思想。哈耶克在他自己的著作中非常明确地指出了自己的目标：试图向人们展示，任何形式的社会主义都是灾难，良好的社会必须是一个实行自由主义制度、市场经济与法治的社会。他自称是一个老辉格党，要重新表述自由主义关于正义与政治经济学的诸原则。哈耶克在论述自由主义时，有一个至关重要的概念，就是所谓"演进理性主义"与"建构理性主义"的对立，或者说就是英国式自由主义与法国式自由主义的对立。前者是经验主义的、非系统化的；后者是思辨性的、理性主义的。前者相信渐进的改良，相信社会的自发秩序，注重法治下的自由；后者则以建构理性为基础，视所有社会与文化现象为人为设计之产物，强调人们能够而且应该根据某一被接受的原则或计划重新组织社会结构。②哈耶克以此来反对任何对自发秩序的干预，反对政府行为的扩大，从而论证古典自由放任原则的合理性。当然哈耶克并不是完全否认政府的行为，他不是一个无政府主义者，他也强调政府立法的重要性。

---

① ［英］约翰·格雷：《自由主义》，曹海军、刘训练译，吉林人民出版社2005年版，第49页。
② 李强：《自由主义》，东方出版社2015年版，第120页。

为古典自由主义复兴作出贡献的还有另一重要人物,他就是波普(Popper,1902—1994)。在《开放社会及其敌人》中,波普从知识论的角度批判了当时占统治地位的知识论上的权威主义方法,主张一种通过理论或猜想的不断批评与证伪来增长人类知识的观念,基于此,他主张理性的作用仅在于对社会制度的零碎改革,而不是马克思或者其他乌托邦主义者所构想的那种对社会生活的总体改造。

当然还有柏林(Isaiah Berlin,1909—1997)的贡献。在他的《两种自由概念》及其后的重要论述中,柏林富有洞见地区分了两种自由观,并为消极自由做了强有力的辩护。他的观点是,人类的经验表明,在相互竞争的价值之间存在着无法消除的分歧,对于这些价值并不存在一个裁判标准。柏林正是通过多元价值论来完成对消极自由的辩护。

哈耶克及其所代表的奥地利学派终于等到了凯恩斯主义的消退,20世纪70年代后期,舆论和智识界都站到了他们这一边。这一学派所提供的"政府应该从经济领域撤退"方案成为政治家们的施政方向,整个西方世界显现出古典自由主义全面复兴的景象。诺齐克(Robert Nozick,1938—2002)在70年代出版的《无政府、国家和乌托邦》则从专业哲学的角度为古典自由主义做了极具影响力的辩护。

罗尔斯(JohnRawls,1921—2002)无疑是当代政治哲学的中心人物,其重要贡献在于为当代社会生活提供了一种自由主义的理想,其明显带有平等主义倾向的立场遭到右翼的反对,其明显带有自由主义的倾向遭到左翼学者的批判,当代所有的政治哲学思潮都对其理论作出了回应,从而形成了20世纪70年代以来政治哲学研究的惊人复兴。

(二)自由主义的传统与统一性

1. 两种自由主义观:英国传统与大陆传统

哈耶克认为,被冠以"自由主义"之名贯穿整个19世纪的运动,其实有两个方面的思想来源,形成了两个传统:英国传统与大陆传统。也就是说,19世纪的自由主义运动由两种不同的思想资源滋养,一个是来自英国的思想资源,一个是来自欧洲大陆的思想资源,更重要的是,这两种思想资源在对自由主义倡导的"自由""平等"这些价值的理解上有重大差异。

在哈耶克看来，英国传统的自由主义可以追溯到古典时期，得益于中世纪对个人自由的保留（这一点不同于欧洲），其近代形式就是英国辉格党在17世纪末和18世纪提出的政治信条，并最终演变成一种现实的政治模式，这种模式的核心是受法律保护的个人自由以及法律之下的政府。这个传统其哲学基础是进化论的。

与英国的进化论的自由主义传统不同，欧洲大陆在解释激励其政治运动的自由主义时，其哲学基础是建构论的，或者是理性主义的。这种建构论的自由主义，要求依据理性原则，对整个社会进行自觉的重建。这种态度首先来自笛卡尔（也有英国的霍布斯）提出的新理性主义，它在18世纪通过法国启蒙运动哲学家而影响大震，伏尔泰和卢梭是这一思想运动中最有影响力的两个人物。这一运动在法国大革命达到高潮，欧洲大陆或建构论的自由主义来源于此。它的核心与英国传统不同，与其说它是一种明确的政治学说，不如说是一种思想态度，一种从一切偏见和没有理想根据的信念中解放出来的要求。

哈耶克推崇的是英国传统，而批判大陆传统，认为只有英国传统的自由主义才发展出了明确的政治理论。哈耶克对两者传统的划分实际上与他对"演进理性主义"（evolutionary rationalism）与"建构理性主义"（constructive rationalism）的区分有关。在哈耶克看来，前者是经验主义的、非系统的；后者是思辨性的、理性主义的。前者相信渐进的改良，相信社会的自发秩序，注重法治之下的自由；后者则以建构理性为基础，视所有社会与文化现象为人为设计之产物，强调人们可以而且应该根据某一种被接受的原则或计划重新组织社会结构。前者的代表人物包括休谟、斯密、弗格森、伯克以及法国的孟德斯鸠、贡斯当、托克维尔等，后者包括受笛卡儿影响的法国百科全书派、卢梭、重农主义者、孔多塞以及英国的霍布斯和功利主义者。①

2. 自由主义的统一性

英国学者约翰·格雷不太赞同哈耶克关于两个传统的划分，认为这是牵强附会的。在《自由主义》这本非常重要的论述自由主义的书中，他谈

---

① ［英］弗里德里奇·哈耶克：《自由秩序原理》，邓正来译，生活·读书·新知三联书店1997年版，第61—82页。

到了一个非常重要的问题：自由主义的统一性问题，即演进中的自由主义的共同性是什么的问题。在该书的"导论"中，格雷试图从"现代"这一特定时代的出现来理解自由主义。格雷认为，16、17世纪欧洲封建社会秩序的瓦解，现代社会的出现，才导致自由主义的出现，它是人类智识做出的反应。之后，18世纪法国革命和美国独立战争，自由主义迎来了自己的时代，19世纪下半叶民主时代和社会群众运动的出现，导致古典自由主义向现代自由主义[①]的转变，而20世纪极权主义的出现又导致了古典自由主义的复兴。如此看来，虽然这些具体的社会特征发生了变化，自由主义的形态也发生了相应变化，但是出于对现代性做出反应而产生的自由主义并没有变得面目全非。

尽管近代自由主义思潮的哲学基础存在诸多不同，譬如，有的诉诸人的自然权利，有的诉诸功利原则；尽管自由主义在不同的国家与不同的文化中会有不同的特色，但是，自由主义是一个统一的传统，而不是两个或者几个自由主义传统。在格雷看来，自由主义的统一性在于都是有关现代社会中个人与社会的学说。这种学说包含如下几个要素：第一，个人主义，即所有的自由主义都主张个人对任何社会集体的道德优先性；第二，平等主义，即赋予所有的人以同等的道德地位，否认人们之间在道德价值上的差别与法律秩序或者政治秩序的相关性；第三，普遍主义，即肯定人类的道德统一性，仅仅赋予特定的历史及文化形式以非首位的重要性；第四，社会向善论（Meliorist），即认为所有的社会制度与政治安排都可以纠正和改善。正是这种关于人与社会的特定概念赋予了自由主义以独特性，这一独特性超越了自由主义所有的内在差异与复杂性。[②]

自由主义的统一性也可以通过它所信奉的共同原则来得到体现。国内学者顾肃在《自由主义基本理念》一书中认为，可以从当代自由主义代表人物罗尔斯的相关著作中概括出自由主义的六项原则。第一，自决原则：个人的生活只有在他们是自我决定的即自由选择的意义上才

---

① "现代自由主义"对应的英文是 Modern Liberalism，也有人称之为 New Liberalism，可翻译成"新自由主义"，它区别于"Neo-liberalism"，后者可以译为"新古典自由主义"。

② ［英］约翰·格雷：《自由主义》，曹海军、刘训练译，吉林人民出版社 2005 年版，导论第 2 页。

是有价值的;第二,最大限度的平等自由:国家应当保证每个人与他人的同等自由相容的最大的个人自由;第三,多元主义:由于个人确实选择自己的生活方式,他们有可能作出不同的选择,简言之,存在善的观念的多样性;第四,中立性:从前三项原则可以推出,国家应当在各种生活方式与善的观念之间保持中立,反对至善主义;第五,善的原则:应当公平分配资源,以使所有人都有追求其自身善的观念的公平机会;第六,正当对善的优先性:正义原则约束个人对其自身善的观念的追求。[1]

二 自由主义的演绎与变迁

在英语世界中,存在几个似乎是用来表明自由主义演绎过程的词汇:Classical Liberalism、New Liberalism（Modern Liberalism、Revisionist Liberalism）、Neo-liberalism,中文界一般将它们分别译为:古典自由主义、新自由主义（现代自由主义、修正的自由主义）、新古典自由主义。在英语世界,有时 New Liberalism 所对应的自由主义又被称为 Modern liberalism,或者 Revisionist Liberalism,中文可译为现代自由主义、修正的自由主义。但是,在中文界,"新自由主义"所指非常混乱,在有些语境中,它指的东西类似"华盛顿共识",而在有的语境中,它指的东西类似哈耶克的自由主义,有时它又类似诺齐克的自由主义,也就是说,中文界中的"新自由主义"经常不是用来指称英文 New liberalism,而与 Neo-liberalism 似乎更为接近。另外,英文"Libertarianism"的含义在中文界也没有得到完整论述。笔者在这部分试图梳理围绕在"liberalism"一词周围的这些恼人的词汇。

当然,笔者要申明的是,以下的梳理仅仅是综合了一些较为主流的说法或者偏好于某人的说法,而不是要表明存在所谓的正确的说法。不过,对于不应该的中英文之间的随意混用,是笔者要予以澄清的。

---

[1] 顾肃:《自由主义基本理念》,译林出版社2013年版,第3页。

(一)从古典自由主义(Classical Liberalism)到新自由主义(New Liberalism)再到新古典自由主义(Neo-liberalism)

作为一种意识形态的自由主义,产生于16、17世纪欧洲封建秩序瓦解之时,它是人类智识对"现代社会"作出的规划,随着现代社会的展开,这一规划经历了古典自由主义类型、新自由主义类型和新古典自由主义类型。正是由于19世纪下半叶应时而生的民主主义和社会主义运动,自由主义才分化出了新自由主义类型。而20世纪的极权主义政府才导致了知识界向古典自由主义回归的巨大浪潮,形成了新古典自由主义类型。粗略来讲,古典自由主义经由霍布斯、洛克以及斯宾诺莎等人的开创性论述,最终形成于休谟和亚当·斯密的著作之中,其典型实践和黄金时期为19世纪的英国,其主张可以概括为:政治上主张法治下的有限政府,经济上主张自由放任。

古典自由主义发展到边沁、约翰·密尔这些功利主义者那里开始出现智识上的断裂,表现为约翰·密尔抛弃了古典自由主义关于生产活动与分配活动难分彼此这一重要主张,提出分配制度是人为设计的产物这一可以为国家干预提供理论支撑的观点。这种智识上的变化与社会现实的结合造就了一种修正自由主义的诞生并逐步成为一种与古典自由主义相竞争的社会政治思潮。19世纪中后期的英国在古典自由主义指导下取得了辉煌,也产生了自身不作修正就无法解决的新问题,在民主主义和社会主义浪潮的激励与推动下,以格林、鲍桑葵为代表的英国哲学家,从黑格尔哲学中汲取灵感,质疑大多数古典自由主义者所主张的那种免于干涉的自由观,而提倡一种有效的或者作为能力的自由观。这种自由观对自由的理解是这样的:充分自由达致的条件不仅是免于干预,还应包含拥有自我实现的机会,即是说如果某些资源、能力是有效达成自我实现所必需的,那么拥有这些资源就必须被当作是自由本身的构成要件。正是基于这种自由观,这些哲学家把这种吸收了社会主义因素的自由主义称为新自由主义(New Liberalism)。这种新自由主义的基本思想是强调社会的整体利益与个人利益是相辅相成的,整体利益是衡量个人自由是否合乎理性的基准。① 它把福利国家看作提升自由的制度，为国家干预进行辩护。在20世纪的头几十年里，这种新自由主义在霍布豪斯的著作（主要是《自由主义》）中得到充分论述，其所主张的分配正义与社会和谐取代了天然自由系统的旧观念，并开始主导英国没有公开打出社会主义旗号的改革舆论。② 非常值得提醒的是，新自由主义思潮流行之时，古典自由主义并没有消亡，它照样有理论坚守者和实践拥护者，只是相对来讲，它暂时处于某种守势而已。

新自由主义终于在第二次世界大战、社会主义运动蓬勃发展等一系列时势之下迎来了自己的时代。在英国，社会主义性质的指令经济取得了相当大的成功，这一经验导致了混合管制经济的贝弗里奇计划；在美国，卷入战争使之确立了罗斯福新政的管制主义潮流。一切似乎都在昭示古典自由主义的末日，但极权主义的灾难还是让一些人看到了自由主义的价值所在，看到了古典自由主义中应该坚守的东西。经济学家出身的哈耶克正是在凯恩斯主义占统治地位的岁月里开始了古典自由主义的复兴事业，他努力证明国家干预与极权主义的关联，重申古典自由主义之路——法治之下的有限政府。直到20世纪70年代末，随着凯恩斯主义问题的暴露，哈耶克等人的复兴古典自由主义主张得到理论界和现实层面的认可，开始左右公共政策，形成了一股回归古典自由主义的潮流，我们可以称之为"新古典自由主义"，可用英文"Neo-liberalism"来表示。笔者赞同用"Neo-liberalism"来表示这种复兴古典自由主义思潮，这不仅是因为"Neo-liberalism"一词中的"Neo-"有"复制、模仿先前事物"之意，③ 而且在当前的西方学界用"Neo-liberalism"来指称这种复兴古典自由主义思潮是比较多见的做法。当然，"Neo-liberalism"的当代用法非常混乱，在接下来的部分笔者将详细论述。

---

① 殷叙彝：《"自由社会主义"和"社会自由主义"——论霍布豪斯的新自由主义》，《当代世界与社会主义》2005年第3期。
② ［英］约翰·格雷：《自由主义》，曹海军、刘训练译，吉林人民出版社2005年版，第48页。
③ 李小科：《澄清被混用的"新自由主义"——兼谈"New Liberalism"和"Neo-Liberalism"的翻译》，《复旦学报》（社会科学版）2006年第1期。

（二）Neo‐liberalism 一词的由来与演变①

1．"Neo‐liberalism"在当代的多重含义

在大陆学界，对"新自由主义"一词存在严重的混用，汉语中的新自由主义到底是对应"Neo‐liberalism"还是对应"New liberalism"往往没有作出清楚的说明。

通过研究，笔者发现即使是在英语学界，对于"Neo‐liberalism"的使用也存在混乱。可以理解的是，与"民主""自由"等这类词汇一样，"Neo‐liberalism"不可能在学界达成一致的定义，但是让人奇怪的是，不同学者在使用"民主"等这些词汇时，都做了非常清楚的界定，而且基于不同理解的学者在"民主"等观念到底是什么这个核心问题上进行了非常激烈的争论。而不同学者在使用"Neo‐liberalism"时，也像"民主"等观念的使用情况一样，各自的界定不一样，但却没有就什么是"Neo‐liberalism"进行明确的争论，这一点非常让人感到不可理解。

概括来讲，在当代英语世界里，"Neo‐liberalism"一词存在的混乱表现在如下方面。第一，意识形态上有分歧的学者都在使用该词，但是对自由市场作积极评价的学者不把他们这种对自由市场的态度称为"Neo‐liberalism"；第二，做经验研究的学者一般不对"Neo‐liberalism"下定义，即在没有界定的情况下使用该词；第三，学者们倾向于把"Neo‐liberalism"与其他概念联系在一起使用，比如"政治体系""发展模式"，表达的内容非常宽泛。在政治经济学中，最经常使用"Neo‐liberalism"的人是那些批判自由市场的人。"Neo‐liberalism"并非一个绝对的贬义词，但是，那些批判某种对待自由市场态度的学者，把这种对待自由市场的态度称为"Neo‐liberalism"时，"Neo‐liberalism"是作为一个贬义词来使用。正是因为在多数情况下，"Neo‐liberalism"一词是某些人用来批判一些对自由市场持积极评价的人，所有没有一个人自称是"Neoliberal"，②反而是那些批判

---

① 这一部分主要参考了如下这篇论文：Taylor C. Boas, Jordan Gans‐Morse："Neoliberalism: From New liberalism to Anti‐Liberalism Slogan", *St Comp Int Dev* (2009) 44: 137 - 161, DOI: 10.1007/s12116-009-9040-5。

② 如果把 Neo‐liberalism 译为"新古典自由主义"，那么 Neoliberals 则可译为"新古典自由主义者"。

"Neo‐liberalism"的人把某些人称为"Neoliberals",足见该词的消极意义。

在政治经济学领域,不同的学者在不同的含义上使用"Neo‐liberalism",大体来讲,可以概括为如下四类:第一类,特指一套经济改革,第二类,特指一种发展模式,第三类,特指一种规范性意识形态,第四类,特指一种学术范例。

首先来看第一类。使用"Neo‐liberalism"的学者中最常见的是将它指称为一种经济改革。学者们一度把这三种政策视为"Neo‐liberalism"的典型特征:第一,通过消除价格管制来进行自由化的改革,放松资本市场、降低贸易关税。第二,放松政府对经济的管制,主要是通过对国有企业的私有化来实现政府从经济领域撤退。第三,支持财政紧缩政策和宏观经济稳定,主张控制货币供应,减少政府赤字。这第一类我们也可以称为"政策类",因为使用者总是把"Neo‐liberalism"与特定的政策联系在一起。

第二类,特指一种发展模式。在这里"Neo‐liberalism"是一种综合性的发展战略,囊括经济、政治和社会多个领域,即不是一种治疗经济问题的技术措施,而是一套完整的经济理论。这种理论把各种完全不同的政策合并成一套完整的现代化经济发展方案,为那些后发现代化国家的工会组织、私人企业以及政府设定角色。在这个意义上讲,"Neo‐liberalism"特指一种后发现代化国家的现代化模式,不同于这些国家之前选择的那种政府主导型的发展模式,这种模式有完全不同的关于资本、劳动力和政府的定位,是对国家与社会关系的再造。

第三类,把"Neo‐liberalism"作为一种意识形态。当提及一种"Neo‐liberalism"的意识形态时,学者们指的是关于个人与集体恰当角色以及把自由视为一种至上社会价值的规范性主张。这种规范性主张有各种不同的说法,但大致主张把政府限制在一个最小规模而让个人自由维持在一个最大限度,认为政治领袖不应该给民众强加任何乌托邦,个人可以通过市场追求他们的自由。如果"Neo‐liberalism"作为一个发展模式是一种关于某一社会如何被组织起来的一个设计,那么,"Neo‐liberalism"意识形态则是一个关于社会应该如何被组织起来的一种主张。

第四类用法是把"Neo‐liberalism"作为一种学术范例。不同于一种规范性的意识形态,一种"Neo‐liberalism"的学术范例是由关于市场如何起作用的一套假设构成的,在这种意义上讲,"Neo‐liberalism"被认为与

"新古典经济理论"（neoclassical economic theory）关系密切。有学者就指出，"Neo‐liberalism"的研究方法一般假设受普遍理性制约的个人行为是可以推理确定的，生产者和消费者都被假定为追求利益最大化者，他们能够有效且理性地回应正确的市场信息。

总之，对"Neo‐liberalism"的使用不同于其他概念的地方在于以下三个方面：第一，基于"Neo‐liberalism"所包含的消极规范性因素和隐含的极端因素导致那些在意识形态上相互对立的学者在不一致地使用该词。第二，经验研究中，那些明确是把该词作为一个重要概念来使用的学者，也倾向于不对该词进行明确定义。第三，该词被不同学者用来指称多种明显有区别的现象，从一套政策或发展模式到一种意识形态或学术范例都有。

2. 该词的起源与演变过程

梳理"Neo‐liberalism"一词的演变过程，发现该词的含义竟然发生了与起始含义完全不同的变化。该词最早见于两次世界大战之间，虽然当代学者是在消极意义上来使用该词，但是当时德国的弗莱堡学派（Freiberg）却是在积极意义上创造并使用该词。这些经济学方面的学者是在一种明确的意义上把"Neo‐liberalism"作为一种温和的代替Classical liberalism（可译为"古典自由主义"）的方案。与现在的学者是在未加定义的前提下使用该词不同，德国的这些首创"Neo‐liberalism"一词的学者们用了大量的精力来谈论该词的含义，而且明确地把它用于经济哲学领域。当"Neo‐liberalism"首次作为一个学术词汇出现时，该词的明确含义是指一种新型的自由主义，而且即使是那些批判该词所代表经济思想的人，也是在描述的意义上来使用该词，而不是在贬损的意义上使用。由此可见，该词的当代用法和含义与它起源时完全相反。

两次世界大战期间，德国经济中的通胀与停滞带来了整个社会的不稳定，社会上泛起了激进意识形态，许多学者和政治家认为资本主义是难以为继了。在这种情势下，一些对自由主义抱有希望的学者，这当中就包括一小部分经济学家，还有一些与德国弗莱堡学派有关联的法律学者，这些新的自由主义者（These "new" liberals）试图通过对古典自由主义作一个彻底的改造来复苏自由主义的纲领，于是他们提出了"Neo‐liberalism"（"Neo‐liberalism"也被称作ordoliberalism，可译为"秩序自由主义"）这个概念来指称他们的主张。

与当代学者都把"Neo-liberalism"等同于市场原教旨主义不同,弗莱堡学派对自由市场的忠诚与19世纪的自由主义者相比是温和的。首先弗莱堡学派主张为了让自由市场发挥功效,政府必须扮演一个积极的角色。这些德国的新自由主义者接受了一个古典自由主义的主张:自由市场中主体之间的竞争能带来经济的繁荣,但是,他们也认为强大的市场主体会影响到自由竞争,因为在两次世界大战之间的岁月里,垄断组织和卡特尔消灭了大量中小企业。为了保证中小市场主体的利益,他们主张建立完善的法律体系和有效的监管机构,这一点有别于亚当·斯密关于建立最小政府的主张。就是说,他们一方面保留了自由放任中的自由竞争,另一方面又加入了政府干预,这种既坚持自由主义传统,又对此进行改造的态度就是该词前缀"Neo"所要表达的含义。

德国这些新自由主义者温和立场中的第二个表现是他们把人文和社会价值与效率同等看待。Alfred Muller-Armack 在1940年创造了"Social market economy"(可译为"社会市场经济")这一短语来强调这种自由主义对平等和人文价值的关爱,这一学派创立者之一 Walter Eucken 在1952年称"社会安全和社会正义是我们这个时代最大的关切"。这些德国自由主义者对弱者的关注使他们支持有限度的收入再分配,然而他们仍然反对全面的凯恩斯主义就业政策或覆盖全面的福利政府。可以肯定,这些自由主义者对福利政策的支持并不是完全利他主义的,而是为了维持社会的秩序。但是,他们对待社会市场经济的态度很清楚地把他们与市场原教旨主义区别开来,而我们今天在谈论"Neo-liberalism"时,是把它与市场原教旨主义联系在一起的。

与当代没有学者自称是"Neoliberal"不同,德国的这些弗莱堡学派人士不仅用"Neo-liberalism"来描述他们,而且还讨论什么样的自由主义才真正配得上"Neo"这个标签。当时一些显然忠于传统自由主义的人,也在挪用这个弗莱堡学派喜欢的词汇,有时也被误称为"Neo-liberal"(新古典自由主义者),弗莱堡学派对这种做法是抵制的。

与当代学者以不同含义在使用"Neo-liberalism"相反,弗莱堡学派把该词作为一种规范意义上的意识形态,这种意识形态有一个特别的主张,要求社会应该在自由与人文价值之间找到平衡点。这种"Neo-liberalism"

的政策不是仅仅限于象牙塔内，因为弗莱堡学派在"二战"之后的德国政府中占据要职，他们的观点对德国经济产生了重要影响。

虽然当代的学者经常把哈耶克和米尔顿·弗里德曼作为"Neo-liberalism"之父，但是那个时期的大多数学者则把"Neo-liberalism"看作德国经验以及提出这种学说的最为重要的理论家。在1950—1960年出版的论文和专著中，"Neo-liberalism"经常是与德国特别是弗莱堡学派联系在一起的，最早的关于"Neo-liberalism"的文献也是把它视为德国经验。虽然哈耶克与"Neo-liberalism"有重要的知识上的关系，也是《Ordo》杂志的编辑部成员和重要撰稿人，他虽然对反垄断立法保持尊重的态度，但是极力反对政府干预经济，即便他真是一个市场原教旨主义者，他的名字在这个时期也只是偶尔与"Neo-liberalism"联系在一起，而弗里德曼则完全没有与"Neo-liberalism"联系在一起。

在20世纪60年代，有一些亲市场的拉美（主要是智利）学者开始关注弗莱堡学派以及该学派在德国战后所实施的经济方案。这些学者常常用"neoliberalismo"这个西班牙词汇来翻译德语"neoliberalismus"（该词指的就是弗莱堡学派的思想）。拉美的这些亲市场的学者对德国奇迹很是羡慕，希望在拉美也能实现像德国那样的经济快速增长而又不会带来通货膨胀。

鉴于弗莱堡学派与德国经验的这种密切关系，"Neo-liberalism"在美洲的含义在本质上与弗莱堡学派所规定的含义相同，即都是指一种比古典自由主义温和的经济哲学，它主张政府利用政策手段控制社会不平等、反对垄断。

20世纪80年代，"Neo-liberalism"这个词在拉美比其他任何地方更流行，但是正是在这个时候，该词的含义发生了巨变。

第一种与之前不同的使用开始出现：反对市场化改革的人比支持市场化改革的人更多使用这个词，那些支持市场化改革的人已经找到了另一个替代"Neo-liberalism"的词来概括自己的主张，而且那些在20世纪80年代有规律地使用"Neo-liberalism"的人，已经把它等同于市场原教旨主义，特指一种主张彻底改变政府与社会关系的思想。

在20世纪80年代的拉美学界，"Neo-liberalism"一词的含义发生了与弗莱堡学派完全不同的变化，而且也不再把德国学者看作"Neo-liberalism"这种经济哲学的创始人。与此同时，有学者开始把"Neo-liberalism"与哈耶克和弗里德曼联系在一起，虽然他们都没有自称是"Neoliberals"。

如何解释这种转变呢？这个词之所以从一个温和的含义转变为一个带有极端做法的含义，是因为智利等国家的改革与"Neo-liberalism"的联系。在拉美国家这个词最早出现消极含义正好就是这些国家进行改革的时期。显然，这个时期发生的事情使得拉美学者转变了他们之前赋予"Neo-liberalism"的含义，皮诺切特政府及其实施的经济政治改革无疑是一个重要的原因。

20世纪60年代，亲市场的拉美学者虽然接受了弗莱堡学派的经济哲学，但是随着弗里德曼和哈耶克更原教旨主义哲学思想的出现，这些拉美学者对弗莱堡学派思想的热爱开始消退。1955年，一批被选拔出来的智利年轻人受邀到芝加哥大学攻读经济学博士学位，他们有幸得到弗里德曼等人的指导。1960年回国后，他们有组织地出版芝加哥学派和奥地利学派的著作，宣传他们的思想。虽然弗里德曼和哈耶克并没有把他们的思想冠以"Neo-liberalism"之名，但是，那些主导智利1973年改革的右翼分子信奉的却是弗里德曼和哈耶克等人的思想。

虽然皮诺切特军政府最初几年改革的政策是含糊的，但是那些从美国芝加哥大学获得博士学位的人最终成了那场改革的总设计师，他们试图对智利经济和社会进行全面的改革。从1975年开始，智利改革出现了快速私有化、解除管制以及消除贸易壁垒的倾向。

皮诺切特的改革是极端的，一方面，市场化的速度和彻底性以及由此带来的急剧变化超出了当时社会所能承受的限度，另一方面，改革者试图通过一次运动来对社会进行彻底的经济改革。皮诺切特的改革超出了经济改革的范畴，变成一场急剧的从根本上改变社会与政府组织的变革，以致智利的资本家和地主都认为改革是极端的。

在智利军事统治的高峰时期，"Neo-liberalism"获得了一个新的含义，反对者开始使用这个词来描述完全不同于这个词的创立者弗莱堡学派所指的那种含义。反对者试图让"Neo-liberalism"充满贬损的含义，让它成为对政府极端改革进行公开批评的工具。

正是由于反对者使用"Neo-liberalism"一词来形容皮诺切特独裁下的极端改革，该词的使用从此具有了消极意义是可想而知的。而此时，那些曾经支持市场的人，出于宣传的需要，认为用"Neo-liberalism"来指称改革还不如用"social market economy"（可译为"社会市场经济"），因为这个词比起"Neo-liberalism"来更能消除人们对改革的顾虑。

正是20世纪七八十年代批判市场化极端改革的人在西班牙语中使用"Neo-liberalism"来批判改革，所以这种用法也传到了英语世界，从此该词的用法出现了混乱，没有人试图去恢复它原来的含义。

（三）何为Libertarianism

英语世界中的Libertarianism在大陆学界存在两种常见的翻译，一是被翻译成"自由至上主义"，一是被翻译成"自由意志主义"，大多数学者对应该译成"自由至上主义"或是译成"自由意志主义"没有特别的主张，只是遵从自己的习惯，但是也有学者特地指出Libertarianism应该译成其中一个而不应该译成另一个。① 少数学者也有一些其他译法，比如周保松将Libertarianism译成放任自由主义，白彤东将之译为自由放任主义。② 笔者在此比较赞同周保松和白彤东的译法，把Libertarianism译为"放任自由主义"，下文中"放任自由主义"皆指"Libertarianism"。那么在英语世界中，怎样的一种思想主张能被称为放任自由主义呢？简单来讲，那种主张自由市场本质上是正义的，因而捍卫市场自由，反对运用再分配性税收机制去实现任何形式平等的理论都可以称为放任自由主义。③

在当代西方政治思潮版图上，放任自由主义属于右翼，马克思主义和社会主义属于左翼，而罗尔斯和德沃金的自由主义的平等主义属于中间地带。在中文界，我们一般都把诺齐克和哈耶克作为放任自由主义最为重要的代表人物，但是在英语世界，诺齐克未必是最重要的代表人物，而哈耶克也不一定属于放任自由主义的范畴。依照著名政治哲学家威尔·金里卡

---

① 毛寿龙主张译为"自由至上论"，反对译为"自由意志论"，而周濂主张译为"自由意志主义"，而反对译为"自由至上主义"，分别参见毛寿龙《自由高于一切——自由至上论评述》，《自由主义与当代世界》，生活·读书·新知三联书店2000年版，第22页；周濂《正义第一原则与财产所有权的民主制》，《中国人民大学学报》2015年第1期。

② 周保松在一篇解读罗尔斯《正义论》的文章中，把Libertarianism翻译成"放任自由主义"，而白彤东在一篇解读罗尔斯《万民法》的文章中，把Libertarianism译为"自由放任主义"。参见应奇主编《当代政治哲学名著导读》，江苏人民出版社2010年版，第13、299页。

③ 参见[加拿大]威尔·金里卡《当代政治哲学》，刘莘译，上海三联书店2004年版，第187页。

的标准，并不是所有捍卫自由市场的人都是放任自由主义者，只有那些是基于"自由市场本质上是正义的"而捍卫自由市场的人才能被称为放任自由主义者，而那些基于自由市场能产生最大功利的人就不能称为放任自由主义者（应该称为功利主义者）。而哈耶克也不属于放任自由主义的范畴，因为他并不是基于"自由市场本质上是正义的"而捍卫自由市场，而是基于"资本主义能使暴政的危险降到最少"。①

在金里卡看来，放任自由主义是这样的一种平等理论：每个人都平等地对自己及其财产拥有权利，自由市场能够很好地尊重个人的这种权利，所以自由市场在本质上是正义的，任何对自由市场交易结果的人为再分配干预都是对个人权利的侵犯，都是不正义的。放任自由主义之所以也是一种平等理论，是因为它不把人作为实现某种善的手段，相信每个人在道德上都是平等的主体。那么怎样才能体现对人的平等关照呢？放任自由主义认为，只有把人看作是自己及其劳动的所有者，赋予人自由处置自己的财产和劳动的权利，才能表达对人的平等关照。

放任自由主义按照其立论的方式大致有三种理论形式，一种是基于自我所有论的放任自由主义，代表人物是诺齐克，一种是基于互利的放任自由主义，代表人物是大卫·高蒂耶（David Gauthier），还有一种是基于自由的放任自由主义。它们三者的区别是用什么理论来论证放任自由主义的立场，诺齐克是用自我所有论，而高蒂耶是用互利理论，还有一个是用自由来进行论证。②

第二节 自由主义的当代特征

当代西方最为权威的政治哲学评论性著作当属威尔·金里卡（Will Kymlicka）的《当代政治哲学》。该书虽然分章介绍了我们熟知的功利主义、社群主义、文化多元主义等八种政治哲学思想，但是介绍的主线是罗

---

① ［加拿大］威尔·金里卡：《当代政治哲学》，刘莘译，上海三联书店2004年版，第188—189页。
② 关于这三种形式的放任自由主义的详细论述，可参见威尔·金里卡《当代政治哲学》一书的第四章。

尔斯,即通过介绍罗尔斯的自由主义的平等主义以及其他政治哲学家对罗尔斯的回应来展现当代西方政治哲学思想的面貌。这种编写形式当然体现了作者金里卡对罗尔斯思想的推崇,但从根本上也反映了当代西方政治哲学思想的面貌和特征:围绕罗尔斯提出的"作为公平的正义"来展开对"平等"这一概念的争论。正是在"平等"问题上的重大分歧,当代自由主义明显分为以罗尔斯、德沃金为代表的左翼自由主义,和以诺齐克为代表的右翼自由主义,他们代表了自由主义的当代面貌。

一 以罗尔斯为代表的左翼自由主义

(一) 罗尔斯的基本思想

罗尔斯要反对的是功利主义,因为它对正义的理解是有问题的,至少它会侵犯那种(些)对个人是至关重要的权利。罗尔斯对正义的理解是:所有的社会基本善(social primary goods)——自由和机会、收入和财富、自尊的基础——都应被平等地分配,除非对一些或所有社会基本善的一种不平等分配有利于最不利者。[①] 我们可以看出,罗尔斯是用平等分配所有社会基本益品来定义正义的,但是这里有一个转折,他并不是说平等就是正义。罗尔斯也允许一定的不平等,但是这里的不平等是正义所允许的,那么正义所允许的不平等是怎样的不平等呢?罗尔斯认为正义的本质在于如何体现平等待人,把人作为平等的道德主体来看待。罗尔斯认为,要平等待人,并不一定要消除一切不平等,而只需要消除那些没有体现平等待人的不平等。他认为,如果某种形式的不平等,比如说超出常人的高智商、体能等这些被称为"天赋"的东西,将使所有人收益,那么这种不平等就不应该也不可能消除。同样,在社会财富的分配中,如果某些人基于自愿而付出更多的努力,就应该获得更多的财富,只要这也促进了最少受惠者的利益。这实际上是把对不平等的否决权交给了社会上的最不利者,用他们是否最终受惠来衡量不平等是否为正义所允许。

---

① [美]约翰·罗尔斯:《正义论》,何怀宏、何包钢、廖申白译,中国社会科学出版社1988年版,第303页。

为了避免自己的正义观出现像直觉主义那样存在的原则之间冲突混乱的问题，罗尔斯创造性地提出了"词典式优先原则"来进一步阐明自己的正义观。

第一原则：每个人对与所有人所拥有的最广泛平等的基本自由体系相容的类似自由体系都应有一种平等的权利。

第二原则：社会和经济的不平等应该这样安排，使它们：（a）在与正义的储存原则一致的情况下，适合于最少受惠者的最大利益；并且（b）依系于在机会公平平等的条件下职务和地位向所有人开放。

第一优先规则（自由的优先性）：两个正义原则应以词典式次序排序，因此，自由只能为了自由的缘故被限制。

第二优先规则（正义对效率和福利的优先）：第二个正义原则以一种词典式次序优先于效率原则和最大限度追求利益总额的原则；公平的机会优先于差别原则[1][2]。

这就是用优先原则排序过的正义原则，它清楚地诠释了罗尔斯的正义观。按照这些原则，某些社会益品要比另一些益品更重要，因此，不能为了促进后者而牺牲前者，平等的诸基本自由要优先于机会平等，机会平等要优先于资源平等。

在罗尔斯的正义原则里，他重申了传统自由主义的自由观，主张每个人都享有平等的自由，反对为了自由之外的价值牺牲自由，这是对功利主义缺陷的抛弃。在罗尔斯的正义原则中，最为重要的是提出了一种新的平等观，即什么才是平等待人。罗尔斯给出的回答是：所有的社会基本善（social primary goods）——自由和机会、收入和财富、自尊的基础——都应被平等地分配，除非对一些或所有社会基本善的一种不平等分配有利于最不利者。这种平等观到底激进在哪里呢？我们认为这里的激进体现在它突破了当时流行的平等观，把平等问题推进到了天赋和运气的不平等这一恼人的领域。其实不平等大致可以分为三个层面：法律地位的不平等、社会环境的不平等以及天赋和运气的不平等。法律地位的不平等是资产阶级革

---

[1] 所谓差别原则（the difference principle）就是第二原则中的"（a）这两种不平等都能够最大限度地增进最不利者的利益"，该原则在中文界也被译为"差异原则"。

[2] ［美］约翰·罗尔斯：《正义论》，何怀宏、何包钢、廖申白译，中国社会科学出版社1988年版，第302—303页。

命要解决的问题，而出生和成长环境的不平等（即社会环境的不平等）正是 20 世纪以来资本主义面临的难题。罗尔斯建构理论的时候，社会大众普遍认可的平等是法律地位的平等，也有部分学者和人士主张要突破到社会环境的平等，主张要对经济和文化上处于不利地位的群体实施"积极行动计划"，让他们有一个发展自己才能、健全自己人格的公平社会环境。罗尔斯认为这些还是不够，如果说社会环境中的不平等是不应得的和任意的，让个人去为这些非自己选择的不平等承担代价是不公平的，那么公民在天赋和运气上的不平等也是不应得的和任意的，也不应该让个体为此承担代价。没有人生来就应该是残疾的，或生来就应该拥有 140 的高智商，正如没有人就应该属于某个特定的阶级、性别或种族。如果使人们的命运受前一类因素的影响是不公正的，为什么使人们的命运受后一类因素的影响就是公正的呢？罗尔斯认为这两者都是不公正的，因为正义的分配不应该受到从道德上讲是任意的因素的影响。罗尔斯主张人们的命运应该取决于他们的选择，而不应该取决于他们的偶然境况，这与当时流行的平等观没有区别。但他还认识到，流行的观点只认识到了社会境况的差异，却忽视了自然天赋的差异，主张把平等推进到天赋和运气这个恼人的领域。

那么我们应该如何对待天赋的差异呢？罗尔斯认为天赋的差异与社会环境的差异不同，不能消除也不应该消除，可以让天赋等这些偶然因素有利于社会中的最不利者的利益。罗尔斯的想法是，虽然没有人天生就应该从天赋中受益，但是如果允许这些天赋好的人从中受益反而能促进那些在自然的博彩中处于不利地位的人，那么这种允许就不是不公平的，这正是罗尔斯差别原则的宗旨。

（二）罗尔斯写作《正义论》的背景

罗尔斯及其《正义论》在整个思想史上的地位是毋庸置疑的，以致因批判诺齐克和罗尔斯而转向政治哲学的分析马克思主义学派代表人物柯亨（G. A. Cohen，也译作科恩）指出，在西方政治哲学史上最多有两本书比《正义论》更伟大：柏拉图的《理想国》和霍布斯的《利维坦》。[1] 哲学思考，离不开哲学家所处的时代和学术传统。无疑《正义论》的成功，在于

---

[1] [英] G. A. 科恩：《拯救正义与平等》，陈伟译，复旦大学出版社 2014 年版，导言第 10 页。

作者对这两个方面作出了积极回应,并提出了原创性和系统性的见解。《正义论》酝酿中的20世纪60年代,是自由主义受到最大挑战的时代。尤其在美国,民权及黑人解放运动、新左派及嬉皮运动、反越战运动等,都对当时的政府及其制度提出了严重挑战。社会正义、基本人权、公民抗命以及贫富悬殊问题,成为各种思潮最关心的议题。当时很多人认为,自由主义只是一种落伍而肤浅的意识形态,根本不足以应对时代挑战。《正义论》透过严谨的论证,对这些问题作了直接的回应,显示出自由主义传统仍有足够的理论资源,建构一个更为公正理想的社会。[1]

《正义论》的重要性也和当时英美的学术氛围有莫大关系。20世纪前、中期的西方哲学无疑是分析哲学的一统天下。分析哲学的宰制性之强大,足以让以道德价值为理论主题的伦理学,也演绎成为以道德命题的逻辑推理和道德语言的逻辑分析为全部知识目标的所谓"元伦理学",对科学知识的真理追求几乎成为哲学的唯一主题。苏格拉底的"道德即知识"命题被人遗忘,柏拉图的"至善"问题和"理想国"想象不再属于哲学,甚至也不再属于整个现代思想世界,亚里士多德关于形而上学的"理性智慧"、关于城邦政治大善和个人美德之善的"实践智慧",也被"拒斥"于哲学门外。在这种环境下,规范性政治哲学被推到了一个极其边缘的位置。这一切,使得亲历过太平洋战争风暴并目睹20世纪60年代美国黑人民权运动、反越战抗议等社会现实的罗尔斯深感疑惑和不安:哲学怎么可以这样对我们生活于其间的现实世界不闻不问?[2] 罗尔斯认为,仅靠逻辑及语言界说,根本无法建立任何实质性的正义理论,运用我们的道德直觉和各种经验性知识,建构出一套最能符合我们深思熟虑的判断的正义体系,并以此来回应民主社会出现的各种根本政治问题,这就是罗尔斯花费20年心力所成就的《正义论》(1971年)之主要背景和立意所在。

(三) 罗尔斯的理想和立场

《正义论》的主要目的是要建构一套在道德上值得追求,同时在实践上可行的道德原则,以此来规范社会的基本制度,决定公民的权利与义务,及分

---

[1] 应奇主编:《当代政治哲学名著导读》,江苏人民出版社2010年版,第4—5页。
[2] 万俊人:《罗尔斯的政治哲学遗产》(上),《马克思主义与现实》2006年第1期。

配社会合作中的个人应得的利益。这样一套原则便是所谓的正义原则。在政治光谱上,罗尔斯的理论常被界定为自由左派(liberalism)又或自由平等主义(liberal egalitarianism)。它的最大特点是一方面强调个人权利的优先性,容许公民有极大的基本自由,追求自己的人生理想,另一方面重视社会资源的平等分配。他认为,一个正义的社会,必须充分保障每个公民都有平等权利享有一系列的基本自由和权利,同时保证每个人有平等机会追求自己的事业和人生计划,而在经济分配上,则强调任何不平等的分配必须在对社会中最弱势的人最有利的情况下才被允许。[1]

罗尔斯心目中的正义社会,一方面肯定个人权利的优先性,另一方面强调社会财富再分配,确保每个公民均有公平的平等机会,并人人受到社会合作带来的好处。他既不接受市场至上,也反对计划经济。有人认为罗尔斯主张的是福利国家,但他却指出他的差别原则较今日的西方福利社会更为重视经济和社会平等。他真正拥抱的是一种建基在自由平等之上的互惠式的社会合作。

(四)财产所有的民主制

罗尔斯所说的差别原则如何实施呢?我们可以用收入的相对多寡或社会职位的高低来作为标准,划定一个社会上最弱势群体的界限,然后通过财富的再分配,资助这些弱势阶层,给其一个基本社会保障。这似乎和今日的福利国家制度没有多大分别。但是在《正义论》的修订版序言中,罗尔斯却指出,我们必须将他所说的"财产所有民主制(property owning democracy)"(也可译为"持有财产的民主")与福利国家区分开来。虽然两者都容许私有产权,但是"财产所有民主制的背景制度,连同它的(可行的)竞争性市场,是尝试分散财产和资本的所有,并因而试图阻止社会上一小部分人控制经济并间接控制政治生活本身"[2]。而福利国家制度,只要求在某一合作阶段的最后给予那些由于意外或不幸而陷入苦境的人一定的保障便已足够(例如失业补偿或医疗津贴),但却容许相当大的贫富悬殊及政治权力的不平等。罗尔斯的理想是,所有公民在每一阶段的开始便应尽

---

[1] 应奇主编:《当代政治哲学名著导读》,江苏人民出版社2010年版,第6页。
[2] John Rawls, *A Theory of Justice* (rev), Harvard University Press, 1999, pp. xiv – xv.

可能有平等的起跑点。因此,除了有实质的机会平等之外,更要通过财产法等手段,来分散资本和资源的所有权。罗尔斯认为,为了实现这个目标,经济领域中的生产环节虽然必须继续坚持依靠竞争性市场,但在产出分配及生产资料的所有权方面,既可以实施财产所有民主制,也可以实施自由社会主义制(liberal socialist regime),而何者较为可取则由该社会特定的历史条件和传统决定。① 一直以来,很多人认为罗尔斯的理论是替福利国家制度寻找一种伦理基础,但由上可见,他不仅要和放任自由主义划清界限,甚至要求一个比福利国家更为平等的社会。罗尔斯深刻认识到,资本主义社会的贫富悬殊不仅让弱势者没有平等机会,更令第一原则保证的平等的政治自由变得岌岌可危,因为有产者往往可以凭借其优势地位用各种不同方式操纵民主选举和影响各种政治决策,从而使政治平等徒具虚名。②

(五) 罗尔斯的《政治自由主义》

罗尔斯为什么要写《政治自由主义》呢?比较一致的看法是他要对在《正义论》中提出的自由主义正义原则作出不同于之前的论证。也就是说,罗尔斯所坚持的自由主义原则没有变化,变化的是论证的方式。那么这样的一种比较一致的看法是否确切呢?要回答这个问题,我们必须弄清楚,在《政治自由主义》里,罗尔斯提出了哪些新的东西。

按照金里卡的观点,罗尔斯出版《政治自由主义》是为了包容社群主义对自由主义的批判。对此,金里卡表示不理解和惊讶,因为由社群主义提出的、罗尔斯作出让步的批判,其实并不具有多少言之成理之处,而竟然有不少自由主义者为此作出让步,罗尔斯是其中的典型代表。

那么罗尔斯是针对社群主义的何种批判才作出了"政治自由主义"的修正呢?社群主义对罗尔斯阐发的自由主义的一项重要批判是针对其自我观,特别是自由主义者对自主或者理性可修正性的强调。罗尔斯部分接受了社群主义的这个批判,在《政治自由主义》里,罗尔斯在论证其正义原则时,弱化了对理性可修正性的支持,表示在当代的多元社会里,即使是

---

① John Rawls, *A Theory of Justice*, Harvard University Press, 1971, p. 271.
② 应奇主编:《当代政治哲学名著导读》,江苏人民出版社2010年版,第25—26页。

那些不接受罗尔斯所持有的那种理性可修正性哲学观的群体，也会在公共社会领域支持罗尔斯提出的正义原则。也即是说，罗尔斯在《政治自由主义》里，并没有修改自己的正义原则，并没有放弃对理性可修正性的支持，修改的只是对正义原则的论证，所要达到的目的是要向社群主义者表明，《正义论》中提出的正义原则是可以被证成的，因为即使当代社会中的部分社群（比如安迷系）不与我们共享某种强的理性可修正性的哲学观，一样有可能达成罗尔斯的正义原则。下面，笔者将具体说明罗尔斯到底作出了怎样的修正，以及这样的修正是否成功。

社群主义对罗尔斯阐发的自由主义提出的批判最主要的方面集中在如下两点：一是罗尔斯的理论是建立在一个有问题的自我观基础之上；二是即使罗尔斯的自我观没有问题，他也忽视了发展和维系这种自我观所代表的能力的社会根基。对这两个集中点的批判，罗尔斯应该是可以作出有力回应而不必让步的，但是由这两点批判弱化而来的一个批判，罗尔斯作出了非常认真的对待，并由此形成了"政治自由主义"。这个批判就是：就算自由主义者关于理性的可修正性的观点是没有问题的，就算罗尔斯也考虑到了社会根基问题，但是，并非所有公民都接受这个理性的可修正性的观点，因为在我们当代多元社会里，的确有一些人不接受这种哲学观。既然不是所有人都接受这种哲学观，罗尔斯的正义原则论证就存在问题。

这的确是一个真问题。当代社会中的确存在这样一些固守传统的群体，比如原教旨主义的宗教群体或者与世隔绝的种族文化意义上的少数民族。这些群体显然就不接受自由主义对个人自主的强调，因为如果自己群体的成员被告知了其他的生活方式，并且被赋予了自主选择生活方式的权利，那么很多成员特别是青年成员就会选择离开自己所属的群体，这无疑是对这些特殊群体继续存在下去的极大威胁。所以这些群体就会通过一些措施，比如隔离的办法，从而阻止其成员发展和运用理性的可修正能力，或者通过惩罚的办法来增加脱离群体的成本。[①] 这样的社群虽然不会把自己的生活方式扩展到社群之外的领域，但也反对我们把自由主义的个人自主的价值

---

① 这绝非一种理论虚构。在当代西方社会的确存在这样的社群，学者们在争论时经常举的例子有哈特莱特教派（Hutterite）和阿米什人（the Amish community）。

观强加到其社群内部。对于这样的没有进攻性的社群,如果我们强行把自由主义的个人自主价值灌输给其成员,似乎是不正确的,因为宽容被自由主义视为非常珍贵的一种价值,如果我们强行这样做了,就有违背我们的宽容原则之嫌。

面对这些复杂的现实问题,自由主义内部出现了争论。罗尔斯率先做出回应,从"综合自由主义"(comprehensive liberalism)过渡到"政治自由主义"(political liberalism)。20世纪80年代中后期,罗尔斯在一系列作品中表明,由于我们社会中一些人不认为自己的目标是潜在可修正的,因此基于个人的自主而捍卫自由主义制度的做法就是"褊狭的"。其他自由主义理论家,像高尔斯顿(Galston)、拉莫尔(Charles Larmore)以及穆恩(Donald Moon),也希望按照这种方式重新阐述自由主义,使得自由主义能够吸引那些不看重自主的人群。

罗尔斯认为,政治自由主义与诉求自主价值的综合自由主义的根本区别是对两个正义原则的论证,特别是为自由原则所作的论证。罗尔斯认为,在政治自由主义里,对保护基本自由可以有几种不同的论证,其中有些诉求自主的价值而有些则不这样,这些不同的论证分别吸引社会中不同的群体,而最终的结果是一种"交叠共识"(overlapping consensus)(也可译为"重叠共识"),即是说,我们都同意有必要支持基本自由,但却出于不同的理由。罗尔斯以良心自由为例来说明交叠共识如何形成。有两种不同的宗教观,一种是把宗教信仰看作服从慎思的理性并能被修正,一种是把宗教信仰当作既定的东西,不能被修正。罗尔斯认为这两种宗教观都可以支持信仰自由:第一种宗教观之所以支持信仰自由,是因为我们不能保证我们目前的生活方式完全吻合理性,而第二种宗教观之所以支持信仰自由,是因为社会包含多元的宗教观,而其中的每一种都是毫不妥协的,只有接受信仰自由才能共存。显然第一种宗教观依赖理性的可修正性,而第二种宗教观却没有依赖理性的可修正性,而是一种妥协,但是都可以支持信仰自由,这就是罗尔斯所说的交叠共识。罗尔斯认为这第二个为信仰自由所作的论证没有包含少数社区反对的自主观,是社群主义者可以接受的论证。依此类推,可以为集会自由、言论自由等作出同样不诉求自主价值的论证。

罗尔斯之所以把这种重新阐述的自由主义称为"政治自由主义"是因

为这种自由主义只涉及政治领域,在私人领域不同社群照样可以坚持自己的生活方式。也就是说,接受政治自由主义,对于有些社群来说并没有多少影响,所以无论持有怎样价值观的社群都会接受。按照罗尔斯的思路,只要把自主观念限定在政治领域,那些持有善观念不可修正性的社群也会接受罗尔斯的自由主义。那么罗尔斯为此作出的新的阐述是否成功呢?很多学者认为这种做法只是掩盖了分歧,而没有真正解决问题。因为罗尔斯的政治自由主义并没有放弃根本的结论,只是修改了论证的方式,这样也就没有作出多少的让步。正如金里卡所言,社群主义恐惧和讨厌的正是那些自由本身,而不在乎为此作出的论证。也就是说,罗尔斯并没有放弃对理性可修正性的坚持,并没有放弃对个人自主价值的看重。而且,政治领域与私人领域的两分也是存在问题的,因为人们无法做到在政治领域接受理性可修正性的观念,而在私人领域不运用理性的可修正性能力。政治自由主义不仅要保证人们具有修正自己目的的一定形式上的法定权利,同时,为了保证人们实施这些权利,还要保证人们拥有关于这些权利的知识以及配套的教育和法律条件,而对于这些要求,从社群主义者的立场来看,都是无法接受的[①]。所以,金里卡认为罗尔斯对政治自由主义与综合自由主义的区分是言过其实的。这两种自由主义不仅信奉公共权利,而且都要确保在私人生活中具备实际运用这些权利所需的条件。换句话讲,两种自由主义都不仅在法律上承认基本自由,而且还要使人们具备实施这些自由的能力。罗尔斯认为,即使人们持有非常不一样的观点,但是,只要这些观点在为形势所需时,能够彼此融贯,那么这些不一样的观点就不是不可形成共识的,这就是他认为政治自由主义可行的理由。罗尔斯的这种说法从一般意义上来讲是正确的,但是在他为政治自由主义提供的论证中,却是无效的,因为罗尔斯对为什么在私人领域个人可以不持有理性的可修正性观念与在政治领域个人必须认同理性的可修正性是融贯的说明并不能让人信服。比如,政治上的基本自由,它是需要在私人生活领域培养和运用这种自由能力的,所谓公私的两分是不可能的,此处的融贯是不可能的,因为两者之间分歧太大。

[①] [加拿大] 威尔·金里卡:《当代政治哲学》,刘莘译,上海三联书店 2004 年版,第 438 页。

在回答了罗尔斯政治自由主义做了何种修改之后，我们要回答的问题是，这种修改的背后是否包含其立场或者态度的改变呢？西方学者对此的解读是，罗尔斯转变到政治自由主义如果不一定表明其转向"保守"的话，至少显示了他对多元的现实社会的考量。白彤东在一篇解读罗尔斯《万民法》的文章中说，《政治自由主义》和《万民法》正是罗尔斯20世纪80年代中期转向"保守"之后的作品。如果说罗尔斯的《正义论》是建立在一个无所不包的综合的学说之上，那么对正义原则的论证必定是依赖于一个较强的主张；如果能把论证的基础变得更窄，依赖于一个较弱的主张，那么这种论证就会更强健，更不容易受到攻击。如果我们不把罗尔斯对论证的改进看作其转向"保守"，那么其对现实的更多考量则是一定的。那么这种现实到底是什么？

没有哪一种形而上的学说能够完全彻底地证明自己是对的，而别的学说是错的。不是所有观念的冲突都可以通过理性的对话来完全消除，否则历史上就不会出现各帮各派了。我们决不能站在自己立场上说其他学说是褊狭的，因为历史的长期洗礼都未能消除各种学说的共存，说明这绝非偏见问题。罗尔斯应该是更加关注到了这种现实。罗尔斯说："现代民主社会里的合理的无所不包的宗教、哲学、道德学说的多元不是一个马上就要消失的历史条件；它是民主社会文化的永恒的特点。"[1] 如果把自由民主社会建立在某种特定的学说之上，比如建立在像康德、密尔这样的基于个人主义和个人自由的无所不包的自由主义之上，那么必定有一定数量的社会成员不认可甚至是反对这种学说，必须依赖"压制性的国家力量来维持"这种社会。所以，罗尔斯说："一个持久和安定的民主制度……必须得到它的政治上活跃的公民的绝大多数的自愿和自由的支持。"[2] 看来，罗尔斯在《政治自由主义》中要解决的核心问题就是：具有不同宗教背景，哲学观以及道德学说的自由而平等的公民，如何能够组建一个稳定的正义社会？

罗尔斯给出的回答是，将自由民主当作独立的政治概念（freestanding political conception）。这里的"独立"是独立于已知的形而上学的学说，这里的"政治的"是用来区分"形而上学""宗教""道德"和"意识形

---

[1] John Rawls, *Political Liberalism*, Columbia University Press, 1993, p. 36.
[2] Ibid., pp. 36 – 38.

态"。罗尔斯将自由民主作为政治概念独立出来,也就使不同学说,不管是自由主义的还是非自由主义的,来认可(endorse)自由民主成为可能。这里的"认可"是指各种学说只要认可自由民主即可,而不是说各种学说能发展出自由民主制度。① 这样,罗尔斯就降低了合理学说的标准,即只要认可自由民主这一政治概念。这样的话,各种学说可以有自己不同的自由民主观念,支持的自由民主方式也存在差别,罗尔斯只要求这些观念有一个交叠共识即可。如果一个国家的公民能从自己无所不包的学说出发认可自由民主这个政治概念家庭里的一员,而这样的公民是持续的多数,那么多元民主社会就可能有合法的稳定性。②

二 以诺齐克为代表的右翼自由主义

罗伯特·诺齐克(Robert Nozick,也译作诺奇克)的《无政府、国家和乌托邦》(1974年)是战后出版的一部论述放任自由主义(Libertarianism)政治思想的最重要的著作。该书的重要性在于,诺齐克为自由所作的辩护是出自道德理由而非经济理由。在诺齐克之前,也有人从道德的角度来为放任自由主义作辩护,但是都表现平平,毫不出众。诺齐克正面回答了放任自由主义的一个关键问题:国家本身的合法性。诺齐克从道德的角度论证了最弱意义的国家(Minimal State)从无政府状态产生的正当性,也论证了任何比最弱意义的国家更大的国家的不正当性,还论证了最弱意义的国家其实是让人向往的,能满足我们的乌托邦梦想。诺齐克既批判了罗尔斯那种左翼的自由主义理论,主张放任自由主义,反对福利国家政策,也批判了马克思主义和左翼理论,主张私有制和市场原则,反对公有制和集体主义。

(一) 诺齐克的资格理论

诺齐克是用资格理论(Entitlement Theory)来完成对自由市场的正当性论证。就像大多数放任自由主义的理论一样,诺齐克理论的中心目的

---

① 应奇主编:《当代政治哲学名著导读》,江苏人民出版社2010年版,第297页。
② John Rawls, *Political Liberalism*, Columbia University Press, 1993, pp. xlix – 1.

是这样的：如果我们假定每个人对他们当下持有的财物拥有资格，那么，正义的分配就只能是那些源于人们自由交换的分配，同时，在正义状况下，通过自由转移而产生的任何分配都是正义的。因此，政府在违背当事人意愿的情况下对这些交换进行强制性征税就是不正义的，即使这些税收将用来贴补那些自然残障者因这些非选择性的劣势所承受的额外支出。唯一正当的税收只能是：用于维持那些保护自由交换机制正常运转所需的经费。

准确地讲，诺齐克的资格理论包括如下三个原则。

第一，转移原则：任何通过正义途径所获之物都可以自由地转移；

第二，正义的初始获得原则：为人们最初是如何获得那些可以按照第一原则而转移的物品提供解释；

第三，对非正义的矫正原则：如何处理通过不正义途径所获之物或通过不正义途径而转移的财产。

如果我拥有一块土地，第一原则说的是，我可以按照自己愿意的任何方式自由地转移这块土地。第二原则告诉我们，这块土地最初是怎么被拥有的。第三原则告诉我们，当第一原则和第二原则被违背时该怎么办。这三个原则的结论就意味着，如果人们当下的财产是通过正义途径获得的，分配正义的公式就是："从愿给者得来，按被选者给去"。①

诺齐克资格理论的结论是：最弱意义的国家只限于提供公共安全保护，任何功能更强大的国家都将侵犯公民个人的权利因而是无法得到正当证明的。这里非常清楚展示了作为自由主义右派的诺齐克与作为自由主义左派的罗尔斯之间的根本对立。在罗尔斯和德沃金看来，仅仅因为处于自然劣势的人没有可供自由交换的东西就让他们忍饥挨饿，或者，出生于贫困家庭的孩子仅仅因为贫困就得不到保健或教育，这些都是不公平的，因此要通过再分配性税收来补偿这些人的不应得的社会劣势和自然劣势。但是，诺齐克却认为这样的补偿是非正义的，因为按上面的资格理论，正当持有财物的个人拥有绝对的权利按照自己认为恰当的方式自由地处置财产，只要这种处置不违背上述原则，任何个人即便是国家也无权干涉。当然诺齐克并不反对自愿的慈善

---

① [美]罗伯特·诺齐克：《无政府、国家和乌托邦》，姚大志译，中国社会科学出版社2008年版，第192页。

行为,他甚至认为自愿的慈善是对财物的极好处置方式,但是,他坚决反对任何强制性的再分配性税收。

(二) 诺齐克对资格理论的论证

显然,诺齐克的结论是极具挑战性的。为此,诺齐克提供了两个论证:一个是诉求直觉,一个是通过自我所有权(Self-ownership)。首先,让我们来看看诺齐克的直觉论证——篮球明星张伯伦的例子。在这个例子里,诺齐克首先要我们明确一种我们认为是正当的初始分配,然后指出,依据直觉我们将支持他的转移原则而不是罗尔斯的再分配原则。在《无政府、国家和乌托邦》一书中,诺齐克举了篮球明星张伯伦的例子来说明了这一点。假如张伯伦生活在一个实行平等分配的社会主义国家里,每个社会成员都拥有相同的收入 100 美元,现在假定,张伯伦在为社会主义工厂工作之余,向热爱篮球的人展现其高超的篮球技艺,如果观众在单调的工作之余实在是太喜欢观看张伯伦的表演,以至于他们与张伯伦达成了一个契约,只要张伯伦每周六为他们献上一场篮球赛,他们愿意从自己的收入中抽取 25 美分给张伯伦,作为每一场球的回报。如果一年下来,有 100 万人观看了张伯伦的比赛,那么一年后,他的收入将达到 25 万美元,远远超过普通人的收入水平。诺齐克断言,观众与张伯伦之间的交易是自愿的,不存在不正义,因此,张伯伦完全有权利拥有这 25 万美元,任何人包括社会主义国家也无权拿走。[①]

通过这个生动的例子,诺齐克想要说明,只要不对人们的生活进行持续的干预,那么任何模式化的分配正义原则都不能持续下去。所谓模式化的分配,是指按照某种自然维度、自然维度的权重总和或自然维度的词典式序列进行分配。在诺齐克看来,任何主张再分配的理论都提出了按照某种(些)自然维度进行分配的原则。比如说,某一社会按照社会成员的高矮进行分配,那么这种模式化的分配所选取的自然维度是社会成员的生理高矮。当然,有说服力的分配理论一般不会把某种单一的自然维度作为分配的标准,所以便出现了按各种自然维度的权重,或各种自然维度的优先序列,即词典式优先

---

① [美] 罗伯特·诺齐克:《无政府、国家和乌托邦》,姚大志译,中国社会科学出版社 2008 年版,第 192—193 页。

原则,来进行分配。一般来说,有说服力的自然维度包括道德功绩、需要、贡献、努力程度等等。诺齐克认为,任何模式化的分配原则都试图要达到某种分配的结果,比如说,为了实现人人平等,但这种结果是不会得到持续实现的,除非通过某种力量(比如国家强力)对个人的行为进行持续的干预和监控,即以牺牲自由为代价。

在这个例子中,诺齐克想让我们看到这样一种直觉力量:既然我们承认张伯伦对 25 万美金拥有权利,那么为什么又要强制剥夺他自由支配这 25 万美金的自由权呢?这不是前后矛盾了吗?显然在诺齐克看来,这里张伯伦拥有自由处置正当获得的 25 万美金的权利是有强大直觉力量的。但是,自觉之间是有冲突的。比如我们也会有一种关于不应得的不平等的直觉(与拥有高天赋的张伯伦相比,那些存在天然劣势和社会劣势的人,对自己的糟糕处境是没有责任的)。而这种自觉要求我们通过强制性的再分配性税收来补贴劣势者的不平等,即向张伯伦的 25 万美金这种高收入征税。看来诺齐克必须通过另一个论证才能使其结论更可靠,这就是自我所有权的论证。

与直觉论证相比,自我所有权的论证较为复杂。基本思路是这样的:首先指出康德的"人是目的"这一原则体现了平等待人的原则,再指出自我所有原则体现了"人是目的"这一康德原则,最后通过自我所有理论来完成对私有财产和自由市场的正当性证明。诺齐克开篇就说:"个人拥有权利,而且有一些事情是任何人或任何群体都不能对他们做的(否则就会侵犯他们的权利)"[①],社会必须尊重这些权利,因为它们"反映了康德主义的根本原则:个人是目的,而不仅仅是手段;没有他们的同意,他们不能被牺牲或被用来达到其他目的"[②]。这条康德式原则要求一种强的关于人的权利的观念:权利肯定着我们的独立存在,也要求别人把自己当作独立的存在而不是别人的手段。因此,这种权利观念在别人能对自己做什么或者要求什么的问题上设定了一道不可逾越的界限。诺齐克认为,放任自由主义的社会不把个人当作工具或者手段,而当作拥有尊严和权利的人,通过尊重每个

---

① [美]罗伯特·诺奇克:《无政府、国家和乌托邦》,姚大志译,中国社会科学出版社 2008 年版,前言第 1 页。

② 同上书,第 37 页。

人的权利来尊重每个人，来表达平等待人。

可以看出，诺齐克与罗尔斯一样也是反功利主义的，反对为了较大利益而无限牺牲某些人的利益，他们都诉求某种抽象的平等原则来开始自己的理论论证，不同的是，罗尔斯强调每个人拥有某种额度的社会资源这种权利的重要性。而诺齐克则认为，最重要的权利在于每个人对自己拥有的绝对的权利，即所谓的自我所有权（Self – ownership）。简单来讲，所谓自我所有权，就是自己是自己的主人，不是别人的奴隶。但是，诺齐克提出自我所有权的概念并不仅仅是为了说明自己是自己的主人，不是别人的奴隶，而是要推出更多的东西。在诺齐克看来，如果我拥有自己，我就拥有自己的天赋，而如果我拥有自己的天赋，我就拥有任何靠自己的天赋所产生的东西。很显然，诺齐克通过自我所有权要表明的是，通过再分配性税收把天赋较高者依靠自己天赋所生产的东西转移给天赋较低者这种做法是对自我所有原则的严重侵犯。

显然，诺齐克认为罗尔斯所支持的再分配性税收如同功利主义一样，把富人或者天赋较高者当作了实现某种分配状态的手段。在诺齐克眼里，承认自我所有权，就不能违背富人的意愿，把富人靠天赋得来的较高收入转移到穷人手里，因为处于劣势的穷人没有道德理由对富人的天赋及其生产的东西提出要求。因此，尊重自我所有，就要尊重自由市场交易，反对任何形式的强制干预，只有不受限制的资本主义才是对每个人的自我所有权的最为完全的尊重。

（三）自我所有权不能导出私有财产权

总结一下诺齐克的论证路线：每个人在道德上都是平等的（这个与罗尔斯相同），通过尊重某种至关重要的人的权利来表达对人的平等尊重（这个也与罗尔斯相同），尊重每个人就要尊重每个人的自我所有权（这个罗尔斯也不反对），尊重自我所有权必然要求我们尊重个人对财产的绝对所有权以及自由交换所有权（这个与罗尔斯存在重大分歧）。诺齐克由具有强大直觉力量的每个人对自身的所有权（反对被奴役或成为别人的手段）推出了绝对的财产权和完全尊重自由交易的结果，这里面实际存在较大的论证上的问题。下面通过分析马克思主义者 G. A. 柯亨（G. A. Cohen，也译作科恩）在此问题上的反驳，来展现诺齐克理论的细节。

1. 驳诺齐克对不平等的正当性证明

诺齐克反对所谓"分配正义"这一说。在他看来,"没有任何集中的分配,任何人或任何群体都没有资格控制所有的资源,都没有资格共同决定如何把它们施舍出去。"所以诺齐克认为重要的不是分配正义,而是持有（holding）的正义。诺齐克的持有正义理论包含三个原则,分别是原初获取的正义原则、转让的正义原则和不正义的矫正原则。该理论的基本观点是：如果一个人依据获取和转让的正义原则或者根据不正义的矫正原则对其持有都是正义的,那么持有的总体（分配）就是正义的。而持有正义的第一步是原初获取是否正义。诺齐克为原初获取设置一个限制性条件,以此作为获取正义的标准,并认为只要尊重自我所有,则必然产生不平等的持有,因为每个人的天赋、志向和运气是不同的。[①] 柯亨认为,既然诺齐克注重的不是分配正义,而是持有的正义,那么诺齐克应该花大力气进行原初获取的正义论证,但是,诺齐克没有这样做,他只是给原初获取设置了一个非常宽松的限制条件。正是这个限制条件存在问题,才导致了诺齐克的错误结论。

柯亨指出,诺齐克为占有某一人人可得的无主物 O 设置的限制条件是：与 O 供大家共同使用时相比,它不供大家使用并没有使任何人的境况变坏。柯亨认为这个限制条件过于宽松,因为诺齐克把与占有后的状况相比的对比项仅仅限定为"与 O 供大家使用时",而粗暴地忽视了其他对比项的存在。为了说明这一点,柯亨举了一个例子。设想在一个只有 A 与 B 的两人世界里,A 与 B 都是诺齐克所说的那样,是自我所有的,其他一切都是人人可得的。假设 A 利用自我,能从土地中获取 m 量的生存物,而 B 利用自我,能获取 n 量的生存物。现在假设 A 占有了所有的土地,或者说,他占有后,剩余的土地不足以使 B 生存下去。如果 A 是一位优秀的组织者,他设计了一种新的分工,使得他能获取的生存物的量增加到 $m+p(p>0)$,同时还给 B 一份薪水,用生存物的量表示就是 $n+q(p>q>0)$。那么按照诺齐克的限制条件,A 对土地的不平等占有是正义的,因为 A 占有了土地以后,B 的状况 $n+q(q>0)$ 比土地未被 A 占有时 B 的状况 n 要好。柯亨认

[①] ［美］罗伯特·诺奇克：《无政府、国家和乌托邦》,姚大志译,中国社会科学出版社 2008 年版,第 179—218 页。

为这是错误的，因为诺齐克仅仅是用 A 占有后 B 的所得与占有前 B 的所得进行比较，而忽视了其他情况。柯亨认为，这里至少存在另一种情况，即 B 先占有人人可得的土地，而不是 A 先占有。现在，我们来假设一下这种可能的情况。假设 B 也是一位优秀的组织者，他也像 A 占有土地时那样行事，那么 B 的所得将是 n+p(p>0)，而 A 的所得则变成 m+q(p>q>0)，按照诺齐克的限制条件，B 对人人可得的土地的不平等占有也是正义的。但是，如果当 A 先占有时，在考虑 B 的境况时把 B 先占有时的所得 n+p(p>0) 考虑进去，由于 B 在 A 先占有时的所得 n+q(q>0) 小于 B 先于 A 占有时的所得 n+p(p>q>0)，那么就无法证明 A 的不平等占有是正义的。① 这表明，诺齐克利用自我所有（即诺齐克所说的自由）对不平等占有的正当性证明是不成功的。

2. 驳诺齐克对维持平等必须牺牲自由的论证

柯亨指出，诺齐克在对原初不平等占有的正当性证明时，除了对占有的限制条件设置过于宽松外，还犯有一个严重的错误，那就是未加证明地把原初世界的所有物视为无主的，即人人可得的（owned in common）。柯亨认为，与世界资源的无主假设不同，可以设想另一种状态，即联合所有（jointly owned）。这两种状态是截然不同的：当土地是人人可得时，每个人都能利用它，只要他（她）没有妨碍别人的类似使用；而当土地是联合所有时，土地是属于所有人的，因而每个人只要对土地有所作为，都要服从集体的决定。② 正是由于诺齐克在未加证明的前提下，把原初世界的资源预先设定为是人人可得的，才会出现不平等的占有问题，并产生了对不平等占有的证明问题。柯亨认为，在联合所有制下，能够把平等与诺齐克意义上的自由结合起来，也即是说，诺齐克所说的维持平等必须以牺牲自由（诺齐克意义上的自由）为代价是错误的。柯亨同样是用一个例子来对此进行证明的。假设一个两人世界里，存在一个有能力的人（简称"能人"）和一个没有能力的人（简称"傻瓜"），能人有能力借助外部资源生产出一定的维持生存物质，而傻瓜没有任何生产能力，两人都是自我

---

① [英] G. A. 柯亨：《自我所有、自由和平等》，李朝晖译，东方出版社 2008 年版，第 93—95 页。
② [英] G. A. 柯亨：《马克思与诺齐克之间——G. A. 柯亨文选》，吕增奎编译，江苏人民出版社 2007 年版，第 124 页。

所有的，其他一切资源都是联合所有。我们假定，他们都是理性、自私和漠不关心的，能人不仅能生产出超过两个人生存所需的物品，而且能够在一定程度上决定自己的产量，那么，他们必然会就采取什么样的生产和分配方案进行协商。柯亨认为，其协商结果是一个有待争议的问题，但是，有一点是肯定的，能人的才能不会对他的分配所得产生影响，因为傻瓜不会因为是能人在生产而同意给予他（她）额外的报酬。柯亨的理由是，虽然能人所控制的生产条件要多于傻瓜，但是，这并没有给能人在协商中增加任何优势。这就好比这样一种情况：你有 100 元钱，而我只有 1 元钱，当我们合起来购买一件价值 101 元钱的物品时，如果我们都是理性和自私的，那么，在分配该物品时，我不会因为你付出的钱多而同意你获得较多份额，所以，结果应该是平均分配。① 柯亨认为，平等在联合所有制下得到了维持，而每一个人也都是自我所有的，符合诺齐克的条件，这表明维持平等，并没有牺牲自由，这就反驳了诺齐克对维持平等必须牺牲自由的论证。

但是，柯亨也意识到，这里存在一个问题，即在联合所有制下，每个人都掌握致命的否决权，如果没有其他人的同意，我什么事情也做不了。如果是这样，那么自我所有在联合所有制下对每个人还有何用呢？这就表明，联合所有制与自我所有的结合，虽然能保证平等，但自我所有成了完全形式化的东西，失去了其吸引力。这是否就等于说无法驳倒诺齐克呢？柯亨说，不是这样的，因为诺齐克所说的自我所有，其实对于不占有任何生产资料的无产阶级来说，也是形式化的。这也就是说，联合所有制与自我所有的结合，至少实现了平等与诺齐克意义上的自由的结合。柯亨认为，从这里可以看出，诺齐克要捍卫的自我所有所带来的只是一种形式化的自由，而不是一种真正的自由。真正意义上的自由不是自我所有，而是自主权（antonomy），是人们真正可以控制自己生活的状态。真正的自由即自主既不能在诺齐克所说的那种自我所有与人人可得世界资源的模式中实现，也不可能在保留自我所有与世界资源联合所有的模式中完全实现，因为前者具有产生无自主权的无产阶级的趋势，而后者虽然保留了平等，但以不同的方式侵犯了自主权，所以，柯亨认为，要想达到真正的自由或自主权，

---

① ［英］G. A. 柯亨：《自我所有、自由和平等》，李朝晖译，东方出版社 2008 年版，第 110—112 页。

必须对自我所有权加以限制。①

3. 驳诺齐克的自我所有论

柯亨说过，诺齐克看重的不是自由本身，而是自我所有，因为他正是借助于自我所有对不平等占有进行了正当性证明。同时，又表明只有通过控制手段（即牺牲自我所有）才能维持平等。前面的两个反驳，柯亨是在保留自我所有的情况下完成的，其结论是自我所有不能证明原初资源的不平等占有是正当的，也不能推出平等必须是以牺牲自由（即诺齐克意义上的自由）为代价的。但是，柯亨也明白，这只是证明平等与自由至上主义者（Libertarian）所说的自由之间不存在冲突，而没有表明平等与真正的自由即自主权之间不存在冲突。经过分析，柯亨认为，要实现真正的自由与平等的相容，必须反对自我所有。这里似乎存在矛盾，正是为了自主权，我们才肯定自我所有，但是，为了自主权，却要限制自我所有权。柯亨对此进行了解释，他认为，自主权是一个程度问题，是人所具有的选择的数量和质量的问题，表面上看，普遍的完全自我所有权能带来更多的自主权。但是，正如诺齐克所看好的资本主义世界所展现的那样，普遍的完全自我所有权却让占有人口大多数的无产阶级失去了对生活的控制权。因为一个人的自主权，即对生活所拥有的选择范围是由两种因素决定的：一是你对自我的权利的大小，选择范围与之成正比；二是别人对于他们自我以及物的权利，选择范围与之成反比。所以，如果我们每一个人共同失去做某事的权利，那么我们都将会得到更多的自主权。这表明，为了自主权，必须反对完全的自我所有权，即诺齐克的自我所有论。②

柯亨一再强调，自我所有原则是具有强大吸引力的，是不能完全驳倒的，但是，他也认为，自我所有原则的很大一部分吸引力是由于诺齐克的错误陈述所造成的。所以，他要批判的是诺齐克的自我所有论。柯亨认为，诺齐克的错误陈述包括三个方面：一是夸大限制自我所有的后果；二是把自我所有等同于自主权；三是把自我所有原则混同于康德的目的原则。柯亨对此一一进行了反驳。对第二点的反驳，在前面柯亨解

---

① [英] G. A. 柯亨：《自我所有、自由和平等》，李朝晖译，东方出版社 2008 年版，第 114—118 页。

② 同上书，第 267 页。

释为什么要限制自我所有权时已经论述，所以，后面就只介绍柯亨的其他两个反驳。

诺齐克认为，放弃自我所有导致的最重要后果就是产生对他人的非契约性义务，而他正是通过错误强调这些非契约性义务的后果来强化人们对自我所有原则的信奉。柯亨正是通过指出这些错误，来表明对自我所有进行限制在道德上是被允许的。在对非契约性义务的不道德性论证中，诺齐克为了论证的需要，提出了这样一个论证前提：如果 X 有非契约性的为 Y 做 A 的义务，那么，Y 对 X 的劳动具有与奴隶主一样的处置权。这个前提表明，如果 X 对 Y 有非契约性的义务，那么 Y 对 X 就有奴隶主般的处置权。这也就是说，在诺齐克看来，只要存在一种 X 对 Y 的非契约性的义务，那么，就一定能找到与之对应的 Y 对 X 的奴隶主般的处置权，即确定了 Y 与 X 之间奴役与被奴役的关系。柯亨对此的反驳比较复杂，主要是分两个层面进行。在第一个层面上，柯亨主要是通过对比事实情况来否定诺齐克的这种夸大描述。柯亨认为，无论是非契约性的道德义务或是强制性的非契约性义务（如纳税义务），都找不到与之对应的奴隶主般的权利主体的存在。就以诺齐克最反对的实行了强制性再分配税收的国家来说，虽然这里每个人都具有对别人的强制性的义务，但现实情况是，在这里并不存在与我们相对应的拥有奴隶主般处置权的主体，我们也不是被人任意处置的奴隶。[①] 在第二个层面上，柯亨后退了一步，他说诺齐克可以在不对非契约的义务进行夸大描述，或者承认非契约义务并非具有那么严重的后果的前提下，指出非契约性的义务也是一种出于非自愿的行为，而违背个人意愿是不道德的。所以，在第二个层面上，柯亨要反驳的是以违背自愿为由来反对非契约性义务这种观点。柯亨认为，如果以此为由来反对非契约性的义务，则会给诺齐克本人的理论造成两个麻烦。第一个麻烦是，诺齐克无法解释为什么在实行了再分配性税收的国家里纳税是一种奴役行为，而在诺齐克赞许的那种最弱意义上的国家里，为了维持国家的安全保障力量而纳税却不是一种奴役行为，因为在这里，向国家交钱都是一种非自愿的行为。虽然前一种纳税是为了穷人，而后一种纳税是为了换取自己的安全，但是，

[①] ［英］G. A. 柯亨：《自我所有、自由和平等》，李朝晖译，东方出版社 2008 年版，第 261—264 页。

自我所有原则并不能把这两种行为区分开来。也就是说，无法证明前者是违背自我所有的，而后者没有违背自我所有。第二个麻烦是，诺齐克无法解释一般来说并不构成奴隶制的契约性义务与他认为构成奴隶制的非契约性义务的区别。诺齐克并不反对人与人之间的自愿立约为奴的行为，因为他认为，这种契约为奴并不是一种奴隶制。但是，与非契约性义务相比，这种自愿为奴所产生的契约性义务更接近于对一个人行为的完全约束。这也就是说，自愿为奴并没有证明随后所产生的关系不是一种奴役关系。如果以自愿为标准，就难以解释为什么契约性义务是非奴役性的，而非契约性义务是奴役性的。这表明诺齐克在未加证明的情况下否认了以契约为基础的完全奴隶制存在的可能性。[①]

作为对诺齐克自我所有论的最后一击，柯亨澄清了自我所有原则与康德的手段—目的原则（以下简称"康德原则"）之间的区别，从而使诺齐克试图借助康德来增强自我所有原则的权威性这种做法归于失败。诺齐克认为，对自我所有原则的肯定"反映了康德的根本原则：**个人是目的，而不仅仅是手段**；没有他们的同意，他们不能被牺牲或被用来达到其他目的。"[②] 柯亨指出，在这段引文中，黑体字部分是康德原则，而后面的部分是诺齐克自己的同意原则。那么，这里就涉及三个原则，分别是自我所有原则，康德原则和诺齐克的同意原则。柯亨认为，要防止把自我所有原则混淆为康德原则，就必须讨论一下康德原则与自我所有原则的关系，同时还必须弄清楚诺齐克的同意原则是否确立了康德原则，最后还要考虑一下自我所有原则与诺齐克的同意原则之间的关系。柯亨指出，康德原则并不包括自我所有论，而自我所有论中也不包括康德原则。康德原则的完整意思是说，你不能把你自己以及他人视为手段，而应该永远视为目的本身。这一原则并不禁止把他人视为手段。柯亨指出，可以举出许多例子来表明，一个人既可以肯定自我所有而摒弃康德原则，又可以坚持康德原则而抛弃自我所有。比如说，某个人认为健全的人有义务生产剩余产品以养活残疾者，这表明他反对自我所有，但这并不妨

---

① ［英］G.A. 柯亨：《自我所有、自由和平等》，李朝晖译，东方出版社2008年版，第264—266页。
② ［美］罗伯特·诺奇克：《无政府、国家和乌托邦》，姚大志译，中国社会科学出版社2008年版，第37页。

碍他坚持康德原则，因为他也可以反对违背健康人的意愿为残疾者提供帮助，从而表现出对健康人的关心。关于诺齐克的同意原则与康德原则之间的区别，柯亨认为其不同在于，当条件满足时，康德原则不允许你把他人仅视为手段，而诺齐克的同意原则则允许你把他人视为手段。关于诺齐克的同意原则与自我所有的关系，诺齐克说，自我所有是同意原则的反映，而同意原则是自我所有的基础。这表明在诺齐克看来，同意原则是肯定自我所有的一个依据或理由。柯亨认为这是错误的，因为实际上，同意原则是自我所有原则的一个结论而已，而一个原则的结论是无法倒过来成为原则的依据的。①

第三节　对当代自由主义的分析与批判

在当代西方社会，存在多种政治哲学思想或意识形态，如金里卡在《当代政治哲学》中所概括的，有功利主义、自由主义（包括各种派别，如以罗尔斯为代表的平等主义的自由主义、以诺齐克为代表的放任自由主义等）、公民资格理论、马克思主义、文化多元主义、共同体主义（也称为"社群主义"）以及女权主义等。作为主流的理论，自由主义不仅给其他理论提供了思想资源，同时也是其他理论加以批判从而建构其"新"思想的比对项。

一　自由主义内部的争论

（一）自由主义在实践中的难题

大多数人认为以罗尔斯为代表的自由主义其政治功能在于为战后的福利国家做法提供哲学解释，虽然这种说法带有误导性，但是正是由于这种带有误导性的看法，在一定程度上解释了以罗尔斯为代表的自由主

---

① ［英］G.A.柯亨：《自我所有、自由和平等》，李朝晖译，东方出版社2008年版，第269—274页。

义哲学为何具有如此不同寻常的影响。在罗尔斯的理论产生之前，没有一种政治哲学为福利国家提供说明，一般是把福利国家的做法看作一种妥协的产物，因为福利国家一方面维持资本主义的自由竞争和不平等，另一方面为不平等提供一些平等主义的事后补救。但实际上，罗尔斯和德沃金的理论并非这种妥协的理论，即并非在自由和平等之间的妥协，罗尔斯的理论虽然也允许某些会产生不平等的经济自由，但并不是因为自由比平等重要，而是因为平等理念本身就要求经济自由。因此，自由主义之所以要支持混合经济和福利国家，并非是为了在相互冲突的理论之间寻求妥协，而是为了最大限度地实现平等本身的要求。罗尔斯理论所追求的理想是要更好地实现自由和平等，它既不牺牲真正的自由，也不放弃真正的平等。

如果说在20世纪70年代，人们相信贯彻罗尔斯的理论会导向一种福利国家，那么21世纪以来，这种关联变得不明显了。之所以如此，根本原因在于，一方面罗尔斯理论所要求的平等大大超出了福利国家的传统做法，出现了理论承诺与制度承诺之间的差距；另一方面自由主义者自身对于能否通过国家力量来实现理论承诺失去了信心。

显而易见的是福利国家的传统做法离自由主义对平等的承诺有相当大的差距。我们已经看到，所有的西方国家在其制度弹性所允许的范围内是无法兑现自由主义的平等要求的。福利国家主要是通过税收和转移支付来对市场交换产生的不平等进行事后性的补救，而不是让每一个市场平等主体有一个平等的起点。罗尔斯也非常清楚福利国家不能满足自己提出的诸原则，所以他提出了一种完全不同于福利国家的理念：持有财产的民主（property – owning democracy）。这两者的区别是，福利国家把财产和技艺禀赋的最初分配的较大不平等作为给定的事实加以接受，然后再试图通过事后的办法对收入进行再分配，而持有财产的民主试图使财产和技艺禀赋的分配事先就获得更大的平等，这样就可以相应减少对事后再分配措施的依赖。罗尔斯的自由主义不仅要求关注收入的平等，还要关注社会地位的平等，而福利国家的税收和转移支付不能实现这一目标，因为要实现这个目标就应该首先提高劣势者进入市场时的禀赋和能力。

而让人遗憾的是，罗尔斯并没有对自己提出的持有财产的民主予以充分的说明，除了在限制遗产方面给予相当温和的建议外，他没有谈及如何贯彻这种持有财产的民主，也没有谈及如何消除在我们社会里的业已确立的阶级不平等。同样，德沃金也没有提到如何在事先使禀赋平等。

自由主义的制度承诺无法跟上自己的理论承诺。从理论上讲，自由主义的理论承诺可以与自由主义的传统制度相容，立足于私有经济增长的福利国家可以成为自由和正义的载体，但是私有经济的要求与作为福利国家基础的正义原则之间存在现实的冲突：促进经济增长的政策恰恰是与福利方案相互冲突的政策。按照康诺利（Connolly）的说法，这导致了自由主义的分流，一部分人坚持自由主义的传统制度，并规劝人们降低与自由和正义相关的期望，另一部分人（包括德沃金在内）重申那些原则承诺，但承诺越来越脱离实践，即是说，这一部分人虽然批评工业文明，但也不从实践上挑战现实的制度安排，只是理论上革命，毫无现实操作性。以罗尔斯为代表的自由主义所许诺的理想是令人信服的，但这些理想所要求的改革远远超出了罗尔斯和德沃金他们明确允许的范围。

与此同时，自由主义者自身也对国家实现正义的能力逐渐失去了信心。在罗尔斯出版《正义论》的20世纪70年代，人们普遍认为福利国家在本质上是成功的，特别是在解决贫困与阶级分立的问题上取得了成效。但是从随后的八十年代开始，这种普遍看法开始出现根本动摇，经济衰退让人感到根本无力维持高福利政策，同时经济全球化带来的民族国家之间综合国力的竞争，也要求各国政府给本国企业减税（削减福利）以保持足够的竞争力来对付外国企业。除了这些经济因素外，这种对待福利国家态度的转变也是与当时整个政治氛围的改变有关的。20世纪80年代新右派对福利国家展开了猛烈的进攻，福利国家的作用开始遭到有力质疑，以罗尔斯为代表的自由主义者开始转为守势，力图保存福利国家的残存内容。我们一般所谓的罗尔斯开始走向保守就是这种背景的产物，而德沃金提出的福利国家可以按更敏于选择的方式进行运转，也是对右派进攻作出的回应。

在右翼看来，福利国家的做法等于是用辛苦工作的人的钱去养活懒汉，所以福利国家不仅降低了本国企业的竞争力，而且还会滋长不良的社会风气，让社会来替懒汉的不负责任的行为承担代价，这本身就是不正义的。

其实右翼的这些进攻是肤浅的，因为罗尔斯他们也反对整个社会为那些不负责任的懒汉承担代价，但罗尔斯他们强调要让社会的弱势者为自己的境况负责任，前提必须是他们是在一个正义的条件下形成现在的偏好和能力，否则要那些家庭出身差、禀赋低的人为现在的境况负责任就是不公平的。当然也要承认有些福利国家的政策的确是不成功的，民众的选票转向右派，其实并不能完全解释成是他们不支持福利国家政策，不同情穷人，而是表明他们想让福利国家政策更完善，更能体现德沃金的要求：敏于选择而钝于境况。但是，要在实际政策中完全实现德沃金的这个要求是非常困难的，正如乔纳森·沃尔夫所言，从一种纯哲学的观点来看，自由主义的平等主义观也许的确是最好的正义理论，但从政治的观点看，自由主义的平等主义却在实践中会促进一种错误的平等氛围。罗尔斯和德沃金都强调要区分应得的弱势和不应得的弱势，对于不应得的弱势，必须给以补偿。但是要做到很好区分应得的弱势和不应得的弱势，在实践中就要求国家在分配补偿时，要用一种不信任的眼光来打量弱势者，这就逼着他们要痛苦地去"揭示屈辱"才能通过国家的检验，这无异于一场展示"屈辱"的大比拼，其结果不仅损害了公民的自尊，也破坏了公民之间的团结和友爱。所以，沃尔夫说，从哲学的角度看，最公平的分配也许的确能够分辨出主动不平等和被动不平等，但任何在实践中对这两者进行区分的企图，都会导致不信任和耻辱。①

（二）自由主义在理论中的难题

伊丽莎白·安德森（Elizabeth Anderson）认为，自由主义的平等主义是一种运气均等主义（Luck Egalitarianism），它存在的问题是，使应当对自己的境况负责任的穷人只能获得缺乏尊重的怜悯，而使不应当的穷人面临家长式统治的威胁。

威尔·金里卡认为罗尔斯的正义原则存在两个问题：一是在界定何为"最不利者"时，考虑的内容完全是社会因素而没有把天赋包括在内；二是在确定哪些不平等的优势要有利于最不利者时，没有区分选择

---

① ［加拿大］威尔·金里卡：《当代政治哲学》，刘莘译，上海三联书店2004年版，第177页。

的不平等和非选择的不平等。就是说，罗尔斯正义原则所依赖的直觉是对的，要区分不平等是由于自己选择造成的还是由于非选择性的境况造成的，主张任何从道德上看任意的因素都不应该影响人们的分配份额，但是罗尔斯提出的原则却没有完全体现这种直觉，有违背这种直觉的地方。

第一，在界定何为"最不利者"时考虑的完全是社会因素而没有把天赋因素考虑在内，这为自然因素对人的影响留下了太多的空间。罗尔斯声称，人们不应该根据他们的自然禀赋来对社会益品提出要求，天赋高的人并不是本来就该得到较高的收入，除非给他们较高的收入能够有利于最少受惠者。罗尔斯以为这样可以做到自然因素不会不公平地影响人们的命运，但是，罗尔斯在自己的理论中仍然默许了天赋这些任意因素对人的影响，因为他在界定最不利者时，完全依据人们所拥有的社会的基本益品，如权利、机会、财富等等，没有把人们所拥有的那些自然的基本益品作为确定最不利者的因素。对罗尔斯而言，如果两人拥有相同数量的社会基本益品，即使其中某个人在自然益品方面，比如智力、体力或者精神等方面明显好于另一个，两个人的处境是一样的。同样，对于罗尔斯而言，只要一个人所拥有的社会基本益品稍微多于另一个人，而无论这个稍微多占有社会基本益品的人在自然益品的占有中处于怎样的劣势，在确定其社会境况时这个人都被界定为是优势者。金里卡认为，罗尔斯的这个界定原则是与其对正义原则的论证相违背的。[①]

金里卡认为，从罗尔斯对正义原则的论证可以看出，他不仅主张社会的不平等是不应得的，而且自然的不平等也是不应得的，那么罗尔斯就应该不仅主张社会的不平等应该得到补偿，而且自然的不平等也应该得到补偿，否则就有逻辑问题，但是罗尔斯似乎没有弄清其立场的全部意义，在给出的衡量最少受惠者标准中，只把社会因素考虑在内，而没有把自然因素考虑在内。这里的不一致在于：如果生来就处于弱势阶级或种族的群体对自己的劣势是不应得的，因而需要给以补偿，那么天生的残障者为什么不能基于相同的原因得到补偿呢？金里卡认为罗尔斯应

---

① ［加拿大］威尔·金里卡：《当代政治哲学》，刘莘译，上海三联书店2004年版，第133页。

该在考虑最少受惠者时把自然劣势考虑在内,因为这符合罗尔斯一贯的论证直觉。当然金里卡也指出,对自然劣势进行补偿在实践中是相当困难甚至是恼人的。

第二,在确定哪些不平等的优势要有利于最不利者时没有区分选择的不平等和非选择的不平等。我们可以因为天赋和社会环境的不平等从道德角度看是任意的来推出如下结论:仅当最不利者应该从分配中受益时,这些不平等才能以有利于最不利者的方式影响分配。但是罗尔斯的差别原则却说,所有的不平等都必须有利于最不利者。这里就有一个问题,因为所有的不平等包含应得的不平等和非应得的不平等,有些不平等是基于个人的偏好和努力的差别,而不是基于从道德的角度看任意因素,比如某人靠自己的选择和努力获得了多于他人的财富,这种财富不平等就不能归为任意因素的结果,因而也不能要求它必须有利于最少受惠者。但是罗尔斯的差别原则并没有能够在选择的不平等与非选择的不平等之间作出任何的区分,因此,实施差别原则的一种可能后果就是,一些人要为另一些人的选择承担代价。这显然与罗尔斯论证自己正义原则的直觉相违背。前面我们说过,罗尔斯的正义原则要实现的就是平等待人,把人当作平等主体看待,之所以存在不正义的不平等,就在于这种不平等不是人们自愿选择的结果,而是任意因素的结果,如果要人们为非选择的后果承担代价,就没有体现平等待人的道德要求。所以,平等待人也意味着人们应该为自己的选择承担代价,如果让别人为自己的选择承担代价,就是不正义的。①

概括来讲,罗尔斯虽然主张对选择和境况进行区分,但是他提出的差别原则却在两个方面违背了这个区分。一方面,设计的差别原则本来旨在抹平人的天赋因素对他们命运的重大影响,但是在确定最少受惠者的标准问题上,罗尔斯并没有把人的自然益品考虑在内,这就把那些遭受不应得自然劣势的人排除在被补偿者的范围之外,这给不应得的天赋因素对人命运的影响留下了太多空间。另一方面,罗尔斯站在弱势者这一边,把确定哪些不平等是正义的这一决定权交给弱势者,但"过分"之处在于差别原

---

① [加拿大]威尔·金里卡:《当代政治哲学》,刘莘译,上海三联书店2004年版,第137—140页。

则却要求所有的不平等都必须要有利于最少受惠者,这违背了罗尔斯对选择的尊重,这会大大限制人们的选择空间。

二 社群主义对自由主义的批判

一般都把 1993 年罗尔斯出版《政治自由主义》(《Political Liberalism》)看作是对社群主义的回应,这一点无论罗尔斯本人是否承认,都不影响这样一个事实:社群主义构成了对罗尔斯自由主义的重大挑战。20 世纪 80 年代以来,共同体这一被长期忽略的价值重新受到重视,在政治哲学中出现了一种被称作"社群主义"[①]的思潮,因其不满自由主义对共同体价值的忽视,主张共同体至少应与自由和平等一样重要,而对自由主义展开了批判,其代表人物为迈克尔·桑德尔(Michael Sandel)、迈克尔·沃泽尔(Michael Walzer)、阿拉斯戴尔·麦金泰尔(Alasdair MccIntyre)、贝尼尔·A. 贝尔(Daniel A. Bell)、查尔斯·泰勒(Charles Taylor)。类似于黑格尔对古典自由主义理论的批判,社群主义者也指责现代自由主义者采取的抽象的、个人主义式的立论,他们提议一种更具情景性和敏于共同体的立论。尽管当代社群主义与自由主义之争所涉及的宏大主题并不陌生,但是具体的论题与视野却是全新的,这些论题和视野真切地反映了当代西方民主制下人们对共同体价值的独特关注。

这股思潮之所以被称为社群主义,是因为它们都有一个共同的主张:政治哲学必须对每个社会内部的常规和共识予以更多的关注。因此,它们主张对传统的自由主义的正义和权利原则予以修正。

社群主义对自由主义大致进行了两个方面的批判,一是批判自由主义的自我观,认为其是个人主义的;二是批判自由主义忽略了自我决定这种能力形成的社会根基。

(一)自由主义的"个人主义"本位

在社群主义者看来,自由主义的理论建立在个人主义的自我观基础之上,它存在三个方面的问题:一是自由主义的自我观是空洞的,二是自由

[①] 社群主义对应的英文是"communitarianism",中文界也把它译为"共同体主义"。

主义的自我观有违我们的洞察,三是自由主义的自我观忽略了这样一个基本事实:我们是被嵌入在共同常规中的。

按照自由主义者的自我观,个人被认为拥有这样的自由:既可以质疑参与其中的社会常规,又可以放弃这样的参与——只要那些常规不再有追求的价值。因此,不能通过个人在特定的经济、宗教、性或娱乐等社会关系中的成员身份来界定个人,因为个人有质疑和拒绝任何特定社会关系的自由。罗尔斯对这种自由观做了这样的总结:"自我优先于自我确定的目的"。[1] 他的意思是,我们总是能够跳出任何一种具体目标并追问自己是否愿意继续这种追求,没有哪个目的能够免于自我的可能修正。这种观点被称为"康德式"的自我观,因为康德坚定地捍卫下述观点:自我优先于它的社会角色和社会关系,并且,仅当能够按照理性的命令对其进行裁决时,自我才是自由的。

社群主义者认为,这种自我观是错误的。他们认为,这种观点忽略了这样一个事实:自我是被镶嵌于或置于现成的社会常规之中的,我们不可能总是能够选择退出这些常规。我们必须至少把某种社会角色和社会关系当作我们进行个人慎思的给定背景。如麦金泰尔所言,在确定生活方式的时候,我们"都把自己的处境当作是在承载某种特定的社会身份……因此,对我有益的事物就必然是角色承担者的利益"[2]。因此,要尊重我们的自我决定,国家就不能使我们跳出我们的社会角色,而应该鼓励我们更专注于自己的社会角色并对它有更深的领悟。

首先我们来看第一问题:自由主义的自我观是空洞的。泰勒认为,对我们所有的社会角色进行质疑的自我观是自我驳斥的,因为"完全的自由就是虚无:没有什么事情值得追求,没有什么事情值得重视。通过置所有的外部约束与影响于一旁而达成自由的自我,实在是没有特性的,因此根本就缺乏确定的目的"[3]。泰勒论证说,真正的自由必须是"处境中的"。想要使我们社会处境的方方面面都服从理性的自我决定,是一个空洞的愿望,因为这种自我决定的要求是茫然无措的。这种自我决定

---

[1] John Rawls, *A Theory of Justice*, Harvard University Press, 1971, p. 560.
[2] 转引自[加拿大]威尔·金里卡《当代政治哲学》,刘莘译,上海三联书店2004年版,第405页。
[3] 同上书,第406页。

"不可能为我们的行为确定任何内容,因为它脱离了我们设置目标的处境——正是这样的处境才塑造了理性,同时也激发了我们的创造力"①。我们必须接受由处境"为我们设置的目标"。如果我们不接受这样的目标,追求自我决定就会导向尼采式的虚无主义,我们就会把所有共同价值当作绝对任意的设定而加以拒斥。于是,"生活的权威视域,如基督教的和人道主义的,一个接一个被当作意志的镣铐而加以抛弃。最后,只剩下强力意志"。②

威尔·金里卡认为,这种对自由主义自我决定观的批判是建立在对自由主义自我决定观错误解释之上的。自由主义者并没有声称对目标进行选择的自由本身就是自由的价值所在。自由主义者并没有说,因为自由是世界上最值得珍惜的事物,所以我们应该为了自由的目的而拥有选择目标的自由。相反,我们的事业和任务在我们的生活中最为重要,正因为它们如此重要,所以我们才应该享有对它们进行修正的自由。所以在金里卡看来,自由主义者与社群主义者的分歧并不在生活的目标重要还是追求生活目标的自由重要,而是如何确定目标并判断它们的价值。泰勒似乎相信,唯有把共同价值当作"为我们设定目标的权威视域",我们才可能确定自己的目标任务。而自由主义者则认为,我们具有把自己与特定的社会成规拉开距离的能力。没有哪种特定的目标是由社会为我们定死了的,没有哪种社会成规具有这样的权威,以至于可以免于我们个人的判断乃至拒斥。我们能够而且应该以这样的方式去确定我们的目标任务:通过我们的个人自由去评判我们的文化结构,去评判祖先遗留给我们的理解不同生活方式的母基,正是有了这样的母基,才为我们提供了能够扬弃这种母基从而过多种生活的可能性。没有什么是对我们进行的设定,没有什么权威能够免于我们自己的价值判断。③

现在来看第二个问题:自由主义的自我观有违我们的洞察。提出这种批判的代表学者是桑德尔。他认为,罗尔斯的"无拘的自我"(unencumbered self)并不吻合我们"最深入的自我理解",也就不吻合我们最深入的

---

① 转引自〔加拿大〕威尔·金里卡《当代政治哲学》,刘莘译,上海三联书店 2004 年版,第 406 页。
② 同上。
③ 同上书,第 409 页。

自我洞察。按照桑德尔的说法，如果自我优先于自我的目的，在反省自己的时候，我们就应该能够透过我们的特殊目的看到一个无拘的自我。但是桑德尔却强调，我们的自我洞察表明，自我并非无拘的，而罗尔斯的自我观把自我当作优先于目的东西，当作绝对稀薄的纯粹主体，这种观点完全冲突于我们更加熟悉的、把我们当作厚重得拥有具体特征的那个自我观①。按照罗尔斯的观点，"要把任何特征确定为我的目标、抱负、愿望等等，就总是在进行这样的暗示：某个被称作'我'的主体存在于这些具体特征之外"②。仿佛不得不有一个被称作自我的东西：它虽然只具有绝对稀薄的形式，但却存在于我们的目的之外。

对此种批判，金里卡认为，它也是建立在对自由主义自我观的错误解释之上。自由主义的中心观点并非是说，我们可以先于目的而洞察到自我。当自由主义把自我理解成优先于自我的目的时，所要表达的意思是：没有任何目的或者目标可以免于再检查的可能性。为了有意义地实施再检查，我们必须意识到，我的自我可以被拘于不同于目前的动机，这样我才有理由根据价值的高低在不同的动机之间作出选择。在这个意义上，我们洞察到自我先于目的，也就是说，我总可以设想我的自我不受制于当前的目的。但这并不意味着，我可以洞察到那种不受制于任何目的的自我。实践推理的过程总是这样的：就一种受拘的潜在自我与另一种受拘的潜在自我进行比较。当我们进行这种推理时，必定有某种既定的目的伴随着自我，但这并不意味着，一些特定目的必然被当作既定的伴随着自我的目的。③

再看第三个问题：自由主义的自我观忽略了这样一个基本事实：我们是被嵌入在共同常规中的。这个问题涉及这样的一种对照：对于自由主义者而言，关于优良生活的问题要求我们作出这样的判断，即我们究竟希望自己是什么样的人或成为什么样的人，而对于社群主义者来说，同一个问题要求我们去发现我们已经是什么样的人。对于社群主义者，相关的问题

---

① 参见［美］迈克尔·桑德尔《自由主义与正义的局限》，万俊人等译，译林出版社 2011 年版，第 114、第 120 页。

② 转引自［加拿大］威尔·金里卡《当代政治哲学》，刘莘译，上海三联书店 2004 年版，第 411 页。

③ 同上书，第 412 页。

不是"我们应该成为什么样的人,我应该过怎样的生活",而是"我是谁"。自我不是通过选择,而是通过发现;不是通过选择既定的目的,而是通过对自我本身的反思和对其构成性的探究。通过弄清自我的法则和命令,通过承认自我的目的就是自我本身,自我正是通过这些途径才得以确定它的目的。

对此,金里卡的观点是,自由主义者并不反对自我存在于社会关系之中,但是,无论我们发现自己多么深陷于一种社会成规之中,我们都感到我们能够去质疑这种成规的价值。在一些地方,桑德尔承认,实践推理不仅仅是一个自我发现的问题,他说,自我的边界虽然由自我的目的所构成,但仍然可以通过吐故纳新而被改变和重新界定。就此而言,在这一点上,社群主义与自由主义的差异变得模糊了。桑德尔声称,自由主义者忽略了我们是如何被镶嵌于自己的社会角色的。他强调,我们作为"自我阐释的存在者",可以对这些构成性纽带的意义进行阐释。但问题在于,一旦我们认为它们是无意义的或贬低人格的,我们是否能够完全拒斥,按照对社群主义的一种阐释,答案是我们不能,或者,无论怎样都不应该。按照这种观点,我们既不能选择又不能拒斥这些纽带,我们只是发现自己属于这些纽带。如果社群主义持这样一种个人与社群之间关系的观点,显然这是没有多少说服力的。如果按照另一种对社群主义的阐述,它所说的嵌入观并不反对个人对生活于其中的纽带进行修正和脱离,那么社群主义就降低了自己与自由主义在此问题上的分歧。①

(二) 自由主义忽略了"自我决定"这种能力形成的社会根基

事实上,许多社群主义者并不持有桑德尔那种构成性目的的观念,他们支持自由主义者所信奉的理性的可修正性。他们提出了一种被称为"社会论题"(social thesis)的批判,认为自由主义者忽略了自我理性的修正能力形成的社会条件,即他们并不是去质疑自由主义对这种能力的看重和理解,而是质疑自由主义者是否认识到发展和维持这种能力的社会根基。

社群主义者提出的这个有关"社会论题"的批判的确非常重要,由此

---

① [加拿大] 威尔·金里卡:《当代政治哲学》,刘莘译,上海三联书店2004年版,第416页。

引发了学者们的广泛争论,之所以受到如此关注,主要原因在于越来越多的人认为,培养人自主能力的社会环境正在走向衰退,大众媒体和政治评论都充斥着"家庭衰微"的论调,充斥着学校、民间组织、公共领域和民主制度衰落的论调。换句话讲,这些问题之所以演变成了政治理论的主要话题,是因为许多人相信自由主义民主的现实政治实践中,真实地存在着越来越多的问题。

罗尔斯当然承认个人自主不能超越社会环境,因为社会环境不仅提供着有意义的选择方案,而且还支持培养在这些方案之间进行取舍的能力。所以,自由主义与社群主义的分歧就集中在这个问题上:为了发展和维持个人自主的能力,国家是否应该放弃"国家中立"的立场。按照泰勒的观点,国家中立不可能充分保障自我决定所必需的社会环境。泰勒认为,只有在特定的共同体中,才能实施选择善观念的能力,只有非中立的"共同利益的政治",才能维系这种共同体。只有当国家保护和尊重共同体的传统或者主流生活方式时,才有可能维系任何切实可行的共同体——包括那种信奉自由主义的自由价值的共同体。换句话说,为了保护自我决定得以可能的社会条件,需要对自我决定作出某些限制。

那么自由主义到底持有怎样的一种"国家中立观"呢?罗尔斯认为,要保证公民的自我决定,必须支持国家中立。所谓国家中立,就是一方面,不能基于对各种优良生活观的高低排序来为国家的行为提供辩护;另一方面国家也不试图刻意影响人们对不同生活观的价值判断。简单来讲,国家中立就是:对于各种生活方式的价值,不能进行公共排序。① 社群主义者对这种国家中立观是否能为个人自主能力提供社会根基,提出了三个方面的质疑,一是怀疑这样的国家中立是否能够为个人自主能力的生长提供丰富的、有益的文化结构,二是这样的国家中立是否能够为个人自主能力提供公共评议的环境平台,三是这样的国家中立是否能为个人的自主能力提供团结稳定且具有充盈政治合法性的政治环境。

社群主义者认为,个人要自主选择有意义的生活,就要求社会具备有意义的备选方案,而这取决于我们的社会文化结构是否丰富健康。而自由

---

① 为了避免对"中立"一词的误解,罗尔斯曾使用"正当优先于善"(priority of the right over the good),至于"国家中立"是否等于"正当优先于善"是一个值得讨论的问题。

主义的中立无法维系一种能够提供这些选择方案的丰富多样的文化。这里的问题是，国家中立到底能不能保证一个丰富多样的文化结构。自由主义者之所以反对国家干预文化市场，是因为这会制约人们的自我决定。但极有可能的是，任由文化市场的自行发展，支持多元主义的文化结构就会瓦解。社群主义者指责自由主义者们对于文化活动的衰落表现出惊人的沉默，天真地认为只有国家中立，具有创造力的多元文化就会从天而降。罗尔斯似乎的确认为，在自由的条件下，人们能够认识到优良生活方式的价值，因此就会支持优良的生活方式。显然这是不够的，就算人们有过优良生活的利益，就算人们会自发地利用各种方式去支持优良的生活，但这并不必然意味着未来的人们也可以享有同样的优良生活。例如，我们的利益在于从事某一有价值的社会活动，而促进这种利益的最好的方式也许就是在我有生之年耗尽这种活动所需的资源。

但是像罗尔斯和德沃金这样的自由主义者其实是支持国家保护文化结构的，他们反对的是国家对各种选择方案进行价值上的排序，这样看来，自由主义者与社群主义者的分歧其实并不在于是否支持国家中立，而是支持怎样的国家行为。自由主义者相信，只要赋予公民选择优良生活的自由，不在优良生活价值观上进行排序，就能形成一个公平竞争的市场，优良的生活自然在竞争中被选出，而社群主义者却希望，国家鼓励用更有价值的共同体生活方式去代替不那么有价值的生活方式，会提升人们选择方案的质量。金里卡认为，自由主义者与社群主义者都旨在保障个人在进行自主选择时享有范围广泛的选择方案，他们的分歧在于，对优良生活方式的评价是在公民社会的文化市场中进行，或者相反，只有依赖政治倡导来对不同的生活方式进行评价时，公民个人才更有可能确立自己的价值。

社群主义者对自由主义国家中立观的第二个质疑是，这样的国家中立是否能够为个人自主能力提供公共的评议环境平台。一些社群主义者论证说，自由主义者之所以愿意把文化市场而不是把国家当作评价不同生活方式的恰当场所，是因为他们持有这样的一个原子主义的信念：只有当关于善的判断是由孤立的、不受社会压力所迫的个人做出时，这些判断才是源于自主。自由主义者相信，只有在政治领域之外去作出关于善的判断，才能促进自主。社群主义者认为，现实生活中，个人判断依赖于阅历共享和集体慎议（collective deliberation），如果个人判断被斩断了与集体慎议的联系，它们就将成为纯粹主观和任意的奇思怪想。

对此，金里卡认为，社群主义者误解了自由主义者。罗尔斯并不否认对生活方式的评议应该成为公共关注的对象，他只是否认"强制性的国家机器"是那些集体慎议和阅历共享的恰当场所。实现阅历共享与集体慎议既可以由自由人联合体来组织，也可以由国家来组织，而社群主义者没有区分集体慎议行为与政治行为，他们不能合理论证为什么非要由国家来组织。在自由主义者看来，他们更信任非政治的集体慎议，中立原则要求他们信任非国家领域的集体慎议，信任个人判断和文化发展的进程，而不信任国家来充当评价善的场所。[①]

社群主义者对自由主义国家中立观的第三个质疑是，这样的国家中立是否能为个人的自主能力提供团结稳定且具有充盈政治合法性的政治环境。这种观点是说，一个能够为其公民提供自主选择生活方式的社会，必定是一个有着广泛共识的社会，是一个要求大家在必要的时候为正义作出牺牲的社会，而这样的社会必定是一个团结友爱、政治合法性极其充盈的政治共同体。正如泰勒所言，当存在一种"共同的生活形式"，它"被视为至关重要的利益，因此它的维持和繁荣对于公民的至关重要性在于它本身，而不在于能够工具性地促进不同个体的利益或作为不同个体利益的总和"[②]。所以，泰勒指出，正是由于自由主义倡导一种国家中立的文化，才导致了关于共同利益的共识遭到破坏，因为自由主义的国家中立主张，公民个人可以独立于共同的生活形式而自由地选择自己的目标，而且，只要这种共同利益侵犯了个人的利益，人们可以对共同利益的追求置之不理。

社群主义者论证说，一方面罗尔斯的正义原则要求大家要有相当的正义感，在必要时能跳出个人的狭隘利益考量，为社会做出牺牲。但是另一方面，罗尔斯又否认一种共同善的政治，这是不能两全的，表现出了罗尔斯的幼稚。泰勒认为，除非有共享的善观念把人们维系在一起，除非人们

[①] ［加拿大］威尔·金里卡：《当代政治哲学》，刘莘译，上海三联书店2004年版，第460页。

[②] 同上书，第463页。

能够认同某种共同利益的政治，否则一个要求大家为正义做出牺牲的社会无法维持。金里卡认为，泰勒的指责是有道理的，共同的政治原则的确是政治团结的必要条件，因为如果人们在正义的问题上分歧过大，社会就会分裂。但是，共同的政治原则却不是社会团结的充分条件，因为人们仅仅共享某种正义观念还不足以维系社会团结和政治合法性。①

三 分析马克思主义对自由主义的批判

左翼学者对自由主义的批判通常是说，自由主义的正义只是一种形式上的平等，而不是一种实质性的平等，离开物资生产资料占有的平等谈法律平等是没有实质意义的。左翼学者的这种批判对放任自由主义而言还是一种有效的批判，但是对于以罗尔斯为代表的左翼自由主义却已经失效了。正如我们所看到的，虽然罗尔斯相信经济不平等相容于权利平等，差别原则允许人们财富占有的不平等，但是差别原则坚持把有利于最少受惠者作为接受经济不平等的必要条件。所以，差别原则不仅没有用形式平等来否定每个人的自我决定能力的重要性，相反差别原则旨在促进最少受惠者经济状况的改善，使社会的经济不平等减少到这种水平：如果不允许这种不平等，最少受惠者的状况将比接受这种不平等要差。这的确说明以罗尔斯、德沃金为代表的自由主义已经提出了一种新的不同于传统的自由主义，正如德沃金自己所言，要提出一种在道德上符合我们的直觉、比自己和罗尔斯更激进的平等理论是不可能的。罗尔斯的持有财产的民主和德沃金的资源平等理论都在某种程度上向马克思主义的方向靠拢，身在西方的社会主义者以及马克思主义者要想提出从色彩上明显比这些自由主义者更接近马克思主义的理论变得非常困难。

当然，这不是说当代西方没有旨在替代以罗尔斯为代表的自由主义正义理论的学者群体，以分析马克思主义学派为主的左翼学者就对这种自由主义正义论提出了马克思主义性质的批判，让我们看到了这种自由主义的内在限度和超越之道。

---

① ［加拿大］威尔·金里卡：《当代政治哲学》，刘莘译，上海三联书店2004年版，第465页。

20世纪70年代罗尔斯《正义论》的发表激起了一批学者探讨马克思（主义）与正义问题的大讨论，很多学者试图回答这个问题：从马克思（主义）的角度能对以罗尔斯为代表的自由主义正义论提出怎样的批判。在英语里，这种批判称为"Marxian Criticism"，可以译为马克思（主义）式的批判。

在《马克思与正义——对自由主义的激进批判》一书的第六章，布坎南（Allen Buchanan）归纳了西方学术界针对罗尔斯正义论的十个马克思式的（Marxian）批判。[①] 在分析了这些批判之后，他指出这十个批判中绝大多数是建立在对罗尔斯理论的误解之上的。但是有些批判的确指出了罗尔斯理论的致命缺陷，是对自由主义正义论的最激进的批判，而罗尔斯要想回应这些批判，必须进行很大的理论修改。而如果罗尔斯这样做的话，就无法保持其自由主义的本色，从而违背自己的使命，因为写《正义论》的使命就是要重建一种新的自由主义理论，使其得到更好的辩护。下面，我们简要看一下布坎南所概括的这十个批判。

第一，罗尔斯注重分配而忽视生产，没有看到分配依赖于生产。

这个观点是由沃尔夫（R. P. Wolff）首先提出来的。在《理解罗尔斯》一书中，沃尔夫引用马克思在《哥达纲领批判》中的话来支持自己的观点。[②] 沃尔夫认为，罗尔斯不加反思地接受了新古典政治经济学的分析模式，只是关注分配的正义。布坎南认为，沃尔夫的这个批判误解了罗尔斯。原因是，罗尔斯不只是局限于产品的分配。实际上，罗尔斯所讲的分配绝非消费品的分配，而是基本善的分配，这就包括一切影响个人在社会中的前途的所有资源，当然也包括生产资料。

布坎南认为，沃尔夫的误解是混淆了罗尔斯的具体建议与他所提出的原则本身所包含的要求之间的区别。罗尔斯所提出的策略的确不是很激进，但是他所提出的原则却包含激进的措施，只是罗尔斯自己也忽视了这一点。[③]

第二，罗尔斯错误地把当前的阶级社会状态当作人类社会的永恒特征。

[①] 布坎南解释说，这些对罗尔斯提出的批判之所以被贴上"马克思式的"标签，只是要表明这些批判意见是能够或已经从马克思的角度提出的，但是不能说所有的批判都是马克思主义者提出的或者是马克思主义理论家提出的。参见 Allen Buchanan, *Marx and Justice: The Radical Critique of Liberalism*, Rowman and Littlefield Press, 1982, p. 103.

[②] R. P. Wolff, *Understanding Rawls*, Princeton University Press, 1977, p. 210.

[③] Allen Buchanan, *Marx and Justice: The Radical Critique of Liberalism*, Rowman and Littlefield Press, 1982, p. 124.

这个反对意见主要是由麦克弗森（C. B. Macpherson）提出的。在《有关民主的理论》一书中，麦克弗森说，罗尔斯讨论了一个阶级分化社会的正义原则，他把不平等视为不可避免，这就预设了阶级社会的永恒性。① 布坎南认为，按照马克思的阶级划分标准，罗尔斯对优势群体与劣势群体的划分不可归为马克思意义上的阶级划分，而且罗尔斯的差别原则不仅不承认阶级划分，而且试图消除它们的差别。当然，罗尔斯在具体措施与其原则本身所倡导的措施之间的模棱两可是导致麦克弗森误解的原因。②

第三，罗尔斯没有看到，在阶级利益对立的社会中无法达成反思平衡。

众所周知，罗尔斯对差别原则的证明主要是依赖反思平衡。反思平衡的方法既给罗尔斯带来了名誉，也是其遭受批判最多的地方。反对者认为，依据马克思主义的观点，实际上最基本的判断都是与阶级利益相关的，无产阶级不可能与资产阶级达成反思平衡，每个人的判断和有关达成一致的想法都是由阶级意识决定的。

布坎南认为，其实反思平衡的方法也是马克思本人在构建理论时惯用的方法，比如马克思对李嘉图劳动价值论的批判和提炼，再比如马克思本人出身于资产阶级，但后来致力于无产阶级的解放事业，都体现了马克思对反思平衡的运用。布坎南认为反思平衡是社会科学领域常用的方法，它不是罗尔斯独有的，而且实践证明这种方法是比较有效的。③

第四，罗尔斯在未加论证的前提下把人性假定为自由主义（或个人主义）的功利主义。

沃尔夫和麦克弗森都认为，即使反思平衡是常用的方法，但是罗尔斯还是在运用此方法时犯了一个错误。马克思早就指出古典政治经济学和18世纪的自由主义哲学家犯了一个共同的错误，那就是把资本主义社会中人的特征视为人类永恒的本质特征。这种人的形象在马克思那里是纯粹的个人主义的。

但是布坎南却认为，这又是对罗尔斯原初状态中人的形象的误解。罗尔斯笔下的人是具有不同善观念的人，而不是纯粹的自我主义者，而且也

---

① C. B. Macpherson, *Democratic Theory: Essays in Retrieval*, London Press, 1973, p. 87.
② Allen Buchanan, *Marx and Justice: The Radical Critique of Liberalism*, Rowman and Littlefild Press, 1982, p. 130.
③ Ibid., p. 134.

反对把对方视为纯粹的工具。布坎南引用了很多罗尔斯的原文来证实这一点，尤其是罗尔斯在谈到原初地位下，个人通过对正义原则的服从实现了自我的价值。①

第五，罗尔斯所坚持的善的道德中立观点，致使他把其他的一些善，比如说那些马克思所看重的共同体排除掉了。

在《道德中立与基本善理论》一文中，斯瓦兹（A. Schwartz）充分地阐述了这一批判。他说，罗尔斯在描述原初地位时，由于其坚持所谓在善的问题上的中立立场，导致了他没有把一些在本质上是非常珍贵的价值包含在内，如共同体和团结。②

但是，布坎南认为，这种反对意见是错误的，其实罗尔斯在设计原初地位时，并没有保持善的中立立场，相反他是偏向某些价值的。因此，反对意见应该说，罗尔斯这样做违背了他当初所坚持的善的中立立场，武断排除共同体和团结这些马克思珍视的价值。

布坎南认为，罗尔斯对原初地位中被选出的原则作了非常细致的说明，他通过反思平衡的方法证明各方对原则的选择反映了他们是康德意义上的人。③

第六，罗尔斯的契约忽视了阶级冲突，他错误地假定在不同阶级之间存在一个共同利益。

我们知道罗尔斯在《正义论》中，要完成两个任务，一是让我们确信一个理想的正义社会的原则是什么，二是这种原则必须为罗尔斯称作正义的自然义务提供一个基础。所谓正义的自然义务是指每个社会成员都有义务促进那些符合正义原则的制度不断建立。但是米勒（Richard Miller）认为，如果马克思有关阶级冲突的主张是正确的话，那么罗尔斯的第二个愿望就无法实现。罗尔斯认为在原初地位中，各方会达成一个正确的正义原则，也相信人们在不那么正义的社会环境下，会履行罗尔斯所说的正义的

---

① Allen Buchanan, *Marx and Justice: The Radical Critique of Liberalism*, Rowman and Littlefield Press, 1982, p. 137.

② A. Schwartz, "Moral Neutrality and the Theory of Primary Goods", *Ethics*, Vol. LXIX, No. 18, 1972.

③ Allen Buchanan, *Marx and Justice: The Radical Critique of Liberalism*, Rowman and Littlefield Press, 1982, p. 143.

自然义务。① 米勒非常有说服力地指出，如果原初各方知道他们将来的社会地位，那么就根本无法达成差别原则。

但是，布坎南认为，米勒误解了罗尔斯。罗尔斯承认原初各方都会服从那个正义的自然义务，是源于他对原初各方的描述，而这种描述本身也是为了得出被选出的原则是符合正义要求的。也就是说，罗尔斯对原初各方的描述以及确信他们有那种自然的义务是从道德的压力这一角度来讲的，而不是从现实中的无产阶级与资产阶级的对立中来讲的。②

第七，罗尔斯没有提供一种理论来解决如何从当前的社会过渡到秩序良好的社会，他也没有说明正义感如何能作为社会转变的动机。

有人认为，即使罗尔斯的理论是正确的，但也是乌托邦的，因为该理论并没有说明如何从非正义的社会转变到正义的社会，甚至都没有说能不能转变。而唯一一点这方面的线索是，罗尔斯似乎相信依赖人们的正义感可以实现正义社会。由此，罗尔斯完全忽视了阶级利益的影响，所以马克思对空想社会主义者的批判完全适用于罗尔斯。

由于布坎南本人也认为马克思提供的革命动机理论是不完整的，所以他认为这种反对意见其实并不是很有力，因为马克思本人在这个问题上也是有缺陷的。③ 布坎南指出，一个完整的社会变革理论应该包括两个部分，一是描述性的部分，内容包括动机理论，即至少要说明在什么条件下转变到正义的社会是可能的，二是规范性的部分，它要告诉人们为了实现向正义社会的转变，应该为此做些什么。罗尔斯的理论只是提供了这种理论的第二部分，而没有提供第一部分。当然，我们也可以这样来理解，罗尔斯本人的目的在于说明秩序良好社会的正义原则是什么，而不在于说明如何实现正义社会。④

第八，罗尔斯理论因内在的自由主义特性，使得它赋予权利以优先性，而没有看到平等的权利本身所造成的不平等。

---

① Richard Mille, "Rawls and Marxism", *Philosophy and Public Affair*, Vol. 3. No. 2, 1974.

② Allen Buchanan, *Marx and Justice: The Radical Critique of Liberalism*, Rowman and Littlefield Press, 1982, p. 147.

③ 关于布坎南所说的马克思在革命动机理论中的缺陷参见 Allen Buchanan, *Marx and Justice: The Radical Critique of Liberalism*, Rowman and Littlefield Press, 1982, Ch. 5.

④ Allen Buchanan, *Marx and Justice: The Radical Critique of Liberalism*, Rowman and Littlefield Press, p. 149.

罗尔斯的理论似乎与自由主义共享一个基础，而这个基础马克思早就进行了坚决的批判。这个基础就是认为，民事权利平等与政治平等是与社会经济的极大不平等相一致的。也就是说，自由主义者往往想当然地认为，只要实现了人与人之间的政治平等，就是社会的正义状态，而完全没有看到人们在社会经济上的巨大不平等往往会使得政治平等流于形式。

布坎南认为，从罗尔斯对最大的平等自由原则与差别原则的区分可以看出，罗尔斯的确存在批评者所说的那个问题。我们都知道，平等的自由原则是优先于差别原则的，而差别原则是允许为了劣势者的最大利益，可以允许社会经济不平等的存在。马克思在《论犹太人问题》中通过对政治解放局限的分析，实际上就批判了罗尔斯的这种幻想。①

但是丹尼尔斯（Norman Daniels）对这种马克思式的批判进行了非常有启发的反驳。在《平等的自由与平等的自由功效》一文中，他认为，罗尔斯实际区分了平等的自由与平等的自由功效。每个人都享有平等的自由，但无法保证每个人拥有平等的自由价值，比如，每个人都有开公司的自由，但是法律无法保证每个人开公司都能赚取同样的财富，而且如果法律规定每个人赚取同样的财富，这本身也是不正义的。②

第九，罗尔斯提供了一个普遍适用的正义原则，但根本不存在普遍适用的正义原则。

这个马克思式的批判是说，罗尔斯提供了一个普遍适用的正义原则，但是依据马克思有关经济基础与上层建筑关系的理论，根本不存在普遍有效的正义原则。马克思的相关理论认为，某一正义概念是由某一特定生产方式产生的，并为之服务，根本不存在什么普遍有效的正义原则。而且罗尔斯所说的正义原则是由各方选择的结果，更是不符合历史的事实，特别是对于前资本主义社会而言，根本不存在什么选择正义的原则。

布坎南认为，这种批判是有价值的，但是，我们要区分某种原则对某个社会的现实有效性与批判的有效性。比如某种反对奴隶制度的社会制度，在奴隶社会的初期，它不可能是有效的社会制度，但是，并不能否认它对任何

---

① Allen Buchanan, *Marx and Justice*: *The Radical Critique of Liberalism*, Rowman and Littlefield Press, p. 150.

② Norman Daniels, *Equal Liberty and Equal Worth of Liberty*, Reading Rawls, New York Press, 1975, p. 259.

社会的奴役行为的批判的有效性，即使是在奴隶社会也是如此。①

第十，罗尔斯没有看到正义的问题是可以通过变革生产方式得到解决的，变革生产方式解决了正义环境的主客观因素。

马克思认为，正义无法在正义的环境内得到解决，而需要正义原则来调节社会关系的社会则是一个在生产方式上存在缺陷的社会，所以，罗尔斯说正义是社会制度的首要美德，这本身表明他没有理解正是对正义理论的需求，才显示出生产方式中存在某种缺陷。而罗尔斯只是试图通过改变正义原则的观念来解决问题，依照马克思的观点，这是找错了方向，因为克服社会致命缺陷的方式在于转变生产方式，而不是改变正义观念。

其实这最后一个批判是布坎南本人在《马克思与正义》一书的第四章提出的。他认为，这就是马克思在正义问题上的最为核心的观点。在该书的第六章，他自己也检验了马克思这种对权利和正义的激进批判是否对罗尔斯有效。布坎南认为，马克思的这种激进批判的有效性依赖两个条件，一是罗尔斯所提供的原则是否为基本权利和义务的分配以及各种竞争原则提供了一个公正的调节，二是罗尔斯是否对如何实现这些正义原则提供了恰当的说明。关于第一个问题，布坎南认为罗尔斯所说的是秩序良好的社会，因此罗尔斯可以不受所谓阶级问题的指责，而严格的差别原则也是反对剥削的，同时罗尔斯的差别原则所涉及的善的分配，不只是消费品等这些狭窄的范围，而是非常广的领域，甚至包括财产持有的民主。这说明，在第一个问题上，罗尔斯是做得不错的。在第二个问题上，罗尔斯的确没有涉及如何转变到正义社会的问题。②

威尔·金里卡在《当代政治哲学》一书中认为，概括来讲，这种可以被称为来自马克思主义的批判大致分为两个方向：一是批判正义本身，声称共产主义社会是超越正义的社会，任何需要正义原则来调整社会冲突的社会，其问题的症结在于这个社会的生产方式，设计分配正义原则来解决问题是走错了方向，二是提出新的正义论，主要针对罗尔斯对私有财产权的保留，从私有财产必然带来剥削和异化的角度，来论证私有财产本质上

---

① Allen Buchanan, *Marx and Justice: The Radical Critique of Liberalism*, Rowman and Littlefield Press, 1982, p. 153.
② Ibid., p. 158.

是非正义的。

对于第一个方向，即否认正义本身，金里卡认为，这种批判基本上是无效的，因为相对稀缺是人类无法超越的存在状态，试图通过财富的极大丰富来超越正义本身是不可行的，我们不能通过借助财富的假设来一劳永逸地解决分配正义问题，正义感在实现美好社会的事业中是至关重要的。①

对于第二个方向，即构建正义论来论证私有财产权本身是不正义的，从而来批判罗尔斯对私有财产权的保留，金里卡认为，这是有意义的。这个方向基本的主张是，按照马克思主义的观点，应该废除生产资料的私人所有权，因为它产生了本质上不正义的劳资关系。这个方向大致沿着两条路径来推出这个主张，一条是认为劳资关系本质上是一种剥削关系，一条则认为劳资关系本质上是异化的。

分析马克思主义学派代表人物 G. A. 柯亨（G. A. Cohen）和罗默（John Roemer）都提出了自己的剥削理论，力图弄清什么是剥削以及剥削为什么是错误的。分析他们的剥削理论，金里卡发现离开正义谈剥削是不可能的，因而用是否存在剥削来界定正义是错误的，必须首先弄清什么是正义，才能弄清什么样的剥削才是不正义的。而依据新的即非传统的马克思主义的剥削定义，我们并不能得出劳资关系本质上就是不正义的。金里卡的意思是说，通过论证劳资关系本质上是不正义的来论证产生劳资关系基础的私有财产制度本身是不正义的这种论证路径是存在问题的。也就是说，在金里卡看来，罗尔斯对私有财产的保留（或者只是提出了持有财产的民主而没有提出生产资料社会所有），并不能表明罗尔斯对私有财产或者资本主义制度的留恋，也不显示其阶级立场，而是因为从正义的角度，的确不能证明社会占有财产比财产持有的民主更正义。也许在罗尔斯看来，生产资料社会所有也同样会产生剥削，而持有财产的民主也有可能不会产生剥削，即使存在一些人为另一些工作（存在劳资关系）也未必是剥削关系，一切要看人们的偏好和境况。重要的不是从持有财产的民主过渡到社会占有生产资料，而是要保证人们都有平等的使用资源的现实途径，从而能够对工作、生活、娱乐等等方面做出吻合自己人生目标的理性决定。

---

① ［加拿大］威尔·金里卡：《当代政治哲学》，刘莘译，上海三联书店2004年版，第306—319页。

从劳资关系导致异化来批判私有制是第二条路径。这条路径有别于第一条路径，明显带有马克思主义的特色。按照卢克斯（Steven Lukes）的说法，马克思对资本主义的批判，既诉求康德的目的原则，从剥削角度进行，又诉求一种完善论从异化的角度进行。从剥削角度进行的康德式的批判是说，私有财产使工人成为资本家获利的工具，而从异化的角度进行的完善论批判是说，私有财产阻碍我们去按照我们本质上所要求的方向发展自己。这种完善论认为，马克思相信人之为人的独特和卓越在于有能力从事自由而富有创造性的合作生产劳动。如果某种生产方式阻碍了这种能力的发展，生产者就遭到了异化，所以我们应该这样安排生产：通过合作生产来促进人的自我实现。而要实现这个目的，就要求废除劳资关系并使生产资料社会所有。金里卡对此的评价是，这种从异化角度进行的批判实际上是一种完善论的批判，它把某种生活方式看作唯一最好的方式，这显然是没有道理的。

四 社会民主主义对自由主义的批判

在20世纪的西方国家，社会主义理想最坚定的倡导者既不是马克思主义者，也不是基督徒，而是世俗的社会民主党。[①] 社会民主党主张"社会民主"，它们的理论家提出了一种有别于自由主义平等主义的正义论。虽然有时候"社会民主"与"自由主义民主"之间的区别不是那么明显，比如罗尔斯就称自己的正义论为"社会民主主义的"，但是我们还是能够看出其独特之处：它们更加注重"社会正义"。

与罗尔斯或者德沃金的正义观相比，社会民主主义者所持有的正义观更具"社会的"特色。大卫·米勒（David Miller）认为前者关注个人对平等资源份额的要求，而后者关注建构正确的平等主义的社会关系；前者关注如何使个人资源份额更倾向于平等，后者关注如何保证人们在公共生活中具有平等的地位。以大卫·米勒和迈克尔·沃尔泽（Michael Walzer）为代表的社会民主主义者提出了"社会正义论"，对罗尔斯为代表的自由主义正义提出了批判。这种批判体现在如下三个方面。

第一，反对通过消除市场收入的不平等来实现平等。一些社会民主主

---

① ［加拿大］威尔·金里卡：《当代政治哲学》，刘莘译，上海三联书店2004年版，第357页。

义者明确拒绝自由主义的平等主义的这个立论：不应得的不平等是不公平的。根据米勒的观点，天赋较高者比天赋较低者实质上拥有更多的资源并非一种不平等。对米勒而言，从道德角度看自然天赋具有任意性这个事实，并不能成为支持如下观点的理由：天赋较高者不应该获得较多的市场收入。因此，我们不能按照这种路径来为资源的再分配辩护：天赋较高的富有者所拥有的资源多于他们的应得公平份额，或者，处境较差者所拥有的资源少于其应得公平份额。在米勒看来，市场收入的不平等完全可以是公平的，只要这些不平等基本上是与他们的贡献成比例。但是，米勒又说，这些不平等虽然本身是公平的，却有可能瓦解人们非常看重的"团结友爱"的气氛，而这种气氛却是一个平等社会的基础，因此，我们要限制这种不平等。也就是说，米勒他们并不认为天赋较高者有较高的市场收入是不应当的，只要这种不平等不要影响其他的非市场领域，不要破坏共同体的氛围。沃尔泽在《正义诸领域》一书中指出，存在着各种各样的益品，对应也就存在各种各样的正义域，我们不能像罗尔斯那样只关注社会基本益品。在社会中进行分配的益品具有社会性，这种社会性不单体现在它们具有社会价值上，同时也体现在它们是由社会构想和创造的。正由于它们如此受到重视、经构想和被创造，它们所具有的意义也成为那些构想、创造和使用它们的人的共识。一旦我们对一种益品的社会意义有了共识，我们就会明白应该怎样分配它们。比如，对于一台洗肾机，我们知道应该如何按照需要原则进行分配；而对于诺贝尔奖的分配，我们显然知道要考虑是否应得；而对于金钱和商品的分配，就应该通过自由交换来进行。① 所以沃尔泽认为，罗尔斯所主张的那种要消除天赋较高者在市场交换中的较高收入的不平等，既是不可能的，也是不必要的。在沃尔泽看来，存在较大的市场收入的不平等不要紧，要紧的是这种不平等只是在支付能力方面发挥作用，而不能越界到其他的非市场领域，比如政治权利、教育、公民资格等。在沃尔泽看来，每个领域有每个领域的分配原则，在市场领域是按照自由交换的原则进行，而在政治领域、教育领域就不能按照支付能力的大小来分配。就是说，富人可以有很高的收入，但在政治上富人不能因为有钱而享用不平等的政治地位。

---

① 应奇主编：《当代政治哲学名著导读》，江苏人民出版社2010年版，第198页。

第二，反对国家通过补偿不平等来实现平等。有些社会民主主义者虽然也像自由主义的平等主义一样认为，不应得的不平等是不公平的，但是他们不相信国家有能力识别是什么原因造成了市场收入方面日益增加的不平等，也不相信国家有能力对这些不平等进行弥补，任何试图直接向这些不平等宣战都是徒劳无益的。国家所能做的，就是试图把这些不公正的不平等的社会影响，减少到最低的程度。国家可以做到确保这些不公正的不平等只是对人们的私人生活发生影响，比如私人消费和娱乐，而不摧毁社会的平等。金里卡认为，这实际上相比罗尔斯来说，是一种后退的立场：如果我们不能实现分配正义，我们就至少应该对社会的平等进行保护。[①]

第三，认为自由主义的平等主义在实践中会促成一种错误的平等氛围。有些社会民主主义者认为，即使我们能做到弥补人们在资源占用方面的被动劣势，也只有通过那种会破坏社会的平等的那些手段才能实现这个目标。沃尔夫就指出，试图甄别主动劣势和被动劣势，就要求政府用不信任的眼光来打量那些处于劣势的人们，而劣势者为了证明自己的清白，就要尽力进行"耻辱揭示"，这不仅破坏团结也有损自尊。为了避免这个难题，我们应该放弃对主动劣势和被动劣势的甄别，转而关注这样一个问题：哪些物资不平等会破坏社会的平等。如果物资不平等不会破坏社会的平等，我们就应该允许这样的不平等，无论这些不平等是多么得不应得。但是，如果物质的不平等的确会影响或者破坏社会的平等，我们就应该纠正这种不平等，即使这些不平等是主动选择的结果。

分析社会民主主义者的批判，我们发现其实社会民主主义者的平等观所要求的内容要少于自由主义的分配正义观所要求的内容，因为自由主义的平等主义试图纠正的不应得的劣势包括人们的生活水准以及人们对物品和服务的拥有，而社会民主主义者只是试图纠正会破坏人们在公共生活中的平等地位的不平等。也即是说，自由主义的平等旨在使人们有一份平等的资源份额，从而去自由追求自己的善，而社会民主主义者却旨在使人们成为在社会中受到同等尊重的平等者。金里卡认为，社会民主主义者的理

[①] ［加拿大］威尔·金里卡：《当代政治哲学》，刘莘译，上海三联书店2004年版，第362页。

论价值在于，让我们看到了自由主义者和分析马克思主义者在正义问题上对"社会平等"这个重要价值的忽视。①

五 马克思主义的批判

分析马克思主义者柯亨在转向政治哲学之后，先后以诺齐克和罗尔斯为对象展开了对自由主义当代最重要代表理论的批判，其中批判罗尔斯正义理论的《拯救正义和平等》一书的主旨，就是要通过技术层面的揭示来获得一个规范层面的有关自由主义正义限度的结论。

柯亨认为，他与罗尔斯在正义问题上的分歧表面上是哲学背景上的差异，但实际上这一背景掩盖了他们在规范信仰层面的巨大分歧。在《拯救正义与平等》一书的导言部分，柯亨引用了马克思在《论犹太人问题》上的一句话来概括自己与罗尔斯在正义问题上的规范分歧。马克思说："只有当现实的人把抽象的公民复归于自身，并且作为人，在自己的经验生活、自己的个体劳动、自己的个体关系中间，成为类存在物的时候，只有当人认识到自身'固有的力量'是社会力量，并把这种力量组织起来因而不再把社会力量以政治力量的形式同自身分离的时候，只有到了那个时候，人的解放才能完成。"② 柯亨解释说，理想的自由主义社会与理想的社会主义社会是根本不同的。在理想的社会主义社会，平等的尊重和关爱是社会规划的一部分，而且这种平等的关爱不只是限定在上层建筑的层面，即不是寄托在国家的法权体系之中。正如马克思所说，只有当权利原则变成人们日常的现实生活的一部分，体现在人们的物质生活之中，那么权利才是真实的，而且到那时，国家本身也就没有必要存在了。

在罗尔斯式的期望中，一方面是国家的经济结构要按照正义原则来建构，而另一方面作为个体的人，其个人选择则是游离于正义原则之外的③。这实际上就是自由主义正义愿景的体现。这种愿景的自然前提就是国家与社会的分离。在自由主义者看来，理想的状态就是为了保护个人的自由，

---

① ［加拿大］威尔·金里卡：《当代政治哲学》，刘莘译，上海三联书店2004年版，第363页。
② 《马克思恩格斯全集》第3卷，人民出版社2002年版，第189页。
③ G. A. Cohen, *Rescuing Justice and Equality*, Cambridge University Press, 2008, p. 2.

要求国家与社会相分离。这两个领域各有自己的规则，一方面作为社会政治的人，要支持正义制度被选择出来作为社会的强制性结构，与此对应的正义就是权利的平等（至于权利平等是什么那是另一个问题），而另一方面，在与政治层面相对应的市民社会层面，个人却是完全自利的，是追逐个人利益最大化的主体，这样的个人形象显然是不同于政治领域中正义人的形象的。而马克思上面的那段话给我们的启示则是，缺乏个人在现实生活中对正义原则的践行，就不可能实现分配的正义。国家与社会的分离已经成了自由主义的自然预设，而这种预设本身就显示了自由主义在正义上的限度。一句话，自由主义，即使是罗尔斯式的经过改良的自由主义，其根本缺陷就是对日常的物质生活层面上的不平等的漠视或者回避。虽然罗尔斯在某些问题上与放任自由主义存在根本分歧，但在这一点上是完全相同的。罗尔斯正义论的缺陷就表现在差别原则对不正义的不平等的容忍，它从平等的起点非法过渡到不平等的终点，让人从备受鼓舞一下子跌落到备受打击，我们发现罗尔斯最终还是在进行自由主义者一直在进行的游戏：证明日常生活中到处存在的极大不平等就是正义的，个人没有多少义务帮助穷人，更不可能要求平分幸福。与罗尔斯有不同学术气质的诺齐克虽然让人讨厌，但他在进行这个游戏时似乎要真诚得多。他在《无政府、国家和乌托邦》中开宗明义地指出，政府通过再分配实现平等是不正义的，贫困虽然是值得同情的，但个人和国家都没有义务帮助穷人。

柯亨对当代自由主义的两个代表人物的反驳，显示了他们共同的本质，即以自由为由拒不承认正义与平等之间的同一性关系。他们两人的理论工作和学术气质虽有极大的差异，但是他们都在致力于证明不平等是正义的，反对通过对个人的行为进行规范来实现平等。因此，马克思在《论犹太人问题》中对政治解放限度的批判仍然适用于对他们的批判，这也就是柯亨对他们批判的核心所在。

马克思之后，尽管没有多少人真正追随他在正义问题上的态度，甚至在罗尔斯《正义论》发表之后，规范研究成为当代西方具有马克思主义色彩的学者完成其"发展马克思主义"使命的突破口，但是，马克思在100多年前对正义和权利观念的批判是任何规范研究都无法回避的。正如布坎南在《马克思与正义——对自由主义的激进批判》一书的结尾中指出的，虽然马克思对所有规范研究的批判对于以罗尔斯为代表的当代规范研究来说，有些已经无效（这种无效不是由于马克思批判本身是错误的，而是由于当代的理论吸收了马克思的批判），但是，马克思对权利和正义批判的核心思想仍然是有效的。

第一，马克思对权利和正义的批判展现了某一人类历史时期被人们发明出来并用于解决社会问题或者用来组织社会的权利原则，并非是我们在任何历史时期都必须只能完善而不能超越的社会组织方案。马克思深刻地指出，对权利有需求的社会是有缺陷的社会，这一观点使我们看到了权利观念的限度从而不能迷信权力原则，因为，我们对法律权利原则的依赖表明，人与人之间的关系总是印有深深的怀疑和挥之不去的冲突。我们总是假定所有的严肃社会问题都是权利问题，于是我们总是让冲突的双方在一个狭隘而又不妥协的权利载体角色里对抗，从而使冲突变得很难解决。对权利的依赖表明我们承认了冲突是不可避免的，却回避了要去揭示冲突产生的根源。马克思在 1843 年写的《论犹太人问题》所谈到的政治解放的缺陷，[①] 在今天仍然具有非常重要的意义。任何规范理论都必须面对这个关键问题，即是否可能超越对平等人赋予平等的权利，从而实现不同的人在利用权力所带来的收益上的平等。事实上，马克思对于基本自由假设（即政治平等可以与社会经济不平等共处）所提出的批判没有受到理论界重视，罗尔斯的理论也许只是提供了一些回答这个问题的素材。[②]

第二，马克思关于真正共同体的人际关系设想为我们展现了"后权利社会"的蓝图。马克思对权利的批判深刻展现了通过把人视为权利载体来表达对人的尊重，从而建构人际关系纽带的做法不是最好的规范人际关系的方法。如布坎南所说，虽然马克思的这种设想的理论基础还存在一些不尽如人意的地方，但是，马克思的贡献仍然是巨大的，他对资本主义的系统批判并没有像同时代的人那样依赖法权概念，被他清楚勾勒出的理想的自由社会——共产主义社会在本质上已经超越了对法权的依赖，因此，马克思对传统的道德和政治理论的基本概念框架提出了最

[①] 在马克思看来，政治解放的限度是：无视个人在信仰、财富、教育等方面的差别，把这些差别从政治解放的目标中排除出去，这实际上是放任这些因素对个人生活造成无限影响。

[②] Allen E. Buchanan, *Marx and Justice: The Radical Critique of Liberalism*, Rowman and Littlefield Press, 1982, pp. 177-178.

为尖锐的批判。[①]

第三，马克思对规范研究的批判展现了任何只满足于提供规范原则的"学者"其研究的空场。布坎南指出，即使马克思对新社会到来的说明是有缺陷的，但他为此做出的学术努力，仍然给规范的社会理论是否对于解决现实问题是足够的提出了一个简单却又是严格的条件，即任何规范社会理论建构的社会理想其实现所需要的条件不仅仅在于逻辑上的可能性。在建构理想的法权原则这类社会理论中，只是诉求人的正义感来进行论证是远远不够的，它还必须同时提出在经验上得到支撑的社会变革理论。[②]

[①] Allen E. Buchanan, *Marx and Justice: The Radical Critique of Liberalism*, Rowman and Littlefield Press, 1982, p. 178.

[②] Ibid., p. 179.

第七章 马克思与当代主要社会思潮的哲学—经济学分歧及思考

马克思对资本主义社会的批判思路一方面产生于对现实社会的关注：另一方面形成于与当时各种思想、理论的交锋与论争。这在19世纪40年代早期体现为与青年黑格尔派和各种激进批判家的交锋与论争；19世纪40年代中期受益于恩格斯《国民经济学批判大纲》与科学实证主义氛围的影响，马克思的研究思路开始转向哲学—经济学领域；19世纪50年代以后马克思的主要精力专注于政治经济学的批判性研究。在古典经济学劳动价值理论的基础上，马克思形成了自己的劳动价值论，并且在此基础形成了剩余价值理论，剩余价值理论成为马克思论证资本主义社会剥削现象和社会分裂的理论基础。然而150年来，围绕着剩余价值理论的争论从来就没有中断。尽管几乎没有人会质疑资本主义经济体制中剥削现象的存在，除了马克思的剩余价值理论，并没有任何一个系统的理论能够论证这一问题。近些年，我们看到一些学者尝试着不用剩余价值理论去解释资本主义经济关系中的剥削现象，更有一些左翼学者试图通过经济数据论证类似的问题，并且换一个角度对这一现象进行道德批判。例如《21世纪资本论》的作者，在并不借助于马克思话语体系的情况下论证了马克思的问题，但是由于作者规避了马克思的哲学思考及其深刻的问题意识而得出了一个与马克思不同的资本主义应景结论。

第一节　马克思早期批判思路的形成路径

自由与平等、公平与正义是早期资产阶级革命的基本理念，在资本主义现实社会的境遇中，各种思想家之间的争论围绕着这些基本理念及其现实性而展开。同样，马克思早年与各种社会批判思潮之间的论争也离不开这些基本的理念。但是马克思与这些批判思潮有所不同的地方在于，他既没有从正面主张这些理念，也没有将这些理念本身作为批判的对象，通过对资本主义经济关系的分析，马克思揭示并且论证了理念与现实之间悖论的存在。马克思与国民经济学家之间的分歧及其对蒲鲁东从哲学—经济学视角所进行的批判，体现了他这一研究思路的进展。

一　从现象到本质：马克思批判思路的形成

在资本主义经济关系中，自由概念的特定含义是与财产所有权直接相关的，它从个体角度蕴含着人们拥有、处置财产的权利，它既是一个经济哲学概念，也是一个法学概念。平等在最初的诉求是交换主体双方在经济地位上的平等（规则平等），而并非今天人们在财富分配意义上所理解的平等（结果平等），它针对的是封建等级制。货币作为交换手段的确立，在经济交往关系中从形式上确保了主体在交换中的平等关系。自由与平等相对于封建社会的人身依附关系、等级关系，无疑是一种历史性进步，然而这一进步同时蕴含着自身的否定性，因为自由与平等的经济交往关系同时成为资本主义发生社会分化的合法路径。社会分化发展到一定程度，势必要颠覆起点的平等，因而为资本主义进行论证的自由主义理论自身蕴含着悖论。

与马克思同时代的激进批判家对资本主义贫富分化的社会现象及其所产生的各种问题的批判止步于社会现象、滞留于意识形态领域，而国民经济学家的关注焦点是社会财富的增长机制，并不是与社会财富增长同时递增着的社会分化问题。

马克思既不满意于激进批判家的现象性批判和观念性批判，又不满意于国民经济学家以自由、平等原则为依托的辩护性论证,这种论证看到的只是人与人之间的经济交往活动。与此不同,马克思对这一问题的认识是立体的,他深入人与人、人与物的双重关系中,不仅从人与人之间的关系,而且从人与物之间的联系机制,以及这一联系机制对主体之间相互关系的制约作用角度来理解这一问题,看到了经济交换关系的发展,在什么意义上走向了初始原则的反面。国民经济学看不到这种发展所带来的经济交往关系的深刻变化,相反,在他们那里,"每一个主体都是交换者;因此,每一个人与另一个人之间、如另一个人与他人之间,都有着同样的关系。作为交换的主体,他们之间的关系是平等的。在他们之间不可能看到区别,更不可能看到对立,甚至连丝毫的差异也没有。进而,他们交换的商品是交换价值相等的,或者至少是当作交换价值相等的商品"①。

这里涉及的平等概念包含着三个含义,其一,主体双方地位的平等,这并非指处于不同政治、经济层面意义上的地位平等,而是法律独立、自主意义上的地位平等;其二,交换价值的相等;其三,规则的统一(平等)。

从这一在形式上是如此平等的经济规则中,看不到差异,更看不到对立,从理论设计上来说,它完全符合资产阶级民主派的自由、平等理念。

交换双方主体地位的平等、交换规则的普遍化是通过个体自我利益的一般化来完成的,普遍的规则建立在每一个交换主体的自我利益基础之上。由于个体地位的平等和交换规则的普遍化,个人的交换行为因此又是自由的,他可以自由地支配自己的物品,在市场中遵循普遍的规则以完成交换行为。资产阶级民主派通过这一从平等到自由的推论过程,完成了对资本主义经济体制从理念到现实的论证。在马克思看来,资产阶级民主派的理论是建立在对国民经济学理论的理解基础上的,黑格尔哲学可以为这一理解模式做出解读。"平等和自由不仅在以交换价值为基础的交换中受到尊重,而且以交换价值为基础的交换是所有平等和自由的产物、现实基础。"②

---

① Marx/Engels Gesamtausgabe, Band II/1.1, Dietz Verlag Berlin 1976,第 165 页。参见《马克思恩格斯全集》第 30 卷,人民出版社 1995 年版,第 195 页。

② 同上书,第 199 页。

对于同样的世界，马克思看到的是不同的画面："从总体上来说，在现实的市民社会里，价格和流通等规则是表面的过程，在其深处完全是另一个过程，在这一过程中，个人之间这种表面上的平等和自由就消失了。"①这一真实而潜伏于深处的过程，在自由而平等的现象下面产生着社会分化，资本主义经济关系通过自由、平等的合法途径积累着差异，其程度和速度远非人们之间存在着的自然差异可以解释。这一切是如何发生的，是马克思关注的问题。

马克思认为国民经济学家之所以被表面上的平等和自由现象所迷惑，是因为他们"在对货币关系的规定中，至今都是从它的纯粹发展出发，而没有与更高发展程度的生产关系相联系，在简单理解的货币关系中，资产阶级（或译市民）社会一切内在的对立都难以体现。正是从这一方面来看，这一对立消失了，资产阶级民主派因此比资产阶级经济学家（这将导致对交换价值和交换的更加简单的规定）更加容易为迄今存在着的经济关系辩护"②。

从自由与平等的理念，到社会贫富分化的现象，在马克思看来，这其中一定存在着不为人们所察觉的原因，马克思通过对资本主义经济关系的历史进程进行分析，认为这一原因存在于经济交往关系本身随着劳动力的商品化发生了质的变化。他认为，看不到这一点，就看不到资本主义社会自身蕴含着的对立因素，这正是资产阶级民主派更加倾向于为现实的经济关系进行辩护的缘由。

例如，蒲鲁东式的法国社会主义认为等价交换制度是自由和平等的体现，只是被货币和资本扭曲了而已，只要对这一扭曲进行矫正，也就是说阻止资本的形成，就能维持其自由和平等的特征。马克思从历史进程的角度指出："认为交换价值不会发展成为资本，或者生产交换价值的劳动不会发展成为雇佣劳动，这是一种虔诚和愚蠢的愿望。"③ 而一旦资本成为资本，获取利润就是它的存在方式，蒲鲁东则要求资本作为简单的交

---

① Marx/Engels Gesamtausgabe, Band II/1.1, Dietz Verlag Berlin 1976, 第 165 页。参见《马克思恩格斯全集》第 30 卷，人民出版社 1995 年版，第 171、202 页。

② Marx/Engels Gesamtausgabe, Band II/1.1, Dietz Verlag Berlin 1976, 第 162—165 页。参见同上书，第 195 页。

③ 同上书，第 172、204 页。

换价值进入经济交换程序,以确保经济交往中的公平和正义。

在马克思看来,这是经济学概念上的混乱,"关于公平和正义的空谈,只是要用适应于简单交换的财产权关系和法的关系的标准,去衡量交换价值的较高发展阶段上的财产和法的关系"①。马克思的批判思路以区分历史发展进程中两种不同的交换关系为基础:第一种或者早期的经济交往关系是简单的商品交换;第二种或者较高发展阶段上的经济交往关系在内容上与早期的交换关系是不同的。正是由于这一不同,在简单交换关系中奉行的公平和正义原则,在较高发展阶段的经济交换关系中蕴含着悖论。

马克思认为,蒲鲁东不是没有看到这一区别,而是试图用简单的经济交换关系取代较高发展阶段中的经济交换关系,让资本改变其职能,这就多少带有幻想成分了,因为他的这一设想忽略了资本的本质。

二 从历史进程到现实程序:马克思对问题的论证方式

区分两种不同的经济交往关系是马克思对国民经济学家和资产阶级民主派的辩护性观点进行批判的依据所在,这一思路形成于对资本主义经济关系历史发展进程的分析,前提是马克思对交换主体一方即劳动力自身商品化的理解。正是通过这一区分,马克思从资本主义经济运行方式的程序论证了自由与平等悖论产生的现实路径。历史性的纵向分析与现实性的程序分析,是马克思对资产阶级理念与资本主义现实反差进行论证的基本方式。今天,马克思当初与论争对手所涉及的理论问题与国内外左右翼思潮争论的焦点问题仍然存在着很大的相关性,但是与今天人们的争论在更大程度上向着政治权利、道德伦理的视域而延伸有所不同,马克思的批判思路是向经济领域延伸的。

从现实程序上来看,自由、公正、平等的理念体现的是自由而等价的交换关系,后者以契约原则为基础、以法律制度为保障,是资本主义经济关系的灵魂。等价交换中的"等"体现在主客两个方面:一方面主体表现为具有同等地

---

① Marx/Engels Gesamtausgabe, Band II/1.1, Dietz Verlag Berlin 1976,第236页。参见《马克思恩格斯全集》第30卷,人民出版社1995年版,第279页。

位的交换者；另一方面客体也表现为具有同等价值的交换物①。

马克思对等价交换不相等的揭示，是通过主体客体化，即劳动者被商品化的过程来完成的。等价交换在最初的意义上指主体双方用来进行交换的物品在价值上相等，但是这只是在简单经济交换关系中的情况，一旦交换主体的一方，例如工人，既作为交换主体，又作为交换客体时，情况就发生了变化。

马克思的研究思路朝着历史与现实两个方向努力：其一是沿着历史纵向维度进行的发掘，分析现有的经济交往关系在历史上是如何演进、形成的；其二是沿着现实横向维度进行的发掘，存在于等价交换现象背后的不等价交换是如何可能的，以等同的交换价值身份出现在交换活动中的价值本身，其源泉是什么？

从第一个方面来看，马克思尝试着通过经济交往关系的发展史来论证现有的经济交往关系并非是偶然形成或随意构成的现象，而是历史发展的必然产物；从第二个方面来看，马克思在古典政治经济学劳动创造价值理论的基础上，进一步通过对劳动者创造价值与劳动者消费价值（工资）的差异来揭示劳动与资本交换结果的不平等或者资本利润的来源，而这是通过劳动力概念的形成来完成的。

马克思的思维方式是对价值加以抽象，使其不同于价格概念；对劳动加以抽象，使其与具体的劳动区别开来，并且将劳动力概念与劳动时间的概念区别开来。不过，在《1857—1858年经济学手稿》中，马克思还没有从概念上对劳动（die Arbeit）与劳动力（die Arbeitsfähigkeit）进行区分，这一区分是在后来的研究过程中逐渐清晰起来的。

马克思的劳动价值理论包含着这样两层基本含义：第一，劳动创造价值，这以社会必要劳动时间来衡量；第二，维持劳动力的价值，这以生活品费用中包含着的价值来计算。对问题第一个方面的认识受着古典经济学的影响，对问题第二个方面的认识是马克思在思考中逐渐发展起来的。正是劳动力概念的形成，使得马克思从劳动者创造的价值与自身消费价值（劳动报酬）的差价中看到了资本利润（劳动者创造的扣除自身维持费用之

---

① Marx/Engels Gesamtausgabe, Band II/1.1, Dietz Verlag Berlin 1976, 第172页。参见《马克思恩格斯全集》第30卷，人民出版社1995年版，第196页。

后的剩余价值）的来源。

在古典经济学那里就形成的劳动价值理论，已经蕴含着用劳动时间来衡量劳动产品价值的思路，在劳动时间与劳动价值（劳动报酬）之间寻找直接的对等性，不过，这一模式并不能解释资本利润这一新增价值的来源。在马克思看来，资本作为既往劳动，是已经创造了的价值，不能再产生新增价值（没有新增劳动量），因此，古典经济学自己的劳动价值理论并没有给这一问题以合理的解释。

古典经济学看到的是问题的第一个方面（这在他们那里的表达是一般劳动时间），由此形成的观点是工人在一定时间中付出了劳动，资本家为这一劳动时间支付了相应的工资，两者平了，谁也不欠谁。

马克思则通过对问题第二个方面的认识，揭示劳动力付出的劳动时间与为了维持劳动力而消费的劳动时间（生活费用）在量上的差，前者大于后者，这个差就是利润的空间，后者以工资形式获得了支付，前者支付工资后的剩余部分以利润的方式成为资本收益。

仅仅强调价值以社会必要劳动时间来衡量的理论，并不能将马克思与古典经济学的劳动价值理论区别开来，马克思的贡献在于揭示了创造价值的主体创造了的价值与消费了的价值之间差价的存在，前者大于后者，这一差价通过既往积累了的价值（即资本）进一步在资本一端得到积累，这个过程运行于劳动力商品化的经济交往关系之中，或者说，产生于合法的资本主义经济程序中。

三　从资本积累到矫正分配：马克思的回应全面展开

劳动力商品化是资本主义经济关系得以形成和存在的基本前提，揭示劳动力商品化是马克思批判思路形成的核心要素，正是这一认识将马克思与其他经济学家、批判理论家的辩护性观点区别开来。不过这些辩护性论证并不仅仅局限于既有的资本主义经济关系，它向前延伸至资本的原始积累，向后扩展至针对其弊端而形成的矫正思路及其措施，与此相应，马克思的批判思路也随着辩护观点所到之处而展开。

从前者来看，由以货易货的简单经济交往关系向劳动力商品化的复杂经济交往关系的发展，伴随着资本原始积累的形成，而积累了的资本进一步为劳动力商品化提供了现实可能性。对此,马克思的批判思路一方面从历史进程分析资本主义经济关系的形成、发展;另一方面从现实程序展开了以劳动价值概念为核心的理论分析,形成了论证资本利润来源的剩余价值理论。

当马克思的研究思路向资本的原始积累进行追溯时,他进一步将这一积累区分为资本的积累和前资本的积累,从源头探讨自由与平等悖论的形成路径。马克思这样分析了资本的积累和前资本的积累:"应当对资本的积累进行区别;这一产生资本的前提条件;这一既成的资本的关系;形成了资本与劳动、价格(固定资本和流通资本)、利息和利润的关系。但是为了形成资本,就必须以一定的积累为前提;这些积累已经作为独立的对立面存在于对象化劳动与活劳动的相互对立中,各自确立了对立面。这一为形成资本而必须的积累,已经作为前提条件——作为因素——在资本的概念中被把握,这一积累在本质上同已成为资本的资本积累有所区别。在后一种积累中资本必然已经存在。"①

这是一种追根究底的实证科学的研究思路,在这里马克思对前资本的积累与资本的原始积累所进行的区分,在认识上显然比《1844 年经济学—哲学手稿》以原始积累方式出现的私有财产与异化劳动关系的认识进了一步,在那里马克思对私有财产与异化劳动关系的阐述在一定程度上陷入了循环论证。

与资本的原始积累有所不同,前资本积累存在着两种可能的路径:(1)劳动积累于劳动者之手;(2)劳动积累于他人之手,反过来说,积累了的是他人的劳动。当马克思从活劳动与对象化劳动相对立的关系中来理解这一前资本的积累时,他显然是在第二个意义上,即劳动积累于他人之手的意义上来理解前资本积累的,也就是说是从"原罪"的意义上来理解前资本积累的。然而,无论在历史上还是在现实中,第一个意义上的前资本积累,即积累于劳动者之手,也是有可能的。

无论如何,将前资本积累与资本积累这两种积累区别开来,可以解决马克思与经济学家在巴黎手稿阶段就存在着的一个分歧:在马克思看来,

---

① Marx/Engels Gesamtausgabe, Band II/1.1, Dietz Verlag Berlin 1976,第 172 页。参见《马克思恩格斯全集》第 30 卷,人民出版社 1995 年版,第 280 页。

资本作为占有他人劳动的前提（经济学家的观点），本身是占有他人劳动的结果，这蕴含着马克思对原始积累的认识，在资本的概念中把握这些为形成资本而必须的积累。

从后者来看，面对资本主义现实社会中产生的贫富分化现象，当时的理论家提出了各种各样的解释及其相应的对策，从意识形态领域的道德约束、规范到经济领域的工资调节、资本抑制等不一而足。蒲鲁东的批判观点由此展开，马克思在对蒲鲁东的批判观点进行批判时，进一步形成并且发展着自己的批判思路。

例如，资本主义经济关系在现实的运行过程中必然产生社会贫富分化现象，针对这一现象，通过再分配途径进行调节的思路和措施在当时就已经出现，对此，批判家蒲鲁东就进行了批判。他对市场经济先生产出贫困，然后对贫困进行福利政策扶持的现象进行原则上的质疑，认为这是国民经济学理论的自相矛盾，并且对这一矛盾现象感到纳闷：既然要对贫困进行福利政策的扶持，为什么不直接生产出平等呢？

在蒲鲁东看来，经济学家通过社会福利宣布了一个真谛，这个真谛可以理解为：每一个人的基本生存需要应该得到满足，这是一个人人平等的基本要求。然而资本主义市场经济在不可避免地创造着贫困和不平等，因此，这一真谛本身，是对其理论自身的谴责。即以自由主义理论为基础的资本主义市场经济的不平等结果是对自由主义平等理念的否定，这一理念只有借助于公共福利政策来得到补偿。蒲鲁东对此进行诘难：你们的理论与你们的理念为什么不能直接统一呢？他因此期盼平等的分配规则。

这让人想起，150 年以后，柯亨在几乎同样的意义上对罗尔斯进行的批评：有利于弱势者（穷人），或者向弱势者（穷人）倾斜的自由原则，是以生产出弱势者（穷人）为前提条件的，这本身就是一个悖论。[①] 观点的相似在很大程度上是以历史境遇的相似为基础的。

马克思从资本主义生产方式的角度批判了蒲鲁东的平等幻想，并将贫困归咎于等价交换背后的不等价这一资本运行机制，将批判的矛头指向资本主义经济结构。在马克思看来，蒲鲁东本人也是矛盾的，一方面他追求

[①] 参见 G. A. Cohen, *Rescuing Justice and Equality*, Harvard University Press, Cambridge, Massachusetts, London, England, 2008.

平等主义的理念；另一方面，他并没有从生产方式的意义上去理解为什么平等的理念会产生不平等的结果，而是提出了对剩余劳动在工人中间进行平均分配的设想，这一设想在原则上与经济学家们的公共福利设想并没有区别。

因此，与蒲鲁东不同，马克思从另一个侧面来看待问题，马克思认为经济学家们的这一矫正措施，是对资本主义经济关系进行维护。我们不难发现，资本主义初期阶段就产生的社会福利政策，已蕴含着100多年以后罗尔斯差异理论的雏形：差异的存在，能够最终改善或者有利于改善贫困者的处境。这一理论将对资本主义市场经济不可避免带来贫富分化结果的谴责转化为对资本主义市场经济效率的辩护，因为差异模式下产生的经济效率，在一定程度上改善了贫困者自身的利益，一方面效率带来的发展同样惠及于底层社会；另一方面公共福利政策为那些被甩出竞争领域或进入不了竞争领域的弱势者提供了最低生活保障。

蒲鲁东将公共福利看作是资本主义经济运行方式的自我谴责，马克思将公共福利看作是资本主义经济关系的自我维护、自我辩护，两种观点都是对资本主义经济在矛盾中运行的一种谴责。不过，马克思与蒲鲁东发生分歧的地方并不在这里，马克思认为，蒲鲁东没有真正认识到问题所在，在市场经济中，平等规则必然产生不平等的结果，这由资本的本质所决定。所以，从马克思的视角来看，公共福利的矫正措施只是资本主义社会的一种自我修正路径。

综上所述，马克思早期对资本主义的批判思路形成并发展于与不同思想家的论争，论争的核心问题围绕着自由与平等、公平与正义的理念与现实，马克思的批判思路没有停留于观念的层面，而是从现实的经济交往关系中去寻找问题的答案。他将问题聚焦于劳动与资本的交换，通过对剩余价值的论证即劳动者自身维持劳动力的价值（工资）小于劳动者创造的价值来揭示形式上的平等是如何蕴藏着并且产生着实际上的不平等，而这一不平等交换的存在既是资本利润的来源，也是社会发生贫富分化的合法途径。正是基于这种认识，马克思对资本主义的批判思路及对未来理想社会的诉求与蒲鲁东等都有所不同。

第二节　雇佣劳动关系中的公平正义问题

从《1844年经济学哲学手稿》中的异化劳动到《1857—1858年经济学手稿》中的雇佣劳动，马克思对资本主义经济关系的研究与批判历经了10多年时间。在这10多年的时间里，马克思对劳动与资本关系的认识从宗教、哲学—经济学意义上的异化劳动到具体的经济学—哲学意义上的雇佣劳动，从抽象的哲学推论进入具体的经济学论证，马克思的思考领域发生了变化。对异化劳动现象的批判，建立在对资本主义社会贫富分化现象进行抽象认识的基础上，对剥削关系的批判，建立对资本主义雇佣劳动关系以剩余价值理论为基础的经济学论证的基础上。然而经济学论证也是有局限性的，这不仅体现在马克思对不同观点的评论与批判中，同样体现在依据马克思的劳动价值理论对发展变化了的现实社会的分配公正问题的理论分析之中。理性地分析和理解马克思劳动价值论的现实意义及其局限性，是随着时代变迁发展马克思劳动价值理论的前提条件。

一　风险能否成为投资回报中的权重因素

《1857—1858年经济学手稿》[该手稿收录了马克思标注为"巴师夏和凯里"（Bastiat und Carey）]的手稿。该手稿是马克思在阅读巴师夏1851出版的《经济的和谐》一书时做的摘要和写作，我们从这一书名中就能看出，对于现实中的资本主义经济关系，巴师夏的视角与马克思的视角是完全相反的，巴师夏是辩护，马克思是批判。马克思对巴师夏的阅读，也就是一种批判性阅读，虽然这一批判性阅读没有发展成为一篇完整的文章，我们从中还是能够清晰地看到马克思早期批判思路的形成路径。

在废除了封建等级关系的资本主义社会中，劳动工资与资本收入之间的巨大差异成为社会贫富分化的新的源泉，思想理论界自然会对这一社会现象进行反思，批判与辩护的声音都不绝于耳。巴师厦与一些国民经济学家一样，以此为依据对资本获取的利润进行道义上的辩解，马克思这样评论这些观点："当一切经济学家谈论资本和工资劳动、利润和工资的现存关系，并且向工人证明，工人无权分享取得利润的机会，当他们想劝慰工人安于对资本家的从属地位的时候，他们向工人指出，工人与资本家相反，工人取得收入的某种固定性，这在或大或小的程度上并不为资本家的巨大冒险行为所左右。"①

巴师厦甚而用"经济和谐"来为雇佣劳动低工资所具有的稳定性与资本那不稳定的高收入进行辩护，对此，马克思的批判思路则指向这一既成经济关系的历史形成："在所有这些现实的历史过渡中，工资劳动（die Lohnarbeit）表现为一些关系的解体、消灭（Vernichtung），在这些关系中，劳动从它的收入、它的内容、它的场所和它的规模等所有方面来说都是固定的。所以，雇佣劳动表现为劳动和它的报酬的固定性的否定。"②

马克思通过对资本主义劳资关系的历史形成来论证，雇佣劳动关系的稳定性本身形成于对资本主义以前稳定劳动关系的解体，没有传统的劳动与劳动对象关系的解体，就没有资本主义劳动关系的形成。然而，雇佣劳动只是在被雇佣的条件下才有劳动，其收入的稳定性与传统的自有劳动条件的小农经济、手工经济比较起来显然又是不稳定的。

一个并非巧合的现象是，100多年后的今天，自由主义为资本利润进行着几乎一模一样的辩护：工人的收入是低，但是至少是稳定的、是有保障的，起码在雇佣期内，而资本家的利润，是没有保障的，甚至资本家的投资都有可能因各种因素，最终血本无归。这种辩护性观点的雷同体现出，虽然今天的资本主义非昨天的资本主义，但是今天的自由主义与昨天经济学家的观点是如此类似，这至少说明，在100多年的历史进程中，资本主义运行的基本逻辑没有发生实质性的改变。这对于反本质主义的后现代派思维方式来说，或许有点意义。严格说来，马克思对巴师夏的批判是质疑其对既成社会现状进行辩护的理由，并非巴师夏对这种状态的陈述即雇佣劳动的低报酬现象是与事实不符的。

我们注意到：在对巴师夏的批判中，存在着批判资本主义生产关系的两个方面：第一，雇佣劳动与资本收入的差异问题，这一问题可以表述为

---

① Marx/Engels Gesamtausgabe, Band II/1.1, Dietz Verlag Berlin 1976，第13页。参见《马克思恩格斯全集》第30卷（手稿前半部分），人民出版社1995年版，第15—16页。

② 同上书，第13、15页。

雇佣劳动者的被剥削（马克思的观念）、经济收入的不平等（一般左翼的批判观念）。第二，生产力发展要求，与封建的自然经济、小农经济相比较而言，资本主义的雇佣劳动关系显然蕴含着更高的生产力。同样，马克思认为，社会主义的劳动关系能够提供比雇佣劳动关系更高的生产力发展水平。

如果我们不在更高的生产力发展是前提条件，还是变更生产关系以满足生产力更高的发展要求这个问题上兜圈子，至少生产力发展是一个标准。对于这个标准，是将其理解为变更生产关系的前提条件，还是变更以利于进一步发展的要求，可以具有不同的解释。

仅仅就这两个维度而言，人们在批判资本主义的思路中至少存在着两个不同的标准，道义性标准与生产力标准，东方世界的马克思主义教科书体系将两个标准在理论上进行统一。就社会主义改造而言，这种统一以对人的重塑为前提，后者的"人"与其所批判的资本主义的"人"是不同的。在教科书那里，这一改变在理论上是通过社会存在决定社会意识来论证的，在马克思和恩格斯那里是通过社会存在和人们意识之间的统一来解决的。两者之间的区别在于教科书体系以社会意识替代了人的意识，或者人们的意识，这两者是等同的吗？这些蕴含在马克思批判巴师夏背后的理论问题中，马克思本人在不久之后的《〈政治经济学批判〉序言》中进行了归纳。

二　雇佣劳动收入稳定性的历史相对性

马克思虽然批判了巴师夏等用雇佣劳动工资收入的稳定性来宽慰雇佣劳动报酬低的情况，揭示这种收入的稳定性本身是对稳定的自然经济条件下劳动—报酬关系进行否定的结果。不过马克思并没有将这种否定作为历史性的倒退来解释，恰恰相反，在马克思看来，这种否定是生产力发展的结果，因而是历史进步的结果："雇佣劳动普遍存在的前提是生产力的发展高于雇佣劳动出现以前的阶段。"[①]

既看到雇佣劳动关系是历史进步的结果，又批判以雇佣劳动关系的表面特征来为雇佣劳动低报酬进行辩护的观点，这是马克思不同于巴师夏的

[①] Marx/Engels Gesamtausgabe, Band II/1.1, Dietz Verlag Berlin 1976, 第 14 页。参见《马克思恩格斯全集》第 30 卷（手稿前半部分），人民出版社 1995 年版，第 17 页。

地方。马克思承认雇佣劳动存在的前提是它提供了比其之前的劳动关系更高的生产力，但同时又强调，人们要求社会主义的前提也是因为它能够提供比雇佣劳动更高的生产力。

马克思将雇佣劳动看着是劳动关系历史发展进程中的一个阶段，一个特定的时代产物，称之为现代市民生产，从历史的进程来看，它是一个特定的阶段，从现代社会角度来看，它又具有一般性。这种一般生产不仅是政治经济学家的研究对象，也是马克思的研究对象，不过我们已在多处看到，两者的出发点、立足点都是不同的。如果将这种不同仅仅理解为源自于阶级立场的不同，势必为那些所谓的不偏不倚的普遍主义指责马克思的批判是简单的意识形态批判的观点提供把柄。

对于马克思本人来说，他肯定不会满足于这样一种解读模式，对研究对象的科学性认识，是支撑马克思事业的主要动力，正因如此，他才会并不仅仅停留于对雇佣劳动工资高低的一般性争论，而是将研究视角伸向既有劳动关系的形成史："资本，别的不说，也是生产工具，也是过去的、客体化了的劳动。可见资本是一种一般的、永存的自然关系；这样说是因为恰好抛开了正是使'生产工具''积累的劳动'成为资本的那个特殊。"[①]在这一对资本概念既是一般、又是特殊的思辨表达背后，马克思是想阐述资本作为既有劳动的历史性前提，即资本家持有的资本，并非就是抽象的、固定的，其本身是在历史进程中积累了的劳动。

马克思因而将对政治经济学的批判由资本的历史性前提进一步延伸到私有财产的存在，在资本主义社会，资本是以私有财产权的身份存在的。在政治经济学家那里，既成的私有财产状态、关系是进行政治经济学研究的前提，对这一前提的前提进行关注，似乎是哲学家的事情，例如洛克关于个人财产的理论。

在财产形式问题上，马克思比洛克走得更远一些，马克思看到在私有财产形成以前，人类应该有着共同劳动和共同占有财产的原始阶段，这一观点同时受到当时各种社会主义和共产主义思想的影响。不过这种对共同劳动、共同占有财产原始形式的理解还是很粗浅的。从财产最基本的含义

---

① Marx/Engels Gesamtausgabe, Band II/1.1, Dietz Verlag Berlin 1976, 第 23 页。参见《马克思恩格斯全集》第 30 卷（手稿前半部分），人民出版社 1995 年版，第 26—27 页。

来说，它包含生活用财产、生产用财产、地产等，例如在地产是公共拥有的时代，日常使用的生产工具却可能是个人所有的等诸如此类的具体情况。无论怎样，这里的财产概念与实体意义上的资本财产概念所包含的内容非常不同，不可同日而语。

今天的左翼平等主义思想家将财产的共同占有还原为不可再分解的自然资源的共同占有问题，这一观念是对洛克个人财产论证方式的否定：根据左翼平等主义者的理解，地球上的自然资源在理论上为全体人类共同所有；根据洛克的财产理论，土地为其劳动者所有。显然，这两种理论存在着矛盾，洛克在当时还没有遇到今天这种自然资源面临枯竭、遭遇破坏的危机。所以在一定的范围内，洛克的财产理论是对当时状况的一种解读。

左翼平等主义与洛克理论的矛盾，是时代变化的结果，洛克所说的劳动所有在当初主要以土地为例，这个例子并不适用于今天人们对自然资源的理解、占有和使用情况。从这一意义上来说，今天左翼平等主义者对财产占有内容的认识比洛克，甚而比马克思走得更远。

马克思对资本主义剥削关系的批判严格说来还是洛克意义上的，即劳动所有，但是劳动所有在一定条件下与劳动发生分离，在《1844年经济学哲学手稿》时期，马克思对这一问题是通过异化劳动的概念来表达的。当时马克思就将问题聚焦为资本主义生产关系或者异化劳动产生的前提即工人、资本、地产的相互分离：工资劳动的前提是资本、地产作为独立的生产要素的存在，而工资劳动者本人没有资本、没有地产。经过10年的政治经济学阅读、研究，马克思以这一前提为开端，进入了对资本主义资本运行全过程的研究。

一方面从历史的意义上对雇佣劳动工资的低报酬是与其收入的稳定性相匹配的辩护性观点，用雇佣劳动本身是以劳动与劳动条件瓦解为前提的事实来进行批判；另一方面又从历史的意义上看到资本主义雇佣劳动比起自然经济是一种历史性发展，这种关系蕴含着更高的生产力发展水平。

从前者来看，用历史的进程来反击从公平的视角审视风险因素在劳资分配问题上的权重只是一个方面，虽然可能是很重要的方面，但是马克思并没有停留于此，而是进一步尝试着通过劳动与价值之间的关系来对分配所涉及的劳资关系进行进一步的剖析。

三 雇佣劳动关系中的劳动价值问题

为了回应巴师夏用劳动工资收入的稳定性与资本利润收入的不稳定性来为两者之间的差异进行道义性的辩护，马克思以雇佣劳动收入的稳定性是对自然经济条件下劳动与劳动对象相统一这一稳定性的否定来进行反驳。但是这只是论战中的反驳，并不是马克思批判资本主义经济关系的核心思路，为了对自己的批判提供科学论证，马克思的研究思路从劳动及其所创造的价值问题入手。

这一思路产生于对政治经济学的研究与批判，政治经济学家已经使用价值这一概念来表达看得见、摸得着、可以量化的价格背后那个看不见、摸不着、难以量化的东西。斯密和李嘉图的劳动价值论已经将劳动创造的价值与劳动时间联系起来。马克思在此基础上，进一步对具体劳动时间与抽象劳动时间进行了区分，但是将社会必要劳动时间与劳动价值联系起来进行认识，在马克思那里，也有着一个认识上的发展过程。"决定价值的，不是体现在产品中的劳动时间，而是现在必要的劳动时间。"[①]

必要劳动时间概念的提出，否定了劳动时间与劳动价值之间的直接正相关性，必要劳动时间在资本主义经济运行中是通过竞争关系来确定的。这一点非常重要，它在劳动时间与劳动价值相关联的基础上，又说明一个产品所含的劳动价值并不会因为它所消耗的劳动时间的延长而有所增加，恰恰相反，市场通过价格竞争将迫使产品不断降低其所包含的劳动时间，并且提高其质量。那些同质低价的同类产品在市场竞争中会更有机会兑现自己的价值，并且构成劳动价值的决定性因素。

这也就是说，同一单位产品的价值不会随着生产率的提高而提高，反而随着生产率的提高而递减。马克思以黄金作为例子，黄金等于一定劳动时间，但是随着生产效率的提高，黄金会被贬值。这一现象已充分体现了在市场竞争中，构成价值的是社会必要劳动时间。然而在市场竞争中形成产品价值的社会必要劳动时间又是由什么决定的呢？根据马克思的理解逻

---

① Marx/Engels Gesamtausgabe, Band II/1.1, Dietz Verlag Berlin 1976, 第70页。参见《马克思恩格斯全集》第30卷（手稿前半部分），人民出版社1995年版，第83页。

辑，这是由生产产品的商品——劳动，其自身所消耗的包含着一定（社会必要）劳动时间（价值）的生活物品所决定的。"一切商品（包括劳动）的价值（实际交换价值），决定于它们的生产费用，换句话说，决定于制造它们所需要的劳动时间。"①

马克思在这里提到的是劳动，而不是劳动力的价值，这是马克思在其政治经济学研究思路发展进程中逐渐清晰起来的一个非常重要的概念。这一概念的清晰，明确了创造价值的主体，其自身价值的构成，蕴含着对价值创造主体在理解上的具体化，我们可以这样来厘析与劳动相关的概念。

劳动（arbeiten）：生产商品的活动——劳动者的劳动活动。

劳动时间（dieArbeitszeit）：生产商品所消耗的劳动时间——以时间来衡量的劳动主体的客观活动。

劳动力（dieArbeitskraft）：劳动的主体，劳动者的自然生命力，消耗既往劳动以维持现有劳动的能力。

创造价值的是劳动者的现有劳动，衡量价值的是劳动者消耗的既往劳动，这里存在着的时间差可以不计。创造价值的劳动与劳动力消耗的劳动，或者说，劳动创造的价值与劳动力的价值发生重叠：衡量尺子长度的还是尺子。劳动创造的价值以劳动主体所消耗的劳动价值来衡量，理解价值客观尺度的重叠是否为马克思所关注？至少在马克思政治经济学研究的早期，我们还看不到这一迹象。但是问题的这两个方面，即创造价值的主体与对主体价值的认识，都是马克思尝试着从政治经济学角度，甚而实证的经济学角度加以认识的对象。

马克思在国民经济学家那里用劳动时间来解读商品的价值这一基础上，继续分析这一解读模式的深层次功能："由劳动时间决定的商品价值，只是商品的平均价值。只要平均数是作为一个时期的平均数合计计算出来的，……那么平均数就表现为外在的抽象；但是，如果把平均数同时理解为商品价格在一定时期内所经历的波动的推动力和起推动作用的原则，那么平均数就是十分现实的。"②

---

① Marx/Engels Gesamtausgabe, Band II/1.1, Dietz Verlag Berlin 1976, 第 70 页。参见《马克思恩格斯全集》第 30 卷（手稿前半部分），人民出版社 1995 年版，第 84—85 页。

② Marx/Engels Gesamtausgabe, Band II/1.1, Dietz Verlag Berlin 1976, 第 72 页。参见同上书，第 85 页。

这一现实是通过价格与价值之间的矛盾运动而表现出来的，平均数表达的是静态状态，客观情况，而现实中价值与价格的统一过程是动态状态，通过价格向价值的回归运动，促使科学技术的运用和生产效率的不断提高。在平均价值相对稳定的情况下，资本是通过降低价值（活劳动含量），而不是提升产品价格，来实现超额利润的。价格与价值的矛盾运行机制要求产品价格的降低必须通过成本的降低，而成本的降低在假设劳动力报酬相对稳定的情况下，有赖于通过科学技术的运用与管理效应的提高而带来生产率的提高。

马克思的劳动价值理论能够从这一矛盾运动中来解读科学技术的发明、创造到运用在提高生产力水平中的巨大作用，这一作用是通过现有劳动者（活劳动）推动既往劳动（固定资产、死劳动）比例的提升，即提高资本有机构成而得以实现的。如果不以资本的目的为核心，就看不到这种运动、运动的动力与原则。

例如，以现有商品价格出售已通过科学技术降低了必要劳动时间的商品，能在一定时间内获取额外利润，而科学技术的普及趋势，将促使这一优势逐渐消失，从而激发新的科学技术的发明和运用。从这个意义上说，价格与价值的运动是借助于科学技术的发展、运用而得以完成的，客观上通过推动生产率发展来增加社会物质财富。不过，相反的思路也能为资本对利润的追求发挥作用，例如通过暂时降低价格去占有市场，促进销售量而保证资本利润的总量，甚而击败对手，迫使其退出市场等，但是这种竞争方式与价格与价值矛盾运动的内在推动作用没有直接的关系。

四 价值创造主体在什么意义上被质疑

风险回报是经济学家对资本利润从伦理学角度进行辩护的一个理由，这一理由自马克思与巴师夏时代至今天的柯亨与诺契克时代，几乎没有发生什么实质性的变化。随着科学技术的发展与运用对提升生产率、进而促进生产力发展的作用越来越大，今天，马克思的劳动价值理论从价值创造主体的角度被一些人提了出来。这些人认为，马克思的劳动价值只是以简单劳动的劳动时间（即社会必要劳动时间）为衡量单位，换句话说工人提供的只是 8 小时简单劳动，科学技术的发明与创造才是真正创造价值的主体。

这种观点将价值创造的主体问题凸显了出来,问题产生的现实背景是市场经济中不同类劳动收入差异的形成。马克思的劳动价值理论能够通过价格与价值的矛盾运动解释科学技术对生产力发展的推动作用,这种推动作用正是通过劳动力的商品化得以实现的,即资本通过对劳动力成本的调控而提升对利润(剩余价值)的占有空间。

但是如何对一般劳动与直接作用于生产领域的科学技术发明与管理性劳动创造的价值进行定量分析,并非一件易事。在传统社会主义计划经济体制中,按劳分配的基本实现形式是以计时报酬为基础的,这些劳动也是按照劳动时间,也就是按照劳动力成本来计价(付酬)的,而劳动力成本(消耗了的劳动价值)之间的差异显然与创造价值的劳动之间的差异不可相提并论,在现实中,后者的差异实际上是被忽略的。这或许并不是一种立足于绝对平均主义观念的有意识的忽略,而是无奈的忽略,但这实际上助长了绝对平均主义的观念。

市场经济以强化个人劳动与其对象化劳动结果的效应关系为基本原则,如果我们暂且撇开货币、资本这些社会媒介对这一原则实际上的颠覆作用,我们看到,在市场经济中,这些劳动在表现形式上按照"边际效用"来计酬,而在资本的运行过程中,则通过左右劳动力成本提升资本的利润。

马克思的劳动价值论以劳动力消耗劳动与创造劳动之间的劳动差为基础,研究的对象是简单劳动、复杂劳动,科学技术发明和管理劳动似乎可以包含于复杂劳动之中。但是随着科学技术发明和科学管理对提升生产力作用的日益彰显,以及分配差异的不断扩大,在资本主义国家其差异在数十倍(日本)至数百倍(美国)之间,在中国式的社会主义市场经济体制中,这一差异在短短20—30年的时间内由几乎可以忽略不计发展到数十倍至上百倍(?)。这一现象引起学者们的关注,不仅在于其差异之大,大到不可思议,更是在于这样的分配在一些情况下是以股权分配来取代的,而股权分配意味着直接参与资本利润的分配。此时,劳动力主体的差异已经发展为与客体对象关系的差异,创造价值与参与剩余价值的分配融为一体,问题本身已经超出了创造价值主体的范畴。

创造价值的主体问题只是涉及是生产一线的雇佣劳动者,还是科学技术发明和管理性劳动,创造着新增价值?对于简单劳动而言,这一理论存在着前面所说的劳动价值与其自身衡量尺度的重叠问题,对于科学技术发明和管理性劳动而言,除了面临着同样的理论问题,还存在着社会必要劳动时间的确认困境。

由于科学技术发明与管理劳动(脑力劳动)的特殊性,其劳动者与一般性劳动(体力劳动、普通技术性劳动等)的劳动者在劳动力成本的消耗方面差异是有限的,个体间体力劳动的差异也是有限的,但是个体间脑力劳动的差异(个人努力、工作效率、天赋等)之大使得对其社会必要劳动时间的确认,几乎是无从计量的,市场竞争机制也难以形成其社会必要劳动时间。

从实际情况来看,在市场经济中,科学技术的发明、科学管理的劳动报酬,不是通过其劳动力的消耗成本,而是通过其在生产率提升中的实际效用体现出来的。科学技术发明者对其创造性劳动的所有权益以专利的形式得到保障,但是其"价值"的兑现还是要取决于实际的运用范围。书斋里的发明再伟大,在付诸实践之前,都没有创造"价值"。不过这里发挥作用的似乎已经是西方经济学的"边际效用理论",而不是马克思的劳动价值理论了。这一情况的出现使得生产率的提高越来越依赖于科学技术发明与科学管理的今天,如何用马克思的劳动价值论从本体论意义上理解并且判断剩余价值的形成成为一个难题。

自由主义学者用杰出运动员、优秀演员的高额报酬来质疑马克思以一定劳动时间(劳动力成本)为基础的劳动价值理论,这种质疑的无效性可以用非生产领域(如文化、服务行业等)参与剩余价值再分配关系来进行解释,它与马克思所讨论的劳动价值不是一个问题,它当然有"价值",但是这一价值不是马克思所说的劳动价值意义上的那个价值。科学技术的发明与运用、管理性劳动的情况有所不同,它直接作用于生产领域并且改变了劳动时间,左右了劳动价值本身的形成过程。

从本体论意义上对创造价值的主体进行质疑,是随着高科技、产业信息化等现象的出现而产生的新问题,这一问题不是质疑劳动创造价值,而是提出不同劳动在创造价值中的不同分量,客观上不是为资本利润进行辩护,而是为雇佣劳动关系中简单劳动的低报酬、科学技术和管理劳动的高报酬提供论证,或者质疑。

雇佣劳动关系所涉及的公平与正义问题包含着社会关系的方方面面，本书的讨论只是围绕着马克思的劳动价值理论，就劳资分配关系中的两个方面即风险回报和业绩回报所涉及的理论问题进行分析：风险回报所涉及的是生产关系中处于不同地位的双方（劳动者与生产资料所有者）在剩余价值分配中的关系；而业绩回报所涉及的是价值创造主体即体力劳动和脑力劳动（高科技、管理劳动等）在劳动价值形成中的关系，这是两个不同方面的不同问题。今天，我们如何在时代境遇下，联系现实社会的发展进程，对马克思的劳动价值论进行深入的分析与认识，无疑对于中国社会主义经济体制改革事业的健康发展是必要的。

第三节　通向分配正义的劳动价值论的形成

马克思的劳动价值理论产生于对古典经济学劳动价值理论的批判性发展，并且在此基础上形成了自己的剩余价值理论。剩余价值理论最初出现于马克思1857—1858年的《政治经济学批判》手稿中，此时马克思有着一个庞大的、涉及面非常广阔的政治经济学研究计划，然而仅仅对这一计划第一部分资本部分的写作，就使马克思发现了一个尚待向纵深开发的研究领域。19世纪60年代初马克思形成了《资本论》的研究框架，这已是一个全新的与早期完全不同的研究计划，这一研究框架尝试着对资本的生产、流通、资本生产的总过程进行具体的分析，这一分析的核心思路是围绕着对剩余价值理论的论证而展开的。这一研究过程前后经历了约25年之久，直至1883年马克思去世，《资本论》第二卷、第三卷仍然处于手稿阶段。100多年以来，剩余价值理论发挥了巨大的理论威力，同时这一理念也受到了来自不同方面的各种质疑、挑战、批评甚至否定。人们的诸多困惑由此而生，而对此，人们又往往不究其理。面对这一情况，笔者尝试着从MEGA2所呈现的手稿、资料、文献入手，追踪马克思政治经济学批判的研究历程，以马克思剩余价值理论的前提——劳动价值理论为基础，对其进行哲学层面的分析。

一　创造价值的主体是劳动时间还是劳动力

劳动创造价值是古典经济学家已提出的观点，这一观点为马克思所接受；劳动产品的价值由生产这一产品的主体所产生，又为马克思所批判。因为劳动概念含义很宽泛，创造价值的主体不清晰，由此而产生的分配观点就必然存在着歧义。马克思剩余价值理论的形成，是以对劳动概念的明晰为前提的，由此马克思形成了自己的劳动价值理论，这是剩余价值理论的前提和基础。我们可以说，没有马克思的劳动价值理论，就没有马克思的剩余价值理论，或者说剩余价值理论无所形成。

正是在由劳动价值至剩余价值的探讨过程中，马克思意识到了劳动概念问题的存在，但是对于马克思而言，劳动、劳动时间与劳动力，谁与价值的创造相关？这一问题也不是一下子就清晰的。

从古典经济学家那里承继的商品价值产生于劳动的理论，到马克思劳动价值理论的形成，取决于对价值创造主体在认识上的逐渐清晰，这期间马克思经历了非常迂回曲折的认识过程。严格说来，如果考虑到今天那些不仅仅来自非马克思主义者的诘难，而且来自马克思主义内部的批评、挑战以及各种重构的方案，我们可以说，马克思主义对这一问题的认识并没有终结。

时代本身的变化是一个方面，人们对问题认识的不断深入是另一个方面，这两个方面涉及的是不同的问题域，既不可以相提并论，也不可以相互取代，但又不是互不相关的。时代变迁对马克思劳动价值理论所进行的历史性解读，同时对劳动价值概念本身提出了进一步认识的要求。

在古典经济学那里就形成的劳动价值理论，已经蕴含着用劳动时间来衡量劳动产品价值的思路，对于马克思而言，仅仅止步于此的价值理解，并不能揭示交换关系的原则平等与财富分配不平等，或者形式平等与内容不平等之间的悖论关系。因为，在这种情况下，劳动工资可以被看作是一定劳动时间的报酬，工人以一定的劳动时间换取一定的劳动报酬，从表面上看起来，这一劳动时间所创造的价值已经获得了回报。古典经济学家在劳动时间与劳动价值（劳动报酬）之间寻找直接的对等性，不过，这一模式并不能解释资本利润这一新增价值的来源。资本作为既往劳动，是已创造了的价值，不能再产生新增价值（没有新增劳动量）。古典经济学的劳动价值理论并没有给这一问题以合理的解释。

马克思在前《资本论》时期对劳动价值问题的探讨，朝着两个方向做出努力：其一是对现实社会关系的历史发掘，即对劳动关系的历史进行纵向考察；其二是对现实社会关系的深度进行认识，即对劳动关系进行横向解剖。第一个方面是通过劳动关系的发展史来论证现有的劳动关系并非偶然形成；第二个方面是通过对现有生产关系的分析来揭示劳动者创造价值与劳动者生存消费价值之间存在着的差异，以此论证在劳动与资本交换过程中形成的财富分配不公或者资本利润的来源。

为了解决古典经济学在形式逻辑中不能加以解释的悖论问题，马克思以辩证的思维方式，对价值加以抽象，使其不同于价格概念，对劳动加以抽象，使其与具体的劳动区别开来，并且将实际含义上的劳动力概念与劳动时间的概念区别开来。不过，在1857—1858年的《政治经济学批判》手稿中，马克思还没有对劳动（dieArbeit）与劳动力（die Arbeitcraft）在词汇上进行区分，这一区分是在后来的研究过程中逐渐清晰起来的。

在马克思的劳动价值概念中包含着两层含义。

第一，劳动创造的价值：以社会必要劳动时间来衡量。

第二，维持劳动力的价值（劳动者的生活消费）：以生活品的费用（其所包含的劳动价值）来衡量。

古典经济学家看到的是问题的第一个方面（这在他们那里的表达是一般劳动时间），由此形成的观点是工人在一定时间中付出了劳动，资本家为这一劳动时间支付了相应的工资，两者平了，谁也不欠谁。马克思则通过对问题第二个方面的认识，揭示为了维持劳动力而消费的劳动时间（生活费用）与劳动力付出的劳动时间在量上的差异，后者大于前者，这个差就是利润的空间，前者以工资形式获得了支付，后者作为支付工资后的剩余部分以利润的方式成为资本收益。

当然，这是最简单的理论模型，现实情况会复杂很多。从一定的劳动—资本交往范围来说，这一基本的模型不可能从根本意义上被否定，但是这并不排除短暂的、局部的例外情况的存在。

马克思对问题第一个方面的认识受着古典经济学家的影响，对问题第二个方面的认识可以归结于对第一个方面古典经济学解释缺陷的认识，即劳动创造价值的理论在解释工资与利润的关系中不能自圆其说。

显然，仅仅强调价值以社会必要劳动时间来衡量的理论，并不能将马克思与古典经济学的劳动价值理论区别开来，马克思的贡献在于揭示了劳动力消费的价值（体现为工资）与劳动力创造的价值（工资＋剩余价值）之间存在着"价差"。为了进一步论证这一"价差"的存在，在马克思那里，价值概念又被析解为交换价值和使用价值的概念。

二 劳动力是交换价值和使用价值的承载主体

为了论证劳动力消费价值与其创造价值之间差异的存在，马克思从资本运行的角度进一步将价值概念析解为交换价值和使用价值。在马克思看来，"要阐明资本的概念，就必须不是从劳动出发，而是从价值出发，并且从在流通领域中已经发展起来的交换价值出发"①。

价值是交换价值的基础，两者在马克思那里是在同一个意义上被使用的，由于马克思将价格与价值的概念区别开来，因此在交换过程中，价格与价值的非同一性，并不会影响交换价值与价值的同一性。仅此，还不能将马克思与古典经济学的劳动价值理论区别开来，为了论证劳动力的消费价值与其创造价值之间的差，马克思又提出了使用价值的概念，即劳动力作为一种特殊的商品，其特殊的使用价值在于能够创造出比自身消费了的价值更大的价值。

这一使用价值揭示了劳动与资本交换形式上的平等与实际上的不平等之渊源所在，其客观依据仍然是劳动价值及其在经济交往关系中的（交换）价值概念。非马克思主义（古典的、新古典的、自由主义的等）经济学家，在强调经济交换关系的平等同时，并不关注日益扩大的差异是如何在平等的交换关系中形成的。而在马克思看来，在劳动与资本的所谓"平等"交换关系中，"事实上这种平等已经被破坏了，工人是作为工人与资本家发生的关系，如与不同形式交换价值不同的特殊使用价值与设定价值的价值前

---

① Marx/Engels Gesamtausgabe, Band II/1.1, Dietz Verlag Berlin 1976，第 183 页。参见《马克思恩格斯全集》第 30 卷（手稿前半部分），人民出版社 1995 年版，第 215 页。

提的对立一样，表现为这样一种简单的交换；（实际上）他已经处于另一种经济规定的关系中——在这一交换之外，使用价值的自然属性，这一商品的特殊使用价值本身被忽视了"[①]。

当人们把劳动力与资本的交换看着是普通商品之间的交换行为，并且用普通商品的交换规则对此进行判断时，在马克思看来，这恰恰忽略了劳动力这一商品的特殊使用价值。正是这一特殊使用价值的存在，使得普通商品的平等交换原则被颠覆。在这里，马克思没有借助于、或者说并没有使用不同于古典经济学的劳动价值概念，相反，正是以这一劳动价值概念为基础，通过对劳动力这一商品的特殊使用价值的分析，为剩余价值理论提供了依据。

然而，我们应该注意到，使用价值中的价值概念与交换价值中的价值概念不是在同一个意义上使用的，前者指人的劳动付出，后者指一种物品对人的有用性、对人而言的可消费性。而劳动力这一特殊商品的使用价值，它的可消费性，不是对人本身而言，而是对增值资本的生产过程而言，或者说对资本家的利润需求而言。

我们可以以这样一份简图来体现劳动力作为商品的交换价值和使用价值，以使问题一目了然：

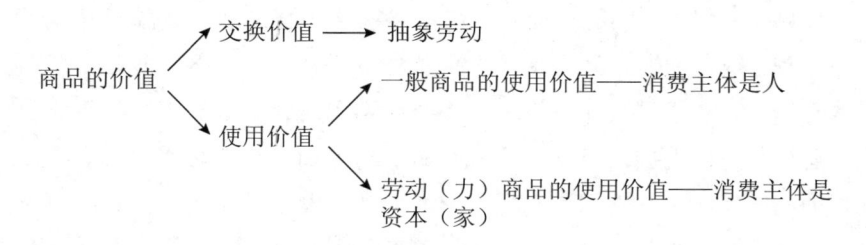

商品的价值 → 交换价值 → 抽象劳动
商品的价值 → 使用价值 → 一般商品的使用价值——消费主体是人
使用价值 → 劳动（力）商品的使用价值——消费主体是资本（家）

马克思认为古典经济学所忽视的，正是劳动力这一商品的特殊使用价值。无论是出于什么样的原因，无视这一使用价值的特殊功能，古典经济学的劳动价值理论不能自圆其说，劳动价值中的"价值"概念也因此被看作是"幽灵"、是多余的概念。

---

① Marx/Engels Gesamtausgabe, Band II/1.1, Dietz Verlag Berlin 1976, 第206—207页。参见《马克思恩格斯全集》第30卷（手稿前半部分），人民出版社1995年版，第243页。

三 "使用价值"与"交换价值",两个"价值"的含义不同

在马克思那里,劳动价值的价值是可以通过具体的、经验的内容来体现的抽象概念,这一概念与使用价值中的价值概念显然包含的不是同一个内容,两者分别是相对于不同的主体而言:

"劳动只有对资本来说才是使用价值,而且是资本的使用价值,也就是使资本自行增殖的中介活动。……劳动对资本来说是使用价值,对工人来说只是交换价值,现有的交换价值。作为交换价值,劳动在与资本的交换行为中出卖自身以获得货币。"①

相对于不同主体而言的交换价值和使用价值,揭示的价值内涵不同,使用价值是有用性概念,只是对于劳动力这一特殊的使用价值而言,它包含着对于使用劳动力的资本的价值增值过程。

在这一劳动与资本的交换关系中,马克思的问题意识是:一方面,劳动依赖资本,只有通过受雇于资本,才能获得基本的劳动条件,以维持生计;另一方面,资本如何通过对劳动的使用获得了比其支付的交换价值更大的价值。

如果我们将这一问题与马克思在《1844年经济学哲学手稿》中的问题作一比较,或许能够看出马克思研究思路的发展。在《1844年经济学哲学手稿》中,马克思已经开始关注政治经济学问题,不过,政治经济学研究思路还没有完全占据马克思的研究视野。一方面,马克思将劳动、资本与地租的问题看作是基本问题;另一方面,马克思用异化概念来批判资本主义的劳资关系,两者之间还没有形成直接的理论上的内在联系。

在1857—1858年的《政治经济学批判》手稿中,马克思已经从剩余价值的角度来理解被异化了的劳动问题,不同事物之间的抽象关系为经济学的量化关系所取代。马克思尝试着通过劳动力使用价值的功能来说明形式上的平等关系如何在现实的经济关系中转变成不平等的关系。这也就是说,从形式规定来看,被支付了的劳动(已知量)在生产过程中是怎样得到保

---

① Marx/Engels Gesamtausgabe, Band II/1.1, Dietz Verlag Berlin 1976,第225页。参见《马克思恩格斯全集》第30卷(手稿前半部分),人民出版社1995年版,第265页。

存（转移量）和增值（增加量）的，或者说被支付了一定价值（价格）的劳动与其所创造的价值是如何形成差异的。

这里的比较是（前）交换价值与（后）交换价值的比较，使用价值概念只是用以说明这一变化得以形成的过程，与交换价值概念本身不相干。或者说，与价值概念不同，使用价值没有量的含义。

马克思还对影响劳动力交换价值的两个因素进行了分析：一、市场对劳动力的需求和劳动力的供给，二、劳动力的消费成本或者生产费用。

"劳动也是这样，工人作为使用价值卖给资本的劳动，是工人要实现的交换价值，它在交换行为之前就已经确定了，是交换行为的前提，这一确定性是交换的前提条件，就像任何其他商品的价值那样，是由需求和供给决定的，或者从一般意义上来说，我们在这里只是考虑到生产的费用，即生产工人的劳动力（die Arbeitsfähigkeit）所需要的对象化的劳动量，对于这种劳动量，工人在交换中通过等价物收回。"[①]

与这两个不同因素相对应，形成了对劳动力价值两种不同的解读路径，第一个解读路径与西方经济学的边际效用理论相关，第二个解读路径成为马克思剩余价值理论的基础。在马克思这里，第二个因素是决定性因素。

劳动力的供需关系和维持劳动力生存所需要的劳动即劳动力自身的生产费用，对事物的解读路径是不同的，马克思的研究思路是沿着第二个路径发展的，第一个方面的路径只是作为价格波动的因素而被纳入讨论之中，本身与价值的构成无关。

劳动力的交换价值形成于交换行为发生之前（已消耗的生存成本），矫正于交换行为发生的过程中（受供需关系影响的市场价格波动），又产生于生产过程中（创造出更大的交换价值）。

"劳动的交换价值，在与资本的交换程序中得到实现，但是它是事先存在着的、事先规定了的，每一个在观念上规定了的价格只是在其现实化的过程中得到形式上的矫正。劳动的交换价值不是通过劳动的交换价值得到确定的。"[②]

[①] Marx/Engels Gesamtausgabe, Band II/1.1, Dietz Verlag Berlin 1976, 第 226 页。参见《马克思恩格斯全集》第 30 卷（手稿前半部分），人民出版社 1995 年版，第 265—266 页。

[②] 同上书，第 266 页。

前一个交换价值是过去式，后一个交换价值是现在式。因此，"工人换出的劳动可以看着简单的、由过去的过程已经决定的交换价值，他换出的是对象化了的劳动（vergegenständliche Arbeit），这只是因为它已经是一定量劳动的对象化，测量它的等价物是已知的——；资本家换进的劳动是活劳动（lebendige Arbeit），是财富生产力的一般力量，是增加财富的活动"①。

过去时与现在时的区别在这里表现为已知的、已经消耗的劳动（量和质）和未知的、待创造的劳动（量和质）的区别。换句话说，个人换出的价值量与资本家换入的价值量不是同一个价值量。马克思根据这两种相互交换的劳动价值量的不同，认为工人通过这种劳动不可能致富，因为他以一个已经确定了的量出卖可能创造出来的未知量。马克思的这一思想有可能受着西斯蒙第的影响，他引用了西斯蒙第类似的观点：工人用劳动换来的是谷物，工人的劳动成为资本家的资本。在这种情况下，文明的进步，不会使工人致富，只会使资本致富，只会增大支配劳动的资本的权力。这一例子能够说明，马克思在探讨劳动力作为交换价值的过程中，他的研究思路既有辩证的因素，又有经验的或者说实证的因素。

马克思通过对劳动力交换价值与使用价值的分析，试图说明工人获得的交换价值与其付出的交换价值不相等，也就是说，资本的利润是其获得的劳动在通常情况下大于其所支付的劳动，我们暂且撇开各种非主要因素，那么利润就体现为两者之间的差价。

在马克思看来，劳动工资的这种性质，使得劳动者的创造力作为资本的力量、作为他人的权力在发挥作用。正因如此，资本获得了能够使自身增值的活劳动，获得了创造性的劳动，这是资本增值的源泉。

这样一种思路在《1844年经济学哲学手稿》中就体现出来的异化劳动思路，对异化劳动形成条件的认识也已经在《1844年经济学哲学手稿》中就产生。例如："劳动和劳动产品所有权的分离，劳动和财富的分离决定了这一交换的行为。"②这句话的言下之意是，决定了劳动与资本的交换行为不

---

① Marx/Engels Gesamtausgabe, Band II/1.1, Dietz Verlag Berlin 1976，第226页。参见《马克思恩格斯全集》第30卷（手稿前半部分），人民出版社1995年版，第266页。
② 同上。

同于一般意义上两种商品之间的交换行为。

至于对劳动与财产的分裂现状，是作为两者分离的前提条件还是结果，马克思在此时的认识与《1844年经济学哲学手稿》时期相比，没有发生明显的变化，马克思看到的是：悖论的结果已经蕴涵于前提之中。不过，对前提与结果关系的认识，在逻辑关系上没有突破，在现实关系中，马克思的研究视野向历史的深度延伸。

区分劳动与资本的交换不同于一般商品之间的交换，其前提已经蕴含了劳动力付出的交换价值大于其获得的交换价值的论断，而对这一论断的论证，也就是对增值价值主体的论证：即活劳动带来了新增的价值。

这一论证的尝试体现了马克思对资本主义的批判思路，由对异化劳动现象的朴素的道德判断，进展到对资本主义经济关系以分析为依据的实证性批判。从这一意义上来说，马克思对于这一现象的批判既不是一种简单的道德批判，也并非是价值中立化的非意识形态批判。因此，我们既不能将马克思对资本主义的批判看作是无关于分配公正的批判，也不能将马克思对资本主义的批判仅仅看作是一种出于社会正义感的批判。

马克思的批判中具有道德批判的因素，但是，这些批判在马克思那里以现实的社会存在为基础，以现实社会存在中的经济关系为前提。马克思和恩格斯在《德意志意识形态》中将这一方法归结为新的历史观。

对于马克思是否从正义观的视角来批判资本主义经济关系，人们通常会拿伍德（Allen Wood）的观点来说事，在伍德看来，马克思对那些仅仅从正义观来批判资本主义的观点持批判态度，相反，马克思从资本主义存在的历史必然性出发，对资本家的剥削进行了正义性辩护。

其实，这里存在着一个对概念的误解，"[justice（英），diegerechtigkeit（德）]"，这一概念在中文里，可以用两个词来表达：即"合法（的）"与"正义（的）"，在不同场合，将这两个词的含义区别开来并非难事。但是，在人们对资本主义的经济关系或者资本家的剥削现象进行justice判断时，此时的justice既可以从"合法的"，也可以从"正义的"意义上来使用。中文在翻译该词时，将"justice"直接翻译为"正义的"，这在一定程度上会误导人们的理解。马克思其实是从法律意义上的合法性来论断剥削现象的，认为在资本主义阶段，资本的剥削是一种合法现象，伍德也是在这一意义上来理解马克思的。这与道德上的判断无关。

在市场经济中，利润（剩余价值）是资本的合法收入，不过，这种合法性本身与作为剩余价值的利润是谁创造的、应该归谁所有这一问题不是同一个问题，两者涉及的问题域不同。我们可以举一个类似的例子，使用奴隶，在奴隶制社会无疑具有合法性，即使在当时美国南部的蓄奴州，人们也可以说"使用奴隶是合法的"，但是这一陈述句不能翻译成在历史发展的这一阶段，"使用奴隶是正义的"。

根据马克思的剩余价值理论，新增价值是由活劳动提供的，但是劳动者并没有在与资本的交换行为中获得新增了的价值（致富），相反，既往价值作为客观的劳动条件，借助于资本这一外壳，获得了活劳动创造的新增价值。这一过程是合法的，并非就是说是正义的。这里暂且忽略其他各种理由，我们熟知，自由主义为此进行辩护的主要理由之一是，在同样的规则下，每一个人通过努力都有可能成为资本家。但是这一论断是建立在逻辑悖论基础上的。

就此，我们有必要对两者情况进行区分，通过个人努力获得资本的积累并且在积累了的资本基础上的致富，与劳动能否直接致富涉及的是不同的对象性关系，不可混为一谈。如果说，在市场竞争中，这种由劳动转化为资本的可能性对于所有人来说都是存在的，用自由主义的语言来表达就是：这是合乎规则的或者是具有普遍性的。但是，当他们用这一可能性来为资本主义经济的激励机制进行辩护时，却避而不对任何资本的积累都是以排斥他人对自身剩余劳动的占有为前提的这一逻辑悖论进行分析。显然，这一普遍性的可能性，实际上又是以大多数人失去自身剩余劳动的普遍性、必然性为先决条件的。

直至今天，马克思主义与非马克思主义、自由主义的论争总是离不开这一基本的悖论现象。对这一现象存在着两种可能的解读。

资本是生产性的，这又可以分解为两个方面，即资本的人格化——资本家的功能和抽象化的资本即既往劳动（死劳动）的功能。

劳动者是生产性的，即现有劳动或活劳动的功能。

对于马克思来说，关于资本是不是生产性的这个问题是荒谬的，资本是已经完成的既有劳动、是固定的量，资本通过与活劳动的交换而使自己的价值增殖，这一增值了的量是活劳动创造的结果，形成于资本消费他人劳动的生产行为中；同样，在劳动与资本已经发生分裂的历史条件下，与资本相分离的劳动也不能进行生产。

资本作为手段的必要性，作为对象性条件，本身是不是生产性的，与资本操作者，即资本家是不是生产性的，不是同一个问题。在前《资本论》时期，马克思对资本人格化的功能即资本家是否创造价值的问题，基本上持一种比较激进的否定态度："因为它们作为资本家又不能靠自己的劳动生活，所以它们只能交换和消费他人劳动的产品。"[1]

马克思的这一论断是建立在对劳动进行直接的、物质性操作的理解上的。在现实中，我们大致可以从两个方面来理解资本持有者的收入问题：其一，资本利润的再投入生产领域和资本家的个人消费在资本主义初期阶段是混合在一起的，完全取决于资本家个人的意愿安排。其二，随着资本主义企业制度的完善，用于资本家个人消费的收入与用于再生产领域的收入逐渐分开。

如何认识资本持有者用于个人消费的收入与劳动价值之间的关系，我们同样可以从几个方面来分析：资本持有者本人的管理性活动；资本持有者本人的创造性活动；资本持有者本人的投资性活动等。马克思没有将这些活动计入创造价值的劳动，在马克思那里，资本持有者的收入来自资本利润的一部分，即劳动者的剩余劳动。

即便现代产权制度能将资本持有者的个人收入与资本的利润收入区别开来，资本及其利润的产权在原则上都是属于资本持有者的，只是在今天产业制度更加完善的情况下，资本家个人对资本的所有权与消费权是分开的，或者说至少已经受到一定经济制度的约束。

不过这一区分仍然没有回答资本持有者在整个经济活动中是否创造价值的问题，即便如此，这与利润作为增值了的资本是由劳动者创造的论断，仍然不是同一个问题，不可以相提并论。

除了资本家的活动时间是否创造价值的问题，一个更加复杂的问题是在市场经济体制下，科学技术在价值增殖中的作用和科学家本人的交换价值和使用价值问题，这是两个问题。从第一个方面来看，科学技术的发明

---

[1] Marx/Engels Gesamtausgabe, Band II/1.1, Dietz Verlag Berlin 1976, 第351页。参见《马克思恩格斯全集》第30卷（手稿前半部分），人民出版社1995年版，第429页。

和应用，对于同量劳动时间来说，它增加了产品量，从而减少了单位产品的劳动时间、价值，从而降低了价格。在市场竞争条件下，它能带来更多的相对剩余价值。对于同量劳动时间来说，它增加了产出的财富，但是没有带来更多的价值，除非我们从同量财富节约了劳动时间这个意义上来理解它带来了额外的价值。马克思在那个时候就很清楚地看到在发展了的科学技术面前，劳动时间的无足轻重，"盗窃他人的劳动时间是构成现今财富的基础，这基础同新发展起来的由大工业本身创造的基础相比，显得太微不足道了"[①]。

从第二个方面来理解，对于各种形式的脑力劳动，例如、科学技术、科学管理，也可以用劳动价值的一般尺度——必要劳动时间来衡量吗？能够用劳动时间来测量的物质性生产劳动，其个体差异是有限的、可以预测的，对于科学性的脑力劳动来说，劳动成果、效率与劳动时间可能不成比例，人与人之间的差异有时是巨大的、不可估量、不可预测，从而也就不存在所谓的社会必要劳动时间了。但是这说的只是使用价值，无论科学工作者的使用价值会有多大的差异，其交换价值的差异是有限的，即维持其劳动力成本的差异是有限的，至多加上教育成本。市场要对进入市场的一切要素进行估价、然后交换。在马克思那里，脑力劳动是自由活动，不在市场的交换范围之内，但是这并不排除，在现实的资本主义市场经济体制中，一切都要被纳入市场，一切都要被市场标价。

综上所述，马克思的劳动价值理论形成于对古典经济学劳动价值理论的批判性继承，劳动价值概念是这一理论的核心，在这里价值既是一个抽象的哲学概念，又具有具体的经济学概念内容，这一内容可以借助于价格概念来体现，尽管它不能等同于价格概念，这使得劳动价值概念中的价值具有量的含义。通过对两个价值在量上的对比，即劳动力所创造的价值与劳动力的交换价值，马克思形成了自己的剩余价值理论。正因如此，马克思的政治经济学批判既有经济学的维度，又有哲学的维度，离开经济学的维度，马克思难以说明问题，离开哲学的维度，经济学家们拒绝价值的概念，但是由此也难以对资本主义社会的悖论进行解释。

[①] Marx/Engels Gesamtausgabe, Band II/1.1, Dietz Verlag Berlin 1976, 第581页。参见《马克思恩格斯全集》第30卷（手稿前半部分），人民出版社1995年版，第101页。

第四节　通向分配正义的《资本论》研究

迄今，无论是在政治、哲学、经济学，或者其他任何社会科学领域，从来没有一种理论像马克思的劳动价值论那样同时承受着冰火两重天的待遇，这种现象激励着我们从更加理性、科学、客观的视角去研究这一理论，《马克思恩格斯全集》历史考证版 MEGA2 的出版为满足我们的这一要求提供了机遇。马克思的劳动价值论对资本主义社会发生分化的必然趋势从社会机理的意义上进行了论证，这一论证程序在《资本论》中从资本主义的经济细胞商品开始，但是这一逻辑性的论证程序与马克思研究思路的发展进程并不是一回事。借助于 MEGA2 提供的全方位的资料信息，我们不仅能够通过对前《资本论》时期马克思政治经济学批判研究手稿的研读了解其研究思路的客观进程，而且了解其问题意识的形成和发展。

一　马克思政治经济学批判的方法论特点

马克思的政治经济学研究起始于对古典经济学、国民经济学的批判，后者对新兴的资本主义经济进行理论上的把握、分析、解释和合理性论证，马克思的研究宗旨则从一开始就是尝试着去认识形成剥削关系的资本主义经济体制的本质。从这一意义上来说，与政治经济学或者国民经济学的研究出发点有所不同，马克思的研究出发点是批判现实存在中的资本主义社会；并且通过对古典经济学、国民经济学的批判论证资本主义意识形态原则与结果之间的悖论关系。

马克思的研究对象有两个维度，其一是现实进程中的资本主义社会；其二是古典经济学、国民经济学（或政治经济学）。前者是现实的社会关系；后者是政治经济学理论，对前者的批判必然导向对前者进行合理性论证、进行辩护的政治经济学理论的批判。在政治经济学这里就有一个理论与现实之间的关系问题，而马克思以现实社会为依托的对国民经济学的批判就更有一个理论与现实之间的关系问题，这一关系无论在国民经济学那里，还是在马克思这里都体现为哲学意义上的方法论问题。

如果说当时的政治经济学理论主要形成并且发展于英国，这是由英国在资本主义经济发展中的领先地位所决定的，那么流行于英国的哲学思维方式，例如经验的、实证的思维方式就对英国的政治经济学研究具有直接的影响，而马克思的哲学背景是德国观念论哲学，用马克思自己的语言来说，他在对其进行颠倒的基础上继承了这一哲学的方法，这是除研究立场差异之外的方法论差异。研究马克思的政治经济学批判理论发展思路首先要弄明白在马克思与政治经济学家之间存在着的这两个基本的差异，前者体现了马克思的批判态度；后者体现了马克思的研究方法。

历来被人们关注和强调的是马克思从黑格尔那里所继承并加以改造的辩证思维方法，然而受着批判对象、学科性质的影响，或者受制于其批判对象的牵制，在马克思的思维方法中同时发展着经验的、实证的思维方法。马克思在政治经济学批判研究手稿中所呈现的研究思路，充分体现了这两种思维方式在马克思的政治经济学批判中所发挥着的作用，理解这一点，是理解马克思政治经济学批判研究思路轨迹的前提。

二 马克思政治经济学批判关注的核心问题

马克思早期对资本主义社会的劳资关系从哲学、社会学的视角用异化劳动理论进行批判，对异化劳动理论的基本内容即劳动者失去其劳动产品的经验性论证，在马克思的政治经济学批判中体现为对剩余价值的理论论证。在这一转变的过程中，马克思关注的核心问题没有发生变化。在对政治经济学的批判过程中，马克思从没有脱离开一定的生产关系去讨论所谓的分配公正问题，但是对于无论是异化劳动理论或者是剩余价值理论来说，在其背后实际上存在着公正分配的假设，因为，异化是相对于非异化而言，剥削是相对于非剥削而言的。不过，与当时部分的激进批判家和当下的自由主义学者的认识方法不同，马克思从来没有将这一问题仅仅固囿于分配方案的领域。在马克思那里，这一问题始终是从社会关系的领域被关注的，两者之间，如果我们用黑格尔的思维方式来表达，在马克思那里就体现为现象与本质的关系。

正因如此，马克思在《巴黎手稿》中在对异化劳动进行批判的同时就已经将问题指向异化了的劳动关系，而马克思将研究视域从哲学、社会学、法学转向政治经济学领域，并不是由于他的问题意识发生了变化，而是受着启蒙运动推动而日益昌盛的科学思维方式的影响，马克思要对异化劳动现象进行科学论证，希望借助于以数学计算为基本手段的经济科学，来论证在劳资关系中发生贫富分化的实证性依据，进而为改变资本主义社会关系的必要性提供论证。而这一转向与广义唯物史观认识方式的形成不无关系，这正如马克思自己在1859年序言中所阐述的那样，从物质的社会关系、从市民社会中，去认识法的关系，而对市民社会的解剖应该到政治经济学中去寻找。

马克思对资本主义社会的批判，由哲学、社会学向政治经济学的转换，在很大程度上是寻求批判的科学依据。贯穿这一转换的是两个相互关联的问题：其一是异化劳动，这是用哲学语言表达的需要受到批判的社会现象；其二是价值与价格的非同一性（此非同一性，并非彼非同一性，即在《资本论》第三卷中出现的价值与价格概念的转换问题），这里所说的非同一性，是从内容上来说的，即劳动力价格（工资）与其所创造的价值不相等。在马克思的早期研究思路中，那被异化了的劳动概念在这里是通过这一不相等的关系来论证的，即劳动力价格所包含的价值要小于其所创造的价值，这剩余的部分就是被资本家占有的工人所创造的剩余价值，即被异化了的劳动，这一功能是借助于资本的力量来完成的。

这是一个问题的两种论证思路，第一个思路的形成以德国古典哲学尤其是黑格尔哲学为背景；第二个思路形成于对古典经济学、国民经济学的批判性研究。价值概念看似一个哲学概念，但它是古典经济学使用的概念，它与价格概念之间的关系在哲学语言的陈述句中说得很清楚，但是如果我们将这两个概念都置于计算公式中，两者之间的关系就说不清楚了，因为价值本来就是一个抽象概念。

马克思自1844年在《巴黎手稿》中初涉这一领域，接着有近10年时间的中断，至19世纪50年代后期继续这一领域的研究，然后几乎耗尽毕生精力，留下了仍然没有完成的《资本论》手稿，这一漫长的、没有完成的研究历程说明了什么？

对此起码可以有两种答案：其一，要对一个哲学上的论断进行实证科学的求证，从社会科学的视域来看，这样的求证过程是难以穷尽、难以尽善尽美的。以马克思这样一个严谨、认真、执着的性格来说，在有生之年没有对《资本论》画上句号，是可以理解的。《马克思恩格斯全集》历史考证版第二版呈现的马克思原手稿和恩格斯编辑手稿向人们呈现了这样一个事实，恩格斯在马克思去世后，为了编辑出版《资本论》第二卷、第三卷，不得不在一些地方将"逗号"或者"问号"改为"句号"，将问题式改为陈述式。其二，我们的认识对象本身是在变化、发展的，我们中国人所说的"盖棺定论"或许能够比较恰当的体现这一语境问题。在资本主义寿终正寝之前，人们不可能获得一个资本主义的完整形态。所以笔者认为，当时由于新资料的不断出现而致使马克思不断推迟其书稿最终完成的说法似乎不那么可取。

我们从马克思 1861—1863 年的经济学手稿中看到，马克思本人在对剩余价值理论的基本问题进行研究时，常常将三言两语难以说清楚的问题暂时搁置起来。我们在循着马克思的研究轨迹，对其思路进行分析时，经常能够看到这一现象，他常常在这样的场合说：这个问题我们以后再讨论。

在今天的语境下，当我们重新回顾这些在当初被马克思搁置起来的问题时，我们会惊讶地发现，这些问题即使在今天也是令哲学、政治经济学感到棘手的难题。对此，今天的学者们或者用回避或者用各执一端的独断论态度面对这一本身实际上仍有待研究的问题。这一态度使我们自然会想到一些哲学问题的争论，在没有确凿的方法回答这些问题之前，人们为了规避无休无止的循环论争，对其采取悬置、回避、默认的方式站在独断论的某一端，所谓独断论的态度不过是在不能充分论证自己的观点或者驳倒对方观点的情况下，一种否定对方观点、坚持自己观点的态度。这样的情况不仅在哲学领域，在社会学、政治经济学领域的讨论中同样存在。不过，与哲学问题有所不同的是，在社会学或者政治经济学中被搁置的一些问题，有些在条件成熟时是有可能被进一步认识的。与我们所常见的独断论不同，作为严谨的思想家，马克思对问题进行搁置或者说后置，实际上后来也并不是所有问题都能够再次得到他的关照。

马克思政治经济学批判文本、原文本的阅读，为我们提供了一个机遇，能够在更加广泛的视野和思路中，去研究马克思政治经济学批判理论的形成过程、发展路径，包含其中的问题和困境。从这一角度来说，不仅关注马克思的核心研究思路进程，同时关注被马克思暂时搁置的问题，例如，其中哪些问题随着马克思研究思路的展开被回答了、哪些问题后来无暇顾及、哪些问题在当时没有能给予回答，随着时间的进程逐渐明朗、哪些问题在今天仍然没有明确答案等，正是我们今天可以借助于 MEGA2 第 II 部分基本上出版齐全（除了其中的一册）的机遇，在阅读中加以关注和思考的对象。

三 剩余价值理论"被证伪"了吗

马克思的剩余价值理论是其政治经济学批判的结晶，马克思的劳动价值理论又是其剩余价值理论的基础，自其形成以后，一方面，其以数学公式所体现的逻辑力量使人信服，并且产生了强大的现实威力、社会效应。在很大程度上，我们可以说，没有马克思的理论，就没有 20 世纪的社会主义革命，纵观数千年的人类文明史，没有任何一种社会学理论产生过能够与此相提并论的社会效应。另一方面，自该理论形成以后，各种质疑和批评的声音如影随形，从没间断。这种质疑和批评从最一般的意义上来说，存在着以下几种情况，其一，从不怀疑剥削现象的存在，但是质疑马克思的论证方式（分析的马克思主义）；其二，并不认为存在着剥削现象，认为利润是资本的正当收益和投入风险的应有回报（自由主义理论）。

真正构成挑战性的批评，并非来自非马克思主义的否定，而是来自马克思主义内部的批评，虽然分析的马克思主义学者并不认为自己是马克思主义者，但是他们的研究在人们的心目中被视之为马克思主义阵营的研究，因此，来自分析的马克思主义学者的批评，更加具有挑战性。

分析的马克思主义从不怀疑剥削现象的存在，但是质疑马克思论证的合理性，他们的批评在很大程度上产生于分析哲学的技术性分析和论证，与此同时，他们悄悄地将对资本主义的批判视野由生产关系领域转向道德伦理领域，用规范理论的语言取代了唯物史观的语言，将以生产关系为基础的贫富分化问题，转化为经济发展中的激发机制与分配领域的道德规范问题。这又分为两种情况，一种是激进的仍然期盼于社会变革的左翼；一种是附和于资本主义主流的"右翼"，用社会发展中力量对比的博弈解读（game theory）取代马克思对生产关系的分析。一方面，这与分析的马克思主义转向规范理论及其所强调的缜密的、分析的思维方式有关。另一方面，这与他们缺乏德国古典哲学的思维方式、放弃对社会存在本体论上的认识和历史性的认识有关。

面对诸种批判、批评之声，我们在这里或许可以将马克思的剩余价值理论与达尔文进化论的命运做一比较：150 多年前达尔文发现的进化论，后来也曾经喧嚣一时地被人们宣称已经被推翻。然而时值达尔文诞生 200 周年之际，国外各大报纸在纪念达尔文的文章中指出，进化论诞生 150 年后的今天，科学家们重新又不得不承认该理论的正确性。那么是不是说，当时那些宣称已经推翻达尔文进化论的观点就是胡说呢？当然也不完全是，一般来说，所谓的"推翻"论断，只是犯了一个以偏概全的低级错误，例如用个别该理论不能加以解释的例子，或者该理论的某个论断被证明是错误的例子，甚至是用一些失效的方法，来论证该理论的失效。但是时间和历史却使人们看到，该理论的基本原则存活了下来。

科学哲学对科学发展史的研究成果，或许同样能够为社会哲学、政治哲学、政治经济学批判理论所借鉴，即任何一门科学理论的发展史都能够体现围绕着其核心部分的不断否定、修正和创新的发展过程，这一过程可以是主动意义上的，也可以是被动意义上的，即在被批评、被批判的过程中发展。

马克思的劳动价值论是其政治经济学批判研究的核心部分，而剩余价值理论又是马克思劳动价值论的核心部分。在一定程度上我们可以说，马克思的剩余价值理论在今天遭遇了与达尔文进化论同样的命运，只是情况远比达尔文的进化论要复杂。与达尔文的进化论仅仅涉及自然生命现象而言，有所不同的是，马克思的剩余价值理论涉及的是社会现象、人类自身的生存模式，它所受到的争议只会更加激烈、更加尖锐。剩余价值理论所面临的挑战是多方面的，至少我们可以从以下几个方面对此加以分析。

其一，产生于不同意识形态的批判。这些批判，既有技术上的成分，但是更多的是受着意识形态的左右。在欧美国家，由于在人文科学领域存在着明显的左右翼阵营的划分，以政治上的强势及其强大的舆论造势为背景的右翼意识形态在学术界也有着一定的市场。在很多情况下，人们在无意识中受着意识形态氛围的熏染，然后这种效应又以自觉的假象表现在人们的思考和写作之中。这种意识形态上的分歧实际上在西方世界并没有随着冷战时代的结束而有所削弱，但是在既往的、变革了的东方世界却给人们带来一种多元化的幻象。

西方世界对待马克思理论的态度似乎能够体现这一问题，一方面，倾向于右翼的学者在宣称马克思的剩余价值理论已经被证伪、被死亡之后，他们的这种宣称并没有影响左翼阵营学者的研究热情；另一方面，《马克思恩格斯全集》历史考证版第二版（MEGA2）所呈现的马克思的客观的研究过程和科学研究态度，激发出人们重新阅读、研究马克思理论的热情。马克思政治经济学批判研究课程的课堂总是很爆满①，金融危机之后，情况就更是这样了。只要资本主义社会发生分化的趋势没有改变，这种意识形态上的纷争就一定会影响到哲学、社会科学的研究。

在美国，除了正式的课堂上的教学与研究，我们看到，马克思的政治经济学批判理论在不同范围的学术团体中被自发地进行着学习、研究。笔者所知道的情况除了世界范围内的国际性学者组织，还有纽约的布莱希特论坛，新学院、纽约大学（NYU 私立）的青年学习组织等，后者是自发的以青年学者为主体的学术团体、学习活动，他们没有受到任何方面的任何经济资助和激励。显然，那些宣称马克思的劳动价值论已经死亡的论断，并没有影响到他们的学习和研究热情。

这种现象的存在，使笔者不由自主地想起 19 世纪初在中国社会上曾经存在过的各种自发的马克思主义学习组织。历史不会简单地重现，历史更不能简单地重复。但是这种现象的存在，能够告诉人们，所谓的后工业国家、福利社会仍然存在着固有的矛盾、冲突，只是在层次、表现形式上有所不同而已。

其二，来自历史变迁的挑战，发达国家资本主义社会结构的变化，一线劳动力的减少与科学技术、科学管理在增加产品量和产品附加值中的作用、第三产业的形成和发展，这些现象使得人们认为，以第二产业社会必要劳动时间为尺度的马克思的劳动价值理论失去了解释对象。其实，这些现象虽然在后工业化时代尤为突出，是社会结构变化的体现，不过在马克思的那个时代，这一现象在不同程度上也是存在着的，马克思的政治经济学批判研究思路，对于我们今天继续在新的历史条件下思考这些问题，会具有一定的启发意义。

长期以来，人们已经习惯了对马克思剩余价值理论的教条式理解，通过

---

① 笔者在德国柏林自由大学和美国纽约新学院（new school）看到的是同样的情况。

一个简单的数学公式和结论接受这一理念,无暇顾及这一理论的探索和发展过程,从而使该理论失去了时代变迁境遇下的发展韧性和批判功能。

其三,产生于学术意义上的质疑。这一方面的质疑,除了最为常见的是价值概念与价格概念在逻辑形式上的统一性问题,以及个别例子、推论,或许计算方式是值得商榷或者明显是错误的之外,还存在着由于我们在一些基本概念、基本理论理解上的混乱而形成的困惑。这种现象有时产生于文本编辑、翻译问题,但是在更多情况下产生于对剩余价值理论教条式的僵化理解。

例如,对于科学技术与体力劳动在创造剩余价值中的作用问题。在马克思那里,科学技术的发明和应用作为竞争因素,增加了相对剩余价值,作为不变资本的因素,提高了劳动生产率,降低了资本的利润率,同时增加了使用价值(物质财富)的产出率。但是使用价值与交换价值具有不同的内涵,不可以相提并论。也就是说,物质财富(使用价值量)的增加并不意味着交换价值(劳动时间)的增加。

此外,传统的资本家与今天的资本持有者不仅从个人行为的角度来看是非常不相同的,仅仅从资本的占有方式来看也是非常不相同的。今天的资本,一方面继续积聚于少数人之手;另一方面资本的持有通过证券市场而社会化。大资本持有者多半是高层管理劳动者,而证券持有者同时又是不同岗位的工资劳动者。劳资关系已经发生了某种形式的变化。

综上所述,我们对马克思的劳动价值论在今天所面临的各种挑战,只有进行具体的分析和认识,才能理解其现实的生命力并且彰显其现实的批判功能,而《马克思恩格斯全集》历史考证版的出版,为我们的分析和认识,提供了更加丰富的信息资料和更加切实可靠的基础。

四 阅读《马恩全集》历史考证版(MEGA2)的必要性

2009 年《马克思恩格斯全集》历史考证版(MEGA2)第 II 部分马克思的《资本论》及其政治经济学手稿的出版,从两个层次上为我们依据马克思文本重新理解其政治经济学批判理论提供了依据和帮助:第一,MEGA2 向我们同时提供了马克思《资本论》创作的原手稿,及其恩格斯的编辑文本即《资本论》第二卷、第三卷;第二,MEGA2 向我们展示了马克思从事政治经济学批判研究自 1857—1858 年《政治经济学批判大纲》（以下简称《大纲》）开始的整个过程。

我们知道马克思开始关注政治经济学理论的时间要早于《1857—1858 手稿》，《1844 年经济学哲学手稿》就已经体现了马克思的研究思路向政治经济学领域的转向，由于该手稿的综合性质，它被置于 MEGA2 的第 I 部分第二卷。但是从我们对马克思政治经济学理论研究的角度来说，我们的阅读应该从《1844 年经济学哲学手稿》开始，因为该手稿体现了马克思最初对一些基本的经济学哲学概论的理解进程。

马克思的哲学—经济学，经济学—哲学是一个整体，脱离其前期的哲学基础和研究思路，对其政治经济学批判的研究，或许看到的只是一个由一些辩证概念编制而成的体系，对其所内在涉及的对人类社会存在模式的批判，无从感受；同样，脱离其后来的政治经济学批判研究，对马克思思想的研究往往陷入空泛的哲学概念或者体系的演绎。

《马克思恩格斯全集》历史考证版的出版，为我们呈现了一个更加真实的、全面的、活生生的马克思，至少在两个方面为我们研究马克思的政治经济学批判理论提供了不同于经典著作版和教科书体系的更加准确和真实的原文献资料。

第一，MEGA2 不仅将马克思前《资本论》时期政治经济学批判研究手稿资料尽可能完整地呈现给读者，使读者对马克思与古典经济学、国民经济学不同的研究思路的形成过程有所了解。同时，我们已经知道，在《资本论》三卷本中，只有第一卷为马克思生前所出版，而《资本论》第二卷、第三卷为恩格斯所编辑、整理出版。MEGA2 第 II 部分呈现的马克思政治经济学批判手稿，使我们有可能将恩格斯的编辑版本与马克思的原手稿进行对比研究。国际版的编辑者们，尤其是日本学者对其所编辑的两卷本已经作了大量的对比工作，但是他们的对比主要是以编者的视野，对文字、句子、语言、数学公式、计算等进行比对性研究。不过，编者视野中的比对与研究者视野中的比对会因为问题意识的不同而有着不同的效果，这些研究资料为我们进一步从概念、理论的内涵上进行比对性研究提供了基础，这为我们对马克思的政治经济学批判及其剩余价值理论的形成路径进行梳理提供了重要的依据。

第二，直接阅读原文本的一个最大优势在于，对一些研究思路的进程、缘由及其核心概念、词汇能够进行比较确切的理解，这些理解往往是基础理论研究的前提条件。我们在此可以以马克思的剩余价值理论作为一个例子，来说明原文本的阅读在理解上能够带来些什么样的启示。

马克思的剩余价值理论得以形成的前提是对财产权及其关系的认识，涉及的一个核心概念是"Das Eigentum"，这一概念在中文里既可以翻译为"所有制"，又可以翻译为"财产"。前者是关系概念、制度概念，具有普遍性、抽象性、关系性的特征，是法权概念，它必须通过双重关系来体现，例如人与物、人与人之间的关系，所有权的排他性是针对他人而言的，而所有权的基础直接绑定的是人与物之间的关系；后者是实体性的物质性概念，具有具体性、个别性的特征，它首先体现的是存在着的物，是实体，是归属于某主体的对象性存在——客体。正是由于这一含义上的区别，与中文一样，英文也有两个相应的概念，例如所有制（ownership）与财产（property）。

在中文的语言里，我们可以说某个人的财产，但是我们不能够说，某个人的所有制，我们可以说，消灭私有制，但是我们不能够说消灭财产。两者的指称对象并非相同，对两者的含义如何进行选择，只有在阅读原文时读者才具有主动权，而在阅读译文时，这样的主动权基本上掌握在译者手里。

"私有财产（Privateigentum）的普遍本质，就它作为异化劳动的结果来说，从它与真正人的关系、从它与社会财产的关系来界定。私有财产的关系包含着潜在地作为劳动的私有财产和作为资本的私有财产的关系，和这两者之间的相互关系。"①

私有财产的普遍本质作为他人异化劳动的结果，是从人的对象化了的劳动成果与人相分离的意义上来说的。从这一意义上来说，私有财产可以从两个角度来理解：其一，劳动者自身的私有财产，这里如果理解为个人财产可能更合适，它是个人的劳动结果，但是这样的财产显然与异化劳动没有关系，所以马克思在下面会说，私有财产包含着"潜在地作为劳动的私有财产"，这与作为资本的私有财产是不同的。所以才存在着两者之间的

---

① Marx/Engels Gesamtausgabe, Band II/1.1, Dietz Verlag Berlin 1976, 第249页。参见《马克思恩格斯全集》第30卷（手稿前半部分），人民出版社1995年版，第283页。

关系问题。

严格来说，马克思的这一段表述，还处于一种思想的萌芽状态，对财产与财产的制度、对作为个人劳动结果的财产与作为资本的财产在概念上没有进行区分。在表面上会让人费解，但是马克思的问题意识是很清晰的。

个人财产并非是异化劳动的结果，而私有财产并非是个人劳动的结果。马克思从后者的意义上来论证资本的普遍本质，资本不是资本家的个人劳动结果，所以是异化劳动的结果。

因此，这里由于私有财产概念的具体含义不清晰，其普遍本质也可能引起歧义。从私有财产普遍本质的角度来讨论其与异化劳动的关系，逻辑关系的明晰取决于概念的明晰。

这还仅仅是私有财产问题意识的第一层含义，在《形态》中，也就是两年左右之后，马克思通过对施蒂纳的批判进一步区别了财产关系与资产关系，不过他的批判还没有指向财产关系向资产关系发生转变的历史契机。

资产关系，比起财产关系，能够更好地体现劳动与资本的关系，体现资本的异化劳动本质，更加接近剩余劳动概念；而财产关系则可以同时体现在一般商品生产的交换关系之中，体现不同劳动者之间的产品交往关系。

施蒂纳就曾经试图去理解为什么个人财产只有通过劳动与货币的结合才能造就财富的幻想（当然我们应该理解这是当时金融市场不发达情况下的语境），对此施蒂纳使用了两个不同的概念："财产（Eigentum）和资产（Vermögen）"[1]，后者，即"资产"，与"个人的能力"又是同一个概念，从这一意义上来看，与财产不同，资产既可以从客观的意义上作为资本来理解，又可以从主观的意义上作为个人能力来理解，它体现了激进的批判家对私有财产从不同于异化劳动的角度进行理解的态度。

英文在翻译中用 property 和 wealth[2] 来体现两者的区别。但是 wealth 作为财富概念既不能够体现 Vermögen 中所包含的能力含义，也不能够体现 Vermögen 中所包含的资产含义。我们汉语中的财产概念和资产概念却能够非常贴切地体现出 Eigentum（财产）和 Vermögen（资产）这两个词汇的本

---

[1] Marx/Engels Gesamtausgabe, Band5, Marx-Engels-Verlag G. M. B. H. Berlin 1932, 第382页。参见《马克思恩格斯全集》第3卷，人民出版社1960年版，第471页。

[2] 参见 Karl Matx Frederick Engles Collected Works, Volume 5, Lawrence & Wishart London, 1976, p. 403.

来含义。因此，无论从中文或者英文的角度来看，原文本的阅读对于理解一个思想家研究思路的核心概念来说是非常必要的。

在《大纲》中，从某种意义上来说，剩余劳动、剩余价值概念取代了异化劳动概念成为理解资本源泉的概念，与此相应，马克思的研究思路转向了政治经济学领域劳动与价值的创造问题。

劳动创造价值，这个观点并非产生自马克思，李嘉图就已经形成了这一观点，不过在李嘉图那里，他在价格的意义上使用价值概念，或者说，李嘉图没有从抽象劳动的意义上使用价值概念。马克思在尝试着从政治经济学领域去论证异化劳动的现象时，他对古典经济学形成的价值概念有个借鉴和剥离的过程，对劳动创造价值问题的认识也有个逐渐清晰的过程。

在这个过程中马克思先后使用过如下的概念来讨论生产价值的主体：劳动（arbeiten）、劳动时间（die Arbeitszeit）、劳动能力（das Arbeitsvermögen）、劳动力（die Arbeitskraft、die Arbeitsfähigkeit）。这些概念所体现的内涵从最一般的意义上来说，具有如下的区别：

劳动：生产产品、商品的劳动活动。

劳动时间：生产产品、商品所消耗的劳动者的劳动时间。

劳动能力：单位时间内生产产品、商品多少的能力。

劳动力：劳动者的自然生命力。

当李嘉图从价格的意义上来理解价值概念时，在他那里显然没有对价值概念与价格概念进行严格的区分，尽管在马克思这里两者之间的区分也是一个问题，人们对此已经进行了近百年的讨论，但是马克思的问题域与李嘉图的问题域是完全不同的。

对马克思来说，衡量价值的尺度是劳动时间，马克思用社会必要劳动时间对此进行了限定，否则，该尺度就具有最荒诞的意义或者完全没有意义。因为，如果没有这一限定，这一尺度就会体现为速度越慢，消耗的时间越多，产品的价值越高。马克思的剩余价值概念以社会必要劳动时间为前提，那么社会必要劳动时间又是建立在什么基础上的呢？

正是在这一问题上，马克思形成了自己的劳动价值理论，社会必要劳动时间以维持劳动者的生存成本为基础，而在剩余劳动时间创造的价值，也就是剩余价值，被作为资本的利润。

由此出现了劳动力的概念，即使是今天，对劳动力概念的确切理解，能够消除很多日常所见的似是而非的理论问题，例如科学技术知识创造剩余价值的问题，以及与此相应脑力劳动创造更多的剩余价值等。科学技术知识与脑力劳动所体现的财富（"使用价值"）效应问题与马克思的劳动价值论所涉及的价值概念，不是同一个问题。

如果我们理解了马克思的劳动价值论，起码不会简单地认为，剩余价值更多地是由科学技术知识创造的，或者脑力劳动比体力劳动创造了更多的剩余价值。相反，科学技术知识提高的是生产率，随着这些产品数量的增加，最终将导致其产品价格的降低，因为其所包含的劳动力成本降低了。这里的问题或许在于，劳动力价值所要表达的价值与物质财富所体现的使用价值，不是同一个概念。

不过，这一看起来比较清晰的问题，其实还是存在着很多需要进一步研究的地方，例如劳动力的成本作为衡量价值的尺度本身是以其所消耗的具有一定价值的劳动产品来衡量的。分析的马克思主义将此看着是衡量尺度与尺度自身的重叠问题。任何一种理论在论证一种自然现象、社会现象时都会相应地引起另一些问题，否则人类知识就不存在发展的动力了。本书不可能在此展开对这一问题的讨论，只是在此借助于通过对劳动与价值问题的分析，说明阅读原文本在一定意义上对于准确理解作者的研究思路有时是必要的。

综上所述，《马克思恩格斯全集》历史考证版 MEGA2 所呈现的文本、文献资料对于我们准确理解马克思的政治经济学批判，进而了解劳动价值论研究思路的进展是非常必要的，通过阅读马克思的文献，我们能够借助于对其知识背景的了解，进一步理解他的研究方法；通过鉴别编辑者的思路与作者思路的关系，更加准确地把握作者思路的进程；借助于原文本、文献的阅读，直接把握马克思所使用的核心概念的基本含义及其概念之间的演绎。这样的阅读不仅有助于我们了解当时的语境和历史背景，更有助于我们在真正把握马克思问题意识及其思路发展的前提下，在今天的语境和现实背景中去理解马克思政治经济学批判的当下意义。

第五节　跨世纪的两个《资本论》批判思路的比较

《21世纪资本论》的作者皮凯蒂以经济大数据为依据,讨论了资本主义经济发展历程中的贫富分化问题,认为在国民财富的分配中,资本利润收入总是大于国民经济总收入(即 r＞g),从而使得社会财富总是在少数人手上集中。这从某种角度印证了马克思的基本观点:剩余价值在资本一端集中。不过,与马克思《资本论》的研究思路不同,皮凯蒂并不直接涉及财富所包含的价值本源及其价值创造主体问题,他关注的是社会总财富的分配在资本一端的积累以及这一积累所具有的必然发展趋势;与马克思研究的批判视角不同,皮凯蒂的研究归宿是修缮资本主义制度。皮凯蒂的研究与马克思的研究在时间上相差一个半世纪,这一个半世纪人类经历了两次世界大战、工业技术革命与工业信息化、第三产业的兴起、金融领域的不断变革与创新,与此同时伴随着资本向全球每一个角落的进军。时代发生了迁移,语境发生了变化,但是皮凯蒂在今天的境遇下,用今天的数据和语言对资本功能与贫富分化内在关联性的论证,在一定程度上说明,今天的资本运行机制,与马克思的时代,在最本质的方面并没有发生变化。

一　财富创造与劳动价值之间的关联性

皮凯蒂研究的出发点是现实资本主义社会中存在着的贫富分化现象,社会财富分配不平等是他关注的焦点,他认为"当今社会的不平等正达到新的历史高度。这种不公平更难用文学来体现或通过政治手段解决,因为这种不公平不再是一部分上层社会对比大众,而是一种渗入各人口阶层的普遍的不公平。"[1]资本在他那里本身既是一种财富,又是一种能够使财富增殖的手段,所以他一开始就尝试着对资本与财富的关系进行一个说明[2],即

---

[1]　[法]托马斯·皮凯蒂:《21世纪资本论》,巴曙松译,中信出版社2014年版,第434—435页。

[2]　不知何故,"资本与财富"这一小标题在中文版中不存在。参见 Thomas Piketty, *Capital in the Twenty - First Century*, Cambridge, Massachusetts, London, England, 2014, p.47。

为了简便起见，他在同等含义的意义上使用这两个概念①。

而我们看到，为了讨论同样的问题，马克思则通过对财产概念与资产概念的区别，来论证财富的增长是通过资产关系，而非财产关系来实现的②，会增殖的是资产，用于消费的财产不会增殖。皮凯蒂避开这一差异，看起来便与讨论，但是实际上遮蔽了财富的社会本源问题。尽管如此，对财富与资本概念的等同使用，还是使他对社会财富分配不平等的关注焦点指向资本。由于资本增殖财富是通过获取利润的途径得到实现的，他借助于经济数据，通过对 r＞g 这一资本利润运行规律历史趋势的揭示，来论证资本主义社会不可避免地发生贫富分化。

但是，他并没有尝试去进一步理解资本利润（即 r，下同）的本源问题，没有去探索生产与分配之间的关联性，即谁生产了利润，谁拥有利润，因而他对资本通过利润而占有社会财富的批判，是以一种道义性批判的视角为立足点的，即资本通过获取利润的方式使得社会财富在少数人手上集中，导致了继承遗产比个人劳动更能使个体富有起来，而这与人们所信奉的劳动致富原则是相矛盾的。

皮凯蒂是一个经济学家，不过他的研究并没有局限于经济学的研究视域，正是从哲学批判的视角，使他看到资本主义经济制度所依据的原则与现实的悖论，即劳动致富与财富承袭制之间的悖论。但是他完全不触及，或者是无意识地回避了这一悖论本身形成的原因，他没有对问题产生的原因进行进一步的分析和认识，而是用头痛医头，脚痛医脚的方式采取应对性地税收措施。正是在这一意义上，我们可以说，皮凯蒂，正如他自己所说，他拥有着比马克思多 150 年的历史经验，这使得他有可能使用当今科学技术能够提供的大数据来把握资本利润在历史进程中的动态走向趋势，并从中探索规律；但是另一方面，大数据又遮挡了他更加深入的哲学思考视野，使得他不能理解马克思的哲学—经济学研究路径，避开劳动价值概念，无意识地割裂了财富创造与财富分配之间的内在联系，规避了劳动价值与财富之间的关联性。因此他所看到的悖论仅仅是个人通过遗产继承致富的途径，是对个人财富来源于

---

① ［法］托马斯·皮凯蒂：《21 世纪资本论》，巴曙松译，中信出版社 2014 年版，第 47 页。
② 参见魏小萍《词汇选择与哲学思考：财富的来源、性质与功能》，《哲学研究》2008 年第 2 期。

个人劳动的价值观的背叛。

150年以前，资本主义社会的价值理念与现实差异的矛盾同样是马克思关注的焦点问题，马克思早期用异化劳动理论来解释资本主义社会的贫富分化现象，后来转向了政治经济学的批判思路，在《1857—1858年经济学手稿》中，马克思不满意国民经济学家、蒲鲁东等围绕着自由与平等、公平与正义的观点所进行的批判，他通过对资本主义经济关系从历史进程到现实程序所展开的分析，揭示了资产阶级革命理念是如何在现实的经济关系中走向自身反面的。马克思这一分析思路的关键之处在于对两种不同质的经济交换关系从历史进程上进行区分：即由简单商品交换到资本主义商品交换，前者是物与物的交换，后者包含着劳动力的商品化过程。马克思的劳动价值概念是这一分析的基础，借助于这一概念，马克思论证了劳动力价值（劳动报酬）与劳动创造价值之间的不等价交换关系。正是在这种经济交往关系中，原则上的自由与平等、公平与正义走向自身的反面，并且产生了社会分化，因为资本在合法的程序中不断积累着对剩余价值的占有。

马克思的劳动价值理论工程浩大，他毕其一生最终也没能完成自己的预定目标，留下了没有完成的《资本论》。一方面他那追求极致明晰、彻底、严谨的研究态度，使得他不懈地进行思考、探索，进而在晚年放下手中的《资本论》，继续关注早期人类学资料，这其中有着难以为人们所理解的深刻思考。马克思的关注维度是继续向着人类的生存生产方式发展的，他本人似乎并没有特别注意到在这一研究进程中哲学思考与科学论证之间那难以弥合的张力。我们是否可以说，在这里，马克思的思考触及的是人类思考范围极限的边缘。

价值概念与价格概念的转型问题是由后来的研究者提出来的，价值是抽象而难以量化的概念，价格是具体而必须量化的概念，马克思对剩余价值的论证是借助于价格概念来完成的。对于马克思的研究思路来说，不借助于价格概念，难以彰显劳动价值的含义，而离开劳动价值，就无法揭示价格与价值背离的客观存在，或许这正是政治经济学研究的魅力所在，但也是政治经济学研究的掣肘所在。无论怎样，马克思的政治经济学批判思路尝试着从财富形成的社会本体论路径，去揭示资产阶级革命理念与现实之间悖论的存在。

政治经济学批判性研究的这一掣肘，150年以来在西方学界的马克思主义学者那里进行着广泛的讨论。而随着现代工业智能化和信息化时代的来临，与实体资本相对应，那些掌握着科学技术知识的人也在分享着资本利润、甚至是资本股权的分配权，与此相应，在西方经济学那里出现了人力资本（human capital）的概念。人力资本概念形成的背景是什么，我们姑且不论，但是这一概念被人们用来理解在现代工业智能化和信息化时代，知识、科技、管理性劳动等软实力在生产发展及其参与生产利润分配中的重要作用。

随着这一概念的出现，马克思对劳动价值的定义方式，从现实经验的角度被一些人质疑，根据这一概念，劳动主体（智力劳动）可以依据自身的能力、付出而直接参与资本利润的分配，从而获得高额报酬。市场对人才的竞争，在一定程度上会增强这一人力资本的薪酬效应，这种情况是客观存在的。这一现象从两个方面引起人们对马克思劳动价值理论的思考：第一个方面是科技、管理人员的高额报酬是参与剩余价值的分配，还是自身创造了更高的价值，因而高额报酬仅仅是自身劳动价值的体现？由此产生的第二个方面是衡量劳动价值的尺度问题，这对于马克思的劳动价值理论来说，本来就是一个非常棘手的问题。通常人们将社会必要劳动时间作为马克思衡量劳动价值的尺度，在马克思那里，社会必要劳动时间也有个衡量尺度，这就是维持劳动力自身的生活和繁衍成本。

人力资本概念看起来是将马克思区分为活劳动（劳动力）与积累劳动（资本）的功能集于一体，实际上此资本非彼资本。对此皮凯蒂在《21世纪资本论》一书的"什么是资本"一节中，对资本概念与人力资本概念进行了这样的澄清，人力资本，正好与非人力资本的定义相反，无论何时都不能被另一个人所拥有，也不能在市场中进行永久交易[①]。我们也可以据此进一步将两者之间的区别理解为，资本是在法律上可以让渡的财富，人力资本却不可以，资本是在主客体对象性关系中对象化了的、能够独立于主体的客观存在，人力资本在主客体对象性关系中能够被对象化，但是并不能够独立于主体而存在。

---

① ［法］托马斯·皮凯蒂：《21世纪资本论》，巴曙松译，中信出版社2014年版，第46—47页。

人力资本与实体资本参与利润的分配比例，具体情况会非常复杂，皮凯蒂为了能够清晰地讨论资本利润高于国民收入，而这一趋势不是导向劳动致富，而是导向财富的承袭制，他在书的开端就先着手撇清资本与人力资本的关系。不过，由于他不去讨论资本利润的价值本源，人力资本的收入是来源于他人的剩余价值，还是自我创造的价值，这一问题也被他摒弃了，他避开了经济学—哲学层面的思考，也就同时避开了可能由此产生的理论困境。

皮凯蒂在并不触及财富形成社会本体论基础的情况下，专注于对资本收入与国民经济收入的量化比较，从资本利润分配的意义上论证资本在占有社会新增财富中的优势。他看到了问题的严重性，论证了马克思问题式的客观存在。正是他的这一简明扼要的论证，或者说在变化了的时代境遇下，从不同角度对马克思问题式的数字论证，使得他的《21世纪资本论》立即成为人们广泛关注的对象。

二　财富增值与贫富差距之间的关联性

从劳动价值的意义上来理解财富的本源基础是古典经济学已经开创的研究思路，马克思的劳动价值理论在此基础上进一步从维持劳动力的生存成本价值与劳动力创造价值的差异中来理解资本利润的本源。与此不同，皮凯蒂避开财富、甚至利润的本源视域，直接讨论资本通过利润的途径对社会财富快于其整体增殖幅度的积累和增长，并且把这一资本的发展趋势看着是社会产生贫富分化的主要根源。

在他看来，"总而言之：贫富差距的根本动因就是本书从头至尾都在强调的以 r＞g 公式表达的不平等，这种不平等机制与市场竞争不完全没有关系，因而也不会因为市场变得更加自由或竞争变得更加完全而消失"[①]。他从左边批判了那种认为充分而合法的市场中的自由竞争能够促进平等的幼稚设想，然而他又没有像马克思那样，从生产方式的源头上来理解不平等的形成，因而他只能从社会财富的分配角度来理解不平等的形成。

在该书的结论中，他指出："r＞g 的不等式说明过去积累了的财富比产

---

① ［法］托马斯·皮凯蒂：《21世纪资本论》，巴曙松译，中信出版社2014年版，第437页。

出和工资增长得快。这一不等式体现了一个根本的矛盾。企业家不可避免地倾向于成为食利者，越来越强势地凌驾于那些除了劳动而一无所有者之上。资本一旦形成，其自我增长快于产出（生产产品：output）的增长，过去侵吞（devours）未来。"[1]

皮凯蒂论证了资本利润的增长快于国民经济收入的增长，但是对于资本自身的增长如何可能快于国民经济的增长、过去如何能够侵吞未来这一问题，皮凯蒂没有加以分析。当皮凯蒂将国民收入看着是劳动收入和资本收入的总和[2]，而资本收入的增长又快于国民收入的增长时，他的论证实际上已经隐喻了资本收入对劳动收入的侵占。由于皮凯蒂在讨论的开端就撇开了人力资本的问题，因此他所说的资本很明确的就是积累了的财富，即既往劳动。

面对同样的问题，马克思通过对两种不同质交换关系的论证，从资本主义的生产方式层面来进行讨论，在对生产方式历史程序进行分析的基础上，借助于劳动价值理论，做出这样的回答：这是由于资本占有了他人的剩余劳动。

皮凯蒂的研究思路完全不同，他借助于巴尔扎克等小说家的描述，对个人与财富的关系进行道德上的评判，从劳动应得或者所得的价值观立场，谴责财富的遗产继承让人成为不劳而获的食利者，在他那里，资本利润增长快于国民经济收入增长的矛盾因此转化为过去与未来的矛盾。他这是刻意回避还是无意深究社会财富的形成路径？总之，皮凯蒂避开了财富与劳动价值的直接关系来讨论财富与遗产继承的关系。

皮凯蒂从这样几个方面来关注收入不平等：劳动收入不平等，资本所有权及其收益的不平等，以及这两个方面的结合等。在现实中，第一种收入的不平等与资本的利润收入没有直接关系，但是有一定幅度的高报酬，可以在积累了的条件下，进行投资，即转化为资本，从而获取利润收入。此外，股份制的存在、股东从事的管理劳动、科技劳动等，使得劳动收入与资本利润收入融为一体。皮凯蒂向自己提出了这样的问题："拥有高劳动收入的个人在

---

[1] Thomas Piketty：*Cspital in the Twenty – First Century*, Cambridge, Massachusetts, London, England, 2014, p. 571. 参见［法］托马斯·皮凯蒂《21世纪资本论》，巴曙松译，中信出版社2014年版，第590页。说明：该处中文翻译意思不确切，故参照了英文版本。

[2] 参见托马斯·皮凯蒂《21世纪资本论》，巴曙松译，中信出版社2014年版，第246页。

多大程度上也享有高资本收入？"对此，他的回答是，"……在其他因素相同的情况下，相关性越大，总的不平等程度越高。"①

皮凯蒂认为基于个人天赋、努力和勤奋的劳动收入不平等，是被当代西方民主理念认可的，皮凯蒂质疑的只是资本收入的不平等，但是他没有讨论差异性劳动收入向资本收入转化的必然性。马克思在《哥达纲领批判》中讨论了按劳分配的市民（资产阶级）法权问题，在马克思设想的资本主义之后的时代，私人资本是不存在的，但是差异性劳动收入的积累问题同样存在，由于不存在私人拥有的生产资料，马克思没有直接讨论差异性劳动收入向资本的转化问题。传统社会主义的实践将这一问题在一定程度上彰显出来，因而在 20 世纪大多数传统社会主义国家中，实际上的平均主义在现实的操作中取代了理论上的差异分配（按劳分配）原则，个人生产的规模、甚至差异分配的幅度是受严格限制的。

自由主义学者在对劳动收入不平等与资本收入不平等进行辩护的过程中，强调了这一转化的可能性，他们通常的说法是，工人通过节俭、教育、努力等途径，同样可以成为资本家，并以此论证资本主义制度的合理性。这一仰赖于普遍性原则的理由是奠基在悖论基础上的：它假设在充分自由的市场经济体制下，每一个人都可能通过努力而成为资本家。显然，对于个别人来说，这是可能的，不过这一可能是以大多数人的不可能为前提的，因为资本利润是以他人劳动为条件的，人人都成为资本家，逻辑上不可能。

三 价值创造与价值观判断是否关联

当皮凯蒂将贫富差异的成因指向资本利润时，他规避了对资本利润与劳动价值之间本源关系的探讨，但是当皮凯蒂对贫富差异的成因进行道德评判时，被规避了的劳动价值依然是他对分配公正问题进行评判的尺度。

因为，评判所依据的客观事实是 r>g，形成于他对资本收入与劳动收入、活劳动收入与积累劳动收入的统计数据进行的分析。而对这一客观事实进行评判，必须以一定的价值观为基础，事实就是事实，无所谓好与不好，皮凯蒂对 r>g 及其可能的结果进行评判的价值观基础，也就是当代文

---

① ［法］托马斯·皮凯蒂：《21 世纪资本论》，巴曙松译，中信出版社 2014 年版，第 247 页。

明社会，或者说资本主义社会得以形成的价值观基础，他的这一价值观是非常明确的：即以个人劳动付出与回报之间的正相关性作为衡量财富分配正义的标准。

在 r＞g 的事实面前，正是依据这一价值观，他质疑了那些认为现代性的财富增长是重劳动、轻遗产，重能力、轻出身的观点[1]。因为 r＞g 的规律或者说趋势，恰恰说明，个人家庭背景，既往劳动（资本）在社会财富分配中所具有的重要作用。因此在皮凯蒂看来，这一资本运行下的规律或者说趋势有违"现代民主社会最为根本的精英价值观和社会公正原则"[2]。他的统计数据 r＞g 论证了与这一价值诉求相反的事实，其结果是鼓励了相反的价值取向，即经营者向食利者的转向。皮凯蒂因此担忧，我们的时代正在倒回到"世袭资本主义"时代，而他的研究数据也在一定程度上支持他的这一观点。借助于这些经济数据，他质疑了那些认为"完全的自由竞争会让继承财富消失并让世界形成精英治理的公序良俗"的观点，并认为"这种想法属于危险幻想"[3]。

然而，如何从 r＞g 这一规律和趋势中论证其与"现代民主社会最为根本的精英价值观和社会公正原则"是背道而驰的，皮凯蒂并没有对此进行研究。由于他规避了劳动价值问题，他对这一事实所进行的道德评判，实际上仰赖于资本利润蕴含着既往劳动（死劳动）对现有劳动（活劳动）的占有这一马克思的基本观点，或者说在这一基本原则上他信奉马克思的劳动价值论，这是他与马克思的接近，仅此而已。

皮凯蒂用 r＞g 来解释收入不平等的成因，并且论证了现代民主社会价值观的被否定，这是《21 世纪资本论》的主基调。在这一基调中蕴含着两个理论前提：其一是马克思的劳动价值理论，对此皮凯蒂采取了默认的态度。没有马克思的劳动价值理论，就不可能将 r＞g 与社会的贫富差异联系起来，并且以此谴责当代民主社会背叛了自身的劳动价值观。（我们在这里有必要解释，劳动价值观与劳动价值论中的价值，是不同的概念，具有不同的含义，前者是主观价值取向，后者具有实体意义，是存在论意义上的

---

[1] ［法］托马斯·皮凯蒂：《21 世纪资本论》，巴曙松译，中信出版社 2014 年版，第 241 页。
[2] 同上书，第 28 页。
[3] 同上书，第 437 页。

概念，指劳动产品中包含着的劳动力价值)。因为仅仅是 r > g 的公式，也可以用来论证国民经济的增长模式，即用于投入再生产的资本利润的增长，高于用于分配的国民经济收入的增长，同一个公式，可以被人们从不同的角度进行解释。其二是对当代民主社会基本劳动价值观的认可，没有这一劳动价值观，皮凯蒂同样不能证伪自由主义保守派的错误信条：即富豪们的巨额财富是靠自己的能力挣来的。皮凯蒂的 r > g 是要说明，富豪们的大部分收入并非来源于他们的个人劳动，而是他们拥有的继承下来的财产，也就是说，资本利润可以通过资本继承的途径使得其继承人不必劳动而获取丰厚的财富收入。

作为一个关注社会问题的经济学家，皮凯蒂的分析思路是实证的，并且具体的，他的论证也因此具有说服力；作为发达资本主义国家的左翼学者，皮凯蒂的批判焦点是当代资本主义发展进程中与经济发展相伴而行的收入不平等问题。但是，他并没有从社会存在本体论的意义上对这一问题进行进一步的哲学层面的思考，这一方面体现在他缺乏对资本利润价值本源的探讨；另一方面体现在他缺乏对劳动与资本形成关系历史的探讨，这或许可以归咎于他那"有关富人财富是否应得的讨论没有最终答案，因此当前迫切需要超越这种无效讨论"[1] 这样一种戛然而止的研究态度。

不断积累的收入不平等，至少会产生两方面的结果，一是道德层面的，这是皮凯蒂着重批判的方面；另一个是经济结构方面的，例如 21 世纪初的金融危机，皮凯蒂没有专门涉及这一方面的问题。

从第一个方面来看，资本对利润的无限追逐，在否定中体现着当代民主社会的劳动价值观，这也就是说，经济活动的基本动因是对劳动结果的追求，但是在资本已经形成的经济关系中，借助于资本这一中介手段，拥有资本的人对客观财富的追求，是通过利润的途径得到实现的，而利润从其劳动价值本源的意义上来说，是他人的劳动。马克思早期的政治经济学批判研究对这一否定性因素从生产关系发生变化的意义上做了非常具体的论证。

正是资本的这一蕴含着否定性的肯定性功能，在资本主义经济关系中起着推动经济发展的积极作用，皮凯蒂在《21 世纪资本论》中没有讨论问

---

[1] [法]托马斯·皮凯蒂：《21 世纪资本论》，巴曙松译，中信出版社 2014 年版，第 457 页。

题的这一方面,但是并不能因此说,他没有认识到问题的这一方面。针对资本的否定性因素,他持明确的批判态度,他的关注焦点在于资本借助于利润的途径不断积累着的财富,以及积累着的财富借助于遗产继承的渠道而不断延续,由此产生循环发展着的社会不平等。这一总的资本主义体制下的收入不平等发展趋势即使在今天也没有发生变化,尽管其具体的表现形态有所不同。

四 资本悖论与皮凯蒂对策的局限性

作为发达资本主义世界的左翼学者,皮凯蒂将批判的锋芒指向收入分配的不平等,但是皮凯蒂并没有因此而对产生这一分配方式的生产关系提出质疑,更没有将现实问题的改变寄托于资本主义生产关系的变革,他虽然看到了资本在财富公正分配中的否定性因素,但是并不否定资本在财富分配中的肯定性因素对经济发展的积极作用。否定性因素在其渊源被遮蔽的情况下,通常被人们从个人(主体)那里寻求答案,而肯定性因素是彰显的,在否定性因素渊源被遮蔽的情况下,肯定性因素同样被人们从个人那里寻找着答案。例如,认为个人在经济活动中的成功与否与个人的天赋、教育、努力等诸多因素相关。资本的这种辩证特性在遮蔽其否定性的表象下,驱动着人们的经济活动。

皮凯蒂因此并不质疑资本主义经济关系得以存在的显性原则,也没有从以资本为中介的经济交往关系已经蕴含着对这一原则的否定这一意义上来理解分配不平等的形成。他对劳动收入之间的不平等,资本收入之间的不平等、劳动收入与资本收入之间的不平等作了非常详尽的以数据统计为基础的分析,将劳动收入与资本收入之间的不平等看着是收入不平等的主要根源。但是他对这一收入不平等的价值观批判主要还是借助于欧洲古典小说家的笔墨来阐述的,以此论证资本收入高于劳动收入所伴随着的遗产收入高于个人劳动收入是对西方民主社会劳动价值观的否定。

至于这一关系是如何形成、为什么形成,并不追究。与此相应,他对各类美国式实用主义的解决方案进行了讨论,例如针对资本收入在构成收入不平等中的巨大作用而提出的由收入累进税扩展至资本累进税并以此来遏制 $r > g$ 发展势头的方法,并且提出"防止贫富差距无限拉大以及重新实现对财富积累控制的最理想政策就是：全球范围内的累进资本税"①。

皮凯蒂不加以追究的因素，恰恰是马克思全力以赴进行研究和论证的领域，通过对简单经济交换与以资本为中介的经济交换关系的鉴别，马克思将问题的症结指向以货币、资本为媒介手段的生产关系，与此相应，马克思解决问题的思路也指向生产关系的变革。基于这样的理解方式，马克思对各类尝试着在资本运行模式下仅仅在分配领域解决收入分配不平等问题的观点进行了质疑、批判，例如马克思对蒲鲁东、拉萨尔等人的质疑、批判。这是皮凯蒂与马克思有所区别的地方，也是马克思与当时其他社会批判者有所不同的地方。

皮凯蒂对于资本收益成为人们收入不平等主要根源的认识，与马克思的批判思路非常接近，但由于对劳动价值的创造与劳动收入之间的关系这一本源问题的回避，皮凯蒂与马克思的批判指向是不同的，解决问题的思路也是不同的。马克思的批判指向生产关系，皮凯蒂的批判指向资本利润，与此相应，皮凯蒂的对策是增加资本累进税。在全球化的背景下，这一局部地区实施的措施无疑会促使资本向其他地区转移，法国的例子已经说明了这一点，于是皮凯蒂进一步提出了全球资本累进税的设想，在世界体制并不存在的情况下，人们只能将这一设想看着是一种乌托邦。

皮凯蒂与马克思处在不同的历史发展阶段，面临着类似的问题，具有类似的批判指向，但是解决问题的思路却不同。皮凯蒂在资本的框架内寻找解决问题的方案，马克思预测资本的历史性。皮凯蒂与今天的中国属于同一个时间段，但是历史发展阶段却不尽相同，因此当皮凯蒂将批判的锋芒直接指向 $r>g$ 这一导致收入分配不平等的主要根源时，中国学者看到的更多的是资本对于推动社会经济发展的积极作用，这是资本奠定在显性原则基础上的积极功能。皮凯蒂的批判向我们警示了资本否定性因素的存在，这种因素在历史的进程中会发酵，而马克思的批判告诫我们要更加认真地面对现实、面对历史。

---

① ［法］托马斯·皮凯蒂：《21世纪资本论》，巴曙松译，中信出版社2014年版，第485页。

第八章　马克思与当代主要社会思潮的哲学—政治学分歧与思考

　　马克思对资本主义的批判性研究思路由哲学领域转向政治经济学领域，由抽象的哲学思维转向具体的实证性的经济学思维，这一思维方式的转变，在他的问题意识中体现为由异化劳动概念到剩余价值概念的进展。这与马克思和恩格斯新历史观的形成是相一致的，即对资本主义的批判由对人们的思想、观念与道德的批判转向对现实社会的存在基础即经济关系、生产关系进行批判。然而，一个半世纪以后的今天，我们在一些西方左翼学者那里看到一种沿着相反方向而运行的批判思路，即重归道德批判领域。这在一方面是被动地受着自由主义语言的牵引，另一方面与20世纪社会主义实践大规模受挫不无关系，一些人对共产主义丧失信心、理想的追求转而为现实的改善诉求所取代。但是与马克思时代的论争比较起来，今天部分国外左翼学者，尤其是法兰克福学派新一代在这一批判视域的转换过程中又进一步在避开经济关系的同时，将社会的经济关系纳入主观构建的范畴，尝试着以此重构马克思的历史观，这一认识方法，在其现实的操作中与自由主义左翼、与民主社会主义具有了更多的共同语言，而与马克思的思想渐行渐远。

第一节 资本主义经济关系的政治哲学批判

政治学与经济学的结合，并非起始于马克思。19 世纪初，随着资本主义经济的迅速发展，在英国和欧洲大陆产生了一批政治经济学家，这些政治经济学家尝试着从原则[①]上去理解、认识和论证资本主义经济关系的产生、存在和发展。19 世纪 40 年代中期，马克思的批判思路由哲学、法学、社会学逐渐转向政治经济学，这一方面是其自身思想发展的逻辑性结果，对异化劳动关系的实证性论证，只能从政治经济学的研究入手；另一方面与当时的政治经济学研究氛围有关。不过，从一开始，马克思与政治经济学家们就存在着从前提到原则在认识和理解上的分歧。私有产权、等价交换，以及其拥有和交换规则的普遍性是政治经济学家们（古典经济学、国民经济）论证资本主义经济关系形成和发展的观念性基础，马克思则尝试着通过对政治经济学家们所为之论证的原则及其现实资本主义社会中存在着的悖论的揭示，完成对资本主义的理论批判。为此，马克思阅读了大量政治经济学著作[②]，写下了数量可观的阅读笔记和手稿，这些笔记和手稿涉及对资本主义经济关系从政治、哲学与伦理等几个方面所进行的批判，本文分别从这三个方面来分析和厘析马克思的批判思路。

---

① 即"principle"，在与政治经济学相关联时，该词通常被翻译成"原理"，例如《政治经济学原理》。

② 被编辑在 MEGA2 第四部分第 2 卷（IV/2）中的阅读笔记、摘录范围包括：让·巴蒂斯特·萨伊（Jean-Baptiste Say）：《论政治经济学》（Traité d'économie politique）；亚当·斯密（Adam Smith）：《国富论》（Recherches sur la nature et les causes de la richesse des nations）；约·拉·麦克库洛赫（John Ramsay MacCulloch）：《论政治经济学的起源、发展、特殊对象和重要性》（Discours sur l'origine, les objects partculiers, et l'importance de l'économie politique）；大卫·李嘉图（David Ricardo）：《政治经济学和赋税原理》（Des principes de l'économie politique et de l'impôt）；詹姆斯·穆勒（James Mill）：《政治经济学原理》（Élémens d'économie politique）；被编辑在 MEGA2 第四部分第 2 卷（IV/2）部分阅读书目包括：约翰·斯图亚特·米勒（John Stuart Mill）：《政治经济学原理》（Principles of political economy）；大卫·李嘉图（David Ricardo）：《政治经济学和赋税原理》（On the principle of political economy and taxation）。托马斯·罗伯特·马尔萨斯（Thomas Robert Malthus）：《政治经济学原理》（Principle of political economy）。

一 经济关系中的政治哲学问题（一）：所有权关系的本体论基础

所有权在经济领域体现的是人与劳动对象的法定关系，是人们一切经济行为的基础。马克思在写作《1844年经济学哲学手稿》（以下简称《手稿》）开始其研究思路由哲学向经济学的转向时，所有权关系就已经成为其讨论中的基本关系，这从两个方面体现出来，其一是人与劳动对象的关系；其二是人与自身活动对象化结果的关系，前者体现为劳动与资本、自然资源（土地等）的关系；后者体现为劳动与劳动结果的关系。在1857—1858年的《大纲》中，马克思从更加广泛的意义上关注这一问题，一方面是纵向的历史进程；另一方面是对横向的资本主义经济关系的展开，《大纲》的魅力也许正在于此。1859年出版的《政治经济学批判·第一分册》（以下简称《第一分册》）是马克思在《大纲》基础上尝试着出版的政治经济学批判著作六分册中的第一册，实际上这也是这一计划出版了的唯一一册，该册出版后，马克思的整个研究计划发生了改变。我们在该分册的初稿片段中能看到马克思对政治经济学的批判思路在前期研究基础上的反思，这其中就包括所有权问题。

在《第一分册》的初稿片段中，马克思对所有权问题的关注对象，除了洛克的劳动本体论，即以个人劳动为基础的对其劳动对象的所有权解释，还列举了其他经济学家们对所有权问题的认识，并对这些观点进行了归纳。马克思指出：无论是偏重于经济学或者法学的所有现代经济学家们，都把个人自己的劳动说成是最初的所有权依据（即洛克观点），与此相应，把对自己劳动成果的所有权说成资本主义社会的基本前提，亚当·斯密就持这样的观点①。

不过，他们的这一理论解释在现实的资本主义经济关系中被颠覆。因为，劳动所有权作为经济交换关系的前提，在资本主义的生产关系中，

---

① 参见 Marx/Engels Gesamtausgabe, Band II/2, Dietz Verlag Berlin 1980, 第48页。参见《马克思恩格斯全集》第31卷（手稿后半部分），第348页。

是建立在以交换价值为前提，而并非是以简单交换关系为前提的基础上的①。言下之意，由于劳动力的交换价值与其创造价值的价值不相等（这在《手稿》时期并没有得到充分论证），因此，劳动所有权的基础受到了侵犯。

显然，马克思的批判并不是指向劳动所有权这一原则本身，而是劳动所有权在以交换价值为基础的经济交往关系中被颠覆的现象，而政治经济学原理则试图论证劳动所有权是资本主义经济关系的基础，这是马克思与政治经济学家们的区别所在。

在马克思看来，古典经济学家们把来自资产阶级社会本身的观念，即劳动所有权理论，称为一般规律，又把这一规律的现实性延伸至还不存在所有权的黄金时代（原始时代）②，也就是说，将这一资本主义社会的所有权占有规律看作是存在于人类社会一切发展进程中永恒的规律。

与国民经济学家不同，马克思则从资本主义的经济交换关系中去理解这一观念的形成，将其看作是资本主义经济交换关系的产物，那么资本主义经济交换关系的基础是什么呢，在1859年的《〈政治经济学批判〉序言》中，马克思从生产力发展水平来对此进行解释。

马克思对经济学家们的批判不是指向经济学家们对所有权进行的以劳动为基础的解释，而是指向经济学家们将所有权规则抽象为永恒的规则。在马克思看来，经济学家们的这一认识方法在两个方面引起了麻烦，第一，从不存在所有权的史前社会那里去寻找所有权的本体论基础；第二，看不到劳动所有权在资本主义经济关系中存在着的悖论③。

马克思从资本主义经济关系中去解释资本主义所有权理论的生成，进而从社会生产发展状况去论证资本主义经济关系的形成，在一定程度上，解决了经济学家们的这两个麻烦：第一，以劳动为基础的所有权只是一定历史条件下的产物；第二，这一所有权被资本主义经济关系所颠覆。

不过，在这里我们同样应该看到，资本主义经济关系形成的历史条件

---

① 参见 Marx/Engels Gesamtausgabe, Band II/2, Dietz Verlag Berlin 1980, 第48页。参见《马克思恩格斯全集》第31卷（手稿后半部分），第48—49、348—349页。

② 参见 Marx/Engels Gesamtausgabe, Band II/2, Dietz Verlag Berlin 1980, 第49—50页。参见《马克思恩格斯全集》第31卷（手稿后半部分），第349—350页。

③ 同上书，第50、350页。

与资本主义经济关系形成的内在机制,是解读这一问题的两个不同的认识维度,一方面,我们看到以劳动为基础的所有权及其被颠覆的客观性,这是马克思尝试着去论证的问题;另一方面,我们也应该进一步看到并且分析,这一悖论现象之所以产生的内在机制。

马克思对政治经济学家仰赖于普遍原则的批判,促使他关注资本主义经济形态的历史演变,这是第一个认识维度。马克思对以劳动为基础的所有权悖论现象的揭示,促使他去关注资本主义生产关系形成的内在机制,这是第二个认识维度。前者是纵向的,后者是横向的,对前者的分析维度能够包含,但是不能够取代后者。

从横向的意义上来看,这一劳动所有权原则的被颠覆具有一定的历史条件,从纵向的意义上来看,这一条件是历史的,并非永恒的。对这一条件形成历史和运行机制的分析,一方面,进一步将马克思的研究思路与古典经济学、国民经济学区分开来;另一方面,将马克思的研究思路与哲学家区分开来。从横向的意义上来看,这一条件实际上涉及两个因素,其一是与劳动相关的对劳动对象(如土地、自然资源)的所有权,或者外化了的劳动结果(货币资本)的所有权;其二是劳动与资本的交换(并非简单交换)。前者是前提,后者是程序,在一定的程序中,前提成为占有他人劳动的条件,使资本雇佣者的劳动所有权受到颠覆。对于自然劳动对象的占有问题,马克思在更大程度上是通过人类学的历史资料来关注的。

国民经济学家关注的问题是以这一原则为基础的经济发展、物质财富的增加。他们既然没有将资本的利润看作是工人的剩余劳动,也就不会去关注劳动原则的被颠覆问题。在他们看来,资本主义经济的所有权原则是对自然状况下存在着的原则的延续。而哲学家只是提出了抽象的原则,并没有去分析,这一抽象的原则为什么在现实的资本主义经济关系中被扭曲,哲学视角中的异化劳动并不能够对这一扭曲现象进行论证。

根据马克思对财产与劳动所有权分离的历史程序及其结果的阐述[①],我们可以理解,劳动所有权原则的被颠覆为什么能够说明在资本主义社会,

---

① 参见 Marx/Engels Gesamtausgabe, Band II/2, Dietz Verlag Berlin 1976,第 367—369 页。参见《马克思恩格斯全集》第 30 卷(手稿前半部分),第 450—452 页。

增加了的物质财富在一部分人手上集中起来，而大多数人则陷于贫困（或者相对贫困）。而且这些集中起来的财富能够成为进一步颠覆这一原则的客观条件。这一现象在不同的历史阶段、历史条件下其表现形式是非常不同的。

显然，与国民经济学家不同，马克思从历史进程中来理解所有权的形成及其原则，但是我们同时应该看到，原则的形成与原则的实现条件是同一个问题的两个不同方面：其一，扭曲原则得以实现的历史条件，与原则形成的历史路径涉及的是不同的问题；其二，扭曲原则得以实现的历史条件，并没有否认原则本身的存在，它仍然能够成为其自身被扭曲了的社会制度的理论支撑，尽管这一原则本身已经成为"幻想""幽灵"、被颠倒了的意识形态，但是仍然作为正统的意识形态支撑着这一社会。

二 经济关系中的政治哲学问题（二）：原则、程序与悖论

我们看到，马克思与古典经济学、与国民经济学，对所有权问题在认识上的分歧，并没有产生于对所有权形成的自然基础在认识上的差异，虽然马克思强调的是其形成的历史性，不过这是纵向意义上的。马克思对人类社会早期生产方式、财产权形式的认识并没有一个先入之见或者抽象原则，从《德意志意识形态》写作到晚年的人类学笔记，马克思都非常关注历史资料和人类学研究的最新进展。马克思与古典经济学家们在所有权问题认识上的差异植根于对一定历史条件下这一原则的一致性及其背离在认识上的分歧。这一分歧，缘起于对异化劳动的认识，有待于对剩余劳动的论证。这里已经存在着如何理解观念与现实的关系问题。

在资本主义的经济关系中，所有权原则与现实之间的悖论进一步构成了自由与平等原则与现实之间的悖论。在《大纲》中，马克思的研究思路进一步深入经济关系之中，从原则的形成与原则实现的程序上来分析悖论的形成。

"在流通中发展起来的交换价值程序，不但尊重自由和平等，而且自由和平等是它的产物；它是自由和平等（die Freiheit und Gleichheit）的现实基础。作为纯粹观念，自由和平等是交换价值程序中各种要素的一种理想化的体现。作为在法律的、政治的和社会的关系上发展了的东西，自由和平

等只不过是从另一个方面再现出来。"①

资本主义经济关系产生了自由和平等的观念,前者是后者的基础,这一观念在社会生活的其他方面例如法律的和政治的方面再现出来。这是马克思的理解思路,对于马克思而言:一方面,观念是现实的产物②,但是现实中的资本主义经济关系是向着另一个方向运行的。因为,资本借助于剩余劳动的积累过程,体现出来的是形成不平等的过程③,是对这些观念的背叛。

那么我们可以提出的问题是:反映现实的观念,如何形成于其被扭曲了的现实?换句话说,既然观念是现实的反映,为什么不直接反映其被扭曲了的事实?而是反映其被扭曲前的假设?

一方面抽象的观念是现实社会经济关系的产物,以等价交换为基本内容的经济关系体现的是人们为了满足生存需要的生产和交换活动,它自发地依据于自由原则和等价交换原则,在此基础上形成了自由观念和平等观念;另一方面现实社会的经济关系扭曲了这一观念,但是这一观念仍然是其奉行的原则、是其基本的理念支撑。

意识到这一问题,并非起始于马克思,当时的其他思想家就已经提出了这一问题:自由和平等的观念为什么带来的是非自由和不平等?马克思的政治经济学批判研究,就是尝试着去论证这一观念被扭曲的现实依据。如果我们借用哈贝马斯讨论商榷民主的程序概念,马克思的分析也是从程序开始的,甚至从历史进程之初的程序开始。

如果说自由和平等的观念是支撑资本主义体制的理念,作为经济关系的产物,它们形成于前资本主义阶段,简单的经济交往关系以自由支配自己的(劳动)产品和等价(值)交换为基础,自由和平等的观念在此基础上形成,这是一种简单商品经济的状态,它存在于前资本主义社会的不同社会形态中。这并不意味着前资本主义社会就不存在着资本因素,也不意

---

① Marx/Engels Gesamtausgabe, Band II/2, Dietz Verlag Berlin 1980, 第 60 页。参见《马克思恩格斯全集》第 31 卷(手稿后半部分), 第 362 页。

② 参见 Marx/Engels Gesamtausgabe, Band II/2, Dietz Verlag Berlin 1980, 第 60 页。参见《马克思恩格斯全集》第 31 卷(手稿后半部分), 第 362 页。

③ 参见 Marx/Engels Gesamtausgabe, Band II/1.2, Dietz Verlag Berlin 1976, 第 685—686 页。参见《马克思恩格斯全集》第 31 卷(手稿后半部分), 第 230—231 页。

味着前资本主义社会的经济交往关系就是一种平等的交换关系,经济关系并不能独立于整个社会关系。

但是当这一观念被高举着作为一种理念、一种意识形态用来支撑资本主义社会时,在现实中它实际上已经走向了自身的反面,这一发生转折的契机,存在于简单商品交换向劳动与资本交往关系的发展进程中,这是历史的程序。

在《手稿》中马克思比较充分地讨论了资本主义经济关系形成的历史进程,并且揭示了前资本时期的经济交换与资本主义经济交换的区别。

"关于公平和正义(Billigkeits – und Rechtsrücksichten)的空谈,只是要用适应于简单交换的财产权关系和法的关系的标准,去衡量交换价值的较高发展阶段上的财产和法的关系。"[①]

将前资本主义经济交换关系与资本主义经济交换关系区别开来,是为了彰显后者在质上所发生的变化,正是这一变化,使得简单经济交换关系的理念不再符合于资本主义经济交换关系。对于此时的马克思来说,他已经清晰地看到劳动与资本交换中的表面平等与实质不平等,尽管此时他并没有完成对这一问题的论证。

自由、平等、公平、正义这些概念在用来评价资本主义的经济关系时,实际上包含着三个基本内容,自己拥有(以所有权为基础的自主权)、规则平等(规则平等是资产阶级革命所强调或者政治经济学所讨论的平等观,这里的平等并非是收入或者物质财富分配平等的观念,而是经济交换关系中原则平等的观念)、等价交换。前者体现为自由原则,后两者体现为平等原则,三者缺一不可。

从现象上来看,资本主义经济关系似乎是符合了这三个基本条件,但是,其实际结果为什么走向了其反面呢,换一个角度来说,我们有什么理由认为不断分裂的资本主义现实社会就是由于前提走向了其反面呢?

马克思的批判并没有针对其前提本身,而是从前提进而进入其前提得以实现的程序,马克思的分析从价值的形成(劳动)到价值的实现(工资、利润)的整个过程的程序进行层层析解、剥离,将问题的症结归结于劳动

---

① Marx/Engels Gesamtausgabe, Band II/1.1, Dietz Verlag Berlin 1976,第236页。参见《马克思恩格斯全集》第30卷(手稿前半部分),第279页。

力与资本的交换，这是一个不等价（值）交换。不过，这一认识本身也有着一个过程，而并非是一下子完成的，这可以从马克思所使用的"劳动"概念向"劳动力"概念的变化中看到其思路的逐渐明确；另外，从马克思在手稿中所留下的一些没有得到回答的问题以及对抽象的价值概念的论证等问题中，我们又看到问题并非完结。

显然，对原则与其结果之间的悖论关系，从原则的实现程序中去进行批判，与对观念的虚假、颠倒进行的批判比较起来，显然要更加具有说服力、更加深刻。后者是哲学领域的批判；前者是政治经济学领域的批判。

三 经济关系中的伦理问题：个别性与一般性

个别性与一般性是抽象的哲学概念、个人利益与普遍利益是经济伦理概念，对后者的问题在抽象的意义上进行讨论，或许就是（政治）经济哲学问题。这样的区分可能显得机械、累赘，但这是在反思基础上必然要生成的问题。对于古典经济学家、政治经济学家，或者对于进行政治经济学批判性研究的马克思来说，他们对这同一个问题的讨论有时是在非常不同的层次上进行的。

对于马克思来说，在资本主义生产关系体系下，以普遍性形式存在着的自由、平等原则在现实的资本关系中被颠覆。与此同时，社会财富的增长同时意味着社会分裂的进展，对象化了的劳动脱离其创造主体而日益集中于其他少数人之手。马克思看到的普遍性是以个体、阶级之间的对抗为基础的。

与马克思的时代不同，在今天的资本主义社会，这既可以通过生产领域，也可以通过非生产领域发生，例如文化产业与文化消费、信息产业与信息消费现象的出现，后者预示着新的需要进行研究、发掘的领域。

黑格尔从哲学观念上对个体与社会的关系从普遍性、特殊性和个别性的不同层次进行推论，用抽象的普遍性统一特殊性、个别性，这其中的具体关系，并不在他的关注视野之内，他的使命似乎是构建一个能够把握社会的概念体系，用自在和自为的统一预测未来的社会。

而对于古典经济学家、政治经济学家，甚至今天以所有权、契约原则、等价交换为基础的自由主义理论来说，原则的普遍性是最重要的，是构建现代社会的基础。至于现实社会为什么会因为普遍原则的实施而日益分裂，他们对此又有着非常不同的解读和认识。诺齐克并不认为普遍原则在资本主义社会受到了颠覆，相反，他认为资本主义社会的经济关系在原则上具有逻辑一致性；罗尔斯也没有认为普遍原则在资本主义社会受到了颠覆，但是他从差异带来的效率有利于改善弱势者处境的角度，对差异进行伦理上的辩护，同时他试图在原则的现实化程序中对其极端的社会分化结果加以矫正。

各类非马克思主义理论，并非是诉诸一种有违伦理的理念作为现实资本主义社会的理论支撑，相反，在他们看来，只有普遍的原则才能符合伦理的基本要求。至于奉行普遍原则的资本主义社会在现实中为什么不断发展着社会的贫富分化，从而产生整个社会的不断分裂，这似乎并不能够进入他们的关注视野。至少，在信念上，他们并不认为这些原则在现实社会中被颠覆，或者反过来说，他们并不认为社会分化是因为奉行普遍原则的结果。

这正是马克思与之不同的地方，马克思尝试着去揭示使普遍性原则受到颠覆的现实社会条件，而不是仅仅将这些普遍原则作为虚幻的、颠倒的意识形态并且满足于抽象的批判。即使从古典经济学、国民经济学，甚至当今自由主义的理论视角来看，如果不借助于整个社会关系体系，仅凭一种抽象的普遍原则，少数人不可能仅仅凭着一种能够积累起来的符号（从实物货币到数字信息）占有整个社会、自然的大部分资源。

那么问题就在于，这一普遍的原则，借助于什么样的魔力，在合法的途径下产生了社会分化的现象，这是问题的一方面；另一方面，人们在自觉意识中又是如何认识这一矛盾的现象？

在《大纲》中，马克思在当时的语境中，尝试着去揭示和批判资本主义社会关系中自欺欺人的普遍性：

"主体还尽可以有这样一种神圣（erhebende）的意识：他不顾他人而谋得的个别利益的满足，正好就是被扬弃的个别利益即一般利益的实现。"[1]

即使在今天这也是一种非常常见的观点。个别性与一般性体现在人们

---

[1] Marx/Engels Gesamtausgabe, Band II/2, Dietz Verlag Berlin 1980, 第 56 页。参见《马克思恩格斯全集》第 31 卷（手稿后半部分），第 358 页。

意识中的矛盾，是由现实经济关系中存在着的个体与整体之间在利益关系上的相关性、冲突性为基础的：

"自愿的交易；任何一方都不使用暴力；只是作为自身的手段或自我的目的，才能成为他人的手段；最后，意识到一般（allgemeine）利益或共同（gemeinschaftliche）利益只是自私（selbstsüchtigen）利益的全面性（Allseitigkeit）。"①

马克思在这里没有使用个人的"自我利益"这一中性词汇，而是选择了"自私利益"这一贬义性词汇。这说明，马克思没有简单地看待各个个体的利益与一般利益的关系，在马克思那里，这个一般利益并不是个人利益的简单集合，在财产权占有发生社会分化的前提下，人们彼此之间的利益是分裂的、异化的。在互为手段和目的的经济交往关系中，资本的利益是在牺牲和占有他人利益的前提下而获得的。

马克思所看到的资本主义经济关系，不仅使得所有权的持有原则发生了悖论，而且劳资关系之间等价交换的原则也发生了悖论。于是，从所有权的持有到所有权的交换原则都走向了自身的反面，普遍的原则成为虚假的观念——颠倒了的意识形态。马克思的这一批判性认识，在最初的意义上是以异化劳动理念为基础的。

这是马克思与其他政治经济学家们的分歧所在，这一分歧并不产生于对抽象原则的认同与否，而是资本主义社会的经济运行机制与其原则之间存在着的悖论，这一悖论在人们的意识中又以个体与整体之间的矛盾关系而体现出来。在马克思那里，对这一悖论的认识是以其劳动价值理论及其核心内容剩余价值理论为基础的。反过来说，只有借助于剩余价值理论，才能论证原则及其悖论的存在。

在马克思的研究维度中，哲学问题与政治经济学问题是交融在一起的：一方面，人们的对象化劳动结果具有个别性，但是当人们将自己的劳动产品作为交换价值与他人进行交换时，他的个人劳动产品已经具有了社会性，他的个别性在普遍性中得到体现；另一方面，正是这一对象化的程序、交换过程，或者说个别性转向普遍性的过程，孕育了社会分化的可能性。

---

① Marx/Engels Gesamtausgabe, Band II/2, Dietz Verlag Berlin 1980, 第 56 页。参见《马克思恩格斯全集》第 31 卷（手稿后半部分），第 56—57、358 页。

这一可能性在资本主义交换关系取代简单商品交换关系的前提下发展成为现实性：简单商品交换关系中存在着的等价交换，在资本与劳动的交换过程中被否定。不过这一可能性一方面并不涉及这一转折的契机，作为结果的现实本身不能又成为原因；另一方面并不能用来解释前资本主义社会阶级关系的形成。

这一理论解释模式具有历史阶段的局限性，它仰赖于剩余价值理论，首先仰赖于劳动价值概念的形成。马克思从古典经济学家（李嘉图）那里承袭了劳动价值概念，但是已经赋予其不同的含义。

为了更加清晰地使用这一概念去把握资本主义的经济关系，马克思是以社会必要劳动时间作为衡量劳动价值的尺度①，个别性只有在普遍性意义上被认同才是有效的，否则少、慢、差、费也在创造着劳动价值，这种普遍性的认同程序，自然地在市场竞争中完成。但是，这只是劳动价值概念的一部分内容，另一部分内容取决于劳动者的生存成本（同样以劳动力的价值来衡量）②。劳动者获取的报酬（部分劳动时间），不是以其创造的价值（全部劳动时间）来衡量的，而是以其生存成本（部分劳动时间）被支付的。两者之间的差价构成了能够被异化的剩余价值（剩余劳动或者积累劳动）。

剩余劳动的情况在任何社会都存在，并且是社会发展的基本条件，没有剩余、没有积累，就没有发展，直至今天，从世界范围来看，我们并不缺乏这样的例子。但是在资本主义社会中，这一剩余价值被资本占有和支配，并且是在原则平等、公平交易的理念中进行着。

在这种历史条件下，个人自主活动变为被动活动，对象化了的劳动变为被异化了的劳动，这是从劳动者一方来说的被异化现象。从劳资双方来说，或者从资本主义经济交往关系中的个体来说，人们彼此之间的经济交往活动出自于个人的自由意愿，这是一种自主行为，在这一交往过程中形成的社会性、共同体，从整体的意义上来说，又形成了规律性，具有必然性，超出任何个体的可控性。

---

① 参见 Marx/Engels Gesamtausgabe，Band 4，Dietz Verlag Berlin，1859，第 83 页。参见《马克思恩格斯全集》第 4 卷，第 94 页。

② 参见 Marx/Engels Gesamtausgabe，Band II/1.1，Dietz Verlag Berlin 1976，第 72 页。参见《马克思恩格斯全集》第 30 卷（手稿前半部分），第 84—85 页。

对于马克思来说，这涉及个体在经济交往活动中的自主性与异己性问题，经济规律作为外在于个体的社会存在，是个体不得不受其约束的力量，它们对于个体来说具有偶然性，这一思路的发展，就是个人的自由交换行为与客观的、异己的规律性问题，例如难以为个人所预料、所抗拒的经济危机（生产过剩）、金融危机（信贷过度）。但是这一必然性对个体经济行为的制约与普遍原则的制约是完全不同的两个范畴，不可同日而语。

简而言之，在对资本主义社会的批判中，马克思从以下几个不同层次上涉及了经济交往关系中个别性与普遍性的关系：第一，现实中个体、群体之间的利益冲突关系；第二，意识到了的伦理关系及其困惑；第三，个人自主行为与其社会结果客观规律性之间的关系。

剩余价值理论的形成，在第一个层次上区别了至今在一切文明社会经济交往关系中存在着的博弈关系（各自追求自己利益的最大化）与资本主义生产关系在劳资双方中形成的博弈关系。正是对这第一个层次的认识，将马克思与政治经济学家们区别了开来。同时对这一问题的认识，在第二个层次上将一般经济交往关系中参与博弈双方的道德责任（贱买贵卖、强买强卖、以次充好、假冒伪劣等）归结于一种置双方于一种次原初（即社会关系，从自然意义上来说，人们生来是平等的）不平等地位的生产关系（剥削关系的基础）。第三个层次涉及的问题比较复杂，可以在非常广泛的意义上进行讨论，对于马克思来说，第三个层次的问题取决于第一个层次问题的解决。

自19世纪40年代中期以后，马克思倾其毕生精力，对资本主义社会的政治经济学进行批判性研究。在前《资本论》时期的哲学手稿、经济学批判手稿中，马克思就已经从政治、哲学与伦理等方面尝试着对资本主义经济关系的基础进行论证和批判。这样的论证和批判涉及财产所有权、等价交换原则，以及伦理关系中的个别性与普遍性等问题。正是在这些基础性问题上，马克思与国民经济学家们发生了分歧，这些分歧并不是产生于涉及这些问题的前提或者原则本身，而是这些前提或者原则在资本主义社会中被颠覆了的客观事实。对这一颠覆现象的揭示和论证构成了马克思批判资本主义的理论基础。《马克思恩格斯全集》历史考证版所提供的马克思从事政治经济学批判研究的文本、文献和手稿等资料，为我们对马克思的政治经济学批判思路展开全面的研究，提供了可靠的信息基础。

第二节　马克思与当代自由主义分歧的哲学思考

20世纪50年代以后西方资本主义的迅速发展与20世纪80年代末、20世纪90年代初苏东社会主义剧变，使得西方世界的左翼阵营与马克思主义研究领域发生了很大的变化，马克思主义的问题意识逐渐由经济领域转向政治领域、道德领域、意识形态反思领域。与此相应，马克思主义阵营的话语体系也发生着相应的变化。本书从制度与规范、自由与平等、历史性与普遍性这几个角度入手，一方面以现实社会中的思想交锋为背景，分析左翼思潮的最新发展动态；另一方面以文本视域尤其是MEGA2版视域中的马克思为参照，分析马克思与我们时代的相关性。

一　制度与规范：不同的批判指向

19世纪早期，马克思对资本主义社会的批判从意识形态开始，揭示其虚假性，并且由意识形态转向现实的社会关系，直指其基本的经济制度——资本主义生产关系。在马克思那里，人们的思想观念、道德水准的改变仰赖于社会基本经济制度的改变，而后者的改变又依赖于一定的生产力发展水平，形成了社会存在决定人们意识的唯物史观。

法兰克福学派的代表性人物哈贝马斯并不满意于马克思的批判思路。在他看来，马克思对经济关系的理解关注的是目的理性，即在资本主义社会体制下劳动的驱动力形成于以目的的成功为方向的工具理性。工具理性支配下的行为，表现为主体作用于客体，从而改变自身。哈贝马斯因此认为，马克思把劳动理解为一种主客体关系和指向成功的行为，而忽视了人与人之间的交往理性。交往理性致力于人与人之间的相互理解，并因此提出了重构历史唯物主义的设想。工具理性与交往理性是否可以如此截然进行区分并加以界定，我们暂且不论，至少我们看到，他的这一重构被认为使其自身陷入了二元论的窘境，"劳动问题为一元，而交往问题为另一元。"[①]

[①] 参见魏小萍"Interview：Nancy Fraser on Marx and Habermas"，*International Critical Thought* 2013年第3期。

哈贝马斯之所以强调交往理性，与20世纪70、80年代东西方世界的历史境遇有关。从西方世界来看，资本主义国家借助于宏观调控杠杆的作用，在一定程度上抑制了自由市场的消极作用，政治因素似乎扮演着比经济因素更加重要的角色。与此同时在苏联东欧，官僚体制作为一种基本的政治制度，在财富的积累程序中，其驱动力似乎并不亚于资本的力量，扮演着与资本同样重要的角色。实际上，这种现象并不仅仅为哈贝马斯所关注，在法国结构、解构或者后结构系列的左翼学者那里，同样在不同地区后现代派的激进左翼学者那里，人们也从不同意义上强调了问题的这一方面。

这两种现象的存在是否构成哈贝马斯强调交往理性与行动的充分理由？对于这个问题，我们可以从两个方面来分析，其一，马克思是否忽视了哈贝马斯所强调的交往理性？其二，哈贝马斯是否借助于交往理性成功重构了历史唯物主义，并且对当代资本主义社会做出了更为恰当的解读，或者说，这一解读方式是否能够更好地把握当代资本主义社会的特征？

为了回答这两个问题，我们还是先来看看马克思的批判思路走向，1843年的《黑格尔法哲学批判》确立了马克思从社会的经济关系而不是政治关系来解读社会的方法，《1844年经济学哲学手稿》中的异化劳动理论进一步确立了马克思对资本主义社会的批判指向其生产中的交往关系，这一交往关系包含着人与人、人与物之间的双重关系。马克思不是忽视了人与人之间的交往关系，而是批判交往关系被异化了的一面。不过，马克思确实没有像哈贝马斯那样，从人与人之间相互理解的意义上来发掘这种关系。我们或许可以说，问题的这一方面，不是马克思当时所关注的焦点，但是它蕴含着对社会关系构成基础的另一种解读方法。

在往后的政治经济学批判性研究中，马克思进一步明确了对资本主义社会指向其现实社会关系，而并非指向其意识形态如宗教、哲学、道德等的批判。马克思从来没有将资产阶级革命的理念——自由、平等、博爱作为批判的目标，而是在对现实社会的关照中，尝试着去揭示、论证这些理念如何走向了自身的反面。在马克思看来，正是现实社会的经济关系使得这些理念走向其反面，而经济关系本身受着一定的生产方式的制约，这在某种程度上被人们指责为经济决定论。

这是马克思的批判思路，在这一批判思路中，用今天的语言来说，既存在着规范性的一面，又存在着历史性的一面。对资产阶级革命理念悖论的揭示，是规范性视野的批判，唯物史观的形成是历史性思考，1875 年的《哥达纲领批判》体现了两者的统一及其困境，以超越传统规范的方式实现与历史的统一，即由按劳分配转向按需分配。然而我们看到，传统不是那么容易被超越的，这一因素也因此被人们指责为乌托邦。

我们现在从哈贝马斯的思维角度来看，从 20 世纪 80 年代的《交往行为理论》到 20 世纪 90 年代的《在事实与规范之间》，体现了哈贝马斯的研究思路在向着一个方向发展，即强化交往理性以及交往理性的作用与人们伦理行为规范的方向发展。一方面这与当代资本主义所发生的新变化有关；另一方面这与苏联解体在马克思主义研究领域带来的民主话题有关。从原则到程序，哈贝马斯尝试着以交往理性与交往行为为基点构建当代社会的民主进程，以此矫正马克思的经济决定论。

然而其研究思路的进一步发展似乎已经说明，哈贝马斯的这一重构性尝试似乎并不成功，其结果是促使其与马克思渐行渐远，而与自由主义日益趋近。政治上的自由主义与经济上的马克思主义并不能合理地解读哈贝马斯的这一变化[1]。恰恰相反，撇开经济关系的制约性而强调自由、规范等核心价值观，以及商谈伦理这一方法论的确立，使得哈贝马斯在对社会存在基础的认识方面步入了自由主义左翼学者罗尔斯的话语体系：两人都将社会公正寄托于社会规范和道德原则的构建，都设想了一种具体的程序，通过这个程序，我们可以检测我们的规范。但是两人之间也还存在着差异。

罗尔斯在《正义论》[2] 中提出了无知之幕的遮蔽，假设人们在不知道自己处境的情况下，倾向于构建为境遇最差的人提供最好可能的社会公正原则，因为每个人都有可能在社会中陷入弱势者的处境，无知之幕的设立遮蔽了人们所处的具体条件、具体地位。

哈贝马斯称罗尔斯式的原则构建为独白式构建，它假设在与他人隔绝的情况下，这些原则的内容是由那些为自己处境考虑的个体提出来的，这个程序并不能为交往行为提供动力和资源。他因此提出了一种替代性的对话程序，在这里，假设每个人在提出其意见时，完全了解社会现实、自身

---

[1] 参见魏小萍 "Interview: Nancy Fraser on Marx and Habermas", *International Critical Thought* 2013 年第 3 期。

[2] John Rawls, *A Theory of Justice*, Cambridge, Mass.: Harvard University Press 1971.

处境、不存在蒙蔽,也没有无知的遮蔽。在这种情境中,参与者平等地进行互动,由此交往的结果将会形成合理的规范①。

尽管程序不同,罗尔斯和哈贝马斯都设想了社会公正原则形成的理想模式,这一模式的构建仰赖于以个人利益、个人自由为核心内容的理性思考、理性选择与理性设计。从某种意义上来说,马克思早期对黑格尔的批判、对青年黑格尔派的批判似乎同样可以用来批判这种理性的构建。但是与马克思当初批判的情景不同,这种理性的构建似乎已经将现实社会中阶级差异的存在纳入于理性构建的程序之中,只是使用概念有所不同,不用传统的阶级概念,而是使用强弱或者处境差异的概念。对于罗尔斯来说,允许人们从最差处境的立场出发构建社会的公正原则,而对于哈贝马斯来说,社会公正原则的设立需要不同处境中的人们充分协商。正是在这一意义上,即在阶级社会的基础上假设通过理性构建通往公正、合理的社会,哈贝马斯步入了罗尔斯的语境。

马克思所面临的是已经发生了阶级分化的资本主义社会,他的切入点是经济关系,用经济关系来解释政治关系、伦理关系,并且尝试着从政治经济学的角度论证这一经济关系在财富的积累和分配模式中存在着对公正原则的背叛,这一经济关系的改变有赖于生产方式及其生产力的变化;同样,哈贝马斯的出发点是批判资本主义,但是与马克思不同的地方在于,他的切入点是政治关系,希望通过民主体制和道德规范构建社会的公正性基础,而不是仰赖于经济关系的改变。然而,正因如此,使得哈贝马斯与自由主义左翼学者罗尔斯有了共同的语境。

二 自由、公正与平等:原则与境遇的悖论

自由、公正与平等在资本主义经济关系中以其固有的悖论方式存在着,自由主义历来捍卫前者的价值,马克思主义似乎捍卫后者的价值,并且批判社会财富在资本一端不断积累的资本主义经济关系。20 世纪末,分析的马克思主义学者柯亨对自由主义学者诺契克的笔战,在时代境遇下,将问

---

① 参见魏小萍 "Interview: Nancy Fraser on Marx and Habermas", *International Critical Thought* 2013 年第 3 期。

题引向深处。

诺契克在其著作《无政府、国家和乌托邦》① 一书中用自我所有（self-ownership）原则来表达自由主义的核心理念，并且尝试着借助于这一原则捍卫个人的基本权利以反对国家通过税收方式在某种程度上调节社会贫富的政策。柯亨针锋相对地撰写了论战性著作《自我所有、自由与平等》② 一书。柯亨的批判并没有指向诺契克的基本概念即自我所有原则，在他看来，否定这一原则似乎是不可能的，正如诺契克所指出的那样，马克思对资本主义社会剥削关系的谴责蕴含着对自我所有原则的肯定，柯亨的批判指向诺契克由前提到结论的推论过程。

仅仅作为抽象的原则，自我所有原则还没有涉及任何实质性的利害关系，一旦这一抽象的原则涉及人与自然、人与人之间的关系，双方的分歧就充分展现出来了。柯亨认为，当自由主义者以自我所有原则为前提坚持每一个人完全拥有他自己时，这一论证本身并没有包含自我所有的人拥有自然对象的权力，更没有包含拥有他人的权力。而离开对自然对象的占有，离开自然的能量和物质，人们就不能生产自身所需要的东西。

正是这样，在现实的资本主义经济关系中，同样平等地拥有自我的人，却不平等地拥有自然对象，平等的起点只有借助于对自然的不平等占有，才能导致不平等的结果。显然，诺契克并不能从抽象的自我所有原则推论出对自然对象的拥有，更不能够论证为什么同样平等地拥有自我的人，却不平等地拥有自然对象。

诺契克只能借助于"自由攫取"规则来论证最初人们对身外自然资源占有的不平等的私有权，即任何人可以占有世界的任何部分（除非它已被他人占有），然后，用"公正之链"论证后继的不平等。他有一段经典的表述：在公正的条件下，通过公正的途径产生的结果本身是公正的，尽管是不平等的。不平等不是产生于不公正，而是产生于人们的能力不同。并进而认为，社会主义的平等原则将导致不公正和不自由。因为，这一平等是通过对有能力者的自我所有及其自由进行侵犯而取得的。

柯亨的批判从"自由攫取"到"公正之链"，如果问题只是涉及最初

---

① Robert Nozick, *Anarchy, State, and Utopia*, BLACKWELL, 1974.
② G. A. Cohen, *Self-Ownership Freedom and Equality*, Cambridge University Press, 1995.

对外在自然资源的不平等占有，那么，对马克思主义者来说，对资本主义剥削关系的限制并不要求改变生产关系，而只要将最初自然资源的不平等占有加以修正就足够了。显然问题并不是那么简单，根据诺契克的逻辑，在资本主义经济关系中，具有不同才能的、自我所有的个人将不可避免地分化为劳动力的买者和卖者，即使最初的状况是对自然资源的平等占有。而在马克思看来，在资本主义经济关系中，资本家享受着对生产资料的阶级垄断，工人因此不得不向资本家出售自己的劳动力，并且因此遭受剥削，这是从既存生产关系出发进行的一种批判，不过唯物史观理论对于这种既存生产关系进行了历史性维度的解读。

早在19世纪40年代中期，马克思在与激进的批判家和青年黑格尔派的论战中，就尝试着通过对施蒂纳玩弄的词语进行语义学的揭示，论证问题所在：施蒂纳在其《唯一者及其所有物》一书中，使用了一个具有双重含义的德文词汇"Vermögen"（"能力"或"资产"）来阐述穷人和富人的差异，模糊了两种截然不同的解读：即在穷人与富人之间，除了有没有"Vermögen"的区别，没有别的区别。[1]

"Vermögen"一词，作为能力来理解，是主观维度的解读，作为资产来讲是客观维度的解读。主观维度的解读让我们看到今天并不陌生的自由主义理论，即富人之所以是富人，是由于他们的能力、努力。撇开偶然巧合这一没有意义的假设，那么，我们如果不将其看作一种承继关系，也应该将其看作为对同一种事物从同一种角度所进行的认识。这种认识在贫富差别与能力大小之间寻找对应的关系，在两者之间画等号，即富人等于有能力的人，他们凭借能力获取、治理、增值财产，穷人却没有能力去应付这一切。马克思似乎倾向于客观维度的解读，即穷人与富人的区别在于有没有资产。

施蒂纳进一步借助于这一双关词来解释穷人与货币的关系，穷人之所以没有货币，是因为他们没有"Vermögen"去获得货币。[2] 这里施蒂纳是有意识地去模糊自己想说的意思，还是由于这一词汇的双重含义在现实社会

---

[1] Marx/Eengels Gesamtausgabe, Band 5, Marx - Eengels - Verlag G. M. B. H. Berlin 1932, 第347页。参见《马克思恩格斯全集》第3卷，人民出版社1960年版，第427页。参见 Max Stirner, Der Einzige und sein Eigentum, Philipp Reclam Jun. Stuttgart, 第296页。

[2] 同上书，第461—462页。

中的相互关联而难以做出自己的抉择？接下来的分歧或许能够让我们看到，马克思与施蒂纳的分歧进一步涉及对财产性质与功能的不同认识。

施蒂纳将财产定义为"我"（"唯一者"）的、排他的所有物，但是这样的所有物在市场竞争机制下具有不确定性，也就是说，"我"的所有物可能失去，因为除了"我"以外，还存在着其他的私有财产所有者，"我"可能因此一无所有。而私有财产在施蒂纳看来又是人们所必须的[①]，那么他就要对穷人少有或没有财产的现象进行解释。

马克思这样分析施蒂纳的论述，"桑乔使用了两个范畴，财产（Eigentum）和资产（Vermögen）；关于财产的幻想主要适合于既有的地产这一可实证的材料，关于这一材料的资产的幻想有赖于劳动和货币体系在'联盟'中的组合。"[②] 这里，Vermögen 如果作为资产来理解，那么它与 Eigentum，即财产概念是什么关系？这一困扰着施蒂纳的问题，也正是马克思想弄明白的问题。

区别财产与资产的概念之所以重要，是因为两者包含着不同的含义：财产（Eigentum）是具有实体形态的固定财富，例如地产；资产（Vermögen）是非实体形态的、依赖于一定关系的可增值或递减、甚至失去的财产，它存在于劳动和货币的组合之中。当土地投入运营，并且获取地租时，可能就可以同时被理解为资产了。

英文用 property 和 wealth[③] 来体现两者的区别，但是 wealth 作为财富概念既不能够体现 Vermögen 中所包含的能力含义，也不能够体现 Vermögen 中所包含的资产含义。我们汉语中的财产和资产能够非常贴切地体现出 Eigentum（财产）和 Vermögen（资产）这两个词汇的本来含义。

这些对概念含义的辨析并非是毫无意义的咬文嚼字，马克思在资产概念背后看到的是不同的社会关系，并且以此来理解施蒂纳陷入的窘境：例如，施蒂纳在对个人财产进行辩护的同时，又对个人财产的结果即一切人反对一切人的状况进行着无奈地谴责。

[①] 参见 Max Stirner, *Der Einzige und sein Eigentum*, Philipp Reclam Jun. Stuttgart，第 287 页。
[②] *Marx/Eengels Gesamtausgabe*, B and 5, Marx - Eengels - Verlag G. M. B. H. Berlin 1932，第 382 页。参见《马克思恩格斯全集》第 3 卷，人民出版社 1960 年版，第 471 页。
[③] 参见 *Karl Marx Frederick Engels Collected Works*, Volume 5, Lawrence & Wishart London, 1976，第 403 页。

对于施蒂纳所陷入的这一困境，马克思在"联盟的宗教和哲学"这一小标题下，通过施蒂纳所赋予的劳动与货币联盟的神圣性，揭示了财产与资产的区别，以说明通过劳动与货币的组合，财产已经转化为资产了。

虽然这一认识离马克思剩余价值理论的形成还有相当一段距离，这样一种批判思路体现出马克思对问题的认识已经完全不同于施蒂纳对事物所作的表象认识，这种认识对私有财产条件下个人行为是利己主义还是利他主义进行道德判断、道德谴责和道德说教；马克思则通过对现象背后社会关系本质的认识，看到了由于一定社会关系的存在而导致的人们道德行为的悖论和矛盾。

唯一者凭借着对自身财产的所有原则和支配权利与他人发生交往关系，但是在这一交往过程中，与他人对自身财产的所有原则和支配权利发生矛盾，看不到这一矛盾产生的客观根源是施蒂纳在对唯一者及其所有物关系的认识上存在困惑的主要原因。例如，他一方面将唯一者对其私有财产的自由支配看作是其基本权力；另一方面又不得不承认这种对财产的自由支配权力蕴涵着"劫掠"他人财产的权力。

马克思这样解读施蒂纳的唯一者及其财产："我在你的财产（Eigentum）那里并没有看到你的财产，而是看到了我的财产；因为每一个人都像我一样，人们从这里看到了普遍性，从中我们获得了现代德国哲学对通常的、特殊的、独占的私有财产的解释。"①

根据这种解读，私有财产的排他性原则一方面能够保证人们对他人财产的尊重、对财产法的服从；另一方面，使得人们彼此在觊觎、获得他人财产的同时并不被看作是抢劫他人的财产。从合法性的可能途径来说，财富性质的这一变化发生于财产向资产的转换。正是这样，马克思认为，施蒂纳没有看懂财富的积累是通过资产关系，而非财产关系来实现的。仅仅从抽象的原则来看，我们看到施蒂纳的"唯一者"与诺契克的"自我所有"原则是如何的相似，同样，这不能仅仅用偶然巧合来解释。

马克思后来在对政治经济学进行批判性地研究中，用剩余价值理论来论证贫富分化的客观原因，而诺契克则试图借助于所谓的"公正之链"来

---

① *Karl Marx Frederick Engels Werke*, Band 3, Dietz Verlag Berlin 第 391 页。参见《马克思恩格斯全集》第 3 卷，人民出版社 1960 年版，第 474—475 页。

论证富者为什么更富。马克思不是抽象地谈论经济关系中的自由、公正与平等问题，他把这些问题置于一定的生产关系中，尝试着去论证这些抽象原则在现实的资本主义经济关系中是如何走向了自身的反面。

柯亨的批判强调共同占有自然资源是自我所有原则与自由、公正、平等协调的前提条件，在这一意义上，他捍卫了马克思的立场，将道德判断与生产关系的变化结合了起来。而同样是左翼学者的罗莫和德沃金的情况就有所不同了，在一定程度上，他们将资本主义生产关系纳入自由、公正与平等问题的初始条件中进行研究，所有制关系不再是一个核心问题，契约原则成为核心问题，也就是说，什么样的所有制关系，可以是人们的主观选择。

进入契约关系的个体被认定为是从自身利益出发来考虑问题的，在这一基本点上，左翼学者与自由主义者没有什么区别，他们的区别只是在于如何理解自由、公正与平等之间的关系，但是柯亨与罗莫在价值取向上倾向于集体主义而非个人主义，尽管两人对生产关系意义的认识是不同的，对罗莫来说，个人主义仍然是他进行批判和思考时的基本方法论。德沃金在与自由主义者围绕着自由、公正与平等问题的争论中引入了责任概念，这点罗莫给予了高度评价。但是罗莫仍然指出，罗尔斯的原初状态和德沃金假设的保险市场一旦被正确模拟，都将产生令人不快的、不平等的结果，因为他们的理论有一个核心前提——在无知之幕后面以及在假设的保险市场中，个体完全是从自己的利益出发的。罗莫因此认为，正是这一假设，是人们必须予以抛弃、并用团结的精神来替代的因素[①]。

罗莫与柯亨分享着这一观点，他们都非常清醒地意识到，公正与平等之间的悖论关系，不可能在自由主义所理解的公正理念的框架内得到解决，尽管两人对所有制因素的认识是不同的。他们的这一观点使我们想到马克思在1875年《哥达纲领批判》中将"按劳分配"看着是资产阶级（市民）法权的论断。当初，马克思解决这一问题的思路是超越这一法权，在一定的历史条件下，用按需分配的原则取而代之。

我们看到，时代发展了，但是核心问题依旧存在。自由主义理论坚持

---

① John E. Roemer, *Responsibility in Egalitarian Theory*, 2009 年在中国社会科学院哲学所的讲演。

抽象的原则，哪怕这一原则在现实经济关系的境遇中、在一定的条件下，向着相反的方面发展，马克思或者今天的左翼学者，对理想中的社会主义社会的设想，都在不同程度上以超越这一原则为条件。

三 历史性与普遍性：两个维度是否对立

马克思哲学思想的历史性维度与普遍性维度是长期以来为国外马克思主义学界所讨论的热点问题，它为不同学术语境下的马克思主义哲学界所关注，法兰克福批判理论内部关于这一问题存在着分歧，分析的马克思主义（尽管这一学派因其主要领军人物的去世和向道德哲学的转向而基本上偃旗息鼓）与黑格尔流派的马克思主义之间在这一问题上存在着明显的对立，分析的马克思主义学派强调普遍性维度，而黑格尔学派的马克思主义强调历史性维度。

阿尔都塞从人本主义和科学主义的角度对马克思进行分解，他的这一分解将道德维度与历史维度对立起来，认为在早年马克思与成熟马克思那里存在着一个断裂，历史唯物主义的形成标志着马克思告别了早期道德批判的人本主义维度，而以科学的理论研究方法取而代之。阿尔都塞的这一观点影响很大，也遭到了来自各方面的批评，他明确地将两个不同的维度彰显了出来，但又将两个维度加以对立。

强调历史性维度的观点认为，在马克思那里没有一个抽象的道德标准，公平、正义等价值判断必须置于一定的社会历史条件中，而与之相反的观点则认为，只有摒弃其对价值从社会历史角度所做的解释，才能弘扬马克思主义的社会批判功能，只有诉诸超历史的价值，才能看到马克思对当今社会的批判意义，即使马克思自己并不这样认为。英国的马克思主义学者赛耶斯认为，第二种观点只是重复了自由主义道德哲学的立场，根据这种立场，马克思要么被解读为依赖于某种普遍人性的道德自然主义，要么被解读为诉诸普遍正义标准的理论范式，这两种解读都拒绝了马克思的社会历史方法，而借助于启蒙自由主义的方法并把超历史的道德基础归之于它。[①]

赛耶斯的观点体现了黑格尔学派的马克思主义立场，这种观点坚持马

---

① Sean Sayers, *Marx（Key Ethical Thinkers）*, 2014.

克思的批判理论所诉诸的道德、价值判断是社会的、历史的。然而，从社会、历史的维度来解读马克思的批判理论，往往又招来了相对主义的批评。因为根据这种解读，与一定历史发展阶段相适应的资本主义剥削关系被视为是公正的。例如，人们为此常常拿艾伦·伍德的观点来说事。在伍德看来，马克思对那些仅仅从正义观来批判资本主义的观点持批判态度，相反，马克思从资本主义存在的历史必然性出发，对资本家的剥削进行了正义性辩护[1]。

或许正是为了避免道德相对主义的尴尬，具有分析传统的马克思主义学者断言，无论马克思本人是否反对，他对资本主义的批判都必须仰赖于超历史的正义标准，柯亨就持这样的观点。在《卡尔·马克思的历史理论：一个辩护》[2]之后，他逐渐转向了道德批判的立场，在历史与普遍性的维度中，摒弃前者而信奉后者。不过柯亨的批判力度并没有因此而有所减弱，相反，在与自由主义的论争中，他以其人之道还治其人之身，批判往往因此更切中要害。

在与诺契克的较量中，他将批判的矛头指向自我所有原则与自然资源的关系，指出我们不能从抽象的自我所有原则推论出自然资源的不平等占有，以此来论证社会主义的可能性与必要性，从而将道德规范奠基于一定的社会关系，这是从左边发挥了普遍性的批判功能。在与罗尔斯的较量中，他将批判的矛头指向弱势群体存在的社会根源，揭示了罗尔斯为了弱势者群体的利益而对差异原则的辩护本身是以认可弱势者群体得以存在的社会关系为前提条件的。而柯亨认为，在不同的社会条件下，弱势者并非就一定是弱势者。同样是诉诸普遍性原则，柯亨的分析由于涉及双重关系的相互制约性，因而得出了与自由主义话语体系完全不同的观点。从这一意义上来说，柯亨的批判是马克思主义的批判，但是使用的是信奉普遍主义的分析哲学方法。

柯亨的批判方法之所以有力度，在英美世界的左翼学者中具有很大的影响力，与马克思本人的思想方式中存在着历史与规范的双重维度有关。

---

[1] Wood A. W., "The Marxian Critique of Justice", in *Marx, Justice and History*, edited by M. Cohen T. Nagel and T. Scanlon, Princeton: Princeton University Press 1980.

[2] G. A. Cohen, *Karl Marx's Theory of History, A Defence*, Clarendon Press Oxford, London 1978.

马克思在青年时代并没有将批判的锋芒直接指向青年黑格尔派和激进批判家的道德谴责、宗教批判与哲学批判，或者说他没有固囿于意识形态领域自身的批判，而是指向现实的社会关系。因为他清晰地看到，在一定的经济关系中，原则的彻底性并不能规避在现实社会关系中走向其自身的反面。因此，在马克思看来，需要批判的是现实的社会关系。

我们在马克思早期的政治经济学批判手稿中能够清楚地看到，剩余价值问题的研究不就是为了解构劳动力这一特殊商品在市场中被平等交易的神话吗？马克思没有将批判的锋芒指向平等交易的原则本身，或者说，与青年黑格尔派或者激进的批判家不同，在他看来，并不是原则本身有什么问题，而是在原则与其付诸实施的现实社会关系之间存在着二律背反。同样是从这一意义上，在其后来的《哥达纲领批判》中，马克思解构了按劳分配原则。

显然，我们不能因为马克思在现实的社会关系中看到原则的二律背反，就简单地将其归之为反对规范或者拒绝普遍主义，从而引来道德相对主义的指责，进而用自由主义理论的普遍主义维度来拒斥马克思。换一句话说，马克思不是没有看到在人们的社会行为中，规范的价值与普遍的意义，而是进一步看到，在一定的经济关系中，它们不得不以相反的方式在现实社会中存在着。

综上所述，制度与规范、自由与平等、历史性与普遍性这些当代西方左翼学者在与自由主义论争中所关注的理论焦点问题，在很大程度上，同样是马克思当时关注的理论热点问题。尽管时代的变迁在某种意义上已经赋予这些问题以更多的内涵，马克思当时的批判思路对于我们今天的思考与研究无疑仍然具有很强的指导和借鉴意义。如何结合当今社会的发展，在历史的境遇中将我们的研究和认识进一步推向深处，是我们今天不可推卸的责任。

第三节　马克思与哈贝马斯批判指向的比较

作为法兰克福学派的代表人物、国际上有影响力的当代思想家，哈贝马斯的思想动态凝聚着时代的风云变幻。20 世纪 80 年代末和 20 世纪 90 代初的苏联解体在西方世界的马克思主义理论界引起了广泛而深刻的反响,哈贝马斯 20 世纪 90 年代初出版的《在事实与规范之间——关于法律和民主法治国的商谈理论》①可以说就是这一反响的结果,而在此之前的《交往行动理论》②则是他在后工业或者说晚期资本主义时代对马克思历史唯物主义理论的一种时代境遇下的思考。在其思想的这一发展进程中,哈贝马斯明显地转向政治上的自由主义,与自由主义左翼学者罗尔斯逐渐趋近,而与马克思渐行渐远。我们如何认识他的这一变化,在这一变化背后存在着什么样的历史背景,其认识机理又是什么?笔者带着这样的问题访问了深谙美国自由主义理论的法兰克福学派批判理论在美国的代表人物南希·弗雷泽和弗里德里希·罗叶豪斯等教授,本书是在访谈基础上的思考与分析。

一 交往理性与工具理性是否泾渭分明

马克思对资本主义经济关系的批判,有两个视角,其一为剥削关系的存在及其不可避免带来的社会分裂现象;其二为与此相关的周期性的经济危机的形成,这两个视角在马克思那里都可以通过生产力与生产关系的矛盾运动来理解。

哈贝马斯并不满意于马克思的这一批判思路,他用自己的理性分解方法,对马克思的批判思路进行了反思。在他看来,马克思对经济关系的理解关注的是目的理性,即在资本主义体制下劳动的驱动力形成于以目的的成功为方向的工具理性。工具理性支配下的行为,表现为主体作用于客体,从而改变自身。他认为,马克思把劳动关系理解为一种主客体关系和指向成功的行为,而忽视了人与人之间的交往理性,哈贝马斯因此开拓了交往理性的领域以弥补工具理性的缺憾。

对于哈贝马斯的这一观点,学者们已经进行了很多评论,其中不乏批评。南希·弗雷泽认为,正如这些批评所指出的,马克思对劳动的理解具

---

① [德] 哈贝马斯:《在事实与规范之间——关于法律和民主法治国的商谈理论》,生活·读书·新知三联书店 2003 年版。

② [德] 哈贝马斯:《交往行动理论》,洪佩郁译,重庆出版社 1994 年版。

有哈贝马斯所说的工具理性的一面,但是同样具有主体间性的一面,"交往行为"已经构筑于目的行为之中①。

马克思在《1844年经济学哲学手稿》中对异化劳动的分析,就是通过劳动者与劳动对象之间,以及劳动者与生产资料的占有者之间这一双重的对象性关系来体现的。在《德意志意识形态》中,马克思和恩格斯对社会关系的分析,非常明确地强调了人们的经济活动是在社会交往关系中进行的,其《资本论》研究所针对的就是资本所体现的社会关系,这是马克思的基本观点。

那么,哈贝马斯为什么认为马克思的批判理论只是突出了工具理性,而忽略了交往理性呢?这与哈贝马斯对人们理性功能的理解方式有关。在他那里,目的在于指向成功的理性活动属于工具理性的范畴,目的在于指向人们彼此之间相互理解的是交往理性,这种理性并非意在指向主客体活动的成功,或者说劳动目的的实现。

哈贝马斯认为,将这两个方面联系起来,是理解和认识当代资本主义社会的必要方式,如果人们仅关注一种理性行为而忽略另一种理性行为,就难以确切的认识当代资本主义社会。然而,在弗雷泽看来,哈贝马斯自己并没有能够成功地将这两种理性方式有机地结合起来,他不仅没有把人们的交往行为与劳动行为联系起来,相反,他将两者割裂开来,弗雷泽因此认为:"哈贝马斯的理论是一种二元理论,劳动问题为一元,而交往问题为另一元"②。

对此,弗雷泽从社会历史变迁的角度进行了解读,她指出,哈贝马斯与马克思生活于不同的时代。马克思的著作写于19世纪中晚期,是工业资本主义兴起的时代,那时,自由资本主义占据着主导地位;而哈贝马斯的著作写于20世纪末,是国家在某种程度上管理、调控资本主义的时代。在哈贝马斯的时代,不仅经济关系,而且政治关系也发挥了重要的作用,政

---

① 参见魏小萍"Interview: Nancy Fraser on Marx and Habermas",*International Critical Thought* 2013年第3期。高静宇博士将访谈由英文翻译成了中文,见《世界哲学》2014年第1期,本书在一些地方借用了她的翻译,在此向高静宇博士表示感谢。

② 同上。

府强化了对资本主义经济的宏观管理①。

在这种社会条件下,哈贝马斯所面临的问题在两个方面不同于马克思的时代,其一,是政治权利的重要角色,它体现为官僚体制的问题,这一问题在马克思的时代并没有那么突出。而对于当代资本主义社会来说,官僚体制作为现代社会的一个基本制度,其驱动力并不亚于资本的力量,在财富的积累程序中,甚至扮演着与资本同样重要的角色。

我们看到,问题的这一方面并不仅仅为哈贝马斯所强调,在法国结构、解构或者后结构系列的左翼学者那里,在不同地区后现代派的激进左翼学者那里,人们也从不同意义上强调了这一社会现象。

弗雷泽认为正如马克思是论述经济制度中资本积累的最伟大的理论家一样,韦伯是论述官僚制度中权力积累的最伟大的理论家,而哈贝马斯的这一观点恰恰受着马克斯·韦伯的影响。哈贝马斯尝试着把马克思和韦伯的观点融合在一起,以便从理论上来把握现代资本主义社会中这两个重要的制度性动力机制。

不过,哈贝马斯并没有满足于仅仅引入交往理性,他进一步从两个层面来分解社会生活,把马克思和韦伯涉及的领域视为"制度层面",认为他们两人都仅仅从某一侧面单方面地关注现代社会经济体制或者政府行政管理体制,而没有合理地提出另一个"生活世界的层面",这其中包含了家庭生活、公共领域和日常生活。第一个层面涉及"制度整合"与社会的物质再生产,侧重于工具行为;相反,第二个层面涉及社会整合及其象征的再生产,侧重于交往行为。正是在生活世界的层面中,哈贝马斯认为占据着主导地位的是与工具理性相对应的交往理性。②

无论从弗雷泽的解读或者哈贝马斯自身的认识来说,这样的理解已经置交往理性于相对主义的处境,相对于经济体制,政府行为侧重于交往理性,但是相对于生活世界,政府行为的宏观整合又侧重于工具理性。一方面,哈贝马斯从韦伯那里汲取了对政治权利重要性的认识,从交往理性的意义上来把握政治因素;另一方面,他又把从"制度层面"来解读的政治

---

① 参见魏小萍"Interview: Nancy Fraser on Marx and Habermas",*International Critical Thought* 2013 年第 3 期。高静宇博士将访谈由英文翻译成了中文,见《世界哲学》2014 年第 1 期,本书在一些地方借用了她的翻译,在此向高静宇博士表示感谢。

② 同上。

关系、经济关系与日常生活进行比较,将前者看作是工具理性上的认识,而将后者看作是交往理性的行为。显然,这种解读存在着逻辑上不"协调"的地方。

这种不"协调"也有着其历史背景,20世纪后半期,西方世界的"新左派"运动不再以一定生产关系中的工人阶级为基础,而是由女权主义、生态运动、少数族群(移民等),以及和平运动等与人们生活息息相关的自发性群众运动为基础,其主要舞台是公共领域和媒体。于是从社会现象上来看,似乎以生产关系和阶级斗争为基础的工具理性不再扮演着重要角色,而交往理性则更能体现并且贴近人们的日常生活,在新社会运动中扮演着重要角色。

显然,哈贝马斯交往理性的提出,不是从认知有效性的意义上分析理性认知活动的结构,也不是认识论领域的话题;而是社会政治领域,它体现了社会关系、社会生活意义上的主体间性,这一主体间性的强调,是为了扩大马克思以劳资关系为基础的社会批判视域,从而将不同政治群体、社会群体之间的冲突、相互理解纳入社会批判的考察对象。在哈贝马斯看来,"新社会运动"的内容不是马克思时代的阶级斗争,抗争的对象不仅仅是资本剥削,而是"生活方式的逻辑",以及经济和官僚制度对"生活世界"的统治。①

不过,这样的理解方式一方面没有看到阶级矛盾并非仅仅是工具理性的体现,它在深层次上体现的同样是人与人之间的交往关系;另一方面没有看到新社会运动并非没有其背后的经济利益关系,即工具理性的活动场所。

弗里德里希·罗叶豪斯教授从伦理学角度来理解哈贝马斯的交往理性,认为其交往行为理论是构建在规范性基础上的,规范本身具有康德式的非历史性、普遍性因素。但是哈贝马斯又在历史境遇中、在社会的现实生活、斗争中去运用这种规范尺度的批判功能,从这一意义上来说,哈贝马斯的思想方法又具有黑格尔哲学的背影。哈贝马斯既受着康德纯粹哲学的影响,

---

① 参见魏小萍"Interview: Nancy Fraser on Marx and Habermas", *International Critical Thought* 2013 年第 3 期。高静宇博士将访谈由英文翻译成了中文,见《世界哲学》2014 年第 1 期,本书在一些地方借用了她的翻译,在此向高静宇博士表示感谢。

又在一定程度上体现了黑格尔的历史哲学，因而他既不是一个纯粹的康德主义者，也不是一个真正的黑格尔主义者。

从道德规范的视角来理解交往理性，似乎已经超出了主体间相互理解的范围，因为道德规范问题离不开主客体之间的关系。哈贝马斯的交往行为理论也因此面临着难以规避的理论困境。

19 世纪早期，与各类激进的批判家、思想家不同，马克思对资本主义社会的批判从对其意识形态的批判开始，揭示其虚假性，并由意识形态转向现实的社会关系，直指其基本的经济制度。在马克思看来，人们道德观念的冲突与行为的悖论产生于资本主义社会的分裂，根源于形成社会分裂的资本主义生产关系，于是将改变资本主义现实社会的希望寄托于资本主义生产关系的变革之中。与此不同，哈贝马斯似乎更加仰赖于以交往理性为基础的商谈伦理程序的构建。

二 政治上的自由主义与经济上的社会主义能否融合

弗雷泽认为哈贝马斯对马克思进行了两个方面的修正：首先，他在社会制度层面将官僚体制作为经济领域的资本之外的第二个动力机制，从这一意义上来说，他并没有放弃马克思对资本主义社会剥削关系的批判，只是增加了政治权利作为社会不平等、不公平的第二个来源；其次，他在社会制度层面加入了对生活层面的分析。在每个修正思路中，其目标都是加强而非否定马克思，他试图把马克思重新置于更加开阔的研究视野中，弗雷泽仍然把哈贝马斯看作是一个马克思主义者。

弗雷泽之所以认为哈贝马斯仍然是一个马克思主义者，这与她将政治与经济区别对待、并对其进行二元解读的理解方式有关。弗雷泽认为在道德和政治领域，哈贝马斯是一个自由主义者，而在社会和经济领域，哈贝马斯是一个正统的马克思主义者[①]。尽管政治与经济之间的关系是非常复杂的，但是如此将两者进行分割，与马克思本人的思想方法还是有区别的。

[①] 参见魏小萍 "Interview: Nancy Fraser on Marx and Habermas", *International Critical Thought* 2013 年第 3 期。高静宇博士将访谈由英文翻译成了中文，见《世界哲学》2014 年第 1 期，本书在一些地方借用了她的翻译，在此向高静宇博士表示感谢。

用政治上的自由主义、经济上的社会主义来解读哈贝马斯,在一定程度上能够为哈贝马斯与自由主义的趋近提供一种解释,但是这与马克思本人的思想方法大相径庭。所以即使弗雷泽仍然认为哈贝马斯为社会和经济领域的正统马克思主义者,哈贝马斯本人恐怕也不会这么认可的。

而且,将排斥个人自由看作是传统马克思主义在社会和政治哲学领域的基本观点,这一认识在很大程度上是一种误读,这是在用苏联模式反哺马克思,并进而将针对苏联模式的批判指向了马克思。这并非仅仅是个别西方学者的观点,在西方马克思主义学者那里,甚至在更大的范围中,这种误读具有一定的普遍性。

首先,这种观点曲解了马克思的自由观,马克思所理解的自由是指那种摆脱被迫陷入彼此之间的经济角逐、竞争以及剥削与被剥削的异化状态,从而使个人能够全面发展的自由;其次,在这种曲解的基础上将政治与经济进行分割,甚而认为"人们能够并应该在政治领域捍卫个人自由的自由主义核心价值观,而这并不意味着在经济领域捍卫个人私有产权的权利"。[①]弗雷泽认为这是西方政治思想史中自由社会主义(liberal socialists)的传统,这种传统尝试着将政治上的自由主义与经济中的社会主义加以融合。

我们现在的问题是,哈贝马斯如何能够通过交往理性与工具理性的关系来体现政治与经济之间的关联性。其实,我们只要尝试着分析一下"新社会运动"的社会根源,就仍然能看到资本主义经济关系作祟的魅影。如果像弗雷泽所理解的那样,在《交往行动理论》一书中,哈贝马斯将马克思有关资本积累的论述作为已知的前提,那么,我们是否可以同样解读为,工具理性也就是交往理性的前提和基础?哈贝马斯显然不会认可后一种解读模式,在他那里交往理性的意义更加重要。

哈贝马斯对交往理性与工具理性的区分,以及从伦理规范的角度来预设交往行为的基础,就能够使他将政治关系从经济关系的束缚中解脱出来吗,这是不是他疏离马克思而趋近罗尔斯的路径?

马克思从经济与政治的关联性角度来理解两者之间的关系,而强调政

[①] 参见魏小萍"Interview: Nancy Fraser on Marx and Habermas", *International Critical Thought* 2013 年第 3 期。高静宇博士将访谈由英文翻译成了中文,见《世界哲学》2014 年第 1 期,本书在一些地方借用了她的翻译,在此向高静宇博士表示感谢。

治关系是我们这个时代的特殊现象，马克思并没有像今天的批判理论家、后马克思主义者等那样论及权力问题。但是，我们要强调的是，这两个领域仍然是相互联系的，政治权利作用的增强，并不能够取代经济领域的制约作用，对于哈贝马斯的商谈伦理或者规范性要求来说，如何在经济关系中存在着利益冲突的情况下，在政治上实现他的规范所要求的某种一致，实际上在现实社会中仍然是一个难题。

对于人们指责哈贝马斯在逐渐远离马克思主义、而趋近自由主义的批评，弗雷泽不以为然。她认为，这里存在着对哈贝马斯的误解，因为有感于21世纪金融危机的发生，哈贝马斯近期重又开始讨论资本主义问题，而且哈贝马斯对晚期资本主义社会合法性的批判，显然是出于批判的立场，而非辩护的立场。不过，哈贝马斯与罗尔斯在话语体系上的接轨，毕竟是他自己的告白。

三 哈贝马斯在什么意义上转向了自由主义

交往理性产生的历史背景，是晚期资本主义（哈贝马斯语）阶段，此时不同社会群体之间的冲突取代了劳资之间的冲突，交往理性产生的哲学基础，是对伦理学规范维度的强调。或许正是在这一规范维度的意义上，哈贝马斯与自由主义左翼学者罗尔斯发生了某种程度的话语重叠，步入了共同的话语体系。他自己甚至认为，他与罗尔斯之间的争论只是"家族内部的争议"[①]。一方面仍然被看作是马克思主义者；另一方面又与自由主义属于同一家族的成员，哈贝马斯为什么会具有这样的双重身份？

弗雷泽仍然用政治与经济的二元解析来回答这一问题，她眼中的罗尔斯，在道德和政治哲学领域是一个自由主义者，但是在经济领域绝不是一个如弗里德曼和哈耶克那样的自由主义者。她认为罗尔斯是一个复杂的思想家，他的第一部重要著作《正义论》就能够分别从是捍卫"拥有财产的民主"，还是支持民主社会主义这样两个角度来解读，他或者是一个社会民主主义者（social democrat），或者是一个民主社会主义者（democratic so-

---

[①] Jürgen Habermas, "Reconciliation Through the Public use of Reason: Remarks on John Rawls's Political Liberalism", *The Journal of Philosophy*, Vol. 92, No. 3 March 1995.

cialist)。

但是现在，我们的问题在于，哈贝马斯作为法兰克福学派的代表人物，承继的是马克思主义传统，马克思主义从根本上是要改变资本主义制度的，而罗尔斯作为自由主义的思想家，仅仅试图改善资本主义制度，而不是改变它。那么，他们两人在什么意义上具有了共同的语境呢？

弗雷泽对此解释道，罗尔斯坚持的是两个正义原则，而并非是资本主义制度。在资本主义还是社会主义的问题上，罗尔斯持开放态度，即哪种制度能够更好地改变穷人的处境，他就赞成哪种制度，他也曾经表达过这样的质疑，资本主义真的是改善穷人处境的最好方式吗？[①]

我们知道，分析的马克思主义创始人之一柯亨对此已进行过非常透彻的批判：所谓的"穷人"本身是资本主义制度的产物[②]。因而，在柯亨看来，罗尔斯那所谓为了"穷人"的资本主义发展模式是一个伪命题。所以"制度"中立性或者说开放性并不是哈贝马斯与罗尔斯具有共同语境的基础。

罗尔斯两个正义原则中的第一个原则是平等原则，第二个原则是差异原则。马克思的批判从来没有指向平等原则本身，他的剩余价值理论意在揭示这一原则在现实社会中产生的悖论：即资本主义自由竞争制度必然要形成财富在资本一端的积累，从而走向其原则自身的反面，即大部分人的付出，在少数资本持有者那里被积累，从而产生一个相对贫困的多数人阶层。罗尔斯的第二个原则，正是从这一意义上来说才是必要的，它是第一个原则的必要补充。

哈贝马斯与罗尔斯的话语重叠，显然不是发生于此。作为批判理论家，哈贝马斯不会对为资本主义制度的辩护感兴趣。那么哈贝马斯究竟是在什么意义上认了罗尔斯这门宗亲？

这要从哈贝马斯交往行为理论的规范性维度说起，马克思在其早期，就不满足于激进批评家脱离现实社会的经济关系所进行的道德批判，把这

[①] 参见魏小萍 "Interview: Nancy Fraser on Marx and Habermas", *International Critical Thought* 2013 年第 3 期。

[②] 参见 G. A. Cohen, *Rescuing Justice and Equality*, Harvard University Press 2008. 无论对于罗尔斯，还是柯亨，他们所说的穷人，并非是针对个别具有特殊情况的个人而言，而是对于处于底层的整个社会阶层来说的。

看作是资产阶级的理想主义（idealism）圈套，马克思因此告别了当时激进的批判家，转而从资本主义现实社会的经济关系入手去批判资本主义。

弗雷泽认为，在这一点上，哈贝马斯不同意马克思的看法，哈贝马斯认为批判理论需要规范性基础，这是为了理论上的自我澄清，而并非是为资产阶级理想主义的道德哲学留有一席之地。

马克思的批判理论是否无视规范性基础呢，工人的劳动成果被资本家占有，这是批判的对象，这其中就蕴含着劳动所有的规范理念，诺齐克从"自我所有原则"[①]的意义上来说明马克思的批判理论并没有不同的规范基础。正是这样，马克思的批判指向不是这一基础，而是这一基础在资本主义经济关系中是以对立、分裂、否定的方式表达出来的。

对于规范性基础的形成，哈贝马斯的理解方式与马克思有着一致的地方。对哈贝马斯来说，批判的规范性基础形成于人们借助于语言、行为交往的社会互动之中，也就是说批判理论的规范性基础并不是来自社会生活之外，不是一种"纯粹的应该"，而形成于社会生活之中，这是哈贝马斯的批判理论不同于康德而回归现实生活的路径。

在某种程度上，我们可以说，这是对马克思实践观的另一种表达，用不同的语言阐述了同样的精神。从这一角度来看，弗雷泽对哈贝马斯的辩护是有根据的，哈贝马斯是一个马克思主义者。但是在哈贝马斯的规范性维度那里，还存在着另一种因素，或许正是这种因素，使他与罗尔斯逐渐趋近，而与马克思逐渐疏离。

这或许就是从规范维度的角度对社会关系本身的认识，从这一角度，人们可以提出的问题是：阶级社会是如何形成的、以及阶级斗争是如何成为可能的？工人为什么能够反抗自身所经受的剥削并且批判这一剥削现象？我们知道，马克思的政治经济学批判就是尝试着去论证剥削关系存在的客观事实，进而，马克思追问剥削为什么不可避免要发生的缘由。

马克思的劳动价值理论通过对剩余价值的论证为他的批判提供了具有规范性基础的理论论证，而并不仅仅表达的是一种简单的阶级诉求。即使我们退而言之，那么，阶级诉求是否具有规范性基础呢？

---

① Self-ownership，参见 Robert Nozick，*Anarchy*，*State*，*and Utopia*，BLACKWELL，1974，Reprinted 1997. pp. 172，281-283，286，290.

弗雷泽认为，哈贝马斯的贡献在于对什么是规范性诉求和什么是非规范性诉求进行了区分：人们在对某种社会现象进行批判时，通常会说某种社会安排是不公正的或错误的，而不会说"我想获得的更多"，尽管在很多情况下这是人们之所以进行批判的潜台词。"我想获得的更多"不是规范性诉求，与此相反，"剥削是错误的，应该被取消"却是一种规范性诉求。哈贝马斯对批判理论规范性基础的讨论就是立足于澄清这种差别。

弗雷泽对哈贝马斯的这一解读方式也能说明马克思的批判理论具有规范性基础，并且这一规范基础与唯物史观理论是不矛盾的。在马克思的早期，他用经济关系的发展变化（生产关系的变化）来解释阶级关系的起源，并且将剥削现象的废除，寄望于一定生产力发展基础上的生产关系的变革。从第一个意义上来看，唯物史观的解释方式与伦理学意义上的规范维度并不矛盾，剥削关系是一定生产关系的必然产物，同时这种关系是应该受到批判的。

至此，我们看到，哈贝马斯与马克思批判理论的区别并不在于是否具有一种规范理论的基础，而是在于对规范维度与社会关系两者之间相互关系的认识。

严格说来，罗尔斯就不是一个批判性学者，他致力于在自由主义理论基础上对社会正义的构建，而这一构建实际上是以现实中的资本主义经济关系为基础的，反过来说，这一关系本身也可以理解为是构建的产物，尽管不那么理想。正是在对社会关系的形成这一问题上，哈贝马斯与马克思之间形成了一定的距离，而与罗尔斯之间有了话语的对接。

马克思以一定生产力的发展来解释一定生产关系（社会关系的基本因素）的形成，哈贝马斯则更加强调或者寄希望于人们理性认识的建构功能。正是在这一点上，他与罗尔斯有了共同的话语，他们都假设，人们的行为、实践需要规范的基础，而对规范的选择和认可，则有赖于人们的理性交往和理性选择。但是，在如何构建社会规范程序的问题上，哈贝马斯与罗尔斯之间存在着区别，他们两人所描述的理想条件是不同的。

在哈贝马斯那里，人们彼此之间的相互理解是非常重要的，充分地协商能够达成共识。而罗尔斯则提出了无知之幕的遮蔽作用，他假设，人们在屏蔽自身处境的情况下，能够获得一种普遍可行的正义原则。因为人们并不知道自己的社会处境，并不知道自己的具体利益所在，却受着自己的利益驱动而这样考虑问题：由于我可能会落在最恶劣的社会处境之中，我应该倾向于构建这样的社会公正原则，这些原则的实施将为境遇最坏的人提供最好的可能。

哈贝马斯对罗尔斯的独白式构建持批判态度，认为它假设正义原则的产生程序是在与他人隔绝的情况下，由各个追求自身利益的单个个体来形成的，因此，这个程序并不能为交往行为提供动力和资源。于是哈贝马斯提出一种替代性的对话程序，其假设是，我们每个人在提出其自己的意见时，完全了解社会现实，因而不存在被蒙蔽的情况，也不需要对自身的处境进行遮蔽。在这种理想情境中，参与者真正平等地进行互动，这样交往的结果将是合理的规范。在他看来，似乎没有其他更好的合理化程序能够被证明是可能的或者是必要的。①

然而我们看到，哈贝马斯虽然设想了与罗尔斯独白式程序不同的交往程序，但是他们两人有一个共同点，在他们假设构建正义社会的程序时，没有顾及现实社会经济关系的制约性，或者说没有顾及社会的阶级条件和阶级结构。这使得他们的设想仅仅成为一种理想的构建、思想的实验。弗雷泽认为，正是在这一点上哈贝马斯逊色于马克思，罗尔斯的正义原则和哈贝马斯的商谈伦理并不适用于现实世界存在着的阶级社会，正如罗尔斯假设了一个理想模式那样，哈贝马斯的商谈伦理同样仰赖于交往中的"理想化力量"：当人们提出诉求时，他们必须假设，"如果"我们生活在没有统治或权力不平等的环境中，"如果"我们能够自由平等地讨论这个问题而不受自我利益和权力干涉的困扰，那么我们就能够面对相互竞争的诉求而达成某种一致②。然而在现实中，"如果"的情况并不存在。因此，这种跨阶级的讨论是有很大局限性的。

马克思的切入点是阶级结构，这个社会已经阶级化了，并且解释了阶级分化如何发挥作用，资本如何通过剥削劳动来攫取剩余价值，社会运行于剩余价值的累进式增加和再生产的循环程序之中。对马克思而言，我们并不需要道德哲学来告诉我们这是错误的。

---

① 参见魏小萍"Interview: Nancy Fraser on Marx and Habermas", *International Critical Thought* 2013 年第 3 期。

② 同上。

哈贝马斯和罗尔斯在构建规范的程序时，虽然没有顾及阶级结构的制约性，但是他们并不否认社会存在着阶级分化的事实，对于这一事实，两人的认识也有所不同。罗尔斯的差异原则和矫正正义的设计，在对现实中的资本主义制度进行原则上辩护的同时提出改善的路径。相反，哈贝马斯对批判理论规范基础的讨论似乎意在说明，如果我们能够更好地理解这些社会生活的规范性因素，那么我们就能更清楚地看到问题之所在，交往理性有助于正义程序的构建并为解决这些问题提供可能。从马克思的观点来看，哈贝马斯似乎规避了人们交往中的经济关系制约性，或许，哈贝马斯把这种经济关系本身也理解为是交往选择的结果。

尽管如此，哈贝马斯的理论还是一种社会批判性理论，罗叶豪斯用哈贝马斯的康德式思维方式来解读哈贝马斯交往理论的批判功能：交往要求对话双方之间的平等关系，而在阶级社会中，这种关系是非平等、非对称的，因而即使从交往规范的意义上来说，也是应该受到批判的[1]，这在某种意义上是马克思立场的批判，从这一角度来看，同样是强调伦理规范，哈贝马斯与罗尔斯之间还是存在着很大区别的。

综上所述，哈贝马斯与马克思的区别并不仅仅体现在哈贝马斯强调了交往理性与工具理性的不同，而体现在当哈贝马斯将合理的社会制度的构建寄望于交往理性的批判功能时，他对社会存在与人们的思想、观念与意识之间的关系，与马克思有着不同的定位。马克思对资本主义的批判指向其经济关系，而不是人们的伦理道德，哈贝马斯对晚期资本主义的批判诉诸人们的交往理性，似乎合理的社会制度与人们行为的规范都可以通过假设中的充分而没有障碍的理性交往而获得。哈贝马斯的交往理性几乎没有直接触及马克思政治经济学批判研究的核心问题域：原则的平等为何以及如何不可避免地走向了自身的反面，而这本身发生在规范的程序中。哈贝马斯因此在伦理规范的语境中与罗尔斯日益趋近，而在社会批判的语境中与马克思形成距离。

---

[1] Wei Xiaoping, *Interview Frederick Neuhouser: on Marx and Habermas*, 2012年2月13日，该访谈尚未整理发表。

第四节　分配正义蕴含着的两个抽象原则

马克思与国民经济学的分歧、对青年黑格尔派和激进批判理论家的批判，以及在《哥达纲领批判》中对拉萨尔的批判和对社会主义分配公正原则的讨论，当代国外马克思主义学者与自由主义左右翼的论争，这其中所涉及的分配公正问题，实际上蕴含着两个不同的原则，即回馈正义与平等正义，以及这两个原则在一定生产关系中的理论表现与现实意义。对这两个原则的区分，从最基本的意义上来说，对于理解和把握马克思主义与非马克思主义理论的分歧是至关重要的。

回馈正义顾名思义也就是回报正义，是对劳动主体在对象性活动中与其活动结果正相关的判断，多劳多得、少劳少得、不劳不得是对这一原则的通俗理解；平等正义被人们分别从起点、程序、结果等不同方面来理解，从起点和程序方面来理解的平等正义与回馈正义相辅相成，而从结果方面来理解的平等正义是对回馈正义结果的一种矫正。马克思与自由主义的分歧，并非产生于回馈正义的原则，而是产生于回馈正义在一定社会关系中以悖论方式的存在。回馈正义是自由主义理论的立论基础，马克思则通过对资本主义生产关系的分析论证了其经济模式对这一立论基础的颠覆，与这一批判思路相一致，马克思将问题的解决路径寄望于资本主义生产关系的变革，在其晚年进一步讨论了在变革了的生产关系框架中回馈正义与平等正义的关系问题。当代国外马克思主义学者或者其他左翼学者与自由主义左翼在平等正义的理念上具有共鸣，在他们那里存在着两种不同的倾向，其一，与马克思有所不同的是，有相当一部分国外左翼学者重又将解决问题的思路聚焦于政治哲学领域的道德批判；其二，忽略或者并没有对20世纪末社会主义的广泛挫折和当代资本主义发展的新变化给予理论上的足够重视，这为当代马克思哲学思想研究留下了很多有待思考和发展的空间。

一　回馈正义与社会发展动力机制的正相关性

以个人为本位的回馈正义是自由主义理论的默认基础，是资本主义生产关系所蕴含着的动力机制所在，无论是新老自由主义、还是自由主义左右翼对这一默认基础并没有异议。这一默认基础在简单的商品交换中驱动着人们的生产、经营活动，在商品经济的进一步发展过程中，当劳动力也成为商品并且资本已经形成时，它仍然驱动着人们的生产、经营活动。但是此时，回馈正义的内容随着劳动力商品化的出现，已经发生了悄然的变化，贫富分化现象不再是仰赖于自然差异、个人努力、暴力、偶然机遇等因素，而成为合法程序中资本运行体系的新常态。

在马克思那个时代，一些批判理论家或者为原则与其原则悖论的现象所困惑，或者寻求一些解决问题的路径，例如，蒲鲁东尝试着通过所谓的公平工资①去实现分配正义的诉求，这一观点将剥削关系理解为劳资双方在利益博弈中的不均衡，认为只要工资合理就不存在着剥削，即使在今天，我们仍然时常能够看到类似的观点。

这一思路并没有从理论上认识到回馈正义原则在一定的经济关系中已经以悖论方式存在着，但是它依然作为主客体对象性关系的原则，以幻想的形式继续发挥着经济运行动力机制的作用，在被颠覆了内容的虚假表象中依然作为一种意识形态发挥着其作用。马克思的劳动价值理论是唯一的尝试着从生产方式上论证资本通过利润的方式占有着工人劳动的剩余价值而不断积累、发展自身的过程，利润的终结，也就意味着资本的终结。

当代国外马克思主义学者与自由主义学者有关"正义与平等"悖论的争论，看起来是在"回馈正义"与"平等正义"两种不同的含义之间纠结，实际上涉及的问题仍然在于如何认识和理解"回馈正义"在资本经济关系中的现实悖论。

马克思在对蒲鲁东、施蒂纳等人的批判中，没有将批判的锋芒指向这一默认基础，而是揭示这一默认基础在现实的经济关系中是如何走向其反面的。在早期的马克思那里，这体现在他用异化劳动理论来揭示工人的劳动结果被他人占有、并因而壮大反对自身的力量这一社会异化现象；在转向政治经济学批判研究以后，这体现在他用剩余价值理论来论证异化劳动现象得以发生的路径。与这一批判思路相一致，马克思没有像其他批判家那样就分配而论分配，而是从生产关系入手去探索问题的发生和解决问题的路径，希望通过生产关系的变革，以获得回馈正义的真正实现，即按劳分配。

---

① 参见马克思在《1844年经济学哲学手稿》和《哲学的贫困》中对蒲鲁东的批判。

然而，即使在生产关系发生了变革，生产资料公有取代了私人所有，从而废除了私人资本对剩余价值的掌控、使用权的条件下，回馈正义借助于按劳分配原则的实现，也并不意味着平等正义理念的实现。在《哥达纲领批判》中，马克思对德国工人党纲的基本观点进行了批判，根据这一观点，在废除生产资料私人占有的情况下，社会劳动财富能够不折不扣地按照平等的权利属于社会一切成员。

对此，马克思分析了由于个人能力、家庭人口等各种主客观情况的存在，在变革了的生产关系中，按劳分配依然在原则上是差异分配。20世纪的社会主义实践显示，即使存在着这一差异分配，其差异在量上也是受着限制的，因为积累了的差异在一定的条件下可以以积累劳动的方式转化为生产手段，当时马克思的批判思路还没有涉及这一积累可能再度资本化的问题。一方面由于生产资料的私有被禁止；另一方面由于并不存在严格意义上的商品经济，后者使得按劳分配中的"劳"实际上无从在整个经济关系中被量化，于是，实践着的社会主义在某种程度上奉行的是相对平均主义的分配原则。即忽略严格意义上的个体在付出与回报之间的关联性，尤其是抑制这种关联性向人与人之间的关系方面发展，即由对象化了的劳动结果转化为对象化了的劳动手段，然而，在阻止转化发生的同时，从深层次上也使得回馈正义难以发挥其驱动经济发展的作用。

因此，即使在变革了的生产关系中，回馈正义这一生产经济活动正相关的动力机制在废除了其能够产生悖论的条件即生产资料私有制的条件下，也难以显示其应有的威力，社会经济发展因此缺乏活力。

分配公正问题与社会经济发展动力机制是息息相关的，改革开放的基本思路是强化回馈正义，从个体、从不同层次的整体角度（经济单位）释放经济活力（例如改革开放初期的土地承包、奖金激励、利改税的激励手段等），由此产生的一系列改革措施由农村发展至城市。然而回馈正义由其自然属性使然，在一定条件下积累起来的差异通过积累劳动的方式转化为对象性存在（资本），再次引发出自身的悖论问题，使得回馈正义在某种条件下，在现实中重又成为一种虚幻的形式。这里我们暂且撇开生产手段私有化的其他路径，例如引进国外资本、国有资产的私有化、股份化路径等。

自由主义学者诺契克对自我所有原则及其公正之链的论证是建立在回馈正义基础上的，并且因此反对平等正义，将回馈正义与自由紧密地拴在一起，成为与平等（此处的平等指结果而非机遇）相对立的因素①，完全无视回馈正义在资本主义经济关系中走向自身反面的现实。转向政治哲学批判领域的左翼学者柯亨（分析的马克思主义创始人之一）通过自然资源这一天然平等权利的理念从源头上对诺契克的公正之链进行了非常彻底的批判，论证了其不可避免地与自由权利的相互矛盾：即不平等的私有财产权利必然伤及人与自然资源之间的天然平等权利。

与国外学术界相关的争论主要是围绕着自由与平等概念而展开的有所不同，国内学术界在改革开放初期的相关争论主要是围绕着效率与公平的概念而进行的。与传统体制下平均主义理念占据着支配地位的指导思想有所区别，改革开放的思路强调的是效率优先、兼顾公平。所谓的效率优先，是通过强化回馈正义的原则来激发主体的经济驱动力，在改革开放初期，这是通过土地承包制来实现的，其作用之明显、反应之快，已经为改革实践的结果所证明。在土地承包这一措施中，所蕴含着的理论原则是通过一定经济关系的变革，释放劳动主体的主观能动性，使其在一定的条件下，能够更加自主地去追求劳动过程中主客体对象性关系的正相关效应，客观上推动了社会经济的发展，体现了回馈正义原则的强化与社会发展动力机制的正相关性。

二 平等正义与社会进步机制的正相关性

回馈正义体现的是主客体联系机制的正相关效应，马克思从来没有将批判的锋芒直接指向这一原则本身，早期的他从生产关系发生变化的历史进程中去解码回馈正义发生悖论的契机，这一契机有两个前提条件：其一是生产手段的私人占有；其二是以劳动力商品化为特征的资本关系的形成，与此相应，马克思的对策性思路是生产手段的社会占有和计划经济，并从历史发展的进程中来论证这一生产关系改变的前提条件，即与社会化大生产相适应的生产资料公有制及其与此相协调的计划经济。

在这种情况下，平等理念似乎通过这一社会经济制度得到了保障，但是回馈正义的兑现从个体和局部的角度来说，显然成为问题，这不仅由于

---

① 参见 Robert Nozick, *Anarchy, State, and Utopia*, BLACKWELL, 1974.

严格的经济核算体系在生产资料所有权范围边界不清的情况下实际上难以运行；而且回馈正义意味着差异分配，其自然秉性的自由发展终将会威胁到平等理念。因此，回馈正义与平等正义之间仍然存在着紧张关系。现实中，在所有践履按劳分配原则的传统社会主义国家都存在着严格限制私有经济的规模、限制个人回报的差异规模、割资本主义尾巴的现象。东欧（中欧：地理界定）一些传统社会主义国家与苏联不同，在"二战"前有着更多的资本主义启蒙经历，在20世纪五六十年代任回馈正义自由发展并且尝试打开市场经济豁口的行为，被苏联视为离经叛道。社会主义的平等理念在现实中变身为绝对平均主义的操作手段。

马克思并非没有意识到这一问题的存在，在《哥达纲领批判》中通过对拉萨尔的平等分配就是不折不扣劳动所得的观点进行分析、批判，从理论上讨论了这一问题。提出了按劳分配在其现实中只能是一种差异分配，因而仍然是市民权利（或译资产阶级法权）[①] 的观点，并且提出在一定的生产力发展条件下，由按需分配取代按劳分配的理念。这不仅是马克思的又一针对性策略，同样也可以看着是马克思早期理想主义理念的彻底体现。

从理论上来说，按需分配原则忽略个体付出与回报之间的关联性，立足于个体对客体对象的需要，不仅将社会从充满对抗性矛盾的经济关系中解脱出来，而且将个体从谋生性的经济驱迫中解放出来，使人的经济活动不再受制于个人的物质需要，而成为在对象化活动中自我完善的途径，实现真正的有别于丛林法则的人类社会发展模式。这是马克思所追求的与回馈正义含义不同的蕴含着平等正义理念的马克思式人道主义诉求，回馈正义由此成为一种冗余，从理论假设上来看，回馈正义自身所蕴含着的对抗性矛盾也就不再存在了。正是从这一意义上，马克思将这样的社会理解为真正的人类社会的开端[②]，相比较而言，之前的社会则都是史前社会。

平等理念在贫富分化的资本主义经济体制中，作为左翼学者的一种诉求，因信仰、理性认识的不同而具有不同的含义，自由主义左翼学者的平

[①] "bürgerliche Recht"，见 Mega2, Dietz Verlag Berlin, I/25，第14页。
[②] 参见 Marx/Engels Gesamtausgabe, Band II/2, Dietz Verlag Berlin 1976，第101页，《马克思恩格斯全集》第31卷，人民出版社1998年版，第413页。

等正义理念是相对于其右翼学者的自由至上观点而言,例如罗尔斯与诺契克之间的分歧是自由主义内部分歧的典型案例。诺契克将回馈正义原则从个人自由的视角推至极致,并且用所谓的正义之链来论证资本积累,他并不认为这一回馈正义在资本主义的经济关系中走向了自身的反面,并且从捍卫个人自由的角度,反对借助于强制性调节贫富的税收手段来实现一定程度的平等正义,以此将回馈正义与平等正义对立起来。

罗尔斯同样遵循自由主义理念,但是形成了不同的理论,他从自由选择的角度,构想了一个理想社会的形成方式,并且为这一社会假设了两个原则,即自由原则和差异原则,前者蕴含着的是回馈正义,后者蕴含着的是以前者所产生的效率为基础的平等正义,在他看来,一个有效率的社会所产生的财富,从总体结果上来说,还是有利于弱势群体的。罗尔斯以结果为条件,认为只要是有利于弱势群体改善自身处境的差异性分配,就是正义的,从经济效率的意义上为资本主义经济关系进行了辩护,同时又从社会平等正义理念的意义上对资本主义经济关系必然形成的社会分化做出一定的矫正。

与诺契克的自由至上理论比较起来,罗尔斯的理论更能体现社会进步的理念,前者有顺应丛林法则之嫌,而后者已经蕴含着人类自身在反思基础上的自我调节,即对自然程序进行干预。然而,作为一个略知马克思的批判思路并且在一定程度上受着马克思思想影响的自由主义左翼学者,罗尔斯并不正面地质疑回馈正义在资本主义经济运行方式中以悖论方式存在着的异化现象,并且从经济效率的角度认可这一运行方式。这也就是说,他并不直接挑战丛林法则,而是在默认其规则的前提下,对其不可避免的贫富分化趋势,从平等正义的立场提出矫正措施。罗尔斯的公平正义理念同时蕴含着两个正义原则,回馈正义是前提,与其自由理念相协调,平等正义是补救,以矫正回馈正义原则在一定历史条件下的生产关系中所形成的社会分裂。

分析的马克思主义创始人之一柯亨从平等正义的角度对自由主义左右翼双方同时进行了批判,他对诺契克以自我所有原则为核心的自由至上理念的批判没有直接使用马克思的剩余价值理论,而是借助于资源平等的理念;他对罗尔斯公平正义理念的批判,并不是指向其自由原则或者差异原则本身,而是指向奉行这些原则的前提——资本主义的社会结构,认为所谓的弱势者群体本身是这一结构的产物，而并非生来如此。柯亨这是从一个群体的整体角度，而并非个体的角度，批判资本主义社会的阶级结构生成了一个弱势者群体。所以在他那里，真正的社会进步方向并不在于资本主义社会通过矫正途径辅助弱势者群体，而是在于建立能够从根本上改变这一悖论的社会主义制度，他在《为什么不要社会主义》① 一书中表达了自己的思想。从现实性的意义上，他将与资本主义回馈正义及其悖论相伴存在的矫正正义作为次佳原则来接受。

与罗尔斯从再分配调节的意义上在资本主义经济关系的框架内追求平等正义的理念有所不同，德沃金则在遵循自由主义理念的基础上，不是通过强制性的社会保险制度，而是通过保险制度的设计与人们主观选择的结合，将个人的责任意识纳入平等正义的制度性框架。德沃金的这一设想与罗尔斯仅仅从调节分配的设计在一定程度上追求平等正义的方法有所不同，而是通过社会保险制度与个人主观选择的结合，强化了个人对自身处境的责任。但是与罗尔斯一样，德沃金规避了在资本主义社会结构中回馈正义在表面的现象背后是以悖论方式存在的这一问题。

由此可见，自由主义左翼追求的平等正义理念与马克思追求的平等正义理念存在着这样两个区别：前者以资本主义经济关系中的回馈正义原则及其社会分化结果为基础，提出某种程度的矫正措施，通过满足人们的生存、基础教育、医疗、就业、养老等基本需要，通过强制性的税收政策以实现某种程度的社会福利，通过强制性的或者自愿的社会保险制度，以防备个人因各种原因陷于困境，从而实现某种程度的社会平等理念，对于推动社会进步起到了一定的积极作用。然而这一矫正思路却不得不无视或者忽略回馈正义本身在其现实性中以悖论方式存在着，以及与各种社会异化现象相伴而行的社会问题。后者尝试着在一定的历史条件下变革这一悖论得以存在的资本主义经济关系，在建立社会主义经济制度的基础上，由按劳分配过渡到按需分配，进而奉行超越回馈正义（按劳分配）的原则，将人们的谋生活动升华为自由自在的创造性活动。然而，20世纪大规模的传统社会主义实践，在改变了的生产关系中，依然从现实性的意义上彰显出回馈正义的重要性。

---

① ［英］G. A. 科恩：《为什么不要社会主义》，段忠桥译，人民出版社2012年版。

三 原则与境遇的碰撞、理论与现实的纠结

回馈正义与平等正义作为分配关系中的两个原则,涉及的对象性关系有所不同,理论上回馈正义立足于主客体对象性关系,其含义相对来说还是非常明确的:它体现的是主体与对象性劳动关系的正相关性,在有效付出与回报之间寻求对应。但是在一定的经济关系中,这种关系受着人与人之间(主体间)相互关系的制约,我们在这里看到规范性与历史性的统一;相比较而言,平等正义的含义就没有那么明确了,在不同的历史发展阶段和不同的社会制度中,它的含义是非常不同的。

在相对于封建制度而言的资本主义经济制度中,平等理念首先是从市民的权利平等、机遇平等方面来理解的,在权利平等的概念中包含着回馈正义的内容,即马克思所说的资产阶级法权(市民权利)的内容。"二次大战"以后在社会主义阵营的影响下,西方世界逐渐发展和完善起来的资本主义福利制度,是以对形式上的回馈正义分配结果进行矫正性再分配为基础的,侧重的不是市民权利(回馈正义)的诉求,而是生存权利的诉求(超越回馈正义原则),即无论一个人是否能够或者付出了有效作用于对象世界的劳动,都拥有生存下去的权利。

此处,平等正义的含义已经发生了某种程度的变化,之前的平等诉求,是在向封建体制索取权利与机遇的平等;之后的平等诉求,是对合法程序结果的无奈调节或修正。因为私有财产权与市场经济的合法程序,在持续地生成社会贫富分化、社会分裂,因此,某种程度的社会调节是不可避免的。但是这种调节,并不质疑回馈正义的悖论状态,在罗尔斯那里称之为公平正义(Justice as Fairness)[①]。对正义加了限定语,并对之进行公平的修正或者矫正。

这样的观点在西方发达资本主义阵营的左翼学者那里作为一种共识,似乎并没有发生太大的变化,《21世纪资本论》的作者皮凯蒂,借助于当代信息技术而获得的大数据,并不诉诸马克思的劳动价值理论,论证了资本利润的增长高于国民经济的增长即 r > g 的规律。当自由主义的价值理念

---

① John Rawls, *A Theory of Justice*, Cambridge, Mass. Harvard University Press 1971, p. 251.

伴随着资本全球化而逐渐扩展自己的信念时，皮凯蒂却通过对这一规律的论证，指出当代社会所信奉的劳动致富价值理念遭遇了"世袭资本主义"①回归现象的颠覆。

皮凯蒂尝试着借此说明，以强化回馈正义原则为基础的自由与市场，其现实结果是违背其初衷，促使财富分配由仰赖于个人劳动向仰赖于遗产继承方面转化，这是他与罗尔斯有所不同的地方。皮凯蒂的论证对资本主义经济关系更加具有批判性，但是他并没有像马克思那样去深究这一原则被颠覆的社会机制，而是与罗尔斯相类似，提出了一种补救措施，即加强对资本增收累进税，并且将这一措施向全世界推进，以杜绝资本在全球范围的游移避税。

回馈正义作为抽象原则，其现实性不仅受着历史境遇的限制，同样，无论在资本主义市场经济体制下，还是在传统社会主义计划经济体制下，这一抽象的理论原则都在不同意义上还受着现实境遇的制约：前者表现为其在悖论中的运行导致社会贫富分化的持续性扩展及其生产过剩；后者表现为其在现实操作中的受限并导致社会经济发展缺乏动力机制及其生产不足。

资本主义市场经济借助于平等正义理念通过矫正正义的途径对其弊端进行一定程度的抑制和调节，对于西方发达资本主义国家而言，这在一定程度上是借助于税收途径，以最低生活保障、基础教育、医疗、就业、养老等社会福利、保险制度等方式体现出来的。从满足和保障人们的基本需要这一方面来看，资本主义体制下的这一因素，有时也被人们理解为社会主义因素，由于数百年积累起来的经济基础，其满足和保障的力度相比较于受经济发展速度拖累的传统社会主义国家而言是相当大的。一些人因此认为，这些发达资本主义国家更加社会主义化。其实这是两个不同的概念，涉及不同的双重对象性关系。20世纪末的苏联解体作为外围政治制衡力量的变化，21世纪初的金融危机作为内在经济因素的变化，都在不同程度上大大削弱了发达资本主义国家、甚至北欧国家的社会保障和福利幅度。

我国社会主义的改革实践通过强化回馈正义的措施对其（绝对）平均主义的弊端进行经济运行方式的改革，由此而释放出巨大的主体能动性，客观上促进了生产力的发展。然而随着改革进程的不断深入，在市场经济

---

① [法] 托马斯·皮凯蒂：《21世纪资本论》，巴曙松译，中信出版社2014年版，第437页。

与不同经济成分并存的条件下,除了腐败路径,在合法的程序中也在不断积累着贫富分化。与此相应,与传统社会主义的制度性保障体系有所不同,建立在税收基础上的社会,市场机制在一定程度上通过再分配的渠道从最低生活保障、基础教育、医疗、就业、养老等方面满足人们的基本需要。

从理论上来说,社会成员基本需要的满足并不直接就意味着贫富差距的缩小,在发达资本主义国家中,基本需要的满足有北欧模式,也有美国模式,就这两种模式而言,民主化程度高的北欧模式贫富差距幅度相对较小,社会福利程度相对较高。相反,美国模式下的贫富差距幅度相对较大,社会福利程度相对较差,不过这两种模式都同时伴随着社会贫富分化的发展进程,只是程度有所不同而已。

与马克思的时代有所不同,今天,除了传统产业资本仍然行使着其基本职能,金融资本及其抽象的衍生产品在更加间接的意义上,以产业资本难以想象的速度和规模对社会财富进行再分配、再集中。与此同时,伴随着资本全球化的发展趋势和当代信息技术手段的运用,自发的资本逻辑在全球范围内重演。然而,全球范围的宏观调控所仰赖的政治体系显然并不存在,全球的公平、正义问题因此而成为炙热、棘手的时代话题。

综上所述,在全球化的背景下,当代主要社会思潮尽管因其所处区域、所具有的思想、理论背景、所代表的利益群体有所不同而呈现五彩缤纷的斑斓色彩。但是追根溯源,我们仍然可以从中缕析出一些基本的头绪,马克思主义与自由主义作为分歧的两端,在两端之间存在着融合两端或者折中的观点。与此同时,左右翼倾向存在于这些不同的社会思潮中,作为相对性概念,所谓"左"翼或者"右"翼本身并没有确定的内涵,马克思主义学派中的右翼与自由主义学派中的左翼,存在着话语重叠。理解马克思主义与自由主义的分歧焦点,至少使我们能够比较容易地理解和把握各种社会思潮的来龙去脉、基本特征、社会诉求的立足点等基本要素,为以马克思主义为指导思想的中国特色社会主义事业的健康发展提供理论借鉴。

参考文献

[1] ［德］哈贝马斯：《后形而上学思想》，曹卫东、付德根译，译林出版社 2001 年版。

[2] ［德］哈贝马斯：《公共领域的结构转型》，曹卫东、王晓珏、刘北城、宋伟杰等译，学林出版社 1999 年版。

[3] ［德］哈贝马斯：《现代性的地平线——哈贝马斯访谈录》，李安东、段怀清译，上海人民出版社 1997 版。

[4] ［德］哈贝马斯：《作为"意识形态"的技术与科学》，李黎、郭官义译，学林出版社 1999 年版。

[5] ［德］哈贝马斯：《重建历史唯物主义》，郭官义译，社会科学文献出版社 2000 年版。

[6] ［德］哈贝马斯：《理论与实践》，郭官义、李黎译，社会科学文献出版社 2004 年版。

[7] ［德］哈贝马斯：《在自然主义与宗教之间》，郁喆隽译，上海世纪出版集团 2013 年版。

[8] ［德］哈贝马斯：《后民族结构》，曹卫东译，上海人民出版社 2002 年版。

[9] ［德］哈贝马斯：《在事实与规范之间——关于法律和民主法治国的商谈理论》，童世骏译，生活·读书·新知三联书店 2003 年版。

[10] ［德］哈贝马斯：《交往行动理论》，洪佩郁、蔺青译，重庆出版社 1994 年版。

[11] 铁省林：《哈贝马斯宗教哲学思想研究》，山东大学出版社 2009 年版。

[12] 张庆熊、林子淳编:《哈贝马斯的宗教观及其反思》,上海三联书店 2011 年版。

[13] 陈学明主编:《20 世纪西方马克思主义哲学历程》第四卷,天津人民出版社 2013 年版。

[14] [德] 克劳斯·奥菲:《福利国家的矛盾》,郭忠华译,吉林人民出版社 2010 年版。

[15] 焦玉良、张敦福:《福利国家:走钢丝的郭中华等译巨灵——评克劳斯·奥菲〈福利国家的矛盾〉》,《社会科学论坛》,2012 年 12 月,第 237 页。

[16] [美] 马丁·杰伊:《法兰克福学派史》,单世联译,广东人民出版社 1996 年版。

[17] [德] 维尔默:《论现代和后现代的辩证法:遵循阿多诺的理性批判》,钦文译,商务印书馆 2013 年版。

[18] 王凤才:《从公共自由到民主伦理:批判理论语境中的维尔默政治伦理学》,人民出版社 2011 年版。

[19] 仰海峰:《走向后马克思:从生产之镜到符号之镜——早期鲍德里亚思想的文本学解读》,中央编译出版社 2004 年版。

[20] 欧力同、张伟:《法兰克福学派研究》,重庆出版社 1990 年版。

[21] [德] 阿克塞尔·霍耐特:《为承认而斗争》,胡继华译,上海世纪出版集团 2005 年版。

[22] [德] 阿克塞尔·霍耐特:《自由的权利》,王旭译,社会科学文献出版社 2013 年版。

[23] [德] 阿克塞尔·霍耐特:《权力的批判:批判社会理论反思的几个阶段》,童建挺译,上海世纪出版集团 2012 年版。

[24] [美] 乔治·H. 米德:《心灵、自我与社会》,赵月瑟译,上海译文出版社 1992 年版。

[25] [美] 威廉·布鲁姆:《认同理论:其结构、动力及应用》,王兵译,《社会心理研究》2006 年第 2 期。

[26] [美] 凯文·奥尔森编:《伤害+侮辱——争论中的再分配、承认和代表权》,高静宇译,周穗明校,上海人民出版 2009 年版。

[27] 王凤才:《平等对待与道德关怀——霍耐特的政治伦理学构想》,《马

克思主义与现实》2009年第4期。

[28] [美] 南茜·弗雷泽、阿克塞尔·霍耐特：《再分配，还是承认——一个政治哲学对话》，周穗明译，上海人民出版社2009年版。

[29] [美] 南茜·弗雷泽：《正义的尺度——全球化世界中政治空间的再认识》，欧阳英译，上海人民出版社2009年版。

[30] [美] 南茜·弗雷泽：《有关正义实质的论辩：再分配、承认还是代表权?》，《马克思主义与现实》2009年第4期。

[31] 王才勇：《承认还是再分配？——从霍耐特到弗雷泽》，《马克思主义与现实》2009年第4期。

[32] 周穗明：《N.弗雷泽和A.霍耐特关于承认理论的争论——对近十余年来西方批判理论第三代的一场政治哲学论战的评析》，《世界哲学》2009年第2期。

[33] [德] 马丁·哈特曼、阿克塞尔·霍耐特：《资本主义的悖论》，张琳译，《马克思主义与现实》2009年第4期。

[34] 黑格尔：《黑格尔著作集·第7卷·法哲学原理》，邓安庆译，人民出版社2016年版。

[35] 汪晖、陈燕谷主编：《文化与公共性》，生活·读书·新知三联书店2005年版。

[36] [美] 丹尼尔·贝尔：《资本主义文化矛盾》，赵一凡、蒲隆、任晓晋译，生活·读书·新知三联书店1989年版。

[37] [美] 杜娜叶夫斯卡娅：《哲学与革命》，傅小平译，辽宁教育出版社2000年版。

[38] [美] 凯文·B.安德森：《列宁、黑格尔和西方马克思主义：一种批判性研究》，张传平译，南京大学出版社2012年版。

[39] [意] 奎多·德·拉吉罗：《欧洲自由主义史》，杨军译，吉林人民出版社2011年版。

[40] [英] 约翰·格雷：《自由主义》，曹海军、刘训练译，吉林人民出版社2005年版。

[41] [美] 约翰·罗尔斯：《正义论》，何怀宏、何包钢、廖申白译，中国社会科学出版社1988年版。

[42] [美] 罗伯特·诺奇克：《无政府、国家和乌托邦》，姚大志译，中国

社会科学出版社 2008 年版。

［43］［美］约瑟夫·拉兹：《自由的道德》，孙晓春、曹海军、郑维东等译，吉林人民出版社 2011 年版。

［44］［加拿大］威尔·金里卡：《当代政治哲学》，刘莘译，三联出版社 2004 年版。

［45］［美］迈克尔·J. 桑德尔：《自由主义与正义的局限》，万俊人等译，译林出版社 2011 年版。

［46］李强：《自由主义》，东方出版社 2015 年版。

［47］顾肃：《自由主义基本理念》，译林出版社 2013 年版。

［48］［法］托马斯·皮凯蒂：《21 世纪资本论》，巴曙松译，中信出版社 2014 年版。

［49］《马克思恩格斯全集》第 3 卷，人民出版社 2002 年版。

［50］《马克思恩格斯全集》第 44 卷，人民出版社 2001 年版。

［51］《马克思恩格斯全集》第 3、30、31 卷。

［52］《马克思恩格斯全集》第 3、30、31 卷。

［53］《马克思恩格斯全集》第 3 卷，人民出版社 1960 年版。

［53］［英］G. A. 科恩：《为什么不要社会主义》，段忠桥译，人民出版社 2012 年版。

［54］Habermas, *The Theory of Communicative Action*, Boston: Beacon Press, 1987, Vol. II, p. 53.

［55］Habermas, *A Critical Reader*, edited by Peter Dews, Oxford, UK, Malden Mass: Blackwell, 1999.

［56］Habermas, *Religion & Rationality Essays on Reason, God, & Modernity*. Polity Press, 2002.

［57］Craig Calhoun, Eduardo Mendieta, and Jonathan Van Antwerpen (edt), *Habermas and Religion*, Polity Press, 2013.

［58］Lenn E. Goodman, *Religious Pluralism and Values in the Public Sphere*, Cambridge University Press, 2014.

［59］Robert B. Pippin, *Hegel's Practical Philosophy: Rational Agency as Ethical Life*. Cambridge University Press, 2008.

［60］Axel Honneth, *The I in WE, Studies in the Theory of Recognition*, Polity

Press, 2012.

[61] AxelHonneth, *The Pathologies of Individual Freedom: Hegel's Social Theory*, Princeton University Press, 2010.

[62] Axel Honneth, *The Struggle for Recognition: The Moral Grammar of Social Conflicts*, Polity Press, 1995.

[63] Axel Honneth, *Freedom's Right: The Social Foundations of Democratic Life*, Polity Press, 2014.

[64] Nythamar de Oliveira, Marek Hrubec, Emil Sobottka, Giovani Saavedra (eds.), *Justice and Recognition: On Axel Honneth and Critical Theory*, Filosofia, publishing house of the Institute of Philosophy of CAS, Prague, 2015.

[65] Sean Sayers, Reification: *A New Look at an Old Idea*, by Axel Honneth. With commentaries by Judith Butler, Raymond Guess, and Jonathan Lear, edited byMartin Jay. Oxford: Oxford University Press, 2008. Mind, Vol. 118. 470.

[66] Hans-Christoph Schmidt am Busch, Personal, Respect, Private Property, and Market Economy: What Critical Theory Can Learn from Hegel, *Ethical Theory and Moral Practice*, Vol. 11, No. 5 (Nov., 2008).

[67] Axel Honneth and Gwynn Markle, "From Struggles for Recognition to a Plural Concept of Justice: An Interview with AxelHonneth, *Acta Sociologica*, Vol. 47, No. 4, Recognition, Redistribution, and Justice (Dec., 2004).

[68] David Black, *The Philosophical Roots of Anti-Capitalism: Essays on History, Culture, and Dialectical Thought (Studies in Marxism and Humanism)*, Lexington Books, 2013.

[69] Heather Brown, *Marx on Gender and the Family: A Critical Study*, Haymarket Books, 2013.

[70] PeterHudis, *Marx's Concept of the Alternative to Capitalism*, Haymarket Books, 2013.

[71] Raya Dunayevskaya, *Philosophy and Revolution: From Hegel to Sartre, and from Marx to Mao*, Lexington Books, 2003.

[72] Raya Dunayevskaya, *the Power of Negativity*, Lexington Book, 2002.

[73] Raya Dunayevskaya, *Marxism and Freedom: from 1776 until today*, Humanity Books, 2000.

[74] Raya Dunayevskaya, *The Marxist – Humanist Theory of State – Capitalism*, News&Letters committee, 1992.

[75] Raya Dunayevskaya, *Rosa Luxemburg, Women's Liberation and Marx's Philosophy of Revolution*, University of Illinois Press, 1991.

[76] Rosa Luxemburg, *The Letters of Rosa Luxemburg*, edited by Annelies Laschitza, Georg Adler and Peter Hudis, translated by George Shriver, Verso, 2011.

[77] Rosa Luxemburg, *The Complete Works of Rosa Luxemburg*, Volume1: Economic Writings I, Verso, 2013.

[78] *The Dunayevskaya – Marcuse – Fromm Correspondence, 1954—1978: Dialogues on Hegel, Marx and Critical Theory*.

[79] Kevin Anderson, *Lenin, Hegel and Western Marxism: A Critical Study*, University of Illinois Press, 1995.

[80] Kevin Anderson, Peter Hudis, *Rosa Luxemburg Reader*, Monthly Review Press, 2004.

[81] Kevin Anderson, *Marx at the Margins: on Nationalism, Ethnicity and non – Western Societies*, University of Chicago Press, 2010.

[82] Marilyn Nissim – Sabat, *Neither Victim nor Survivor: Thinking Toward a New Humanity*, Lexington Books, 2009.

[83] Marx/Engels Gesamtausgabe, BandII/1.1, Dietz Verlag Berlin 1976.

[84] Marx/EngelsGesamtausgabe, Band II/2, Dietz Verlag Berlin 1980.

[85] Marx/EngelsGesamtausgabe, Band I/2, Dietz Verlag Berlin 1982.

[86] Marx/EngelsGesamtausgabe, Band 5, Marx – Engesl – Verlag G. M. B. H. Berlin 1932.

[87] Max Stirner, *Der Einzige und sein Eigentum*, Philipp Reclam Jun. Stuttgart.

[88] *Marx/Engels Gesamtausgabe*, Band 5, Marx – Engels – Verlag G. M. B. H. Berlin 1932.

[89] John Rawls, *A Theory of Justice*, Cambridge, Mass Harvard University Press 1971.

[90] Robert Nozick, *Anarchy, State, and Utopia*, Blackwell.

[91] G. A. Cohen, *Self – Ownership Freedom and Equality*, Cambridge University Press.

[92] G. A. Cohen, *Rescuing Justice and Equality*, Harvard University Press, Cambridge, Massachusetts, London, England, 2008.

[93] Wood A. W., "The Marxian Critique of Justice", in *Marx, Justice and History*, edited by M. Cohen T. Nagel and T. Scanlon, Princeton: Princeton University Press 1980.